BACH-JAHRBUCH

Im Auftrag der Neuen Bachgesellschaft
herausgegeben von
Peter Wollny

99. Jahrgang 2013

EVANGELISCHE VERLAGSANSTALT
LEIPZIG

VERÖFFENTLICHUNG DER NEUEN BACHGESELLSCHAFT
Internationale Vereinigung, Sitz Leipzig
VEREINSJAHR 2013

Wissenschaftliches Gremium
Pieter Dirksen (Culemborg, NL), Stephen Roe (London),
Christoph Wolff (Cambridge, MA/Leipzig), Jean-Claude Zehnder (Basel)

Die redaktionelle Arbeit wurde unterstützt
durch das Bach-Archiv Leipzig – Stiftung bürgerlichen Rechts.
Die Neue Bachgesellschaft e.V. wird gefördert durch die Stadt Leipzig, Kulturamt.

Das Bach-Jahrbuch ist urheberrechtlich geschützt.
Jede Verwertung außerhalb der engen Grenzen des Urheberrechtsgesetzes
ist ohne Zustimmung unzulässig und strafbar. Dies gilt
insbesondere für Vervielfältigungen, Übersetzungen, Mikroverfilmungen
und die Einspeicherung und Verarbeitung in elektronischen Systemen.

Geschäftsstelle der Neuen Bachgesellschaft: Burgstraße 1–5, 04109 Leipzig
Anschrift für Briefsendungen: PF 10 07 27, 04007 Leipzig

Anschrift des Herausgebers:
PD Dr. Peter Wollny, Bach-Archiv Leipzig, Thomaskirchhof 16, 04109 Leipzig
Anschrift für Briefsendungen: PF 10 13 49, 04013 Leipzig
Redaktionsschluß: 1. August 2013

Evangelische Verlagsanstalt GmbH, Leipzig, 2013
Printed in Germany. H 7695
Notensatz: Frank Litterscheid, Hehlen
Gesamtherstellung: DZA Druckerei zu Altenburg GmbH, Altenburg
ISSN 0084-7682
ISBN 978-3-374-03765-0

INHALT

Michael Maul (Leipzig), „welche ieder Zeit aus den 8 besten Subjectis bestehen muß". Die erste „Cantorey" der Thomasschule – Organisation, Aufgaben, Fragen 11

Christine Blanken (Leipzig), Ein wieder zugänglich gemachter Bestand alter Musikalien der Bach-Familie im Verlagsarchiv Breitkopf & Härtel 79

Peter Wollny (Leipzig), Eine unbekannte Bach-Handschrift und andere Quellen zur Leipziger Musikgeschichte in Weißenfels 129

Robin A. Leaver (New Haven, CT), Oper in der Kirche: Bach und der Kantatenstreit im frühen 18. Jahrhundert 171

Klaus Hofmann (Göttingen), Anmerkungen zu Bachs Kantate „Mein Herze schwimmt im Blut" (BWV 199) 205

Jean-Claude Zehnder (Basel), Die Passaggio-Orgelchoräle – Neue Perspektiven 223

Rodolfo Zitellini (Fribourg), Das „Thema Legrenzianum" der Fuge BWV 574 – eine Fehlzuschreibung? 243

Stephan Olbertz (Wuppertal), Verborgene Trios mit obligater Laute? – Zu Fragen der Fassungsgeschichte und Autorschaft der Sonaten Es-Dur und g-Moll, BWV 1031 und 1020 261

Hans-Joachim Schulze (Leipzig), Anna Magdalena Wilcke – Gesangsschülerin der *Paulina*? 279

Kleine Beiträge

Peter Wollny (Leipzig), Eine unbekannte Wiederaufführung der Kantate „Mein Herze schwimmt im Blut" BWV 199/BC A 120 297

Alexander Ferdinand Grychtolik (Frankfurt am Main), Anmerkungen zu den Aufführungsstätten J. S. Bachs in Weimar 309

Markus Rathey (New Haven, CT), Zur Entstehungsgeschichte von Bachs Universitätsmusik „Gloria in Excelsis Deo" BWV 191 319

Robin A. Leaver (New Haven, CT), Bachs lateinische Kantate „Gloria in excelsis Deo" BWV 191 und eine lateinische Rede über Lukas 2:14 329

Andreas Glöckner (Leipzig), „zu besser Bequemligkeitt der Music" – Über einige neue Quellen zur Leipziger Kirchenmusik 335

Maria Hübner (Leipzig), Johann Scheibe und die Orgel in der Kirche des Leipziger Georgenhauses 349

Manuel Bärwald (Leipzig), Eine unbekannte Leipziger Erbhuldigungskantate aus dem Jahr 1733 359

Nikolas von Oldershausen (Ahlden), Carl Christoph Hachmeister – Ein wenig beachteter früher Bachianer in Hamburg 375

Klaus Rettinghaus (Leipzig), Biographische Notizen zu verschiedenen Bach-Schreibern des 19. Jahrhunderts 381

Besprechungen

Michael Maul, „*Dero berühmbter Chor*". *Die Leipziger Thomasschule und ihre Kantoren 1212–1804*, Leipzig: Lehmstedt Verlag, 2012, 437 Seiten. (Martin Geck, Witten) 391

Wilhelm Friedemann Bach und die protestantische Kirchenkantate nach 1750, herausgegeben von Wolfgang Hirschmann und Peter Wollny (Redaktion: Bernhard Schrammek), Beeskow: Ortus Musikverlag 2012 (Forum Mitteldeutsche Barockmusik, Bd. 1), 455 S. (Hans-Joachim Schulze, Leipzig) 395

Neue Bachgesellschaft e.V. Leipzig
Mitglieder der leitenden Gremien 399

ABKÜRZUNGEN

1. Allgemein

ADB	= *Allgemeine Deutsche Biographie*
AfMw	= *Archiv für Musikwissenschaft*
Am. B.	= Amalien-Bibliothek (Dauerleihgabe in D-B)
AMZ	= *Allgemeine Musikalische Zeitung*, Leipzig 1799–1848
BC	= *Bach Compendium. Analytisch-bibliographisches Repertorium der Werke Johann Sebastian Bachs von Hans-Joachim Schulze und Christoph Wolff*, Bd. I/1–4, Leipzig 1986–1989
Beißwenger	= Kirsten Beißwenger, *Johann Sebastian Bachs Notenbibliothek*, Kassel 1992 (Catalogus Musicus. 13.)
BG	= *J. S. Bachs Werke. Gesamtausgabe der Bachgesellschaft*, Leipzig 1851–1899
BJ	= *Bach-Jahrbuch*
BT	= *Sämtliche von Johann Sebastian Bach vertonte Texte*, hrsg. von Werner Neumann, Leipzig 1974
BWV	= Wolfgang Schmieder, *Thematisch-systematisches Verzeichnis der musikalischen Werke von Johann Sebastian Bach. Bach-Werke-Verzeichnis*, Leipzig 1950
BWV[2]	= *Bach-Werke-Verzeichnis* (wie oben); 2. überarbeitete und erweiterte Ausgabe, Wiesbaden 1990
BWV[2a]	= *Bach-Werke-Verzeichnis. Kleine Ausgabe nach der von Wolfgang Schmieder vorgelegten 2. Ausgabe*, hrsg. von Alfred Dürr und Yoshitake Kobayashi, unter Mitarbeit von Kirsten Beißwenger, Wiesbaden, Leipzig, Paris 1998
BzBF	= *Beiträge zur Bach-Forschung*, Leipzig 1982–1991
CPEB:CW	= *Carl Philipp Emanuel Bach: The Complete Works*, Los Altos 2005 ff.
DDT	= *Denkmäler Deutscher Tonkunst*, herausgegeben von der Musikgeschichtlichen Kommission, Leipzig 1892–1931
Dok I–VII	= *Bach-Dokumente*, herausgegeben vom Bach-Archiv Leipzig. Supplement zu Johann Sebastian Bach. Neue Ausgabe sämtlicher Werke. Band I: *Schriftstücke von der Hand Johann Sebastian Bachs. Vorgelegt und erläutert von Werner Neumann und Hans-Joachim Schulze*, Leipzig und Kassel 1963 Band II: *Fremdschriftliche und gedruckte Dokumente zur Lebensgeschichte Johann Sebastian Bachs 1685–1750. Vorgelegt und erläutert von Werner Neumann und Hans-Joachim Schulze*, Leipzig und Kassel 1969

Band III: *Dokumente zum Nachwirken Johann Sebastian Bachs 1750–1800. Vorgelegt und erläutert von Hans-Joachim Schulze*, Leipzig und Kassel 1972
Band IV: Werner Neumann, *Bilddokumente zur Lebensgeschichte Johann Sebastian Bachs*, Kassel und Leipzig 1979
Band V: *Dokumente zu Leben, Werk und Nachwirken Johann Sebastian Bachs 1685–1800. Neue Dokumente. Nachträge und Berichtigungen zu Band I–III. Vorgelegt und erläutert von Hans-Joachim Schulze unter Mitarbeit von Andreas Glöckner*, Kassel 2007
Band VI: *Ausgewählte Dokumente zum Nachwirken Johann Sebastian Bachs 1801–1850. Herausgegeben und erläutert von Andreas Glöckner, Anselm Hartinger, Karen Lehmann*, Kassel 2007
Band VII: *Johann Nikolaus Forkel. Ueber Johann Sebastian Bachs Leben, Kunst und Kunstwerke (Leipzig 1802). Editionen. Quellen. Materialien. Vorgelegt und erläutert von Christoph Wolff unter Mitarbeit von Michael Maul*, Kassel 2008

DTÖ	= *Denkmäler der Tonkunst in Österreich*, Wien 1894 ff.
Dürr Chr 2	= Alfred Dürr, *Zur Chronologie der Leipziger Vokalwerke J. S. Bachs. Zweite Auflage: Mit Anmerkungen und Nachträgen versehener Nachdruck aus Bach-Jahrbuch 1957*, Kassel 1976 (Musikwissenschaftliche Arbeiten, hrsg. von der Gesellschaft für Musikforschung. Nr. 26.)
Dürr St	= Alfred Dürr, *Studien über die frühen Kantaten Johann Sebastian Bachs*, Leipzig 1951
Dürr St 2	= Alfred Dürr, *Studien über die frühen Kantaten Johann Sebastian Bachs. Verbesserte und erweiterte Fassung der im Jahr 1951 erschienenen Dissertation*, Wiesbaden 1977
Erler I–III	= Erler, Georg. *Die jüngere Matrikel der Universität Leipzig 1559–1809 als Personen- und Ortsregister bearbeitet und durch Nachträge aus den Promotionslisten ergänzt*, 3 Bde., Leipzig 1909
Band I: *Die Immatrikulationen vom Wintersemester 1559 bis zum Sommersemester 1634*
Band II: *Die Immatrikulationen vom Wintersemester 1634 bis zum Sommersemester 1709*
Band III: *Die Immatrikulationen vom Wintersemester 1709 bis zum Sommersemester 1809*

Gerber ATL	= Ernst Ludwig Gerber, *Historisch-Biographisches Lexikon der Tonkünstler*, Teil I/II, Leipzig 1790–1792
Gerber NTL	= Ernst Ludwig Gerber, *Neues historisch-biographisches Lexikon der Tonkünstler*, Teil 1–4, Leipzig 1812–1814
GraunWV	= Christoph Henzel, *Graun-Werkverzeichnis (GraunWV). Verzeichnis der Werke der Brüder Johann Gottlieb und Carl Heinrich Graun*, 2 Bde., Beeskow 2006
H	= E. Eugene Helm, *Thematic Catalogue of the Works of Carl Philipp Emanuel Bach*, New Haven und London 1989
HoWV	= Homilius-Werkverzeichnis, in: Uwe Wolf, *Gottfried August Homilius (1714–1785). Studien zu Leben und Werk (mit Werkverzeichnis HoWV, kleine Ausgabe)*, Stuttgart 2009
Jahrbuch MBM	= *Jahrbuch der Ständigen Konferenz Mitteldeutsche Barockmusik*
Jahrbuch SIM	= *Jahrbuch des Staatlichen Instituts für Musikforschung Preußischer Kulturbesitz Berlin*
JAMS	= *Journal of the American Musicological Society*
Kobayashi Chr	= Yoshitake Kobayashi, *Zur Chronologie der Spätwerke Johann Sebastian Bachs. Kompositions- und Aufführungstätigkeit von 1736 bis 1750*, in: Bach-Jahrbuch 1988, S. 7–72
Kobayashi FH	= Yoshitake Kobayashi, *Frank Hauser und seine Bach-Handschriftensammlung*, Dissertation, Göttingen, 1973
LBB	= *Leipziger Beiträge zur Bach-Forschung*, Hildesheim 1995 ff.
Mf	= *Die Musikforschung*
MGG²	= *Die Musik in Geschichte und Gegenwart. Allgemeine Enzyklopädie der Musik. Begründet von Friedrich Blume. Zweite neubearbeitete Ausgabe*, hrsg. von Ludwig Finscher, Kassel und Stuttgart 1994–2007
NBA	= *Neue Bach-Ausgabe. Johann Sebastian Bach. Neue Ausgabe sämtlicher Werke. Herausgegeben vom Johann-Sebastian-Bach-Institut Göttingen und vom Bach-Archiv Leipzig*, Leipzig und Kassel 1954–2007
New Grove 2001	= *The New Grove Dictionary of Music and Musicians. Second Edition. Edited by Stanley Sadie*, London 2001
RISM A/I	= *Répertoire International des Sources Musicales. Internationales Quellenlexikon der Musik*, Serie A/I: *Einzeldrucke vor 1800*, Kassel 1971 ff.
RISM A/II	= *Répertoire International des Sources Musicales. Internationales Quellenlexikon der Musik*, Serie A/II: *Musikhandschriften nach 1600*

RV	= Peter Ryom, *Verzeichnis der Werke Antonio Vivaldis. Kleine Ausgabe*, 2., verbesserte und erweiterte Auflage, Leipzig 1979
Schering K	= Arnold Schering, *Johann Sebastian Bachs Leipziger Kirchenmusik*, Leipzig 1936 (²1954)
Schulze Bach-Überlieferung	= Hans-Joachim Schulze, *Studien zur Bach-Überlieferung im 18. Jahrhundert*, Leipzig und Dresden 1984
Schulze K	= Hans-Joachim Schulze, *Die Bach-Kantaten. Einführungen zu sämtlichen Kantaten Johann Sebastian Bachs*, Leipzig und Stuttgart 2006 (Edition Bach-Archiv Leipzig)
SIMG	= *Sammelbände der Internationalen Musikgesellschaft*
Spitta I, II	= Philipp Spitta, *Johann Sebastian Bach*, Bd. I, Leipzig 1873; Bd. II, Leipzig 1880
SWV	= Schütz-Werkeverzeichnis
TBSt 1, 2/3, 4/5	= *Tübinger Bach-Studien*, herausgegeben von Walter Gerstenberg. Heft 1: Georg von Dadelsen, *Bemerkungen zur Handschrift Johann Sebastian Bachs, seiner Familie und seines Kreises*, Trossingen 1957 Heft 2/3: Paul Kast, *Die Bach-Handschriften der Berliner Staatsbibliothek*, Trossingen 1958 Heft 4/5: Georg von Dadelsen, *Beiträge zur Chronologie der Werke Johann Sebastian Bachs*, Trossingen 1958
TVWV	= Werner Menke, *Thematisches Verzeichnis der Vokalwerke von Georg Philipp Telemann*, Bd. 1, 2, Frankfurt am Main 1981, 1983
VD 18	= Verzeichnis der im deutschen Sprachraum erschienenen Drucke des 18. Jahrhunderts (http://vd18.de/)
Warb	= Ernest Warburton, *The Collected Works of J. S. Bach*, Bd. 48/1: *Thematic Catalogue*, New York 1999
Weiß	= *Katalog der Wasserzeichen in Bachs Originalhandschriften, von Wisso Weiß, unter musikwissenschaftlicher Mitarbeit von Yoshitake Kobayashi*, Bd. 1/2, Kassel und Leipzig 1985 (NBA IX/1)
Wolff Stile antico	= Christoph Wolff, *Der Stile antico in der Musik Johann Sebastian Bachs. Studien zu Bachs Spätwerk*, Wiesbaden 1968 (Beihefte zum Archiv für Musikwissenschaft. 6.)
Wq	= Alfred Wotquenne, *Thematisches Verzeichnis der Werke von Carl Philipp Emanuel Bach*, Leipzig 1905, Reprint Wiesbaden 1968

Zedler	= Johann Heinrich Zedler, *Grosses vollständiges Universal Lexikon aller Wissenschaften und Künste* [...], Halle und Leipzig 1732–1754 (Reprint Graz 1999)
ZfMw	= *Zeitschrift für Musikwissenschaft*
ZWV	= Zelenka-Werkeverzeichnis

2. Bibliotheken

A-Wgm	= Wien, Gesellschaft der Musikfreunde, Bibliothek
A-Wn	= Wien, Österreichische Nationalbibliothek, Musiksammlung
A-Wst	= Wien, Wienbibliothek im Rathaus
B-Bc	= Bruxelles, Conservatoire Royal de Musique, Bibliothèque
B-Br	= Bruxelles, Bibliothèque Royale Albert Ier
CZ-Pk	= Prag, Knihovna Pražské Konzervatoře, specializovaná knihovna
CZ-Pu	= Prag, Národní knihovna České republiky
D-AG	= Augustusburg, Pfarrarchiv, Musiksammlung
D-B	= Staatsbibliothek zu Berlin – Preußischer Kulturbesitz, Musikabteilung mit Mendelssohn-Archiv. Früher Königliche Bibliothek (Preußische Staatsbibliothek) Berlin. Als Abkürzung für die Signaturen der Bach-Handschriften (*Mus. ms. Bach P* bzw. *St*) dienen *P* und *St*
D-Bsa	= Bibliothek der Sing-Akademie zu Berlin (Depositum in D-B)
D-Dl	= Dresden, Sächsische Landesbibliothek – Staats- und Universitätsbibliothek, Musikabteilung
D-DS	= Darmstadt, Hessische Landes- und Hochschulbibliothek, Musikabteilung
D-F	= Frankfurt am Main, Stadt- und Universitätsbibliothek, Musik- und Theaterabteilung
D-GRu	= Greifswald, Universitätbibliothek
D-Hs	= Hamburg, Staats- und Universitätsbibliothek Carl von Ossietzky
D-HAf	= Halle/Saale, Bibliothek der Franckeschen Stiftungen
D-HAu	= Halle/Saale, Martin-Luther-Universität, Universitäts- und Landesbibliothek
D-LEm	= Leipzig, Städtische Bibliotheken – Musikbibliothek
D-LEu	= Leipzig, Universitätsbibliothek
D-LST	= Lichtenstein, Kirchenarchiv St. Laurentius
D-Mbs	= München, Bayerische Staatsbibliothek
D-OLH	= Olbernhau, Evangelisch-lutherisches Pfarramt

D-ROu	= Rostock, Universitätsbibliothek, Fachgebiet Musik
D-SHs	= Sondershausen, Stadt- und Kreisbibliothek „Johann Karl Wezel"
D-WFe	= Weißenfels, Ephoralbibliothek (Depositum im Heinrich-Schütz-Haus)
D-WRz	= Wolfenbüttel, Herzogin-Anna-Amalia-Bibliothek – Studienzentrum
DK-Kk	= København, Det Kongelige Bibliotek
I-Bc	= Bologna, Museo internazionale e biblioteca della musica di Bologna
PL-GD	= Gdańsk, Biblioteka Gdańska Polskiej Akademii Nauk
PL-Wu	= Warszawa, Biblioteka Uniwersytecka
RUS-SPp	= St. Petersburg, Gosudarstvennyj literaturnyj muzej A. S. Puškina
US-NYpm	= New York/N.Y., Pierpont Morgan Library
US-R	= Rochester, NY, Sibley Music Library, Eastman School of Music, University of Rochester

„welche ieder Zeit aus den 8 besten Subjectis bestehen muß"
Die erste „Cantorey" der Thomasschule
Organisation, Aufgaben, Fragen

Von Michael Maul (Leipzig)*

John Eliot Gardiner zum 70. Geburtstag

Die Frage nach der Größe von Johann Sebastian Bachs Chor bei den sonn- und festtäglichen Leipziger Kantatenaufführungen beschäftigt die Forschung seit Jahrzehnten. Sie nahm an Fahrt auf, als Joshua Rifkin 1981 erstmals seine „one-singer-per-part-theory" vorstellte[1] und damit eine längst – seit Scherings Zeiten[2] – als beendet erschienene Diskussion neu entfachte: weil Rifkin liebgewonnene Hörgewohnheiten und Darbietungsweisen kritisch hinterfragte und die Aufführungspraxis der Bach-Kantaten in der Folge vielerorts von seinen Beobachtungen beeinflußt wurde. Aktuell stehen sich in der Sache zwei Parteien einigermaßen unversöhnlich gegenüber: Auf der einen Seite diejenigen, die sich vor allem auf Bachs Äußerungen im berühmten „Entwurff einer wohlbestallten Kirchen Music" berufen, denenzufolge ein jeder „Chor" im Idealfall aus drei, besser vier Sängern pro Stimmlage zu bestehen habe.[3] Eine geringere Besetzungsstärke hätte in Bachs Augen einen Mangel dargestellt, stünde nicht in der Tradition von Knabenchören, schon gar nicht in derjenigen des Thomanerchors, und sei überhaupt aus akustischen Gründen kaum vorstellbar; auch andere „Chorlisten" der Bach-, Doles- und Hiller-Ära

---

* Für einen ausführlichen, mitunter kontroversen Gedankenaustausch während der langen Entstehungsphase dieses Beitrags bin ich meinen Kollegen am Bach-Archiv Andreas Glöckner, Hans-Joachim Schulze, Christoph Wolff und Peter Wollny sowie Joshua Rifkin (Cambridge, MA) und Martin Geck (Witten) zu Dank verpflichtet.

[1] J. Rifkin, „*Bach's chorus*", Vortrag für die Jahrestagung der American Musicological Society, Boston 1981, abgedruckt in: A. Parrott, *The Essential Bach Choir*, Woodbridge 2000 (deutsche Ausgabe unter dem Titel: *Bachs Chor. Zum neuen Verständnis*, Stuttgart 2003, mit abweichenden Seitenzahlen), S. 189–208. Dort S. 216–217 eine Übersicht zu Rifkins relevanten Publikationen (bis 2000). Neuerliche Bekräftigungen beider Autoren erschienen in den Zeitschriften *Early Music* (Rifkin in: 38/3, August 2010; 40/4, Februar 2012; Parrott in: 38/2, Mai 2010) und *Concerto* (siehe Fußnote 5); siehe außerdem die in Rifkin 2012 (wie Fußnote 6), S. 121, genannten jüngere Literatur sowie den Kompromißvorschlag zu den gegensätzlichen Hypothesen bei M. Geck, *Bach's art of church music and his Leipzig performance forces: contradictions in the system*, in: Early Music 31 (2003), S. 558–571.

[2] Hier prägend A. Schering, *Johann Sebastian Bachs Leipziger Kirchenmusik. Studien und Wege zu ihrer Erkenntnis*, Leipzig 1954.

[3] Dok I, Nr. 22.

würden eine mehr oder weniger kontinuierliche Größe des ersten „Chors" der Thomaner von mindestens zwölf Sängern belegen.[4] Auf der anderen Seite steht nach wie vor Rifkins Theorie, die sich auf den Überlieferungsbefund der Originalstimmensätze zu Bachs Kantaten beruft. Da hier in den überwiegenden Fällen nur eine handgeschriebene Stimme pro Partie vorliegt, sei bei den Kantatenaufführungen – folgt man der Prämisse, one to a part – von einer üblichen „Chor"-Stärke von vier Personen auszugehen.

Mit den folgenden Ausführungen geht es mir nicht darum, in der Debatte Partei zu ergreifen, und schon gar nicht ist meine Feder von vermeintlichen „Doktrinen"[5] geleitet. Vielmehr möchte ich – nicht zuletzt angeregt durch Joshua Rifkins jüngst hier publizierte Auseinandersetzung mit den überlieferten „Chor"-Listen der Bach-Zeit und den neuen Beobachtungen und Fragen, die er darin vortrug[6] – die Diskussion in einen breiteren zeitlichen Kontext stellen, also die Organisationsprinzipien der Thomaner-„Chöre" und -„Cantoreyen" von der Frühzeit bis ins 19. Jahrhundert hinein ergründen. Ich habe dies in gedrungener Form bereits in einem Kapitel meiner 2012 erschienenen Monographie zur Geschichte der Thomasschule getan.[7] Mein dort geäußertes Versprechen, über das Thema noch einmal ausführlicher und mit schärferer Fokussierung auf die „widersprüchlichen" Dokumente der Bach-Zeit zu publizieren,[8] will ich nun einlösen. Es sollen Kontinuitäten der Chorgeschichte herausgestellt und Zäsuren wie Brüche benannt werden. Denn aus dem erweiterten Blickwinkel zeigt sich, daß in der Debatte und bei der Lesart mancher damit assoziierter Bach-Dokumente einige wichtige Aspekte und Grundsätze des „Chor"- und „Cantoreyen"-Wesens an der Thomasschule bislang keine

---

[4] Siehe vor allem die einschlägigen Publikationen von Andreas Glöckner, erwähnt in den Fußnoten 10, 45, 72, 129 und 141, außerdem ders., *Alumnen und Externe in den Kantoreien der Thomasschule zur Zeit Bachs*, BJ 2006, S. 9–36; C. Wolff, Leserbriefe in: Early Music 26/3, August 1998, S. 540–541, und 27/1, Februar 1999, S. 172; ders., *Johann Sebastian Bach. The Learned Musician*, New York 2000, S. 346–348; und H.-J. Schulzes Besprechung von Andrew Parrotts Buch (Fußnote 1) in: BJ 2003, S. 267–270.

[5] Vgl. Schulze 2003 (wie Fußnote 4), S. 267, und A. Parrott, *Bachs Chor: Die Leipziger Doktrin*, in: Concerto, Nr. 233 (2010), S. 25–29.

[6] J. Rifkin, *Chorliste und Chorgröße bei Johann Sebastian Bach. Neue Überlegungen zu einem alten Thema*, in: BJ 2012, S. 121–143.

[7] Kapitel *Acht aus 54. Die Elitekantorei der Thomasschule und die Organisation des „musikalischen Chores"*, in: M. Maul, *„Dero berühmter Chor" – Die Leipziger Thomasschule und ihre Kantoren (1212–1804)*, Leipzig 2012, S. 88–98. Siehe außerdem meine Vorstudie: *Das Thomaskantorat im 17. und 18. Jahrhundert*, in: Enzyklopädie der Kirchenmusik, Bd. 2: Zentren der Kirchenmusik, hrsg. von M. Schneider und B. Bugenhagen, Laaber 2011, S. 239–264, speziell S. 243–245.

[8] Maul 2012 (wie Fußnote 7), S. 388.

Berücksichtigung fanden und die Begriffe „Chorus", „Coetus" und „Cantorey"
– freilich, wie sich zeigen wird, von Alters her – unscharf verwendet werden.
Im Kern werden meine Überlegungen abzielen auf die sogenannten vier
„Cantoreyen" der Thomaner, die laut den gedruckten Schulordnungen aus
jeweils acht Sängern zu bestehen hatten[9] und heute gemeinhin als Neujahrskantoreien bezeichnet werden – ein Terminus, der in den historischen Dokumenten allein durch eine Eingabe des Schulvorstehers Trier aus dem Jahr 1745 belegt ist. Deren zentrale Passage lautet, abzielend auf die damals aktuelle Frage, ob ein „Cantorey"-Mitglied zugleich den gut bezahlten Hilfsdienst eines Leichen-Famulus übernehmen dürfe:

> Es giebt nehmlich bey besagter Schule zweyerley *Cantorey*en, als die Kirchen- und die Neujahrs-*Cantorey*en. Die erstere die Kirchen-*Cantorey*en werden wieder in zwey Arten eingetheilet, davon die erste, nach den 4. Stadt-Kirchen 4. *Chöre* ausmachet, und die Kirchen an Sonn- und Fest-Tagen besorget, die andere Art bestehet aus 6. *Chören*, und wohnet dem Wöchentlichen Gottes-Dienst, Früh in den Haupt-StadtKirchen und Nachmittags, Dienstags und Freytags in der Neuen-Kirchen bey. Zu beyden Arten Kirchen-*Cantorey*en gehören, nach beygelegter *Specification*, sämtliche *Alumni*, jedoch mit dem Unterschied, daß zu der ersten und andern Sonntags-*Cantorey*e, die besten *Musici*, und zu der dritten nicht gantz untüchtige Schüler gezogen werden, weil diese eben auch *Motetten etc.* in der Neuen-Kirche singen müssen.
> Was die Neujahrs-*Cantorey*en anbelanget, so werden jedesmahl vor dem Neuen-Jahr 32. Personen darzu von dem *Cantore* ausgelesen, und in 4. *Chöre*, jeden zu 8. Schülern eingetheilet. Diese *Cantorey*en hören jederzeit, nach Endigung des Neu-Jahr-Umgangs wieder auf, ausser dem ersten *Chor*, welcher zu Besorgung der Hochzeiten und Beysetzungen auf $^1/_2$ Jahr beybehalten wird.
> Woraus denn so viel erhellet, daß zu den Kirchen *Cantorey*en oder *Chören* die sämmtlichen *Alumni* gehören, die Neu-Jahrs-*Cantorey*en aber gegen Ostern, als um welche Zeit die Leichen-*Famulatur* vergeben zu werden pfleget, meistens nicht mehr *existi*ren. Solte nun E. E. Hochw: Raths *intention* bey Abfassung obberührter Verordnung dahingegangen seyn, daß aus den 2 ersten Sonntags-Kirchen-*Cantorey*en, als wozu die besten *Musici* gezogen werden, die zu der Leichen-*Famulatur* zu benennende *Subjecta* genommen werden solten, so ist hingegen, sonder alle Maaßgebung, nicht unbillig in Erwegung zu ziehen, daß der Leichen-*Famulus* nicht von den *emolumentis*, so von nur besagter 2. *Cantorey*en herrühren, sondern von den Leichen-Geldern, welche sämmtliche *Alumni* nach Beschaffenheit der Leichen verdienen, *salari*ret werden dahero etwas hart zu seyn scheinen dürffte, wenn die zur *Music* nicht *qvalifici*rte Schüler jederzeit dem Famulo von ihren *ratis* abgeben, niemahls aber selbst, wegen der, von der Natur ihnen versagten Gaben, oder wieder Verschulden verlohrner Stimme, zu solcher Stelle zu gelangen Hoffnung haben solten, zumahl die in den 2 ersten *Cantorey*en befindliche *Alumni* ohne dies durch *Praefectur*en, worzu sie nach und nach kommen, und sonst vor andern ergiebigen Zugang haben.[10]

---

[9] Siehe Fußnote 48 und Anhang.
[10] Stadtarchiv (im folgenden: StA) Leipzig, *Stift. VIII. B. 26*, fol. 5–8; Inhalt referiert

Was die Neujahrskantoreien eigentlich taten, wurde bislang kaum untersucht, vor allem, weil Arnold Schering auf der Basis der Trierschen Eingabe zu der Einschätzung gelangte, daß die jährliche Einteilung jener vier Ensembles weder nominell noch numerisch von Bedeutung für die sonntäglichen Kirchendienste war.[11] Die vier Neujahrskantoreien hatten folglich in Scherings Augen – und später denjenigen der übrigen Forscher – keine Relevanz für die Erkundung von Johann Sebastian Bachs Praxis bei den Kantatenaufführungen.

Ich möchte zeigen, daß Scherings Ausführungen zu den „Cantoreyen" und „Chören" problematisch sind, eben weil sie sich im Kern allein auf Triers Ausführungen stützen.

Bei der Gesamtschau auf die (übrigen) Quellen zu den Thomaner-„Chören" und „Cantoreyen" des 17. und 18. Jahrhunderts ergibt sich nämlich ein recht einheitliches Bild des Organisationssystems, das jedoch teils im Widerspruch zu Triers Aussagen steht beziehungsweise diese relativiert. Scherings Prämisse – er hielt Triers Ausführungen für „am besten" geeignet, das System zu erklären[12] – erscheint somit fraglich.

I. Neue und wiederaufgetauchte Quellen

Die neuerliche Erschließung, Sichtung und Auswertung der relevanten Materialien fand statt innerhalb zweier Forschungsprojekte des Bach-Archivs: „Dokumentation zur Geschichte des Thomaskantorats" und „Erschließung der Biographien von Bachs Thomanern".[13] Die Ergebnisse habe ich teils bereits in meiner Monographie vorgestellt;[14] die zentralen Quellentexte werden in Kürze in einer Dokumentensammlung zur Kantoratsgeschichte zugänglich sein.[15]

---

bei Schering 1954 (wie Fußnote 2), S. 18, und auszugsweise wiedergegeben bei A. Glöckner, *„The ripienists must also be at least eight, namely two for each part": The Leipzig line of 1730 – some observations*, in: Early Music 39/4, November 2011, S. 575–585, speziell S. 584.

[11] Schering 1954 (wie Fußnote 2), S. 18–21; außerdem ders., *Musikgeschichte Leipzigs in drei Bänden*, Bd. 2: *Von 1650 bis 1723*, Leipzig 1926, S. 68–80, speziell S. 74f.; und Bd. 3: *Das Zeitalter Johann Sebastian Bachs und Johann Adam Hillers (von 1723 bis 1800)*, Leipzig 1941, S. 41–46, speziell S. 43–44.

[12] Schering 1954 (wie Fußnote 2), S. 18.

[13] Gefördert von der Gerda Henkel Stiftung.

[14] Maul 2012 (wie Fußnote 7).

[15] *Dokumente zur Geschichte des Thomaskantorats*, Bd. I: *Von der Reformation bis zum Amtsantritt Johann Sebastian Bachs*, hrsg. von M. Maul; Bd. II: *Von der Amtszeit Johann Sebastian Bachs bis zum Beginn des 19. Jahrhunderts*, hrsg. von A. Glöckner, im Druck.

Einige im Rahmen des Projektes von mir neu- beziehungsweise wiederaufgefundene Quellen aus dem ehemaligen Archiv der Thomasschule, die für das Verständnis und die Bewertung der Chororganisation von größerer Bedeutung sind, seien vorab kurz vorgestellt. Sie blieben bislang unberücksichtigt, weil sie zu einem Teilbestand des Archivs gehören, der 1967 aus dem Alumnat des Thomanerchors in das Leipziger Stadtarchiv verlagert wurde und dort wenig Beachtung fand (Bestand: *Thomasschule*). Im Kern handelt es sich dabei um Archivalien der Thomasrektoren des 19. und frühen 20. Jahrhunderts; einzelne Dokumente sind jedoch älteren Datums. Laut einer Aktennotiz war 1967 eine vollständige Übernahme der „Archivalien bis 1945, die bei der Thomasschule bzw. dem Thomanerchor entstanden waren", durch das Stadtarchiv geplant.[16] Die bis heute im Archiv des Thomanerchors verbliebenen Materialien bezeugen jedoch, daß dieses Vorhaben nicht umgesetzt wurde – womöglich wegen des Widerstandes von Seiten der Thomasschule, denn dort scheint man versucht zu haben, wenigstens einige Zimelien der Verlagerung zu entziehen.

Das Album Alumnorum Thomanorum (1730–1800)

Während die älteste Matrikel der Thomasschule, umfassend die Einträge der neuaufgenommenen Alumnen 1627–1631 und 1640–1729, über die Jahre im Alumnat der Thomasschule verblieb, galt der – noch Anfang des 20. Jahrhunderts von Bernhard Friedrich Richter für sein Alumnenverzeichnis[17] herangezogene – Folgeband als inzwischen verschollen. Dieser fand sich nun unter der Beschreibung „Lehrerverzeichnis" im Stadtarchiv wieder.[18] Wie die Aufschrift auf dem Titel besagt (Abb. 1), wurde das insgesamt 496 beschriebene Seiten umfassende Buch am 13. September 1730 vom gerade ins Amt eingeführten Thomasrektor Johann Matthias Gesner angelegt. Zu Beginn trugen sich die damals auf der Schule befindlichen 55 Alumnen ein. Wie aus einer mit dem Vorgang korrespondierenden Liste sämtlicher Thomasschüler am Schluß des älteren Matrikelbandes[19] hervorgeht, geschah dies entsprechend ihrer damaligen Rangfolge in den einzelnen Klassen, beginnend mit der Prima. Die

---

[16] Undatierte Aktennotiz über den Zugang des Bestandes „Erweiterte Thomasoberschule" im Stadtarchiv Leipzig, unterzeichnet von Heidrun Förster (Archivarin) und Christine Rothe (Archivassistentin). Ich danke Frau Carla Carlov (Stadtarchiv Leipzig) für die Hinweise zur Provenienz dieses Aktenbestandes und überhaupt den Mitarbeitern des Stadtarchivs für die freundliche und stets hilfsbereite Unterstützung meiner Recherchen.

[17] B. F. Richter, *Stadtpfeifer und Alumnen der Thomasschule in Leipzig zu Bachs Zeit*, in: BJ 1907, S. 32–78, speziell S. 66–76.

[18] StA Leipzig, *Thomasschule, Nr. 483*.

[19] Überschrieben mit „Nomina tum Alumnorum tum Externorum Scholae Thomanae." Von jüngerer Hand (des frühen 20. Jahrhunderts?) wurde oben links mit Bleistift

Namen der Ersteinträger sind identisch mit der Auflistung der 54 Alumnen am Ende von Bachs „Entwurff einer wohlbestallten Kirchen Music" (unterzeichnet am 23. August 1730).[20] Daß dort der 55. Alumne unerwähnt blieb (obwohl Bach zuvor ausdrücklich von 55 Knaben sprach), ist sicherlich kein Fehler oder durch einen mutmaßlich freien Platz im Alumnat bedingt, sondern als ein geflissentliches Übergehen mit schulpolitischem Hintergrund zu deuten: 1703/04 war aus Anlaß der Kregelschen Stiftung für Schulgetränke und der vom Schulvorsteher Baudiß vorangetriebenen Konsolidierung des Schulhaushalts der „Numerus" der Alumnen per Ratsdekret auf 54 festgesetzt und damit de facto verringert worden.[21] 1709 wurde er durch die Stiftung des Ratsherrn Johann Franz Born (2000 Reichstaler für die Schulspeisung) zwar auf 55 erhöht; jedoch hatte Born seine Stiftung an die Bedingung geknüpft, daß der zusätzliche Knabe stets von der Bornschen Familie auszuwählen sei, „zum Singen und der Music eben nicht qualificiret seyn" und von den Singediensten der Alumnen gänzlich befreit sein müsse. Nach einigen Nachverhandlungen zwischen Schulvorsteher und Stifter mußte der Knabe dann zumindest am Musikunterricht und dem Kurrendesingen teilnehmen. Er hatte fortan – wegen der erwähnten Sonderbehandlung und dem Umstand, keine schwarzen Chorkleider tragen zu müssen – den Beinamen „Bunter" oder „Bornscher" Alumne.[22] 1730 hatte diesen Status offenbar Johann Christoph Lehmann aus Panitzsch (1725–1731 Thomasalumne).[23]

---

ergänzt: „von Sommer 1730"; die Liste ist unvollständig erhalten, sie bricht innerhalb der Aufstellung der Tertianer ab.

[20] Dok I, Nr. 22.

[21] Siehe hierzu Maul 2012 (wie Fußnote 7), S. 168–172.

[22] Siehe ebenda und die dort mitgeteilten umfangreichen Materialien zur Bornschen Stiftung, die davon zeugen, daß Schulvorsteher, Stifter und Rat damals lang mit der Statthaftigkeit von Borns Forderungen gerungen hatten. Schulvorsteher Baudiß hatte überzeugend zu bedenken gegeben, was jenem ‚unmusikalischen' Knaben künftig an „Haß und Stacheleien" im Alumnat entgegenschlügen, wenn er am eingenommenen Kurrendegeld partizipieren würde, ohne selbst mit durch die Gassen laufen zu müssen; der Stifterwille wurde noch 1709 entsprechend verändert (siehe StA Leipzig, *Stift. VIII. B. 2c*, fol. 374–378; *Stift. VIII. B. 76 Vol. I*, und *Stift. XIII. B. 22*).

[23] Wohl aus diesem Grund werden in dem Verzeichnis der Wochen- und Sonntagschöre 1744/45 (wiedergegeben bei Richter 1907, wie Fußnote 17, S. 77, und Glöckner 2006, wie Fußnote 4, S. 18–22 und 34) ebenfalls nur 54 Alumnen erwähnt; ausgehend von den Angaben in der Schulmatrikel fehlt hier August Sigismund Knobloch aus Liebenwerda, 1741–1748 Alumne. Merkwürdigerweise taucht der 1730 von Bach ignorierte Alumne Lehmann in einer Liste zu „Chor: III" aus dem Jahr 1731 als Bassist auf (im Aufführungsmaterial zu einer Choralpassion), was zumindest zeigt, daß er wie die übrigen Alumnen im Gottesdienst zu erscheinen hatte (vgl. Glöckner 2006, wie Fußnote 4, S. 12 und 35).
Der Widerspruch bezüglich des „Numerus" in Bachs „Entwurff" wurde bereits von

Die von Gesner angelegte neue Matrikel unterscheidet sich formal von der vorangegangenen. Dort hatten die Neuankömmlinge eigenhändig und auf deutsch innerhalb eines Satzes erklären müssen, woher sie stammten, wie alt sie waren und wie lange sie sich auf der Schule aufhalten würden. Unter Gesner wurden mehrsätzige Einträge in lateinischer Sprache Pflicht, die inhaltlich einem Biogramm gleichkamen: Name, Geburtsort und Geburtstag, Berufsstand des Vaters, Datum des Einzugs ins Alumnat, anfängliche Klassenstufe und verbindliche Verweildauer waren nun mitzuteilen. Zunächst blieb jedem neuen Alumnen für seinen Eintrag eine ganze Seite reserviert; unter Gesners Nachfolgern finden sich gelegentlich zwei Einträge auf einer Seite. Beim Weggang eines Schülers vermerkte der jeweilige Rektor – ebenfalls in Latein – das Datum der Exmatrikulation, oft versehen mit Hinweisen zu den Qualitäten des Knaben oder den Gründen seines (dann außerplanmäßigen) Ausscheidens aus dem Alumnat; teils informierte er auch über besondere Würdigungen und Le-

---

Ulrich Siegele und Joshua Rifkin thematisiert; deren vorgeschlagene Erklärungen sind entsprechend zu modifizieren (vgl. U. Siegele, *Bachs Endzweck einer regulierten und Entwurf einer wohlbestallten Kirchenmusik*, in: Festschrift Georg von Dadelsen, Neuhausen-Stuttgart 1978, S. 313–351, speziell S. 321; und Rifkin 2012, wie Fußnote 6, S. 135–136). Die Behauptung Kaemmels, erst 1736 sei durch die Stiftung des Hofrats Johann Ernst Kregel (gest. 1731) die 55. Alumnenstelle geschaffen worden, basiert auf einer Fehldeutung der Dokumente: Kregel stiftete das Kapital 1703 und 1706 und verband damit die Auflage, daß seine Familie fortan zwei der 54 Alumnen bestimmen könne (vgl. O. Kaemmel, *Geschichte des Leipziger Schulwesens vom Anfange des 13. bis gegen die Mitte des 19. Jahrhunderts (1214–1846)*, Leipzig und Berlin 1909, S. 345; sowie die ebenfalls nicht ganz korrekten Angaben bei H. Geffcken und C. Tykorinski, *Stiftungsbuch der Stadt Leipzig* [...], Leipzig 1905, S. 181–182). Maßgebliche Archivalien zur Kregelschen Stiftung in: StA Leipzig, *Stift. VIII. B. 2c*, fol. 332–335; *Stift. VIII. B. 76 Vol. III*, fol. 33 ff. Auch die Protokolle und der Bericht zur Visitation der Thomasschule 1717 besagen, daß das Alumnat 55 Plätze habe, „weil ein Knabe durch des Herrn Stiffts: Rath Borns fundation dazu gekommen" (ebenda, *Stift. VIII. B. 2d*, fol. 163–165 und 195–206). Der Schulvorsteher Richter erwähnte 1777, daß alle Schüler, „die einzige Bachische [gemeint ist aber: Bornsche] Stelle, deren Genußhaber an denen Schul- und Musicbeneficiis keinen Theil hat, ausgenommen", verpflichtet seien, „Music und Litteris fleißig zu studieren" (Memorial vom 7. November in: StA Leipzig, *Stift. VIII. B. 6*, fol. 178–182; siehe auch H. Banning, *Johann Friedrich Doles. Leben und Werk*, Borna 1939, S. 75). Noch Hiller bemerkte in seinem Porträt des Thomasalumnats, daß unter den inzwischen (nach der ersten Trierschen Stiftung) „sechs und fünfzig jungen Leuten von dreizehn bis ein und zwanzig Jahren" nur „einer ἄμουσος [unmusikalisch] ist, und seyn darf" (*Berlinische Musikalische Zeitung*, 1793, 8. Stück, S. 29–30). 1797 kam durch die Stiftung von Rahel Amalia Augusta Trier (2500 Taler) noch ein zweiter (jetzt 57.) Alumne hinzu, der nach dem Willen der Stifterin ebenfalls über keine besondere musikalische Kenntnis verfügen mußte (siehe Maul 2012, wie Fußnote 7, S. 275 und 314).

gate, die den Alumnen zuteil geworden waren. In dieser Form wurde der Band bis zum Ende des Jahrhunderts fortgeführt. Er endet mit einem Eintrag vom 17. April 1800, kurz nachdem Friedrich Wilhelm Rost das Thomasrektorat übernommen hatte.

Die im Band gelieferten biographischen Informationen zu den Thomanern der Bach-Zeit hat Bernhard Friedrich Richter bereits in seinem gedruckten Alumnen-Verzeichnis ausgewertet.[24] Neue Erkenntnisse dürften vor allem aus den in der Matrikel vorliegenden Schriftproben erwachsen. Diese können freilich nur bedingt zur Identifizierung anonymer Schreiber in Bachs Aufführungsmaterialien herangezogen werden, weil sie ausschließlich lateinische Buchstabenformen in Reinschrift bieten. Eine systematische Auswertung des Bandes kann an dieser Stelle nicht erfolgen; anhand eines Beispiels sei zumindest auf die besonderen Schwierigkeiten hingewiesen, die sich für die Schreiberforschung aus den kalligraphischen Einträgen ergeben; dabei bin ich für die unabhängige Einschätzung der Materialien meinem Kollegen Peter Wollny zu Dank verpflichtet:

Bachs Hauptkopist E wurde wegen der unter dem „Fine"-Vermerk der Violino-I-Stimme in *St 112II* angebrachten Signum „JGH" schon seit langem vermutungsweise mit Johann Gottlob Haupt (Alumne der Thomasschule von 1727 bis 1735) gleichgesetzt.[25] Haupts Eintrag in die Matrikel scheint auf den ersten Blick allerdings keine Übereinstimmung mit den weichen Schriftformen von Hauptkopist E aufzuweisen (siehe Abb. 2). Ergänzend können drei aus späterer Zeit stammende Schriftstücke Haupts herangezogen werden: (1–2) Ein deutsches und ein lateinisches Bewerbungsschreiben auf das vakante Konrektorat in Eilenburg vom 10. Januar 1747 sowie (3) ein deutsches Bewerbungsschreiben auf das Amt eines Schulmeisters in Großstädteln bei Leipzig vom 21. September 1747.[26] In Brief (1) weist Haupt darauf hin, daß er „eine geraume Zeit so wohl auf der *S. Thomas*-Schule zu Leipzig als *Alumnus* wie auch auf der *Academi*e allda die *humaniora* besonders aber die *Music* jederzeit geübt, auch deswegen den berühmten Herrn Capellmeister Bachen in Leipzig bey allen Gelegenheiten *satisfaction* zuthun verspühret" habe. Dieser bemerkenswerte Hinweis ermutigt uns, die Schriftzüge Haupts erneut zu prüfen. Während die

---

[24] Richter 1907 (wie Fußnote 17).
[25] Siehe NBA II/6 Krit. Bericht (W. Blankenburg/A. Dürr, 1962), S. 124 (Fußnote 19). Die Tätigkeit von Hauptkopist E erstreckte sich auf den Zeitraum 1731–1735; siehe DürrChr 2, S. 149, und NBA IX/3 (Y. Kobayashi/K. Beißwenger, 2007), Nr. 167.
[26] Dokumente (1) und (2): Stadtarchiv Eilenburg, *XXVIf, Nr. 11* (*Acta Die durch Ascension Herrn M. Rochauens vacant gewordene Con-Rector Stelle betr:* [1747]), fol. 7–10. Hier betitelt sich Haupt als „*S.S.Theol. et Mus. Cand:*". Dokument (3): Sächsisches Staatsarchiv Leipzig, *Patrimonalgericht Großstädteln, Nr. 50*, fol. 39 bis 40. Hier bezeichnet Haupt sich als „Catechet" und „Informator" in Gohlis. Weitere Nachrichten zu seiner Lebensgeschichte fehlen.

deutschen Briefe (1) und (3) wegen ihres ausgesprochen kalligraphischen Duktus für einen Vergleich ungeeignet sind, lassen sich in dem lateinischen Schreiben (2) sowie in dem Matrikeleintrag doch bemerkenswerte Übereinstimmungen mit den in lateinischer Schrift geschriebenen Eintragungen in den von E herrührenden Stimmen ausmachen. Hingewiesen sei speziell auf die Majuskeln „C" (mit Zierstrich und Häkchen), „R" und „H" sowie das für Hauptkopist E charakteristische Schlußhäkchen bei der Abbreviatur „*Jan:*" in der Datumsangabe von (2). Somit darf das bisher gesetzte Fragezeichen bei der von Dürr vorgeschlagenen Identifizierung von Hauptkopist E in Zukunft unterbleiben.

Das Rechnungsbuch über die Bibliotheksgelder der Thomasschule

Eines der Prestige-Projekte der Schulrektoren Johann Heinrich Ernesti und Gesner war es, die in den Jahrzehnten zuvor stiefmütterlich behandelte wissenschaftliche Büchersammlung der Schule zu erweitern und ihre Benutzungsmöglichkeiten für Schüler wie Lehrer zu verbessern. In diesem Zusammenhang steht ein von Ernesti 1686 angelegtes und von den Rektoren bis 1860 geführtes Büchlein, das präzise über die Einnahmen und Ausgaben von Geldern zugunsten der Anschaffung von Büchern informiert[27] – der Rektor war qua Amt zugleich Inspektor der Bibliothek. Die Bezugsquellen für das Bücherkapital waren vielfältig. Neben festgesetzten Anteilen aus einzelnen Stiftungserträgen (ab 1741 etwa 25 Reichstaler per anno aus dem Sinnerschen Legat) und dem eingenommenen Kurrendegeld bezog die Bibliothek ihre Mittel vor allem aus Zahlungen der Schüler: Strafgelder für disziplinare Vergehen und wohl auch Fehler beim Musizieren;[28] zudem hatten die Alumnen bei ihrer

---

[27] In Kapsel: StA Leipzig, *Thomasschule, Nr. 283*, 106 fol.
[28] Siehe hierzu *E. E. Hochw. Raths der Stadt Leipzig Ordnung der Schule zu S. Thomae*, Leipzig 1723 [im folgenden: Schulordnung 1723], Cap. I/9 und XIII/13, und Gesners handschriftliche „Anbefohlne und unmaßgäbliche Anmerckungen über die Ordnung der Schule zu St. Thomas", in: StA Leipzig, *Stift. VIII. B. 5*, fol. 175–181; beides vollständig faksimiliert bzw. abgedruckt bei H.-J. Schulze, *Die Thomasschule Leipzig zur Zeit Johann Sebastian Bachs. Ordnungen und Gesetze 1634, 1723, 1733*, Leipzig 1985, S. 4–14, speziell S. 11 (Anmerkung zu S. 56, §. 13).
Die Strafgelder für Fehler beim Musizieren waren laut *E. E. Hochweisen Raths der Stadt Leipzig Gesetze der Schule zu S. Thomae*, Leipzig 1733 [im folgenden: Schulgesetze 1733; Faksimile ebenfalls bei Schulze 1985, siehe oben], T. VI/3, für die Beschaffung von „Instrumenten und den Musicalischen Büchern nach Belieben des Cantoris vorgesehen". Womöglich bezeugt aber die von Gesner 1731 auf fol. 13v des Bibliotheksbüchleins vermerkte Einnahme, „Vom H. Cantor eingeliefert Straff Geld": 15 gr. 9 pf., daß auch diese Gelder teilweise dem Bibliotheksfonds zugute kamen.

Exmatrikulation einen festgelegten Anteil ihrer beim Rektor hinterlegten „Caution"[29] an die Bibliothekskasse abzuführen: laut Schulordnung „vom Thaler 6. Pfennige", das heißt etwa 2 Prozent des vorhandenen Gesamtbetrages, und zwar „zum Erhalt- und Vermehrung solcher Bibliothec".[30] Verschwand ein Alumne vor Ablauf seiner vereinbarten Internatszeit aus der Schule, wurde sogar das gesamte beim Rektor hinterlegte Kapital dem Bibliotheksfonds zugeschlagen.[31] Über all diese Einnahmen informiert das Rechnungsbuch präzise, insbesondere für die Amtszeiten der Rektoren Gesner, Johann August Ernesti und Johann Friedrich Leisner (1730–1767) – zuvor und danach wurden die Einnahmen aus den Zahlungen scheidender Alumnen nur pauschal verzeichnet (Abb. 3).

Für unsere Annäherung an Bachs ‚Chor' ist das Buch insofern wertvoll, als sich anhand der Geldbeträge von abgehenden Schülern der Bach-Ära (erst ab 1730) erahnen läßt, ob diese besondere Plätze in der Schul- und Chorhierarchie eingenommen hatten – freilich ohne daß sich ihre vorangegangenen Tätigkeiten aus den Einträgen herauslesen lassen. Zudem markieren die Zahlungstermine das Datum des Abgangs eines Schülers; sie erlauben es mithin, die entsprechenden Angaben in der Alumnen-Matrikel unabhängig zu überprüfen.

Die Rechnungshefte über die Musikgelder („pecuniae musicae")

Ebenfalls außerhalb der allgemeinen Schulrechnung verbucht wurden die Einnahmen der Knaben aus den Singediensten. Hierüber informiert eine bislang nicht zur Kenntnis genommene Kapsel mit verschiedenen Abrechnungsheften.[32] Diese liefern nicht nur für den Zeitraum 1783–1799 Informationen

---

[29] Eingenommene Gelder, vor allem bei diversen Singediensten; siehe dazu weiter unten.
[30] Schulordnung 1723, Cap. I/11.
[31] Beispiele: Im November 1733 wurden an den Bibliotheksfonds – in der Folge der Flucht Christoph Nichelmanns aus dem Alumnat – 11 Rtlr. 18 gr. „ex relictis Nichelmanni" überwiesen; 1736 folgten 5 Rtlr. 18 gr. aus den Erträgen „Morheim fugitivo"; der zum Auftakt des Präfektenstreites im Sommer 1736 von der Schule geflüchtete Alumne Gottfried Theodor Kraus hinterließ 24 Rtlr. 6 gr. („Cautio fugitivi Kraussi", erst 1737 an den Bibliotheksfonds gebucht).
Die Praxis, die hinterlassenen Einnahmen eines von der Schule geflohenen Alumnen vollständig dem Bibliotheksfonds zuzuschlagen (so in Schulgesetze 1733, T. XI/6, beschrieben und durch das Rechnungsbuch bestätigt), geht auf einen Ratsbefehl von 1709 zurück (Archivalien zu diesem Präzedenzfall anläßlich der Flucht dreier Alumnen in: StA Leipzig, *Stift. VIII. B. 2c*, fol. 347 ff., speziell fol. 365; siehe auch Maul 2012, wie Fußnote 7, S. 170).
[32] StA Leipzig, *Thomasschule, Nr. 283*.

über die Erträge aus dem mehrmals wöchentlich abgehaltenen Kurrendesingen aller Alumnen und aus den besonderen Umgängen am Martins- und Gregoriustag[33] (aus diesen Einnahmen der Alumnen wurde das Schulgeld abgeführt, seit 1723 ein Groschen pro Woche und Schüler).[34] Ebenso finden sich Abrechnungen der Einnahmen aus dem Leichensingen für die Jahre 1768 bis 1800.[35] Schließlich, und vor allem, enthält die Kapsel eine umfangreiche Rechnungslegung über die „pecuniae musicae". Dieses seinerzeit auch als „Musikgelder" oder „musikalische Gelder" bezeichnete Kapital umfaßte die Einnahmen der vier „Cantoreyen" beim Neujahrssingen sowie die Erträge der ersten „Cantorey" beim Michaelissingen (Woche nach Michaelis) und bei bezahlten musikalischen Auftritten zu Hochzeiten, Beerdigungen und anderen privaten Feierlichkeiten. Die Abrechnungshefte der „pecuniae musicae" liegen vor für die Zeiträume Sommerhalbjahr 1676 bis Neujahrssingen 1680 sowie Winterhalbjahr 1682,[36] Sommerhalbjahr 1768 bis Neujahrssingen 1796 und Michaelissingen 1799 bis Winterhalbjahr 1802.[37] In den stets von den Rektoren (in Latein) geführten Heftchen quittierten die Empfänger der Gelder – Lehrer, diverse Hilfskräfte und Alumnen – eigenhändig den Erhalt ihres Anteils. Die Hefte erlauben somit für die genannten Zeiträume auch eine Rekonstruktion der personellen Zusammensetzung der „Cantoreyen".

II. Die vier „Cantoreyen" der Thomasschule –
ein raffiniertes Anreizsystem

Dem „Chor" der Thomasschule eilte schon in der ersten Hälfte des 17. Jahrhunderts der Ruf voraus, der leistungsfähigste Schulchor in Mitteldeutschland zu sein. Bemerkt wurde dies bereits von Michael Praetorius,[38] vor allem aber von Heinrich Schütz. Der Dresdner Hofkapellmeister widmete 1648 seine

---

[33] „Currend-Rechnung […]", wie Fußnote 32, fol. 287–415 und 457–465. In der Rechnung für das Jahr 1794 findet sich eine kurze Vorbemerkung des Rektors Fischer, die einen weiteren Beleg für dessen schwieriges Verhältnis zu den Thomaskantoren Johann Friedrich Doles und Johann Adam Hiller liefert: „NB. Die Currendegelder haben dieses Jahr so sehr abgenommen, weil die Schüler die neuen Melodien der Lieder, bey der Currende, auf Veranlassung des Cant. Hillers, zu singen angefangen haben. Sie schienen nicht zu singen, sondern zu heulen." (fol. 360 v); siehe zusammenfassend Maul 2012 (wie Fußnote 7), S. 283–287 und 302–307.
[34] Maul 2012 (wie Fußnote 7), S. 180.
[35] „Rationes didactrorum […]", wie Fußnote 32, fol. 466–488 und 705–718.
[36] „Rationes Pecuniae Musicae Ab Ao. 1676. ad 80", wie Fußnote 32, fol. 416–429.
[37] „Rationes Pecuniae Musicae […]", wie Fußnote 32, fol. 489–625, 214–238, 627–704, 719–784, 430–456 (chronologische Reihenfolge).
[38] *Syntagma musicum*, Bd. 2, Wolfenbüttel 1619, unpaginierte Widmung an den Leip-

berühmte Motettensammlung „Geistliche Chormusik" der Stadt Leipzig und ihrem „berühmten Chor", weil dieser „Musicalische Chor" „allezeit für [vor] andern" in Sachsen „einen grossen Vorzug" gehabt habe.[39] Schütz würdigte damit zum einen das gesamte reguläre „musicalische Chor" der Leipziger Kirchenmusik, also den Aufführungsapparat, bestehend aus dem Thomaskantor, den Sängerknaben der Thomasschule, den beiden städtischen Organisten, den vier Stadtpfeifern und drei Kunstgeigern nebst einem regulären Gesellen.[40] Mit dem „grossen Vorzug" war aber sicherlich auch eine Besonderheit der Thomasschule gemeint, die bereits zu Zeiten des Kantors Seth Calvisius (im Amt 1594–1615) ausgeprägt worden war, dann unter Johann Hermann Schein zeitweise in die Diskussion geriet, schließlich aber, in den Nöten einer bankrotten Stadtkasse und des Dreißigjährigen Kriegs, zum unverrückbaren Gesetz erklärt wurde. Sie bestand darin, daß die Knaben im Internat der Thomasschule, die sogenannten Alumnen, allesamt auf der Basis einer musikalischen Eignungsprüfung in die Schule gelangten. Es spielte also keine entscheidende Rolle, woher ein Knabe stammte – im 17. Jahrhundert kamen die wenigsten Alumnen aus Leipzig (weniger als fünf Prozent), Anfang des 18. Jahrhunderts stieg die Quote bedenklich an[41] –, auch spielten seine mitgebrachten schulischen Fähigkeiten nur eine untergeordnete Rolle. Ausschlaggebend war vielmehr, und so wurde es erstmals in der gedruckten Schulordnung von 1634 formuliert, daß ein angehender Alumme „in arte musicam nicht rudes, sondern deroselben guten theils erfahren" war „und ein Stück fertig und artig musiciren" konnte. Denn die Erfahrung habe unzweifelhaft gezeigt, so beschreibt es derselbe Paragraph, daß „Auffnehmen und Wolfart der Schule vorige Zeiten mercklichen hierdurch befördert worden, weil die Knaben, so dorein recipirt und angenommen, mehr, als in der Schul zu S. Niclas, zur Music gehalten". Darauf gründe die besondere Qualität des Chorgesangs der Thomaner; und diese habe ihrerseits dazu geführt, daß die Bürgerschaft der Thomasschule zahlreiche Wohltaten zugeeignet und „unterschiedene legata" hinterlassen habe, auf deren Grundlage inzwischen ein teurer und großangelegter Internatsbetrieb finanziert werden konnte[42] – ein postulierter Zusammenhang, der sich in Zahlen deutlich belegen läßt.[43]

---

ziger Rat, der darin die „jederzeit" anzutreffende besondere Qualität der Thomaskantoren und der „hochlöblichen [Thomas-]Schule" betonte.

[39] Vorrede wiedergegeben in: *Schütz-Dokumente*, Band 1: *Schriftstücke von Heinrich Schütz*, hrsg. von M. Heinemann, Köln 2010, S. 276–278.

[40] Maul 2012 (wie Fußnote 7), S. 46–47.

[41] Ebenda, S. 83–84, 213–216, 238, 265 und 276.

[42] *Des Raths zu Leipzig vornewerte Schul-Ordnung* […], 1634 [im folgenden: Schulordnung 1634; Faksimile in Schulze 1985, wie Fußnote 28], Cap. VII/1. Siehe auch bei Fußnote 105.

[43] Zur Entwicklung der Thomasschule hin zu einer ‚Musikschule' siehe ausführlich

Damals schaute man an keiner anderen Schule in Deutschland derart auf die mitgebrachten musikalischen Fähigkeiten aller potentiellen Alumnen. Und diese Sonderstellung erklärt letztlich auch, warum sich seit dem 17. Jahrhundert einige der berühmtesten Musiker ihrer Zeit, darunter der Kapellmeister Johann Sebastian Bach, durchringen konnten, Kantor in der Thomasschule zu werden – einer einzigartigen Knabenschule und so gesehen in der Tat „favorablen Station",[44] in der sich kraft ihrer Satzung alles den musikalischen Aufgaben unterzuordnen hatte, jedenfalls bis zur Vorlage der überarbeiteten Schulordnung im Herbst 1723.[45]

Daß der Thomanerchor seit dem 17. Jahrhundert als das ‚Maß aller Dinge' unter den protestantischen Knabenchören gelten konnte, hatte aber noch einen weiteren Grund. Verantwortlich dafür war ein bereits früh ausgeprägtes, bis weit ins 19. Jahrhundert hinein fast unverändert bestehendes ausgeklügeltes Anreizsystem. Es animierte die ohnehin mit einer guten musikalischen Vorbildung ausgestatteten Knaben, sich auf der Schule in ihrer Kunst – noch über den allgemeinen Musikunterricht hinaus – weiter zu üben. Denn, und das ist der zentrale Ansatz meiner neuerlichen Betrachtung: besondere musikalische Leistungen wurden an der Thomasschule auch besonders, nämlich mit sehr viel Geld belohnt. Dies betrifft nicht die seit 1581 etablierte Praxis des Kurrendesingens, zu dem alle Alumnen verpflichtet waren,[46] sondern die unabhängig von der Zusammensetzung der Kurrenden erfolgende Einteilung ausgewählter 32 Alumnen in vier einzelne „Cantoreyen".

Schon die gedruckten Schulgesetze von 1634 beschreiben das (insgesamt noch ältere)[47] „Cantoreyen"-System. Demnach teilte der Kantor stets um den

---

meine Darstellung in Maul 2012 (wie Fußnote 7), S. 33–76, speziell die Übersicht zum Stiftungskapital auf S. 38.

[44] Vgl. J. S. Bachs Ausführungen im sogenannten Erdmann-Brief (1730; Dok I, Nr. 23) und die Überlegungen dazu in Maul 2012 (wie Fußnote 7), S. 208–209.

[45] Schon allein dieser Umstand sollte Anlaß bieten, die gelegentlich ins Spiel gebrachte Annahme zu überdenken, die Verhältnisse an der Thomasschule hätten sich „nicht prinzipiell von denen in anderen mitteldeutschen Stadtkantoreien" oder „Schulkantoreien" (hier namentlich in Freiberg, Dresden, Grimma, Meißen und Pforta) „unterschieden". Vgl. etwa A. Glöckner, *Bemerkungen zur vokalen und instrumentalen Besetzung von Bachs Leipziger Ensemblewerken*, in: Vom Klang der Zeit. Besetzung, Bearbeitung und Aufführungspraxis bei Johann Sebastian Bach. Klaus Hofmann zum 65. Geburtstag, hrsg. von U. Bartels und U. Wolf, Wiesbaden 2004, S. 86–95, speziell S. 86; und Glöckner 2006 (wie Fußnote 4), S. 9.

[46] Siehe hierzu zusammenfassend Maul 2012 (wie Fußnote 7), S. 30; dort auch weiterführende Literaturangaben.

[47] Bereits Johann Hermann Schein erwähnt 1629 in einem Memorial die „acht Concentores, incluso Praefecto", welche bei „Privat-Musicken" aufwarten (Eingabe vom 30. September, in: StA Leipzig, *Stift. VIII. B. 2 a*, fol. 249–255, wiedergegeben bei A. Prüfer, *Johann Hermann Schein*, Leipzig 1895, S. 116–122, speziell S. 119).

2. Advent vier (im frühen 17. Jahrhundert noch fünf) „Cantoreyen" von jeweils acht Sängern inklusive eines Präfekten für das nächste Jahr ein, die sich sodann an den Nachmittagen gut drei Wochen lang auf das sogenannte Neujahrssingen vorzubereiten pflegten.[48] Der Zeitpunkt war gut gewählt: Nach dem 1. Advent, dem Beginn des neuen Kirchenjahrs, herrschte bis zum 1. Weihnachtsfeiertag tempus clausum. Während dieses Zeitraums wurde in den Kirchen nicht musiziert; die neuen „Cantoreyen" hatten also ausreichend Zeit, sich ‚einzusingen'. Das Neujahrssingen fand dann in den ersten zwei bis drei Januarwochen statt. Dabei sangen die vier (anfänglich fünf) „Cantoreyen" vor beziehungsweise in den Häusern der einzelnen Stadtviertel gegen Geldspenden, die ihnen allein zustanden, ein vergleichsweise anspruchsvolles Repertoire: Der Rektor Jacob Thomasius spricht 1676 von „gewissen Muteten" (siehe S. 25), Johann Kuhnau 1717 von „Motetten, die mancher wohl exercirte Studiosus nicht treffen wird, kleinen Vocal-Concerten, und andern feinen Arien".[49] Johann Friedrich Doles soll (wohl 1777) „neue Arien" dafür geschaffen haben.[50] Johann Adam Hiller publizierte 1794 „Vierstimmige Chor-Arien, zum neuen Jahre, bey Hochzeiten, Geburtstagen und Leichenbegängnissen zu singen" und bemerkte im Vorbericht, sie „auf mancherley Veranlassung für das Alumnäum der hiesigen Thomasschule geschrieben" zu haben – die Sammlung besteht aus durchaus ambitionierten, überwiegend homophonen Sätzen mit nur punktuell polyphonen Passagen; viele der Stücke sind strophisch, einige mehrteilig angelegt.

In die erste „Cantorey" gehörten laut den Leges (1634) diejenigen acht Alumnen, die gemäß der Einschätzung des Kantors alle anderen im Singen übertrafen („voce et promptitudine canendi"),[51] also „vor andern eine gute Stimme haben" (Schulordnung 1723).[52] Diese „Cantorey" hatte denn auch in den Stadtvierteln mit den „vornehmsten Häusern" zu singen.

---

[48] Siehe *Leges et statuta Scholae Senatoriae ad D. Thom.* […], Leipzig 1634 [im folgenden: Leges 1634; Faksimile in Schulze 1985, wie Fußnote 28], Cap. XX (siehe Anhang); Schulordnung 1723, Cap. XIII ff.; sowie J.A. Ernestis Anmerkungen zur Schulordnung, wiedergegeben bei Schulze 1985 (wie Fußnote 28), S. 16–17, und in Dok II, Nr. 376; außerdem Johann Kuhnaus Ausführungen im Memorial von 1717 (wie Fußnote 49).

[49] Memorial vom 18. Dezember 1717, in: StA Leipzig, *Stift. VIII. B. 2d*, fol. 181–186, vollständig wiedergegeben bei Spitta II, S. 861–865, hier speziell S. 863.

[50] Eingabe des Schulvorstehers Richter vom 7. November 1777, in: StA Leipzig, *Stift. VIII. B. 6*, fol. 178–182: „[…] weil er [Doles] sich rühmte neue Arien zum Neujahr-Singen componiret zu haben, wodurch vieles eingekommen"; siehe auch Maul 2012 (wie Fußnote 7), S. 280.

[51] Leges 1634, Cap. XX/2 (siehe Anhang).

[52] Schulordnung 1723, Cap. XIII/8 (wiedergegeben im Anhang). Siehe auch Schering 1954 (wie Fußnote 2), S. 20.

Das Prozedere der Einteilung der vier „Cantoreyen" erläutert Rektor Jacob Thomasius anschaulich in seinem Tagebuch. Ihm fiel im Dezember 1676 stellvertretend für den gerade verstorbenen Kantor (Sebastian Knüpfer) die Aufstellung der vier Ensembles zu:

Es ist breuchlich, daß iedes Jahres gegen Weihnachten die Cantorey, so ferner sie in vier Chor getheilet, und solche 4. Chor bey dem Abendsingen durch die Gassen der Stadt gebrauchet werden, auffs neue bestellet und zu einem ieden Chor auffs neue gewisse Alumni denominiret werden. Denn weil sichs zutregt, daß bey einem oder dem andern die Stimme sich endert, (also daß der, so etwa den discant gesungen, nunmehr den Alt anfengt zu singen,) item daß etwa einer auß der Schule ad Academiam sich begibt, so ist demnach dergleichen neue Eintheilung der Cantorey von nöthen. Und wird selbe gegen Weynachten deswegen fürgenommen, damit die neuen Concentores sich bey Zeiten auff die Gesenge (so gewisse muteten), die vor denen Haußthüren zu singen, praepariren können.

Nun hat solche Außtheilung zwar eigentlich der Cantor zu verrichten, iedoch pfleget solches, wie ich vernehme, mit Vorbewust und Einstimmung des Rectoris zu geschehen. Diesem nach haben mich in verwichner Woche nicht allein die Knaben selbst angesprochen (weil Hr Knüpfer der sel. Cantor verstorben, und dessen Stelle noch nicht wieder ersetzet,) solche Eintheilung vorzunehmen, sondern auch meine Herren Collegae, Conrector und Tertius, alß ich mit ihnen deswegen communicirte, und ihre Hülff und Rath gesucht, sich erbothen, mir hierinn an die Hand zu gehen. Zuförderst haben mir die Alumni folgenden Catalogum geliefert, auß welchem zu ersehen, was itzo ein jeder Alumnus vor eine Stimme singe.

Discant: Erler, Vogel, Hartman maj., Hartman min., Präger, Voigt maj., Gottfried, Wartenberg, Hetzscher, Lessing, Günther min., Voigt min., Manitius (13).
Alt: Adler, Wölffel, Helwig, Rahm, Schönburg, Adler, Phemel, Bleyer, Gräffenhain min., Freisleben min., Günther maj., Schwencker (12).
Tenor: Schmahl, Schurig, Rahm, Freißleben, Beckstein, Herman, Österreich, Deuterich, Grunau, Zschoche, Ludwig, Albini, Laurer, Gräfenhain med., Löwman, Günther, Reißke, Renner (18).
Baß: Hammer, Meley, Gletitsch, Gräfenhain, Hentzschel, Preuser, Keinoth, Kellner, Fleischer, Schreyvogel, Runst, Werner, Dampfinger (13).[53]

Hierauff hab ich die Herren Collegas gebethen, sich mit einander, weil sie, so viel der Knaben Cantorey betrifft, derselben besser kundig als ich selbst, zu bereden, auff was maße die numehrige Eintheilung der Cantorey geschehen und füglich angeordnet werden möchte: Welches sie denn auch gethan, und mir hierauff heutiges Tages der Hr. Conrector M. Rehligk ein Verzeichnis der Knaben, wie sie in die vier Cantoreyen getheilet werden könten, überliefert: da ich dann nochmahls mit ihnen beyden mich unterredet, und dißwegen endlich einen Schluß gemacht. Bey diesem Catalogo sind auch zu iedem Chor gleichsam ad marginem die übrigen alumni bei ieder Cantorey geschrieben, welche zwar eigentlich und ordinarie nicht zu diesen 4. Chören gehörig, iedoch aber extra ordinem an eines oder des andern Stelle, da solcher etwa Unpäßlichkeit

---

[53] Im Original in vier Spalten.

oder anderer Hinderungen halben seines Ampts mit singen nicht allwege abwarten könte, zu gebrauchen sein möchte.

Itzo will ich hierher so wol designationem veterem, so bey Endung des verflossenen 1675. Jahres angestellet worden (wobey aber doch die Extraordinarii oder [...] Lückenbüßer, nicht mit verzeichnet,) alß novam, so heut von uns abgeredet worden, nebst denen Extraordinariis anher schreiben.

Designatio vetus. *Concentores.* [Einteilung für 1676]	*Designatio nova.* *Concentores.* [Einteilung für 1677]	*Extra ord.* [Lückenbüßer]
ORDINIS I. [Erste Kantorei]		
Discant		
Vogel [~1660], Deutrich [~1658]	Vogel [~1660] Hartman maj. [~1661]	Gottfried [~1662] Wartenberg [?]
Alt		
Albinus [~1657]	Rahm min. [1663]	Freisleben min. [~1664]
Rahm min. [1663]	Bleyer [~1661]	
Tenor		
Krause Praef[ekt] [~1656[54]]	Rahm maj. Praef. [~1662],	Zschoche [~1659]
Schurig [~1657]	Schurig [~1657]	
Bass		
Hammer [~1656]	Hammer [~1656]	
Meley [~1658]	Meley [~1658]	
ORDINIS II. [Zweite Kantorei]		
Discant		
Renner [~1659]	Hetzscher [~1662]	Manitius [1663], Günther min. [~1662]
Bleyer [~1661]	Hartman min. [~1662]	
Alt		
Laurer [~1659]	Helwig [~1660]	Schwencker [~1661]
Helwig [~1660]	Schönburg [1662]	

---

[54] Johann Georg Krause, von Oktober 1676 bis zum Amtsantritt Johann Schelles Interimskantor; siehe Maul 2012 (wie Fußnote 7), S. 118–120 und 330.

Tenor

Rahm maj. Praefectus [~1662]	Schmal Praefectus [~1655]	Ludwig [~1660]
Grunau [~1658]	Gräfenhein med. [~1658]	Deutrich [~1658]

Bass

Gräfenhain maj. [~1656]	Gräfenhein maj. [~1656]	Fleischer [~1658] Keinoth [~1659]
Hentzschel [~1656]	Hentzschel [~1656]	Freißleben maj. [~1658]

ORDINIS III. [Dritte Kantorei]

Discant

Erler [1659]	Erler [1659]	Lessing [1661]
Schönburg [1662]	Voigt maj. [~1661]	

Alt

Adler [~1659]	Phemel [~1659]	Wölffel [~1661]
Phemel [~1659]	Adler [~1659 od. 1662]	

Tenor

Schmahl Praefectus [~1655]	Österreich Praefectus [1658], Grunau [~1658]	Beckstein [~1657]
Österreich [1658]		Renner [~1659]

Bass

Preuser [~1657]	Preuser [~1657]	Runst [~1653]
Kellner [~1658]	Herman [~1660]	Schreyvogel [~1660]

ORDINIS IV. [Vierte Kantorei]

Discant

Hartman maj. [~1661]	Präger [~1661]
Gräfenhain minim. [~1660]	Voigt min. [~1663]

Alt

Zschoche [~1659]	Gräfenhain min. [~1660]
Ludwig [~1660]	Günther maj. [~1660]

Tenor

Gräfenhain Praef. [~1658]	Laurer [~1659]	Reißke [~1658], Löwman [~1660], Günther min. [~1662]
Herman [~1660]	Albinus [~1657]	

Bass

Gletitsch [1658], Dampfinger [~1659]

Gletitsch Praefectus [1658]
Kellner [~1658] und Dampfinger [~1659] altern.

Werner [~1657]"[55]

Zwei weitere überlieferte Einteilungen der vier „Cantoreyen" durch Johann Schelle (für 1683 und 1684), festgehalten ebenfalls in Thomasius' Tagebuch,[56] ebenso zwei von Kuhnau (1716/17[57] und „Auf das 1718. Jahr", Abb. 4)[58] sowie zahllose weitere aus den Amtszeiten der Kantoren Doles und Hiller (in den Rechnungsheften der „pecuniae musicae") belegen dasselbe System. Für 1683 und 1684 sowie ab 1768 werden erneut je zwei Sänger („Concentores") pro Stimmlage und „Cantorey" genannt, hier ohne Erwähnung von „Lückenbüßern". 1716 und 1718 sind es teils zwei, teils drei Sänger pro Stimmlage, darunter womöglich „Lückenbüßer". Im Verzeichnis von 1716 wird in der Überschrift jedoch ausdrücklich erwähnt, daß es die „VIII. Concentoribus" auflistet – obgleich darunter zwölf Namen verzeichnet sind. Hinzu kamen in beiden Übersichten aus der Kuhnau-Ära die zum Gesang offenbar nicht herangezogenen „Luminanten" (Träger von Windlichtern), die wie der „Calefactor" (der Einheizer in der Schule) mit kleinen festen Beträgen an den eingenommenen Geldern beteiligt wurden.[59]

Die „Lückenbüßer" blieben bei der offiziellen Verteilung der Erträge unberücksichtigt – dies jedenfalls bezeugen sämtliche vorliegende Abrechnungshefte der „pecuniae musicae", da dort stets nur die regulären acht Sänger

---

[55] *Acta Nicolaitana et Thomana. Aufzeichnungen von Jakob Thomasius während seines Rektorates an der Nikolai- und Thomasschule (1670–1684)*, hrsg. von R. Sachse, Leipzig 1912 (Original inzwischen verschollen), S. 194–197. Die in eckigen Klammern angegebenen Jahreszahlen beziehen sich auf das Geburtsjahr, entweder geschätzt entsprechend der eigenen Altersangabe in der Schulmatrikel oder – in einzelnen Fällen – laut der einschlägigen Literatur.

[56] Ebenda, S. 556 („Eintheilung der Cantorey auf das negst künfftige Jahr"; von Kantor Schelle am 12. Dezember 1682 dem Rektor mitgeteilt) und S. 649 („Alumnorum, wie solche bey neuer Eintheilung der Cantorey, so auffs negstkünfftige 1684. zu gebrauchen, damit im neuen Jahr mit singen für den thüren der anfang zu machen seyn wird"; von Schelle dem Rektor übermittelt am 8. Dezember 1683).

[57] StA Leipzig, *Stift. VIII. B. 2 c*, fol. 418–422 (Auszug aus den Rechnungen der „pecuniae musicae" für das Winterhalbjahr 1716/17; angefertigt anläßlich der Schulvisitation 1717).

[58] Ebenda, *Stift. VIII. B. 5*, fol. 59 f.; geliefert von Kuhnau im Nachgang der Schulvisitation 1717 (siehe S. 55). Die Liste bereits erwähnt bei Schering 1954 (wie Fußnote 2), S. 20, Fußnote 3.

[59] Siehe Schulordnung 1634, Cap. X; Leges 1634, Cap. XX/28–29 (wiedergegeben im Anhang); Schulordnung 1723, S. 53 f. und 81; Schulgesetze 1733, S. 30 f.

einer „Cantorey" den Empfang ihres Anteils bestätigten und der Anteil der „Concentores" ohnedies nur in acht Achtel aufgeteilt wurde.[60] Vermutlich erfolgte die Bezahlung der Lückenbüßer – wenn überhaupt – in Eigenregie der regulären „Cantorey"-Mitglieder. Externe werden in den Listen nie erwähnt; sie waren laut der Schulordnungen ausdrücklich vom „Cantoreyen"-Wesen ausgeschlossen, da sie „keine beneficia zu genießen" hatten.[61]

Die Einteilung der „Cantoreyen" 3 und 4 hatte im 17. Jahrhundert für die Zeit nach dem Neujahrssingen offenbar keine Relevanz mehr. Dies zumindest legen die oben wiedergegebenen Ausführungen von Thomasius (1676) nahe, ebenfalls die Leges für die Alumnen (1634, siehe Anhang). Der Schulvorsteher Trier präsentierte die Regelung noch 1745 als verbindlich, denn er schreibt: „Diese Cantoreyen hören jederzeit, nach Endigung des Neu-Jahr-Umgangs wieder auf, ausser dem ersten Chor."[62] Für das 18. Jahrhundert sind die Quellen allerdings widersprüchlich; wir werden darauf zurückkommen.

III. Organisationsprinzipien und Einnahmequellen der ersten „Cantorey"

Der ersten „Cantorey" oblag es, im neuen Jahr, eben weil sie aus den acht „geschicktesten Subjecti" bestand,[63] das Singen bei den Hochzeitsfeiern sowie anderen „Ehren-Gelagen", „solennen Conviviis" und „Gastereyen" zu übernehmen[64] und – spätestens seit Bachs Zeiten – auch bei den „Leichenbegäng-

---

[60] Siehe S. 32 f. und Abbildung 5.

[61] Siehe Leges 1634, Cap. XX/1–2; Schulordnung 1723, Cap. XIII/8 (beides wiedergegeben im Anhang); siehe auch J.A. Ernestis Anmerkungen zur Schulordnung, wiedergegeben bei Schulze 1985 (wie Fußnote 28), S. 17, außerdem Schulgesetze 1733, T. XII/5–6 (die Verdienstmöglichkeiten der Externen in den „Singehäusern" betreffend). Möglicherweise wurde diese Regelung im späten 18. Jahrhundert etwas aufgeweicht, obgleich in den Rechnungsheften der „pecuniae musicae" nie Externe innerhalb der ersten „Cantorey" erscheinen; in einer offenbar vom Schulvorsteher Richter 1768 entworfenen, mehrfach in den Akten dokumentierten „Vorschrifft, wie es mit den Cantoreyen bey dem Neu-Jahr-Singen gehalten werden soll", heißt es jedoch: „4. Es muß keinem alumno und externo von seinem Cantorey-Gelde etwas abgezogen werden, außer dem gewöhnlichen Zähl-Geld" (überliefert in: StA Leipzig, *Stift. VIII. B. 6*, fol. 147–148; *Stift. VIII. B. 13 a*, fol. 105–108; *Stift. VIII. B. 100*, fol. 4–7). Vgl. auch Rifkin 2012 (wie Fußnote 6), S. 128.

[62] Ausführlich bei Fußnote 10.

[63] Schulordnung 1723, Cap. XIII/14 (siehe Anhang).

[64] So die Schilderung etwa im Visitationsbericht 1717 (StA Leipzig, *Stift. VIII. B. 2 d*, fol. 199 v) und in der Schulordnung 1723, Cap. XIII/10–11. Entsprechende Einnahmen finden sich als Einzelnachweise verbucht in den Rechnungsheften der „pecuniae musicae" (Abb. 5). Der weitaus größte Teil der Einnahmen wurde dem-

nissen".[65] Laut den Leges von 1634 (siehe Anhang) konnte mit diesen Aufgaben ersatzweise auch die zweite „Cantorey" betraut werden. Dies kam in der Praxis – wie sie in Thomasius' Tagebuch dokumentiert ist – jedoch nur selten vor und scheint bald gar nicht mehr üblich gewesen zu sein. In den vorliegenden Abrechnungen der „pecuniae musicae" bezog die zweite „Cantorey" jedenfalls nie Anteile an den eingenommenen Geldern, abgesehen von den Erträgen aus dem Neujahrssingen.[66]

Kurzum: Die erste „Cantorey" kam immer dann zum Einsatz, wenn die Thomaner (sicher oft gemeinsam mit den privilegierten Stadtpfeifern) aufgefordert waren, zu privaten Anlässen gegen Bezahlung und unter der Leitung des Kantors oder eines Präfekten zu singen. Die inzwischen eingebürgerte Bezeichnung „Neujahrskantorei" für diese achtköpfige Gruppe ist also irreführend. Vielmehr war sie das personell verbindlich festgesetzte Sängerensemble der Thomasschule für anspruchsvollere musikalische Dienste außerhalb der Leipziger Kirchen – verbindlich eingeteilt auch deshalb, weil klar sein mußte, wer bei der Endabrechnung an den erzielten Einnahmen zu beteiligen war. Daß der Numerus der ersten „Cantorey" im frühen 17. Jahrhundert – vermutlich schon zu Calvisius' Zeiten – auf acht Sänger festgesetzt worden war, mag mit dem seinerzeit wohl vorzugsweise gepflegten Fest-Repertoire zusammenhängen: Die Größe erlaubte die Darbietung von bis zu achtstimmigen Motetten.

Die Mitglieder der ersten „Cantorey" hatten sich laut der Schulgesetze „in Musicis fleißig zu üben", regelmäßig gemeinsam Proben außerhalb des allgemeinen Musikunterrichts abzuhalten, empfindliche Geldstrafen bei Nichterscheinen und für begangene Fehler beim Musizieren zu zahlen und überhaupt ein hohes Maß an Selbstverantwortung zu übernehmen (siehe Anhang).[67]

Gingen Mitglieder der ersten „Cantorey" vorzeitig ab, rückten andere Alumnen nach. Dies geschah fast immer mit dem Ende des Winterhalbjahrs, also nach Ostern, wenn die ältesten Schüler die Schule verließen. Entsprechend

---

nach durch Auftritte bei Hochzeiten erzielt. Siehe auch Leges 1634, Cap. XX/7 (wiedergegeben im Anhang).

[65] Die Leichenbegängnisse werden noch nicht erwähnt in der Schulordnung 1723, jedoch vom Schulvorsteher Trier („Hochzeiten und Beysetzungen", wie Fußnote 10) und in den späteren Rechnungsbüchern der „pecuniae musicae".

[66] Weitere Belege für Auftritte der ersten „Cantorey" bei privaten Anlässen liefert das Tagebuch von Thomasius (Thomasius 1912, wie Fußnote 55, S. 458, 536, 566 ff.); wurden die Thomaner außerhalb der Umgänge nur zum Singen von „Liedern" in Privathäuser gebeten, entsandte der Rektor gelegentlich die „andere Cantorey" (siehe etwa ebenda, S. 536 f.).

[67] Leges 1634, Cap. XX/6 ff.; Schulordnung 1723, Cap. XIII/9 ff., und Schulgesetze 1733, T. VI/3. Zur Problematik des Textes der Schulordnung 1723 siehe bei Fußnote 152 ff.

waren die Abrechnungszeiträume der „pecuniae musicae" disponiert, im Jahresverlauf: 1. Neujahrssingen – 2. Winterhalbjahr (von Michaelis des Vorjahres bis Ostern) – 3. Sommerhalbjahr (Ostern bis Michaelis) – 4. Michaelissingen (die Austeilung der Gelder erfolgte stets am Ende eines Zeitraums).[68] Jedoch kam es erst wieder vor dem kommenden Weihnachtsfest – dies bezeugen Schelles und Kuhnaus Dispositionen[69] – zu einer grundlegenden Neueinteilung der „Cantoreyen".[70]
Insofern bedurfte es schon einer außergewöhnlichen Konstellation, damit ein regulär zu Pfingsten ins Alumnat aufgenommener Schüler sogleich Mitglied der ersten „Cantorey" werden konnte. Eine solche war offenbar eingetreten, als der von mittellosen Eltern abstammende Knabe Johann Gottlieb Söllner zu Pfingsten 1748 Alumne wurde. In seinem Lebenslauf heißt es:

Hier hatte er nun das auf dieser Schule so seltene Glück, daß er nicht nur vom Anfange an, gleich in die sogenannte erste Cantorey kam, und Concertist ward, sondern er blieb es auch bey noch folgenden Stimmen ganzer 5 Jahre lang, welches ein äußerst seltener Fall bleiben wird; durch welchen Gott aber seiner Armuth treflich zu statten kam, da er auch in den 3 letzten Jahren nach einander 3ter, 2ter und 1ster Präfect ward.[71]

---

[68] Siehe die Abrechnungshefte der „pecuniae musicae", ebenso die Leges 1634, Cap. XX/25 ff. (siehe Anhang); Cap. XX/32 ebenda lieferte zudem die rechtliche Grundlage für die dokumentierte Praxis, daß letztlich nur diejenigen „Concentores", die zum Zahltermin Mitglieder der ersten „Cantorey" waren, von den Geldern der gesamten Abrechnungsperiode profitierten. Das heißt auch: Wenn ein Alumne in der ersten Hälfte des Winterhalbjahrs (Oktober bis Advent) noch Mitglied der ersten „Cantorey" war, dann aber anläßlich der Neueinteilung der „Cantoreyen" im Advent dem Ensemble nicht mehr angehörte, kam das in den drei Monaten zuvor ‚ersungene' Geld Ostern des Folgejahres seinem Nachfolger zugute.

[69] Siehe Fußnoten 55–56 und 58 (Abb. 5).

[70] Das permanente Nachrücken war laut der Rechnungshefte der „pecuniae musicae" zu Doles' und Hillers Zeiten gängige Praxis; einzelne Aussagen in Thomasius' Tagebuch legen die Annahme nahe, daß manche nach Ostern frei gewordenen Plätze zu Schelles Zeiten doch erst wieder anläßlich des Neujahrssingens besetzt wurden (siehe Thomasius 1912, wie Fußnote 55, S. 312 und 360–362).

[71] Dok III, Nr. 916. Zu Söllner siehe auch, die Informationen zusammenfassend, M. Maul, *Der 200. Jahrestag des Augsburger Religionsfriedens (1755) und die Leipziger Bach-Pflege in der zweiten Hälfte des 18. Jahrhunderts*, in: BJ 2000, S. 101–118, speziell S. 102. Bezüglich Hans-Joachim Schulzes Vermutung, in Söllner den verantwortlichen „Präfekten" für die Wiederaufführung von BWV 126 am 200. Jahrestag des Augsburger Religionsfriedens zu sehen (Schulze Bach-Überlieferung, S. 93–94), hat sich inzwischen zwar herausgestellt, daß der Thomaner Carl Friedrich Barth damals als Interimskantor agierte und die Hauptlast bei der Erstellung des Aufführungsmaterials – für mehrere Darbietungen von Stücken aus Bachs Choralkantatenjahrgang – trug (M. Maul, P. Wollny, *Quellenkundliches zu Bach-Aufführungen in Köthen, Ronneburg und Leipzig zwischen 1720 und 1760*, in:

Das „seltene Glück", das Söllner bei „seiner Armuth treflich zu statten kam", war nicht etwa, daß er als „Concertist" direkt die Solopartien in Bachs Kirchenmusik übernehmen durfte oder konnte.[72] Denn es ist nirgends belegt, daß die Alumnen für die Mitwirkung an den sonn- und festtäglichen Musikaufführungen Zahlungen erhalten hätten; hier wurden schließlich keine Einnahmen erzielt (siehe Fußnote 159). Vielmehr zielt die Bemerkung ab auf die von den acht Sängern der ersten „Cantorey" eingenommenen „pecuniae musicae" bei den bezahlten Aufwartungen, zumal diese – laut der neu ans Licht getretenen Abrechnungshefte – in der Tat immens waren. So kamen in den Sommerhalbjahren 1676 und 1679 allein durch die Auftritte bei Hochzeiten und anderen Feierlichkeiten Einnahmen zwischen 76 (1677) und 143 Gulden (1678) zusammen. Im Winterhalbjahr waren die Erträge – inklusive des Neujahrssingens und weiterer, nur dieser „Cantorey" vorbehaltener Umgänge zur Michaelismesse – sogar noch wesentlich höher: zwischen 233 (1678) und 339 (1679) Gulden.[73] Gut 48 Prozent der „pecuniae musicae" (die Schulordnung schrieb vor: „fünff Eilfftheile, benebenst noch einer Tertia eines solchen eilfften Theiles") wurden gleichmäßig unter den acht „Concentores" aufgeteilt, wobei der Präfekt eine Vorauszahlung erhielt. Das übrige Geld stand Kantor, Rektor, Konrektor und Tertius nach einem genau festgesetzten Verteilungsschlüssel zu (siehe Anhang).[74] So erwuchsen dem Kantor Schelle im Zeitraum von Ostern 1679 bis Ostern 1680 allein aus den „pecuniae musicae" Einkünfte in Höhe von 72 Gulden (bei 100 Gulden Festgehalt) und den acht Sängern jeweils 27 Gulden. In der Ära Kuhnau kam ein Mitglied der ersten

---

BJ 2003, S. 110–119). Jedoch dürfte auch der Präfekt Söllner damals mit verantwortungsvollen Aufgaben betraut worden sein. Jedenfalls stammt von seiner Hand eine in der Diskussion bislang nicht berücksichtigte Niederschrift der Texte aller Musikstücke, die an jenem Tag (29. September 1755) in den beiden Hauptkirchen erklingen sollten (erstellt im Vorfeld, zur Vorlage beim Superintendenten; in: Ephoralarchiv Leipzig, *Schrank I, Fach 4, Nr. 49*, unpaginiert).

[72] Diese Lesart bei A. Glöckner, *„Derer Ripienisten müssen wenigstens auch achte seyn, nehmlich zu ieder Stimme zwey"*, in: Im Klang der Wirklichkeit. Musik und Theologie. Martin Petzoldt zum 65. Geburtstag, hrsg. von N. Bolin und M. Franz, Leipzig 2011, S. 13–27, speziell S. 22, und ders., *„Welche Stadt in Deutschland, außer Dresden, hat etwas, das unserm Alumnäo gleich käme? Zur Besetzungspraxis an der Leipziger Schola Thomana*, in: Concerto, Nr. 243 (2012), S. 10–13.

[73] Wie Fußnote 36.

[74] Schulordnung 1634, Cap. X; Leges 1634, Cap. XX/27ff., und Schulordnung 1723, Cap. VIII. Vgl. auch Schering 1926 (wie Fußnote 11), S. 70–76, der in seinen Ausführungen mehrfach „Currende" und „Cantorey" verwechselt, den Begriff „pecuniae musicae" zu weit faßt (bei den Musikgeldern handelte es sich eben nicht um allgemeine Einnahmen aus den Begräbnissen und Umgängen der Currenden) und so zur – bald üblichen – Vermengung und Verunklarung der Termini beitrug.

„Cantorey" auf ähnlich hohe Einnahmen;[75] und zu Doles' Zeiten lagen die Erträge noch deutlich darüber. So erhielt ein jeder der acht Sänger Anfang der 1780er Jahre allein für das Aufwarten Festen in den drei Wintermonaten 25 Gulden (Abb. 5) und brachte es etwa im Schuljahr 1782/83 auf Einnahmen von 49 Gulden. Im gleichen Zeitraum bezog Doles aus den „pecuniae musicae" 112 Gulden.

Auf keine andere Weise konnte ein Alumne im 17. und 18. Jahrhundert derart hohe Einkünfte erzielen, als durch eine längerfristige Mitgliedschaft in der ersten „Cantorey". Und dies wird die Knaben Jahr für Jahr angespornt haben, sich durch gute sängerische Leistungen beim Kantor für eine künftige Zuteilung zu diesem Eliteensemble zu empfehlen – schon die Zugehörigkeit zu den „Cantoreyen" 2 bis 4 lieferte ihnen durch die dort eingenommenen Gelder aus dem Neujahrssingen einen Vorgeschmack auf die hohen Erträge aus den bezahlten Aufwartungen. So gesehen waren die Angaben eines anonymen fremden Pädagogen aus dem Jahr 1798 wohl kaum überzogen, wenn dieser besorgt darauf hinwies, daß in der Thomasschule „die neuern Sprachen ganz" fehlten: „welcher Mangel jetzt auf keiner guten Schule mehr angetroffen werden sollte".[76] Allerdings mußte er im gleichen Atemzug staunend zugeben, daß die vielen Singedienste der Gesundheit der Alumnen zwar „nachtheilig" seien; jedoch würden „diese Uebel von den Vortheilen aufgewogen", nämlich von stattlichen Einkünften der Schüler, die:

so beträchtlich sind, daß sich schon mancher außer einer ausgesuchten klassischen Handbibliothek eine Summe gespart hat, von welcher er sich auf der Akademie erhalten konnte; denn außer den accidentellen Einnahmen sind z.B. die jährlichen Einkünfte des ersten Präfects 120 thl. des Famuli funerum 100 thlr. [...] und diese Vortheile insgesammt tragen nicht wenig dazu bei, daß die Jünglinge von der frühzeitigen Quittirung der Schule abgehalten werden, und auf die Akademie sehr oft erst in dem 23. oder 24. Jahre übergehen.[77]

Vor diesem Hintergrund gewinnt Bernhard Friedrich Richters vielzitierte Bemerkung an Konturen, der den Gesang der Thomaner und den Umgang mit dem Stimmwechsel in älterer Zeit wie folgt erläuterte (ohne Erwähnung seiner Quellen und in Teilen bereits die Situation des 19. Jahrhunderts schildernd):

---

[75] Von Ostern 1716 bis Ostern 1717 umfaßten die insgesamt eingenommenen „pecuniae musicae" (offenbar ohne die Erträge aus dem Neujahrssingen) 378 Gulden (StA Leipzig, *Stift. VIII. B. 2 c*, fol. 418–419).

[76] Vgl. hierzu auch die damals gegenwärtige Kritik des Konrektors Rost, dargestellt bei Maul 2012 (wie Fußnote 7), S. 312–314.

[77] „Ueber einige gelehrte Schulen des Churfürstenthums Sachsen. Erster Brief.", in: *Allgemeines Jahrbuch der Universitäten, Gymnasien, Lyceen und anderer gelehrten Bildungsanstalten in und außer Teutschland, Ersten Bandes drittes Heft*, Erfurt 1798, S. 254.

Dispensationen auf eine noch so kurze Zeit wegen Mutation gab es nicht; gings gar nicht mehr, dann sang der Schüler in einer Männerstimme gleich weiter mit, wenn auch zunächst nur als sogenannter Schundist, d.h. als einer, der zu besonderem Kunstgesange, wie bei den Hochzeiten, nicht hinzugezogen wurde. [...] Ein Hauptgrund, warum die Schüler in früherer Zeit so lange im Sopran aushielten, war, daß sie dabei viel Geld verdienten. Damals mußten die Alumnen für vieles aufkommen [...] Schulgeld, Frühstück, Abendbrot mußten sie aus ihrer Tasche bezahlen, und da war es erklärlich, daß die, die durch Alter und Übung in die ersten Stellen eingerückt waren und durch die bloß von den ersten Stimmen besorgten Singehäuser, Trauungen usw. erklecklichen Einnahmen hatten (rühmte sich doch einst ein Alumne, daß er jährlich mehr verdiene als ein unterer Lehrer!),[78] dieses Genusses natürlich so lange als möglich teilhaftig bleiben wollten. Denn in einer anderen Stimme erhielten sie zunächst einen niederen Platz und verdienten wenig oder nichts.[79]

All diese Ausführungen werden durch die Abrechnungshefte der „pecuniae musicae" und die hier dokumentierten jeweiligen Zusammensetzungen der ersten „Cantorey" bestätigt und noch konkretisiert. So zeigt sich, daß bei der Vergabe der begehrten Plätze vor allem nach Leistung und bestenfalls gelegentlich nach einem solidarischen Prinzip verfahren wurde: Von den zwischen 1767 und 1795 ins Alumnat aufgenommenen 300 Knaben gelangten lediglich 131 zeitweise in die erste „Cantorey"; den meisten war dies aber nur für vereinzelte Halbjahre vergönnt. Ebenso geben die Einträge zu erkennen, daß nicht wenigen Alumnen eine solche Beförderung nur vor oder nach dem Stimmwechsel zuteil wurde; und die von Richter bemerkte ‚Stammplatzgarantie' hat es damals offensichtlich (noch?) nicht gegeben. Es ist also durchaus wörtlich zu nehmen, wenn Johann Christian Barthel sich in seiner Selbstbiographie erinnerte:

Da ich mich nun beinahe ganz der Musik widmete, und die meiste Zeit mit Uebungen in derselben zu brachte, so war es natürlich, daß ich in andern Wissenschaften etwas zurückblieb. Dazu kam noch, daß ich zwei Jahre als Altiste in die erste Cantorei kam, welche der vielen Singereien wegen immer viel Versäumnisse hatte. Auf der Orgel brachte ich es schon im ersten Jahr meines Aufenthaltes zu solcher Fertigkeit, daß ich meist alle Nachmittage den öffentlichen [Wochen-]Gottesdienst versah. Auf der Violine kam ich ohne fernere Anweisung blos durch beständige Uebung bald dahin, daß ich bei den Singestunden den Vorspieler der ersten Geige machte, zwar wie Hiller einst sagte, nur pro tempore, das heißt, weil kein Besserer vorhanden war, aber es blieb dabei.[80]

---

[78] Was durchaus den Tatsachen entsprach, vgl. die Übersicht bei Maul 2012 (wie Fußnote 7), S. 156.

[79] B. F. Richter, *Stadtpfeifer und Alumnen der Thomasschule in Leipzig zu Bachs Zeit*, BJ 1907, S. 51 f.

[80] Altenburger Blätter 4 (1833), S. 145–146, zitiert nach H.-J. Schulze, *Das didaktische Modell der Thomaner im Spiegel der deutschen Musikpädagogik des 18. Jahrhunderts*, in: Alte Musik und Musikpädagogik, Band 1, hrsg. von H. Krones (Wiener Schriften zur Stilkunde und Aufführungspraxis), Wien 1997, S. 185–198, speziell S. 192–193.

In der Tat läßt sich für Barthel, der im Dezember 1789 Alumne wurde, vom Winterhalbjahr 1790/91 bis Ostern 1792 eine Zugehörigkeit zur ersten „Cantorey" belegen – gleich zu Beginn seiner Alumnenzeit, zum Neujahrssingen 1790, hatte er immerhin schon in der vierten „Cantorey" gesungen. Nach eingetretener Mutation gelangte er jedoch für längere Zeit nicht mehr in die Auswahlchöre. Erst zum Neujahrssingen 1793, kurz vor seinem Abschied von der Schule (im Oktober 1793), gehörte er noch einmal der vierten „Cantorey" an; später wurde er Hoforganist in Altenburg (gest. 1831).

Daß ein Alumne tatsächlich die überwiegende Verweildauer auf der Schule zur ersten „Cantorey" gehörte, läßt sich gerade einmal für ein Dutzend der zwischen 1767 und 1795 immatrikulierten Knaben belegen. Eine lückenlose Mitgliedschaft kam – bis auf eine Ausnahme – nie vor. Die Schüler mit der längsten Zugehörigkeit zu dem Eliteensemble wurden später denn auch meistenteils Berufsmusiker oder Pfarrer, wie die folgende Übersicht zeigt:

Alumnen mit der längsten Zugehörigkeit zur ersten „Cantorey", 1768–1796

Name, Herkunft (Lebensdaten)	Immatrikulation[81]	Mitgliedschaft	Exmatrikulation	spätere Tätigkeit
Johann August Döring aus Gatterstädt (1754–1827)	12.5.1767	SH 68–WH 70/71; SH 74; SH 76–WH 76/77 (jetzt Präfekt)	24.4.1777	Pfarrer[82]
Carl Heinrich Korbinsky aus Borna (1757–1790)	23.5.1771	SH 71–WH 71/72; MS 1772–WH 74/75; WH 76/77 (inkl. NS)	22.4.1778	Pfarrer[83]
Johann August Weydenhammer aus Zöpen (*1756)	23.5.1771	WH 72/73–WH 77/78	22.4.1778	Sänger[84]
Daniel Gottlieb Döring aus Gatterstädt (1758–1817)	3.5.1772	WH 72/73–WH 75/76; SH 80–WH 80/81 (jetzt Präfekt)	3.5.1781	Kantor[85]

---

[81] Angaben hierzu, zum Geburtsjahr und dem Datum der Exmatrikulation nach *Album alumnorum* (wie Fußnote 18).
[82] Ab 1787 Sonnabendprediger an St. Thomas, ab 1788 Pfarrer in Deutzen.
[83] An der Schloßkirche Waldheim.
[84] In der Hofkapelle zu St. Petersburg. Laut Abgangsvermerk von Rektor Fischer in der Matrikel (wie Fußnote 18): „Discessit ex Classe II. [...] homo musices peritior, quam litterarum".
[85] Ab 1785 in Oschatz, ab 1788 in Eisleben. Der Nachruf in der *Allgemeinen musikalischen Zeitung* 19 (1817), Sp. 230, bescheinigt ihm eine „schöne Baßstimme";

Johann Georg Schädlich aus Auerbach (*1756)	22.4.1778	SH 73–WH 73/74; SH 76–WH 77/78	22.4.1778	?[86]
Carl Immanuel Engel aus Technitz (1764–1795)	11/1778	WH 78/79 (inkl. NS)–WH 80/81; WH 81/82 (inkl. NS)–WH 84 (inkl. NS)	14.4.1784	Organist[87]
Johann Friedrich Samuel Döring aus Gatterstedt (1776–1840)	6/1781	SH 81–SH 82; SH 85–SH 86; SH 88–WH 88/89 (jetzt Präfekt)	30.4.1789	Kantor[88]
Johann Friedrich Rochlitz aus Leipzig (1769–1842)	11/1781	SH 82–WH 82/83; WH 84/85 (inkl. MS und NS); WH 85/86 (inkl. NS)–WH 86/87	26.3.1788	Musikpublizist[89]

---

außerdem heißt es hier über sein Erscheinungsbild als Jugendlicher: „Die Natur hatte schon durch seine Mannslänge (kopfgrösser als die gewöhnliche) dafür gesorgt, dass man sich von ihm etwas nicht Alltägliches versprach."

[86] Bewarb sich 1779 auf Empfehlung von Doles um das Kantorat in Prettin; siehe Banning (wie Fußnote 23), S. 118 f.

[87] Ab 1785 Organist an der katholischen Hofkapelle in der Leipziger Pleißenburg; Widmungsträger von Mozarts Gigue KV 574. Autobiographische Skizze in Bewerbungsschreiben um Organistendienst in Zittau (1789): „Denn ob ich gleich seit 1785 bis jetzt, den Organisten Dienst bey hiesiger Churfürstl. Hof und Schloß-Capelle dergestalt verwalte, daß nicht nur meine Vorgesetzten darüber, als auch über mein übriges Verhalten völlige Zufriedenheit geäusert haben und noch bezeigen, sondern auch selbst Ihro Churfürstl. Durchl. unser gnädigster Herr, bey Höchst Deroselben lezten Anwesenheit in Leipzig, meinen Gehalt jährlich mit 110 Reichsthlr. in höchsten Gnaden vermehrten, so muß ich doch frey bekennen, daß ich als Protestant und als ein Schüler der genug bekannten Tonkünstler Herrn Doles und Herrn Hillers, lieber eine Station zu erlangen wünschte, wobey ich meine etwannigen musikalischen Fähigkeiten, mehr als im bloßen Orgelspiel und also durch eigene Compositionen darthun könnte [...]" (StA Zittau, *Abteilung VII, Abschnitt I, Absatz 5, Nr. 2 Vol. I*, fol. 72 bis 73).

[88] Ab 1794 Kantor in Luckau, ab 1795 in Görlitz, ab 1814 in Altenburg; Angaben nach Banning 1939 (wie Fußnote 23), S. 107–108. Doles stellte ihm anläßlich seiner Bewerbung nach Luckau ein Zeugnis aus: „[...] weil ich die ganze Zeit seiner allhier auf der Thomasschule zugebrachten Schul- und Universitätsjahre ununterbrochene Gelegenheit gehabt, sein gutes Genie zur Litteratur und angebohrnen Trieb zur Setzkunst bei ihm wahr zu nehmen. Sein unermüdeter Fleis in litteris und musicis erwarb ihm die Liebe aller seiner Lehrer, und wegen seiner dauerhaften und angenehmen Baßstimme war er immer so glücklich, im musikalischen Chore eine Konzertistenstelle und dann auch die Praefecturen nach einander bis zum Ende der Schuljahre zu erhalten." (jetzt in Brandenburgisches Landeshauptarchiv Potsdam, *Stadt Luckau, Nr. 1457*).

[89] Herausgeber der *Allgemeinen musikalischen Zeitung* (ab 1798). In seiner Autobio-

Name, Herkunft (Lebensdaten)	Immatri- kulation[81]	Mitgliedschaft	Exmatri- kulation	spätere Tätigkeit
Theophil Heinrich Martius aus Crimmitschau (1772–1836)	6/1786	WH 86/87 (inkl. NS)–SH 88; SH 89–WH 89/90 (inkl. NS); WH 90/91 (inkl. NS)–WH 91/92 (inkl. NS)	11.4.1792	Pfarrer[90]
Christian Traugott Fleischmann (Sarcander) aus Neustadt (1776–1813)	6/1791	SH 91–WH 92/93; WH 93/94 (inkl. NS); WH 94/95 (inkl. NS); WH 95/96–?	1.4.1799	Orga- nist[91]

NS = Neujahrssingen; MS = Michaelissingen; SH = Sommerhalbjahr; WH = Winterhalbjahr

Mit den hohen Einkünften der Knaben wurde freilich auch Unfug getrieben. In der vom Stadtrat überarbeiteten Schulordnung (1723)[91] wird berichtet, daß „viele von denen Alumnis" die Gelder „nicht wohl angewendet" und „in denen Häusern der Stadt, wie auch in denen Vorstädten, und auf denen Dörffern,

---

graphie schreibt Rochlitz über sein sängerisches Wirken als Thomaner: „im angehenden Herbst 1782 [recte: 1781], starb einer der Alumnen [d.i. Johann Adam Merkel]; ausser in solchem Falle wurden ihrer nur zu Ostern aufgenommen; alle Angemeldete[n] [Expectanten], mich ausgenommen, waren von entfernten Orten und nicht zur Hand; Doles bedurfte eben eines guten Sopranisten, der ich war: da drang er auf meine Annahme, und der gelehrte, rauhe Rector, Johann Friedrich Fischer, sonst in Allem sein erklärter Gegner, gab diesmal nach, weniger ihm, als jenen Umständen. [...] So wurde ich nun, nicht ohne Neid und manche Quälerei von meinen Mitschülern, schon nach dem ersten Halbjahr erster Sopranist des Instituts und der Hauptkirchen; was ich, mit einigem Nachtheil, vielleicht für meine Gesundheit, gewiss für die spätere Umgestaltung meiner Stimme, drei Jahre verblieb. [...] Als später der Sopran sich verloren und nach und nach ein Tenor sich eingefunden hatte, [...] zwar niemahls zu demselben hellen Klange und Wohllaut [...]". Siehe AMZ 45 (1843), S. 161, 164–166; wiedergegeben bei B. Knick, *St. Thomas zu Leipzig. Schule und Chor. Stätte des Wirkens von Johann Sebastian Bach. Bilder und Dokumente zur Geschichte der Thomasschule und des Thomanerchores mit ihren zeitgeschichtlichen Beziehungen*, Wiesbaden 1963, S. 235–243.

[90] In Oheim und Neukirchen.

[91] Ab 1804 Organist an der Peterskirche Leipzig, ab 1811 an St. Thomas. Bewarb sich 1799 erfolglos um das Kantorat in Lübben: „[...] ich mich nun von Jugend auf der Tonkunst gewidmet, auch einige Jahren die Composition unter der Aufsicht des Herrn Capellmeister Hillers studiret habe, mich aber besonders unter Anleitung des Herrn Müllers Organisten an der hiesigen St. Nicolai Kirche sowohl in Spielen der Orgel als auch in Kenntniß ihres Baues noch mehr zu vervollkommen suchte" (Landesarchiv Brandenburg, Außenstelle Lübben, *Ratsakten Lübben, Nr. 6147*, fol. 30).

theils sonsten liederlich und unnöthig verschwendet" hätten. Um dergleichen „Excessen" einen Riegel vorzuschieben, wurden die eingenommenen Gelder der Alumnen bald nur noch zum Teil direkt den Knaben ausgezahlt („ein mehrers nicht, als er zu unumgänglichen Ausgaben nöthig hat", ausgenommen, „wenn er außerordentlich solches bedürffe") und die einbehaltenen Summen bis zum regulären Abgang eines Schülers in „absonderlichen Büchsen" beim Rektor hinterlegt.[92] Damit dienten diese „Cautionsgelder" zugleich als wirkungsvolles Pfand, um das immer wieder vorkommende Problem von vorzeitig von der Schule flüchtenden Alumnen in den Griff zu bekommen.[93] Realiter scheint der in der Rektorenstube deponierte Anteil der Einnahmen nicht allzu hoch gewesen sein. Betrachtet man die im Rechnungsbuch des Bibliotheksfonds dokumentierten Zahlungen scheidender Alumnen zugunsten der Büchersammlung – rund 2,1 Prozent der vorhandenen „Caution", zur Bach-Zeit im Schnitt Beträge um die sieben bis acht, höchstens 15–19 Groschen (mit abnehmender Tendenz) –, so dürften die hinterlegten Summen bei regulären Abgängern um die 15–20 Gulden betragen haben.[94] In den dokumentierten Höchstfällen lagen sie bei 35–45 Gulden; dies betrifft die zuletzt weitgehend auch als Präfekten tätigen Alumnen J. D. Petzoldt [1731: Abgabe an Bibliothek 17 gr.], J. G. Lange [1732: 18 gr. 6 pf.], P. C. Stolle [1733: 19 gr.], G. H. Neicke [1733: 17 gr.], S. G. Heder [1734: 16 pf. 6 gr.], J. L. Dietel [1735: 15 gr.], J. L. Krebs [1735: 16 gr.], S. Kittler [1737: 15 gr.], J. G. Neicke [1738: 16 gr.], J. T. Krebs [1739: 18 gr.], C. Beck [1741: 15 gr.], G. B. Fleckeisen [1743: 15 gr.], J. G. Nützer [1745: 18 gr.], J. W. Machts [1746: 13 gr.], J. N. Bammler [1748: 11 gr.].[95]

Die „pecuniae musicae" weckten aber auch Begehrlichkeiten, namentlich bei den nicht daran partizipierenden unteren Lehrern, weshalb der Rat schon bei der Schulvisitation 1673 eine Umverteilung des Anteils der Lehrerschaft erwog. Doch die Pläne wurden fallengelassen, vor allem wegen eines erfolgreichen ‚Erpressungsversuches' von Kantor Knüpfer. Als der 1675 einen Ruf ins Hamburger Kantorat erhielt, knüpfte er seinen Verbleib in Leipzig unter anderem an die Bedingung, daß das „so genandte Musicalische Geld, welches die Knaben bey Hochzeiten colligiren, und am neuen Jahr zu Abend auff der Gasse ersingen", eben weiterhin nach dem alten Schlüssel auf die acht Sänger und die oberen vier Lehrer verteilt werde – der Vorgang lieferte den Einstieg in

---

[92] Schulordnung 1723, Cap. VIII/12.
[93] Siehe die Summen der an den Bibliotheksfonds überwiesenen „Cautionen" in Fußnote 31.
[94] Angaben nach StA Leipzig, *Thomasschule, Nr. 238* (wie Fußnote 27).
[95] Eine ausführliche Auseinandersetzung mit dem Präfektenwesen an der Thomasschule zu Bachs Zeiten werde ich im BJ 2014 vorlegen.

eine Spaltung der Lehrerschaft, die längerfristig fatale Folgen für Schulklima und Schulprofil haben sollte.[96]

Problematisch in den Augen mancher Ratsherren war ferner, daß sich die acht „Concentores" der ersten „Cantorey" wegen ihrer vielfältigen musikalischen Einsätze oft recht elitär, als ein ‚Chor im Chor', gebärdeten und allerhand Sonderregelungen für sich beanspruchten – etwa morgendliche Freistunden nach vorangegangenen abendlichen Auftritten. Schon im Nachgang der Visitation von 1673 beschloß daher der Rat: „Es sollen die beneficia nicht nur unter die 8. Concentores oder Erste Cantoreÿ, sondern unter alle alumnos ordine ausgetheilet" werden, und zwar: „damit die Concentores nicht so übermütig und widerspenstig gemacht, und ihnen zu ihren Verderben Anlaß gegeben würde." Den acht Sängern sei auch „nicht so viel Freyheit" wie bisher zu gestatten, sie müßten besser beaufsichtigt, „zu mehrern Fleiß angetrieben, auch, daß sie von Hochzeiten zeitlicher heimb gehen, nachmahls nicht sizen bleiben, ausschlaffen, und die Lectiones, Leichen, Currenda und anders versäumen, nachdrücklichen angehalten werden".[97] Aber die geplante Neuregelung des Verteilungsschlüssels wurde ebenfalls nicht umgesetzt, auch nicht, als im Zuge der Vorbereitung der neuen Schulordnung 1723 von den Verantwortlichen im Rat das gesamte Verteilungssystem der Schulakzidentien in Frage gestellt wurde und man dort erneut erwog, die ersungenen „pecuniae musicae" nicht mehr allein unter den acht Sängern der ersten „Cantorey", sondern unter allen Alumnen aufzuteilen.[98]

Maßgeblich für den Fortbestand des Systems war sicherlich die offenkundige Popularität der ersten „Cantorey". Manche Stifter richteten die Erträge ihrer Legate speziell auf dieses Ensemble. Wenzeslai Buhle etwa, Rauchwarenhändler und Obermeister des örtlichen Kürschnerhandwerks, und seine Frau vermachten der Thomasschule 1684 die Summe von 100 Gulden, deren Zinsen jährlich am Tag Wenzeslai für Tuch und Leinwand „unter die acht Knaben der Ersten Cantorey" verwendet werden sollten.[99] Der Jurist und Deputierte der Oberwaage Martin Lehn belegte 1664 seine Erben mit einer Reallast von jährlich acht Gulden, auszuzahlen an die „acht Knaben, so der Cantorey zugethan", und weiteren zwei Gulden für den Kantor. Dafür hatten diese ihm zum Gedächtnis am Martinstag „drei christliche feine Muteten figuraliter" vor seinem

---

[96] Zitat aus dem Brief Knüpfers an den Bürgermeister Christian Lorenz von Adlershelm, Februar 1675. Siehe hierzu und zum Kontext Maul 2012 (wie Fußnote 7), S. 93 und 160 ff.

[97] StA Leipzig, *Stift. VIII. B. 2c*, fol. 164–167 (Visitationsbericht 1673) und 170–172 (Verbesserungsvorschläge zur Schulordnung).

[98] Siehe Visitationsbericht 1717 in: StA Leipzig, *Stift. VIII. B. 2d*, fol. 195–206, und Maul 2012 (wie Fußnote 7), S. 185 und 188 ff.

[99] Geffcken/Tykorinski 1905 (wie Fußnote 23), Nr. 319. Siehe auch StA Leipzig, *Stift. VIII. B. 76*, Band 1, fol. 63.

Haus zu singen.[100] Aus dem Oelhafenschen Legat wurden zwölf Alumnen, darunter die acht der „ersten Cantorey", am 16. August 1682 in einem Haus am Brühl gespeist.[101]

Das Kantoreienprinzip genoß bei den oberen Lehrern – ob Musikliebhaber oder -hasser – aber auch deshalb über die Jahrhunderte ‚Bestandsschutz', weil sie selbst in hohem Maß von den „Musikgeldern" profitierten und folglich ein Interesse an einer Beibehaltung des Anreizsystems und dem daraus resultierenden besonderen sängerischen Niveau der ersten „Cantorey" hatten. Im Zusammenhang mit der neuen Schulgesetzgebung von 1723 wurden die Sonderregelungen für die erste „Cantorey" vom Stadtrat zwar letztlich nur dahingehend beschnitten, daß das sogenannte „Köstgen", das (zusätzliche) im Nachgang einer Aufwartung gemachte Speisegeschenk des Auftraggebers an die Schule, künftig nicht mehr allein von den acht Knaben verzehrt werden durfte, sondern auch den übrigen Alumnen zustand; würden stattdessen (zusätzliche) Geldgaben geliefert, sollten diese nun in den allgemeinen Schulhaushalt fließen.[102] Aber selbst diese vergleichsweise marginale Beschneidung der Privilegien rügte Rektor Gesner zehn Jahre später mit der Bemerkung: „werden sich die Participanten der pecuniae musicae, nehmlich die erste Cantorey und 4 obern Praeceptores, beklagen, daß ihre accidentien, welche ohnedem mehr fallen als steigen, geschmählert werden".[103] Auch die in der neuen Schulordnung von 1723 verankerte – bald fallengelassene – Anordnung des Rates, statt der vier traditionellen „Cantoreyen" für das Neujahrssingen künftig sechs zu bilden, damit alle Alumnen zumindest kurzzeitig in den Genuß zusätzlicher Einnahmen kämen,[104] wurde von den Lehrern torpediert: mit dem Hinweis auf das damit gefährdete Anreizsystem. Überdeutlich formulierten Rektor Ernesti, Konrektor Ludwig, Kantor Bach und Tertius Pezold in ihrer jüngst ans Licht getretenen schriftlichen Stellungnahme zur neuen Schulordnung im Winter 1723/24 – einem zentralen Dokument der Schulgeschichte, das Bachs geäußerte Kritik im „Entwurff einer wohlbestallten Kirchen Music" (1730) teilweise vorwegnahm –, daß man bei einer Aufhebung der Zugangsbeschränkung zu den „Cantoreyen" mittelbar gewiß einen

---

[100] Geffcken/Tykorinski 1905 (wie Fußnote 23), Nr. 282. Siehe auch StA Leipzig, *Stift. VIII. B. 3*, fol. 123; und *Stift. VIII. B. 76*, Band 3, fol. 89ff. Weitere ähnliche Belege in: Thomasius 1912 (wie Fußnote 55), S. 310 und 360ff. („Helmuthische Legat"); auch die Stiftung des Bäckermeisters Weyde (1636) kam gewöhnlich „9. Alumni (nemlich diejenigen 8. so in der ersten Cantorey sind, neben dem praefecto Secundi Chori, welcher also der neunde ist", zugute (Thomasius 1912, wie Fußnote 55, S. 385f., und Maul 2012, wie Fußnote 7, S. 69f.).

[101] Thomasius 1912 (wie Fußnote 55), S. 540.

[102] Schulordnung 1723, Cap. XIII/12.

[103] Schulze 1985 (wie Fußnote 28), S. 13.

[104] Schulordnung 1723, Cap. XIII/14.

Rückgang der stimmlichen Qualitäten der Alumnen verursachen würde. Zumal die Lehrer beim Blick in die neue Schulordnung ebenfalls realisiert hatten, daß der alte Grundsatz, Alumnen in erster Linie auf der Basis ihrer musikalischen Eignung auszuwählen, nun ersatzlos gestrichen worden war und künftig die Entscheidung über die Auswahl geeigneter Knaben in letzter Instanz beim Schulvorsteher und damit im Rathaus liegen sollte. Die in der Sache bedeutsamen Abschnitte ihres gemeinschaftlichen 48seitigen ‚Abgesangs' auf die alte ‚Musikschule' St. Thomas lauten:

Weiter und vors dritte ist zu bemercken, daß dem *Choro Musico* gar nahe getreten werde, und dieses geschiehet auf vielfältige Weise. Erstlich weil ins künftige bey *Reception* derer Knaben nicht sehr auf *Peritiam Musicam* gesehen werden kann. Denn ob gleich dann und wann dem *Cantori* sein *Judicium* zu geben, zugestanden wird, so bezeugen doch viel Umstände, die mit unterlauffen, wie auch insonderheit, daß bey etlichen Jahren geschehene Verfahren, daß damit auf gantz andere Sachen gesehen wird, alß auf die Ehre Gottes, so nach der Absicht derer Gottseeligen Vorfahren durch diese Schule bey dem Gottesdienst soll befördert werden. Denn ob es gleich was gutes, daß man zu gleich auf die *vires ingenii ad literas alias* sehe, und diejenigen, so damit versehen sind, zugleich in *consideration* ziehe, so geschiehets dennoch vielmahl, daß an statt solcher dumme, und die zum *Studi*ren weder Geschicke noch Lust haben, befördert werden. Dahero der *Chorus Musicus* und das gantze Interesse der Schulen Noth leiden muß, wie man denn deßwegen bißhero viel Klagen zu führen gezwungen worden.
Zum andern gereicht zum Abbruch des *Chori musici*, daß die *Beneficia*, welche bißhero diejenigen genossen, so vor andern zur Bestellung des Gottesdienstes sich geschickt, und gebraucht worden, jetzo unter alle *promiscue* vertheilet werden, sie mögen was tügen, oder nicht; wenn die aus dem *Hospital* [...] der Schule [...] zugewachsenen *Beneficiis*, [...] wie auch die Hochzeit-Köstgen [...] nicht denen 3. Ersten *Cantorey*en, welche die besten Sänger sind, wie sonst geschehen, sondern *promiscue omnibus* gegeben werden. Und ist auch drittens hierzu zurechnen, daß die vorhin in Neuen-Jahr gewählten IV. *Cantorey*en, jetzo in VI. verwandelt werden. Wodurch die *Eleemosynae*, so durch so saure Mühe in Frost und Kälte gesammlet werden müssen, denenjenigen, die in *Musicis* etwas *praesti*ren, entzogen, und hingegen Leuten zugewendet werden, welche ad *Chorum Musicum* gar nicht können gebrauchet werden, so gar, daß sie nicht nur ad *Musicam Figuralem* gantz ungeschickt, sondern auch nicht *capabel* sind, ein teutzsch Lied mannlich abzusingen, welches so gar einen Übelstand verursachet, daß man sich wundern muß, wie in einen solchen *loco splendido*, als Leipzig ist, und in dem man alles hat, und suchet in gutem Stand zu bringen, man an einen zur Ehre Gottes angestellten *Choro Musico* keine Zierlichkeit hören kann. [...] die armen Knaben aber werden in der Thomas-Schule, theils durch gemeiner Stadt, theils durch andere Wohlthäter Unkosten verpfleget, zu dem Ende, daß sie sich in *Musica* üben, und den Gottesdienst bestellen sollen. Über welches *Institutum* E. HochEdler und Hochweiser Rath beständig gehalten [...]. Aus welcher Sache auch die große Mühe entstanden, die man vor weniger Zeit bey Ersetzung des vacirenden *Cantorats* [1722/23] gehabt, dasselbe wiederum mit einer *qualificir*ten Person zu ersetzen. Da nun aber jetzo bey

gegenwärtiger Sache etwas anders sich äußern will, so sind wir um desto mehr betrübt, daß der Genuß, in dem so wohl die *Alumni* wegen ihres Vorzugs in *Peritia Musica*, alß auch wir *Praeceptores IV. Superiores* wegen unsrer Arbeit, *Inspectionis hebdomadariae* bißher gestanden, wo gar nicht zu Wasser gemacht, doch mercklich werde vermindert werden. Denn es bestehet solcher in *pecunia Musica*, so meistentheils aus dem Geld bestehet, welches Neu-Jahr und Michaelis-Marckt von der ersten *Cantorey* bey diesen Umgängen gesammlet wird, und da nun keine tüchtigen Sänger auf der Schule sollen erhalten werden, so ist leichte zu ermessen, daß die Wohlthäter, die in Ansehung eines annehmlichen Gesanges, den sie gehöret, sich zum Mittleiden haben bringen lassen, wenn sie nichts Anständiges mehr hören werden, ihre Gaben einziehen, und nichts mittheilen werden. […]

Und dahero können nicht ohne Jammer ansehen, daß in der neuen Schulordnung *Cap. VII.* folgende Wort ausgelassen seyn: „Daß dieser Schulen Aufnehmen und Wohlfarth vorige Jahre mercklich hiedurch befördert worden, weil die Knaben, so darein *recipi*ret und angenommen, mehr, als in der Schule zue *St. Nicolai* zur *Music* gehalten […], ist außer allen Zweifel. […] Derowegen bey *Reception* und Aufnehmung der Knaben, ungeachtet eines oder des andern *Commendation* billich dahin zu sehen, daß dieselben, wenn sie über das *XII*te Jahr sind, und in dieser Schule sich aufzuhalten begehren, in *arte Musica* nicht *rudes*, sondern derselben guten Theils erfahren, und ein Stück fertig und artig *musici*ren können."[105]

So veränderte sich in der Folge der neuen Schulgesetzgebung zwar das Aufnahmeprozedere der Alumnen, jedoch blieben die Privilegien und grundsätzlichen Organisationsprinzipien der vier „Cantoreyen" bis ins 19. Jahrhundert hinein im Kern unangetastet. Eine Zäsur ergab sich erst im Juni 1821, kurz nachdem das alte Besoldungsprinzip für die Lehrer – geringes Festgehalt plus hohe, aber schwankende Akzidentien – von neu festgesetzten Fixeinkommen abgelöst worden war. Nun kam es auch zu einer Umverteilung der anfallenden Einnahmen der Alumnen. Die „pecuniae musicae", erwirtschaftet nach wie vor von den acht Sängern der ersten „Cantorey" bei den bezahlten Auftritten und den drei weiteren „Cantoreyen" beim Neujahrssingen, wurden

---

[105] Überliefert ebenfalls innerhalb des Bestandes StA Leipzig, *Thomasschule* (vgl. bei Fußnote 16), hier *Nr. 323*, fol. 1–23; von einem unbekannten Schreiber mit Nachträgen von der Hand des Tertius Pezold; wohl Entwurfsfassung, da weder unterzeichnet noch datiert; offenbar aus dem 19. Jahrhundert stammender Nachtrag am Schluß: „Verfasser des vorstehenden Schreibens ist Rector u. Prof. M. Joh. Heinrich Ernesti". Das im Schreiben neben dem „ich" häufig gebrauchte „Wir" sowie weitere Eigenarten der Argumentation und das Vorkommen eines zweiten Schreibers zeigen jedoch, daß das Schreiben zweifellos als eine gemeinschaftlich vorgetragene Eingabe der vier oberen Lehrer gedacht war (und dann von allen durchgesehen, wenn nicht gar formuliert wurde); in einigen Passagen ist es jedoch eindeutig aus der Sicht Ernestis verfaßt. Zum Kontext des Dokumentes siehe Maul 2012 (wie Fußnote 7), S. 182 ff. Eine vollständige kommentierte Wiedergabe des Textes findet sich in der in Fußnote 15 angekündigten Dokumentensammlung.

nun in die sogenannte „Konzentorenkasse" gebucht und fortan gleichmäßig unter allen 32 „Cantorey"-Mitgliedern verteilt; „die 8 Solosänger" erhielten künftig eine Vorauszahlung von 12 Talern. Bei den tiefgreifenden Reformen des Jahres 1837 (Abschaffung der Singeumgänge der Kurrenden) blieb das „Cantoreyen"-System weitgehend unberührt; erst 1876 wurde das Neujahrssingen und Bestellen der Brautmessen durch die Thomaner eingestellt.[106]

IV. Personelle und strukturelle Zusammenhänge zwischen erstem „Chor" und erster „Cantorey"

Inwiefern haben die vorgelegten Beobachtungen zum „Cantoreyen"-Wesen der Thomaner nun Bedeutung für unser Verständnis der Organisationspraxis der Kirchenchöre? Oder zugespitzt gefragt: Inwieweit könnten die bislang kaum beachteten acht Sänger jener elitären ersten „Cantorey" beziehungsweise dieses Ensemble an sich eine Sonderrolle bei der Aufführung von Bachs Kantaten gespielt haben? Hier ist eine Betrachtung angebracht, die zwischen der Situation im 17. und 18. Jahrhundert zumindest teilweise differenziert, vor allem, weil sich um die Jahrhundertwende für die Thomaner die Zahl der gleichzeitig zu bestellenden Kirchen verdoppelte.

Die Situation zu Zeiten der Kantoren Michael, Knüpfer und Schelle

Die Dokumente des 17. Jahrhunderts lassen keinen Zweifel daran, daß die acht „Concentores" der ersten „Cantorey" tatsächlich den Kern des Sängerchors – die Concertisten? – für die sonn- und festtägliche Figuralmusik des Kantors stellten. Da hier aber keine Einnahmen anfielen, war eine verbindliche Einteilung nicht notwendig und offensichtlich auch (noch) nicht üblich.[107] Und der Kantor tat gut daran, sich für die Ausgestaltung der Gottesdienste viele Möglichkeiten offenzuhalten – etwa damit ein regulär zu Pfingsten angenommener junger talentierter Diskantist direkt bei der Kirchenmusik mitwirken konnte, ohne bereits Mitglied einer „Cantorey" sein zu müssen. Die Freiheit des Kantors bestand um so mehr, weil es Gesetz war, daß sämtliche Alumnen

---

[106] Angaben nach A. Brause, *Johann Gottfried Stallbaum. Ein Beitrag zur Geschichte der Thomasschule in der ersten Hälfte des 19. Jahrhunderts. Teil 2: Abhandlung zu dem Jahresberichte der Thomasschule in Leipzig über das Schuljahr 1897/98*, Leipzig 1898, S. 14–15; Kaemmel 1909 (wie Fußnote 23), S. 558–561, und Maul 2012 (wie Fußnote 7), S. 320–321. Zum Fortgang siehe S. Altner, *Das Thomaskantorat im 19. Jahrhundert*, 2. korrigierte Auflage, Leipzig 2007, S. 12, 15 und 18.

[107] In Thomasius' Tagebuch, das minutiös über den Schulalltag berichtet, sind lediglich Einteilungen der vier „Cantoreyen" und der drei „Currenden" enthalten.

(nicht jedoch die Externen),[108] bis 1699 aufgespalten in nur zwei „Chori" oder „Coetus", beim Gottesdienst auf der Schüleremore zu erscheinen hatten.[109] Sie waren somit verfügbar und sangen gewiß stets die Choräle (die sie in der Woche zuvor allmorgendlich bei Unterrichtsbeginn geübt hatten)[110] und wohl auch manche Motetten mit.[111] Der Kantor konnte so nach Belieben, Gelegenheit der Zeit und dem ausgewählten Repertoire entscheiden, ob er bei seiner Hauptmusik allein auf die verläßliche, erprobte und leistungsfähige Kernbesetzung, also die erste „Cantorey", zurückgriff oder aufstockte. Das gleiche galt für den zweiten Kirchen-„Chor" unter der Leitung eines Präfekten, der im Kern ebenfalls aus acht Knaben bestand und anfänglich offenbar der Einteilung der zweiten „Cantorey" entsprach.[112]

Schon die lateinischen Schulgesetze von 1634 unterscheiden im übrigen sehr genau zwischen den Aufgaben der ausgewählten „Concentores" der „Ordines primarii" (gleichbedeutend mit „Cantoreyen") und denjenigen aller Alumnen in den beiden Kirchen. Während das in der Kontroverse um die Größe von Bachs Chor in jüngster Zeit häufig zitierte Kapitel XIX nur Regeln zum Betragen sämtlicher Alumnen beim Gang zum Gottesdienst, ihrem Auftreten und ihrer Aufstellung auf der Schüleremore sowie beim Absingen von nicht näher spezifizierten Kirchenliedern („cantilenam") und deutschen Gesängen („Ger-

---

[108] Siehe vor allem J.A. Ernestis Anmerkungen zu diesem – in seinen Augen üblen – Nachteil der Schulordnung („Addenda zu den Geßnerischen Anmerckungen", in: StA Leipzig, Stift. VIII. B. 5, fol. 182–184), wiedergegeben bei Schulze 1985 (wie Fußnote 28), S. 17; vgl. auch Parrott 2000 (wie Fußnote 1), S. 105, und Rifkin 2012 (wie Fußnote 6), S. 127–128.

[109] Schulordnung 1634, Cap. V/10; Leges 1634, Cap. XIX/1; Schulordnung 1723, Cap. V/5 und XIII/1; siehe auch Rifkin 2012 (wie Fußnote 6), S. 138.

[110] Schulgesetze 1733, T. III. §. 3: „Sie sollen die gemeinen Lectiones mit einem Liede anfangen, bey dessen Anfange ein ieder zugegen seyn soll. Sie sollen aber vornemlich die Lieder singen, welche auf dem nächsten Sonn- oder Fest-Tage in der Gemeine gesungen werden, damit sich die neuen zugleich üben, und daher öffentlich alle Fehler desto eher vermeiden können." Bei nicht pünktlichem Erscheinen drohte eine Geldstrafe von 6 (Primaner), 3 (Sekundaner und Tertianer) und 1 Pfennig (Quartaner; ebenda, T. V. §. 1). Zum Choralgesang im Gottesdienst siehe auch die Überlegungen bei Rifkin 2012 (wie Fußnote 6), S. 142.

[111] Zur offenbar etablierten Praxis eines vergleichsweise größer besetzten Motettengesanges siehe neben Bachs Hervorhebung der (zusätzlichen) „Motetten Singer" im „Entwurff" (Dok I, Nr. 22) etwa die zusammengetragenen Bemerkungen und Empfehlungen von Thomas Selle und Johann Adolph Scheibe bei Parrott 2000 (wie Fußnote 1), S. 29.

[112] Siehe Leges 1634, Cap. XX/1 und 4–5 (wiedergegeben im Anhang). Während der Ära Schelle waren die Präfekten des zweiten „Chors" teils Präfekten der ersten, teils der zweiten „Cantorey" (siehe Thomasius 1912, wie Fußnote 55, passim).

manicam cantionem") liefert,[113] bietet Kapitel XX (siehe Anhang) all jene oben vorgestellten Regeln für die Auswahl der „Cantoreyen", die besonderen Verpflichtungen (auch zu separatem Musikunterricht) und Privilegien der „Concentores" und informiert über die Anteile, die den acht Sängern der ersten „Cantorey" an den „pecuniae musicae" zustanden. Und auch wenn dort die kirchenmusikalischen Dienste nicht explizit thematisiert werden, dürfte es an gewöhnlichen Sonntagen sogar überwiegend der Fall gewesen sein, daß die Figuralmusik – jedenfalls unter Knüpfer und Schelle – allein von der ersten „Cantorey", den Stadtpfeifern, Kunstgeigern, den damals (1660–1700) festangestellten beiden Kirchen-„Violisten" sowie den mindestens zwei studentischen Helfern „zur Kirchen-Music" (überwiegend Bassisten)[114] dargeboten wurde. Der Umstand, daß Rektor Thomasius 1684 der Bitte Schelles folgte, die „Discantisten und Altisten" der „ersten Cantorey" wieder regulär vom „officio Lectoris" – einem Lesedienst während des Mittagsmahls – zu befreien, damit sie „folgenden Sontags desto besser in Musica" zu gebrauchen seyen,[115] deutet in diese Richtung. Noch deutlicher fiel eine Äußerung des ehemaligen Präfekten Gottfried Christoph Gräffenhain aus (Alumne 1673–1679). Mit großem Selbstbewußtsein empfahl er sich 1681 für das vakante Organistenamt an der Thomaskirche und belegte seine musikalische Eignung mit dem Hinweis:

daß ich neben denen literis auf wohlgenanter dero berühmten *Thomas*-Schule die Edele *Music* ohne Ruhm zu melden, dergestalt *excoli*ret, daß ich nicht allein zu einem membrum des *Primi Chori*, sonst die Erste *Cantorey* genandt, welche jeder Zeit aus den 8 besten *Subjectis* bestehen muß, sondern auch gar zu deßelben *Praefecto, ut vocant, constitui*ret worden, bey welcher Stelle ich denn offtmahls *absente Dominô Directore* die völlige *Music* bestellet, und nach deßen Vergnügen *dirigi*ret.[116]

Eine chorische Kernbesetzung von acht Sängern für die figurale Kirchenmusik überrascht kaum. Sie galt Johann Adolph Scheibe 1737 als „ganz geschickt"[117]

---

[113] Siehe Rifkin 2012 (wie Fußnote 6), S. 122–126 (hier auf S. 122 Angaben zur älteren Literatur); vgl. Glöckner 2006 (wie Fußnote 4), S. 25.

[114] Teils auch als Instrumentalisten belegt und besoldet, nachgewiesen 1670–1700. Zu diesen bezahlten Helfern und deren Etablierung siehe ausführlich Maul 2012 (wie Fußnote 7), S. 124–130; außerdem bereits Schering 1926 (wie Fußnote 11), S. 98–99.

[115] Thomasius 1912 (wie Fußnote 55), S. 731 (Eintrag vom 17. August 1684); siehe hierzu ausführlich Maul 2012 (wie Fußnote 7), S. 107–108.

[116] Brief an den Stadtrat vom 8. Februar 1681, in: StA Leipzig, *Tit. VII. B. 108*, fol. 46. Die Bewerbung war erfolglos. Gräffenhain wurde später Organist in Sangerhausen, gest. 1702; sein Nachfolger sollte ursprünglich der junge J. S. Bach werden (siehe Dok I, S. 94 f.). Das Schriftstück bereits zitiert bei Maul 2011 (wie Fußnote 7), S. 245.

[117] *Critischer Musicus*, 16. Stück (19. März [recte: September] 1737): „Man kan aber

und war – ohne auf höfische Beispiele abzuzielen – auch in anderen Zentren städtischer Kirchenmusik Usus. Hamburg[118] und Frankfurt[119] sind dafür bekannte Beispiele, freilich mit fest bestallten erwachsenen Sängern. Anhand der Archivalien ließe sich aber auch zeigen, daß ein achtstimmiges Schüler-Ensemble die Zittauer Kirchenmusik besorgte (zumindest zur Bach-Zeit).[120]

---

einen Chor Singestimmen ganz geschickt mit acht Personen besetzen; nehmlich mit zween Discantisten, einen Altisten, zween Tenoristen, einen hohen Baßisten (Baritono) und mit zween tieffen Baßisten. Zu der Ausfüllung der Chöre kann man noch die Capellknaben oder in Städten die Schulknaben ganz füglich gebrauchen." In der Neuausgabe der Zeitschrift (1745) korrigierte sich Scheibe: „Ein vollständiger Singechor, der so wohl zum Theater, als zur Kirche und zur Kammer zu gebrauchen ist, kann aus nicht weniger, als aus acht Personen bestehen. Diese theile ich folgendermaßen ein. Erstlich zweene Diskantisten, zweene Altisten, zweene Tenoristen, und ein hoher Baßist, oder so genannte Baritonist, und endlich ein tiefer Baßist. Diese acht Personen aber müssen alle geschickte Leute seyn. Da aber annoch die Chöre würden auszufüllen seyn, so könnte man […] in Städten aber einige Schulknaben, darzu anführen" (S. 156; zitiert auch bei Parrott 2000, wie Fußnote 1, S. 98).

[118] Siehe J. Neubacher, *Thomas Selle als Organisator der Kirchenmusik*, in: Thomas Selle. Beiträge zu Leben und Werk des Hamburger Kantors und Komponisten anläßlich seines 400. Geburtstages, Herzberg 1999, S. 279–322, und ders., *Georg Philipp Telemanns Hamburger Kirchenmusik und ihre Aufführungsbedingungen (1721–1767). Organisationsstrukturen, Musiker, Besetzungspraktiken* (Magdeburger Telemann-Studien XX), Hildesheim 2009, passim, speziell S. 210–219, 270–273 und 275–282. Auch im Lübeck der Buxtehude-Zeit war die Besetzung „4 plus 4" nicht ungewöhnlich, siehe M. Geck, *Jeder nach seinem Gusto*, in: Concerto, Nr. 234 (2010), S. 4–5.

[119] Siehe etwa Telemanns Bemerkung: „schon vor Diesem, die Singe-Stimmen in duplio besetzt gewesen", im Brief an den Rat der Stadt Frankfurt vom 5. Oktober 1717, wiedergegeben in: *Georg Philipp Telemann. Briefwechsel. Sämtliche erreichbare Briefe von und an Telemann*, hrsg. von H. Große und H. R. Jung, S. 26–27; siehe auch C. Valentin, *Geschichte der Musik in Frankfurt am Main […]*, Frankfurt 1906, S. 251–252, und C. Jungius, *Telemanns Frankfurter Kantatenzyklen* (Schweizer Beiträge zur Musikforschung. 12.), Kassel 2006, S. 243–252.

[120] Entsprechend heißt es in der Dienstinstruktion für den dortigen Musikdirektor Carl Hartwig 1735: „Innmaßen nun aber VII. Herrn Harttwigen ohne gute Vocal-Concertisten nicht wohl möglich fallen werde, die Kirchen und andern Musiquen aufzuführen, und zubestellen; so wird derselbe unermüdeten Fleiß anwenden, damit diejenigen Scholaren von allhiesigen Gymnasio, welche der jedes mahlige Cantor in musicalischen Singen praepariret, möglichst perfectioniret werden, dahero er die sonst gewöhnlichen zwey Singe-Stunden die Woche über zu halten und dahin zu cooperiren hat, damit zu jeder Zeit wenigsten 8. gute Concertisten, so die Vocal-Music bey dem Gottesdienste verrichten können, beybehalten […]" („Instruction wornach sich der angenommene Director chori musici und Organist bey allhiesiger

Vor diesem Hintergrund könnte man gar postulieren, daß die gelegentlich als „Gegenentwürfe" städtischer Praxis verstandenen Organisationssysteme Hamburger und Leipziger Kirchenmusik[121] eigentlich gleichen Ursprungs waren. Denn der für die Etablierung der acht Hamburger Ratssänger maßgebliche Kantor Thomas Selle hatte seinerzeit (1642) „zur Concertat-Music" nicht nur „acht gute Sänger, als 2 Discantisten, 2 Altisten, 2 Tenoristen und 2 Bassisten" beim Stadtrat als „höchst von nöhten" eingefordert (und erhalten), sondern die doppelte Anzahl: um auch „Muteten" mit „Krafft" darbieten zu können. Diese 16 Sänger sollten nach seinem Wunsch kostenfrei in einem „Konviktorium" untergebracht und versorgt werden. Beim Musizieren „zur vollen Capella" hielt er es zudem für nötig, ergänzend „groß- und kleine Schüler aus der Schule; item die Gymnasiasten, die in etwas singen können, wie auch die Knaben aus dem Waisenhause" hinzuzuziehen. Diese übrigen Forderungen wurden Selle zwar nicht erfüllt; doch führt man sich die Parallelen seines präsentierten Modells mit der Leipziger Kirchenmusik vor Augen, so könnte man überspitzt formulieren: Der einstige Leipziger Student Selle (und womöglich ehemalige Thomaner) plante 1642/43 in Hamburg die Errichtung einer Art Thomasschule, bekam dann aber nur deren „erste Cantorey" genehmigt – die sich fortan, vom Schulbetrieb losgelöst, als professionelles Sänger-Oktett etablieren sollte. Sogar hinsichtlich des Numerus an Ratsmusikanten herrschten in Leipzig und Hamburg alsbald ähnliche Verhältnisse (je acht Planstellen); und selbst die während der Amtszeit Johann Schelles üblich gewordene Praxis, zwei bezahlte studentische „Bassisten" zur „Kirchen-Music" heranzuziehen, fände in den bei Telemann für Hamburg belegten gelegentlichen Aufstockungen im Bass ihre Entsprechung.[122]

Weil aber die Rektoren der Thomasschule, und zwar sowohl zu Thomasius' Zeiten als auch noch gut 100 Jahre später, bereit waren, auf Verlangen des Kantors im Vorfeld von Festtagen den gesamten regulären Unterricht in den oberen Klassen halb- oder ganztägig ausfallen zu lassen, damit die Kirchen-

---

Kirche zu St: Johannis H: Carl Harttwig […] zu achten", in: StA Zittau, *Abteilung VII, Abschnitt I, Absatz 1a, Nr. 9*).

[121] Siehe etwa H.-J. Schulzes Besprechung von Neubacher 2009 (wie Fußnote 118), BJ 2009, S. 233–238, speziell S. 237–238.

[122] Zu den Hamburger Verhältnissen siehe die in Fußnote 118 genannte Literatur, speziell Neubacher 1999 (in Neubacher 2009, S. 210–211, klingt eine mögliche Beeinflussung durch das Modell Thomasschule bereits an). Selle bezog 1622 die Universität Leipzig; ob er zuvor die Thomasschule besuchte, läßt sich nicht mit letzter Sicherheit sagen; siehe hierzu F. J. Ratte, *Thomas Selle: Leben und Werk zwischen Tradition und Innovation*, in: Thomas Selle (1599–1663). Beiträge zu Leben und Werk (wie Fußnote 118), S. 194–232, speziell S. 195–196. Zu Schelles studentischen Helfern siehe die Übersicht bei Maul 2012 (wie Fußnote 7), S. 125–128.

„Music" geprobt werden konnte,[123] muß der „Chorus musicus" gelegentlich deutlich vergrößert worden sein, namentlich durch separate Capellchöre oder verstärkende Ripienisten – wie sonst hätte Schein seine teils vier- bis sechschörigen Werke musizieren können? Ähnliches deuten die von Thomasius erzählten Umstände einer Brautmesse an: Im Dezember 1676 fand sich ein Alumne auf der Chorempore ein, der nicht zur ersten „Cantorey" gehörte; er machte bald wieder kehrt, angeblich, weil man „kein Capellstücklein gemachet", man seiner mithin „nicht bedurfft" hätte.[124]
Daß man in Leipzig hin und wieder aufstockte, war für den Kantor auch ein Gebot der Vernunft. Denn weil sich hier die Zusammensetzung der ersten „Cantorey" – anders als in Städten mit festbesoldeten erwachsenen Sängern – infolge von eintretenden Stimmwechseln und Exmatrikulationen permanent veränderte, lag es nahe, talentierte Sängerknaben systematisch an die anspruchsvolleren Aufgaben in den Kirchen heranzuführen.

Veränderte Rahmenbedingungen ab 1699 und 1712

Schwieriger zu beurteilen ist die „Chor"-Situation im 18. Jahrhundert. Zunächst einmal gilt es zu bedenken, daß die Einteilung der „Cantoreyen" nun zwar weiterhin nach dem althergebrachten Prinzip erfolgte, sich die Rahmenbedingungen für die Darbietung der Kirchenmusik jedoch in mehrere Richtungen zum Negativen veränderten:[125] Für die Thomaner verdoppelte sich die Zahl der allsonntäglich zeitgleich zu bestellenden Kirchen von zwei auf vier (ab 1699 kam die Neukirche, ab 1712 die Peterskirche hinzu), während der Numerus der Alumnen kraft Ratsbeschluß auf 54 (1709: 55) festgesetzt und damit de facto sogar verringert wurde.[126] Zudem war es bald nicht mehr selbst-

---

[123] Siehe etwa Thomasius 1912 (wie Fußnote 55), S. 346 (Unterrichtsausfall am 19. Juni 1679 „ob exercitia Musica ad festum praeparatoria") und die 1774 eingereichten Vorschläge des Schulvorstehers Winckler zur „Abstellung derer allzu vielen Feyertage auf der Schule zu St. Thomae", laut denen es bis dato Usus gewesen war, daß „wegen der Passions Music-Probe" sowie den „Music-Proben" für Osterfest und Johannistag je ein zusätzlicher schulfreier Tag angeordnet wurde; gleichwohl wird im selben Zusammenhang behauptet, daß „zur Music-Probe auf jeden Sonntag […] auch der Sonnabend-Nachmittag zu allen Zeiten hinlänglich gewesen" sei (StA Leipzig, *Stift. VIII. B. 10*, fol. 5–7 und 9–14).
[124] Thomasius 1912 (wie Fußnote 55), S. 186–187 (Eintrag vom 1. Dezember 1676); siehe auch Maul 2012 (wie Fußnote 7), S. 119–120.
[125] Vgl. auch die Schilderung bei Rifkin 2012 (wie Fußnote 6), S. 134–135.
[126] Trotz Kuhnaus 1709 eindringlich vorgetragener Bitte, den Numerus angesichts der inzwischen (schon) drei von den Alumnen zeitgleich zu bestellenden Kirchen zu erhöhen; siehe bei Fußnote 21 und 135 sowie Maul 2012 (wie Fußnote 7), S. 170–171.

verständlich, daß ein neu angenommener Alumne überhaupt nennenswerte musikalische Fähigkeiten mit sich brachte – eben weil dem Kantor in der neuen Schulordnung 1723 das althergebrachte Privileg, die Knaben selbst auswählen zu können, stark eingeschränkt wurde und einflußreiche Ratsherren lautstark (bald gemeinsam mit den Rektoren) eine Schärfung des Schulprofils hin zur Armen- und Gelehrtenschule propagierten.[127] Hinzu kommt, daß sich eine lange Zeit in der Forschung als „Innovation" betrachtete Neuerung im Anstellungsvertrag Johann Kuhnaus (1701) bei näherem Hinsehen als rigide umgesetzte Sparmaßnahme erweist. Kuhnau hatte sich – wie später noch Bach – auf Drängen des Thomaskirchvorstehers Johann Alexander Christ bei seiner Wahl verpflichtet (oder verpflichten müssen), die Alumnen künftig „nicht allein in der Vocal- sondern auch in der Instrumental Music fleißig" zu „unterweisen", und zwar: „damit die Kirchen nicht mit unnötigen Unkosten, wie bishero geschehen, beleget werden mögen". Im Gegenzug wurde der zuvor stattliche Etat des Kantors für zusätzliche – zumeist studentische – Helfer bei der Kirchenmusik (bis zu 100 Gulden pro Jahr) ersatzlos gestrichen.[128] Unglücklicherweise hatten die ambitionierten Studenten bald weitere gute Gründe, sich eher in die Dienste der sich gerade etablierenden jungen Leipziger Neukirchenmusik zu stellen, als in diejenige des – in der Sache wenig diplomatisch agierenden – Thomaskantors Kuhnau: Dort lockten die Zuverdienstmöglichkeiten in Telemanns, später Hoffmanns, Voglers und Schotts Collegium musicum und im ebenfalls eng mit der Neukirchenmusik verbundenen Opernhaus (bis 1720).[129] An die Stelle der Freiheit, die Knüpfer und Schelle bei der Besetzung ihrer Kirchenmusik walten lassen konnten, trat bei Kuhnau und Bach also ungewollt der Zwang zu improvisieren und pragmatische Lösungen zu finden; zumal die neue Art der Kirchenkantate – wie beide in ihren Memorialen dem Stadtrat ausführlich erläuterten – eigentlich größere Besetzungen erforderte, speziell was das Tutti im Orchester, aber auch die Stärke des Chors beträfe.[130] Jedoch blieb die Anzahl der städtischen Musiker

---

[127] Siehe oben, bei Fußnote 105, und Maul 2012 (wie Fußnote 7), S. 160–258, speziell S. 184–185, 190–191, 194–195, 243–249 und 258. Vgl. auch Rifkin 2012 (wie Fußnote 6), S. 136–139.

[128] Siehe Maul 2012 (wie Fußnote 7), S. 129–131 und 148–149; vgl. Schering 1926 (wie Fußnote 11), S. 60–61 und 101.

[129] Die maßgeblichen Dokumente hierzu zusammengefaßt bei A. Glöckner, *„… daß ohne Hülffe derer Herren Studiosorum der Herr Cantor keine vollstimmende Music würde bestellen können …" Bemerkungen zur Leipziger Kirchenmusik vor 1723 und nach 1750*, in: BJ 2001, S. 131–140, speziell S. 131–136, und Maul 2012 (wie Fußnote 7), S. 130–131 und 149–153.

[130] Kuhnau tat dies in seinen bekannten Memorialen von 1709 und 1717 (wie Fußnote 135 und 49), wiedergegeben bei Spitta II, speziell S. 859 und 862, Bach im „Entwurff" (Dok I, Nr. 23).

ebenfalls unverändert, und so mußten selbst die leistungsfähigsten Sänger bei der Kirchenmusik angeblich oft notgedrungen zum Instrument greifen. Das gesamte System der Hauptkirchenmusik geriet damit in eine Schieflage, aus der es sich erst zum Ausgang des 18. Jahrhunderts durch die namentlich von Johann Adam Hiller eingeführten Neuerungen und Veränderungen der Personalstruktur befreien sollte.[131]
Bach beklagte diese Schieflage ausführlich (und offensichtlich folgenlos) in seinem „Entwurff einer wohlbestallten Kirchen Music"[132] – eigentlich sieben Jahre zu spät und ohne konkrete Reformvorschläge zu präsentieren. Angesichts der vorausgegangenen unvorteilhaften und gut nachvollziehbaren Entwicklung sollten wir ihm freilich nicht nachsagen, in den wesentlichen Punkten seiner Kritik[133] übertrieben zu haben.[134] Kuhnau skizzierte die Schieflage – mit weitgehend identischer Argumentation – bereits 1709 (als die Alumnen sonntags ‚nur' auf drei Kirchen verteilt waren) und zeigte dabei auf, daß er bei seinen Kantatenaufführungen nicht im entferntesten (mehr) mit festen Besetzungen planen konnte. Anders als zu Zeiten des „vormahls immer wohl bestalt gewesenen Chorus musicus" zeichne sich seine gegenwärtige Kirchenmusik dadurch aus, daß „der in gemeinen Sontagen gehörte Chorus alß denn geschwächet" und „gar schlecht bestellet ist, und man sich der elenden Execution vieler obgleich mit Fleiße ausgearbeiteten Stücken zu schämen" habe, weshalb er „denn auch die Musicalien nach der schlechten Capacität der Subjectorum schlecht genug einzurichten" hat. Und: „An die Music von zwey oder mehr Chören, welche in großen Festtagen solte gehöret werden, darff man vollends nicht gedencken".[135]

---

[131] Siehe hierzu, die ältere Literatur zusammenfassend und punktuell ergänzend, Maul 2012 (wie Fußnote 7), S. 291–301.

[132] Dok I, Nr. 22.

[133] Diese waren die inzwischen kaum noch an den musikalischen Befähigungen der Knaben orientierte Vergabepraxis der Alumnatsplätze und die zurückgegangene Motivation innerhalb der Studentenschaft infolge nicht mehr vorhandener finanzieller Anreize (siehe auch Fußnote 142).

[134] Siehe ausführlich meine Lesart des Dokuments in Maul 2012 (wie Fußnote 7), S. 226–232, und vgl. etwa Siegele 1978 (wie Fußnote 23); J. Rifkin, *Bach's Choral Ideal*, Dortmund 2002 (Dortmunder Beiträge zur Bach-Forschung 5), Dortmund 2002; H.-J. Schulze, *Bachs Aufführungsapparat – Zusammensetzung und Organisation*, in: Die Welt der Bach-Kantaten, Band 3: Johann Sebastian Bachs Leipziger Kirchenkantaten, hrsg. von C. Wolff, Stuttgart etc. 1999, S. 143–215; Wolff 2000 (wie Fußnote 4), S. 346–348; Parrott 2000 (wie Fußnote 1), S. 93–102, und Glöckner 2004 (wie Fußnote 45).

[135] „Erinnerung des Cantoris die Schul und Kirchen Music betreffend" vom 17. März 1709, in: StA Leipzig, *Stift. VIII. B. 2c*, fol. 356 ff., abgedruckt bei Spitta II, S. 855–859.

Heute zu argumentieren, daß es Bach trotz der augenscheinlichen Nichtbeachtung seines „Entwurffs" dennoch gelungen sein dürfte, seinen dort skizzierten „wohlbestallten Chorus Musicus" in der Realität umzusetzen, er also willens und in der Lage gewesen wäre, aus jedwedem auf die Schule „befohlenen" unmusikalischen Alumnen einen für seine Kirchenmusik brauchbaren Instrumentalisten oder Ripienisten zu machen,[136] erscheint mir nach Lage der Dinge als ein fragwürdiger Ansatz. Mit derartigen Erfolgen brüstete sich erst Johann Adam Hiller, allerdings unter sehr veränderten Rahmenbedingungen und mit mächtigen Verbündeten im Stadtrat.[137] All die verfügbaren Aussagen über Bachs Wirken in der Thomasschule (nicht als Privatlehrer seiner Kompositions- und Clavierschüler) lassen vielmehr auf ein, um es vornehm auszudrücken, zurückhaltendes Engagement beim regulären allgemeinen Musikunterricht schließen[138] – zumal in Zeiten dauerhafter Grabenkämpfe zwischen Kantor und Rektor/Schulvorsteher.[139] Alternativ die einstige Existenz einer ‚schwarzen Kasse' des Kantors zu postulieren (gefüllt mit den Einnahmen aus dem Verkauf der Textbücher oder mit Spenden freigiebiger Patrone), um mit deren Hilfe die kirchenmusikalischen Idealvorstellungen Bachs während der 1730/40er Jahre doch noch umgesetzt zu sehen,[140] bleibt gleichfalls ein von Wunschdenken bestimmtes Erklärungsmodell – zumindest so lange keinerlei Quellen existieren, die dahingehenden Vermutungen Vorschub leisten könnten. Und die Annahme, daß womöglich ein ganzes Heer freiwilliger Kräfte (Externe, ehemalige Thomaner, ambitionierte Studenten, Stadtpfeifergesellen, Liebhaber, sämtliche nachweisbaren Privatschüler Bachs) als „stille Reserve" stets bereitstand, um allein für einen Gotteslohn die personellen Lücken im „Chorus musicus" aufzufüllen,[141] läßt sich zwar punktuell dokumentarisch

---

[136] So der Erklärungsansatz bei A. Glöckner, *„The ripienists"* […] 2011 (wie Fußnote 10), und ders. in Concerto 2012 (wie Fußnote 72).

[137] Siehe etwa die bekannten Äußerungen Hillers in: *Berliner Musikalische Zeitung* 1793 (wie Fußnote 23), und in Gerber NTL, Teil 2, Sp. 674; beide Dokumente wiedergegeben u.a. bei Maul 2012 (wie Fußnote 7), S. 294–295.

[138] Siehe Dok II, Nr. 280, 282, 355, 376, 382–383, 504, 614, 615; Dok III, Nr. 671, und Dok V, B 587a–b; außerdem Maul 2012 (wie Fußnote 7), S. 247–248.

[139] Siehe Maul 2012 (wie Fußnote 7), S. 242–249 und 253–258, und die gewiß die damaligen Realitäten widerspiegelnden Äußerungen in Dok III, Nr. 820.

[140] Siehe etwa Schering 1926 (wie Fußnote 11), S. 101. Zur von Hans-Joachim Schulze ins Gespräch gebrachten Möglichkeit einer Finanzierung von studentischen Helfern durch die Erlöse aus dem Verkauf von Textbüchern siehe ders., *Bachs Helfer bei der Leipziger Kirchenmusik*, in: BJ 1984, S. 45–52, speziell S. 52.

[141] Vgl. etwa Schulze 1999 (wie Fußnote 134), S. 148–154; Glöckner 2004 (wie Fußnote 45), S. 86–90; A. Glöckner, *On the performing forces of Johann Sebastian Bach's Leipzig church music*, in: Early Music 38/2, 2010, S. 215–222, speziell S. 218, und ders., *„Derer Ripienisten* […]" 2011 (wie Fußnote 72), S. 23–25.

bestätigen; als ungeschriebene Gesetzmäßigkeit sollte sie jedoch nicht herhalten, denn, um es mit Bachs Worten zu sagen: „Wer wird ümsonst" – zumal dauerhaft – „arbeiten, oder Dienste thun?"[142]

Der jüngst präsentierten Kritik Joshua Rifkins an der traditionellen Lesart der vielzitierten „Chor"-Listen von 1729 und 1745 ist insofern beizupflichten, als diese Übersichten in der Tat kaum belastbare Rückschlüsse auf die Besetzung der chorischen Passagen bei den Kantatenaufführungen zulassen: Bachs eigenhändige Übersicht über die „Chöre" in allen vier Leipziger Kirchen aus dem Jahr 1729[143] scheint für St. Thomas, St. Nikolai und die Neukirche zwar Chorstärken von jeweils drei Sängern pro Stimmlage zu belegen. Sie entstand aber nachweislich, um dem gerade neu gewählten Schulvorsteher Christian Ludwig Stieglitz vor Augen zu führen, daß es bei der anstehenden Auffüllung freigewordener Alumnatsplätze „unumbgängliche Nothwendigkeit" sein müsse, die Prinzipien der neuen Schulordnung zu ignorieren und Knaben auszuwählen, „die zur Music und Singen" geschickt waren.[144] Das fatale Ergebnis dieses Besetzungsvorgangs – 1729 wurden die Hälfte der freien Plätze mit „unmusikalischen" Knaben aufgefüllt – bezeugt, daß Bachs Befürchtungen berechtigt gewesen waren.[145] Die namentliche Übersicht der „Chöre, welche Sonntags die Kirchen besorgen" aus dem Jahr 1745 zeigt

---

[142] Dok I, Nr. 22. An womöglich unentgeltlich aufwartenden studentischen Helfern in Bachs Singechor lassen sich bislang nur drei Personen, sämtlich „Bässe", nachweisen: 1730–1734 Johann Christoph Hoffmann (hat laut eigener Aussage bei „Bachens Kirchen Music nun mehro [1734] 4 Jahr, als Bassiste, assistiret"; Dok II, Nr. 356), bis 1743 Gottlob Friedrich Türsch (von Bach bezeichnet als „mein bißheriger Bassiste"; Dok V, A 45 c) und 1744/45–1747/48 Johann Christoph Altnickol (gemäß Bach „dem Choro Musico unausgesetzt assistiret […] meistens aber als Vocal-Bassiste sich exhibiret, und also dem Mangel derer auf der Thomas-Schule sich befindenden Bass-Stimmen (weiln sie wegen alzu frühzeitigen Abzugs nicht können zur Reiffe kommen) ersetzt"; Dok I, Nr. 81–82; Dok II, Nr. 553, und Rifkin 2012, wie Fußnote 6, S. 132. Siehe auch Dok I, Nr. 73.
Zu den bis 1729 regelmäßig mit einer „Ergötzlichkeit" belohnten studentischen Helfern siehe Schulze 1984 (wie Fußnote 140); es ist wohl kein Zufall, daß diese freiwilligen Gaben aus der Stadtkasse just in dem Augenblick einschliefen, als Bach das Collegium musicum G.B. Schotts übernahm. Warum er dieses Ensemble in seinem „Entwurff" dennoch nicht ins Gespräch brachte (etwa verbunden mit dem Vorschlag, daß es künftig gegen eine Aufwandsentschädigung die großen Lücken im Kirchenorchester regulär auffüllen könnte), bleibt ein Rätsel (siehe Maul 2012, wie Fußnote 7, S. 230).

[143] Dok I, Nr. 180.

[144] Zitate aus Stieglitz' diesbezüglicher Eingabe an den Stadtrat (Dok II, Nr. 262).

[145] Siehe hierzu ausführlich Maul 2012 (wie Fußnote 7), S. 214–218, und die in Teilen davon abweichende Lesart bei Siegele 1978 (wie Fußnote 23), ebenso Rifkins Bemerkungen zum Dokument in Rifkin 2012 (wie Fußnote 6), S. 135 und 137; vgl.

strenggenommen (ebenfalls) nur an, auf welcher Chorempore ein jeder der erwähnten 54 Alumnen bei seinem pflichtmäßigen Besuch der sonntäglichen Gottesdienste zu erscheinen hatte: In die beiden Hauptkirchen wurden demnach je 17 Knaben entsandt.[146] Der ebenfalls vielzitierte „Catalogus der itzigen Chöre" von Johann Friedrich Doles (1784) macht schließlich besonders deutlich, daß solcherlei „Chor"-Listen nicht zur Klärung der Frage nach der Größe eines Sängerensembles für die Figuralmusik herangezogen werden sollten. Denn niemand wird einem selbständig denkenden Spitzenmusiker vom Schlage Doles' zutrauen wollen, wie auch immer geartete Chormusik mehrfach mit einem „1sten Chor" von zehn Bassisten, elf Tenoristen, zwei Altisten und drei Diskantisten aufgeführt zu haben – es sei denn, Doles wollte damit provozieren.[147] Wenn diese Liste überhaupt etwas zur Gestaltung der damaligen Leipziger Kirchenmusik aussagen sollte, dann doch wohl, daß der Thomaskantor inzwischen – und sicher aus der Not heraus – den Chören 2 bis 4 kaum noch Bedeutung beimaß. Denn ein solches quantitatives Ungleichgewicht der „Chöre" ist aus früherer Zeit nicht belegt.

Die erste „Cantorey" im „Chorus musicus" des 18. Jahrhunderts –
Zusammenhänge und terminologische Probleme

Trotz aller Personalprobleme wurde Bachs anspruchsvolle Figuralmusik seinerzeit in den Hauptkirchen dargeboten, und zwar ohne daß Klagen über die Qualität der Aufführungen laut oder aktenkundig geworden wären – abgesehen von einem „parteiisch schmeckenden" Zwischenruf J.A. Scheibes[148] und den Rügen des Thomaskantors selbst.[149] Insofern stellt sich um so mehr die Frage, ob infolge der zu Beginn des 18. Jahrhunderts prekär gewordenen Arbeitsbedingungen für den Kantor die selbständig wirkende erste „Cantorey" mit ihren „acht geschicktesten" und hervorragend bezahlten Alumnen nun nicht erst recht in die Pflicht genommen war, um (weiterhin) für eine adäquate Dar-

---

etwa Glöckner 2006 (wie Fußnote 4), S. 9–10, und Glöckner, *Derer Ripienisten [...]* 2011 (wie Fußnote 72), S. 13–15.

[146] Vgl. Glöckner 2006 (wie Fußnote 4), S. 17–22, und Rifkin 2012 (wie Fußnote 6), S. 130–135.

[147] Vgl. Glöckner 2001 (wie Fußnote 129), S. 136–137 und 140; ders., *„Derer Ripienisten [...]"* 2011 (wie Fußnote 72), S. 15–19 (englische Fassung in Early Music, wie Fußnote 10, S. 575–580), und Rifkin 2012 (wie Fußnote 6), S. 141. Zum Kontext der Liste siehe Maul 2012 (wie Fußnote 7), S. 287.

[148] Siehe Dok II, Nr. 400, und die daran anknüpfenden Äußerungen J.A. Birnbaums und J.A. Scheibes, speziell Dok II, Nr. 409.

[149] Im „Entwurff" (Dok I, Nr. 22), den Dokumenten zum Präfektenstreit (Dok I, Nr. 32 ff.), dem Zeugnis für J.C. Altnickol (Dok I, Nr. 81) und mittelbar im Nekrolog auf Bach (Dok III, Nr. 666).

bietung der „intricaten musicalischen Kirchen Stücke so im ersteren Chore gemachet werden",[150] Sorge zu tragen; das heißt: hier als belastbare Kernbesetzung zu agieren, die zweifellos am besten in der Lage gewesen wäre, neue Werke schnell zu erfassen und ausreichend zu proben.

Müßte die Brauchbarkeit einer solchen Hypothese allein anhand der 1723 vorgelegten Neufassung der Schulordnung überprüft werden, fiele das Ergebnis bemerkenswert klar aus. Hier wurde in Cap. XIII/8, entgegen der alten Textfassung von 1634, für die acht Concentores der ersten „Cantorey", aber auch für die drei weiteren – ehemals nur mit Blick auf das Neujahrssingen festgesetzten – „Cantoreyen", unmißverständlich das „Abwarten der Gottesdienste" als eine ihrer Aufgaben festgeschrieben.[151] Angesichts der Tatsache, daß die Anzahl der „Cantoreyen" inzwischen (zufällig) derjenigen der allsonntäglich zu bestellenden Kirchen entsprach, wäre dies eine naheliegende Neuerung gewesen (siehe Anhang).

Jedoch ist Vorsicht geboten. Bei der neuen Schulordnung gilt es generell zu bedenken, daß sie an den Lehrern vorbei von einer Arbeitsgruppe aus Ratsherren erstellt wurde – allem Anschein nach maßgeblich vom Ratssyndikus Johann Job. Die Passagen zum „Chor"- und „Cantoreyen"-Wesen lagen bereits Ende 1717 im Entwurf vor. Jedoch kam die gesamte Ordnung den Lehrern erst in gedruckter Form im Spätherbst 1723 vor Augen. Daß Kuhnau oder Bach je die Chance gehabt hätten, die für sie relevanten Kapitel vorab gegenzulesen und auf sachliche Fehler zu überprüfen, ist angesichts der damals sehr angespannten Situation zwischen Rat und Lehrerschaft höchst unwahrscheinlich und wurde von den Lehrern rückblickend auch ausdrücklich verneint.[152] Immerhin läßt sich zeigen, daß die Arbeitsgruppe auf der Basis von Auskünften handelte, die sie bei und nach der Schulvisitation 1717 eingeholt hatte – deren Ablauf gut dokumentiert ist: Laut Protokoll hatte der Schulrektor J. H. Ernesti damals den Visitatoren mitgeteilt, daß die Alumnen „in vier Cantoreyen eingetheilet" wurden, und: „In der ersten Cantorey behielten die Schüler, was sie in die Hand bekämen, in den 3. andern aber nicht." Ebenso wurde Ernesti gefragt, „in wie viele Coetus der Chorus musicus getheilet werde, und ob die neue Kirche einen besondern coetum habe." Hierzu liegt jedoch keine

---

[150] Vgl. Dok I, Nr. 34.
[151] Vgl. zu diesem Punkt bereits die Erörterungen bei Parrott 2000 (wie Fußnote 1), S. 96–101; Maul 2011 (wie Fußnote 7), S. 245, und Rifkin 2012 (wie Fußnote 6), S. 136, 138 und 142.
[152] Zum angespannten Verhältnis zwischen Lehrerschaft und Stadtrat siehe ausführlich Maul 2012 (wie Fußnote 7), S. 167–208, speziell S. 178–180 und 195. In ihrer Stellungnahme zur Schulordnung (wie Fußnote 105), fol. 3, klagten die vier oberen Lehrer, ihnen seien die „gemachten Schlüsse nicht eher bekannt worden, biß es zur Publication gekommen."

protokollierte Antwort vor.[153] In einer Skizze zur neuen Ordnung notierte Job dann: „anjetzo sind 4. Cantoreyen" und ließ bitten: „Es sey schrifftlich zu übergeben, wie die Cantoreyen eingetheilet und wie starck der Numerus sey, auch wie die distribution geschehe, und zwar wie es bey lezten Michaelis und NeuJahr gehalten worden."[154] In diesem Zusammenhang lieferte Kuhnau die in Fußnote 57 erwähnten Auszüge aus den Rechnungsbüchern der „pecuniae musicae" und die in Abb. 4 wiedergegebene Liste der „Cantoreyen auf das Jahr 1718."; diese überschrieb der Kantor jeweils mit „Ord[ines]" I–IV und führte darunter (auf der dritten Seite) auch die Namen der aktuell nicht zu den „Cantoreyen" gehörenden 10 Alumnen auf (die freilich sonntags dennoch in der Kirche zu erscheinen hatten, für die in der Übersicht aber nicht festgelegt war, welchem „Chor" sie angehörten). Genaugenommen war aus diesen Materialien für die Arbeitsgruppe ersichtlich, daß Kuhnau eine „Cantoreyen"-Übersicht, nicht aber eine der Kirchen-„Chöre" angefertigt hatte. Dennoch wurde in der Schulordnung den vier „Cantoreyen" (in ihren Zusammensetzungen) nun auch explizit das „Abwarten" der „Gottesdienste" aufgetragen. Wir können nicht mit letzter Sicherheit entscheiden, ob dies bewußt, also mit dem Wissen um den Unterschied von „Coetus"/„Chorus" (im Sinne der anwesenden Alumnen auf der Empore, zuständig für das Singen der Choräle und vielleicht auch der Motetten) und „Cantorey" (Auswahlchor für besondere Aufgaben) geschah, oder aber hier die Termini verwechselt oder verwässert wurden. (Sicher ist wohl nur, daß in die Peterskirche allezeit tatsächlich der „Ausschuß" entsandt wurde, also eine kleine Gruppe von sängerisch untalentierten Alumnen, die nicht zu den 32 Sängern der vier „Cantoreyen" gehörten und denen offenbar weder der Präfekt der vierten „Cantorey" noch überhaupt ein Präfekt vorstand.)[155]

Erstaunlicherweise haben die Lehrer in ihrer großen Stellungnahme zur Schulordnung den Inhalt jenes Paragraphen aber weder bemängelt noch in Frage gestellt (auch später nie); sie unterstrichen vielmehr, daß es wichtig sei, diejenigen Alumnen, „welche die Music machen" und „die besten Sänger" seien, weiterhin finanziell besserzustellen als die übrigen.[156] Und ebenso hat die Arbeitsgruppe mit ihrer Entscheidung, in den angrenzenden Paragraphen der neuen Ordnung die alte Bezeichnung „Ordines Concentorum primarii" aus den Leges 1634 mit „erste Cantorey" zu übersetzen, Sachverstand bewiesen, nämlich genau im Sinne der Tradition des 17. Jahrhunderts gehandelt (siehe

---

[153] Das zitierte Visitationsprotokoll in: StA Leipzig, *Stift. VIII. B. 5*, fol. 49 v.
[154] StA Leipzig, *Stift. VIII. B. 2 c*, fol. 434–451, und ebenda, *Stift. VIII. B. 5*, fol. 53 bis 54.
[155] Jedenfalls erwähnen Bach und Hiller in ihren relevanten Bemerkungen zwar die „Praefecti chori" I–III, jedoch nie einen vierten „Chor"-Präfekten (siehe Dok I, Nr. 22 und 34, und bei Fußnote 173).
[156] Wie Fußnote 105, hier speziell fol. 14.

Anhang). In Cap. IX/11 scheint sie sogar zwischen den in Rede stehenden Begriffen zu differenzieren, wenn sie vorschreibt, die Knaben, „welche zu einer oder andern Cantorey und Coetu gehören", hätten „zu rechter Zeit" in den Kirchen zu erscheinen.

Bemerkenswert – weil wiederum bedeutsam hinsichtlich der Rolle der „Cantoreyen" in den Gottesdiensten – ist ferner der Umstand, daß auch der Schulrektor Johann August Ernesti in seinen brieflichen Äußerungen zum Präfektenstreit 1736 (dessen Schauplatz die Leipziger Kirchen waren) sich ohne Einschränkung auf Cap. XIII der neuen Schulordnung und dabei ausdrücklich auf die „Cantoreyen" mit je „8 Knaben" bezog.[157] Die in diesem Zusammenhang von ihm mitgeteilte Regelung zum Präfektenwesen in den „Cantoreyen", also die den Präfektenstreit beförderde traditionelle Praxis des systematischen Aufstiegs eines Präfekten, beginnend in der vierten „Cantorey", hatte offensichtlich direkten Einfluß auf die „Chöre". Denn alle Dokumente des 18. Jahrhunderts deuten darauf hin, daß die Präfekten von zumindest erster bis dritter „Cantorey" (für das Neujahrssingen und die bezahlten Privataufwartungen) zugleich Präfekten des ersten bis dritten Kirchen-„Chors" waren.[158]

Vor diesem Hintergrund nun wird zumindest deutlich, daß die oben (bei Fußnote 10) wiedergegebenen Ausführungen Triers zwar nicht inhaltlich falsch waren. Mit dem gewählten Begriff „Sonntags-Kirchen-Cantoreyen" für die „Chöre", in die alle 54 Alumnen eingeteilt wurden, und der beschriebenen Abgrenzung von den 32 Alumnen der „Neujahrs-Cantoreyen" hat der Schulvorsteher jedoch nicht etwa behaupten wollen, daß die Disposition der (Neujahrs-)„Cantoreyen" ohne jeden Einfluß auf die Zusammensetzung der Kirchen-„Chöre" gewesen wäre.[159]

---

[157] Dok II, Nr. 382 und 383.

[158] Die Schulordnung von 1723, Cap. XIV, und die Vorgängerdokumente gehen auf die Praxis des systematischen Aufstiegs der Präfekten nicht ein. Innerhalb der Schulgesetze ist diese Regelung erstmals greifbar 1768 in jener „Vorschrifft, wie es mit den Cantoreyen bey den Neu-Jahrsingen gehalten werden solle" (wie Fußnote 61). Deren Inhalt läßt sich aber ohne weiteres mit den verfügbaren älteren Aussagen zum Präfektenwesen in Einklang bringen; siehe hier besonders aussagekräftig die in Fußnote 157 genannten Briefe J.A. Ernestis im Präfektenstreit, speziell Dok II, Nr. 383. Auch die Abrechnungsbücher der „pecuniae musicae" belegen durchgängig das System des kontinuierlichen Aufstiegs; außerdem entsprechen hier die Namen der Präfekten stets denjenigen der anderwärts punktuell belegten „Chor"-Präfekten (siehe auch bei Fußnote 54 und 173).

[159] Vielmehr wollte er deutlich machen – und nur darum ging es bei der damaligen Auseinandersetzung anläßlich der Besetzung einer gut dotierten Hilfskraftstelle –, welchen Alumnen durch Singedienste nennenswerte Beneficia zuteil wurden. Denn weil die Leichen-Famulatur ein Amt war, das mit keinen besonderen musikalischen Anforderungen verbunden war, sollten dafür in seinen Augen auch Alumnen in die Wahl kommen, die nicht bereits von besonderen „emolumentis" profitierten. Merk-

Dokumente, die die Bedeutung der ersten „Cantorey" als feststehende Größe für die Figuralmusik des Kantors in Frage stellen könnten, sind indessen diejenigen Bachs und überhaupt der Thomaskantoren des 18. Jahrhunderts. Bach äußert sich an keiner Stelle direkt zum „Cantoreyen-Wesen", nicht einmal im „Entwurff".[160] Der Begriff „Cantorey" kommt bei ihm überhaupt nur an einer Stelle vor: Dem ehemaligen Alumnen Christian Friedrich Schemelli stellte er 1740 das Zeugnis aus, „Fleiß in Musicis" angewendet zu haben und daß er ihn „auch bey denen Cantoreyen als Sopranisten gantz wohl habe gebrauchen können".[161] Da Bach bei Erwähnungen seines kirchenmusikalischen Aufführungsapparates sonst konsequent von „musicalischem Chor", „Chorus musicus" oder allgemein „Chor" spricht,[162] ist fraglich, ob er mit seinen Ausführungen Schemelli tatsächlich eine besondere Brauchbarkeit als Sänger bei der Kirchenmusik attestieren wollte – dann wäre dies freilich ein Beleg dafür, daß die achtköpfigen „Cantoreyen" tatsächlich eine feste Größe auf seiner Chorempore waren. Wegen der derzeit singulär belegten Verwendung des Begriffs und Bachs insgesamt eher verhalten ausfallender Anpreisung von Schemellis Fähigkeiten könnte seine Wortwahl aber auch dahingehend interpretiert werden, daß der ehemalige Alumne lediglich zeitweise (womöglich nur vor der Mutation) ein Mitglied des Auswahlensembles gewesen war.[163]

---

würdig ist freilich, daß Trier nebenbei behauptete, es gäbe „emolumentis", die „nur" den „2 ersten Sonntags-Kirchen-Cantoreyen" zugte kämen, denn in der Rechnungslegung zur Thomasschule und den Hauptkirchen lassen sich nirgends solche Gelder belegen – die pauschalen Zahlungen der Haupt- und Nebenkirchen an die Schule „vor die Kirchen-Music" flossen in den allgemeinen Schulhaushalt und in die Verpflegung aller Alumnen (siehe Maul 2012, wie Fußnote 7, S. 117, 213 und 256); und selbst die Einnahmen aus dem Klingelbeutel (andernorts eine Geldquelle für die Kirchenmusik) waren in Leipzig ausdrücklich für das Armenwesen bestimmt (siehe Kuhnaus folgenlosen Reformvorschlag in seinem Memorial vom 29. Mai 1720, abgedruckt bei Spitta II, S. 668). Oder spielte Trier hier doch versehentlich auf die „pecuniae musicae" an? Dann freilich hätte er die „Cantoreyen" mit den Kirchen-„Chören" verwechselt oder indirekt einen personellen Zusammenhang zwischen den ersten beiden „Chören" und „Cantoreyen" bestätigt.

[160] Auch wenn die erste „Cantorey" regelmäßig für den Vokalpart in den Kantaten zuständig gewesen sein sollte, wäre es aus der Sicht Bachs wohl wenig zielführend gewesen, sie hier als (unverändert funktionierende) Institution ins Gespräch zu bringen; schließlich wollte er demonstrieren, daß die ihm verfügbaren Kräfte für die Kantatenaufführungen eben nicht (mehr) ausreichten und er seine Sängerknaben oft genug nicht auf deren ‚optimalen Positionen', sondern notgedrungen im Orchester einsetzen mußte.

[161] Dok I, Nr. 77.

[162] Dok I, Nr. 22, 32, 33, 34, 39, 41, 81, 82; Dok V A 82 b.

[163] Damit könnte er dann auch nicht mehr ohne weiteres als das zentrale Beispiel eines

Auch in den bekannten Äußerungen Kuhnaus, Doles' oder Hillers sind mit „Cantoreyen" in der Regel die Auswahlchöre für das Neujahrssingen und die bezahlten Aufwartungen gemeint. Allerdings tritt auch in deren Materialien immer wieder der Sonderstatus der acht „Concentores" der ersten „Cantorey" zu Tage und finden sich einzelne Belege, die wiederum darauf hindeuten, daß die Einteilung der vier „Cantoreyen" eben auch Relevanz für die Zusammensetzung der Kirchen-"Chöre" hatte. So besagt ein 1795 aufgestelltes „Reglement wegen Verreisens während den Hundstagen" ausdrücklich, daß einem „Sänger der ersten Cantorey" eine – für diese Zeit mögliche – Heimreise nur dann zu gestatten wäre, wenn dieser eine Vertretung für die Übernahme der Kirchendienste vorweisen könne.[164] In einer „Vorschrifft, wie es mit den Cantoreyen bey dem Neu-Jahr-Singen gehalten werden soll" (1768), heißt es:

5. Die Eintheilung der Cantoreyen wird auf das gantze Jahr von dem Cantore gemacht [...].
6. Jeder Praefectus hat auf seine Cantorey genaue Aufsicht zu haben, und ohne die höchste Noth selbige nicht zu verlassen; welches auch bey Leichen und in der Kirche, sowohl Sonntags als in der Woche über, geschehen muß.[165]

Zudem ist bemerkenswert, daß Johann Adam Hiller anläßlich der Anstellung seines Substituten August Eberhard Müller sich ausbat, neben der Leitung der Kirchenmusik an St. Thomas weiterhin für die „Besorgung der Musiktexte für beyde Kirchen", die „Disposition der Chöre und Cantoreyen" und „die Vertheilung der halbjährigen Prämien" (aus den „pecuniae musicae"?) zuständig zu sein.[166] In seinem offenbar im Sommer 1796 verfaßten „Pacificationsvorschlag für die Thomasschule zu Leipzig" hatte er freilich noch bemerkt, ohne Erwähnung des „Cantoreyen"-Wesens: „Dem Cantor allein liegt außerdem ob, jährlich zweymal die Kirchenchöre, Leichen- und Wochencantoreyen abzuändern, Präfecten und Adjuncten zu ernennen, die Concertisten der Kirche zu wählen, kurz über alles zu disponiren, was von den Alumnis als Sänger gefordert wird."[167]
Eine tatsächliche Gegenüberstellung von erster „Cantorey" und erstem „Chor" erlauben zwei Dokumente aus der Doles- beziehungsweise Hiller-Zeit – mit einem uneinheitlichen Ergebnis.

Diskant-Falsettisten bei Bach herhalten (vgl. Parrott 2000, wie Fußnote 1, S. 13; Geck 2003, wie Fußnote 1, S. 563, und ders., wie Fußnote 118, S. 4–5).
[164] StA Leipzig, *Stift. VIII. B. 100*, fol. 9; siehe auch Kaemmel 1909 (wie Fußnote 23), S. 449.
[165] Wie Fußnote 61.
[166] StA Leipzig, *Stift. VIII. B. 12*, fol. 35 (20. November 1800)
[167] Ebenda, *Stift. VIII. B. 100*, fol. 12–13; zum Kontext des undatierten Dokumentes siehe Maul 2012 (wie Fußnote 7), S. 309–311.

– Ein Vergleich von Doles' bereits erwähntem „Catalogus der itzigen Chöre" vom 22. Oktober 1784 mit den Namen der acht Sänger der ersten „Cantorey", wie sie in den Rechnungsbüchern der „pecuniae musicae" für das Michaelissingen 1784 und noch für das Winterhalbjahr 1784/85 aufgezeichnet sind, führt zu einem weitgehend stimmigen Bild: Die ersten beiden erwähnten Sänger der „Cantorey" (Schreckenberger und Wagner), nach gängiger Notationspraxis der Präfekt und dessen Adjunkt, stehen in der Übersicht zum „1sten Chor" an Platz eins und drei der „Bassisten".[168] Die zwei folgenden Sänger der „Cantorey", Leipnitz und Papsdorf, beide theoretisch Tenoristen,[169] erscheinen hier als vierter Tenorist (Leipnitz) bzw. wohl zweiter „Altist" („Papsdorf min. Falsettiste").[170] An fünfter und sechster Stelle der ersten „Cantorey" folgen Wiese und Fleischmann, ihrerseits erster Altist bzw. „Discantist" im „1sten Chor" (letzterer hier auch mit dem Zusatz „Falsettist"). Siebenter und achter Platz der „Cantorey" waren besetzt mit Rochlitz und Henze. Letzterer taucht in Doles' Catalogus als dritter der drei „Discantisten" des ersten „Chors" auf, während Rochlitz – einer der Alumnen mit der längsten Zugehörigkeit zur ersten „Cantorey" – an sechster Stelle im Tenor steht. Rückblickend behauptet Rochlitz jedoch, in der fraglichen Zeit „erster Sopranist" bei Doles' Kirchenmusik gewesen zu sein (vgl. oben, Fußnote 89).[171]

[168] Inwiefern diese Übersicht eine Art Rangfolge repräsentiert, ist unklar.
[169] Nur in einzelnen früheren Jahrgängen der Rechnungsbücher sind explizit Stimmlagen verzeichnet; allerdings ergibt die systematische Sichtung, daß die Sänger – gelegentliche Fehler nicht auszuschließen – in der Reihenfolge ihrer Stimmlagen (von den Präfekten und Adjunkten, zumeist Bassisten, hin zu den Diskantisten) den Erhalt der Gelder quittierten.
[170] Hier läßt sich nicht sicher entscheiden, welcher der beiden Brüder, Johann Gottfried Carl (geb. 1768, Alumne 1781–1787) oder Johann Gottlob Heinrich (geb. 1769, Alumne 1783–1788) gemeint ist, zumal offenbar nur einer der beiden Mitglied der ersten „Cantorey" wurde (von Michaelis 1784 bis Ostern 1785). In Doles' Übersicht über den ersten „Chor" erscheint „Pabsdorf maj." unter den „Bassisten" an neunter Stelle.
[171] Bemerkenswerterweise zeigt sich nicht nur hier, sondern auch an den Abrechnungsheften der „pecuniae musicae" insgesamt, daß die 1682 von Schelle eingeführten „Schongelder" für die beiden besten Sänger in den hohen Stimmlagen in der Praxis offenbar kaum angewendet wurden. Sie wurden den Kantoren eigentlich ausgezahlt, damit diese die Sänger (zwei „Concertisten" bzw. Diskantisten) vom von Krankheiten begleiteten Neujahrssingen befreiten. Aber anscheinend wurden die Gelder nur selten an die Knaben weitergereicht und die besten Sänger (in diesem Fall Rochlitz) dennoch für das Neujahrssingen eingeteilt. Hier mag eine Rolle gespielt haben, daß die tatsächlichen Einkünfte beim Neujahrssingen wesentlich höher lagen, als das aus den beiden Hauptkirchen gewährte Schongeld von nur vier Gulden pro Jahr (zu den Schongeldern siehe Schering 1926, wie Fußnote 11, S. 73; Dok II, Nr. 173–174; Maul 2012, wie Fußnote 7, S. 127). Die 1766 auf Bitten von Kantor Doles begonnene Praxis, jährlich 50 Taler für zwei „Kirchendiskantisten" aufzuwenden, die von den außerkirchlichen Singediensten gänzlich befreit waren (finanziert aus den schuleigenen Leichengeldern), schlief in den 1770er Jahren wieder ein;

– 1792 veröffentlichte Johann Adam Hiller „Fünf und zwanzig neue Choralmelodien zu Liedern von Gellert".[172] Im Vorspann des Druckes nennt er die Personen, die seine Publikation „befördert" hätten. Hier erscheinen, wohl als Abnehmer je eines Exemplars, „die sämmtlichen Alumni der Thomasschule" namentlich und unter Angabe der Klassenstufe. Zudem werden die Präfekten der „Cori" I–III (Johann Leberecht Knechtel, Praef. I; Johann Carl Sperling, Praef. II.; Friedrich Christian Henze, Praef. III und „erster Bassist") und die fünf (weiteren) Stimmführer herausgestellt: Carl Friedrich Satlov, erster Tenorist; Christian Traugott Fleischmann, erster Altist; Lebrecht Ehregott Punschel, erster Diskantist; und Christian Traugott Tag, zweiter Diskantist. Die Zusammenstellung dürfte auf die zweite Jahreshälfte zu datieren sein, als der ehemalige zweite Präfekt Knechtel Präfekt der ersten „Cantorey" wurde (seit dem Sommerhalbjahr), Sperling an dessen Stelle und Henze an diejenige Sperlings rückte.[173] Ab dem Michaelissingen waren Tag und Fleischmann auch Mitglieder der ersten „Cantorey", während Satlov dort nur bis zum Sommerhalbjahr belegt ist. Der erste Diskantist Punschel kommt in den Abrechnungsheften der „pecuniae musicae" indes nur im Winterhalbjahr 1793/94 als Sänger der ersten „Cantorey" vor; allerdings könnten hierfür schon die von Hiller vehement vorangetriebenen Chorreformen verantwortlich gewesen sein, die bald auch die Reaktivierung der beiden „Kirchendiskantisten" zeitigten.[174]

Bei den ins Spiel gebrachten Dokumenten des späten 18. Jahrhunderts ist freilich zweifelhaft, ob sie in der aufgeworfenen Fragestellung überhaupt als aussagekräftig herangezogen werden können. Denn hier gilt es zu bedenken, daß schon Doles, noch energischer aber Hiller bei ihrer kirchenmusikalischen Repertoireauswahl mit der Tradition brachen. Hiller propagierte den Wegfall von Rezitativen, duldete die Arien nur der „Abwechslung" halber und favorisierte – wie schon Doles – die Gattung des Chorals und gravitätische Chorsätze.[175] Damit werden auch Reformen der Aufführungspraxis einhergegangen sein: Das Erscheinungsbild des „Chorus musicus" auf der Kirchenempore und hier insbesondere des singenden „Chors" dürfte sich wesentlich verändert, sprich: vergrößert haben.

---

    erst Hiller konnte sie 1794 ‚wiederbeleben' (siehe Maul 2012, wie Fußnote 7, S. 277, 279 und 300, und die dahingehend zu modifizierenden Ausführungen bei Glöckner, *„Derer Ripienisten […]"* 2011, wie Fußnote 72, S. 22).

[172] Siehe hierzu schon Schering 1941, S. 638–639.
[173] So in den Rechnungsbüchern der „pecuniae musicae" dokumentiert.
[174] Siehe Fußnote 171.
[175] Siehe zu Hiller die zusammenfassende Darstellung bei Maul 2012 (wie Fußnote 7), S. 295–296; zu Doles: H.-J. Schulze, *Über den Endzweck der Kirchenmusik in Leipzig nach 1750*, BJ 1995, S. 191–193.

Eine Kompromißformel für Bachs Chor

Eine Rundschau auf die verfügbaren Äußerungen zu den „Cantoreyen" und „Chören" der Thomasschule im 18. Jahrhundert vermag somit die Frage nach der Bedeutung der achtköpfigen ersten „Cantorey" für die Aufführung von Bachs Figuralmusik zwar als gut begründet erscheinen lassen, kann diese jedoch nicht endgültig klären. Manche Widersprüche lassen sich auf der Basis der derzeitigen Dokumentenlage und komplexen Zusammenhänge nicht auflösen. Und der Ansatz, bei der Lesart der Begriffe „Cantorey" und „Chor" streng zwischen dem privilegierten achtköpfigen Auswahlchor für besondere musikalische Aufgaben und dem zunächst einmal nur zum Erscheinen auf der Schülerempore verpflichteten Alumnen-„Chor" zu unterscheiden, ist insofern nicht immer anwendbar, als sich nicht in allen Fällen entscheiden läßt, ob die Verfasser eines Quellentextes tatsächlich um die unterschiedlichen Bedeutungen wußten. Dieses Problem führte offensichtlich schon damals zu Mißverständnissen. Die Vermengung beider Begrifflichkeiten prägte aber auch den wissenschaftlichen Diskurs und versperrte so den Blick auf das über die Zeiten hinweg vergleichsweise konstant funktionierende „Cantoreyen"-System.[176]

Ich hoffe, daß meine Ausführungen zu den „Cantoreyen" dazu anregen, über das Problem der Besetzungsgröße und der Organisationsprinzipien in Bachs „Chorus musicus" neu nachzudenken. Angesichts der in Vergessenheit geratenen Existenz jener Elite-"Cantorey", ihrer beschriebenen zahlreichen Privilegien, beachtlichen Bezahlung und besonderen Pflichten wäre zu erwägen, ob sie nicht über das 17. Jahrhundert hinaus und damit noch in Bachs Kirchenmusik ein vom Kantor fest eingeplantes Ensemble darstellte. Fände dieser Ansatz breite Akzeptanz, könnte die Größe seines Sänger-Chors für die Kantatenaufführungen mit guten Gründen auf die Kompromißformel 8 plus x gebracht werden, wobei das x sicherlich variierte und in manchen Situationen auch ein negatives Vorzeichen haben konnte. Ob die acht Sänger der ersten „Cantorey" dann als Concertisten oder teils auch als Ripienisten bei einer Kantatendarbietung gedient hätten, sei dahingestellt.

Um nicht mißverstanden zu werden: Es geht mir nicht darum, alternativ zu Rifkins „one-singer-per-part-theory" nun eine „two-singer-per-part-theory" ins Gespräch zu bringen. Aufgrund der der ersten „Cantorey" abverlangten Eigenverantwortung wäre es freilich auch nicht verwunderlich, wenn die Mitglieder für das Vervielfältigen einzelner Stimmen (Dubletten, Ripienstimmen) selbst Sorge zu tragen hatten. Dies hätte den Sängern nicht zuletzt die Möglichkeit eröffnet, schwierige Arien oder Chorpartien vorab allein zu studie-

---

[176] Siehe hierzu auch die kritische Auseinandersetzung mit der historischen Bedeutung des Begriffs „Chor" in Rifkin 2012 (wie Fußnote 6), S. 139–140.

ren.[177] Über Bachs Nachlaß sind uns schließlich nur Aufführungsmaterialien überliefert, die ihm selbst gehörten. Jene „Bücher oder so genannte Stimmen" hingegen, in die sich die Mitglieder der vier „Cantoreyen" gemäß Kuhnau (1717) nach und nach „viele Motetten [...], kleine Vocal-Concerten, und andern feine Arien" für das alljährliche Neujahrssingen eingetragen haben,[178] sind Totalverlust – weil sie Eigentum der Schüler waren und mit diesen die Schule verließen. Daß diese Bücher nur Repertoire für das Neujahrssingen enthalten haben sollten, ist wenig wahrscheinlich.

Ebenso wäre darüber nachzudenken, was es mit der weiter oben erwähnten Regelung auf sich hatte, daß alle Schüler streng dazu angehalten waren, täglich den Unterricht mit dem Absingen der „Lieder" zu beginnen, „welche auf dem nächsten Sonn- oder Fest-Tage in der Gemeine gesungen werden".[179] Sollte

---

[177] Unterstellten wir, daß die erste „Cantorey" tatsächlich als verbindliches Sängerensemble bei Bachs Kantatenaufführungen herhielt, ergäbe sich unter der Berücksichtigung von Rifkins Theorie vielleicht eine Erklärung für die Existenz von Ripienstimmen im Aufführungsmaterial zu Bachs ersten Leipziger Kantaten (einschließlich der beiden Probestücke); solche liegen für die späteren Kantaten, abgesehen von wenigen Ausnahmen, nicht mehr vor (siehe die Übersicht bei Parrott 2003, wie Fußnote 1, S. 58, 60 und 62). Agierte die erste „Cantorey" womöglich als „Chor" bei den Probekantaten, und hatte Bach erst nach und nach Zutrauen zum Personal gefaßt und den Sängern fortan das Erstellen der Dubletten (oder von Abschriften einzelner Sätze) in Eigenregie überlassen?

[178] Siehe bei Fußnote 49. Kantor Doles rechtfertigte 1778 den Vorwurf, die Alumnen über Gebühr mit dem Kopieren von Aufführungsmaterialien zur Kirchenmusik zu belasten, mit dem Hinweis: „Ob ihnen die vorigen Cantores auch außergottesdienstliche Musikalien zu schreiben zugemuthet haben, vermag ich mit weniger Gewißheit zu behaupten, als ich versichern kan, daß sie zu Zeiten des seel. Bachs weit öfterer und häufiger mit Notenschreiben sind heimgesucht worden als zu den meinigen. Ob ich nun gleich nie jemanden angehalten habe, für mich und zu meinem Privatvortheile nur eine Note zu schreiben, so habe ich doch geglaubt mein Amt zu Eur. Magnific. [...] Zufriedenheit zu führen, wenn ich immer auf neue, nach dem itzigen Geschmacke eingerichtete und zugleich erbauliche Kirchenmusiken bedacht wäre /: deren Ausführung nun freylich ohne Ausschreiben und Verdoppeln derer Stimmen von niemanden bewürckt werden kann :/ als wenn ich die ältern Sachen die ich bereits besitze, bis zum Eckel aller Liebhaber und Kenner der Musik wiederholen wolte, ohngeachtet mir das leztere weit weniger Arbeit macht. Ich habe also bey neuen Kirchen-Sachen den Schülern nach der Reihe, jedem eine Stimme auszuschreiben oder zu verdoppeln gegeben, um keinem derselben nie einigen Verlust der Zeit, die er zu seinen Studien anwenden könnte, zu verursachen, bin damit bey vorfallenden Gelegenheiten nach der Reihe durch den gantzen Coetum durchgegangen, und habe sodann wieder oben angefangen." (Memorial vom 15. Juli 1778, in: StA Leipzig, *Stift. VIII. B. 6*, fol. 196–209; auszugsweise bei Banning, wie Fußnote 23, S. 81–82, und in Dok III, Nr. 832).

[179] Siehe Fußnote 110.

dies immer nur der Vorbereitung der Gemeindelieder gedient haben? Oder könnte es gar üblich gewesen sein, daß die schlichten Choräle der Kantaten vom gesamten anwesenden „Chor" vorgetragen wurden,[180] während die anspruchsvolleren Chorsätze einem Auswahlensemble – der ersten „Cantorey" oder einzelnen Mitgliedern derselben – vorbehalten blieben und dann außerhalb des allgemeinen Musikunterrichts noch vor der Hauptprobe am Samstagnachmittag einstudiert worden wären? Eine derartige Praxis würde auch einen Widerspruch auflösen, der in den Schularchivalien latent durchscheint. So wurde den Alumnen für die Vorbereitung besonderer Gesangsumgänge, sei es der Kurrenden oder der vier „Cantoreyen", stets eine mehrtägige, teils mehrwöchige Probenzeit bei gleichzeitigem allgemeinen Unterrichtsausfall eingeräumt,[181] während für die „Music-Probe auf jeden Sonntag [...] der Sonnabend-Nachmittag" angeblich „zu allen Zeiten hinlänglich gewesen" sei.[182] Dabei wird der Schwierigkeitsgrad des Freiluftrepertoires, aber auch der täglich geprobten Sonntags-Choräle wohl kaum an denjenigen von Bachs „intricaten Kirchenstücken" herangereicht haben.

Abschließend sei indes noch einmal darauf hingewiesen, daß sich die Situation von Bachs „Chor" im Kontext der längerfristigen Schulgeschichte als ausgesprochen prekär darstellt. Traditionelle Prinzipien wurden damals im Rathaus in Frage gestellt, und Förderer der alten Idee ‚Musikschule' St. Thomas waren dort rarer denn je. Zudem ging mit der Verdopplung der zu besingenden Kirchen Anfang des 18. Jahrhunderts keine adäquate Vergrößerung des potentiellen Aufführungsapparates einher, sondern – aus verschiedenen Ursachen – eine deutliche Verringerung. Kuhnau und Bach hatten sich dieser organisatorischen Herausforderung zu stellen. Jedoch gelang es beiden nicht, eine Reform anzustoßen, die das Dilemma aufgelöst hätte. Vielmehr arrangierten sie sich mit der Situation des permanenten Mangels und dürften die wenigen Musiziermöglichkeiten, bei denen der „Coetus" nicht geteilt wurde, geschätzt

---

[180] So gesehen würde auch verständlicher, warum Bach 1728 so energisch auf die Anmaßung des Pastors Gaudlitz reagierte, nun anstelle des Kantors die Auswahl der „Lieder" für den Gottesdienst zu besorgen; immerhin bemerkte Bach in seiner diesbezüglichen Eingabe, „daß wenn bey Kirchen Musiquen auserordentlich lange Lieder gesungen werden sollen, der Gottesdienst aufgehalten [...] würde" (Dok I, Nr. 19). Auch auf die Hintergründe der Choralsammlung des Thomaners Johann Ludwig Dietel könnte so neues Licht fallen (Dietel ging Ostern 1735 von der Schule ab und scheint zuletzt kurzzeitig als Präfekt gewirkt zu haben); zur Sammlung siehe NBA III/2.1, Krit. Bericht (F. Rempp), S. 21–27 und 32–37.

[181] Siehe etwa Kuhnaus Memorial von 1717 (wie Fußnote 49) und J.A. Ernestis Anmerkungen zur Schulordnung, wiedergegeben bei Schulze 1985 (wie Fußnote 28), S. 16–17, und in Dok II, Nr. 376.

[182] Siehe Fußnote 123.

und genutzt haben: anläßlich der Karfreitagsvesper und der Ratswahlkantaten. Daß sie es dennoch schafften, anspruchsvolle Kirchenmusik ihrem Publikum genehm – gewiß mit einer gehörigen Portion Pragmatismus und der immer wieder abgeforderten Bereitschaft zu Kompromissen – aufzuführen, verdient Respekt. Zugleich sollte dies uns aber die Einsicht abringen, daß es bei der Debatte um die ‚tatsächliche' Größe von Bachs Sängerchor realitätsfern ist, dogmatisch auf Standpunkten und angeblich feststehenden Regeln zu beharren, die sich aus vereinzelten Leipziger Dokumenten und von andernorts herangezogenen (vermeintlichen) Belegen zu ergeben scheinen. Und so wäre auch zu überdenken, ob es sinnvoll ist, Bachs „Chorus musicus" auf der Basis der greifbaren Quellen weiterhin – je nach Ansatz – möglichst klein oder groß zu rechnen.

Anhang

Die Regeln für die „Concentores" der Thomas-"Cantoreyen" im Überblick

Leges 1634	dt. *Übersetzung*[183]	*Neufassung in der Schulordnung 1723*
Caput XX. Complectens leges Concentorum.	Kapitel 20 Enthält die Gesetze für die Sänger	
1. Ordines Concentorum primarii bini sint et in utroque octoni a Cantore, consentiente Rectore, recipiantur. 2. Sed in primum, si non sint inquilini caeterisque voce et promptitudine canendi praestent, nullatenus admittantur. 3. Judicium vero de voce et peritia canendi sit penes Cantorem.	1. Es gibt zwei Auswahlchöre [Kantoreien] von Sängern, und in jedem von beiden werden vom Kantor acht Sänger unter Zustimmung des Rektors aufgenommen. 2. Aber für den ersten Auswahlchor werden sie auf gar keinen Fall zugelassen, wenn sie nicht Alumnen sind und die übrigen an Stimme und an Bereitschaft zu singen übertreffen. 3. Das Urteil über Stimme und Geschick zum Singen soll aber beim Kantor liegen.	[Cap. XIII/8:] Dieweil auch ietziger Zeit die Schul-Knaben, welche den Gottesdienst abwarten, in 4 Cantoreyen eingetheilet, in deren ieder von dem *Cantore*, mit Bewilligung des *Rectoris*, ihrer acht angenommen, so müssen in der ersten *Cantorey* keine andere als Inquilini, und welche nach Befinden des *Cantoris* vor andern eine gute Stimme haben, auch in der *Music* geschickt und fertig sind, *recipi*ret werden;
4. Qui cantilenas utrique etiam choro describendas et canendas subministret, dijudicet et definiat.	4. Dieser soll für beide Chöre die gesungenen Stücke, die abgeschrieben und gesungen werden sollen, beschaffen, beurteilen und festlegen.	
5. Utriusque tamen Chori is, qui Cantori magis idoneus visus fuerit, praefectus sit.	5. Aus jedem der beiden Chöre soll derjenige, der dem Kantor besonders geeignet erscheint, Präfekt sein.	[Cap. XIII/8:] wie dann auch der *Cantor* die, welche er vor tüchtig erachtet, als *Praefectos* gewöhnlicher maßen zu erwehlen, iedoch selbige iedesmahl dem Herrn Vorsteher zu praesentiren hat.

---

[183] Ich danke Frau Dr. Almuth Märker, Universität Leipzig, für die Erstellung dieser Übersetzung.

Leges 1634	*dt. Übersetzung*	*Neufassung in der Schulordnung 1723*
6. Perfectionis in arte Musica; moderationis item et aequabilitatis in canendo consequendae gratia, periculum quotidie faciant Concentores hora locoque consueto, et qui abfuerint, arbitrio Cantoris, quique illius vices geret, puniantur.	6. Um der Vollkommenheit in der Musik willen, zugleich auch um eines angemessenen Klanges und der Ausgewogenheit beim Singen willen, die erreicht werden müssen, sollen die Sänger täglich zu gewohnter Stunde und an gewohntem Ort Probe halten. Diejenigen, die fehlen, sollen nach dem Urteil des Kantors und desjenigen, der ihn vertritt, bestraft werden.	[Cap. XIII/9:] Alle zu solchen *Cantorey*en gehörige Schüler sollen täglich, um die gesetzte Stunde, sich in *Musicis* fleißig üben, diejenigen aber, welche von solcher Sing-Stunde weg bleiben, von dem *Cantore*, oder wer dessen Stelle vertreten mögte, bestrafet werden.
7. In nuptialibus, aliisque conviviis honestis eligendis, primi ordinis Concentores primas obtineant partes. 8. Praefectus in absentium vel aegrotantium locum neminem, nisi ipsius Cantoris praescitu et consensu, recipiat. 9. Nec ad convivia praeter ordinarios, alii sine Cantoris et Rectoris expressa voluntate, accedant, et quicunque sese intruserint, Rectori eos indicent. 10. Qui abfuerit tum temporis, quando Concentores ad convivia accersuntur, neque ubi offendi possit, mature indicaverit, vel alias sua absentia, aut cunctatione reliquos Concentores moratus fuerit, grossis ternis mulctetur, si ex primo ille sit ordine, et binis, si ex secundo.	7. Bei Hochzeiten und anderen ehrenvollen Festen, die erlesen sein sollen, sollen die Sänger des ersten Auswahlchores die ersten Plätze einnehmen. 8. Der Präfekt darf niemanden anstelle von Abwesenden oder Erkrankten aufnehmen, es sei denn, der Kantor selbst wußte vorher davon und hat dem zugestimmt. 9. Andere als die dafür Eingeteilten dürfen nicht ohne ausdrücklichen Wunsch des Kantors und des Rektors bei Festen auftreten. Und sie sollen die, die sich dort aufdrängen, dem Rektor anzeigen. 10. Wer zu der Zeit fehlt, da die Sänger zu Festen gerufen werden, und nicht frühzeitig schon mitgeteilt hat, wo er angetroffen werden kann, oder auf andere Weise durch seine Abwesenheit oder durch Verzug die anderen Sänger aufgehalten hat, der soll mit drei Groschen bestraft werden, wenn er aus dem ersten Auswahlchor, mit zwei Groschen, wenn er aus der zweiten Auswahlchor stammt.	[Cap. XIII/10:] Bey Hochzeiten und andern Ehren-Gelagen sollen die Schüler der ersten *Cantorey* denen andern allezeit vorgezogen, auch ohne Vorbewust des *Rectoris* und *Cantoris* keine *extraordinarii* zugelassen, diejenigen aber, welche bey solcher Gelegenheit sich absentiren und nicht anzutreffen sind, dem Befinden nach gestrafet werden.

11. In convivio, quantum quidem fieri poterit, in circulo consistant omnes, ut non solum aequabilior reddatur harmonia, sed alter etiam alterius cantum et vocem melius exaudiat et observet. […]	11. Bei einem Fest sollen alle, sofern das freilich geschehen kann, in einem Kreis stehen, damit nicht nur die Klangharmonie gleichmäßiger wiedergegeben wird, sondern auch damit der eine Gesang und Stimme des anderen besser heraushört und beachtet.	
23. Cumquecirca festum Christi Natalicium[184] adhuc tres accedant concentorum ordines, qui juxta cum primo et secundo strenas colligunt, regiones autem Urbis in sex partes dividantur; duas sibi eligat partes, quas velit, Ordo primus, et quidem juxta Dominorum Consulum et Inspectorum Scholae aedes, in quacunque illae parte sitae erunt; idque propterea, quod Ordo iste primus prior etiam et potior sit reliquis, arte et industria canendi, […]	23. Wenn um das Fest von Christi Geburt noch drei Auswahlchöre hinzukommen, die zugleich mit der ersten und der zweiten Kantorei das Neujahrsgeld sammeln, so sollen die Stadtgebiete in sechs Teile aufgeteilt werden: Der erste Auswahlchor soll sich zwei Teile, die er möchte, aussuchen, und zwar entsprechend der Orte, wo gerade die Häuser der Ratsherren und Schulinspektoren liegen. Das soll deswegen geschehen, weil jener erste Auswahlchor, was die Kunst und den Fleiß beim Singen angeht, besser und stimmkräftiger ist als die übrigen.	[Cap. XIII/14:] Dieweil auch gegen die Heilige Weynacht-Zeit noch 2 *Coetus extraordinarii* zu denen Cantoreyen kommen, welche mit diesen zugleich das gewöhnliche Neu-Jahr-Geld sammeln, und alle Gegenden der Stadt in 6 *partes* zu theilen pflegen, so hat es dabey noch ferner sein Bewenden. Es soll aber die erste Cantorey, weil sie aus denen geschicktesten *Subjectis* bestehet, in denen vornehmsten Häusern, sonderlich derer Herrn Schul-*Patron*en und *Inspecto*ren, singen
24. Rectori collectam suam tradant singuli Praefecti, neque quicquam distribuatur inscio Cantore.	24. Dem Rektor sollen die Präfekten einzeln ihre Kollekte übergeben, aber nichts soll ohne Wissen des Kantors verteilt werden.	[vgl. Cap. VIII/12]
25. Tempus distributioni pecuniae a primo ordine collectae definitum est terminus Paschatis et Michaelis.	25. Als Zeitpunkt für die Verteilung des Geldes, das von dem ersten Auswahlchor gesammelt wurde, ist der Termin von Ostern und von Michaelis festgesetzt worden.	[vgl. Cap. VIII/10–12; Verteilungsschlüssel laut Leges 1634, §. 25–30, entspricht den Ausführungen in Schulordnung 1634, Cap. X, siehe oben, bei Fußnote 74]

---

[184] Druck: Natalitium.

Leges 1634	*dt. Übersetzung*	*Neufassung in der Schulordnung 1723*
26. De pecunia primi ordinis, tempore hyemali collecta, duo detrahantur imperiales, qui debentur Rectori et Prefecto, itemque quatuor floreni pro Calfactore, residuum vero in partes undenas aequaliter dividatur, quarum singulae Correctori et Cantori integrae dentur.	26. Von dem Geld des ersten Auswahlchors, das im Winter gesammelt wurde, sollen zwei Imperiale (1 Reichstaler) abgezogen werden, die dem Rektor und dem Präfekten zustehen, ebenso vier Gulden für den Kalfaktor. Der Rest aber soll in elf gleiche Teile geteilt werden, von denen je ein ganzer Teil dem Konrektor und dem Kantor gegeben werden soll.	
27. Concentores simul sumti quinque undenas cum una tertia undenae (adeoque duplum hujus tertiae singuli) accipiant etresiduum, quod olim Locatis numeratum fuit, nunc inter Collegas ordinarios pro labore Inspectionis hebdomadariae ad se devoluto aequaliter distribuatur.	27. Die Sänger sollen zusammen genommen fünf Elftel mit einem dritten Elftel erhalten (und dadurch jeder einzelne das Doppelte dieses dritten Elftels). Und der Rest, der einstmals den Locaten zugeteilt wurde, soll nun unter den ordentlichen Kollegen [d.h. den fünf oberen Lehrern] für die Arbeit der wöchentlichen Inspektion, die auf sie übertragen wurde, gleichmäßig aufgeteilt werden.	
28. Pecunia autem aestivo semestri collecta a primo ordine, demptis tribus florenis, qui Correctori debentur et Joachimieo uno, qui praefecto, quatuor denique florenis, qui Calfactori, in decem distribuatur partes, quarum unam Rector et Cantor simul et Concentores quinque decimas cum tertia unius decimae accipiant; reliquum vero Praeceptoribus cedat.	28. Das Geld aber, das im Sommer von dem ersten Auswahlchor gesammelt wurde, soll nach Abzug von drei Gulden, die dem Konrektor, und einem Joachimsthaler [1 Reichstaler], der dem Präfekten, und schließlich von vier Gulden, die dem Kalfaktor zustehen, in zehn Teile geteilt werden, von denen ein Teil Rektor und Kantor gemeinsam und die Sänger fünf Zehntel mit dem dritten Teil eines Zehntels erhalten sollen. Das Übrige aber soll an die Lehrer der Schule gehen.	

29. Caeterorum ordinum strenae et collectae aliae finita collectione, aequaliter in partes octonas dividantur, ut quilibet Concentorum ratam suam accipiat, detracto prius eo, quod Praefecto, Calfactori, Illuminantibus et pro partibus debetur.	29. Die Neujahrsgaben und die anderen Sammlungen der übrigen Auswahlchöre sollen nach Abschluß der Sammlung in acht gleiche Teile geteilt werden, so daß jeder der Sänger seinen Anteil erhält, nachdem zuvor das abgezogen worden ist, was dem Präfekten, dem Kalfaktor und den Luminanten nach ihren Anteilen zusteht.
30. Post factam distributionem pecuniae Rector id, quod in aerario ex mulctis exolutis et discedentium relictis portionibus remanet, praesente Cantore, publicis rationibus, quovis semestri, asscribat.	30. Nach erfolgter Aufteilung des Geldes soll der Rektor in jedem Semester das, was in der Kasse aus den bezahlten Strafen bleibt und wenn Abgänger ihren Anteil zurückgelassen haben, in Gegenwart des Kantors öffentlich zuweisen.
31. Et quidem quartam partem ex mulctis praefectus retinet, residuum vero apud Rectorem deponatur, et ex sententia et judicio Cantoris in libros cantionum comparandos convertatur.	31. Freilich behält der Präfekt den vierten Teil aus den Strafgeldern, der Rest aber soll beim Rektor deponiert und aus der Überlegung und dem Urteil des Kantors heraus für Gesangbücher/Musikalien, die anzuschaffen sind, verwendet werden.
32. Nemini autem Concentorum quicquam amplius, ultra dimidiam portionem, uti nec discedentibus, ante ordinarium distributionis terminum supra definitum, praenumeretur.	32. Keinem von den Sängern, auch nicht den Abgängern, soll etwas, was über die Hälfte seines Anteils hinausginge, vor dem ordentlichen Zuteilungstermin, wie er weiter oben festgelegt wurde, ausgezahlt werden.

Leges 1634	dt. Übersetzung	Neufassung in der Schulordnung 1723
33. Si quid gravius peccatum fuerit ab aliquo, arbitrio Rectoris puniatur, vel etiam ex Concentorum ordine ejiciatur.	33. Wenn ein schwerwiegenderes Vergehen von jemandem begangen wurde, so soll er nach dem Ermessen des Rektors bestraft werden oder auch aus dem Kreis der Sänger ausgeschlossen werden.	
34. In numerum concentorum receptus, sub prima statim distributione, 6 grossos de rata sua portione relinquat, ad libellos Musicos comparandos.	34. Wer in den Kreis der Sänger aufgenommen wurde, soll sofort nach der ersten Zuteilung sechs Groschen von dem ihm zugedachten Anteil übrig lassen, um davon Musikalien anzuschaffen.	[1723, Cap. XIII/16:] Endlich soll ein jeder Schul-Knabe, wenn er in *Chorum musicum* aufgenommen wird, bey der ersten Austheilung des Geldes 6 gr. von seiner *Portion* zurück lassen, und diese zur Anschaffung *musicali*scher Bücher verwendet, im übrigen aber keiner von denen Schülern aus seinem *Coetu*,
35. Ex Concentorum coetu nemo excludatur, nisi cognita prius causa et a Senatu Patrono et Inspectore probata.	35. Aus der Gemeinschaft der Sänger soll niemand ausgeschlossen werden, ohne daß vorher der Fall bekannt gemacht und vom Stadtrat und dem Schulinspektor geprüft worden ist.	und von denen Schul-*Beneficiis*, ohne wichtige, auch von uns dem Rath vor billig erkannte Ursachen, *excludi*ret werden.

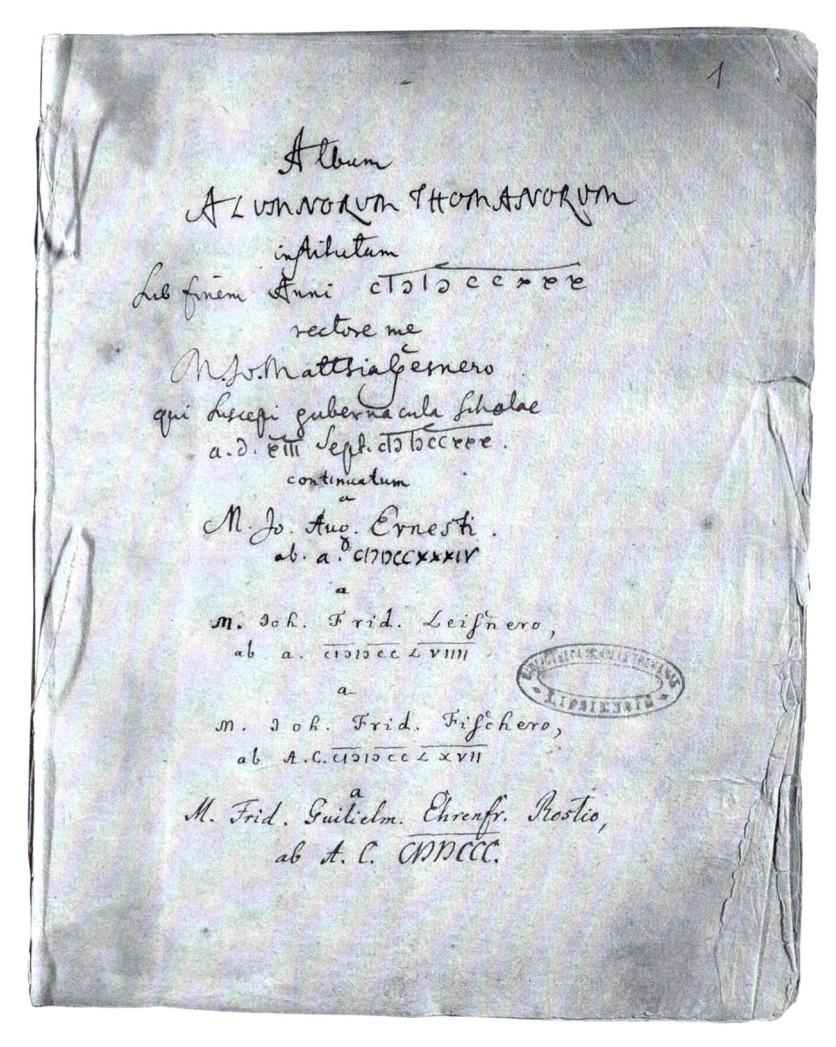

Abbildung 1: *Album Alumnorum Thomanorum* (1730–1800). Titelseite.
Stadtarchiv Leipzig, *Thomasschule*, Nr. 483.

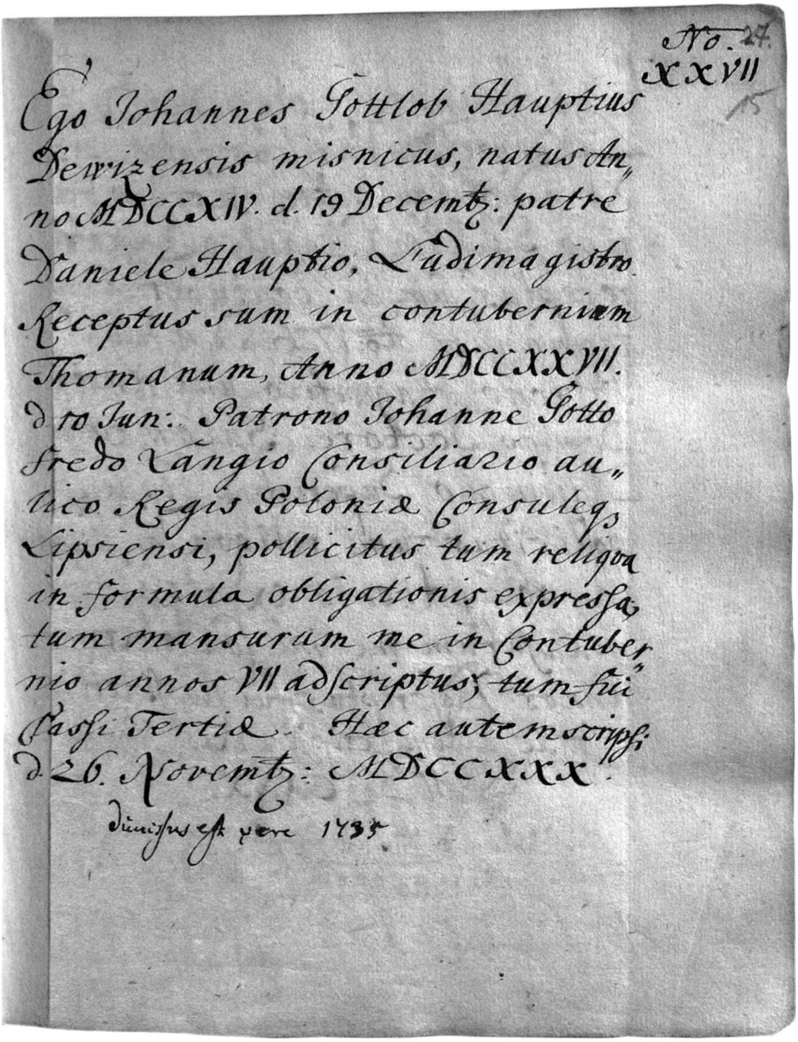

> Ego Johannes Gottlob Hauptius
> Dewizensis misnicus, natus An-
> no MDCCXIV. d. 19 Decemb: patre
> Daniele Hauptio, Ludimagistro.
> Receptus sum in contubernium
> Thomanum, Anno MDCCXXVII.
> d. 10 Jun: Patrono Johanne Gotto-
> fredo Langio Consiliario au-
> lico Regis Poloniæ Consuleq;
> Lipsiensi, pollicitus tum reliqua
> in formula obligationis expressa,
> tum mansuram me in Contuber-
> nio annos VII adscriptus; tum fui
> Classi Tertiæ. Hæc autem scripsi
> d. 26. Novemb: MDCCXXX.
>
> dimissus est Maii 1735

Abbildung 2: Eintrag von Johann Gottlob Haupt (26. November 1730)
mit Abgangsvermerk von der Hand des Rektors J.A. Ernesti,
in: *Album Alumnorum* Thomanorum, fol. 15r.

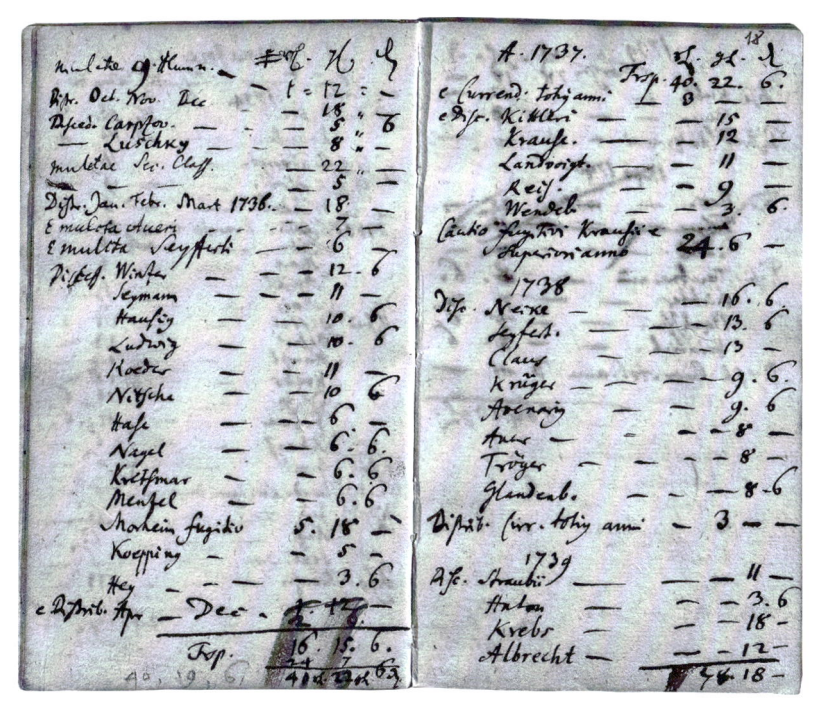

Abbildung 3: Rechnungsbuch des Bibliotheksfonds der Thomasschule, fol. 17 r–18 v: Einnahmen der Jahre 1736–1739, aufgezeichnet von Rektor J. A. Ernesti. Stadtarchiv Leipzig, *Thomasschule*, Nr. 283.

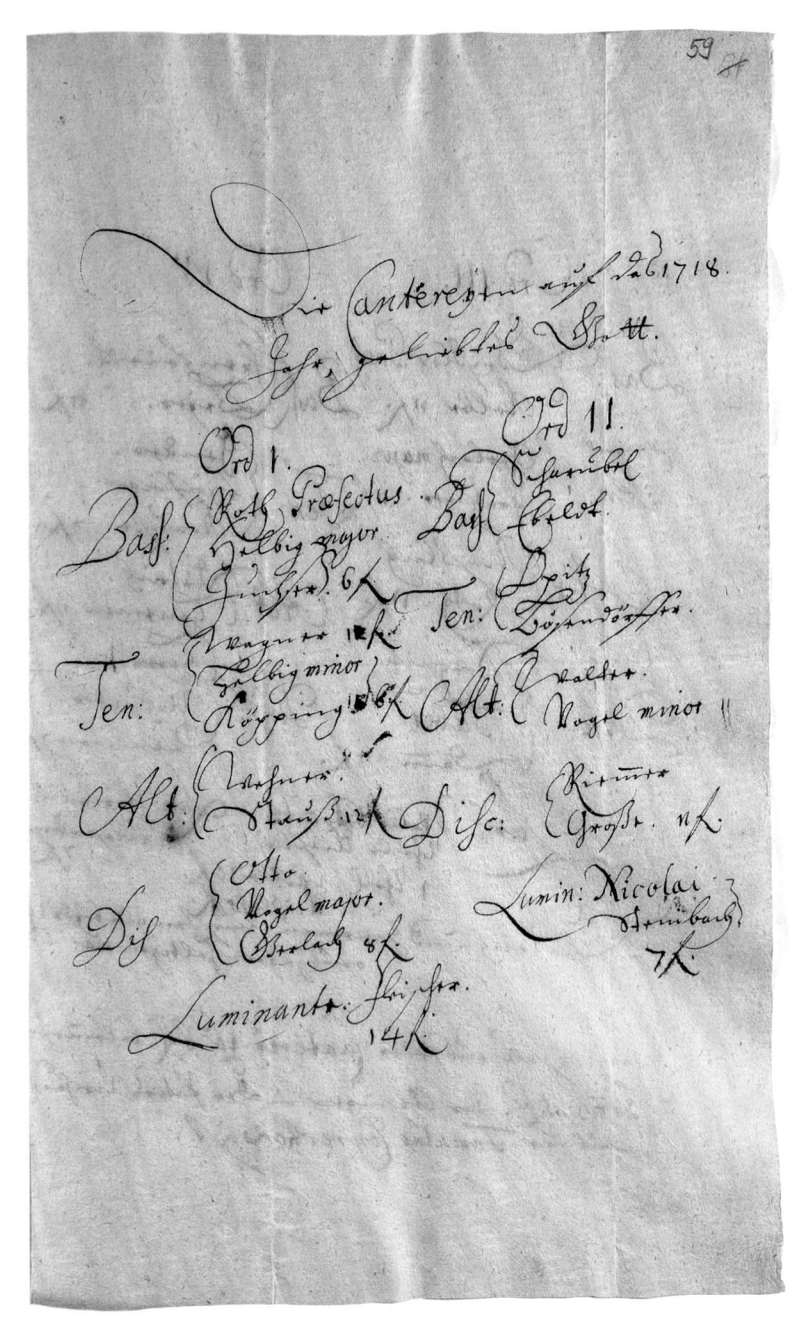

Abbildung 4.1

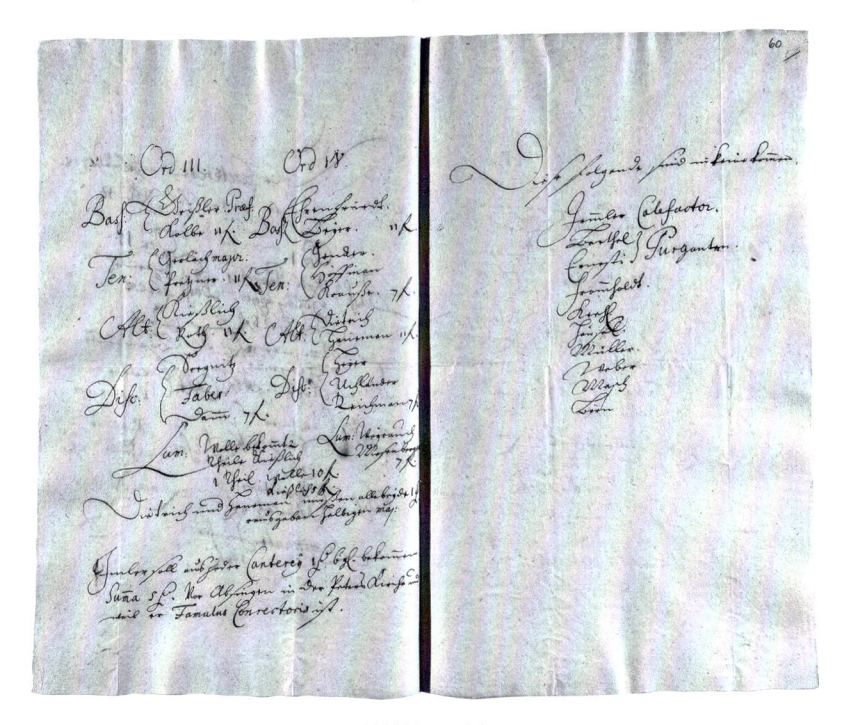

Abbildung 4.2

Abbildung 4.1–2: Einteilung der vier „Cantoreyen auf das 1718. Jahr, geliebt es Gott".
Stadtarchiv Leipzig, *Stift. VIII. B. 5*, fol. 59 r–60 r.

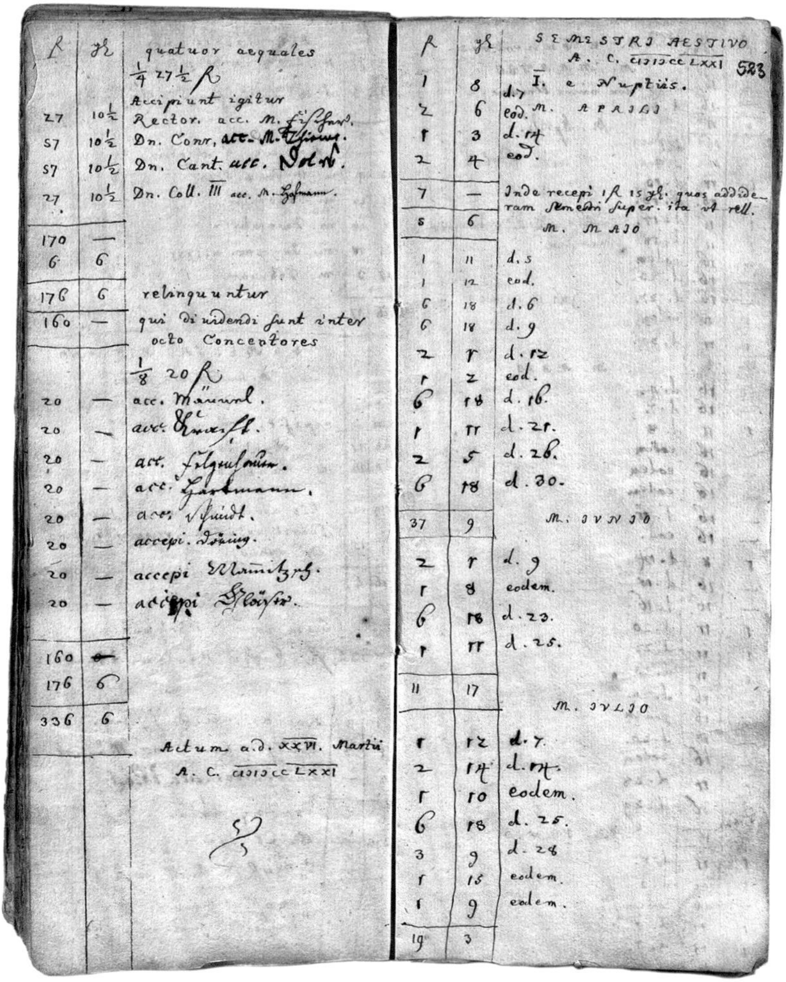

Abbildung 5.1

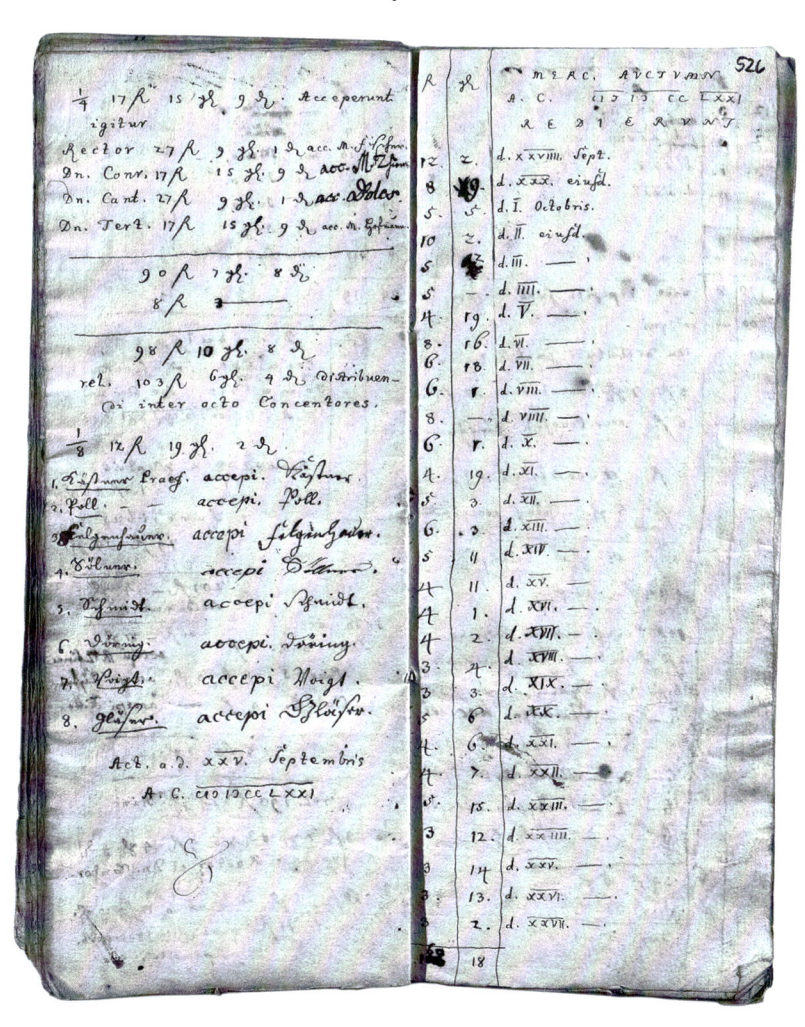

Abbildung 5.2

Abbildung 5.1–2: (1) Abrechnung der „pecuniae musicae" (Musikgelder)
für das Winterhalbjahr 1770/71 und Aufzeichnung der Einnahmen aus dem Singen
bei Hochzeiten im Sommerhalbjahr 1771; angefertigt von Thomasrektor Johann
Friedrich Fischer mit eigenhändigen Unterschriften der vier oberen Lehrer
und der acht Sänger („Concentores") der ersten „Cantorey".
(2) desgleichen für das Sommerhalbjahr 1771;
hier außerdem Einnahmen aus dem Michaelissingen.
Stadtarchiv Leipzig, *Thomasschule, Nr. 283*, fol. 522 v–523 r und 525 v–526 r.

Ein wieder zugänglich gemachter Bestand alter Musikalien der Bach-Familie im Verlagsarchiv Breitkopf & Härtel[1]

Von Christine Blanken (Leipzig)

Das Sächsische Staatsarchiv, Staatsarchiv Leipzig (StA-L) beherbergt seit 1962 einen Großteil des Firmenarchivs von Breitkopf & Härtel – dem traditionsreichen, 1719 von Christoph Breitkopf in Leipzig gegründeten Musikverlag. Dieser Bestand enthält Akten zur Verlagstätigkeit, darunter insbesondere Materialien zur ersten *Gesammtausgabe der Werke J. S. Bachs* (BG). Sie zu erstellen war Hauptzweck der genau einhundert Jahre nach dem Tod Johann Sebastian Bachs initiierten Bach-Gesellschaft, zu deren Gründungsmitgliedern neben namhaften Komponisten und Musikern (wie Schumann, Liszt und Spohr) auch der Verlag Breitkopf & Härtel gehörte. Nachdem bereits 1851 der erste Band mit den Kantaten BWV 1–10 erschienen war, folgten in diesem ehrgeizigen, damals zunächst einzigartigen Editionsprojekt bis zum Jahre 1899 noch weitere 45 Bände und ein Supplement. Die jedem Band zugeordneten Unterlagen (vor allem Stichvorlagen, Korrekturexemplare und handschriftliche Aufzeichnungen der Herausgeber) wanderten, nachdem sie ihren Zweck erfüllt hatten, ins Verlagsarchiv, wo sie vermutlich lange unbeachtet blieben. Nach der Übergabe an das Staatsarchiv im Jahre 1962 erfolgte eine erste Erschließung des Bestands durch eine Findkartei, bei der auch das jetzt neu aufgefundene Handschriftenkonvolut berücksichtigt wurde.[2] In dem schließlich 1990 vorgelegten Findbuch wurde der umfangreiche Teilbestand zur BG allerdings nur mit einer einzigen Nummer verzeichnet.[3] Nach einer 2011 erfolgten Neuregelung des Depositalvertrags zwischen Archiv und Ver-

---

[1] Dieser Beitrag wäre ohne die langjährigen von Yoshitake Kobayashis (†) am Johann-Sebastian-Bach-Institut Göttingen betriebenen Studien zur Identifizierung von Breitkopf-Verlagsbeständen anhand von Kopisten, den von ihnen verwendeten Papieren sowie Breitkopfs charakteristischem Vertriebssystem nicht möglich gewesen. Ihm und Kirsten Beißwenger (†), deren gemeinsames Lebenswerk der Erforschung der Bachschen Kopisten und Notenbibliothek galt, sei dieser Aufsatz gewidmet.

[2] Für die 1951 begonnene NBA konnten die Editionsinstitute in Göttingen und Leipzig Angaben zu den der BG (noch) verfügbaren Quellen, offenbar nicht anhand von Akten des Firmenarchivs Breitkopf & Härtel verifizieren.

[3] Im Kapitel 5.2 (Manuskripte, Druck- und Stichvorlagen A–Z) wird unter Nr. 1584 genannt: „Bach, Johann Sebastian: Choralvorspiele und Choralvariationen für Orgel. 40. Jg., hrsg. von der Bachgesellschaft Leipzig. gedr. o. J." Laut Auskunft von Frau Dr. Thekla Kluttig (Staatsarchiv Leipzig) unterlief vermutlich ein Fehler bei der Übertragung der Karteikarten in das Findbuch.

lag wurde 2012 – im Zuge einer Retrokonversion des Findbuches von 1990 – eine große Zahl an Fehlnummern festgestellt; aus diesem Grund wurde dieser Teilbestand noch einmal systematisch erfaßt.[4] Dabei blieb die ursprüngliche jahrgangsweise einzelnen Bänden der BG zugeordnete Aufteilung weitgehend erhalten.

Die Durchsicht eines Kartons zum „3. Jahrgang", also zu den 1853 im dritten Band erschienenen Inventionen und Sinfonien, förderte eine Überraschung zutage. Hier fand sich ein umfangreiches Konvolut mit Handschriften, die zwischen dem frühen 18. und dem ersten Drittel des 19. Jahrhunderts entstanden sind. Anders als es die Zuordnung zur BG vermuten läßt, handelt es sich nicht ausschließlich um Quellen mit Werken J. S. Bachs. Der Bestand barg unerwartet auch etliche Kompositionen der Bach-Söhne. Eine stilistische, werksystematische oder editionstechnische Ordnung der Zusammenstellung ist nicht erkennbar; es handelt sich vielmehr um heterogene, gleichwohl wertvolle Fundstücke, die für die Bach-Forschung von hohem Interesse sind (siehe auch die vollständige Übersicht im Anhang):

– Eine Abschrift mit zwei Claviertoccaten J. S. Bachs, vermutlich von der Hand des Mühlhäuser und Weimarer Bach-Schülers Johann Martin Schubart (1690–1721) mit zahlreichen autographen Einträgen aus Bachs frühester Weimarer Zeit.

– Orgelmusik J. S. Bachs in Abschriften von Carl Gotthelf Gerlach (1704–1761), dem Organisten der Leipziger Neukirche, sowie eine Stammhandschrift der apokryphen Kantate „Wer sucht die Pracht" (früher BWV 221) von dessen Hand; zudem Orgelchoräle in Abschriften von Johann Ludwig Krebs (1713–1780). Diese Quellengruppe ergänzt den in Brüssel (Bibliothèque Royale und Conservatoire) befindlichen Bestand mit Musikalien aus dem Archiv von Breitkopf & Härtel, die größtenteils 1836 von François-Joseph Fétis gekauft worden waren.

– Instrumentalmusik von Wilhelm Friedemann Bach, darunter die bislang verschollene Sinfonia in B-Dur (Fk 71) sowie das Trio in B-Dur (Fk 50) und die Clavierfuge in c-Moll (Fk 32).

– Drei frühe Streicher-Sinfonien und ein Trio von Carl Philipp Emanuel Bach, die im Verlag teilweise als Stammhandschriften fungierten. Vielleicht gehörten sie ursprünglich zum Repertoire eines Leipziger „Collegium musicum" oder des „Großen Concerts".

---

[4] In einer Kooperation mit dem Bach-Archiv Leipzig soll in Kürze mit einer weiteren Auswertung dieses wichtigen Teilbestands begonnen werden. Ich danke Thekla Kluttig, die mich auf die Neuverzeichnung des Archivguts im Firmenarchiv Breitkopf & Härtel aufmerksam machte und die Recherchen zu diesem Teilbestand maßgeblich unterstützte. Bei der Identifizierung von Schreibern half Peter Wollny, dem ich für die kollegiale Unterstützung sehr danke.

– Stimmensätze vermutlich aus den 1760er und 1770er Jahren zu fünf Mailänder Sinfonien bzw. Ouverturen von Johann Christian Bach (und zu einer vermutlich unechten Sinfonie), die ebenfalls als Stammhandschriften verwendet wurden und möglicherweise wie die Quellen der Werke C. P. E. Bachs auf die besagten Leipziger Ensembles zurückgehen.
– Einige weitere Tastenmusik-Quellen des 18. Jahrhunderts mit Werken J. S. Bachs, deren Provenienz bislang nicht ermittelt werden konnte.
– Abschriften von Vokalwerken J. S. Bachs, darunter die mutmaßlich früheste erhaltene Abschrift der Motette „Lobet den Herrn alle Heiden" BWV 230 und eine Verkaufsabschrift der Kantate „Widerstehe doch der Sünde" BWV 54.

Nicht alle Materialien sind durch die im 18. Jahrhundert gedruckten Kataloge des Verlages zu identifizieren.[5] Auch spätere Verkaufslisten, wie etwa der Katalog von 1836,[6] berücksichtigen die Quellen kaum. Dieser merkwürdige Umstand erschwert zunächst eine Bewertung des Konvoluts. Die Handschriften können aber offenbar mit den Editionsarbeiten Breitkopfs zu Beginn der 1830er Jahre in Verbindung gebracht werden. In diesem Kontext spielen der Bach-Sammler Franz Hauser und seine Arbeit an einem Thematischen Verzeichnis der Werke Bachs,[7] aber auch Carl Christian Kegel und Adolph Bernhard Marx eine maßgebliche Rolle. Diese drei waren dem Verlag als Berater, Quellenbeschaffer und Herausgeber verbunden. Im Falle Hausers überkreuzten sich gleich zu Beginn seines Wirkens als Sänger (dann auch Regisseur) an der Leipziger Oper im Sommer 1832 dessen musikphilologisches Interesse an einem systematischen Gesamtverzeichnis der Werke Bachs und die wirtschaftlichen Interessen des Verlags an praktischen Ausgaben. In der Folge überließ der Verlag Hauser Bach-Quellen aus seinem Besitz, während dieser im Gegenzug editorisches Material zur Verfügung stellte. Dies belegt ein Zettel im Staatsarchiv Leipzig, der einzeln fixiert, daß der Verlag am 3. Januar 1833 Hauser leihweise einige Quellen aushändigte, die zuvor rot numeriert worden waren.[8] Bis auf eine bisher nicht dokumentierte Aus-

---

[5] Die Abschriften oder Stammhandschriften zu Werken der Bach-Söhne im StA-L sind annähernd vollständig in den Breitkopf-Katalogen des 18. Jahrhunderts nachweisbar. Siehe B. S. Brook, *The Breitkopf Thematic Catalogue. The Six Parts and Sixteen Supplements 1762–1787*, New York 1966.

[6] *Grosse Musikalien-Auction. Verzeichnis geschriebener und gedruckter Musikalien aller Gattungen, welche am 1. Juni 1836 und folgenden Tagen [...] von Breitkopf & Härtel in ihrem Geschäftslocale zu Leipzig gegen baare Zahlung [...] verkauft werden sollen [...]*, Leipzig 1836 (im folgenden zitiert als Katalog 1836).

[7] Kobayashi FH, S. 217–219.

[8] Die Liste für Hauser enthielt: „Toccaten, Fugen, Choräle etc No. 2. [?] 3. [BWV 903] 4. [BWV 914/4] 5. [J. E. Bach?, Fuge F-Dur] 7. [BWV 712] 8. [BWV 741] 9. [BWV Anh. 76 + BWV 713] 10. [?] 11. [BWV 808/1] 12. [BWV 567] 13. [BWV 916] 15. [BWV 527/1] 16. [BWV 568, 591, 870a, 875a, 899–902] 17. [?] 19. [?] 20. [BWV

nahme (BWV 569) lassen sich Abschriften dieser Quellen beziehungsweise entsprechende Vergleichsquellen aus Hausers Besitz noch nachweisen. Wie sehr Hauser damit von Breitkopf & Härtel profitieren konnte, war bisher nicht bekannt.[9] Eine weitere Liste gibt überdies Anlaß zu der Vermutung, daß Hausers akribische Katalogisierung Bachscher Werke auch anhand mehrerer im Verlag vorhandener handschriftlicher Verzeichnisse vorangetrieben werden konnte, die er 1833 leihweise ausgehändigt bekam. Diese in erster Linie für Bachs Orgelmusik relevanten Verzeichnisse waren über Jahre hinweg bei Breitkopf & Härtel anhand älterer hausinterner Quellen und Aufzeichnungen sowie Listen anderer Sammler zusammengetragen worden, zuletzt von Kegel.[10] Im Gegenzug sortierte Hauser anscheinend das Verlagsarchiv und nahm eine Scheidung vor nach Quellen, die noch verlegerisch verwertbar waren, während er den Notentext von bereits gedruckten Werken kanzellierte. Durch seine gründliche Beschäftigung mit Bach-Handschriften war er zu einer Instanz in Fragen der Bach-Überlieferung geworden[11] – und schien für den Verlag überdies durch seinen mehrjährigen Aufenthalt in Leipzig ein idealer Berater vor Ort zu sein.[12] Zeugnis dieser Tätigkeit ist eine weitere Gruppe mit

---

541, 547] 21. [BWV 569] roth N[omerirt] Ohne früher mitgenommene Mspte"; siehe Anhang, StA-L, *21081/7386*.

[9] Zumindest die Handschriften *P 1081, P 1115* und *P 1116* gehen eindeutig auf Breitkopf-Quellen zurück. Es handelt sich um Abschriften, die zum Teil Besitzvermerke von Ambrosius Kühnel (1768–1813) tragen, also dem zeitweiligen Inhaber des konkurrierenden Leipziger Musikverlags gehörten. Wie die nun aufgetauchten Quellen schließen lassen, stammen die Vorlagen dieser Quellen zweifellos aus dem Hause Breitkopf & Härtel.

[10] Die Ergebnisse meiner Untersuchungen zum Themenkomplex Hauser – Kegel – Marx und den frühen Katalogen Bachscher Tastenmusik sollen an anderer Stelle publiziert werden.

[11] Die *Allgemeine Musikalische Zeitung* berichtete über das Leipziger Stadttheater, an dem ein Jahr zuvor Hauser ein Engagement angetreten hatte: „Der Regisseur der Oper, Hr. Hauser, ein vielseitig gebildeter, unter Anderm auch mit unserer ältern, namentlich mit Bach'scher Musik vertrauter Mann, gehört als Baßsänger und Charakterdarsteller unter die tüchtigen"; siehe AMZ 35 (1833), Sp. 177. Kobayashi zufolge, der sich hier auf Bernhard Friedrich Richter beruft, erwarb Hauser „den größten und wichtigsten Teil" seiner Sammlung in der „Sebastianstadt" (Kobayashi FH, S. 23). Hier sind zwar insbesondere die Abschriften nach Vorlagen aus der Thomasschulbibliothek sowie Ankäufe aus den Nachlässen des ehemaligen Thomasschülers Christian Friedrich Penzel (1833) und des Thomaskantors Johann Gottfried Schicht (1832) gemeint, doch dürfen die Erwerbungen aus dem Handschriftensortiment Breitkopf & Härtel nicht vernachlässigt werden. Zu diesen drei Provenienzen siehe Kobayashi FH, S. 100–138.

[12] Bestätigt wird diese Rolle auch durch den Brüsseler Bestand an Breitkopf-Quellen, der ebenfalls etliche Einträge von Hausers Hand aufweist.

Handschriften aus dem ersten Drittel des 19. Jahrhunderts, die um 1832/33 für die Arbeit an den Ausgaben der freien Orgelwerke J. S. Bachs in den Besitz des Verlags kamen. Einige dieser Abschriften befanden sich hier nur leihweise; Angaben zu ihren Besitzern sind auf einigen Quellen vermerkt oder lassen sich auch aus der Korrespondenz des Verlags eruieren. Nach der berühmten und mehrfach nachgedruckten Wiener Ausgabe der sechs großen Präludien und Fugen für Orgel BWV 543–548 arbeiteten sich die beiden konkurrierenden Verlage C. F. Peters und Breitkopf & Härtel etwa zwischen 1821 und 1833 sukzessive an die Herausgabe der großen Werkgruppe Orgelmusik heran. Zunächst standen schmale Hefte mit nur wenigen Werken im Vordergrund, die auch für ein „Pianoforte von einem oder zwey Spielern" ausgeführt werden konnten.[13] Die Verlagskonkurrenz und das neu erwachte wirtschaftliche Interesse an Bach dürften also die Anlage von zunächst ungeordneten Sammlungen mit dem Ziel einer späteren editorischen Nutzung ausreichend motiviert haben. Die geplante Herausgabe von Hausers systematischem Bach-Katalog bei Breitkopf kam indes nicht zustande,[14] so daß sich die Beziehung später merklich abkühlte.[15]

Eine gründliche Aufarbeitung der wechselvollen Geschichte des Breitkopfschen Verlagsarchivs mit Rücksicht auf die Bach-Quellen-Überlieferung muß

---

[13] So die Titelformulierung der um 1833 in drei Heften bei Breitkopf & Härtel erschienenen Ausgabe von A. B. Marx: *Johann Sebastian Bach's noch wenig bekannte Orgelcompositionen*.

[14] Vgl. K. Lehmann, *Die Anfänge einer Bach-Gesamtausgabe. Editionen der Klavierwerke durch Hoffmeister und Kühnel (Bureau de Musique) und C. F. Peters in Leipzig 1801–1865. Ein Beitrag zur Wirkungsgeschichte J. S. Bachs*, Hildesheim 2004 (LBB 6), S. 408.

[15] Nachdem Hauser 1835 Leipzig verlassen hatte, gab es möglicherweise keine Geschäftsbeziehung mehr zwischen ihm und Breitkopf, jedenfalls findet sich Hausers Name nicht in den Briefkopierbüchern des Verlags. Der letzte Brief Hausers (an Hermann Härtel) datiert vom 4. 3. 1834 (D-B, *Mus. Slg. Härtel 88*). Auch mit dem Verlag C. F. Peters war es nicht zu dem gewünschten Druck seines Bach-Katalogs gekommen. 1844 erkundigte Hauser sich nach dem Verbleib einiger Bach-Handschriften, die er dem Verlag offenbar geliehen hatte und zurückerwartete. Er erwähnt in diesem Zusammenhang sein Thematisches Verzeichnis (vermutlich Katalog Hauser III, D-B, *Mus. ms. theor. Kat. 463*), dessen Druck auch bei C. F. Peters keinerlei Fortschritte machte: „Für die thematischen Mittheilungen bin ich Ihnen recht dankbar, und werde jede Berichtigung dankbar entgegen nehmen auch hätte ich schon neues berichtet, wenn ich meine Sammlung zur Hand hätte – Wissen Sie denn nicht, daß sie bey Ihnen schon seit 7 Jahren liegt? […] für den Catalog hat mir Leede 75 fl. […] gegeben, der ist Ihr rechtmäßiges Eigenthum – nun möchte ich genau wissen, ob Sie gesonnen sind ihn zu drucken – er ist bereits fertig (es fehlten noch die Vocalsachen)"; Brief Hausers an C. F. Peters vom 21. 6. 1844, A-Wst, Handschriften-Abteilung, *H. I. N. 74408*.

an gesonderter Stelle erfolgen.[16] Hier ist zunächst nur nach wechselseitigen Aufschlüssen im Zusammenhang mit dem vorliegenden Fund zu fragen. Ermittlungen zu den Handschriftenerwerbungen von Breitkopf (beziehungsweise Breitkopf & Härtel) im 18. und frühen 19. Jahrhundert ermöglichen für die Instrumentalmusik teilweise nur ungefähre Angaben über die im Verlagsarchiv vorhandenen Bachiana. Abgesehen von den nichtthematischen Katalogen zwischen 1761 und 1780[17] existieren zwar noch einzelne knappe Verkaufslisten mit Musikalien J. S. Bachs; diese ermöglichen aber nur für die Vokalwerke eine genaue Identifizierung.[18] Es wird vermutet, daß der Verlag im Verlauf seiner wechselvollen Geschichte einen sehr umfangreichen, niemals vollständig erschlossenen Bestand an Musikalien der Bach-Familie besaß. Die Quellen wurden Teil des Verlagsgeschäfts. Bis ins 20. Jahrhundert hinein wurden immer wieder kleine und größere Bestände an Stammhandschriften mit Bachiana abgegeben oder verkauft, dabei auch Objekte, die nicht in Verkaufskatalogen erscheinen.[19]

Die Konzentration des Materials bei Breitkopf führte später zu der bedauerlichen Konsequenz, daß bei der Bombardierung Leipzigs im Jahre 1943 zahlreiche Handschriften vernichtet wurden. Doch auch in früherer Zeit blieb der Bestand nicht unangetastet. Einmal gedruckt, verloren die Quellen ihren

---

[16] Siehe auch R. Elvers, *Breitkopf & Härtels Verlagsarchiv*, in: Fontes artis musicae 17 (1970), S. 24–28. Weitere Literatur zur Firmengeschichte in den einschlägigen Lexika: MGG2, Personenteil, Bd. 3, Sp. 814–827 (F. Reinisch); New Grove 2001, Bd. 4, S. 309–311 (H.-M. Plesske). Die jüngste Zusammenfassung über das Firmenarchiv des Verlages im Staatsarchiv Leipzig gibt T. Kluttig, *Nur Briefe berühmter Komponisten? Archivgut von Leipziger Musikverlagen als Quelle für die Musikwissenschaften*, Mf 66 (2013), S. 362–378, speziell S. 366–372.

[17] Die bei Brook (wie Fußnote 5) faksimilierten thematischen Kataloge enthalten nur sehr wenige Werke J. S. Bachs; sie sind durchweg nicht in dem nun wiederaufgetauchten Restbestand im StA-L vorhanden. Was die Musik der Bach-Söhne betrifft, so ist der Bestand in den thematischen Katalogen zwar gering, gerade bei C. P. E. Bach hat Breitkopf jedoch vieles selbst verlegt.

[18] Siehe die Liste der Nachweise in Dok III, Nr. 711; sowie die aktualisierte Liste zu den Vokalwerken bei H.-J. Schulze, *J. S. Bach's Vocal Works in the Breitkopf Nonthematic Catalogs of 1761 to 1836*, in: Bach Perspectives 2, hrsg. von G. B. Stauffer, Lincoln 1996, S. 35–49. Zu einigen der „Bach" zugeschriebenen Werke und Fehlzuschreibungen, die bei Kobayashi (*Breitkopf Attributions and Research on the Bach Family*, in: Bach Perspectives 2, S. 53–63) erwähnt sind, finden sich im StA-L die maßgeblichen Quellen.

[19] Vor 1800 kaufte Graf von Voß etliche Bachiana, darunter viele Quellen aus dem früheren Besitz Gerlachs (heute in D-B). Dokumente, die diesen Vorgang zeitlich genau bestimmen könnten, sind nicht vorhanden. Vgl. B. Faulstich, *Die Musikaliensammlung der Familie von Voß. Ein Beitrag zur Berliner Musikgeschichte um 1800*, Kassel 1997 (Catalogus Musicus. 16.), S. 524.

Nutzen für den Verlag und konnten veräußert werden. So enthält der Katalog von 1836 einen großen Teil des Lagerbestandes (Stammhandschriften); die Auktion kam anscheinend einer Auflösung des älteren Archivs gleich. Diese Quellen wurden in alle Winde verstreut und der über die Jahrzehnte gewachsene Bestand damit um jene Teile bereinigt, die dem aktuellen Verlagsgeschäft nicht dienlich waren. Das waren um 1836 vor allem Quellen mit älterer Kirchenmusik: Kantaten und Messen Bachs und vieler anderer Zeitgenossen. Der Katalog macht zu den einzelnen Werken allerdings nur sporadische Angaben. Somit läßt sich die genaue Zusammensetzung des Archivs im frühen 19. Jahrhundert nicht leicht erschließen. Allerdings wird deutlich, daß nicht nur das ältere Repertoire obsolet geworden war, sondern auch der Handel mit Abschriften. Kaum hat die angebrochene Epoche der Notenlithographie im 19. Jahrhundert diesen Geschäftszweig sehr stark zurückgehen lassen, geben die früher bei Breitkopf mitunter sehr ausführlichen Kataloge kaum noch Auskunft über die zu veräußernden Werke.[20] Ein Großteil der 1836 oder in einem der früheren Breitkopf-Kataloge verzeichneten Quellen ist heute verschollen. Für die Bach-Forschung sind diese Verluste mißlich, weil die wenigen greifbaren Stammhandschriften Breitkopfs einen wichtigen Zweig der Bach-Überlieferung repräsentieren – speziell weil der Verlag am langjährigen Aufenthaltsort J. S. Bachs angesiedelt war und sich hier der stärkste Überlieferungsstrang über die Schüler bündeln konnte, sondern auch weil die in Leipzig und Umgebung lebenden Musiker und nicht zuletzt auch die Bach-Familie dem Verlag immer wieder Quellen zukommen ließen. Da hierüber keine Primärdokumente mehr existieren, lassen sich Mutmaßungen meist nur aufgrund des Repertoires stellen. Gerade bezüglich der beiden Jahrzehnte nach J. S. Bachs Tod geben die neu aufgefundenen Quellen einige weitere Informationen zu bereits bekannten Quellenlieferanten Breitkopfs preis: Gerlach als Besitzer Bachscher Orgelmusik und Krebs als Auftragskopist Bachscher Orgelchoräle. Aber auch für die Erkundung der Überlieferung wichtiger früher Primärquellen erhält die Forschung neue Anregungen.

1836 wurden allerdings keineswegs alle alten Handschriften veräußert. Denn die neu aufgefundenen Quellen können im Auktionskatalog nicht nachgewiesen werden – es handelt sich bei ihnen also nicht um Musikalien, die 1836 niemand erwerben wollte und die deshalb im Verlag verblieben. Vielmehr ist zwischen offiziellem Verkaufsgeschäft und internen Verlagsbeziehungen zu differenzieren. Mehrfach bitten Herausgeber Bachscher Kompositionen den Verlag Breitkopf & Härtel in den 1830er Jahren um die Rückgabe von Quellen,

---

[20] Erst mit der Kenntnis derjenigen Quellen, die bei dieser Auktion in die Fétis-Sammlungen nach Brüssel gelangten beziehungsweise in Leipzig verblieben (D-LEm, Sammlung Becker), lassen sich die summarischen Angaben des Katalogs von 1836 in etwa verifizieren.

die sie dem Verlag als Stichvorlagen oder zum bloßen Vergleich zur Verfügung gestellt hatten. So verblieben nach Abschluß der drei Hefte der Reihe *Johann Sebastian Bach's noch wenig bekannte Orgelcompositionen* auch einige Quellen aus dem Besitz von Adolph Bernhard Marx offensichtlich im Verlag (StA-L, *21081/7374*). Marx drängte auf die Rückgabe, doch im Verlag waren einige bereits 1837 anscheinend nicht mehr auffindbar:

Die gewünschten Orgelstücke von Bach erhalten Sie ebenfalls beifolgend, jedoch scheinen dieselben nicht vollständig zu seyn, allein das [...] Fehlende konnten wir trotz des sorgfältigsten Nachsuchens in unsern Manuscripten nicht auffinden. Wir müssen Sie deshalb bitten, das Fehlende, wenn möglich, zu ergänzen, wie es uns überhaupt auch angenehm seyn würde, wenn Sie uns in den Stand setzten, ein viertes Heft der Bachschen Compositionen herausgeben zu können.[21]

Bei dem jüngeren Teil der erst im Zuge der Neuordnung des Bestands wieder zum Vorschein gekommenen Quellen handelt es sich offensichtlich auch um jenen vergeblich gesuchten Rest, von dem 1837 in dem Briefentwurf an Adolph Bernhard Marx die Rede war.[22] Zu einer Fortsetzung der oben genannten Reihe kam es nicht mehr. C. F. Peters stand bereits um 1819 in Kontakt mit dem Forkel-Schüler Friedrich Conrad Griepenkerl, der schon seit 1820 Quellen für eine Gesamtausgabe der Orgelwerke Bachs zusammentrug. Wie Karen Lehmann im einzelnen für die Ausgabe der Klavierwerke dokumentiert hat,[23] verzögerte sich das ehrgeizige Unterfangen zwar noch um viele Jahre, bis schließlich 1845 der erste Band erschien, doch der Leipziger Konkurrent mag schon Mitte der 1830er Jahre bemerkt haben, daß C. F. Peters für dieses Editionsprojekt die geeigneteren Zuträger und Mitarbeiter hatte. Daß dann bei der Auktion 1836 – neben Handschriften von Vokalwerken, für die es offenbar keinen unmittelbaren verlegerischen Nutzen gab[24] – viel Orgelmusik angeboten wurde, erstaunt nicht: Es handelte sich um Material, das schon in früheren Editionen verwertet worden war.[25] Im folgenden sollen nun einige Quellen zu Werken beziehungsweise Werkgruppen Johann Sebastian

---

[21] Briefentwurf vom 22. 9. 1840, StA-L, *21081/0125* (Kopierbuch 1840–1841), S. 1308.
[22] StA-L, *21081/7374, 7375* und *7383* (drei Konvolute mit Tastenmusik Bachs verschiedener Provenienz, darunter aus dem Besitz von C. C. Kegel und A. B. Marx).
[23] Siehe LBB 6 (wie Fußnote 14).
[24] Zudem hatten auch hier mittlerweile andere Verlage die Initiative ergriffen: Die Messen BWV 234 und BWV 236 waren 1818 und 1828 bei Simrock in Bonn erschienen, herausgegeben von Georg Poelchau nach den in seinem Besitz befindlichen Abschriften Johann Christoph Altnickols.
[25] Darüber finden sich auf den Brüsseler Breitkopf-Quellen zahlreiche Vermerke Hausers, Nachweise siehe U. Leisinger/P. Wollny, *Die Bach-Quellen der Bibliotheken in Brüssel*, Hildesheim 1997 (LBB 2), S. 201, 206f., 216 und 249.

Bachs näher beleuchtet werden. Die Quellen zu Kompositionen der Bach-Söhne bleiben an dieser Stelle übrigens bewußt unberücksichtigt. Ihnen soll wiederum ein eigenständiger Artikel gewidmet werden.[26]

Claviertoccaten-Abschrift von Anon. Weimar 1 mit zahlreichen Eintragungen J. S. Bachs

Das Konvolut enthält ein aus vier ineinandergelegten Bogen bestehendes Heft mit zwei frühen Clavierwerken, den Toccaten in e-Moll BWV 914 und d-Moll BWV 913 (StA-L, *21081/7371*). Als Schreiber des Notentextes ließ sich der in Mühlhausen und Weimar für Bach tätige Kopist Anon. Weimar 1 identifizieren. Die Abschrift zeichnet sich durch große Sauberkeit und Akkuratesse aus.[27] Von Bach selbst stammen die beiden Kopftitel: „Toccata. manualiter. ex E. da Giov: Bast: | Bach." (BWV 914, fol. 1r) und „Toccata. ex D♭. manualiter. da Giov Bast | Bach" (BWV 913, fol. 4r). Auf eine sorgfältige Durchsicht lassen darüber hinaus die zahlreichen Einträge Bachs im Notentext schließen; neben zwei fehlenden Notengruppen sind das beinahe sämtliche Tempovorschriften. Die in dem Nachtrag auf fol. 2v zu erkennende Gestalt von Bachs C-Schlüssel stimmt frappierend mit der in seiner Abschrift der Verzierungstabelle aus den *Pièces de Clavecin* von d'Anglebert (D-F, *Mus. Hs. 1538*, S. 69) bekannten Form überein. Bei der d-Moll-Toccata handelt es sich um Einträge, die weit über die bislang durch andere Quellen überlieferten Einträge hinausgehen. Vermutlich stammen auch Verzierungen und Artikulationsbögen von Bachs Hand (siehe die Abbildungen 2–7 am Ende des Beitrags).[28]
Da Bachs Tastenwerke der Weimarer Zeit kaum in Originalquellen überliefert sind, kommt dieser Quelle schon allein wegen ihrer autographen Ergänzungen ein hoher Wert zu. Da außerdem eine solch außerordentlich präzise Notation in Bachschen Tastenmusikquellen nur sehr selten anzutreffen ist,

---

[26] Es handelt sich hier um folgenden Quellen: StA-L, *2081/7380, 7388* (W. F. Bach), *21081/7373, 7378, 7379* (C. P. E. Bach) und *21081/7372* (J. C. Bach).

[27] Vermutlich lag bereits eine diesbezüglich sehr gute Vorlage zugrunde. Dieser Umstand ist insofern bemerkenswert, als gerade die Toccaten Bachs viele frei eintretende Stimmen mit unterschiedlichen rhythmischen Strukturen in einem System haben, so daß sie notationstechnisch eine Herausforderung darstellen. Gerade in den Mittelstimmen unterlaufen dabei häufig Kopierfehler, was im Falle Schubarts aber nur zweimal der Fall ist.

[28] Damit geht diese Abschrift offenbar über ihre Vorlage hinaus, die nur spärliche Angaben zur praktischen Interpretation enthalten haben dürfte. Bereits Pachelbels Fuge in h-Moll in der Weimarer Tabulatur zeigte eine hohe Dichte an Verzierungen, die möglicherweise zum Teil von Bach eigenhändig hinzugefügt wurden. Insgesamt zeigt sich hier die große Bedeutung, die der junge Bach der Ornamentik beigemessen hat.

liegt hier ein geradezu einzigartiges Schriftdokument des jungen Bach vor. In singulärer Weise zeigt es einen jungen Komponisten, der dem Spieler die Interpretation seiner Werke durch möglichst viele Zusatzinformationen bestmöglich zu verdeutlichen suchte.

Höchstwahrscheinlich handelt es sich bei dem Schreiber Anonymus Weimar 1 um den Bach-Schüler und nachmaligen Weimarer Hoforganisten Johann Martin Schubart (1690–1721).[29] Nur er war, abgesehen von Maria Barbara Bach, sowohl in Mühlhausen als auch in Weimar an Bachs Seite, wie durch Johann Gottfried Walther überliefert ist:

> Schubart (Johann Martin), eines Müllers Sohn, war gebohren an. 1690 den 8ten Mertz in Gehra [Geraberg], einem eine Stunde von Ilmenau liegenden Gothaischen Dorfe, erlernete bey Hrn. Johann Sebastian Bach das Clavier-Spielen, und hielte sich bey demselben von 1707 bis 1717 beständig auf, wurde auch, nach dessen Wegzuge von hier, in nurgedachtem Jahre gegen Advent zum Cammer-Musico und Hof Organisten allhier in Weimar angenommen, und starb an. 1721 den 2ten April an einem hitzigen Fieber. [...][30]

Die Zeitspanne von Schubarts Schülerschaft bei Bach, die Walther als Weimarer Organistenkollege sicher aus erster Hand wußte, grenzt die für die vorliegende Abschrift in Frage kommende Datierung zunächst grob ein. Mit Hilfe weiterer Faktoren – Schriftcharakteristika des Kopisten und der Einträge Bachs, Papierbefund – läßt sich diese Datierung weiter präzisieren: Die Quelle wurde fraglos auf Weimarer Papier Bachs niedergeschrieben.[31] Die

---

[29] Erstmals wurde Schubart (neben Maria Barbara Bach) 1995 als Kopist Anonymus Weimar 1 ins Spiel gebracht; siehe Y. Kobayashi, *Quellenkundliche Überlegungen zur Chronologie der Weimarer Vokalwerke Bachs*, in: Das Frühwerk Johann Sebastian Bachs. Kolloquium, veranstaltet vom Institut für Musikwissenschaft der Universität Rostock 11.–13. September 1990, hrsg. von K. Heller und H.-J. Schulze, Köln 1995, S. 290–310 (speziell S. 291); durch die Identifizierung der Weimarer Tabulaturen bestätigte sich dies (siehe M. Maul und P. Wollny, *Weimarer Orgeltabulatur. Die frühesten Notenhandschriften Johann Sebastian Bachs sowie Abschriften seines Schülers Johann Martin Schubart*, Kassel 2005 (Faksimile-Reihe Bachscher Werke und Schriftstücke, Neue Folge. 3.), S. X. Ein signiertes eigenhändiges Schriftzeugnis Schubarts hat sich indes noch nicht gefunden; die Gleichsetzung mit dem sowohl in Mühlhäuser als auch in Weimarer Quellen nachgewiesenen Kopisten Anonymus Weimar 1 basiert allein auf biographischen Indizien.

[30] WaltherL, S. 557.

[31] Das Wasserzeichen Arnstädter A tritt hier jedoch in einer etwas selteneren Form auf (zwischen Stegen); vgl. NBA IX/1 (W. Weiß/Y. Kobayashi, 1985), Nr. 114. Es ist sonst nicht in Quellen zu Kompositionen Bachs, sondern nur in Handschriften aus seiner Notenbibliothek überliefert: dem Kyrie in C-Dur von G. Peranda (D-B, *Mus. ms. 17079/10*, nur Violone) und Bachs Abschrift des Konzerts in G-Dur für zwei Violinen von G. P. Telemann (D-Dl, *Mus. 2392-O-35a*). In Quellen ohne Bach-

Datierung des bekannten Zeichens „Arnstädter A" wird in NBA IX/1 mit 1706–1713 und (hier zu vernachlässigen) 1728 angegeben. Die auf diesem Papier niedergeschriebenen Quellen aus Bachs Notenbibliothek werden auf „um 1709" angesetzt.[32] Vom Wasserzeichen her wäre bei der Toccaten-Abschrift prinzipiell aber auch eine noch frühere Datierung (um 1708) möglich. Werden die beiden autographen Kopftitel in die Überlegungen einbezogen, kann die für die frühe Weimarer Zeit angenommene Datierung gar nicht früh genug angesetzt werden. Der autographe Namenszug „Giov: Bast: Bach." gleicht auffallend der Signatur auf der Titelseite der autographen Partitur von „Gott ist mein König" BWV 71 (*P 45, Fasz. 1*). Zwischen der Niederschrift der Kantaten für den Mühlhauser Ratswechsel am 4. Februar 1708 und den beiden Toccaten dürfte kaum wesentlich mehr als ein Jahr gelegen haben:

Abbildung 1 a–c. Autographe Namenszüge J. S. Bachs.
a) Mühlhäuser Ratswahlkantate BWV 71 (D-B, *P 45, Fasz. 1*, Titelseite),
b) und c) Toccaten e-Moll BWV 914 und d-Moll BWV 913
(StA-L, *21081/7371*, fol. 1r und 4r, Kopftitel)

Der Datierung der Toccaten-Abschrift auf 1708/09 – also auf die Zeit bald nach dem Amtsantritt in Weimar – widerspricht auch die Schrift des Anonymus Weimar 1 nicht. Mit seiner Abschrift der Toccata G-Dur von Dietrich Buxtehude BuxWV 164 liegt eine Vergleichsquelle vor,[33] die zwar nicht datiert ist, sich jedoch von ihren Schriftformen her deutlich von späteren Weimarer Quellen abhebt.[34] Die Buxtehude-Abschrift stimmt mit den Bach-Toccaten in

---

Bezug ist es in der Partiturabschrift von J. D. Heinichens Kantate „Einsamkeit, o stilles Wesen" überliefert (in: D-B, *Mus. ms. 30210*). Das Wasserzeichen ist wiedergegeben in: http://dl.rism.info/DO/3887.jpg; vgl. auch H. Kümmerling, *Katalog der Sammlung Bokemeyer* (Kieler Schriften zur Musikwissenschaft. 18.), Kassel 1970, Wasserzeichen Nr. 413, 422 und 422 a).

[32] Zur Datierung siehe H.-J. Schulze, *Telemann – Pisendel – Bach. Zu einem unbekannten Bach-Autograph*, in: Die Bedeutung Georg Philipp Telemanns für die Entwicklung der europäischen Musikkultur im 18. Jahrhundert, Teil 2, Magdeburg 1983, S. 73–77, und Beißwenger, S. 191–195, 306 und 320.

[33] Im Konvolut D-B, *Mus. ms. 30194*, fol. 20. Auf diese nur ein Blatt umfassende Abschrift machte erstmalig Y. Kobayashi aufmerksam (siehe BJ 1978, S. 59). Ursprünglich lag hier eine umfangreichere Quelle vor, denn Schubart notiert am Ende „V[ide]. Seque".

[34] Markus-Passion und weitere Kantaten, siehe NBA IX/3, Textband, S. 2.

den wesentlichen Schriftmerkmalen überein, auch wenn sie einen insgesamt weniger akkuraten Eindruck macht.[35]
Die Schriftformen des Lehrers werden in der Toccaten-Abschrift noch penibel imitiert. Anders verhält es sich mit dem späteren, offenbar zügig kopierten Aufführungsmaterial für die Weimarer Schloßkirche ab März 1714. Schubarts Schrift erscheint hier flüchtiger und ungleichmäßiger, und sie ist nicht mehr von der Assimilation eines Vorbilds geprägt.[36] Kennzeichnend sind in dieser späteren Phase besonders die sehr langen Notenhälse, die auch bei aufeinanderfolgenden gleichen Tonhöhen unterschiedlich lang ausfallen können.[37] Sie bewirken den hier vorherrschenden Eindruck eines ungleichmäßigen Schriftbildes (in D-B, *Mus. ms. 11471/1* von 1711/12 ebenso wie in der späteren Quelle *P 59* von 1715) und unterscheiden sich damit signifikant von der Toccaten-Abschrift in StA-L.
Um 1708/09 war Schubart 18 oder 19 Jahre alt und seit etwa zwei Jahren Bachs Schüler. Die erheblichen notationstechnischen Probleme der Niederschrift ei-

---

[35] Übereinstimmungen im einzelnen: sehr gleichbleibender C-Schlüssel, hingegen leicht unterschiedlich ausfallender kleiner Baßschlüssel mit zwei Punkten; feine, runde Notenköpfen, die bei Aufwärtskaudierung akkurat mittig oder eher rechts (angesetzt oder leicht aus den Noten herausgezogen) werden; Halbenoten werden auf- und abwärts rechts gehalst und neu angesetzt; bei Sechzehntelnoten ragen die Hälse zum Teil über die oft schwungvollen Balken hinaus; Viertelpausen haben die Form eines einfachen Rechtshakens, teils mit kleinem Ansatz von links, teils in etwas rundlicher Ausführung; leichte Linksneigung der Taktstriche. Das Wasserzeichen in D-B, *Mus. ms. 30194* (NBA IX/1, Nr. 43) ist wegen seiner langen Verwendungsdauer (1698–1728) für die Datierung ungeeignet.

[36] Im Stimmensatz zu der im Juni 1714 erstmalig aufgeführten Kantate „Ich hatte viel Bekümmernis" BWV 21 (D-B, *St 354*) sind einige seiner neuen Schriftformen zu beobachten: Die Viertelpausen haben jetzt eine neue, geschwungenere Form (die alten aber auch noch in T. 1 f.). In den Weimarer Stimmen zur anonym überlieferten Markus-Passion (D-B, *Mus. ms. 11471/1*). die wohl auf spätestens 1712 datiert werden kann, begegnet noch die ältere, auch aus der Toccaten-Abschrift bekannte Form. Im Stimmensatz zur Kantate „Himmelskönig, sei willkommen" BWV 182 (D-B, *St 47*) zeigen sich grundsätzlich sehr ähnliche Formen wie in der Markus-Passion, bloß ist diese Abschrift Schubarts sauberer und planvoller angelegt. Im Gegensatz zur Toccaten-Abschrift, wo er Schlüssel und Noten mit besonderer Sorgfalt gleichsam zeichnet, ist hier eine geübte schnelle Niederschrift zu beobachten. Das zeigt sich besonders am C-Schlüssel, der hier in mehreren, stark voneinander abweichenden Varianten zu sehen ist. Schubart scheinen Details der Notation nicht mehr wichtig zu sein.

[37] Eine weitere Besonderheiten in Schubarts Schrift ist das eckig geformte Auflösungszeichen, das bei ihm immer einen sehr langen Aufstrich hat; in der Toccaten-Abschrift zum Teil mit einem rundlichen Anfangshaken, der aber nur eine Variante der Normalform ist. Später gibt es diesen Haken aber nicht mehr.

ner zum Großteil in wechselnder Stimmenanzahl notierten freien Toccata konnte er problemlos bewältigen. Sicher stand ihm auch eine gute Vorlage zur Verfügung.[38] Die dann von Bach vorgenommenen spielpraktischen Eintragungen muten zunächst seltsam an, da sie für eine Schüler-Abschrift singulär erscheinen.[39] Schubart wird sie als Spieler selbst nicht mehr nötig gehabt haben, da er mit den Werken und der Spielweise seines Lehrers bereits vertraut gewesen sein dürfte.

Wir müssen also davon ausgehen, daß die Abschrift der beiden Toccaten nicht für Schubart, sondern für eine andere Person bestimmt war. Die Sorgsamkeit, die der Komponist dabei an den Tag legte, läßt darauf schließen, daß es sich bei dem Adressaten um eine für Bach wichtige, gleichwohl aber nicht um eine hochgestellte Persönlichkeit handelte. Andernfalls wäre ein Titelblatt vielleicht mit einer förmlichen Widmung oder einem Ziereinband angefertigt worden. Die vorliegende Quelle kommt hingegen ohne äußeren Schmuck aus.[40] Eher haben wir es mit einem Geschenk an einen Musikerkollegen zu tun, mit dem sich der junge, gerade nach Weimar gekommene Komponist zu etablieren gedachte; wir dürfen annehmen, daß der Empfänger zwei mustergültige Exemplare der hohen norddeutschen Toccaten-Kunst zu schätzen wußte. Hier kommt in erster Linie der Weimarer Hoforganist Johann Gottfried Walther, Bachs ein Jahr älterer Vetter zweiten Grades, in Frage. Mit ihm stand Bach in freundschaftlichem Kontakt, mit ihm konnte vor Ort – wahrscheinlich wie mit keinem anderen Musiker-Kollegen – ein reger fachlicher Austausch stattfinden, der sich auch auf das gegenseitige Ausleihen von Musikalien erstreckte. Walther muß eine Vielzahl an Werken Bachs besessen haben. Nur Reste seiner einstmals umfangreichen, jedoch schon zu Lebzeiten verstreuten Sammlung sind noch dokumentiert: darunter die Kantate BWV 54[41] sowie zahlreiche Cembalo- und Orgelwerke aus dem Nachlaß der Musikerfamilie Krebs. Bach und Walther dürften auch ihre Schätze norddeutscher

---

[38] Die Schubart vorliegende – höchstwahrscheinlich autographe, mittlerweile verschollene – Vorlage wies vermutlich nur wenige Verzierungen und Tempobezeichnungen auf.

[39] Die – allerdings nur aus späterer Zeit stammenden – Belege für Einträge Bachs in Abschriften der Schüler sind sporadischer und bekümmern sich kaum um deren Schreibfehler.

[40] Hinweise darauf, daß solche Zierelemente verloren gegangen sein könnten, sind nicht vorhanden.

[41] Das gemeinsam mit J. T. Krebs d. Ä. kopierte Werk war zeitweilig in Breitkopfs Besitz; die Vorbesitzer sind nicht bekannt. Siehe NBA I/18 Krit. Bericht (A. Dürr, L. Treitler, 1967), S. 9. Möglicherweise handelte es sich bei der in Breitkopfs nichtthematischem Katalog von 1761 nachgewiesenen Abschrift der Weimarer Kantate BWV 199 ebenfalls um eine Abschrift Walthers. Siehe NBA I/20 Krit. Bericht (K. Hofmann, 1985), S. 36 f.

Orgelmusik ausgetauscht haben, wobei Bach dem Freund und Kollegen offenkundig seine frühen Tabulaturabschriften von Werken Buxtehudes und Reinkens zur Abschrift überließ.[42] Gleichwohl: Ob Bach die Abschriften der Toccaten BWV 914 und 913 wirklich für Walther anfertigen ließ, wird sich wohl nie mit Gewißheit ergründen lassen.

Die erste Toccata BWV 914 ist zwar verhältnismäßig breit überliefert, doch findet sich unter den erhaltenen Quellen nur eine einzige wenigstens potentiell aus dem direkten Umfeld Bachs stammende, die wie die vorliegende Abschrift auf ein Autograph zurückgehen könnte: die Abschrift von Heinrich Nikolaus Gerber.[43] Zwar ist ihre Entstehungszeit insofern nicht gesichert, als sie entweder vor oder nach dem Unterricht bei Bach in Leipzig (um 1724 bis 1726/27) entstanden sein dürfte (und damit nicht notwendig auf eine Quelle in Bachs Hause zurückgeht). Immerhin aber weist Gerbers Abschrift eine für frühe Quellen typische Titelformulierung auf, darunter Bachs italianisierten Namen: „Toccata. ex E. manualiter. di Giov. Bast. Bach." Die Abschrift Schubarts bestätigt die meisten der von Gerber überlieferten Lesarten. Beide gehen vermutlich – direkt oder indirekt – auf dieselbe Vorlage zurück, anscheinend (wie bereits oben vermutet) wenig ornamentiertes und bezüglich der Tempi wenig konkretes Autograph. Bach setzte in T. 1 und 14 Tempoangaben hinzu („Allegro" und „Un' poc' allegro"); weitere Angaben sind nicht vorhanden. Die Divergenzen zwischen Gerber und Schubart beruhen im Notentext wahrscheinlich zum größten Teil auf Fehlern Gerbers. Fehler Schubarts (T. 91 b wurde vergessen und in T. 139 fehlen Mittelstimmen) wurden von Bach verbessert (siehe Abbildung 4).

Die Toccata BWV 913 folgt in der Abschrift direkt auf BWV 914. Bei diesem Werk weist die Überlieferung eine weniger breite Streuung der Quellen auf, jedoch eine Differenzierung der Werkfassungen. Die einzige Quelle, die dieses Werk in einer Frühfassung bietet, ist nur in einem Frühdruck von 1801 über-

---

[42] Maul/Wollny (wie Fußnote 29), Vorwort, S. XII.
[43] US-NH; ehemals Privatbesitz von Wolfgang Wiemer (Aichschieß); siehe Wiemer, *Ein Bach-Doppelfund: Verschollene Gerber-Abschrift (BWV 914 und 996) und unbekannte Choralsammlung Johann Friedrich Penzels*, BJ 1973, S. 29–73. Daß Gerber hier Harzer Papier benutzte, erschwert in jedem Fall die zunächst naheliegende Annahme, daß die Handschrift Leipziger Provenienz sei. Zu diesem Wasserzeichen vgl. Kümmerling (wie Fußnote 31), S. 293 f. Auf diesen Umstand wird in NBA V/9.1 Krit. Bericht (P. Wollny, 1999), S. 84, hingewiesen. Es wäre allerdings möglich, daß Gerber zu seinem Studium nach Leipzig auch Papier aus der Heimat mitbrachte – seine Leipziger Abschriften weisen jedoch typischerweise ein anderes WZ auf (AV oder VA, Wildschwein auf Bodenstück). Nur eine einzige frühe Quelle (J. B. Tzschirichs 1726 entstandene Abschrift der abschließenden Fuge) liegt der Gerber-Abschrift zeitlich nahe.

liefert.[44] Die Abschrift Schubarts enthält das „späte" Werkstadium der Toccata, das aber stilistischen Untersuchungen Jean-Claude Zehnders zufolge bereits in die Vor-Weimarer Zeit Bachs fällt.[45] Die neu aufgefundene Quelle bestätigt diese Annahme; sie ist indes mit den übrigen Handschriften nur bedingt verwandt. Stärker überwiegen in Schubarts Abschrift einige singuläre Merkmale.

Für die Toccata BWV 913 lag Schubart vermutlich eine Vorlage vor, die bereits einige Verzierungen und Tempoangaben aufwies. Bachs Revision bestand in einer noch genaueren Spezifizierung der Interpretationsanweisungen. Die bezüglich Umfang und Anspruch deutlich ambitioniertere Komposition ist in der gemeinsamen Niederschrift von Schüler und Lehrer für diese Zeit einzigartig: Durch geradezu minutiöse Angaben zu Verzierung, Ausdrucks- und Tempogestaltung gibt der Komponist dem Spieler einen genauen Interpretationsplan an die Hand: T. 1 „Allegro" – T. 15, Zählzeit 3 „adagio." – T. 28, Zählzeit 3 „Presto" (Schubart) – T. 119, Zählzeit 4 „adagio" – T. 120 „allegro" – T. 121 „Adagio." – T. 122, Zählzeit 2 „presto" – T. 124 „andante" (Schubart) – T. 146 „allegro. è presto." Sehr eindrücklich ist dabei, wie artifiziell Bach die Schlußkadenzen ausgeführt wissen wollte (siehe hierzu besonders Abbildung 6).[46] Hinsichtlich der Ornamentik weicht diese Quelle von den übrigen Hauptquellen (insbesondere *P 281*[47]) stark ab. Dies betrifft namentlich die Passagen T. 11–27, 146f. und 294f. (siehe Abbildungen 5 und 7).

Wie diese einzigartige Abschrift in das Verlagsarchiv Breitkopf & Härtel gelangt ist, läßt sich derzeit nicht nachvollziehen. Einen Anhaltspunkt gibt die am Fuß der ersten Seite plazierte Aufschrift „Dies Mscrpt. gehört Herrn Hauser" (siehe Abbildung 2). In Hausers Katalogen wird diese Quelle hingegen nicht erwähnt. Dies ist zunächst nicht außergewöhnlich, weil er abgesehen von Autographen seinen eigenen Quellenbesitz nur selten kennzeichnete (in diesem Fall wurden die autographen Einträge sicher nicht als solche

---

[44] *TOCCATA | Per | Clavicembalo | composta dal Signore GIOV. SEBAST. BACH | No 1. à Vienna presso Hoffmeister et Comp. | à Lipsia, nel Bureau de Musique*, Leipzig/Wien, Hoffmeister/Kühnel [1801]. Die Vorlage zu diesem Druck ist nicht bekannt.

[45] J.-C. Zehnder, *Zu Bachs Stilentwicklung in der Mühlhäuser und Weimarer Zeit*, in: Kolloquium Frühwerk (wie Fußnote 29), S. 311–338 (insbesondere S. 329f.). Hier wird die Datierung von BWV 913 und 914 mit „1707/1708" fixiert. Vgl. NBA V/9.1 Krit. Bericht, S. 80.

[46] Vgl. J.-C. Zehnder, *Zur freien Spielweise im Umfeld des jungen Bach*, in: Bach, Lübeck und die norddeutsche Musiktradition. Bericht über das Internationale Symposion der Musikhochschule Lübeck April 2000, Kassel 2002, S. 161–175 (speziell S. 163ff.).

[47] Aus dem Nachlaß von J. C. Kittel; zu dieser Quelle und ihren Lesarten siehe NBA V/9.1, S. 72 und 109.

erkannt).[48] Da Hausers Kontakte mit Breitkopf & Härtel während seiner Leipziger Zeit (1832–1835) zustande gekommen waren und vielleicht auch nicht darüber hinausreichten, wird man von einer Neuerwerbung in Leipzig ausgehen können. In diesem Fall hätte Hauser sie bald an den Verlag weitergegeben, da dieser zu Beginn der 1830er Jahre an neuen Tastenmusikquellen interessiert war.[49]

Wie mag die Quelle in Hausers Besitz gelangt sein? Anhaltspunkte gibt es mehrere: Der Hypothese entsprechend, daß Johann Gottfried Walther (1684 bis 1748) Bachs Adressat war, muß nach dem Besitzgang zwischen Walther ab 1728 und Hauser ab etwa 1832–1835 gefragt werden. Walther mußte schon zu Lebzeiten Teile seiner umfangreichen Bibliothek aus finanziellen Gründen veräußern.[50] Diese wurden dann ab 1728 in alle Winde zerstreut. Hauser hat nachweislich zumindest eine Quelle aus dieser einstmals so reichen Sammlung besessen: das Wohltemperierte Klavier I (*P 1074*). Auch der Verlag Breitkopf war bereits im 18. Jahrhundert an Handschriften aus Walthers Besitz gelangt. Quellen aus Walthers Besitz zirkulierten also nicht nur im 18., sondern auch noch in den ersten Jahrzehnten des 19. Jahrhunderts in Leipzig. Als Vorbesitzer kommen insbesondere Weimarer Musiker in Betracht, die auch mit Leipzig Kontakt hatten, darunter die Familie Krebs mit ihren Verbindungen sowohl zu Breitkopf als auch zu Walther und Bach. Namentlich Walthers Schüler Johann Tobias Krebs (1690–1762) besaß Bach-Abschriften, die aus seiner Weimarer Lehrzeit stammten und die er seinem Sohn Johann Ludwig vermachte. Dieser wiederum hatte ausgesprochen gute Beziehungen zu Breitkopf. Ein weiterer Kandidat wäre Schubarts unmittelbarer Nachfolger im Amt des Weimarer Hoforganisten, der Bach-Schüler Johann Caspar Vogler (1696–1763). Vogler hielt sich längere Zeit in Leipzig auf; Quellen aus seinem

---

[48] Aus Hausers Besitz stammend lassen sich D-B, *Mus. ms. 30377* mit BWV 914/2 und D-B, *P 1081* mit BWV 914/4 nachweisen. Zu der Toccata BWV 913, die er vielleicht sonst nicht selbst besaß, notierte Hauser in Katalog I (D-B, *Mus. ms. theor. Kat. 419*), S. 40, noch seine Echtheitszweifel; vgl. Kobayashi FH, S. 227. In Katalog III wird der Titel einer mittlerweile verschollenen Quelle mitgeteilt „In honorem delectissimi fratris Christ. B. Ohrdruffiensis", und in Katalog IV der Besitzer einer vermutlich alten Handschrift genannt: „Joh. Schneider, Handschrift v. Nicolai. pag. 7." (siehe Kobayashi FH, S. 341). Gemeint ist wahrscheinlich eine Abschrift des Görlitzer Organisten David Traugott Nicolai (1733–1799) aus dem Besitz des Dresdner Hoforganisten Johann Gottlob Schneider (1789–1864). Mit der vorliegenden Quelle ist die Nicolai-Abschrift nicht identisch.

[49] Vielleicht haben aber auch Breitkopf & Härtel dem Bach-Sammler dieses Manuskript für seine Dienste überlassen. Die Quelle verblieb aber dann aus nicht bekanntem Grund im Verlag – vielleicht, weil eine der Toccaten (BWV 914) noch nicht gedruckt vorlag? In diesem Fall könnte die Quelle also schon viel früher in den Besitz des Verlages gekommen sein.

[50] MGG, Bd. 14 (1968), Sp. 208 (W. Breig).

Nachlaß sind später im Besitz des Thomaskantors Johann Gottfried Schicht nachweisbar.[51] Verbindungen nach Weimar und Leipzig besaß auch der Bach-Schüler Johann Schneider (1702–1788).[52] Dieser war zunächst Hoforganist und Erster Violinist in Saalfeld, ehe er 1726 als Geiger an die Weimarer Hofkapelle kam. 1729 wurde er schließlich als Nachfolger Johann Gottlieb Görners Organist an der Leipziger Nikolaikirche; in den 1740er Jahren war er als Geiger Mitbegründer des Großen Concerts und damit direkter Kollege des Neukirchen-Musikdirektors Gerlach. Schneider könnte Weimarer Quellen mit nach Leipzig gebracht haben; er stand jedenfalls auch in engem Kontakt zu Breitkopf.[53]

Handschriften von Carl Gotthelf Gerlach und Johann Ludwig Krebs

Mehrere Quellen in dem Konvolut StA-L, *21081* sind sächsischer Herkunft; genauer gesagt, handelt es sich um Abschriften, die wahrscheinlich aus Bachs Leipziger Wirkungsfeld stammen oder auf Vorlagen aus Bachs Umkreis zurückgehen.

Die gottesdienstliche Musikpflege an der Neukirche zur Zeit ihres Organisten und Musikdirektors Carl Gotthelf Gerlach (1714–1761) ist seit der Identifizierung von Gerlachs Handschrift durch Hans-Joachim Schulze und den Arbeiten von Andreas Glöckner gut erforscht.[54] Gerlach besuchte von 1716 bis 1723 die Thomasschule und war ab 1727 als Jurastudent an der Universität eingeschrieben. Seine Lebensumstände zwischen seinem mutmaßlichen Abgang von der Schule und dem Beginn seines Studiums liegen im Dunkeln. Möglicherweise verlängerte er seine Alumnenzeit über die anfangs geplanten sieben Jahre hinaus. Daß er in Bachs Kirchenmusik als Solist mitwirkte, ist durch Zahlungen aus der Stadtkasse belegt.[55] 1729 begleitete er Bach zu einer

---

[51] Siehe Schulze Bach-Überlieferung, S. 60, 64 f. und 68. Die umfangreiche Musikaliensammlung – sie soll Werke „von J. S. Bach und andern berühmten Musicis" enthalten haben – wurde bei Voglers Tode 1766 von der Witwe verkauft; vgl. Dok III, Nr. 728. Hauser hat indes andere Quellen aus Voglers Besitz erworben, darunter das sogenannte „Moschelessche Autograph", eine Abschrift Voglers von Praeludium, Adagio und Fuge C-Dur BWV 545 (S-Smf, ohne Signatur, Provenienz vor Hausers Erwerbung bislang nicht bestimmbar) sowie die Sammelhandschrift D-B, *P 1089* aus dem Nachlaß von Schicht (mit BWV 899, 900, 870 a, 901, 527/1, 875 a und 902).

[52] Schneider wurde zeitweilig vermutungsweise – jedoch irrtümlich – mit dem Kopisten Anonymus 5 (nach Kast) in Verbindung gebracht; vgl. NBA V/7 (M. Helms, 1981), S. 195.

[53] Siehe Schulze Bach-Überlieferung, S. 22.

[54] Schulze Bach-Überlieferung, S. 121–125. A. Glöckner, *Die Musikpflege an der Leipziger Neukirche zur Zeit Johann Sebastian Bachs*, Leipzig 1990 (BzBF 8), S. 88–134.

[55] Siehe H.-J. Schulze, *Studenten als Bachs Helfer bei der Leipziger Kirchenmusik*, BJ

Aufführung an den Weißenfelser Hof, wo er als „Altiste" in den Quartierlisten genannt wird.[56] Als Kopist für Bachs Kirchenmusik ist Gerlach nicht nachweisbar. Seine Abschriften von Kantaten Bachs stammen aus seiner Amtszeit an der Neukirche. Sie gehören zu einem umfangreichen Handschriftenbestand mit eigens für die Neukirchenmusik kopierten Werken zeitgenössischer Komponisten; der Anteil an eigenen Kompositionen Gerlachs ist dagegen sehr gering.[57]

Diesem Quellenkomplex kann nunmehr auch die Kantate „Wer sucht die Pracht" BWV 221 zugeordnet werden (StA-L, *21081/7377*). Dieses Werk war zeitweilig Bach zugeschrieben, obwohl es stilistisch dem Schaffen des Thomaskantors geradezu entgegenläuft. Gerlachs Abschrift, die mutmaßlich zwischen 1730 und 1735 für eine Aufführung in der Neukirche angefertigt wurde, nennt hingegen keinen Verfasser (siehe Abbildung 8). Für die spätere Fehlzuweisung ist folglich nicht er verantwortlich, sondern der Verlag, zu dessen Stammhandschriften dieser Stimmensatz seit der Übernahme der Notenbibliothek Gerlachs gehörte. Die weiteren Abschriften dieser Kantate[58] sind Abkömmlinge von Gerlachs Stimmen.

Obwohl Gerlach an der Neukirche als Organist wirkte – und seine Einstellung der ausdrücklichen „Recommendation" Bachs verdankte[59] – ist aus seiner Notenbibliothek kaum Orgelmusik überliefert. Mit dem Praeludium C-Dur BWV 531/1 liegt eine Abschrift Gerlachs vor, die sehr früh anzusetzen ist, offenbar vor Bachs Leipziger Zeit;[60] der jugendliche Schreiber scheint mit dem Namen des Komponisten, den er als „Johann Bach" bezeichnet, noch nicht vertraut zu sein.[61] In der Brüsseler Sammlung Fétis sind in einem Sammelband neben den zwei Choralvorspielen über „Ich hab mein Sach Gott heimgestellt" BWV 708 und 708a zwei Choralvorspiele über „Vater unser im Himmelreich" mutmaßlich von G. Böhm (früher BWV 760 und 761[62]) sowie die

---

1984, S. 45–52, speziell S. 47 und 50; sowie Glöckner (wie Fußnote 54), S. 89.

[56] Dok II, Nr. 383 und 254.

[57] Glöckner (wie Fußnote 54), S. 97–131. – Gerlachs Praxis wurde von J. A. Scheibe im Jahre 1737 im *Critischen Musicus* als ein Nebenschauplatz im sogenannten Scheibe-Birnbaum-Streit höhnisch kommentiert. Siehe M. Maul, *Johann Adolph Scheibes Bach-Kritik. Hintergründe und Schauplätze einer musikalischen Kontroverse*, BJ 2010, S. 153–198 (insbesondere S. 162 f.).

[58] Vgl. NBA I/41 Krit. Bericht (A. Glöckner, 2000), S. 126.

[59] Dok I, S. 176, Dok II, Nr. 147, 152, 175 und 177.

[60] US-Wc, *ML96. B186 case* (siehe G. Herz, *Bach-Quellen in Amerika. Bach Sources in America*, Kassel 1984, S. 387). Die bis ins 20. Jahrhundert hinein als Autograph angesehene Handschrift enthält noch eine anonyme Fuge, bei der es sich vielleicht um ein Werk Gerlachs handelt. Siehe Schulze Bach-Überlieferung, S. 123.

[61] Ebenda.

[62] Von BWV 760 sind heute nur noch die letzten 3 ½ Takte vorhanden.

Partimento-Werke BWV 907 und 908 überliefert (B-Br, *Fétis 7327 C Mus*). Wie häufig bei Gerlach sind fast alle diese Abschriften anonym überliefert; auch hier gehen also die Fehlzuschreibungen an Bach auf das Konto Breitkopfs.

Durch den Fund im Firmenarchiv Breitkopf & Härtel erweitert sich nun mit immerhin drei weiteren Abschriften Gerlachs die genuin Leipziger Überlieferung von Bachs Orgelmusik:

Eine Bearbeitung des Lieds „Ich hab mein Sach Gott heimgestellt" BWV 707 ergänzt die oben genannte Brüsseler Quellengruppe. Besondere Aufmerksamkeit beanspruchen indes zwei merkwürdigerweise nur ausschnitthaft kopierte freie Orgelwerke, die „Pièce d'Orgue" BWV 572, von der Gerlach nur die erste Hälfte des fünfstimmigen Mittelteils (T. 29–81) kopierte, und die Toccata C-Dur BWV 564, von der in Gerlachs Abschrift nur die Takte 1–47 vorliegen (siehe Abbildung 9).

Diese drei einzelnen Abschriften stammen aus verschiedenen Lebensphasen Gerlachs. Während die Toccata BWV 564 vom Schriftbefund her deutlich als die früheste Quelle der Gruppe anmutet und vielleicht in die frühe Wirkungszeit Bachs in Leipzig fällt (jedoch deutlich nach der Abschrift von BWV 531/1 anzusiedeln ist), stammen die beiden anderen Quellen aus späterer Zeit und sind wohl gemeinsam mit den Brüsseler Quellen in die Jahre ab 1730 zu datieren.[63] Vom Papierbefund her weisen beide Abschriften („Pièce d'Orgue" und Toccata) in Gerlachs Zeit als Thomaner.[64] Die Wasserzeichen stammen aber von deutlich unterschiedlichen Schöpfformen. Damit steht bei BWV 572 die

---

[63] Wichtigstes Kriterium ist der Ansatz des Notenhalses, der bei den schwarzen Noten in den frühen Quellen noch auf der linken Seite neu angesetzt wird; so auch in der Abschrift von BWV 1066, die auf 1724/25 datiert wird. Erst allmählich wandert der Notenansatz in die Mitte, um dann beliebig zwischen rechts und mittig zu schwanken. Die frühe Form des C-Schlüssels, die noch in BWV 531 und in D-LEm, *III.2.104* (G. F. Kauffmann, „Unverzagt, beklemmtes Herz") begegnet, ist in Gerlachs Abschrift von BWV 564 schon nicht mehr zu finden; sie taucht auch in keiner weiteren seiner Bach-Abschriften mehr auf. Zwischen BWV 564, BWV 572 und BWV 707 zeigt sich im C-Schlüssel, der nun im wesentlichen seine stabile Form gefunden hat, eine Differenz. Wie in NBA IX/3, Nr. 65 typisiert, gibt es willkürliche kleine Abwandlungen – neben den Unterschieden zwischen Reinschrift und Gebrauchsschrift –, die aber keine chronologisch relevante Weiterentwicklung anzeigen. Offenbar lassen sich erst in den 1750er Jahren wiederum einige grundlegende Änderungen in Gerlachs Schrift beobachten, die indes in den neu aufgefundenen Bach-Abschriften nicht anzutreffen sind. In „Wer sucht die Pracht" lassen sich ähnliche Merkmale wie in BWV 572 und 707 feststellen; die Stimmen sind hingegen mit schneller Hand geschrieben und weisen daher einige singuläre Schriftmerkmale auf.

[64] NBA IX/1 (W. Weiß, Y. Kobayashi, 1985), Nr. 13. In Leipziger Stadtrechnungen kommt das Zeichen (Einhorn mit verschlungenem Monogramm als Gegenzeichen) schon 1720/21 vor (nicht identisch mit dem bei Glöckner, wie Fußnote 54, S. 124

aufgrund der Schriftformen später anzunehmende Datierung nicht im Widerspruch zu dem verwendeten Papier.[65]

Im rhapsodischen Anfangsteil der Toccata BWV 564 sind minutiöse Angaben zur Fingersetzung und Handverteilung hinzugefügt, zudem einige Ornamente. Gefordert wird hier eine ‚moderne' Fingersetzung unter Einbeziehung des Daumens und des fünften Fingers sowie ein rascher Handwechsel. Es scheint damit eine Einrichtung für den Unterricht vorzuliegen, die wichtige Hilfestellungen für einen Schüler bietet, dieses Virtuosenstück zu bewältigen. Einträge dieser Art sind von keiner anderen Quelle mit Orgelmusik aus Bachs direktem Umfeld bekannt. Es fragt sich, inwiefern diese Spielanweisungen auf authentische Vorgaben Bachs zurückgehen, eventuell sogar auf einen Unterricht Gerlachs bei Bach. Der 1704 geborene Gerlach war bei Bachs Ankunft in Leipzig gut 19 Jahre alt. Die Jahre zwischen dem mutmaßlichen Ende seiner Schulzeit (1723) und seiner Immatrikulation an der Universität (1727) beziehungsweise seinem Amtsantritt an der Neukirche (1729), für die bereits enge Verbindungen zum Thomaskantor dokumentarisch belegt sind, wären als Zeitraum für einen Unterricht durchaus denkbar.

Daß Gerlach diese Zusätze aus seiner Vorlage übernommen hat, zeigt der Lesartenbefund (siehe unten). Warum hingegen seine Abschrift bald nach dem großen Pedalsolo abbricht, bleibt unklar. Daß er den Schwierigkeitsgrad der Toccata erst im Verlauf des Abschreibens als zu hoch für seine eigenen Fertigkeiten erkannte, ist kaum anzunehmen, denn sonst hätte er das bereits äußerst virtuos beginnende Stück nicht in Angriff genommen. Daß ihm selbst nur eine Teilabschrift vorlag, ist ebenfalls unwahrscheinlich. Für die letztgenannte Vermutung scheint zunächst zwar die von Hauser in seinen Katalogen vorgenommene Verzeichnung dieses Werkes zu sprechen: „Autograph bei Br u H. NB nur der Anfang".[66] Allerdings unterliefen der Generation Hausers bei Schreiberidentifizierungen etliche Fehler. Mit diesem vermeintlichen „Autograph" war offenbar die vorliegende Abschrift Gerlachs gemeint.[67]

---

und öfter, als Einhorn mit Buchstaben IMH/IMF oder IME beschriebenen Zeichen).

[65] Gerlachs Abschrift des Orgelchorals zeigt Papier mit den kursiven Buchstaben *A M D G*. Nach Auskunft der Papierhistorischen Sammlungen des Deutschen Buch- und Schriftmuseums der Deutschen Nationalbibliothek Leipzig (Frau Andrea Lothe) gibt es keine Anhaltspunkte für eine Datierung. Im Neukirchen-Notenbestand konnte es bislang nicht nachgewiesen werden.

[66] Katalog Hauser I, S. 63; vgl. NBA IV/5–6 Krit. Bericht (D. Kilian, 1978), S. 173.

[67] Auch Gerlachs Abschrift von BWV 531/1 in Washington wurde im 19. und frühen 20. Jahrhundert noch für ein Autograph gehalten (siehe oben). Andererseits ist gerade bei Bach eine torsohafte autographe Überlieferung bei Orgelwerken keine Seltenheit: D-B, *P 490* (enthält von der Fuge BWV 562/2 nur die ersten 27 Takte), D-B, *P 488* (enthält von der Choralbearbeitung „Wie schön leuchtet der Morgen-

In exakt der gleichen fragmentarischen Form wie Gerlach überliefert die aus dem Besitz von Ambrosius Kühnel und Franz Hauser stammende Abschrift *P 1071* die Toccata BWV 564/1; der Torso steht hier im Kontext weiterer durch Breitkopf überlieferter Bach-Werke.[68] Eine dritte Quelle reiht sich ebenfalls in diese Gruppe ein; es handelt sich um die ebenfalls aus Hausers Besitz stammende Abschrift *P 1103*. Sie überliefert die bei Gerlach und in *P 1071* beobachteten Besonderheiten, weicht sonst aber leicht ab und enthält überdies den ersten Toccaten-Satz vollständig.[69] Es darf angenommen werden, daß Gerlachs Abschrift und *P 1103* unabhängig voneinander auf ein damals in Leipzig zirkulierendes, heute aber verschollenes Autograph zurückgehen. Am stärksten fällt bei dieser Überlieferungsgruppe die so gut wie identische Anreicherung des Notentextes mit Fingersätzen, die Bezeichnung der Handverteilung im rhapsodischen Anfangsteil sowie eine Bereicherung des Notentextes durch Ornamente auf; zudem gibt es in dieser Gruppe singuläre Lesarten, die in keiner der anderen Hauptquellen vorhanden sind, namentlich nicht in denen, nach denen in der NBA und anderen neueren Ausgaben ediert wurde.[70]

Wir haben es hier also mit einem eigenständigen, bislang vernachlässigten Überlieferungsstrang zu tun, dessen Bedeutung erst jetzt mit dem Nachweis erbracht ist, daß seine Vorlage offenbar aus Bachs direktem Leipziger Umfeld stammt. Damit stünden die Abschriften auf einer Stufe mit den bisher als Hauptquellen angesehenen Kopien von der Hand des Thomaners Samuel Gottlieb Heder und des mutmaßlichen Bach-Schülers Johann Peter Kellner. Die beiden letztgenannten Quellen überliefern die Toccata aber gänzlich ohne Anweisungen zur praktischen Ausführung des anspruchsvollen Anfangsteils.

Der fragmentarisch überlieferte fünfstimmige Mittelteil der „Pièce d'Orgue" weist hingegen zu wenige spezifische Lesarten auf, um eine Einordnung in die Quellenfiliation zu ermöglichen. Lediglich der Titel „Piece d'Orgve à 5 avec la Pedalle continue di J. S. B." ist so charakteristisch formuliert, daß sich Bezüge zu anderen Quellen aufdrängen. Da die Quellen zu diesem Werk bezüglich ihrer Titelformulierung voneinander abweichen, ist dieser Befund für die Filiation von Wert. Am ähnlichsten sind der Gerlach-Abschrift die Kopien von Bernhard Christian Kayser (*P 1092*, „Piece d'Orgue à 5. avec La Pedalle continu composée par J. S. Bach") und Johann Christian Westphal

---

stern" BWV 764 nur 28 Takte), D-B, *Mus. ms. 40644* (Möllersche Handschrift, enthält von der Fuge BWV 535/2 nur die Takte 1–65a).

[68] B-Br, *Fétis 7327 C Mus.* (enthält BWV 541/2, 567, 760, 761, 708a, 708, 695/2+1, 808/1, 907, 908, 910 und 914/4). *P 1071* enthält BWV 910, 808/1, 567, 542/2+1, 564/1 (T. 1–47), 907 und 908.

[69] Das Adagio fehlt in *P 1103*, die Fuge ist aber vollständig vorhanden.

[70] D-B, *P 286* (J. P. Kellner) und *P 803* (S. G. Heder); vgl. NBA IV/5–6, S. 495.

(*P 288/III*, „PIECE d'ORGUE â 5. avec le Pedalle continuë. Composée par Monsieur J. S. Bach.").[71] Wenigstens die erstgenannte Abschrift des Köthener Bach-Schülers Kayser dürfte direkt auf das verschollene Autograph zurückgehen. Die sehr ähnliche Formulierung Gerlachs rückt dessen Kopie damit ebenfalls in die Nähe dieses Autographs.

Unvollständige Abschriften aus Gerlachs Notenbibliothek sind nichts Außergewöhnliches. Das zeigt sich über die beiden genannten Quellen hinaus auch an dem Chorsatz „Nun ist das Heil und die Kraft" BWV 50, der immer wieder im Fokus der Bach-Forschung steht.[72] Eine Erklärung für derartige Torsi mag sein, daß der Verlag auch diejenigen Teile von Gerlachs Notensammlung übernommen hat, die nie für die Öffentlichkeit bestimmt waren.[73]

Die um 1730 von Gerlach kopierten Orgelchoräle über „Ich hab mein Sach Gott heimgestellt" BWV 707, 708 und 708a enthalten drei Manualiter-Bearbeitungen, von denen BWV 707 vor 1836 abgespalten wurde und in Leipzig verblieb.[74] Doch die Sammlung war mit zwei weiteren Pedaliter-Orgelchorälen (früher BWV 760 und 761, in der Brüsseler Quelle ohne Zuschreibung) umfangreicher und umfaßte zudem noch „Herr Jesu Christ, dich zu uns wend" BWV 709.[75] Die letztgenannte Choralbearbeitung aus der Breitkopf-Sammlung ist heute verschollen, sie wird in Katalog Hauser I jedoch noch als Autograph Bachs geführt.[76] Ob es sich bei dieser Gruppe um jene „VI. Variirte Choräle für die Orgel und Pedal. a 1 thl. 8 gl"[77] handelte, die Breitkopf in seinem ersten Katalog von 1761 anbot, also gleich nach der Erwerbung der Gerlach-Quellen?[78] Die Zahl der Orgelchoräle in Breitkopfs Handschriftensortiment stieg im Verlauf der folgenden drei Jahre rasch auf 114 an.[79] Die Gerlach-Quellen gehörten offenbar zum Grundstock.[80]

---

[71] NBA IV/7 Krit. Bericht (D. Kilian, 1988), S. 196.

[72] D-B, *P 136*; siehe speziell BJ 1983 (W. H. Scheide), BJ 1994 (K. Hofmann), BJ 2000 (J. Rifkin) und BJ 2001 (W. H. Scheide).

[73] Gerlach starb dem Anschein nach ohne Nachkommen und ohne Leipziger Erben, siehe Schulze Bach-Überlieferung, S. 124.

[74] Katalog Breitkopf & Härtel 1836, S. 55 (vermutlich enthalten in Nr. 1413 „Choralvorspiele 2 [Bogen]").

[75] B-Br, *Fétis 7327 C Mus.*, vgl. LBB 2, S. 249.

[76] Katalog Hauser I, S. 141 (Kobayashi FH, S. 269). Hauser dürfte wie bei BWV 564 ein Fehler bei der Identifizierung unterlaufen sein; der Eintrag zu BWV 709 wurde kanzelliert.

[77] Katalog Breitkopf 1761, S. 35. Oder sind die Schübler-Choräle gemeint, die um 1748/49 gedruckt wurden?

[78] Allerdings erfordern nur einige dieser Orgelchoräle den Gebrauch des Pedals.

[79] Zu diesem Angebot siehe unten.

[80] Bemerkenswert erscheint, daß auch der Nürnberger Organist Leonhard Scholz (1720–1798) eine Abschrift (D-LEb, *Rara Ib, 32*, olim D-Gb, *Ms. Scholz 4.9.2*) anfertigte, die ausnahmslos Orgelchoräle enthält, die durch Krebs und Gerlach an

Ebenfalls zu einer der Brüsseler Breitkopf-Quellen gehören drei von Johann Ludwig Krebs geschriebene Choralbearbeitungen über „Gott der Vater wohn uns bei" (früher BWV 748, wohl von J. G. Walther), „Wir Christenleut" BWV 710 und „Allein Gott in der Höh sein Ehr" BWV 711.[81] Sie stimmen bezüglich Schriftformen[82] und Wasserzeichen vollkommen mit der Brüsseler Gruppe überein und wurden fraglos in einem Zuge auf separaten Einzelbögen niedergeschrieben und von Krebs selbst J. S. Bach zugeschrieben.[83] Daß Krebs damit einige Fehlzuschreibungen zu verantworten hat, zeigt die Bearbeitung von „Gott, der Vater, wohn uns bei", denn auf diese Stammhandschrift gehen dem Anschein nach alle überlieferten Quellen direkt oder indirekt zurück – mit Ausnahme des Autographs von J. G. Walther.[84] Während Gerlach anscheinend selten eigenmächtig Komponistennamen hinzufügte, war Krebs mit Zuschreibungen schnell bei der Hand. Damit hat der – aus heutiger Sicht vermeintlich gut informierte – Bach-Schüler bezüglich der Authentizität von Bachs Orgelchorälen für einige Verwirrung gesorgt.

Bei der in einigen Quellen Krebs zugeschriebenen Bearbeitung von „Wir Christenleut" ist durch die im Staatsarchiv gefundene Abschrift nun hingegen klar, daß es sich nicht um ein Werk von ihm selbst handelt.[85] Die (versehentlich?) auch in dieser Stammhandschrift unterbliebene Wiederholung der ersten cantus-firmus-Zeile bleibt indes problematisch. Krebs schrieb die vollständige Sammlung aber in einem eher flüchtigen Duktus nieder; dabei unterliefen ihm grobe Fehler, wie etwa „Gott, der Vater, wohn uns bei" zeigt. Ein simples Versehen in der Stimmführung der Oberstimme von T. 21 legt die

---

Breitkopf kamen. Scholz dürfte seine heterogene Sammlung mit Tastenmusik folglich ebenfalls anhand von (direkten oder indirekten) Vorlagen aus dem Sortiment Breitkopfs erweitert haben. Der Band enthält BWV 708a, 708, 707, 710 und 711. Die Lesarten weichen nicht nennenswert von denen der Stammhandschriften Breitkopfs ab.

[81] B-Br, *Fétis Nr. 2026/Ms. II 3919*.

[82] Auffällig ist eine leicht zittrige Hand. Insbesondere bei der Balkensetzung führt dies zu einem unregelmäßigen Schriftbild.

[83] Wasserzeichen: a) Wilder Mann mit Baum-Ast, b) GFS in Schrifttafel. Dieses Zeichen kommt in den Quellen zur Neukirchenmusik nicht vor und ist wohl in die Zwickauer und Zeitzer Zeit von Krebs zu datieren (um 1740–1745, nach LBB 2, S. 205–207).

[84] Gemeint sind speziell die Handschriften D-B, *Am. B. 72* und *72a*; hingegen überliefert einzig die von Walthers eigener Hand stammende Quelle NL-DHgm, *4. G. 14* den Orgelchoral unter seinem Namen.

[85] Dies wird durch die (insgesamt Krebs zugewiesene) Sammelhandschrift D-B, *Mus. ms. 12012/6* nahegelegt. In BJ 1966, S. 133 f. (K. Tittel) schlägt bereits das Pendel auf der Basis der Stilkritik für Bach aus, was sich nun auch vom Quellenbefund her bestätigt.

Vermutung nahe,[86] daß Krebs diese Abschrift nicht für den eigenen Gebrauch angefertigt hat. Es ist also davon ausgehen, daß er hier im Auftrag Breitkopfs handelte.[87]

Das sogenannte „Heft G" von Hauser, das die genannten Orgelchoräle enthält, umfaßt im übrigen 14 Orgelchoräle, deren Vorlagen sich ebenfalls im Breitkopf-Archiv befunden haben müssen. Dies waren neben den schon genannten Stücken auch BWV 691 und 693, die aber unter den Stammhandschriften in Brüssel und im Staatsarchiv Leipzig nicht mehr vorhanden sind.[88] Es ergibt sich somit eine von Krebs zusammengestellte 13 beziehungsweise 15 Stücke umfassende Serie von Orgelchorälen:[89]

Numerierte Quellen:[90]
„1." Wer nur den lieben Gott läßt walten BWV 690 (*Fétis 2026*)
„2." Das alte Jahr vergangen ist BWV 614 (*Fétis 2026*)
„5." Ach Gott vom Himmel sieh darein BWV 741 (*Fétis 2026*)
„6." Gott der Vater wohn uns bei (Walther, früher BWV 748, StA-L, *21081/7370*)
„8." Vom Himmel hoch BWV 700 (D-LEb, *Mus. ms. 3*)
„11." Jesu meine Freude BWV 713 mit Choral BWV Anh. 76 (*Fétis 2026*)

Nichtnumerierte Quellen:
In dich hab ich gehoffet, Herr BWV 712 (*Fétis 2026*)
Wo soll ich fliehen hin BWV 694 (*Fétis 2026*)
Wir Christenleut BWV 710 (StA-L, *21081/7370*)
Allein Gott in der Höh sei Ehr BWV 711 (StA-L, *21081/7370*)
Christ lag in Todesbanden BWV 695/1+2 (*Fétis 7327*)

In Hausers „Heft G" enthalten, auf verschollenen Breitkopf-Stammhandschriften basierend:
Wer nur den lieben Gott läßt walten BWV 691
Ach Gott und Herr (Walther, früher BWV 693)

---

[86] Sechzehntel g¹ – a¹ – h¹, siehe NBA IV/10 Krit. Bericht (R. Emans, 2008), S. 366. In der nach Krebs' Vorlage kopierten Abschrift D-B, *P 1116* (Hausers „Heft G") wurde dieser Fehler nachträglich korrigiert.

[87] Ähnliches gilt für die von Krebs selbst auf „d. 23. Dec: 1755" datierte Abschrift der Toccata fis-Moll BWV 910 in B-Br, *Fétis 7327 C Mus*. Dieses sehr frühe Werk des Lehrers schrieb der 42jährige also lange nach seiner Zeit als Schüler Bachs in Leipzig ab. Takt 68 kopiert er dabei zweimal, was ihm vermutlich schnell aufgefallen wäre, wenn er das Werk für sich selbst abgeschrieben oder im Unterricht verwendet hätte.

[88] D-B, *P 1116* enthält BWV 693, 700, 712, 710, 707, 748, 711, 695, 691, 690, 713, 741, 614 und 694.

[89] Zur Frage der Anzahl siehe unten.

[90] Die Numerierungen sind alt; sie stammen vermutlich von einem Mitarbeiter des Verlags.

Auf den Inhalt einer nicht mehr überlieferten Quelle mit „Varirten Chorälen" weist auch der mittlerweile leere Umschlag, der in ein Konvolut von Stammhandschriften zu Sinfonien Johann Christian Bachs (StA-L, *21081/7372*) geraten ist: „Bachs | Varirte Chorӕle | 7 ½ Bogen | No. 102–114 | 13 Chorale".[91] Hier wurde offenbar in typischer Verlagsmanier der Umfang einer dreizehn Stücke umfassenden Sammlung für Verkaufsabschriften hochgerechnet. Wenn man in der Krebs-Sammlung oder in *P 1116* die auf einem Bogen notierten Cantus firmus-Bearbeitungen über „Christ lag in Todesbanden" als einen dreisätzigen Zyklus betrachtet (sie sind auch gemeinsam unter BWV 695 erfaßt) ergibt sich die Anzahl von dreizehn Werken.

Die auf dem Umschlag ebenfalls genannten „Nr. 102–114" beziehen sich auf den gesamten Bestand der von Breitkopf abschriftlich angebotenen Orgelchoräle unter Bachs Namen. Dies wird durch eine mittlerweile verschollene Quelle aus der Stadtbibliothek Danzig bestätigt. Sie trug den aufschlußreichen Titel „Johann Sebast. Bachs Capellmeisters und Musik-Directoris zu Leipzig Variirte und Fugirte Choräle in Einer Sammlung von 114 Stück vor Zwey Claviere und Pedal Leipzig In der Breitkopfischen Musicalischen Officin".[92] Da die ursprüngliche Reihenfolge in dieser Sammlung nicht mehr zu eruieren ist, bleibt die Vermutung, daß die verhältnismäßig kleinen Choralbearbeitungen, die Breitkopf von Krebs erhalten hatte, als Nr. 102–114 am Ende der Sammlung standen und vielleicht in dem alten Umschlag aufbewahrt wurden, bevor die Auktion sie 1836 zerstreute.

Insgesamt bestätigen diese Erkenntnisse die Forschungen von Ernest May.[93] Es handelt sich bei der Zusammenstellung kleinerer Choralbearbeitungen, die von der früheren Bach-Forschung irreführend als „Kirnberger-Sammlung" bezeichnet wurde, in Wirklichkeit um eine genuine Kollektion der Firma Breitkopf. Die Abschriften von Gerlach und Krebs bildeten die älteste Schicht der im Katalog von 1764 genannten großen Sammlung „von 114 variirten u. fugirten Chorälen, für 1 und 2 Claviere und Pedal."[94]

Sucht man nach weiteren Informationen über die Zusammensetzung der Sammlung Bachscher Tastenmusik im ehemaligen Breitkopfschen Verlagsarchiv des 18. und frühen 19. Jahrhunderts, so deuten bislang unbekannte Verkaufsabschriften an, daß von dieser mutmaßlichen Gruppe an Stammhandschriften weit mehr verschollen sein dürfte, als bislang angenommen. Die

---

[91] Im Anschluß an den Titel folgen zahlreiche den Umfang betreffende Korrekturen und Nachträge.

[92] PL-GD, *Mus. ms. 4203/4204*; siehe Katalog Breitkopf 1764, S. 30; vgl. NBA IV/10 Krit. Bericht, S. 186.

[93] E. May, *Breitkopf's Role in the Transmission of J. S. Bach's Organ Chorales*, Diss. Princeton/N. J. 1974; ders., *Eine neue Quelle für J. S. Bachs einzeln überlieferte Orgelchoräle*, BJ 1974, S. 98–103.

[94] Katalog Breitkopf 1764, S. 29–30; siehe Dok III, Nr. 711.

gedruckten Breitkopf-Kataloge geben erstaunlich dürftige Angaben zum Bestand, belegen aber den stetigen Zuwachs:

- Im Katalog 1761 werden unter der Rubrik *Præludia* nur „II. Fantasie, e I. Toccata per il Organo. a 1 thl." angeboten,[95] dann unter *Præludia zu Chorälen* noch „VII. Trio für zwey Claviere und Pedal; mehrentheils über geistliche Lieder. a 2thl." und schließlich unter *Variirte Choräle*: „VI. Variirte Choräle für die Orgel und Pedal. a 1. thl. 8 gl."[96]
- 1764 liegt die Anzahl an Orgelmusik Bachs etwas höher:
  „VIII. Præludia, Toccate, Fantasie und Fugen für die Orgel. 2 thl. 12 gl."
  „Samml. von 114 variirten u. fugirten Chorälen, für 1 und 2 Claviere und Pedal. 16 thl."
  „IV. Trios für 1 und 2 Claviere und Pedal. 16 thl."[97]

Welche Werke hier gemeint waren, ließ sich bislang nicht feststellen. Im Zuge der Katalogisierung altösterreichischer Bach-Quellen hat sich aber in der Bibliothek des Prager Konservatoriums eine diesbezüglich auffällige Quelle angefunden. Sie trägt den Titel *Præludia | Toccaten, Fantasien | und | Fugen | für die Orgel, | von | Herrn Johann Sebast Bach | Capellmeister und Musik-Director in Leipzig ‖ zu finden | in der Breitkopfischen Musikal-. Handlung | in Leipzig*.[98] Es handelt sich bei dieser Abschrift um eine Verkaufsabschrift mit elf Tastenwerken (BWV 910, 808/1, 542/1, 567, 923, 951, 952, 914/4, 542/2, 907 und 908). Die spezifische Einzelsatz-Überlieferung einiger Werke sowie deren Zusammenstellung lassen an eine Kopie nach dem Konvolut B-Br, *7327 C Mus* denken. Drei der in Prag vorhandenen Werke (BWV 923, 951 und 952) sind indes weder in Brüssel noch im Staatsarchiv Leipzig überliefert. In dieser seltenen Gruppierung kommen die drei Werke überhaupt nur in zwei weiteren Abschriften vor, deren Schreiber weder namentlich bekannt noch anderweitig nachgewiesen sind.[99]

---

[95] Katalog Breitkopf 1761, S. 35; siehe Dok III, Nr. 711. Um welche Werke es sich handelte, ist nicht bekannt.

[96] Ebenda.

[97] Katalog Breitkopf 1764, S. 29.

[98] CZ-Pk, *6077*. Quellenbeschreibung siehe C. Blanken, *Die Bach-Quellen in Wien und Alt-Österreich*, Hildesheim 2011 (LBB 10), S. 596. Die Titelformulierung (ohne eine Erwähnung des 1795 in die Firma eingetretenen Mitinhabers Gottfried Christoph Härtel) läßt zweifelsfrei auf eine Datierung vor 1795 schließen. Ein Schreibernachweis zu der sicher um etliches früher anzusetzenden Kopie steht noch aus.

[99] D-B, *P 648* (enthält überdies noch den Beginn der Fuge BWV 944/2) und D-B, *P 1094* (von Hauser 1832 aus dem Nachlaß von J. G. Schicht erworben; siehe Kobayashi FH, S. 100–106, insbesondere S. 103). Beide Quellen wurden von bislang unbekannten Schreibern kopiert: *P 1094* von Anon. Schicht 6 und *P 648* von Anon. U 9 (Nomenklatur nach der Schreiberkartei von Y. Kobayashi in D-LEb). *P 648* bildete die Vorlage für *P 1094* und soll überdies die Mater derjenigen Quellen sein,

Die Prager Abschrift, die in ihren Lesarten der in Brüssel erhaltenen Stammhandschrift folgt und in den drei übrigen Stücken den beiden oben genannten Quellen, bildet zwischen *P 1094, P 648* und den Brüsseler Quellen ein Bindeglied, das Rückschlüsse auf den Bestand an Bach-Quellen im Breitkopf-Archiv um 1764 zuläßt. Wie viel davon aus Gerlachs Besitz stammte, muß mangels vorhandener Stammquellen zu diesen Werken, vorerst offenbleiben. Es bleibt hingegen festzuhalten, daß die Sammlung des Neukirchen-Organisten mit Tastenmusik seines Kollegen sicher weitaus umfangreicher war, als sich bislang abschätzen ließ.

Zwei weitere ältere Handschriften mit Tastenwerken Bachs

Im Gegensatz zu den drei Quellengruppen um Schubart, Gerlach und Krebs, die anhand eindeutiger Schreiberidentifizierungen Bachs Umfeld zuzuordnen sind, handelt es sich beim Schreiber der Fuge in g-Moll BWV 542/2 um einen noch unbekannten Kopisten (StA-L, *21081/7382*). Die breite abschriftliche Überlieferung der freien Tastenmusik Bachs hat dazu geführt, daß gerade Quellen, die sich keinem namentlich bekannten Schreiber zuweisen lassen – oder zumindest keinem bis in die erste Hälfte des 18. Jahrhunderts zurückreichenden Überlieferungsstrang –, in Editionen kaum berücksichtigt werden. Daß es aber in diesem Fall durchaus lohnend ist, auch solche Quellen auf gültige und Bachs Intentionen entsprechende Lesarten hin zu befragen, sei im folgenden dargelegt.

Die vorliegende Abschrift von BWV 542/2 konnte mithilfe der Schreiberkartei von Kobayashi einem als Anonymus Hauser 21 bezeichneten Kopisten zugewiesen werden. Es handelt sich nicht um einen versierten Kopisten, sondern wahrscheinlich eher um einen Organisten, der das Werk für den eigenen Gebrauch abschrieb. Der Kopist ist in weiteren Orgelmusikquellen Bachs nachweisbar: Er schrieb Teile des Orgelbüchleins und die Fuge C-Dur BWV 564/3 ab,[100] also ausschließlich Weimarer Repertoire.[101] Die Handschrift scheint sich

---

die Praeludium mit Fuge BWV 923 und 951 gemeinsam überliefern; bei dem Beginn von BWV 944 in *P 648* wird das verschollene Autograph der Fuge als Vorlage angenommen. Siehe NBA V/9.2 Krit. Bericht (U. Wolf, 2000), S. 247. Diesen Befund zusammengefaßt, läßt *P 648* eine Qualität der Lesarten erkennen, die auf Bachs unmittelbares Umfeld weist.

[100] D-B, *N. Mus. ms. 10117* (fünf Orgelchoräle) und D-B, *P 1102* (Fuge C-Dur BWV 564/2, nicht aber die bereits unter den Gerlachiana besprochene Toccata BWV 564/1).

[101] Alle drei Quellen haben ein sehr schlecht erkennbares Wappen mit schrägen Balken, das sich in der Abschrift der g-Moll-Fuge – jedenfalls einigermaßen sicher – als Großes Schönburg-Wappen identifizieren läßt. Dieses nicht genau lokalisierbare Zeichen fand in Bachschen Originalquellen um 1745–1749 als Doppelpapier Ver-

bereits seit den 1760er Jahren in Breitkopfs Besitz befunden zu haben und als Stammhandschrift verwendet worden zu sein, denn die oben genannte Verkaufsabschrift im Prager Konservatorium, die unter anderem auf Abschriften aus dem 1761 erworbenen Gerlach-Bestand zurückgeht, teilt die Lesarten der neu aufgefundenen Quelle,[102] bevor sie als Stichvorlage für drei Systeme eingerichtet und hinsichtlich ihrer Schlüsselvorzeichnung modernisiert wurde.[103]

Die Stammhandschrift zeigt einige wenige Varianten, die bislang in keiner Ausgabe dokumentiert wurden und die mutmaßlich auf eine frühere Quellenschicht zurückzuführen sind – jedenfalls handelt es sich keinesfalls um Flüchtigkeitsfehler. Das Beispiel dokumentiert nicht nur nochmals die maßgebliche Rolle Breitkopfs für die Überlieferung Bachscher Tastenmusik, sie ermutigt darüber hinaus, die Suche nach der Identität weiterer „Breitkopf-Schreiber" voranzutreiben. Auch die Dokumentation einzelner Kompositionsstadien bleibt gerade bei breit überlieferten Werken – ungeachtet der bereits vorliegenden kritischen Editionen – weiterhin eine lohnende Forschungsaufgabe.

In der Quelle StA-L, *21081/7381* traf der unbekannte Schreiber eine merkwürdige, durch kein nachvollziehbares Prinzip geleitete Auswahl von 22 der insgesamt 30 Inventionen und Sinfonien BWV 772–801. Er beachtete zwar (mit einer Ausnahme) die originale chromatisch aufsteigende Tonartenfolge, wechselte aber zwischen den zwei- und dreistimmigen Stücken ohne erkennbare Regel und ließ dann besonders gegen Ende einige der dreistimmigen Sinfonien aus. Die relativ saubere Abschrift ist augenscheinlich älteren Datums; sie wurde erstmals im nichtthematischen Katalog von 1763 (S. 73) ver-

---

wendung (NBA IX/1, Nr. 72); als einfaches Zeichen kommt es hingegen bei Bach bereits um 1723–1727 und 1731, in Gerlach-Quellen mehrfach um 1730 vor.

[102] Allerdings handelt es sich um die Lesarten im Stadium ante correcturam. Die Textkritik zeigt, daß die neu aufgefundene Breitkopf-Stammhandschrift auf keine der bekannten frühen oder mittleren Abschriften (J. T. Krebs in *P 803*, J. P. Kellner in *P 288*, J. F. Agricola in *P 598*) zurückgeht und auch nichts mit den Fassungen in f-Moll zu tun hat. Der Abschrift *P 1071* (Provenienz Kühnel – Hauser) lag sie in diesem Stadium ebenfalls als Vorlage zugrunde. Vermutlich um 1832 wurde die Stammhandschrift in Vorbereitung des Frühdrucks *Johann Sebastian Bach's noch wenig bekannte Orgelcompositionen* bei Breitkopf & Härtel mit einer weiteren Quelle kollationiert – möglicherweise mit der Abschrift Oleys (*P 1100*), die sich in Hausers Besitz befand. Dieser fügte auf dem Titelblatt einige Bemerkungen ein: „NB Soll schon in Berlin gestochen seyn. Das thut eben nichts, sie passt gut zum Præludium. H[auser]".

[103] Zahlreiche nach alter Art übliche Akzidenzien wurden gestrichen und wiederum andere eingefügt. Durch die Revision sind die ursprünglichen Lesarten zwar nur schwer zu erkennen; sie lassen sich jedoch durch die Prager Verkaufsabschrift und die Abschrift aus Hausers Besitz unschwer rekonstruieren.

zeichnet – irrtümlicherweise unter Drucken[104] – und taucht zudem im handschriftlichen Katalog Breitkopf & Härtels aus dem frühen 19. Jahrhundert auf.[105] Ihr Schreiber konnte bislang nicht identifiziert oder anderweitig nachgewiesen werden.[106] Daß sie als Stammhandschrift im Verlagsarchiv fungierte, darf bezweifelt werden, da sich diese spezifische Werkauswahl sonst nirgends wiederfindet und die Abschrift keine der im Verlag typischen Chiffren aufweist. Gemeinsam mit einem Lesartenverzeichnis der BG bot sie aber den Anlaß, den Gesamtbestand der willkürlich zusammengefügten Quellen im Firmenarchiv Breitkopf & Härtel dem Dritten Jahrgang der BG zuzuordnen (StA-L, *21081/7385*). Ausgewertet wurde die Quelle in dem 1853 von Carl Ferdinand Becker herausgegebenen Band jedoch nicht.

Zwei Verkaufsabschriften mit Vokalwerken Bachs

Eine weitere Verkaufskopie in Partitur hat sich zur Kantate „Widerstehe doch der Sünde" BWV 54 angefunden (StA-L, *21081/7384*). Sie ist eine Schwesterquelle zu der aus dem Breslauer Institut für Schul- und Kirchenmusik stammenden Abschrift (PL-Wu, *RM 5940*)[107] und basiert wie diese auf der heute in Brüssel befindlichen Stammhandschrift von der Hand Johann Gottfried Walthers und Johann Tobias Krebs' d. Ä. (B-Br, *Fétis Nr. 2444/Ms. II 4196*).[108]

Widmen wir uns nun der äußerst spärlich überlieferten Motette „Lobe den Herrn, alle Heiden" BWV 230. Mit der neu aufgefundenen einzigen Stimmenabschrift mit dem Titel „Psalm 117." und „di Sigl: S. Bach" liegt ebenfalls eine Verkaufsabschrift vor (StA-L, *21081/7376*), die aber weitaus mehr Aufmerksamkeit beanspruchen darf als die Verlagskopie von BWV 54. Es handelt sich um vier Singstimmen, die von Kopist Anonymus Breitkopf 52 vermutlich

---

[104] Siehe Dok III, Nr. 706K. Vgl. auch Y. Kobayashi, *On the Identification of Breitkopf's Manuscripts*, in: Bach Perspectives 2, hrsg. von G. B. Stauffer, Lincoln/London 1996, S. 111.

[105] D-B, *Mus. theor. Kat. 423*, Nr. 67–88. Zu diesem, früher auch Kegel zugewiesenen Katalog siehe unten.

[106] Das Wasserzeichen ist typisch für Quellen aus dem Besitz von C. F. Penzel und J. G. Nacke; dort findet es sich meist in Titelblättern (z. B. D-B, *P 1039* und *St 392*).

[107] Auch ihr Schreiber ist derselbe. Von diesem Breitkopf-Kopisten (bislang ohne Schreibersigel) stammt zudem die Partiturabschrift *RM 5941* (BWV 230). Die beiden heute in Warschau befindlichen Quellen gehen auf die Breslauer Sammlung von Johann Theodor Mosewius und auf die von ihm 1823 gegründete Liedertafel oder die 1825 mit Carl von Winterfeld gegründete Singakademie in Breslau zurück.

[108] Vgl. NBA I/18, Krit. Bericht (L. Treitler, A. Dürr, 1967), S. 9 und LBB 2, S. 209 f. Nach dieser Vorlage fertigte Franz Hauser übrigens im November 1832 in Leipzig selbst eine Abschrift an (D-B, *P 1036*).

zu Beginn des 19. Jahrhunderts angefertigt wurden.[109] Die Continuo-Stimme fehlt.

Die Werküberlieferung der Motette ist insgesamt problematisch, da keine Quellen aus der Zeit Bachs erhalten sind und die wenigen Handschriften aus dem 19. Jahrhundert Anzeichen für die Bearbeitung einer ursprünglich lateinischen Vorlage aufweisen.[110] Im Titel des 1821 bei Breitkopf & Härtel erschienenen Erstdrucks heißt es, dieser basiere auf der „Original-Handschrift". Ein solches Autograph ist nicht mehr nachweisbar und hat wohl schon Franz Hauser nicht mehr vorgelegen, als er um 1832/33 eng mit dem Verlag zusammenarbeitete. Andernfalls hätte Hauser es sicherlich in seinen Katalogen vermerkt; stattdessen finden sich etwa im Katalog Hauser I nur Angaben, die dem Frühdruck zu entnehmen waren.[111] Weder das „Original" noch die Stimmenabschrift wurden später für die BG herangezogen.[112]

Die Stimmen gehen in ihren Lesarten insofern über den Druck hinaus, als sie zwei dort nicht enthaltene Verzierungen enthalten und in einigen weiteren Details (Bogensetzung, Notation von Warnungsakzidenzien, Allabreve-Vorzeichnung in Takt 1, Textunterlegung) abweicht.[113] Diese Abweichungen fehlen großenteils auch in der Breslauer (heute Warschauer) Quelle, die ebenfalls als Verkaufsabschrift Breitkopf & Härtels gilt.[114] Der wichtigste Beleg für die Eigenständigkeit von Druck und Stimmenabschrift ist – neben der Datie-

---

[109] Kobayashi, Schreiberkartei (D-LEb). Der Kopist ist auch aus B-Br, *Fétis Nr. 2961/ Ms. II 4091* (BWV 916) bekannt.

[110] Siehe K. Hofmann, *Die Motette „Lobet den Herrn, alle Heiden" (BWV 230). Alte und neue Probleme*, BJ 2000, S. 35–50.

[111] „Ps. 117. Nach Bach's Handschrift", vgl. Kobayashi FH, S. 298. Zum Zeitpunkt des Drucks (um 1821) kann sich diese Stammhandschrift aber noch nicht allzu lange im Verlagsarchiv befunden haben, denn in früheren gedruckten Katalogen des Verlags wird das Werk noch nicht genannt. In einer Neuausgabe der Motetten wird im übrigen darauf hingewiesen, daß der von Friedrich Schneider im selben Jahr beim selben Verlag herausgegebene Frühdruck der Kantate BWV 80 den gleichen Titelzusatz trägt, wobei hier nachweislich die Abschrift J. C. Altnickols die Vorlage für Schneider Edition war (siehe J. S. Bach, *Motetten. Kritische Neuausgabe*, hrsg. von U. Wolf, Stuttgart 2002, Krit. Bericht, S. 11).

[112] Im Vorwort zu BG 39 (F. Wüllner, 1892), S. XXXIX, heißt es zu den Vorlagen für diese Edition: „Weder diese Originalhandschrift noch irgendwelche andere Abschriften dieses Werkes waren aufzutreiben".

[113] Mordent in T. 12 (Alt) auf der vorletzten Note; Sechzehntel-Appoggiatur e^1–f^1 in T. 63 (Alt) vor der letzten Note g^1. Daß diese nicht von einer nachträglichen Einrichtung für eine Aufführung herrühren, liegt in der Natur der Sache: Da es sich um eine Verkaufsabschrift handelt, die seit etwa 200 Jahren im Verlag verblieben ist, wird sie keinerlei Einzeichnungen eines Benutzers aufweisen.

[114] PL-Wu, *RM 5941*, Verkaufsabschrift eines nicht näher bezeichneten Kopisten von Breitkopf & Härtel. Provenienz wie bei BWV 54. Individuelle Fehler in *RM 5941*

rung – eine zwar geringfügige, jedoch auffällige Variante im Notentext der Altstimme in Takt 12.[115] Allerdings scheinen Druck und Abschrift auf eine gemeinsame Vorlage zurückzugehen. Auch wenn derzeit offenbleiben muß, ob diese Vorlage wirklich autograph war, wird angesichts der dürftigen Quellenlage dieser zeitweilig umstrittenen Psalm-Motette jede neu aufgefundene Abschrift unsere Sicht auf die Überlieferung des Werks weiter modifizieren.[116]

Abbildungen 2–7. J. S. Bach, Toccaten in e-Moll BWV 914 und d-Moll (BWV 913). Abschrift des Bach-Schülers Anon. Weimar 1 (J. M. Schubart?), mit zahlreichen autographen Einträgen: fol. 1 r (Titel, Tempobezeichnungen), fol. 1 v (Verzierungen), fol. 2 v (unten: nachgetragener Halbtakt zu T. 91), fol. 3 v (nachgetragene Noten im viertletzten Takt der Seite, Schlußvermerk), fol. 4 r (Titel, Tempobezeichnungen, Verzierungen), fol. 6 r (Tempobezeichnungen, Wendevermerk), fol. 6 v (2 Tempobezeichnungen, Verzierung); StA-L, *21081/7371*

Abbildung 8. Anonym, Kantate „Wer sucht die Pracht". Abschrift von C. G. Gerlach, Tenore, fol. 1 r; StA-L, *21081/7377*

Abbildung 9. J. S. Bach, Toccata C-Dur BWV 564. Abschrift von C. G. Gerlach, fol. 1 r; StA-L, *21081/7369*

---

lassen es ausgeschlossen erscheinen, daß die Stimmen im Staatsarchiv auf die Warschauer Abschrift zurückgehen.

[115] Achtel f^1–g^1 (Stimmen) statt Viertel f^1 (Druck) in Zählzeit 2.

[116] Der Titel der Partiturabschrift in Warschau weist noch eine Auffälligkeit auf: Während die Titelseite den Psalm nach der lateinischen Vulgata (116) zählt, liest der Kopftitel „Psalm 117. à 4 Voci è 4. Stromenti. col Continuo […]". Damit übereinstimmend lautet der Titel des Drucks: „Der 117te Psalm für vier Singstimmen […]". Die Vermutung, daß der Motette eine lateinische Fassung zugrundeliegt, ist auch aus diesem Grund plausibel.

Abbildung 2

Abbildung 3

Abbildung 4

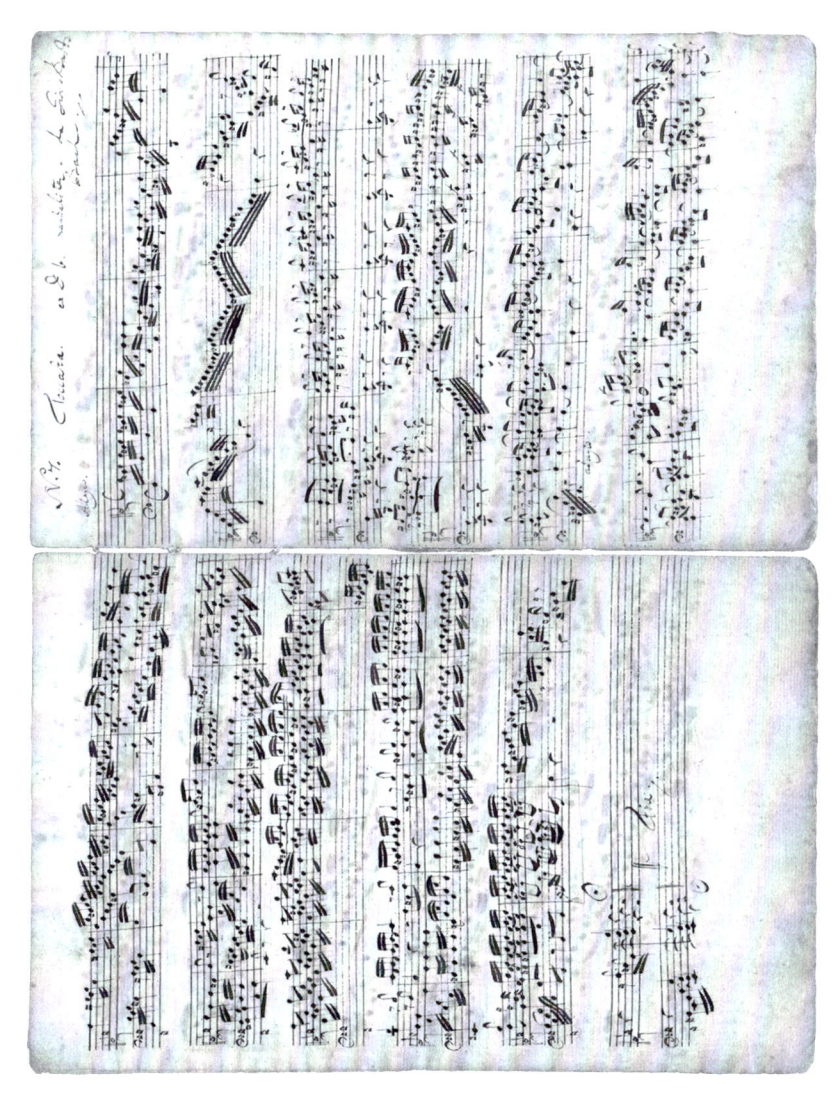

Abbildung 5

Abbildung 6

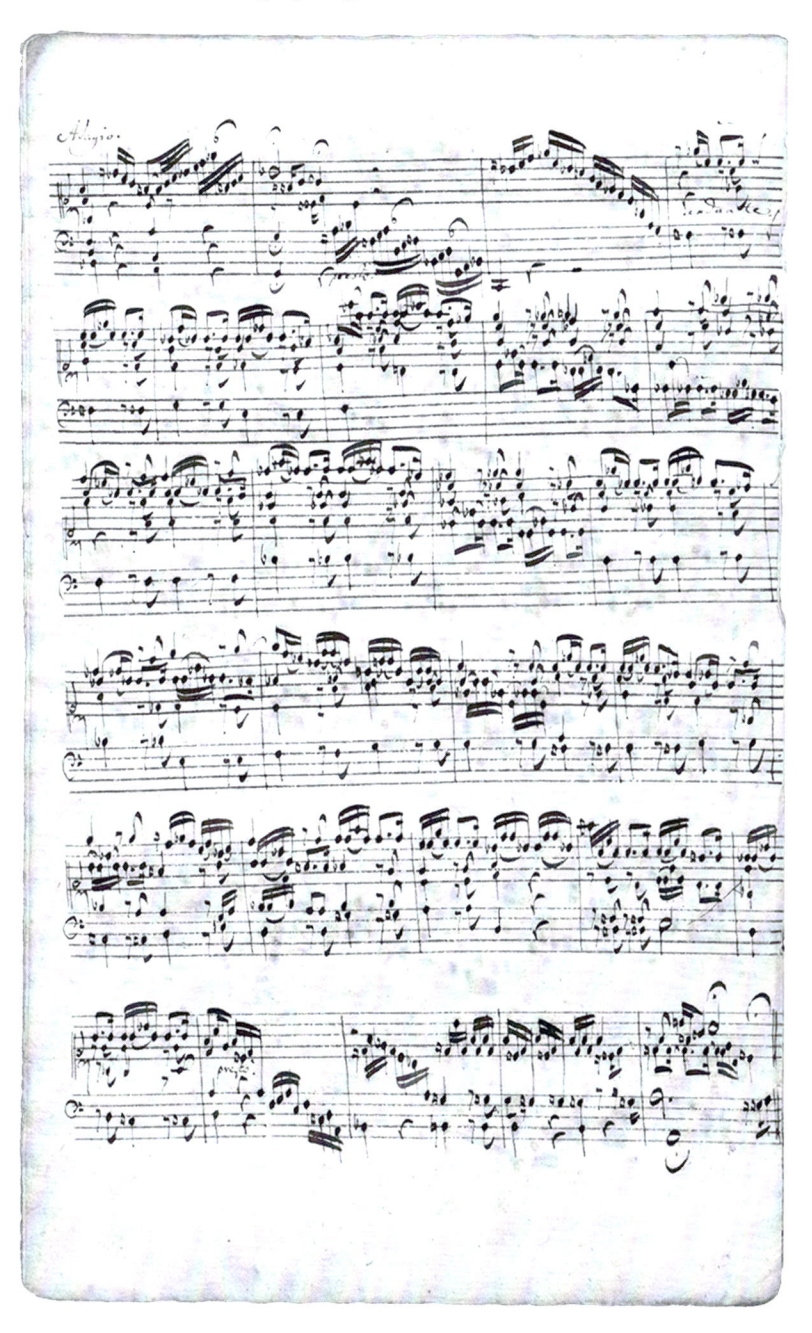

Abbildung 7

116 Christine Blanken

Abbildung 9

Abbildung 8

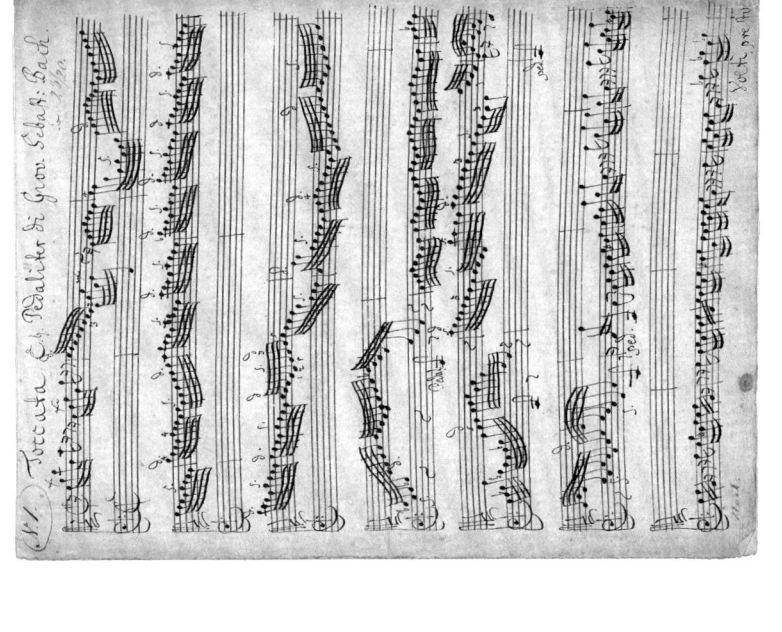

Anhang

Beschreibung der Quellen im Verlagsarchiv Breitkopf & Härtel (StA-L, *21081*)

7369 Orgelwerke J. S. Bachs in Abschriften von C. G. Gerlach

1. Toccata C-Dur BWV 564 (nur T. 1–47, weitere Systeme/Seiten leer)
2 Bogen (31 × 23 cm)
„Toccata C.♮. Pedaliter di Giov. Sebast: Bach." (Kopftitel fol. 1 r; fol. 2 v–4 v leer); Verlagseinträge: „28/20.", „No X." (beide rote Tinte), „N. 1"
Wasserzeichen: a) springendes Einhorn; b) verschlungenes kleines Monogramm (NBA IX/1, Nr. 13, Typ stark abweichend); um 1725
Bemerkungen: Zahlreiche aufführungspraktische Eintragungen: Ornamente, Handverteilung („d" und „s"), Fingersätze; Katalog Breitkopf D-B, *Mus. ms. theor. Kat. 423*,[117] Nr. 91

2. Piece d'Orgue G-Dur BWV 572 (T. 29–81)
Auflagebogen (32 × 30 cm)
„Piece d'Orgve à 5 avec la Pedalle continuo di J. S. B." (Kopftitel fol. 1 v); Verlagseinträge: „25/20", „No. XXXIV." (beide rote Tinte); fol. 1 r leer bis auf einstimmiges Melodienotat von 34 Takten, Schreiber?; fol. 2 r–2 v leer

Wasserzeichen: a) springendes Einhorn; b) verschlungenes kleines Monogramm (NBA IX/1, Nr. 13); 1730–1735? (wie B-Br, *Fétis 7327 C Mus*)
Bemerkungen: Die Abschrift bricht mitten auf der Seite ab

3. Choralvorspiel/Choral „Ich habe mein Sach Gott heimgestellt" BWV 707
Auflagebogen (35 × 21,5 cm)
„Choral. Ich habe meine Sache Gott heimgestellt: a 4. di J. S. Bach." (Kopftitel fol. 1 v)
Wasserzeichen: a) *A M D G*, b) leer; Datierung: wie 2.
Bemerkungen: Einträge von F. Hauser („gestochen[118] H[auser]", Notentext durchgestrichen); daneben mit Tinte: „(In den"[119]; *Kat. 423*, Nr. 22

---

[117] Faszikel 1: *Thematischer Catalog von J. S. Bach's Werken* (Breitkopf-Kopist, um 1831), im folgenden zitiert als *Kat. 423*.
[118] Bezieht sich wie auch die meisten anderen Einträge Hausers auf den Druck *J. S. BACH'S CHORALVORSPIELE für die Orgel*, Leipzig (Breitkopf & Härtel), 1800–1806.
[119] Verlagseintrag, bezieht sich auf den Eintrag Hausers.

118   Christine Blanken

7370 Orgelchoräle J. S. Bachs (bzw. ihm zugeschrieben) in Abschriften von J. L. Krebs

1. „Wir Christenleut" BWV 710, „Allein Gott in der Höh sein Ehr" BWV 711
Auflagebogen (34 × 20,5–21 cm)
„Wir Christenleut p.", rechts: „ a 2. Clav: et Ped: di | J. S. Bach." (Kopftitel fol. 1v);
„Bicinium. Allein Gott in der p" (rechts:) „di | J. S. Bach" (Kopftitel fol. 2v); Verlagseinträge: „b 20/20.", „No. XVI." (beides rote Tinte)
Wasserzeichen: a) Wilder Mann mit Baum-Ast; b) GFS in Schrifttafel; um 1740/45 (wie B-Br, *Fétis Nr. 2026*)
Bemerkungen: Einträge von Hauser und Verweis auf den Druck (wie StA-L, *21081/7369*); Katalog Breitkopf *Kat 423*, Nr. 19 (BWV 711) und 23 (BWV 710)

2. J. G. Walther, Gott der Vater wohn uns bei (früher) BWV 748
Auflagebogen (34 × 20,5–21 cm)
„Choral. Gott der Vater wohn p con Pedal., rechts: J. S. Bach" (Kopftitel fol. 1v); Verlagseintrag: „6. Gott der Vater wohn uns bey"; Wasserzeichen und wie 1.
Bemerkungen: Einträge von Hauser (wie StA-L, *21081/7369*); *Kat. 423*, Nr. 38

7371 J. S. Bachs Toccaten BWV 914, 913 in Abschriften von Anon. Weimar 1[120] (wahrscheinlich J. M. Schubart) mit zahlreichen autographen Einträgen; Erstdruck der Fuge BWV 914/4

1. „Toccata. manualiter. ex E. da Giov: Bast: | Bach." (autographer Kopftitel fol. 1r) BWV 914; „Toccata. ex D♭. manualiter. da Giov Bast | Bach" (autographer Kopftitel fol. 4r) BWV 913
8 Blätter (2 Binionen, 33 × 20,5 cm, Fadenheftung); Verlagseinträge fol. 1r: „N. 7.", „Dies Mscrpt gehört Herrn Hauser."
Wasserzeichen: a) Arnstädter A mit Dreipaß (zwischen Stegen), b) leer, NBA IX/1, Nr. 114, Typ I/II [/III]); Datierung: Weimar, 1708/1709
Bemerkungen: Reinschrift mit vollständiger Revision durch J. S. Bach (sämtliche Kopftitel, die meisten Tempobezeichnungen und Ornamente, einige nachgetragene Noten, Wende- und Schlußvermerke); Einträge des 19. Jahrhundert im Notentext (nur BWV 914/4) beziehen sich auf ein Kollationierung mit dem Erstdruck Breitkopf & Härtel 1826.

2. Erstdruck der Fuge aus Toccata e-Moll BWV 914/4
„FUGUE | Pour le Pianoforte | composée | par | J. S. BACH. | N° 1. Ouvrage posthume | Leipsic. | Chez Breitkopf et Härtel" (Titelblatt), Platten-Nr. 4219, gedruckt für AMZ 28 (1826), Nr. 6 (Beilage)
Bemerkungen: Handschriftliche Einträge (Bleistift) für nachträgliche Kollationierung mit 1.

---

[120] Bezeichnung nach Dürr St bzw. Anonymus M 1 nach NBA IX/3.

7372 Stimmensätze (Stammhandschriften) zu vier Sinfonien von Johann Christian Bach, einer ihm zugeschriebenen Sinfonie und Umschlag zur Kantate BWV 189

1. J. C. Bach Sinfonie F-Dur Warb C 15
„Sinfonia | a | piu Stromenti: ‖ del Sigl: Bach: | Milanese" (Umschlag mit Verlagseinträgen: „No 4. | 7. Bogen", „R[accolta]. I.4", „No I.III." (rote Tinte); 34 × 21 cm; Wasserzeichen: a) leer; b) Lilie, darunter FCB)
Violino Primo: – Violino 1. di. B. – Violino Secondo: – Viola: – Corno Primo: Ex F: – Corno Secondo: Ex F: – Oboe Primo: – Oboe Secondo – Basso: – Basso. Dublette (verschiedene Formate: 34–35,5 × 21,5–22 cm)
verschiedene Wasserzeichen: 1. a) Buchstaben in Schrifttafel (I…W); b) (Rautenkranz?-)Wappen mit Kurhut; 2. a) und b) auffliegender Adler, bekrönt, mit Herzschild, 3. a) gekreuzte Schwerter, bekrönt | LFR im Schriftband, b) leer; 3 unbekannte Schreiber; vor 1766
Bemerkungen: Katalog Breitkopf 1766, Supplement I, S. 2. Druck der Sinfonie erst Amsterdam 1770 (Markordt, op. 8/4)

2. J. C. Bach Ouvertüre B-Dur zur Oper *Zanaida* Warb G 5/1 (Version B)
„Sinfonia ex b. | 2. Corni. in B. | 2. Oboi; | 2. Violini, | Viola. | Basso. | di Sigl: Bach: | [Incipit]" (Umschlag mit Verlagseinträgen: „Spl. [Supplement]. 8." (schwarze Tinte), „3./"; „No I.II." (rote Tinte); 33 × 18,5–19 cm; Wasserzeichen: a) HAI/IAH?; b) auffliegender Adler mit Herzschild, Zepter und Schwert)
Violino. Primo. III – Violino 1.mo – Violino. Secundo. III. – Viola. 3. – Cornu. 1mo: Ex. Eb. 3. – Cornu. Secundo. Ex. Eb III. [rasiert: Violino Secundo.] – Oboe primo. | Sinfonia III. – Oboe Secondo. | Sinfonia III – Basso. 3. (34,5 × 20,5–21 cm)
Wasserzeichen: 1. ES im Kreis mit Zierstück unten, Papiermühle Einsiedel/Böhmen; 2. a) Lilie; b) auffliegender Adler?
3 unbekannte Schreiber (z.T. übereinstimmend mit Schreiber in 1.); vor 1773
Bemerkungen: Katalog Breitkopf 1773, Supplement VIII, S. 4

3. J. C. Bach Sinfonie B-Dur Warb C 17b
„Sinfonia ex b. | 2. Cornu. | 2. Oboi. | 2. Violino. | Viola. | Basso di Sigl: Bach: | [Incipit]" (Umschlag, mit Verlagseinträgen: „Spl. 8."; „1./" (beides schwarze Tinte; auch auf den Stimmen); „No I." (rote Tinte); 32,5 × 19 cm, Wasserzeichen: a) IAH/HAI?; b) auffliegender Adler (Doppeladler?) mit Herzschild, Zepter und Schwert)
Violino. Primo. ‖ di Si: Bach: – Violino Primo. – Violino. Secundo. ‖ di Si: Bach: – Viola – Cornu. 1mo: – Cornu. Secundo. Es. B. – Oboe primo. – Oboe Secondo. – Basso. (links: „Sinfonia.", nicht beziffert, aber mit „Tasto solo"-Einträgen, 34–34,5 × 21–21,5 cm)
Wasserzeichen: 1. ES im Kreis mit Zierstück unten, in der Mitte des Bogens; 2. a) Lilie; b) auffliegender Adler?, wie 2. (Wasserzeichen 2)
3 unbekannte Schreiber (davon 2 Schreiber auch in 2.); vor 1773
Bemerkungen: Katalog Breitkopf 1773, Supplement VIII, S. 4

4. J. C. Bach Ouverture D-Dur zum Pasticcio *La Giulia* Warb G 22/1
„Sinfonia | a | 2. Corni | 2. Oboi | 2. Violini | 2. Violi | Basso || del Sig: Bach | Milanese"
|| [Incipit] (Umschlag Basso mit Verlagseinträgen: „No. 2. | 8 Bogen", „2", „R[accolta].
I.2" (alles schwarze Tinten), „No I.1" (rote Tinte))
Violino 1. – Violino 2. – Viola Prima. – Viola Secunda. – Corno. 1. D. – Corno. 2. D. – Oboe 1. (con Flauto Trav: Satz 2) *– Oboe 2. (con Fauto Trav*: Satz 2) *– Basso* (Satz 1 beziffert) (35,5 × 21 cm)
Wasserzeichen: a) von Zweigen beseitetes und bekröntes Wappen mit gekreuzten Schwertern; b) P. C. LENCK (Papiermühle Niederlößnitz bei Aue, Paul Christoph Lenck, nachweisbar 1779–1785; oder früher (Papiermühle Schwarzach, wo Lenck 1757–1772 Pächter war))
2 unbekannte Schreiber (Schreiber 2 = Anon. Breitkopf 6); vor 1766
Bemerkungen: Katalog Breitkopf 1766, Supplement I, S. 2

5. Umschlag (ehemals Basso-Stimme zu Warb G 22/1, siehe oben, 4.)
„Bachs | Varirte Choræle | 7 [ergänzt mit Bleistift: „1/2"] Bogen | No. 102–114 | 13 Chorale | 26 Seiten | 6 ½ Bog 7 Bogen" (Titel fol. 1r; weitere Verlagseinträge: „2" (Bleistift), „40/20.", „No XV." (beides rote Tinten), 35 × 20 cm), fol. 1v–2v: „Basso" (beziffert)
Schreiber Basso: J. S. Bach XXI (Blechschmidt); Schreiber neuer Titel: Verlag; Wasserzeichen und Datierung: wie 4.
Bemerkungen: Bogen war eingelegt in den Stimmensatz zur Sinfonie Es-Dur Warb YC 48. Zum vermuteten früheren Inhalt des Umschlags siehe S. 102 f.

6. Sinfonie Es-Dur Warb YC 48 (unecht, hier „Bach" zugeschrieben)
„Sinfonia. | [Incipit] | a | Violino. 1. | Violino. 2. | Viola | et | Basso", links: „del Segl. Bach." (Umschlag Basso; Verlagseinträge: „4 Bogen", „Racc: II.5.", „No I.V." (rote Tinte))
Violino. 1. – Violino. 2. – Viola – Basso (34,5 × 20,5 cm)
Wasserzeichen: nicht erkennbar (Doppelpapier); Schreiber unbekannt
Bemerkungen: Katalog Breitkopf 1767, Supplement II, S. 2; das Werk ist in anderen Quellen Joseph Haydn zugeschrieben (Hob. III.Es.10)

7. M. Hoffmann, Kantate „Meine Seele rühmt und preist" BWV 189
„No. 6 8. | in Stimmen 4 Bogen || [Incipit]
Wasserzeichen: a) Wilder Mann mit Baum-Ast auf Ziersockel; b) IGE (Papiermühle Zittau/Mandau Johann Georg Elssner I, nachweisbar 1767–1778)
Bemerkungen: Katalog Breitkopf 1761, S. 10 („Hofmann, M. Organist in Breslau, Cantate: Meine Seele etc. à 1 Violino, 1 Oboe, 1 Flauto, Tenore Solo ed Organo, a 16 gl.")

7373 C. P. E. Bach, Sinfonia F-Dur Wq 175/H 650, Stimmensatz zur Streicherfassung
Violino primo. – Violino Secondo. – Viola. – Basso. (Verlagseinträge: „No. 1. | 4. Bogen", „nom: 1.", „Bach"; 32×24 cm)
Wasserzeichen: LW in der Mitte des Bogens [Gegenzeichen Lilienschild/IESV hier nicht vorhanden] (Papiermühle Niederlungwitz, Papiermacher Johann Eucharius Siegfried Vodel, nachweisbar 1742–1763)
unbekannter Schreiber, vor 1762
Bemerkungen: Katalog Breitkopf 1762, S. 2; Partitur von Wq 175 in StA-L, *21081/7378*

7374 2 Sammlungen mit Stichvorlagen des 19. Jahrhunderts zu freien Orgelwerken J. S. Bachs, meist eingerichtet für den Frühdruck *Johann Sebastian Bach's noch wenig bekannte Orgelcompositionen*, Breitkopf & Härtel [um 1833]

1. Konvolut mit BWV 540/1 und 572 (5 Bogen, 2 unbekannte Schreiber, vor 1833)

S. 1–13 Toccata F-Dur BWV 540/1
„Preludio" (Kopftitel, korr. in „Toccata."); weitere Verlagseinträge: „Gestochen bei Peters. (2263. 2 [= Platten-Nr.])", „drittes Heft No 1 (dahinter 2tes Heft No. 2 und 1tes Heft No 4)"; „No. XI" (rote Tinte)
Bemerkungen: Einige Artikulationsbögen und Warnakzidentien nachträglich gestrichen; Verzierungen, Warnakzidentien, sonstige Akzidentien hinzugefügt. Die kurz zuvor bei C. F. Peters gedruckte Toccata erschien nicht in der oben genannten Marxschen Ausgabe bei Breitkopf & Härtel

S. 14–20 Pièce d'Orgue G-Dur BWV 572 (unvollständig, vermutlich fehlt der letzte Bogen)
„Pièce d'Orgue, composée par Mr. Jean Sebast: Bach." (Kopftitel, korrigiert in: „Fantasie."); weitere Verlagseinträge: „Zweites Heft No 2" (beides rote Tinte)
Bemerkungen: Das Werk erschien nicht in der Marxschen Ausgabe bei Breitkopf & Härtel. *Kat. 423*, Nr. 354 („Mspt besitzt H. Kegel.")

2. Sammelhandschrift mit Stichvorlagen zu BWV 542/1, 550 und 533 (10 Blätter, 2 Schreiber, mit zahlreichen Einträgen von Herausgeber, Verlag und Stecher)

S. 1–6 Fantasia g-Moll BWV 542/1
„Fantasia | di | Giov: Seb: Bach." (Titelseite, gestrichen mit roter Tinte); *Kat. 423*, Nr. 90

S. 7–15 Praeludium (mit Fuge) G-Dur BWV 550
„Preludio e Fuga di Giov: Seb. Bach." (Kopftitel)

S. 16–19 Praeludium und Fuge e-Moll BWV 533
„Praeludium und Fuge. v. J. S. Bach." (Kopftitel); Verlagseintrag: „Herrn Dr. Marx" (rote Tinte); *Kat. 423*, Nr. 343 („Mspt hat H. Kegel")

7375 Zwei Sammlungen mit Tastenmusik von J. S. Bach, meist eingerichtet für den Frühdruck *Johann Sebastian Bach's noch wenig bekannte Orgelcompositionen*, Breitkopf & Härtel [um 1833]

1. Fuge in d BWV 903/2 (keine Stichvorlage)
„J. S. Bach", vor Akkolade: „Fuga chroma | tica." (Kopftitel fol. 1r), Verlagseinträge: „26/20.", „N: 3", „No XIV." (alles rote Tinte); „[gestochen] bey Peters" (schwarze Tinte); Preisangabe: „3.-"
1 Bogen (34,5×21,5 cm)
Wasserzeichen: a) Sächsisches Schrägbalkenwappen; b) KOENIGSTEIN; Schreiber unbekannt; vor 1800
Bemerkungen: Die Quelle enthält auf fol. 2v die Incipits von BWV 903/1 und 846/1; *Kat. 423*, Nr. 66

2. Sammelhandschrift des 19. Jahrhundert mit freien Orgelwerken J. S. Bachs

Wasserzeichen: a) Großer bekrönter Lilienschild | 2 Buchstaben?; b) KIRCHBERG; unbekannter Schreiber, vor 1831
Bemerkungen: Teilweise als Stichvorlagen eingerichtet (BWV 565, 539) für den Frühdruck *Johann Sebastian Bach's noch wenig bekannte Orgelcompositionen*, Breitkopf & Härtel [um 1833]; die übrigen Stücke ohne Einträge im Notentext

S. 1–8 Toccata und Fuge d-Moll BWV 565 (Stichvorlage für Heft III, Nr. 3)
Ursprünglich nur „Adagio", rechts: „S: Bach." als Titel; Verlagseinträge, unter anderem: „Nicht in Kegels Catalogen I & II enthalten", „No XII.", „d. 24 Xbr [18]31" (alles rote Tinten)
Schreiber unbekannt, wie StA-L, *21081/7374*, 2.
Bemerkungen: Zahlreiche Einträge für den Stich

S. 9–14 Praeludium und Fuge in d BWV 539 (Stichvorlage für Heft I, Nr. 3)
„Praeludium | u. | Fuga v. S. Bach" (Titel vor Akkolade); Verlagseinträge: „No 7 (schwarze Tinte); „Ist nicht in Kegel's Catalogen I & II enthalten" (rote Tinte)
Bemerkungen: Zahlreiche Einträge für den Stich
Kat. 423, Nr. 94

S. 15–17 Fuge g-Moll BWV 578
„Fuga. von Joh: Seb: Bach." (Kopftitel); Verlagseinträge: „Nicht in Kegel's Catalog I & II. enthalten"; „Zweites Heft No 4" (alles rote Tinte)
Bemerkungen: Zahlreiche Nachträge im Notentext (Korrekturen, Ergänzungen); die Fuge war bereits 1821 bei Breitkopf & Härtel erschienen (Platten-Nr. 3364)
Kat. 423, Nr. 42

S. 18–24 Praeludium und Fuge C-Dur BWV 545
„Praeludium u. Fuga von Joh: Seb: Bach." (Kopftitel)

S. 25–38 Praeludium und Fuge h-Moll BWV 544
„Praeludium u. Fuge" (Kopftitel); Verlagseinträge: „Siehe Kegel's Catalog No I"; „24 Xbr 1831" (alles rote Tinte); S. 32: „Fuga à 4 V."; S. 37: „24 Xbr 1831" (rote Tinte)

S. 39–59 Praeludium und Fuge e-Moll BWV 548
„Praeludium u. Fuga v. J. S. Bach" (Kopftitel); Verlagseintrag: „Siehe Kegel's Catalog
I. N: 6" (rote Tinte); S. 47: „Fuga à 4 Voci."; S. 49: „24 Xbr 1831" (rote Tinte)
Kat. 423, Nr. 65

S. 60–61 „Choral. | Wir gläuben all' an einen Gott | für die Orgel", Bearb. von BWV 740, alles gestrichen; S. 62 leer

7376 J. S. Bach, Motette „Lobe den Herrn alle Heiden" BWV 230 (Verkaufsabschrift)

Soprano – Alto – Tenore – Basso (Stimmbezeichnungen als Kopftitel, jeweils links: „Psalm 117", rechts: „di Sigl. S Bach"); Verlagseinträge: „No XXVIII" (rote Tinte); „1612" oder „612" (Bleistift); 8 Blätter, 31,5 × 24 cm
Wasserzeichen: Pieter de Vries & Comp.
Schreiber: Anon. Breitkopf 52 (Kobayashi, Schreiberkartei, D-LEb); um 1800
Katalog Breitkopf „Verzeichnis von Kirchenmusik, welche in richtigen und saubern Abschriften auf gutem Papier bey Breitkopf und Härtel in Leipzig zu haben sind."[121] („Psalm 116. Lobet den Herren alle H. C ⸓"); *Kat. 423*, Nr. 173 (aber ohne den in den anderen Nummern üblichen Hinweis auf eine handschriftliche Quelle)

7377 Anonym, Kantate „Wer sucht die Pracht" (früher) BWV 221 (Stammhandschrift)

„~~No.~~ 10. | in Stimmen 11 ½ Bogen. || [Incipit]" (Umschlag Verlag, weitere Verlagseinträge: „nom. 11.", „3/20.", „No XXX" (alles rote Tinte); Wasserzeichen: a) IGE; b) Wilder Mann mit Baum-Ast auf Sockel, darin senkrechte Balken; Papiermühle Zittau/ Mandau Johann Georg Elssner I, nachgewiesen 1767–1778)
„Cantata. | Wer sucht die Pracht, pp | a | Violino Concerto | due Violini | Viola | Fagotto obligato | Tenore | Basso | con | Cembalo." (Umschlag Violoncello, C. G. Gerlach)
Tenore – Basso – Violino Concerto – Violino | Primo – Violino | Secondo – Viola – Bassono obligato – Organo (Ganzton tiefer, fast unbeziffert) – *Violoncello* (verschiedene Formate: 32,5–35 × 20,5–21,5 cm)
Wasserzeichen: 1. a) Posthorn an Schnur mit Kurhut; b) ZVMILIKAV (NBA IX/1, Nr. 91, in Originalquellen Bachs von 1729–1735 nachgewiesen); 2. Wappen von Schönburg? (Doppelpapier, schwer erkennbar (NBA IX/1, Nr. 72, Typ II[122]); 3. a) 2 Buchstaben: HR (verschmolzen, nicht doppelstrichig); b) kleiner auffliegender Doppeladler mit Kurhut und Herzschild, Zepter und Schwert
Schreiber: Carl Gotthelf Gerlach, 1730–1735
Bemerkungen: Die Violinstimmen enthalten Strichangaben. Nachweise: Katalog Breitkopf 1761, S. 11 („*Anonymo* […] Cantate: Wer sucht die Pracht […]"; „Verzeichnis von Kirchenmusik, welche in richtigen und saubern Abschriften […]" („Bach, J. Seb. […] Wer sucht die Pr."); *Kat. 423*, Nr. 171

---

[121] Nicht datiert (um 1809–1812), Exemplar beigeheftet in D-LEm, *Z 199*.
[122] Ähnlich NBA IX/1, Abbildungen S. 67 (aus D-B, *St 76*, dat. 1731).

7378 Kammermusik von C. P. E. Bach sowie „Bach"/„Graun" (Stammhandschriften in Partitur)

1. C. P. E. Bach, Trio B-Dur Wq 158/H 584
„Trio a 2 Violini e Bass.", rechts: „dal Sign. [Nachtrag: „C. P. E."] Bach." (Kopftitel fol.1r); Verlagseinträge: „No.1" (rote Tinte, gestrichen), „N. 5. unter Flauto Trio", „No 5", „Schneider" (alles schwarze Tinten), „No XXXVI." (rote Tinte); 4 Bogen, 18,5×23 cm)
Wasserzeichen: a) K; b) P (Papiermühle Penig/Sachsen, Papiermacher Christian Gerhard Keferstein, nachgewiesen 1741–1775)
unbekannter Schreiber, wie D-B, *P 367* (Wq 149); um 1760
Bemerkungen: Korrekturen im Notentext (Tinte, Bleistift, Rötel). Stimmensatz in StA-L, *21081/7379*. Die Partitur gehört zu einem Konvolut, das sich in D-B, *P 167* befindet und Stammhandschriften Breitkopfs mit Trios verschiedener Besetzungen enthält; Katalog Breitkopf 1763, S. 92

2. C. P. E. Bach, Sinfonia F-Dur Wq 175/H 650 (Streicherfassung)
„Sinfonia", rechts: „del Sigl. C. P. E. Bach." (Kopftitel fol.1r); Verlagseinträge: „R. 1." (braune Tinte), ergänzt um „no 1"; fol. 6v leer; 3 Bogen, 18,5×23 cm
Wasserzeichen: siehe 1.; Schreiber Leipzig 2 (GraunWV, Bd. 2, S. 289); um 1760
Bemerkungen: Stimmensatz zu dieser Sinfonia in StA-L, *21081/7373*. Katalog Breitkopf 1762, S. 2

3. C. P. E. Bach, Sinfonia D-Dur Wq 176/H 651 (Streicherfassung)
„Sinfonia.", rechts: „di Bach." (Kopftitel fol.1r); Verlagseinträge: „No: 5 | 4. Bogen", „R.1", ergänzt um: „No. 5" (alles dunkle Tinte), „No XXXXVII." (rote Tinte); fol. 8v leer; 6 Bogen, 18,5×22,5–23 cm
Wasserzeichen: siehe 1.; Schreiber unbekannt; um 1760
Katalog Breitkopf 1762, S. 2

4. „Graun"/„Bach"?, Sinfonia C-Dur GraunWV D:XII:94
„Sinfonia di Bach." (Kopftitel fol.1r; Name gestrichen); Verlagseinträge: „No. 2 | 4. Bogen.", „R.1", daneben ergänzt um: „no. 2"; „No XXXXVIII." (rote Tinte); fol. 8v leer; 8 Blätter, 18,5×22,5 cm
Wasserzeichen: siehe 1.; unbekannter Schreiber; um 1760
Bemerkungen: Die einzige Konkordanzquelle weist das Werk – als Nachtrag von anderer Hand – Graun zu (GraunWV, Bd.1, S. 848); Katalog Breitkopf 1762, S. 2; Y. Kobayashi, *Breitkopf Attributions and Research on the Bach Family*, in: Bach Perspectives 2, S. 53–63, S. 63

7379 Kammermusik von C. P. E. Bach (Stammhandschriften in Stimmensätzen)

1. Sinfonie e-Moll Wq 177/H 652
„SINFONIA. | a | Violino Primo | Violino Secondo | Violetta | e | Fondamento | di Bach. [Incipit]" (Umschlag Basso, Verlagseinträge: „nom: 9. gedruckt." (schwarze Tinte), „No I.IV." (rote Tinte))

Violino Primo – Violino Secondo – Violetta – Basso (beziffert; Eintrag „Sinfonia" in jeder Stimme; 8 Bogen, 35 × 23 cm)
Wasserzeichen: a) bekrönter Adler (schlesischer Adler), darüber Schriftband (Buchstaben nicht erkennbar); b) G (spiegelverkehrt); in der Mitte des Bogens: CAMMERPAPPIER (Papiermühle in Giersdorf/Schlesien)
Schreiber Leipzig 1 (nach GraunWV, Bd. 2, S. 288), um 1760
Katalog Breitkopf 1761, S. 25 (Druck Nürnberg 1759)

2. Trio B-Dur Wq 158/H 584
„Trio | à | 2 Violini | & | Bass. ‖ di Sigl. [Nachtrag „C. P. E."] Bach" (Umschlag Violine 1, weitere Verlagseinträge: „49/20.", „No XXXVII." (beides rote Tinte))
Violine 1 – Violine 2 – Basso (keine Stimmbezeichnungen oder Titel, 6 Blätter, 34,5 × 21 cm
Wasserzeichen: Wappen von Schönburg? (schwer erkennbar, Doppelpapier)
3 ungeübte Schreiber, um 1760
Bemerkungen: Von der Partitur in StA-L, *21081/7378* abweichende Lesarten; Katalog Breitkopf 1763, S. 92

7380 W. F. Bach, Kammer- und Claviermusik in Verkaufsabschriften

1. Trio B-Dur Fk 50/BR WFB B 16 (Stimmensatz der Streicherfassung)
„Trio | a | 2 Violini | e | Basso. ‖ dal Sigr: F. W. Bach. | [Incipit]" (Titelseite Basso, fol. 1r; Verlagseinträge: „48/20.", „No XXXVIII." (rote Tinten)
Violino 1mo. – Violino 2do. – Basso (jeweils Auflagebogen, 33,5 × 20 cm)
Wasserzeichen: a) IGE; b) Wilder Mann mit Baum-Ast auf Bodenstück (Papiermühle Zittau/Mandau, Papiermacher Johann Georg Elssner I, nachweisbar 1767–1778)
Schreiber: Breitkopf-Kopist Anon. J. S. Bach XV (Blechschmidt); um 1760
Bemerkungen: Um 1760 gab es eine Aufführung durch C. F. Penzel, J. Schneider und W. F. Bach im Hause von J. G. I. Breitkopf in Leipzig (Brief von W. F. Bach an Breitkopf, 27. 5. 1774; vgl. Schulze Bach-Überlieferung, S. 22); weitere Quellen zu dieser Fassung verschollen. Katalog Breitkopf 1762, S. 58

2. Fuge c-Moll Fk 32/BR WFB A 8
„Fuga en C b | von | Willhelm Friedemann Bach." (Titelseite fol. 1r); Verlagseintrag: „47/20." (rote Tinte); 5 Blätter, 24 × 32 cm, fol. 4–5 leer
Wasserzeichen: a) KIRCHBERG; b) bekrönter Lilienschild
Schreiber: professioneller Breitkopf-Kopist; ca. Ende 18. Jahrhundert
Katalog Breitkopf: „Verzeichnis von Kirchenmusik, welche in richtigen und saubern Abschriften […]" („Bach, Friedem. Fuge in Cb")

7381 J. S. Bach, 22 Inventionen und Sinfonien BWV 772–779, 781–794 (Stammhandschrift)

„Del Signeur | J. S. Bach" (Kopftitel vor Akkolade); einige Verlagseinträge, die sich unter anderem auf den Frühdruck beziehen;[123] 12 Blätter, 34 × 21 cm
Wasserzeichen: a) AD; b) gekröntes Kursivmonogramm
unbekannter Schreiber, vor 1763
Bemerkungen: BWV 772 (Kopftitel „Inventio Primo"), BWV 787, 788, 790, 775, 789, 774, 773, 776, 791, 778, 793, 777, 792, 794, 779, 782, 781, 784, 783, 785, 786 (Kopftitel jeweils „Inventio", gefolgt von fortlaufender lateinischer Numerierung; Schlußvermerk „Il fine"); Katalog Breitkopf 1763, S. 73,[124] *Kat. 423*, Nr. 67–88

7382 Fuge g-Moll BWV 542/2 (Stichvorlage für Heft III, Nr. 2)

„Fuga | ex G. moll. || [unten rechts:] del Sig. Bach." (Titelblatt, fol. 1r); Verlagseinträge: „No. 5."; „NB Soll schon in Berlin gestochen seyn. | Das thut eben nichts, sie passt gut | zum Præludium. H"[auser]; „No 2. 1tes Heft" (Rötel); „33/20."; „No. 1" (eingekreist, beides rote Tinte, „No. 1" mit Rötel gestrichen); „Erstes Heft No 2" (rote Tinte); 4 Blätter 34 × 21 cm
Wasserzeichen: a) und b) sehr große Wappen (Wappen von Schönburg?)
Schreiber: unbekannt, 1. Hälfte 18. Jahrhundert (Umfeld J. S. Bachs?)
Bemerkungen: fol. 4v enthält Inhalt von fol. 3v: T. 89–107 war offenbar zunächst mit Fehlern abgeschrieben worden, (z. B. der Beginn von T. 91 findet sich auf fol. 4v irrigerweise doppelt). Kollationierung der Quelle mit anderer Abschrift; zahlreiche Einträge im Notentext für den Stich. Der Notentext ist durch starken Tintenfraß betroffen. *Kat. 423*, Nr. 92

7383 Konvolut mit Tastenmusik J. S. Bachs, meist eingerichtet für den Frühdruck *Johann Sebastian Bach's noch wenig bekannte Orgelcompositionen*, Breitkopf & Härtel [um 1833]

1. Praeludium und Fuge D-Dur BWV 532 (Stichvorlage für Heft II, Nr. 2)
„Praeludium." (Kopftitel fol. 1r); Verlagseinträge: „No 9.", „No. 5." (beides dunkle Tinten), „No 6.", „Ist nicht in Kegel's Catalogen I & II" (beides rote Tinten); „N V" (Eintrag abgerissen); „[…] 1832" (rote Tinte, Datum davor abgerissen), zahlreiche weitere Einträge für den Stich; 2 Bogen
Ohne Wasserzeichen; Schreiber unbekannt, vor 1832

---

[123] *XV INVENTIONS Pour le Clavecin* […] *chez Hoffmeister & Comp. à Leipsic, au Bureau de Musique*, Cahier 1 der *Oeuvres complettes*, 1801 (BWV 772–786).

[124] Irrtümlich im Katalog der Drucke vermerkt in der Rubrik „5. Größere Stücke für das Clavecimbel an Parthien, Suiten, Piecen, Concerten, Sinfonien und dergl. Samml.", siehe Dok III, Nr. 705.

2. Prélude g-Moll aus der Englischen Suite Nr. 3 BWV 808/1
„Prelude del J. S. Bach p. le Clavecin." (Kopftitel fol. 1r); Verlagseinträge: „bey Peters gestochen" (Bleistift); „No. VII" (rote Tinte); 1 Bogen
Kein Wasserzeichen (nur Steglinien); Schreiber: Breitkopf-Kopist (wie D-B, *Kat. 423*)
Bemerkungen: Verkaufsabschrift nach Vorlage B-Br, *Fétis 7327 C Mus*, Faszikel 5

3. Praeludium und Fuge h-Moll BWV 544 und Fuge e-Moll BWV Anh. 94
„Praeludium et Fuga | in H moll | pro Organo pleno cum Pedale oblig. | di | Joh. Seb. Bach." (Titelseite); Verlagseinträge: „22/20.", „No. VIII." (beides rote Tinte); 10 Blätter), fol. 8 v „Fuga. a. 3 Voc:" BWV Anh. 94 (anon.), Verlagseinträge, fol. 9 v–10 leer
Wasserzeichen: bekrönter Lilienschild | PDV & Cº; b) Pieter de Vries | & | Comp
Schreiber: unbekannter Schreiber; um 1820
Kat. 423, Nr. 63 (BWV 544) und Nr. 64 (BWV Anh. 94)

4. Praeludium a-Moll BWV 569 (Stichvorlage für Heft I, Nr. 1)
„Préludio | in Organo pleno | a 2 Clav. con Fuga | del | J. S. Bach." (Titelseite); Verlagseinträge: „Nº 3." (Tinte), „No IX." (rote Tinte) und weitere Einträge für den Stich; 2 Bogen
Wasserzeichen: kein Wasserzeichen (nur Steglinien); Schreiber: Anon. Breitkopf 45 (Kobayashi, Schreiberkartei, D-LEb)
Kat. 423, Nr. 336

7384 J. S. Bach, Kantate „Widerstehe doch der Sünde" BWV 54 (Verkaufsabschrift)

„Cantata di J. S. Bach." (Kopftitel fol. 1r; 4 Bogen 24 × 31,5 cm)
Wasserzeichen: a) FLM (am unteren Rand), b) leer
Schreiber: Breitkopf-Kopist, wie PL-Wu, *RM 5941* (BWV 230); Ende 18. Jahrhundert
Bemerkungen: Vorlage war die Breitkopf-Stammhandschrift B-Br, *Ms. II 4196* (*Fétis Nr. 2444*); Katalog Breitkopf: „Verzeichnis von Kirchenmusik, welche in richtigen und saubern Abschriften […]" („Widerstehe doch d. S.")

7385 Lesartenvergleich Inventionen und Sinfonien

„Die Inventionen u. 15 Sinfonien | von | J. S. Bach. | Differenzen der Ausgabe der Bachgesellschaft mit | der auf der königl. Bibliothek zu Berlin befindlichen | Autographe […]" (Titel; 4 Blätter; unbekannter Schreiber, Nachträge von W. Rust und Nachträge mit Bleistift von einer weiteren Hand)
Bemerkungen: Zum 3. Jahrgang der BG (Hrsg. C. F. Becker, 1853) gehöriger Faszikel (für den gedruckten „Nachtrage zum dritten Jahrgang")

7386 1. Einzelner Zettel mit der Aufschrift „Hauser, d 3 Jan 1833."
Es folgt eine Liste mit (vermutlich an Hauser entliehenen) Katalogen:
„Sebast. Bachs, themat. Catalog N. 1–373. [= D-B, *Mus. ms. theor. Kat. 423*, Faszikel 1: S. 1–29]
Supplement in quehr fol (Marx) [= D-B, *Mus. ms. theor. Kat. 423*, Faszikel 2: S. 31]
d°. in 4° v Schuster [= D-DS]
d°. in fol Kegel [= D-B, *Mus. ms. theor. Kat. 467*]
d°. 12 Bogen do [= D-B, *Mus. ms. theor. Kat. 424*?] ǁ Toccaten, Fugen, Choräle etc ǀ No. 2.3.4.5.7.8.9.10.11.12.13. ǀ 15.16.17.19.20.21. roth N[omerirt] ǀ Ohne früher mitgenommene Mspte" (unbekannter Schreiber, Verlag). Der Zettel (Wasserzeichen: Posthorn an Schnur) stammt aus einem Rechnungsbuch von 1828

2. Sehr großer Bogen festes Packpapier, mehrfach gefaltet, mit der Aufschrift: „Gedruckte Sebastian ǀ Bachsche Compositionen ǀ die noch ungedruckten sind nicht ǀ von Sebastian ǀ Hauser" (F. Hauser). Hierin waren offenbar jene Quellen eingeschlagen, die bereits gedruckt vorlagen. Datierung: ca. 1832–1835

7387 Sammelhandschrift (7 Blätter, 37 × 22,5 cm), Besitzer und teilweise auch Komponist (?): J. A. Gast 1777
Enthält Tastenmusik von Johann Andreas Gast, „Graun" und ein Clavierwerk „Allegro di Bach ex C ♯"
Hauser-Kat I, S. 45 („ebenfalls Br. u. H"; „zuverlaessig nicht von Sebastian"), Kobayashi FH, S. 229; Konkordanzen in Sammelhandschriften CZ-Pu, *59 R 3876* und D-Mbs, *Mus. ms. 12608* (beide anonym)
Schlußvermerk der Sammelhandschrift: „Fine. d. 14. May 1777."

7388 W. F. Bach, Sinfonie B-Dur Fk 71/BR WFB C 5 (Stammhandschrift)

Violino Primo. – Violino Secondo. – Viola. – Basso (kein Umschlag überliefert; Stimmentitel jeweils mit „Sinfonia" links und „d. S. Bach." rechts, Verlagseinträge: „Organ. in Halla" (in Violine 1 unter „S. Bach."); „4. Bg.", „N. 6."; 4 Blätter, 35,5 × 20,5 cm
Wasserzeichen: a) kleines von Zweigen beseitetes und bekröntes Wappen mit gekreuzten Schwertern; b) P. C. LENCK (wie StA-L, *21081/7372*: Warb G 22/1)
Schreiber unbekannt, vor 1762
Bemerkungen: Die Blätter befanden sich im Stimmensatz zur Sinfonie Warb G 5 von J. Christian Bach (StA-L, *21081/7372*). Die einzige weitere bislang nachgewiesene Quelle zu diesem Werk ist verschollen (Abschrift von J. F. Hering). Katalog Breitkopf 1762, S. 2 (irrtümlich C. P. E. Bach zugeschrieben), Katalog Breitkopf 1764, S. 44 („Bach, F. W. Organista in Hala. I Sinfonia. 8 gl.")

Eine unbekannte Bach-Handschrift und andere Quellen zur Leipziger Musikgeschichte in Weißenfels*

Von Peter Wollny (Leipzig)

Mit der Entdeckung von zwei Bach-Handschriften in der Musiksammlung der Johanniskirche zu Mügeln rückte im Jahr 2010 das unübersichtliche Terrain der peripheren Bach-Überlieferung erneut ins Blickfeld der Forschung. Wie sich wieder einmal gezeigt hat, wurden zuweilen auch erstrangige Quellen abseits der altbekannten Pfade tradiert. Der Fund bestärkte die Hoffnung, daß auch in anderen mitteldeutschen Sammlungen noch weitere unerkannte Bach-Autographe oder zumindest Repertoirebelege aus der unmittelbaren Umgebung des Komponisten schlummern könnten. Als besonders vielversprechendes Untersuchungsgebiet durfte dabei die Musiksammlung der ehemaligen Ephoralbibliothek zu Weißenfels gelten, die das alte Kantoreirepertoire der Weißenfelser St. Marienkirche enthält. Im Jahr 2005 übernahm das Heinrich-Schütz-Haus die insgesamt rund 350 handschriftlichen Musikalien als Dauerleihgabe der evangelischen Kirchengemeinde, um sie sachgemäß zu archivieren, der Forschung zugänglich zu machen und für die Musikpraxis zu erschließen.[1]

Die Weißenfelser Sammlung war der Forschung auch schon früher aufgefallen. Bereits 1911 hatte Arno Werner in seinem Buch über die Weißenfelser Musikgeschichte auf den Bestand aufmerksam gemacht und eine erste, wenngleich äußerst knappe Übersicht veröffentlicht.[2] Mit der exakten Katalogisierung Mitte der 1990er Jahre im Rahmen von RISM A/II zeichneten sich deutlichere Konturen des Repertoires ab: Wie bei vielen anderen historischen Sammlungen Mitteldeutschlands stammt der überwiegende Teil der Handschriften aus dem letzten Drittel des 18. und den ersten beiden Jahrzehnten des 19. Jahrhunderts, während die Zeit vor 1760 nur mit vergleichsweise wenigen Werken repräsentiert ist. Eine Zusammenfassung des seinerzeit aktuellen Wissensstands gab Henrike Rucker in einem 2007 veröffentlichten Vortrag; hier findet

---

* In memoriam Kirsten Beißwenger (1960–2013) und Yoshitake Kobayashi (1942 bis 2013).

[1] Dieser Beitrag entstand im Zusammenhang mit dem von der Gerda Henkel Stiftung geförderten Forschungsprojekt „Bachs Thomaner". Mein besonderer Dank gilt Frau Henrike Rucker, der Geschäftsführerin des Heinrich-Schütz-Hauses Weißenfels, die mir den Zugang zu den Weißenfelser Handschriften ermöglicht und meine Arbeiten freundschaftlich unterstützt hat.

[2] A. Werner, *Städtische und fürstliche Musikpflege in Weissenfels bis zum Ende des 18. Jahrhunderts*, Leipzig 1911, S. 19 f.

sich auch – basierend auf einer Mitteilung von Hans-Joachim Schulze – ein Hinweis auf einen von dem Leipziger Neukirchenorganisten Carl Gotthelf Gerlach geschriebenen Stimmensatz und damit ein erster konkreter Beleg für die Vermutung, daß Teile des Repertoires aus Leipzig stammen könnten.[3] Da mit Carl Ludwig Traugott Gläser (1747–1797) und Carl Heinrich Reinicke (1766–1798) zwischen 1771 und 1798 nacheinander zwei ehemalige Thomaner das Amt des Weißenfelser Stadtkantors bekleideten, bestanden in den letzten drei Jahrzehnten des 18. Jahrhunderts auch direkte personelle Verbindungen zwischen den beiden Städten und ihren musikalischen Institutionen. Ein 1992 von Hans-Joachim Schulze vorgestelltes Faszikel von Weißenfelser Kantatentextdrucken aus den 1730er Jahren lieferte zudem Hinweise für die Annahme, daß die Verbindungen der Weißenfelser Stadtkantoren in die nahe gelegene Messestadt Leipzig noch viel weiter zurückreichten und daß die greifbaren Indizien hierfür vermutlich nur die sprichwörtliche Spitze des Eisbergs darstellen.[4] Eine systematische Durchforstung des Musikalienbestands erschien somit wünschenswert. Die Ergebnisse dieser Untersuchung werden im folgenden vorgestellt.

I.

Unter den zahlreichen Anonyma der Weißenfelser Sammlung beansprucht zunächst die Abschrift einer aus Kyrie und Gloria bestehenden Messe im stile antico (D-WFe, *191*) unsere Aufmerksamkeit. Es handelt sich um ein offenbar vollständig erhaltenes Konvolut von insgesamt 13 Einzelstimmen, die teils von Johann Sebastian Bach, teils von Kopistenhand geschrieben sind (siehe Abbildung 1 und 2). Verschollen ist lediglich ein Umschlag; er fehlte jedoch offenbar bereits, als die Stimmen nach Weißenfels kamen. Ein Hinweis auf das Weißenfelser Inventar und die zugehörige Nummer („*Inventarium*", „*29*") finden sich auf der ersten Seite der Orgelstimme, die mithin vermutlich als

---

[3] H. Rucker, *Weißenfels – Städtische Musikpflege im Schatten eines Musenhofes*, in: Musikkultur in Sachsen-Anhalt seit dem 16. Jahrhundert. Protokoll der wissenschaftlichen Tagung zur regionalen Musikgeschichte am 16. und 17. September 2005 in Salzwedel, hrsg. von K. Eberl-Ruf, C. Lange und A. Schneider, Halle 2007 (Beiträge zur Regional- und Landeskultur Sachsen-Anhalts. 42.), S. 184–194, speziell S. 187–190.

[4] H.-J. Schulze, *Musikaufführungen in der Weißenfelser Stadtkirche von 1732 bis 1736*, in: Weißenfels als Ort literarischer und künstlerischer Kultur im Barockzeitalter. Vorträge eines interdisziplinären Kolloquiums vom 8. bis 10. Oktober 1992 in Weißenfels, hrsg. von R. Jacobsen, Amsterdam 1994 (Chloe. Beihefte zum Daphnis. 18.), S. 121–131. – Beziehungen von Leipziger Musikern zu Mitgliedern der Weißenfelser Hofkapelle sind seit dem späten 17. Jahrhundert vielfach dokumentiert.

Ersatzumschlag diente. Die Blätter weisen durchweg das übliche Folioformat (ca. 34 × 20,5 cm) auf und lassen als Wasserzeichen einheitlich das Wappen von Schönburg (Weiß 72, Doppelpapier) erkennen. Die folgende Aufstellung vermittelt eine Übersicht der vorhandenen Stimmen:

	Stimmenbezeichnung	notierte Tonart	Umfang	Schreiber
1.	CANTO	F	1 Bg.	Kopist (Revision: JSB)
2.	ALTO	F	1 Bg.	” ”
3.	TENORE	F	1 Bg.	” ”
4.	BASSO	F	1 Bg.	” ”
5.	Hautbois 1 ô Violino 1	G	1 Bl.	JSB
6.	Hautbois 2 ô Violino 2	G	1 Bl.	”
7.	Taille ô Viola	G	1 Bl.	”
8.	Continuo (unbeziffert)	G	1 Bl.	”
9.	Cornetto (aus: Trombona 1)	F	1 Bl.	Kopist (Rev. JSB)
10.	Trombona 1 (aus: Trombona 2)	F	1 Bl.	” ”
11.	Trombona 2 (aus: Trombona 3)	F	1 Bl.	” ”
12.	Bass Trombona	F	1 Bl.	” ”
13.	Organo (beziffert)	F	1 Bg.	” (Rev. und Bezifferung JSB)

Anhand eines spezifischen Merkmals von Bachs Schrift – den abwärts kaudierten Halbenoten mit dem Hals an der linken Seite des Notenkopfes – läßt sich der Stimmensatz sicher auf die Zeit um 1739 bis um 1742 datieren.[5] Hierzu paßt auch der Befund des Wasserzeichens, das – wohl in Varianten – in Bach-Handschriften zwar über einen langen Zeitraum hinweg vorkommt, dessen Nachweise sich aber gerade in den Jahren 1740 bis 1742 auffällig häufen.[6]

Der von Bach zum Ausschreiben der Stimmen hinzugezogene Kopist ist bislang nicht nachgewiesen. Dank der erst seit kurzem der Bach-Forschung wieder zugänglichen jüngeren Matrikel der Thomasschule besteht die Möglichkeit, gezielt nach einem geeigneten Kandidaten zu suchen, da die Matrikel von den Alumnen eigenhändig geschriebene kurze biographische Eintragungen enthält, die auf Latein abgefaßt und den Gepflogenheiten der Zeit entsprechend auch in lateinischer Kurrentschrift fixiert sind.[7] Es war also ein Leichtes, diesen neuen Fundus an Schriftproben mit dem unterlegten Messentext zu vergleichen. Trotz stark formalisierter Buchstabenformen fand sich unter den Ein-

---

[5] Kobayashi Chr, S. 20. Siehe auch die Beispiele und Erläuterungen in NBA IX/2 (Y. Kobayashi, 1989), S. 170–172.

[6] Siehe die Belege bei Kobayashi Chr, S. 42–47.

[7] Stadtarchiv Leipzig, *Thomasschule, Nr. 483*. Siehe den Beitrag von Michael Maul im vorliegenden Band, S. 15–19.

tragungen in die Matrikel aus dem Zeitraum zwischen etwa 1735 und 1742 nur eine einzige, deren Schriftzüge mit denen in der Weißenfelser Quelle völlig übereinstimmen. Bei dem Schreiber handelt es sich um den am 6. Juli 1740 im Alter von 13 Jahren ins Alumnat aufgenommenen Johann Gottlieb August Fritzsch(e) aus Düben (geb. am 27. Januar 1727).[8] Auffällige Merkmale seiner Schrift sind beispielsweise die an ein „z" oder eine „2" erinnernde Form des runden „r" (r rotunda), das ohne erkennbare Systematik neben der Normalform dieses Buchstabens verwendet wird, oder die eigenwillig verschlungene Linienführung bei der Majuskel „F" (siehe Abbildung 3 und 4).

Fritzsche gelobte bei seiner Einschreibung, für sieben Jahre auf der Thomasschule zu bleiben, wurde jedoch – laut eines Vermerks des Rektors Johann August Ernesti – wegen seines angeblich anstößigen Lebenswandels und mangelnden Fleißes („*ob impuritatem vitae et negligentiam literarum*") bereits Anfang 1745 entlassen.[9] Da er in seiner etwa fünf Jahre währenden Schulzeit eine beachtliche musikalische Laufbahn absolvierte (er war spätestens 1744 Mitglied des ersten Chores),[10] wäre allerdings zu fragen, ob Ernestis harsche Beurteilung und Bestrafung wirklich gerechtfertigt war oder ob Fritzsche in der angespannten Situation nach dem Präfektenstreit allein seines überdurchschnittlichen musikalischen Engagements wegen (letztlich also um die Position des Kantors zu schwächen) vom Rektor der Schule verwiesen wurde.[11] Nach dem Verlust seines Alumnatsplatzes nahm Fritzsche ein Studium an der Leipziger Universität auf[12] und konnte schon bald als Musiker und Komponist im Umfeld der Leipziger Kaffeehausbühnen Fuß fassen. Aus seiner Feder sind mehrere Oden und Polonaisen erhalten;[13] Kataloge, Textdrucke und Zeitungs-

---

[8] Fritzsche nennt sein Geburtsdatum in seinem Eintrag in die Matrikel der Thomasschule (siehe Abbildung 3). Sein Vater Johann Wilhelm Fritzsche stammte aus Chemnitz und schrieb sich im Sommersemester 1714 in die Matrikel der Universität Leipzig ein (siehe Erler III, S. 99). Nach Ermittlungen von Manuel Bärwald (Leipzig) ist er zwischen 1728 und 1741 als „Accise Inspector" und Stadtschreiber in Düben nachweisbar.

[9] Im Jahr 1745 erfolgte auch die beim Abgang von der Schule fällige Zahlung eines Anteils aus seinem Kautionsgeld zugunsten der Schulbibliothek (siehe hierzu den Beitrag von Michael Maul im vorliegenden Band).

[10] Siehe B. F. Richter, *Stadtpfeifer und Alumnen der Thomasschule zu Bachs Zeit*, BJ 1907, S. 32–78, speziell S. 73 (Nr. 216) und S. 77; sowie A. Glöckner, *Alumnen und Externe in den Kantoreien der Thomasschule zur Zeit Bachs*, BJ 2006, S. 9–36, speziell S. 19.

[11] Vgl. M. Maul, *„Dero berühmbter Chor" – Die Leipziger Thomasschule und ihre Kantoren (1212–1804)*, Leipzig 2012, S. 242–249 und 253–258.

[12] Erler III, S. 99. Die Immatrikulation erfolgte am 5. Mai 1745.

[13] D-LEm, *III. 8. 28*, S. 136–144 (Partita in B-Dur), und D-LEm, *III. 8. 30* (6 Polonaisen). Zu Fritzsches Mitwirkung an der „Neuen Sammlung verschiedener und

ankündigungen belegen darüber hinaus auch größer dimensionierte Singspiele.[14] Eine Bewerbung um die Nachfolge des erkrankten und dauerhaft dienstuntauglichen Zittauer Johannis-Organisten Carl Hartwig im Dezember 1747 blieb erfolglos.[15] Fritzsches weiterer Lebensweg nach etwa 1750 ist nicht bekannt.

Die Identifizierung von Johann Gottlieb August Fritzsche als Hauptschreiber der in Weißenfels erhaltenen Messe aus Bachs Notenbibliothek erlaubt uns, die Entstehungszeit der Handschrift noch weiter einzugrenzen: Im Blick auf sein jugendliches Alter dürfte Fritzsche von Bach kaum vor Anfang oder Mitte 1741 mit Schreiberdiensten beauftragt worden sein; ab 1742 hingegen begann Bachs Schrift, sich wieder so stark zu verändern, daß sie sich mit dem im Weißenfelser Stimmenmaterial vertretenen Befund kaum noch vereinbaren ließe;[16] das Autograph der für die Erbhuldigung in Kleinzschocher am 30. August 1742 komponierten Bauernkantate BWV 212 (D-B, *P 167*) etwa weist, speziell in seinen reinschriftlichen Abschnitten, bereits deutlich die charakteristischen Züge von Bachs Spätschrift auf.

Nach diesen quellenkritischen Erwägungen gilt es, nach dem Komponisten der anonym überlieferten Messe zu suchen. Hier erweist sich zunächst ein Blick auf die satztechnische Faktur des Werks als hilfreich. Sämtliche Abschnitte sind aus – teils ausgesprochen komplexen – Kanons konstruiert. Solche kanonischen Messen im stile antico galten im späten 17. und frühen 18. Jahrhundert als die Hohe Schule der Kompositionskunst und waren entsprechend rar.[17] Eine Sichtung der überschaubaren Zahl in Frage kommender Werke lieferte rasch die gewünschte Identifizierung: Bachs Stimmensatz enthält die ersten beiden Teile der Missa canonica von Francesco Gasparini (1661–1727).

---

auserlesener Oden" siehe J. A. Hiller, *Wöchentliche Nachrichten und Anmerkungen die Musik betreffend*, Bd. 3 (1768), S. 73. Siehe auch M. Friedlaender, *Das deutsche Lied im 18. Jahrhundert. Quellen und Studien*, Stuttgart und Berlin 1902, Bd. 1/1, S. 104–106, und A. Schering, *Musikgeschichte Leipzigs in drei Bänden*, Band 3: *Das Zeitalter Johann Sebastian Bachs und Johann Adam Hillers (von 1723 bis 1800)*, Leipzig 1941, S. 238 f. und S. 243–245.

[14] Zu den nachweisbaren Werken Fritzsches siehe Schering (wie Fußnote 13), S. 238 f., 244 f., 256–259; ergänzend Gerber NTL 2, Sp. 208; ZfMw 7 (1924/25), S. 216–219 (A. Schering); *The Breitkopf Thematic Catalogue. The Six Parts and Sixteen Supplements 1762–1787*, hrsg. von B. S. Brook, New York 1966, Sp. 118, 150, 126 und 252; sowie VD18: 10764690.

[15] Siehe *Carl Philipp Emanuel Bach. Briefe und Dokumente. Kritische Gesamtausgabe*, hrsg. und kommentiert von E. Suchalla, 2 Bde., Göttingen 1994 (Veröffentlichungen der Joachim Jungius-Gesellschaft der Wissenschaften. 80.), Bd. 1, S. 17 f.

[16] Vgl. NBA IX/2, S. 173.

[17] Siehe K. G. Fellerer, *Der Palestrinastil und seine Bedeutung in der vokalen Kirchenmusik des achtzehnten Jahrhunderts. Ein Beitrag zur Geschichte der Kirchenmusik in Italien und Deutschland*, Augsburg 1929, speziell S. 92–95.

Der aus Camaiore bei Lucca gebürtige Gasparini war zunächst vermutlich Schüler von Arcangelo Corelli und Bernardo Pasquini in Rom und ließ sich dann in Venedig nieder, wo er von 1701 bis 1713 das Kapellmeisteramt am Ospedale della Pietà bekleidete; vermutlich um 1715 kehrte er nach Rom zurück. Gasparinis Reputation gründete sich in seiner Heimat vornehmlich auf seine Opern, die seinerzeit in zahlreichen Theatern aufgeführt wurden. Im 18. Jahrhundert wurde sein Name auch in Deutschland bekannt; hier schätzte man ihn allerdings in erster Linie als Meister des kunstvollen Kontrapunkts und als kühnen Harmoniker.[18]

Gasparinis Missa canonica erlangte seinerzeit beachtliche Bekanntheit; entsprechend groß ist die Zahl der überlieferten Abschriften.[19] Unter diesen ist eine aus dem Bestand der Katholischen Hofkirche in Dresden stammende, von dem Dresdner Kopisten Johann Gottfried Grundig geschriebene und von Johann Georg Pisendel revidierte Partitur bemerkenswert (D-Dl, *Mus. 2163-D-7*), die wohl um die gleiche Zeit entstanden ist wie Bachs Stimmensatz.[20] Bereits am 27. Januar 1735 berichtete auch Johann Gottfried Walther in einem Brief an Heinrich Bokemeyer, daß er „an jetziger Meße" – gemeint ist vermutlich die Leipziger Neujahrsmesse – „von des berühmten Italiäners *Francesco Gasparini* Arbeit [...] eine aus allerhand Arten *Canonum* bestehende *Missam*" erworben habe.[21] Daß Bach von diesen beiden Quellen gewußt haben könnte und seine Abschrift möglicherweise direkt auf eine dieser Vorlagen zurückgehen könnte, erscheint zwar denkbar, bleibt angesichts der weiten Verbreitung des Werks aber Spekulation. Bereits 1724 hatte nämlich auch Johann Joachim Quantz die „vierstimmige, aus lauter Canons bestehende, und von den Contrapunctisten sehr hoch geschätzte Messe" im Kompositionsunterricht bei Gasparini kennengelernt.[22] Da Quantz während seiner Ausbildungszeit in Wien und Dresden nachweislich zu Studienzwecken eine Sammlung mit

---

[18] MGG², Personenteil, Bd. 7, S. 575–582 (L. Navach) und New Grove 2001, Bd. 9, S. 557–559 (D. Libby, A. Lepore).

[19] Vgl. M. Ruhnke, *Francesco Gasparinis Kanonmesse und der Palestrinastil*, in: Musica Scientiae Collectanea. Festschrift Karl Gustav Fellerer zum siebzigsten Geburtstag am 7. Juli 1972, hrsg. von H. Hüschen, Köln 1973, S. 494–511, speziell S. 494. – Die bei Fellerer (wie Fußnote 17), S. 92, genannte Abschrift in Bologna stand für die vorliegende Studie nicht zur Verfügung.

[20] Siehe die Angaben bei RISM A/II (http://opac.rism.info), ID-Nr. 211011432.

[21] *Johann Gottfried Walther. Briefe*, hrsg. von K. Beckmann und H.-J. Schulze, Leipzig 1987, S. 180, 181 f. – Dort findet sich auch eine auf das Jahr 1686 zielende Mitteilung über den Entstehungsanlaß der Messe, die Gasparini „als ein *Specimen* seiner Geschicklichkeit verfertiget" haben soll, „um in die *Academie* der *Filarmonicorum* aufgenommen zu werden". Diese Angabe kollidiert allerdings mit der Datierung „1705" in der Berliner Abschrift D-B, *Mus. ms. 7101*.

[22] Siehe die autobiographischen Mitteilungen von J. J. Quantz in: F. W. Marpurg, *Hi-*

kontrapunktischen Meisterwerken anlegte,[23] könnte auch er eine frühe Abschrift mit nach Deutschland gebracht haben. Es wäre zu prüfen, ob auf diesem Wege die Dresdner und insbesondere die reiche Berliner Überlieferung von Gasparinis Missa canonica begründet wurde.[24]

Für die filiatorische Einordnung des Weißenfelser Stimmensatzes gibt es nur wenige Anhaltspunkte. Dies ist durch den Umstand bedingt, daß er auf eine – heute nicht mehr greifbare – Partitur zurückgeht, deren Notentext im Blick auf aufführungspraktische Belange verändert wurde. Hierzu zählen die Unterteilung der „doppelten" Allabreve-Takte, die dadurch bedingte Aufspaltung langer Notenwerte und die Ergänzung von Akzidenzien.

Immerhin aber bietet der Stimmensatz neue Erkenntnisse zu Bachs aufführungspraktischer Realisierung von Werken im stile antico. Offenbar hatte er den Plan, den Vokalsatz durch eine vierstimmige Bläsergruppe (Zink und drei Posaunen) verstärken zu lassen. Die jeweils vier Stimmen für die Sänger und die Bläser sowie die – von Bach nachträglich bezifferte – Orgelstimme wurden von Fritzsche nach der verschollenen Partitur aus Bachs Besitz ausgeschrieben. Singstimmen und Bläser musizierten ebenso wie die Orgel im Chorton, so daß sämtliche Stimmen in der Tonart F-Lydisch notiert wurden. Diese Besetzung findet sich auch in der von Bach nur wenig später zur Aufführung gebrachten Missa sine nomine von Giovanni Pierluigi da Palestrina (D-B, *Mus. ms. 16714*).[25] Zusätzlich zu den von Fritzsche ausgeschriebenen Partien fertigte Bach einen weiteren Satz Instrumentalstimmen an: zwei Oboen, Taille und eine nicht näher spezifizierte Continuo-Stimme. Diese Instrumente spielten im Kammerton, benötigten also Partien, die um einen Ganzton höher (in G) notiert waren. Anscheinend traute Bach seinem jugendlichen Kopisten die

---

storisch-Kritische Beyträge zur Aufnahme der Musik, I. Band, Berlin 1754/55, S. 179–250, speziell S. 224 f.

[23] Vgl. P. Wollny, *Anmerkungen zu einigen Berliner Kopisten im Umkreis der Amalienbibliothek*, in: Jahrbuch SIM 1998, S. 143–162, speziell S. 152 und 160.

[24] In der Staatsbibliothek zu Berlin befinden sich folgende Abschriften des Werks:
- *Mus. ms. 7101*: „Missa canonica | di | Francesco Gasparini | 1705"; Schreiber: Anon. 404, mit Einzeichnungen von Johann Friedrich Agricola, aus der Sammlung Poelchau;
- *Mus. ms. 7103*: „Missa. Francesco Gasparini. Luchese"; Abschrift, um 1845;
- *Mus. ms. 7105/1*: „Canone | in Diapente e Diapason | a 4 Voci | dell Sig. Franc: Gasparini"; Abschrift der Messe im Anschluß an „Li Principii | della Composizione | da Francesco Gasparini" (fol. 45–68); Abschrift um 1800, aus der Sammlung Voß;
- *Am.B. 414*: „Messa Canone in Diapente | e Diapason | dal Sr Franc: Gasparini"; Abschrift von Anon. 403;
- *Am.B. 436*: „CANONE | IN DIAPENTE | E DIAPASON | DAL FRANC. | GASPARINI"; Abschrift von Anon. 403.

[25] Siehe Wolff Stile antico, S. 166–172; Beißwenger, S. 131; und NBA II/9 Krit. Bericht (K. Beißwenger, 2000), S. 23–25.

anspruchsvolle Aufgabe des Transponierens nicht zu und griff – wie in anderen, vergleichbaren Fälle auch – daher lieber selbst zur Feder. Die Kopftitel der Bläserstimmen erweiterte er zu einem nicht näher bestimmbaren späteren Zeitpunkt. Aus „Hautbois 1" wurde „Hautbois 1 ô Violino 1"; die Oboe-II- und die Taille-Stimme erhielten entsprechend den Zusatz „ô Violino 2" beziehungsweise „ô Viola".[26]

Die italienische Konjunktion „ô" deutet auf eine Besetzungsalternative, nicht auf das additive Zusammenwirken von Streichern und Bläsern. Ähnliche Bezeichnungen finden sich auch im Originalstimmensatz zu Bachs Einrichtung der Motette „Erforsche mich, Gott, und erfahre mein Herz" von Sebastian Knüpfer (D-B, *Mus. ms. 11788*).[27] Hier wurden die Partien der drei tieferen Holzbläser nachträglich durch den Zusatz „ô Trombona" alternativ einer Posaunengruppe zugewiesen. In einem zweiten Schritt notierte Bach dann die nunmehr chortönig transponierten Partien für die Posaunen noch einmal auf den Rückseiten der Blätter und tilgte die Zusätze auf den Vorderseiten wieder.

Die Besetzungsalternativen der Gasparini-Messe (Verstärkung der Singstimmen durch Holzbläser oder Streicher) lassen vermuten, daß auch die Posaunengruppe nur eine von insgesamt drei intendierten Realisierungsmöglichkeiten darstellte, Bach bei diesem Werk also eine andere Klangregie verfolgte als in den motettischen Chorsätzen vieler Kantaten, in denen die Singstimmen von mehreren Instrumentalgruppen verdoppelt werden. Allerdings stammen die Belege für die Kantatenchöre meist aus seinen frühen Leipziger Jahren. Verschiedentlich finden sich in deren Originalstimmensätzen Indizien für ein Wegfallen der Posaunen bei Wiederaufführungen in späteren Jahren – etwa bei der Choralkantate „Nimm von uns, Herr, du treuer Gott" BWV 101/BC A 118, deren Cornetto-Stimmblatt Bach um die Mitte der 1740er Jahre für eine Niederschrift des revidierten Traverso-Parts der Sätze 6 und 7 nutzte.[28] Auch das Vorhandensein von zwei Fassungen der Choralbearbeitung BWV 118/BC B 23 a/b deutet auf das gleichberechtigte Nebeneinander verschiedener Besetzungsvarianten. Vor diesem Hintergrund stellt sich die Frage, ob die in einer Abschrift aus dem Kopiaturbetrieb des Leipziger Musikalienhändlers Breitkopf erhaltene Fassung der Kantate „Sehet, welch eine Liebe hat uns der Vater erzeiget" BWV 64/BC A 15 (D-B, *Am. B. 44*, fol. 147–165) ohne Zink und Posaunen im Eingangschor, aber mit der Angabe „2 Oboi ô Violini" eben-

---

[26] Daß die Stimmenbezeichnungen in zwei Schritten eingetragen wurden, läßt sich anhand des Schriftbefunds sowie an der gestörten Symmetrie erkennen.

[27] Siehe D. R. Melamed, *Eine Motette Sebastian Knüpfers aus J. S. Bachs Notenbibliothek*, BJ 1989, S. 191–196, speziell S. 195.

[28] Vgl. NBA I/19 Krit. Bericht (R. Marshall, 1989), S. 160 f., 183–185.

falls auf eine von Bach in späteren Jahren vorgenommene Änderung der Besetzungsdisposition zurückgehen könnte.

Das in den Stimmen der Gasparini-Messen und anderwärts anzutreffende Nebeneinander von alternativen Besetzungsvarianten darf vielleicht als Indiz dafür gedeutet werden, daß Bach in den 1740er Jahren eine geänderte Aufführungsästhetik favorisierte, die auf die säuberliche Trennung unterschiedlicher Klangfarben abzielte und von der in den früheren Leipziger Jahren verfolgten Addition möglichst vieler Instrumentalgruppen zunehmend abrückte. Folgen wir dieser Deutung, so dürfen wir mit mindestens drei Aufführungen von Gasparinis Missa canonica rechnen, die vermutlich ab 1741 in den beiden Leipziger Hauptkirchen St. Thomas und St. Nikolai stattfanden.

Seine aufführungspraktische Beschäftigung mit der Missa canonica markierte für Bach anscheinend den Beginn einer Phase der intensiven Auseinandersetzung mit dem strengen Kontrapunktstil. Um 1742 folgte die Aufführung von Palestrinas Missa sine nomine,[29] und um 1745 plante er eine Darbietung von dessen Missa Ecce Sacerdos magnus.[30] Daneben beschäftigte er sich mit dem einschlägigen theoretischen Schrifttum (speziell mit der Kanonlehre von Zarlino), formulierte Regeln zur Dissonanzbehandlung im strengen Satz und sammelte satztechnische Preziosen.[31]

Diese Interessen gehen einher mit einer spürbaren Neuorientierung seiner eigenen Kompositionsweise Anfang der 1740er Jahre, die sich durch die verstärkte Verwendung polyphoner Satztechniken, eine Vorliebe für die intrikate Setzkunst des Kanons und schließlich einen ausgesprochenen Stilpluralismus auszeichnet. Für die hoch entwickelte Kanonkunst und strenge Polyphonie in Bachs Spätwerk, wie sie uns im Musikalischen Opfer, in der Kunst der Fuge und in der H-Moll-Messe begegnen, diente die Missa canonica von Francesco Gasparini offenbar als ein wichtiges Vorbild.

---

[29] Zur Datierung siehe Kobayashi Chr, S. 51, und P. Wollny, *Tennstädt, Leipzig, Naumburg, Halle – Neuerkenntnisse zur Bach-Überlieferung in Mitteldeutschland*, BJ 2002, S. 29–60, speziell S. 29–33.

[30] Siehe B. Wiermann, *Bach und Palestrina: Neue Quellen aus Johann Sebastian Bachs Notenbibliothek*, BJ 2002, S. 9–28. Zu Bachs Verwendung dieses Materials siehe D. R. Melamed, *Bach und Palestrina – Einige praktische Probleme I*, BJ 2003, S. 221–224, und B. Wiermann, *Bach und Palestrina – Einige praktische Probleme II*, BJ 2003, S. 225–227.

[31] Vgl. NBA Supplement (P. Wollny, 2011), S. 39–64, und Dok II, Nr. 484.

II.

Fragen wir nach dem Kontext, in dem Bachs Abschrift von Gasparinis Missa canonica in der Weißenfelser Sammlung überliefert ist, so stoßen wir auf eine größere Gruppe von Quellen Leipziger Provenienz. Wie sich bei der Durchsicht des Bestands herausstellt, ist der vor einiger Zeit identifizierte Stimmensatz von der Hand Carl Gotthelf Gerlachs keine versprengte Einzelquelle, sondern Teil eines offenbar signifikanten Repertoirequerschnitts aus der Musikpflege an der Leipziger Neukirche. Im einzelnen handelt es sich um folgende neun Handschriften:[32]

(1) *176*
[J. L. Krebs? / C. Förster?], „Frohlocket, ihr Christen"
Partitur (Kopftitel: „Festo Johannis"; WZ: –); Schreiber I
Stimmen (S, T, B, Ob 1, 2, Cr 1, 2, Vl conc, Vl 1, 2, Va, Vc, Org; WZ: Kursächsisches Wappen, gehalten von zwei Löwen); Schreiber: Gerlach

(2) *184*
„Ich will nunmehr zum Vater gehen"
Partitur (Kopftitel: „Cantate"; WZ: 1. Buchstabe S, 2. Gekrönter Schild, undeutlich); Schreiber II

(3) *205*
[J. F. Fasch], „Willkomm, du Licht aus Licht geboren"
Partitur (Kopftitel: „Dom: 1. Adv:"; WZ: Gekreuzte Schwerter in Schild); Schreiber: Gerlach

(4) *211*
[C. Förster], „Wer Gottes Wort chrct"
Partitur (Kopftitel: „Dom: 17. p. Trinit:"; WZ: –); Schreiber I
Stimmen (Ob 1, 2, Cr 1, 2, Vl 1, 2, Va, Vc, Org; WZ: Kursächsisches Wappen, gehalten von zwei Löwen); Schreiber: Gerlach; nachträglich hinzugefügte Fagotto-Stimme von J. G. Wiedner

---

[32] Möglicherweise gehört zu dieser Gruppe auch die anonym überlieferte, lediglich mit der Initiale „H" gekennzeichnete Kantate „Herold eines großen Königs" (D-WFe, *178*), doch ist es bislang noch nicht gelungen, den unbekannten Kopisten mit Gerlach in Verbindung zu bringen. Der Stil des Werks deutet auf eine frühe Entstehung (wohl vor 1720); denkbar wäre somit eine Beziehung zu Gerlachs Amtsvorgänger Melchior Hoffmann (um 1679–1715). Desgleichen könnte die Abschrift der Ouvertüre zu Carl Heinrich Grauns Oper „Catone in Utica" (D-WFe, *208*, hier anonym überliefert) aus dem Umfeld von Gerlachs Arbeit mit seinem Collegium musicum beziehungsweise dem „Großen Concert" stammen. Das Wasserzeichen „Wilder Mann + EGER" deutet auf eine Leipziger Provenienz.

(5) *F 34*
[C. Förster], „Alles was Odem hat"
Stimmen (S, S, A, T, B, Tr 1, 2, Timp, Ob/Fl 1, 2, Vl 1, 2, Va, Vc, Org; WZ: Kursächsisches Wappen, gehalten von zwei Löwen); Schreiber: Gerlach

(6) *G 41*
J. G. Graun, „Wenn ich dich anrufe"
Partitur (Kopftitel: „Fer: 2 Nativitatis Christi | Concerto 2 Oboe 2 Violin Viola 4 Voc: con Continuo | p. J. G. Graun"; WZ: Gekreuzte Schwerter + CHB); Schreiber III
Stimmen (WZ: Adler mit Herzschild + G); Schreiber: Gerlach

(7) *W 141*
J. G. Wiedner?, „Jauchzet, ihr Himmel"
Partitur 1 (Kopftitel, Handschrift Wiedner: „Auf das Jubilæum 1755. Wiedner"); Schreiber: Gerlach
Partitur 2 (Kopftitel: „Auf das Jubelfest 1755 | im September"); Schreiber: Wiedner.[33] Enthält nur Satz 1 und eine parodierte Fassung des ersten Rezitativs (Kopftitel: „Aufs Himmelfahrts Fest")
Stimmen (A, Ob 2, Vl 1, 2, Va, Vne, Org; WZ: ES im Falz); Schreiber: Gerlach

(8) *W 144a* und *206*
J. G. Wiedner, „Siehe, es hat überwunden der Löwe"
Partitur (Kopftitel: „In Festo Pasch: 2"; Satz 1 in *W 144a*, Satz 2–6 in *206*); Schreiber: Wiedner
Stimmen (WZ: Bischof mit Stab + CM): Schreiber IV, mit Zusätzen von Gerlach

(9) ohne Signatur (Sammelmappe Einzelstimmen und Fragmente)
Stimmen Corno 1 und 2 zu einer nicht identifizierten Kantate (Tutti, c, Andante, Es-Dur – Recit. con Accomp. Soprano – Aria, c, Andante, Es-Dur – Choral, c, Es-Dur; WZ: Adler + GCK); Schreiber: Gerlach

Carl Gotthelf Gerlach bekleidete das Amt des Organisten und Musikdirektors an der Leipziger Neukirche von 1729 bis zu seinem Tod im Jahre 1761.[34] Wegen seiner kränklichen Konstitution mußte er sich bereits in den 1730er Jahren immer wieder von Studenten vertreten lassen. Diese Praxis scheint in seinem letzten Lebensjahrzehnt fast zu einem Dauerzustand geworden zu sein. Sein Nachfolger Johann Gottlieb Wiedner, der zunächst als Geiger im Großen Concert begonnen hatte, wirkte offenbar über einen längeren Zeitraum hinweg als Gerlachs Substitut und wurde vom Leipziger Rat bereits am Tag von dessen

---

[33] Wiedners Handschrift ist durch seine Unterzeichnung der Visitationsartikel dokumentiert; siehe Staatsarchiv Leipzig, *Kreishauptmannschaft Leipzig Nr. 360* (*Subscriptio derer Visitations-Articul von denen Schulmeistern und Kirchnern in der Inspection Leipzig de anno 1627*), fol. 144r (Eintragung vom 13. Juli 1761).

[34] Siehe A. Glöckner, *Die Musikpflege an der Leipziger Neukirche zur Zeit Johann Sebastian Bachs*, Leipzig 1990 (BzBF 8), S. 88–138.

Beerdigung (13. Juli 1761) zu seinem Nachfolger bestimmt.[35] Vor oder vielleicht auch parallel zu Wiedner nahm der Theologiestudent Christian Gottlob Tüchtler eine ähnliche Funktion wahr. Tüchtler weist in seiner Bewerbung vom 19. November 1758 um die Kantorenstelle in Zeitz darauf hin, daß er „offt bey Unpäßlichkeit des Herrn *Directoris* in der Neuen Kirche, die *Music* selbst aufgeführet" habe.[36]

Gerlachs Amtszeit war maßgeblich von dem Umstand geprägt, daß er vor dem Komponieren eigener Werke zurückscheute und immer wieder auf fremdes Repertoire angewiesen war. Dies trug ihm – wie Michael Maul nachweisen konnte – 1737 den Spott des Critischen Musikus Johann Adolph Scheibe ein, der gleichwohl nicht zögerte, Gerlach in der Folge selbst ausgiebig mit eigenen Kompositionen zu versorgen.[37] Laut Scheibe war Gerlach

> in der Music so unwissend, daß er auch nicht in den kleinsten Stücken seinen Vorfahren zu vergleichen ist. Er sollte selbst ein Componist seyn; sein Amt erfodert es. Da er aber zu ungeschickt dazu ist, so muß allemahl ein anderer die Arbeit für ihn thun; und er weis sich mit den Federn der besten Männer so wohl zu spicken, daß er der Krähe des Esopus sehr ähnlich wird. Er hat aber auch schon mehr als einmahl den betrübten Ausgang erlebet, daß man ihm dieselben zu seiner grösten Beschimpffung wieder ausgerupfet hat.[38]

Diese Aussage mag hämisch zugespitzt klingen, scheint jedoch nicht aus der Luft gegriffen. In der Tat befinden sich unter den bisher ermittelten Musikalien aus Gerlachs Nachlaß auffällig viele anonyme Werke.[39] Die Weißenfelser Quellen ergänzen unser Wissen über die kollegialen Verbindungen Gerlachs um einige neue Facetten. Besonders ergiebig sind die nachstehend näher kommentierten Handschriften:

– Für seine Stimmensätze zu den Kantaten (1) „Frohlocket, ihr Christen" (D-WFe, *176*) und (4) „Wer Gottes Wort ehret" (D-WFe, *211*) benutzte Gerlach die beiden diesen jeweils beiliegenden anonym belassenen Partituren von der

---

[35] Ebenda, S. 92.
[36] A. Werner, *Städtische und fürstliche Musikpflege in Zeitz bis zum Anfang des 19. Jahrhunderts*, Bückeburg und Leipzig 1922 (Quellenstudien zur Musikgeschichte deutscher Landschaften und Städte. 2.), S. 8f. Das Schriftstück befindet sich in den *Acta Die Bestellung des StadtCantoris zu Zeiz betr. 1661–1800* des Staatsarchivs Magdeburg (Signatur: *Rep. A 29 d VI, Nr. 2*), fol. 107.
[37] Siehe M. Maul, *Johann Adolph Scheibes Bach-Kritik. Hintergründe und Schauplätze einer musikalischen Kontroverse*, BJ 2010, S. 153–198, speziell S. 162f. und S. 180–184.
[38] Ebenda, S. 189f.
[39] Vgl. die von Andreas Glöckner (*Die Musikpflege an der Leipziger Neukirche*, wie Fußnote 34, S. 97–131) detailliert verzeichneten Bestände; sie gelangten über die Sammlungen Breitkopf und Voß in die Staatsbibliothek zu Berlin.

Hand eines unbekannten Schreibers. Das zweite Werk läßt sich unter Zuhilfenahme von Konkordanzen mit hinreichender Sicherheit dem Merseburger Konzertmeister Christoph Förster zuweisen.[40] Das erste ist in einer Abschrift im Kantoreiarchiv der Stadtkirche zu Lichtenstein zwar als Komposition von „Krebs" ausgewiesen,[41] gehört textlich aber zu demselben, noch 1767 in Schleiz aufgeführten Jahrgang wie das parallel überlieferte Werk von Förster, dem es auch musikalisch nahesteht.[42] Auch der Text der Neujahrskantate (5) „Alles was Odem hat" (D-WFe, *F 34*) findet sich in dem Schleizer Jahrgang; das Werk stammt daher keinesfalls – wie auf einer beiliegenden Partitur aus dem Jahre 1779 vermerkt – von einem Kantor Förster in Altengönna bei Jena, sondern darf bedenkenlos Christoph Förster zugewiesen werden. Für seinen Stimmensatz verwendete Gerlach das gleiche Papier wie für (1) und (4); wir dürfen somit wohl annehmen, daß auch dieses Werk auf eine – verschollene – Partiturvorlage von demselben unbekannten Schreiber zurückgeht. Somit wäre zu überlegen, ob die für (4) und (5) gesicherte Zuschreibung an Förster nicht auf (1) „Frohlocket, ihr Christen" auszudehnen wäre, zumal Johann Tobias Krebs (1690–1762) und sein Sohn Johann Ludwig (1713–1780) – nur sie kämen zeitlich in Frage – anscheinend nur wenige Kirchenkantaten komponiert haben.

Eine Datierung der beiden Partituren ist angesichts der ungünstigen Quellenlage nur auf Umwegen und in grober Annäherung möglich. Für die weiteren Überlegungen nehmen wir an, daß beide Werke tatsächlich von Förster stammen und Teil jenes Kantatenjahrgangs sind, der sich uns aus dem in Fußnote 42 genannten Schleizer Textdruck erschließt. Bei etwa einem Drittel der Dichtungen sind die zugehörigen Kompositionen erhalten.[43] Ein Vergleich dieser

---

[40] Siehe die Konkordanz in dem Konvolut D-B, *Mus. ms. 6440*, Nr. 17.

[41] D-LST, *Mus. ant. 132:1*.

[42] *Evangelische | Seelen-Ermunterung | Oder | Musikalische Texte | auf die Sonn- und Festtage | des ganzen Jahres, | nicht minder auch | auf die Fasten- und Paßionszeit, | in der Stadtkirche zu Schleiz, | aufgeführet*, Schleiz 1767 (Exemplar: D-B, *Mus. Tf 384*). Nach Ausweis der Vorrede wurden die Texte von dem Schleizer Figuralkantor Christian Friedrich Gabler – ebenfalls ein ehemaliger Thomaner und Bach-Schüler – zum Druck befördert. Gablers Behauptung, die Dichtungen hätten „fast durchgängig den eben so sehr berühmten als bekannten Theologen, Herrn D. Johann Jacob Rambachen, zum Urheber", trifft nicht zu. – Zu Gablers Biographie siehe Dok III, Nr. 682; BJ 1953, S. 26 (H. Löffler); NBA I/40 Krit. Bericht (W. Neumann, 1970), S. 185; und H.-R. Jung, *Musik und Musiker im Reußenland. Höfisches und städtisches Musikleben in den Residenzen der Staaten Reuß ä. L. und j. L. vom 17. bis 19. Jahrhundert*, Weimar 2007, S. 238 und 241.

[43] Die wichtigsten Quellen sind: D-B, *Mus. ms. 6440* (Konvolut von 20 Kantaten aus dem Nachlaß von Johann Gottfried Strohbach, überwiegend geschrieben von dem Chemnitzer Kantor Gottfried Ernst Sonntag); D-B, *Mus. ms. 30282*, Fasz. 1 und 2

Werke mit drei in Sondershausen überlieferten Gelegenheitskantaten, die Förster 1739 und 1741 für das fürstliche Haus zu Schwarzburg-Sondershausen schrieb, führt zu der Erkenntnis, daß der Komponist in seinem Kantatenjahrgang mindestens acht Arien aus diesen Vorlagen – meist in textlich veränderter Form – wiederverwendet hat.[44] Försters Parodiepraxis ähnelt damit auffällig der von Johann Sebastian Bach. Für die Datierung des Kantatenjahrgangs ergibt sich aus den Sondershäuser Konkordanzen die Erkenntnis, daß er nach 1741 entstanden sein muß, zu der Zeit also, als Förster sich um eine feste Anstellung am Rudolstädter Hof bemühte.[45] Berücksichtigen wir zudem den frühen Tod des Komponisten († 6. Dezember 1745), so kann der Datierungsspielraum für die Kantaten auf wenige Jahre eingegrenzt werden. Entsprechend später sind die beiden Partituren aus dem Besitz Gerlachs anzusetzen. Noch wichtiger als die Beantwortung dieser Fragen erscheint allerdings die Beobachtung, daß die beiden Partituren D-WFe, *176* und *211* von der Hand eines Kopisten herrühren, der sich als Nebenschreiber auch im originalen Aufführungsmaterial (D-B, *St 33a*) von Bachs *Drama per Musica* „Der Streit zwischen Phoebus und Pan" („Geschwinde, geschwinde, ihr wirbelnden Winde") BWV 201/BC G 46 aus dem Jahr 1729 nachweisen läßt.[46] Es handelt sich also um einen Musiker, der sich Ende der 1720er Jahre in Leipzig befand, dort vermutlich Mitglied von Bachs Collegium musicum war und noch um die Mitte der 1740er Jahre (und vielleicht auch später) Verbindungen zu Gerlach unterhielt. Dieser Schreiber läßt sich anhand von eigenhändigen Schriftzeugnissen als der langjährige Delitzscher Kantor Christoph Gottlieb Fröber

---

(aus der Sammlung Poelchau); B-Bc, *770–775 MSM* (vermutlich aus der Sammlung J. J. H. Westphal).

[44] Folgende Parodiebeziehungen wurden bislang ermittelt (die genannten Arien stehen in den Kirchenkantaten jeweils an dritter Stelle):
(1) Geburtstagskantate für Fürstin Elisabeth Albertine, 11. April 1739 („Brauset und tobet ihr rasenden Winde"), D-SHs, *Mus. A 6:1*. Satz 3 („Ich bin vergnügt") = 3. Advent; Satz 7 („Mit lachenden Augen") = 1. Advent; Satz 11 („In dem Schatten süßer Ruh") = 15. Sonntag nach Trinitatis.
(2) „Tafel Music" für Fürst Günther XLIII., 24. August 1739 („Entblößt euch, verborgene Kräfte der Seelen"), D-SHs, *Mus. A 6:2*. Satz 12 („Beglücktes Volk") = 2. Pfingsttag; Satz 14 („Bei Fürsten von so hohem Wesen") = 3. Weihnachtstag.
(3) Trauerkantate auf den Tod von Günther XLIII., 8. Januar 1741 („So auch jemand kämpfet, wird er doch nicht gekrönet"), D-SHs, *Mus. A 6:5*. Satz 3 („Stärket euch, ihr Glaubenskräfte") = 2. Weihnachtstag; Satz 6 („Kampf, Glaub und Glaubenstreu") = Sonntag nach Neujahr; Satz 8 („Der Kampf ersiegt die Stille") = 24. Sonntag nach Trinitatis.

[45] Zur Biographie Försters siehe MGG², Personenteil, Bd. 6, S. 1495–1499 (U. Wagner).

[46] NBA I/40 Krit. Bericht (W. Neumann, 1970), S. 126; NBA IX/3 Textband (Y. Kobayashi/K. Beißwenger, 2007), S. 132 (Anonymus L 59).

(1704–1759) identifizieren, der erst kürzlich als mutmaßlicher Gründer eines eigenen, kurzlebigen Collegium musicum wieder ins Blickfeld der Forschung getreten ist (siehe Abbildung 5–6).[47] Fröber studierte ab dem Wintersemester 1726 in Leipzig und bewarb sich im März 1729 auf die Organistenstelle an der Leipziger Neukirche, unterlag allerdings – trotz der Darbietung repräsentativer Kompositionen – seinem Konkurrenten Gerlach.[48] Zwei Jahre später, im Juni 1731, erfolgte Fröbers Berufung auf das Kantorat in Delitzsch, das er bis zu seinem Tod versah. Die Vorgänge anläßlich der Bewerbung im Frühjahr 1729 scheinen seine persönlichen Verbindungen zu dem gleichaltrigen Gerlach nicht dauerhaft getrübt zu haben. Die nunmehr dokumentierte kollegiale Beziehung zwischen Gerlach und Fröber liefert nicht nur wertvolle Aufschlüsse hinsichtlich der Repertoirebeschaffung an der Leipziger Neukirche, sondern wirft umgekehrt auch neues Licht auf die mögliche Herkunft der von Fröber in Delitzsch aufgeführten Kirchenstücke.[49]

– Die anonyme Kantate (2) „Ich will nunmehr zum Vater gehen" (D-WFe, *184*) ist in einer Kompositionspartitur erhalten, die Einblicke in manche Details ihres Entstehungsprozesses bietet. Wir dürfen annehmen, daß es sich um ein von Gerlach bestelltes Auftragswerk handelt. Der Komponist scheint mit dem Ergebnis seiner Arbeit nicht ganz zufrieden gewesen zu sein, denn am Ende fügte er den offenbar an Gerlach gerichteten Vermerk „In Eil verfertiget" ein. Der Schreiber kann anhand der bereits erwähnten Zeitzer Bewerbung (siehe Fußnote 36) als der Leipziger Theologiestudent Christian Gottlob Tüchtler bestimmt werden (siehe Abbildung 7–8).

Tüchtler wurde am 17. November 1736 in Zeitz geboren, bezog am 26. Mai 1755 die Universität Leipzig und wurde – nach einer gescheiterten Bewerbung um die städtische Kantorenstelle in seiner Heimatstadt (19. November 1758) – im Jahre 1762 Kantor in Waldenburg; hier starb er nach 50jährigem Wirken am 30. August 1812.[50] Von Tüchtler war bislang nur eine vermutlich aus seiner

---

[47] Siehe T. Schabalina, *Die „Leges" des „Neu aufgerichteten Collegium musicum" (1729) – Ein unbekanntes Dokument zur Leipziger Musikgeschichte*, BJ 2012, S. 107–119, speziell S. 112 f. und 116 f.; siehe auch A. Werner, *Zur Musikgeschichte von Delitzsch*, in: AfMw 1 (1918/19), S. 535–564, speziell S. 542–545, und W. Hoffmann, *Leipzigs Wirkungen auf den Delitzscher Kantor Christoph Gottlieb Fröber*, BzBF 1 (1982), S. 54–73.

[48] Siehe Glöckner, *Die Musikpflege an der Leipziger Neukirche* (wie Fußnote 34), S. 88 f.; sowie Hoffmann (wie Fußnote 47), speziell S. 56–57.

[49] Siehe Hoffmann (wie Fußnote 47) und ders., *Telemann-Aufführungen des Delitzscher Kantors und potentiellen Bachschülers Christoph Gottlieb Fröber*, in: Kleine Beiträge zur Telemann-Forschung, Magdeburg 1983 (Magdeburger Telemann-Studien. 7.), S. 10–20.

[50] Die biographischen Daten sind folgenden Quellen entnommen: C. F. Möller, *Ver-*

Waldenburger Zeit stammende Vertonung des 72. Psalms bekannt, die abschriftlich in den Sammlungen Grimma und Olbernhau erhalten ist.[51] Nunmehr ist auch sein frühes Leipziger Schaffen dokumentiert.

Die markanten Schriftzüge Tüchtlers tauchen noch in weiteren mit der Neukirche in Verbindung stehenden Quellen auf: Von seiner Hand stammt das Aufführungsmaterial zu einem großbesetzten Sanctus (D-B, *Mus. ms. anon. 1568*), bei dem ebenfalls vermutet werden kann, daß es sich um eine eigene Komposition handelt. Außerdem ist er der Kopist der beiden Johann Georg Röllig zugeschriebenen Kantaten „Sei du mein Anfang und mein Ende" (A-Wn, *Mus. Hs. 15577*) und „Gott fähret auf mit Jauchzen" (A-Wn, *Mus. Hs. 15578*), die ebenfalls zum Nachlaß Carl Gotthelf Gerlachs gehörten.[52] Von Tüchtlers Hand scheint zudem die Vervollständigung des Schlußchorals in Gerlachs Abschrift der Kantate BWV 16 (D-B, *Am. B. 102*) herzurühren.

– Bei der Adventskantate (3) „Willkomm, du Licht aus Licht geboren" (D-WFe, *205*) nach einer Dichtung von Johann Friedrich Armand von Uffenbach wird seit geraumer Zeit eine Zuschreibung an den Zerbster Kapellmeister Johann Friedrich Fasch in Erwägung gezogen.[53] Eine ehedem von Werner Menke vorgeschlagene alternative Zuweisung an Georg Philipp Telemann konnte Ralph-Jürgen Reipsch vor einigen Jahren mit überzeugenden Argumenten entkräften.[54] Die Überlieferung der Kantate in zwei voneinander ab-

---

zeichniß der in den beiden Städten Zeitz und Naumburg gebohrnen Künstler, Gelehrten und Schriftsteller, die außerhalb des Stifts Naumburg-Zeitz ihren Wirkungskreis fanden, von der Reformation bis auf gegenwärtige Zeiten. Ein Beitrag zur vaterländischen Gelehrtengeschichte, Zeitz 1805, S. 19; R. Vollhardt, *Geschichte der Cantoren und Organisten von den Städten im Königreich Sachsen*, Berlin 1899 (Reprint Leipzig 1978), S. 324; Erler III, S. 428; Werner, *Städtische und fürstliche Musikpflege in Zeitz* (wie Fußnote 36), S. 8 f. Auf der in Olbernhau überlieferten Abschrift von Tüchtlers Vertonung des 72. Psalms (siehe die folgende Fußnote) heißt es: „Am 30 August 1812. früh um 8 Uhr ist | verschieden H Christian Gottlob Tüchtler, | Cantor und Musikdirector in Waldenburg | im 76ten Lebensjahr und 51ten Dienstjahr. Seinen | Staub überschatten nun ewiger Friede Gottes! | Ihm werde nach manchen Stürmen des menschlichen | Lebens die kühle Erde leicht."

[51] D-Dl, *Mus. 3310-E-500/500a* sowie D-OLH, *Mus. arch. T. 6:1/1a* und *Mus. arch. T. 6:2/2a*.

[52] Die Zuschreibung an Röllig stammt bei *15577* von Tüchtler, bei *15578* von Gerlach. Die Kenntnis dieser beiden Quellen verdanke ich meinen Kollegen Christine Blanken und Nigel Springthorpe.

[53] Siehe G. Gille, *Johann Friedrich Fasch (1688–1758), Kirchenkantaten in Jahrgängen*, Michaelstein 1989 (Kultur- und Forschungsstätte Michaelstein. Dokumentationen. Reprints. 19/20.), Teil 2, S. 35.

[54] R.-J. Reipsch, *Die anonym überlieferte Kantate „Willkomm, du Licht aus Licht geboren" – eine Komposition von Telemann oder Fasch?*, in: Das Wirken des Anhalt-

weichenden Fassungen entspricht genau den von Fasch selbst in einem Brief an Uffenbach vom 1. März 1752 geschilderten Entstehungsumständen.[55] Demnach hatte Fasch seine Vertonung von „Willkomm, du Licht aus Licht geboren" am ersten Adventssonntag 1751 in der Zerbster Schloßkapelle aufgeführt und daraufhin die Auflage erhalten, künftig seine Kantaten zweiteilig einzurichten und diese vor und nach der Predigt zu musizieren. Da Fasch – nach Forschungen von Barbara Reul – den Uffenbach-Jahrgang im Kirchenjahr 1755/56 erneut aufführte,[56] muß er die kritisierte Adventskantate spätestens zu diesem Zeitpunkt entsprechend umgearbeitet haben. Die Weißenfelser Abschrift repräsentiert die ursprüngliche einteilige Fassung, eine in Darmstadt erhaltene Quelle hingegen die spätere zweiteilige (D-DS, *Mus. ms. 543*). Daß die Zuweisung an Fasch trotz dieser gewichtigen Befunde bisher noch immer mit einem Fragezeichen versehen war, dürfte in erster Linie mit Unsicherheiten bei der Bewertung der beiden Quellen zusammenhängen. Die Handschrift in Darmstadt stammt, wie sich aus einer auf der Titelseite vermerkten Losnummer („479") zweifelsfrei ergibt, aus dem Nachlaß des 1804 verstorbenen Thomaskantors Johann Adam Hiller; sie wurde später von Franz Hauser erworben und gelangte über den Nachlaß von Karl Anton an die Universitäts- und Landesbibliothek Darmstadt. Ihr Schreiber und erster Besitzer, der sich auf der Titelseite mit der Notiz „Possessor. | Nicolai." verewigt hat, kann anhand beglaubigter Autographe als der Görlitzer Organist David Traugott Nicolai (1733–1799) identifiziert werden.[57] Wie Hiller in den Besitz der Handschrift gekommen sein mag, läßt sich mit einem Hinweis auf die zeitweise parallel verlaufenden Lebenswege der beiden Musiker erklären: Die gemeinsam in

---

Zerbster Hofkapellmeisters Johann Friedrich Fasch für auswärtige Hofkapellen. Bericht über die Internationale Wissenschaftliche Konferenz am 20. und 21. April 2001 im Rahmen der 7. Internationalen Fasch-Festtage in Zerbst, Dessau 2001 (Fasch-Studien. 8.), S. 161–190.

[55] Siehe die Wiedergabe des Briefes bei B. Engelke, *Johann Friedrich Fasch. Sein Leben und seine Tätigkeit als Vokalkomponist*, Diss. Leipzig 1908, S. 38–42, speziell S. 40 f.

[56] Siehe B. Reul, *Musical-liturgical activities at the Anhalt Zerbst Court Chapel from 1722 to 1758: the Konsistorium Zerbst Rep. 15A IXa primary source at the Landesarchiv Oranienbaum*, in: Johann Friedrich Fasch und sein Wirken für Zerbst. Bericht über die Internationale Wissenschaftliche Konferenz am 18. und 19. April 1997 im Rahmen der 5. Internationalen Fasch-Festtage, Dessau 1997 (Fasch-Studien. 6.), S. 59–70, speziell S. 64.

[57] Zum Vergleich herangezogen wurden die Handschriften D-LEm, *III.8.57* und B-Bc, *25448 MSM*, Fasz. 6, 16 und 19 (revisionsbedürftige Schreiberzuweisung in LBB 2, S. 465–467), sowie Nicolais ausgiebig annotiertes Handexemplar von Johann David Heinichens Traktat *Der General-Bass in der Composition*, Dresden 1728 (aus dem Nachlaß von Hugo Riemann, früher in der Bibliothek des Musikwissenschaftlichen Instituts der Universität Leipzig, jetzt in D-LEu, unkatalogisiert).

Görlitz verbrachten Jugendjahre lassen eine persönliche Bekanntschaft fast unvermeidlich erscheinen, und es ist gut vorstellbar, daß diese während der Leipziger Studienzeit – Hiller studierte hier von 1751 bis 1754, Nicolai von 1753 bis 1755 – erneuert oder vertieft wurde.[58] Leider liegen keine konkreten Anhaltspunkte für eine Datierung von Nicolais Kantatenabschrift und den Zeitpunkt des Besitzwechsels vor. Die freundschaftlichen Beziehungen, die Hiller zeitlebens nach Görlitz unterhielt, bieten jedoch Raum für allerlei Szenarien.

Mit der Identifizierung der Schreiber der beiden Quellen von „Willkomm, du Licht aus Licht geboren" und dank der Erhellung des Überlieferungskontexts gewinnt die Zuschreibung des Werks an Fasch zusätzlich an Glaubwürdigkeit.

– Die Quellen der Kantate (7) „Jauchzet, ihr Himmel" (D-WFe, *W 141*) bergen zahlreiche Probleme. Die älteste Schicht der unter der Signatur *W 141* vereinigten Handschriften besteht aus der Partitur und dem nicht vollständig erhaltenen Stimmensatz von der Hand Gerlachs. Wie üblich unterdrückte Gerlach den Namen des Komponisten, in diesem Fall aber auch die Bestimmung des Werks. In der Partitur wurden diese Angaben von Gerlachs Substitut und Nachfolger Wiedner ergänzt („Auf das Jubilæum 1755. Wiedner"). Die Formulierung „Jubilæum 1755" bezieht sich auf den zweihundertsten Jahrestag des Augsburger Religionsfriedens, der in den Städten Sachsens mit großem Zeremoniell begangen wurde.[59] Die Kantate stellt mithin den Beitrag der Neukirche zu diesem Festtag dar. Den Eingangschor und das erste Rezitativ (letzteres in parodierter und stark überarbeiteter Form) hat Wiedner später (wohl nach 1761) für eine Festmusik zum Himmelfahrtstag wiederverwendet; auch hier wies er explizit auf seine Autorschaft hin.

Wenn Wiedner allerdings der Komponist der Festmusik von 1755 ist, so wäre zu fragen, warum das Werk in seiner ursprünglichen Form in einer Reinschrift Gerlachs und nicht als Autograph Wiedners vorliegt. Der Verdacht, daß es sich hier um eine von Wiedner vorgenommene nachträgliche Manipulation handeln könnte, verdichtet sich angesichts der Erkenntnis, daß Teile der Dichtung auf eine von Gerlach bereits zum Jubiläum der Augsburgischen Konfession im Juni 1730 aufgeführte – nur textlich erhaltene – Kantate zurückgehen.[60] Schen-

---

[58] Hiller erwähnte Nicolai noch 1791 in seinem Vorwort zum dritten Teil der Choralvorspiele von Johann Christoph Oley; siehe Dok III, Nr. 959.

[59] Vgl. M. Maul, *Der 200. Jahrestag des Augsburger Religionsfriedens (1755) und die Leipziger Bach-Pflege in der zweiten Hälfte des 18. Jahrhunderts*, BJ 2000, S. 101 bis 118.

[60] Siehe Glöckner, *Die Musikpflege an der Leipziger Neukirche* (wie Fußnote 34), S. 11; Der Text ist abgedruckt bei C. F. Sicul, *ANNALIVM LIPSIENSIVM MAXIME ACADEMICORVM SECTIO XXXVIII Oder des Leipziger Jahr-Buchs Zu dessen Vierten Bande Dreyzehente Fortsetzung*, Leipzig 1731, S. 1132–1134.

ken wir einer Aussage des Leipziger Chronisten Christoph Ernst Sicul Glauben, so handelte es sich bei diesem Werk um eine der wenigen eigenen Kompositionen Gerlachs.[61]

1730	1755
1. Tutti. Jauchzet, ihr Himmel	1. Tutti. Jauchzet, ihr Himmel (Text identisch)
2. Recit. Beglückter Tag	2. Recit. Beglücktes Zion, sei erfreut (Text weitgehend neu)
3. Aria. Teurer Heiland, deine Lehren	3. Aria. Gedankt sei dir (Text neu)
4. Recit. So groß ist deine Macht	4. Recit. Gewiß, Gott hat an uns (Text neu)
5. Aria. Rast, ihr Feinde, tobt und wütet	5. Aria. Zielt, ihr Feinde, schießt die Pfeile (Parodie)
	6. Recit. So gib denn, großer Friedefürst (Text neu)
6. Choral. Ihr, die ihr Christi Namen nennt	7. Choral. Ihr, die ihr Christi Namen nennt (Text identisch)

Die Rahmensätze der beiden Werke sind textlich identisch, und die Dichtung der großen Baß-Arie „Zielt, ihr Feinde" (Satz 5) parodiert den Text der zweiten Arie der Kantate von 1730. Es wäre zwar denkbar, daß diese Entsprechungen nicht auch die Musik tangierten – mit anderen Worten: daß die Musik 1755 völlig neu komponiert wurde und damit Wiedners Anspruch auf die Autorschaft des Werks zu Recht bestände; plausibler erscheint indes die Annahme, daß Gerlach zumindest die Sätze 1, 5 und 7 ohne substantielle Veränderungen aus der Kantate von 1730 übernahm und lediglich die drei Rezitative von Wiedner neu komponieren ließ. Ob das 1730 aufgeführte Werk tatsächlich als Gerlachs eigene Komposition gelten darf oder ob der Musikdirektor der Neukirche sich auch damals schon mit fremden Federn schmückte, muß offenbleiben.

In der Tat macht die Kantate auch aus musikalischer Sicht einen heterogenen Eindruck. Die drei Accompagnato-Rezitative mit wuchtigen Unisono-Einwürfen der Streicher (Satz 2 und 4) und ariosen Zäsuren (Satz 6) gehören eher der Stilwelt der 1750er Jahre an, während die etwas kantige Melodik der konzertanten Sätze 1, 3 und 5 auf die Zeit um 1730 weist.[62] Dies würde dafür

---

[61] Sicul (wie Fußnote 60), S. 1132, fügt dem Abdruck des Texts die Anmerkung hinzu: „In die *Music* gesetzt von Hr. Carl Gotthelff Gerlachen, *Directore Chori Musici* und *Organi*sten in der Neuen Kirche".

[62] Auszüge aus Satz 1 finden sich bei Schering (wie Fußnote 13), S. 504–506.

sprechen, daß auch die Musik der ersten Arie (Satz 3) auf einer älteren, nicht mehr greifbaren Vorlage beruht.[63]
Folgt man dieser Vermutung, so wäre die in Weißenfels überlieferte Kantate „Jauchzet, ihr Himmel" ein Pasticcio, das wesentliche Teile von Gerlachs Beitrag zum Jubiläum der Augsburgischen Konfession von 1730 bewahrt. Damit lägen uns Bruchstücke eines Werks vor, das einst parallel zu Bachs – ebenfalls nur in parodierter Form überlieferter[64] – Kantate „Singet dem Herrn ein neues Lied" BWV 190a/BC B 27 erklang.
Wiedner übernahm das handschriftliche Material zu „Jauchzet, ihr Himmel" nach 1761 von seinem Amtsvorgänger und benutzte es weiterhin als Fundus für eigene Festmusiken. Seine – offenbar unvollständig erhaltene – Partitur nennt, wie erwähnt, eine Verwendung zum Himmelfahrtsfest; eine von seiner Hand stammende Ergänzung in den beiden Oboenstimmen[65] (siehe Abbildung 9) zeigt allerdings, daß dies nicht die einzige Wiederaufführung war.

III.

Mit der Untersuchung der Musikalien aus dem Besitz Carl Gotthelf Gerlachs ist auch dessen Amtsnachfolger Johann Gottlieb Wiedner ins Blickfeld der Forschung geraten. Wiedner zählt – neben den nahezu gleichaltrigen Bach-Schülern Johann Friedrich Doles (1715–1797) und Johann Trier (1716–1790) – zu jenen Figuren des Leipziger Musiklebens, die mit ihrem Engagement im Großen Concert den Grundstein zu ihrer beruflichen Laufbahn legten und hier mit ersten eigenen Kompositionen an die Öffentlichkeit traten. Wiedner wurde um 1714 im oberlausitzischen Schwerta (heute Świecie) geboren und besuchte 1737/38 das Gymnasium in Zittau, bevor er sich im Sommersemester 1739 in die Matrikel der Universität Leipzig einschrieb.[66] In der zweiten Hälfte der 1740er Jahre erscheint sein Name in der „*Tabvla Musicorvm* der Löbl: großen Concert-Gesellschafft", in der er über mehrere Jahre hinweg als Sänger, Geiger und Cembalist wirkte.[67] Die zahlreichen Instrumentalwerke aus seiner Feder, die sich in den thematischen Katalogen der Musikhandlung Breitkopf finden,[68] mögen in dieser Zeit entstanden sein; außerdem scheint er sich mit

---

[63] Siehe die auffallende Ähnlichkeit der Anfangsmotive dieser Arie und der ersten Arie von Gerlachs Osterkantate „Friede sei mit euch" (D-Dl, *Mus. 2983-E-500*).
[64] BWV 190/BC A 21.
[65] Eintragung einer solistischen Partie der Trompeten mit dem Zusatz „*NB. Wenn keine Trompeten u. Pauken sind*".
[66] Zu Wiedners Biographie siehe MGG², Personenteil, Bd. 17, Sp. 886f. (M. Maul/ H.-J. Schulze) und die dort verzeichnete Literatur.
[67] Siehe Schering (wie Fußnote 13), S. 264.
[68] Brook (wie Fußnote 14), Sp. 28, 78, 100, 109, 129, 137, 150, 162, 255, 268 und 286.

dem Komponieren weltlicher Festmusiken hervorgetan zu haben.[69] Um 1755 sah Wiedner seine Reputation in Leipzig offenbar soweit gefestigt, daß er sich um die Nachfolge Gottlob Harrers als Thomaskantor bewarb.[70] Da er „als bloßer Musicus" aber keinen Schuldienst leisten konnte, wurde er bei der Auswahl nicht weiter berücksichtigt. Bei der Wiederbesetzung der Organistenstelle an der Neukirche sechs Jahre später brauchte er sich dann allerdings keiner Konkurrenz zu stellen. Durch die häufige Vertretung des kränklichen Gerlach wuchs Wiedner allmählich in das Amt hinein und konnte Erfahrungen in der Komposition von geistlicher Figuralmusik erwerben. Ernst Ludwig Gerber, der mit Wiedners Werken während seiner Leipziger Studienzeit bekannt geworden sein muß, erwähnt dessen „viele Kirchencantaten" und lobt an seinem Kompositionsstil den „fließenden, gefälligen und leichten Gesang".[71]
Eine Durchsicht der zahlreichen in Weißenfels erhaltenen Autographe Wiedners vermag diese Aussage zu bestätigen. Zugleich verraten die Partituren und Stimmensätze jedoch eine etwas hemdsärmelig anmutende Parodiepraxis und einen sehr pragmatischen Umgang mit eigenen und fremden Werken, der zuweilen eine nicht unproblematische Einstellung zu Fragen des geistigen Eigentums erkennen läßt. Eine eingehende Untersuchung und Würdigung von Wiedners Kantatenschaffen wäre in jedem Falle ein lohnendes Forschungsprojekt.[72] Im vorliegenden Kontext sollen lediglich einige Beobachtungen mitgeteilt werden, die die Musikpflege an der Leipziger Neukirche nach dem Tod Gerlachs beleuchten; allerdings wäre noch zu prüfen, ob sie für das künstlerische Niveau der deutschen evangelischen Kirchenmusik in der zweiten Hälfte des 18. Jahrhunderts insgesamt als paradigmatisch gelten können.

---

[69] Siehe H. von Hase, *Breitkopfsche Textdrucke zu Leipziger Musikaufführungen zu Bachs Zeiten*, BJ 1913, S. 69–127, speziell S. 108 (Fußnote 1).

[70] U. Kollmar, *Gottlob Harrer (1703–1755), Kapellmeister des Grafen Heinrich von Brühl am sächsisch-polnischen Hof und Thomaskantor in Leipzig. Mit einem Werkverzeichnis und einem Katalog der Notenbibliothek Harrers*, Beeskow 2006 (Schriften zur mitteldeutschen Musikgeschichte. 12.), S. 339 f.

[71] Gerber ATL 2, Sp. 805 f.

[72] In der Kantoreibibliothek der Nikolaikirche zu Luckau befinden sich zahlreiche Kantaten Wiedners auf Texte des Eisenacher Hofdichters Johann Friedrich Helbig (Eisenach 1720); vgl. hierzu auch die folgenden Ausführungen. Hingewiesen sei zudem auf die in einer autographen Partitur (nur 1. Teil) und einem fragmentarischen Stimmensatz vorliegende Passionskantate „Kommt, Menschen, seht den Gottmensch sterben" (D-WFe, *W 146*); der zugehörige Textdruck ist in der Sammlung des Stadtgeschichtlichen Museums Leipzig erhalten (Bestand: *MK 181*, *Textbücher 42*: *Andächtige | Betrachtung | des Todes Jesu | am Charfreytage | aufgeführet | in der Neuen Kirche. | Leipzig, | gedruckt mit Breitkopfischen Schriften*). Laut einer Mitteilung von Schering (wie Fußnote 13, S. 506) ließ Wiedner ab 1762 jährlich ein Passionstextheft drucken.

– Die in Partitur und Stimmen überlieferte Kantate „Ihr Völker, bringet her" (D-WFe, *W 142*) präsentiert einen verwirrenden Quellenbefund. Die von Wiedner geschriebene und signierte Partitur besteht aus drei Faszikeln: (1) einem nachträglich um einen Bogen erweiterten Ternio mit den Sätzen 1 (Chor „Ihr Völker, bringet her") und 2 (Rezitativ „In dir, du Gott geweihtes Heiligtum"), (2) einem Bogen mit Satz 3 (Aria „Nun, so jauchze, mein Gemüte") und (3) einem Bogen mit einem Rezitativ („Doch niemand maße sich des Schutzes an") und einer Arie („Vater, hilf doch, daß auf Erden"[73]), die wohl als die Sätze 4 und 5 zu verstehen sind. Die Niederschrift des ersten Satzes zeigt ein merkwürdiges Erscheinungsbild: Die zunächst fehlerfrei geschriebene Partitur wurde nachträglich einer intensiven Bearbeitung unterzogen. Zahlreiche Stellen sind auf der zweiten Seite des Umschlagbogens beziehungsweise auf einem Zusatzbogen neu gefaßt; neben Kürzungen von Passagen finden sich umfangreiche Erweiterungen. In geringerem Maße gibt es derartige Revisionen auch in Satz 3. Die Eingriffe erklären sich dadurch, daß die Fassung ante correcturam der Sätze 1–3 einem fremden Werk entnommen wurde, das in einer Konkordanzquelle Gottfried August Homilius zugeschrieben, in einer weiteren hingegen anonym überliefert ist.[74]

Wiedner ignorierte die übrigen Sätze der fremden Kantate, fügte aber – die Zugehörigkeit des dritten Faszikels vorausgesetzt – ein weiteres Paar von Solosätzen an, das er einem anderen (eigenen oder fremden) Werk entnahm. Die Niederschrift von Einzelsätzen beziehungsweise Satzpaaren in separaten Faszikeln (1+2, 3, 4+5) ist bemerkenswert, weil bei dieser Vorgehensweise das Papier wenig ökonomisch genutzt wurde und immer wieder ganze Seiten unbeschrieben blieben. Offenbar lag dem Komponisten sehr viel an der auf diese Weise gewahrten Flexibilität, denn so konnte er seine Partituren je nach Anlaß und Bedarf immer wieder aufs Neue aus einzelnen Faszikeln zusammenstellen. Wir dürfen daher annehmen, daß Wiedner die einzelnen Sätze mehrmals in unterschiedlichen Zusammenhängen verwendete.

Dieses flexible Pasticcio-Prinzip ist auch an den Stimmen deutlich abzulesen. Die vier Singstimmen (jeweils aus einem beidseitig beschriebenen Blatt bestehend) enthalten nur den Eingangschor und entbehren jeglicher Hinweise auf nachfolgende Sätze. Die Instrumentalstimmen (2 Trompeten, Pauken, 2 Oboen, Streicher, Orgel) hingegen umfassen stets drei Sätze, allerdings entsprechen das Rezitativ und die Arie nicht den in den Faszikeln 2 und 3 der

---

[73] Siehe die ersten zwölf Takte bei Schering (wie Fußnote 13), S. 503.
[74] D-AG, *Mus. H. 6:59a* (Zuschreibung: Homilius) und *Mus. H. 6:126* (anonym). Siehe U. Wolf, *Gottfried August Homilius (1714–1785). Studien zu Leben und Werk (mit Werkverzeichnis HoWV, kleine Ausgabe)*, Stuttgart 2009, S. 82 (HoWV II. Anh. 31). – Uwe Wolf stellte mir freundlicherweise eine Kopie der Quelle D-AG, *Mus. H. 6:126*, zur Verfügung.

Partitur enthaltenen Sätzen. Außerdem sind die in der Partitur geforderten Hörner durch Trompeten und Pauken ersetzt.

Die Herkunft des nachträglich in die Kantate „Ihr Völker, bringet her" integrierten zweiten Rezitativ-Arie-Paars (Satz 4+5) läßt sich mit einem Blick auf die Texte bestimmen: Das Rezitativ „Doch niemand maße sich des Schutzes an" und die Arie „Vater, hilf doch, daß auf Erden" sind der 1720 veröffentlichten und zuerst von Georg Philipp Telemann in Musik gesetzten Michaeliskantate „Der Engel des Herrn lagert sich" (TVWV 1:235) des Eisenacher Hofdichters Johann Friedrich Helbig entnommen; dort bilden sie die Sätze 3 und 4.[75] Die Sätze 1 und 2 aus Helbigs Dichtung benutzte Wiedner in einer in Luckau erhaltenen Kantate, die mit einem anderweitig nicht nachweisbaren Rezitativ und einem Choralsatz schließt. Es erscheint daher plausibel, daß Wiedner zunächst Helbigs Dichtung zum Michaelisfest vollständig vertonte, dann aber die Sätze 1 bis 4 auf zwei verschiedene Werke verteilte, dort mit anderen (zum Teil fremden) Kompositionen auffüllte und auf diese Weise zu den für ihn charakteristischen Pasticcii gelangte.

– Unter der Signatur D-WFe, *182* findet sich, wiederum von Wiedners Hand (wenngleich nicht mit seinem Namen versehen), ein Stimmensatz zu dem Chor „Ich freue mich im Herrn", bei dem es sich offenbar um den Kopfsatz einer nicht vollständig erhaltenen Kantate handelt. Eine beiliegende Partitur (1 Bogen) enthält als Kompositionsniederschrift ein von Streichern begleitetes Tenor-Rezitativ, das nach Aussage der Stimmen an zweiter Stelle der Kantate stand und anscheinend den Anschluß zu weiteren, allerdings nicht mehr vorhandenen Sätzen bildete. Das Rezitativ findet sich indes nur in einigen Stimmen (Tenore, Violino 2, Viola, Violone, Organo). Die übrigen (Soprano, Alto, Basso, Oboe 1–2, Cornu 1–2, Violino 1) enthalten weder tacet-Vermerke noch sonstige Hinweise auf nachfolgende Sätze und gehören somit womöglich einer anderen Werkschicht an. Das hier wieder angewendete ‚Baukastenprinzip' läßt sich auch auf musikalischer Ebene nachvollziehen: Der Chor geht zurück auf eine seinerzeit weit verbreitete vierstimmige Motette von Homilius,[76] die Wiedner lediglich mit einem jeweils viertaktigen instrumentalen Vor- und Nachspiel versah und deren Satzgewebe er außerdem durch colla

---

[75] J. F. Helbig, *Poetische Auffmunterung zur Sonn- und Fest-Täglichen Andacht durchs gantze Jahr* (abweichender Titel: *Auffmunterung zur Andacht, Oder: Musicalische Texte, über Die gewöhnlichen Sonn- und Fest-Tags Evangelien durchs ganze Jahr*), Eisenach 1720. Zu Telemanns Helbig-Jahrgang siehe C. Oefner, *Johann Friedrich Helbig und Johann Ulrich von Lingen – zwei Eisenacher Textdichter Telemanns*, in: Telemann und Eisenach. Drei Studien, Magdeburg 1976 (Magdeburger Telemann-Studien. 5.), S. 17–59, speziell S. 19–35.

[76] HoWV V.46. Siehe G. A. Homilius, *Motetten für gemischten Chor a cappella. Gesamtausgabe*, hrsg. von U. Wolf, Stuttgart 2000, S. 263–265.

parte gehende Instrumente verstärkte.[77] Das Rezitativ („Der schnelle Lauf der regen Zeiten") geht textlich auf einen von Telemann zwischen 1729 und 1736 komponierten Zyklus musikalischer Dichtungen des Eichenbarlebener Amtmanns Gottfried Behrndt zurück; der Satz ist dort Teil des „Oratoriums" für den Neujahrstag (vgl. *Oratorium in Festo Novi Anni* „Herr Gott, dich loben wir", TVWV 1:745).[78] In Wiedners sprachlich nur leicht veränderter Neukomposition des Rezitativs wird an zwei Stellen das Ende des Kirchenjahres (statt, wie bei Behrndt, des Kalenderjahres) thematisiert. Dadurch wird ein de-tempore-Bezug hergestellt, der die textlich neutralen Bestandteile (den Eingangschor und vermutlich eine Arie oder einen weiteren Chorsatz) schlüssig an den betreffenden Sonntag band.

Die hier skizzierten mannigfaltigen Beziehungen zum Schaffen von Homilius und Telemann und zur Musikaliensammlung Gerlachs werfen ein Licht auf Wiedners musikalischen Horizont, der gleichermaßen von der Wahrung bestehender Traditionen wie von innovativen Bestrebungen geprägt war. Im Gegensatz zu seinem an den benachbarten Leipziger Hauptkirchen wirkenden Kollegen Johann Friedrich Doles scheint Wiedner seine schöpferische Begabung nicht vornehmlich in den Dienst einer grundlegenden Erneuerung des Repertoires gestellt zu haben. Nach Auskunft der Weißenfelser Autographe etablierte er vielmehr eine – in manchen Zügen an Carl Philipp Emanuel Bachs Hamburger Verfahrensweise erinnernde – Pasticcio-Praxis, durch die die liturgische Bindung der Kirchenkantaten merklich gelockert wurde.

– Die Mappen mit den Signaturen D-WFe, *W 143a* und *W 143b* enthalten autographe Partituren und Stimmen zu zwei kurzen Sanctus-Kompositionen Wiedners. Aufmerksamkeit verdient der Stimmensatz zum Sanctus in B-Dur (*W 143b*), dessen elf Stimmblätter jeweils ein weiteres, rückseitig von anderer Hand geschriebenes anonymes Sanctus in A-Dur überliefern. Bei näherer Betrachtung zeigt sich, daß dieses A-Dur-Sanctus als erstes auf den Blättern stand, Wiedners Komposition hingegen nachträglich auf den leergebliebenen Verso-Seiten eingefügt wurde. Der Hauptschreiber des älteren Stücks läßt sich ohne Mühe identifizieren: Es handelt sich um Bachs Amtsnachfolger Gottlob Harrer. Hierzu paßt auch das Wasserzeichen „Wappen von Zedwitz + IWI", das sich in zahlreichen Handschriften aus Harrers Notenbibliothek fin-

---

[77] Lediglich in den beiden letzten Takten der Vorlage veränderte Wiedner die unisono-Führung der Singstimmen.

[78] Siehe U. Poetzsch, *„Ein gelehrter Amtmann zu Eichenbarleben" – Gottfried Behrndt als Dichter für Georg Philipp Telemann*, in: Zwischen Musikwissenschaft und Musikleben. Festschrift für Wolf Hobohm zum 60. Geburtstag, Hildesheim 2001 (Magdeburger Telemann-Studien. 17.), S. 99–136; Telemanns Komposition ist in zwei Abschriften erhalten (D-Bsa, *SA 637*, und D-B, *Mus. ms. 21740/255*).

det.[79] Ob es sich bei dem in Weißenfels offenbar singulär überlieferten Sanctus in A-Dur um eine eigene Komposition Harrers handelt oder um die Abschrift eines fremden Werkes, läßt sich nicht klären. Immerhin aber wird durch diesen Fund deutlich, daß Harrers Nachlaß nicht, wie häufig behauptet, nach seinem Tod (9. Juli 1755) vollständig von der Musikalienhandlung Breitkopf erworben wurde.[80] Wiedner und vermutlich auch andere hatten offenbar Zugang zur Notenbibliothek des Thomaskantors, noch bevor Johann Gottlob Immanuel Breitkopf mit gezielten Ankäufen den Grundstock zu seinem ab 1761 in gedruckten Katalogen angebotenen Handschriftensortiment erwarb. Da das erste, zur Leipziger Michaelismesse 1761 erschienene Verkaufsangebot zahlreiche Musikalien aus den Nachlässen Harrers und Gerlachs enthält, wäre auch denkbar, daß Harrers Notenbibliothek zunächst von Gerlach erworben wurde und daß Breitkopf erst sechs Jahre später große Teile von dessen breit gefächertem Nachlaß einschließlich der Harreriana übernahm.

Sollte dies tatsächlich der Fall gewesen sein, so wäre vermutlich auch Bachs Abschrift der Missa canonica von Francesco Gasparini durch Gerlachs Hände gegangen und dann über Wiedner nach Weißenfels gelangt.

IV.

Betrachten wir Johann Gottlieb Wiedner als Bindeglied in der Provenienzkette der älteren Musikalien in der Sammlung Weißenfels, so läßt sich – zumindest hypothetisch – auch die Herkunft eines anderen älteren Bestands erklären. Es handelt sich um Kompositionsautographe des Bach-Schülers Carl Hartwig, darunter acht Kantatenpartituren sowie Partituren beziehungsweise Stimmensätze zu drei Magnificat-Kompositionen. Hartwig wurde am 18. August 1709 in Olbernhau im Erzgebirge geboren. Im Dezember 1729 bewarb er sich um die durch Johann Gottlieb Görners Versetzung an die Thomaskirche freigewordene Organistenstelle an der Leipziger Nikolaikirche.[81] Seiner Bewerbung war zwar kein Erfolg beschieden, immerhin aber erhielt er den Auftrag, das Orgelspiel in dieser Kirche bis zum Dienstantritt von Johann Schneider am 1. August 1730 zu versehen.[82] In diese Zeit dürften auch seine noch ein Jahr-

---

[79] Lediglich die beiden Violinstimmen wurden von einem Kopisten geschrieben. Zum Wasserzeichen siehe Kollmar (wie Fußnote 70), S. 372 und passim.

[80] Ebenda, S. 150–155. – Ein weiteres nicht über Breitkopf überliefertes Harrer-Autograph ist die in D-LEm unter der Signatur *III.15.16 a–c* erhaltene dreibändige Abschrift von Hasses Oper „Cleofide"; der früheste bekannte Vorbesitzer war in diesem Fall Johann Gottfried Schicht.

[81] Schering (wie Fußnote 13), S. 65.

[82] Dok II, Nr. 330 K.

zehnt später dokumentierte Bekanntschaft mit Johann Ludwig Krebs[83] und sein Unterricht bei Bach fallen, den er in seiner Bewerbung um die Organistenstelle an der Dresdner Sophienkirche im Sommer 1733 erwähnte.[84] Inzwischen hatte er sich offenbar in Dresden niedergelassen und Verbindungen mit dem Kreuzkantor Theodor Christlieb Reinholdt aufgenommen.[85] Eine dauerhafte Anstellung fand er schließlich im Jahre 1735 als Nachfolger von Johann Krieger († 18.7.1735) an der Johanniskirche in Zittau. Nach gut zehn Jahren in diesem Amt stellten sich Anzeichen einer psychischen Erkrankung ein, die Ende 1746 zur Dienstunfähigkeit führte. Bereits Ende 1747 gingen beim Rat der Stadt Zittau Bewerbungen um Hartwigs Nachfolge ein, darunter auch Briefe der Bach-Schüler J. G. A. Fritzsche (siehe oben) und J. L. Krebs; die Stelle wurde schließlich im Februar 1748 Gottlieb Krause zugesprochen, einem Kammermusikus der Brühlschen Kapelle in Dresden. Hartwig starb im Sommer 1750 (begraben am 5.8.1750).[86]

Die in Weißenfels aufbewahrten Autographe Hartwigs stammen offenbar durchweg aus seinen ersten Jahren in Zittau (die in fünf Handschriften vermerkten Daten umspannen den Zeitraum vom 1. März 1736 bis zum 20. Juni 1739). Sie zeigen ihn als einen versierten Komponisten technisch anspruchsvoller, galant gefärbter Werke, die allenthalben seine in Leipzig und Dresden gesammelten musikalischen Erfahrungen spiegeln.[87] Neben den acht Kantaten findet sich aus Hartwigs Feder auch ein prächtiges Magnificat mit einleitender Sinfonia. Einblicke in sein Zittauer Aufführungsrepertoire vermitteln zudem seine Abschriften des Magnificat in C-Dur von Jan Dismas Zelenka und eines anonym überlieferten Magnificat in F-Dur. Im einzelnen lassen sich folgende Handschriften der Weißenfelser Sammlung Hartwig zuordnen:

---

[83] Dok II, Nr. 492.
[84] Dok II, Nr. 330. Das Dresdner Bewerbungsschreiben Hartwigs (Stadtarchiv Dresden, Hauptaktenarchiv, *D. XXXIV. 17*, fol. 9r+v) bestätigt den autographen Charakter der Weißenfelser Handschriften.
[85] Siehe die Angaben in seinem Bewerbungsschreiben.
[86] Zur Lebensgeschichte Hartwigs siehe W. Müller, *Musiker und Organisten um den Orgelbauer Gottfried Silbermann*, in: Beiträge zur Musikwissenschaft 19 (1977), S. 83–98, speziell S. 91 (Anmerkung 39); und *Carl Philipp Emanuel Bach. Briefe und Dokumente* (wie Fußnote 15), S. 15–19.
[87] In Zittau galt Hartwig als „berühmter *Componiste*". Siehe *„Gepreißner Silbermann!" Gereimtes und Ungereimtes zur Einweihung der Orgeln Gottfried Silbermanns*, hrsg. von C. Ahrens und K. Langrock, Altenburg 2003 (Köstritzer Schriften. 1.), S. 239 (Schulprogramm des Zittauer Konrektors J. F. Buchner anläßlich der Einweihung der Orgel in der Johanniskirche); siehe auch S. 219–224, 260–267.

(1) *H 50*
C. Hartwig, „Liebe ist stark wie der Tod"
Partitur (Kopftitel: „Sub Communione di CHartwig"; Kolophon: „S. D. G. d. 20 Junij 1739"; WZ: Z im Doppelkreis mit Schriftzug ZITTAV)

(2) *H 51*
C. Hartwig, „Es ist eine Stimme eines Predigers"
Partitur (Kopftitel: „Festo Joh: Baptistæ di CHartwig"; Kolophon: „S. D. L. et G. d. 19 Junij 1736"; WZ: wie [1])

(3) *H 52*
C. Hartwig, „Ich recke meine Hand aus"
Partitur (Kopftitel: „Dom: 2 p. Trinit: di CHartwig"; Kolophon: „S. D. L. et G. d. 6 Junij 1736"; WZ: wie [1])

(4) *H 53*
C. Hartwig, „Ich geh und suche mit Verlangen"
Partitur (Kopftitel: „Dom: II. p. Trinit: Jesus u. die Seele. | di CHartwig"; Kolophon: „S. D. G. d. 12 Junij 1738"; WZ: wie [1])

(5) *H 55*
C. Hartwig, „Nun aber gehe ich hin"
Partitur (Kopftitel: „Dom. Cantate di CHartwig"; WZ: wie [1])

(6) *H 56*
C. Hartwig, „Siehe, eine Jungfrau ist schwanger"
Partitur (Kopftitel: „Festo Annunciationis Mariæ di CHartwig"; Kolophon: „S. D. G. | d. 1 Mart: 1736"; WZ: wie [1])

(7) *H 57*
C. Hartwig, „Was soll ich dir geben"
Partitur (Kopftitel: „Cantata di CHartwig"; WZ: wie [1])

(8) *H 58*
C. Hartwig, „Zittert, ihr Berge"
Partitur (Kopftitel: „Aria In actu Nativ: Xsti di CHartwig"; WZ: wie [1])

(9) *H 54*
C. Hartwig, Magnificat in D-Dur
Umschlag: „Magnificat | a quattro | con Sinfonia | del Sigl. Cantù"
Partitur (Fragment, nur 1 Bl.; Kopftitel: „CHartwig; WZ: –)
Stimmen (S, A, T, B, Tr 1, 2, Timp, Vl 1, Va; WZ: wie [1])

(10) *188*
Anonym, Magnificat in F-Dur
Stimmen (S, A, T, B, S Rip., A Rip., T. Rip., B Rip., Vl 1, Vl 1, Vl 2, Vl 2, Vc, Vne, Org; WZ: wie [1])

(11) *189*
[J. D. Zelenka], Magnificat in C-Dur, ZWV 107
Titelbl. (bei *188*): „Magnificat | â | 2 Violini | Oboe | Viola | 4 Voc: | con | Organo | Z." Stimmen (S, A, T, B, S Rip., A Rip., T. Rip., B Rip., Ob, Vl 1, Vl 1, Vl 2, Vl 2, Va, Va, Vne, Vne, Org; WZ: wie [1])

Die in diesen elf Handschriften reichlich dokumentierten Schriftzüge Hartwigs erlauben uns, noch eine zwölfte, auf anderem Weg überlieferte Quelle von seiner Hand zu bestimmen. Es handelt sich um eine Abschrift von Zelenkas Magnificat in D-Dur ZWV 108, die in einem Konvolut aus der Sammlung Georg Poelchaus erhalten ist (D-B, *Mus. ms. 30308*, Faszikel 3).[88]
Unter Hartwigs Kantaten fallen zwei Kompositionen auf Texte von Erdmann Neumeister auf. Die Kantate zum 2. Sonntag nach Trinitatis aus dem Jahr 1736 (3) entstammt dem vierten Jahrgang Neumeisters, den Telemann im Kirchenjahr 1714/15 für den Eisenacher Hof in Musik setzte und der später als der „Französische Jahrgang" bekannt wurde. Das Werk für den Sonntag Cantate (5) gehört zu Neumeisters drittem Jahrgang „Geistliches Singen und Spielen" von 1711, den ebenfalls Telemann für Eisenach vertont hat. Da die Dichtungen spätestens ab 1716 in Neumeisters *Fünfffachen Kirchen-Andachten* leicht greifbar waren, wäre zu fragen, ob Hartwig sie über die Kompositionen Telemanns kennengelernt hat oder aber auf den Textdruck zurückgriff.
Eine ähnliche Frage stellt sich bei der Kantate zum 2. Sonntag nach Trinitatis aus dem Jahr 1738 (4), einem Dialog mit dem Titel „Jesus und die Seele". Das Werk ist textlich identisch mit Bachs Kantate „Ich geh und suche mit Verlangen" BWV 49/BC A 150. Die Dichtung stammt von einem unbekannten Autor; eine gedruckte Fassung ist bislang nicht ermittelt worden. Somit erscheint es nach gegenwärtigem Kenntnisstand plausibel anzunehmen, daß Hartwig den Dialogtext über Bachs Komposition kennengelernt hat. Möglicherweise war er gar als Zuhörer oder Mitwirkender bei der Erstaufführung am 3. November 1726 (20. Sonntag nach Trinitatis) zugegen.
Die unterschiedlichen de-tempore-Zuweisungen von Bachs und Hartwigs Kantaten unterstreichen die Mehrdeutigkeit der Dichtung: Bei Hartwig zielt der Dialog auf das Evangelium zum 2. Sonntag nach Trinitatis, das Gleichnis vom großen Abendmahl nach Lukas 14, das in Satz 2 („Mein Mahl ist zubereitet") und Satz 5 („Die Majestät ruft selbst und sendet ihre Knechte,/ daß das gefallene Geschlechte/ im Himmelssaal bei dem Erlösungsmahl/ zu Gaste möge sein") anklingt. Bei Bach hingegen soll die dem Hohenlied entnommene Brautmystik im Vordergrund stehen und auf das für den 20. Sonntag nach Trinitatis bestimmte Gleichnis von der königlichen Hochzeit (Matthäus 22)

---

[88] Der Titel dieser Abschrift lautet: „*Magnificat | â 4 Voci | 2 Violini | 2 Oboi | Viola | con | Organo | di | J. D. Zilenska*"; das Wasserzeichen entspricht der der zuvor beschriebenen Quellen.

deuten. Welche der beiden Zuweisungen der Textdichter im Sinn hatte, bleibt offen.

Sollte Hartwig tatsächlich über Bachs Komposition auf den Text gestoßen sein, so wäre zu überlegen, ob seine Wahl der entlegenen Tonart E-Dur als eine Reverenz an das ebenfalls in E-Dur stehende Vorbild zu werten ist.

Für die Anfertigung der Dubletten seines Aufführungsmaterials zum Magnificat in C-Dur von Jan Dismas Zelenka (11) griff Hartwig auf die Hilfe zusätzlicher Kopisten zurück – vermutlich Alumnen des Zittauer Gymnasiums. In der Soprano-Ripieno-Stimme taucht ein Schreiber auf (siehe Abbildung 10), dessen Tätigkeit hier etwas näher beleuchtet werden soll. Dieselbe Hand begegnet uns mit identischen Schriftformen auch in D-WFe, *234*. Unter dieser Signatur findet sich eine Partitur mit zwei Arien für Sopran und Streicher („Tremo fra dubbi miei" und „Ah perdona al primo affetto") aus Johann Adolph Hasses Oper „Tito Vespasiano" (1735), in deren Kopftiteln die Sängernamen der Dresdner Aufführung von 1738 vermerkt sind.[89] Die Textunterlegung stammt in beiden Fällen von der Hand Hartwigs, so daß anzunehmen ist, daß die Abschrift auf seine Veranlassung hin oder zumindest unter seiner Aufsicht in Zittau entstand.[90]

In der Bach-Forschung ist dieser Kopist kein Unbekannter. Er läßt sich – mit reiferen Schriftformen – auch in sechs Abschriften von Tastenwerken J. S. Bachs aus der Sammlung Becker nachweisen (D-LEm, *III.8.7–III.8.11*, *III.8.17*).[91] Diese Handschriften sind einheitlich auf Papier mit dem großen Wappen von Schönburg (Weiß 72) geschrieben, könnten also wie die von Bach

---

[89] R. D. Schmidt-Hensel, *„La musica è del Signor Hasse detto il Sassone …". Johann Adolf Hasses „Opere serie" der Jahre 1730 bis 1745. Quellen, Fassungen, Aufführungen*, Göttingen 2009 (Abhandlungen zur Musikgeschichte. 19.), Teil II: *Werk-, Quellen- und Aufführungsverzeichnis*, S. 391–432.

[90] Das Papier stammt aus der Zittauer Papiermühle (Wasserzeichen wie bei den Kantatenautographen Hartwigs). – Hier sei noch darauf hingewiesen, daß die Handschrift D-WFe, *235* ein ganz ähnliches Erscheinungsbild aufweist. Sie enthält die Arie „In quegli ultimi momenti" aus Hasses Oper „Alfonso" (Dresden 1738) von der Hand eines Kopisten, der später mehrfach in Stammhandschriften Breitkopfs nachweisbar ist (zum Beispiel in D-B, *P 367*, Fasz. 1, und D-LEm, *III.12.2*). Auch hier deutet das Papier auf Zittau, und der Gesangstext wurde anscheinend ebenfalls von Hartwig eingetragen.

[91] Siehe die Quellenbeschreibungen bei P. Krause, *Handschriften der Werke Johann Sebastian Bachs in der Musikbibliothek der Stadt Leipzig*, Leipzig 1964 (Bibliographische Veröffentlichungen der Musikbibliothek der Stadt Leipzig. 5.), S. 16, 19 und 20. In den Krit. Berichten der NBA finden sich meist nur knappe Hinweise; vgl. NBA IV/1 Krit. Bericht (H.-H. Löhlein, 1987), S. 204; NBA IV/2 Krit. Bericht (H. Klotz, 1957), S. 42 und 61; NBA IV/3 Krit. Bericht (H. Klotz, 1962), S. 31; NBA IV/5–6 Krit. Bericht (D. Kilian, 1978), S. 131; NBA V/6.1 Krit. Bericht (A. Dürr, 1989), S. 97.

kopierte Gasparini-Messe um 1740–1742 in Leipzig entstanden sein. Von besonderer Bedeutung ist die Quellengruppe nicht zuletzt deshalb, weil an einer Stelle in D-LEm, *III.8.7* Johann Sebastian Bach eine von dem Kopisten offenbar nicht zu entziffernde Stelle eigenhändig nachgetragen hat.[92]
Einige Jahre später ist unser Schreiber dann wieder in einer in Weißenfels erhaltenen Quelle nachweisbar (D-WFe, *B 10*). Diesmal kopiert er – vermutlich anhand eines Exemplars des Erstdrucks von 1744 – den Kopfsatz von C. P. E. Bachs zweiter Württembergischer Sonate in As-Dur Wq 49/2. Das in dieser Handschrift erkennbare Wasserzeichen „Lilie + Monogramm CV" ist augenscheinlich identisch mit demjenigen in verschiedenen Originalhandschriften Bachs aus der Zeit um 1747 bis 1749 (Weiß 73).
Die an den Quellen abzulesenden biographischen Indizien führen zwar noch nicht zur Identifizierung des Schreibers, sie geben aber zumindest einige Hinweise für künftige gezieltere Ermittlungen: Zu suchen ist nach einem Musiker, der in der zweiten Hälfte der 1730er Jahre Alumne des Zittauer Gymnasiums und hier vermutlich Schüler des Organisten und Director musices Carl Hartwig war. Um oder kurz nach 1740 müßte er Zittau in Richtung Leipzig verlassen haben, um hier mit Bach Kontakt aufzunehmen und unter dessen Aufsicht eine Notensammlung anzulegen, von der die sieben erhaltenen Handschriften vermutlich nur noch einen kleinen, wenngleich nicht unbedeutenden Rest darstellen.
Sämtliche genannten Quellen aus dem Umkreis Hartwigs sind vermutlich über Wiedner nach Weißenfels gelangt. Ob letzterer auch als Vermittler der Hartwig-Autographe von Zittau und Leipzig in Frage kommt, ist schwer abzuschätzen. Immerhin war er selbst 1737/38 Schüler des Zittauer Gymnasiums und dürfte in dieser Zeit mit Hartwig zusammengetroffen sein, bevor er 1739 nach Leipzig ging. Vielleicht spielt hier aber auch der vorstehend charakterisierte anonyme Kopist eine zentrale, wenngleich noch nicht völlig zu durchschauende Rolle. Bedeutsam erscheinen die Quellen allemal, weil sie von Personen herrühren, die zeitweilig zum Schülerkreis Bachs gehörten.

V.

Die Durchsicht der Weißenfelser Quellen sei mit einigen Kommentaren zu zwei Handschriften beschlossen, die zwei weitere Kopisten aus dem Umfeld Bachs betreffen.

1. Die nur aus einem Bogen bestehende Handschrift D-WFe, *240* enthält auf den Seiten 2 und 3 ein anonym überliefertes virtuoses Klavierstück in B-Dur. Das Werk ist identisch mit dem dritten Satz einer Sonate von Georg Christoph

---

[92] Abbildung bei Krause (wie Fußnote 91), S. 18.

Wagenseil.[93] Die Rückseite des Bogens wurde zu einem späteren Zeitpunkt von dem Weißenfelser Kantor Johann August Gärtner für die skizzenhafte Niederschrift eines Rezitativs benutzt. Der Schreiber des Klavierstücks von Wagenseil beansprucht unsere Aufmerksamkeit, weil er als Kopist zahlreicher, vornehmlich früher Orgelwerke Bachs bekannt ist und offenbar Zugang zu heute verschollenen Quellenbeständen aus Bachs Thüringer Zeit hatte.[94] Das Repertoire der von diesem Anonymus kopierten Werke reicht von älteren Meistern wie Johann Pachelbel und Christian Ritter bis zu Christoph Graupner, Johann Ludwig Krebs und – wie die Weißenfelser Handschrift nunmehr belegt – Wagenseil. Ähnlich breit gefächert ist die Provenienz der bislang ermittelten Quellen, wobei Zentren der Überlieferung Erfurt und Dessau sind. Es bleibt zu hoffen, daß künftige Recherchen mehr über diese derzeit nur umrißhaft erkennbare, offenbar aber bedeutende Musikaliensammlung und ihren Schreiber zutage fördern.

2. Die Handschrift D-WFe, *237* enthält eine Partiturabschrift der Kantate „Singet dem Herrn ein neues Lied"; der Komponist ist im Kopftitel verkürzt als „da F" angegeben. Möglicherweise handelt es sich um ein Werk von Christoph Förster. Das zur Niederschrift verwendete Papier stammt nach Ausweis des Wasserzeichens (Adler mit Brustschild, darauf Buchstabe R + CGK) aus der Papiermühle Kröllwitz bei Halle; es ist typisch zum Beispiel für frühe Hallenser Autographe von Wilhelm Friedemann Bach und Johann Christian Berger. Die Schriftformen von D-WFe, *237* weisen allerdings nicht auf die Musikpflege an der Marktkirche, sondern auf den an der Ulrichskirche wirkenden Organisten Johann Gotthilf Ziegler (1688–1747). Ziegler wurde in Leubnitz geboren und war Schüler der renommierten Organisten Christian Petzoldt in Dresden und Friedrich Wilhelm Zachow in Halle, bevor er sich zur weiteren Perfektion seiner musikalischen Fähigkeiten zu Bach nach Weimar begab[95] und von diesem, wie er später (1746) in sein Bewerbungsschreiben um den Organistendienst an der Marktkirche zu Halle einfließen ließ, die Anregung erhielt, „die Lieder nicht nur so oben hin, sondern nach dem *Affect* der Wortte"

---

[93] H. Scholz-Michelitsch, *Das Klavierwerk von Georg Christoph Wagenseil. Thematischer Katalog*, Wien 1966 (Tabulae Musicae Austriacae. 3.), Nr. 75.

[94] Zu dem von diesem Kopisten geschriebenen Quellen siehe: *Katalog der Sammlung Manfred Gorke. Bachiana und andere Handschriften und Drucke des 18. und frühen 19. Jahrhunderts*, bearbeitet von H.-J. Schulze, Leipzig 1977 (Bibliographische Veröffentlichungen der Musikbibliothek der Stadt Leipzig. 8.), S. 35 (Nr. 104); NBA IV/5–6 Krit. Bericht, S. 112 und 171; H. Joelsen-Strohbach, *Nachricht von verschiedenen verloren geglaubten Handschriften mit barocker Tastenmusik*, AfMw 44 (1987), S. 91–140, speziell S. 119 (basierend auf Ermittlungen von H.-J. Schulze); NBA IV/7 Krit. Bericht (D. Kilian, 1988), S. 124; NBA IV/11 Krit. Bericht (U. Bartels/P. Wollny, 2004), S. 62, 105 f. und besonders S. 215 f.

[95] Siehe Walther L, S. 656 (Dok II, Nr. 324).

zu spielen.[96] Die Abschrift der Kantate „Singet dem Herrn ein neues Lied" wäre mithin der einzige bisher nachweisbare Rest seines „starken Vorraths" an Kirchenstücken „von berühmten *Autoribus*".[97]

Wie die vorstehenden Ausführungen zeigen, vermag die Auswertung von Sammlungen musikalischer Quellen im günstigen Falle – über rein philologische Erkenntnisse hinaus – in der Summe der Einzelbeobachtungen ein dichtes Gewebe von persönlichen Beziehungen zu rekonstruieren und somit ein Stück Lebensrealität einer vergangenen Epoche einzufangen, das auf anderen Wegen und mit anderen Untersuchungsmethoden kaum zu gewinnen wäre.

---

[96] Dok II, Nr. 542.

[97] Zitate aus Zieglers Brief anläßlich seiner Bewerbung um die Organistenstelle an der Marktkirche zu Halle vom 1. Februar 1746 (Halle, Archiv der Marktkirche, *Acta die Organisten-Wahl betr.*, *Vol. 1*, *O Nr. 7*, Bl. 6v); dieses Dokument wurde auch zur Identifizierung der Weißenfelser Handschrift herangezogen.

Abbildung 1

Abbildung 2

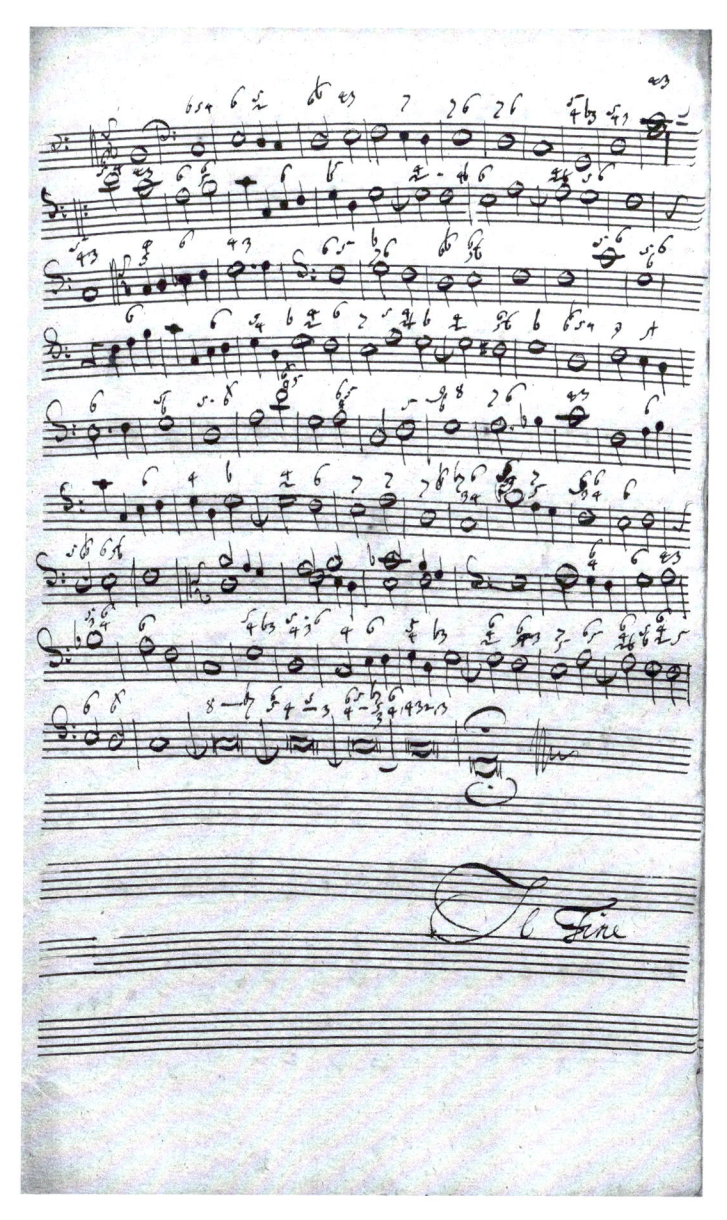

Abbildung 3

Abbildung 1–3: F. Gasparini, Missa canonica
(1) *Hautbois 1 ô Violino 1*, S. 1; geschrieben von J. S. Bach;
(2) *Alto*, S. 1, und *Organo*, S. 4; geschrieben von J. F. A. Fritzsche. – D-WFe, *191*.

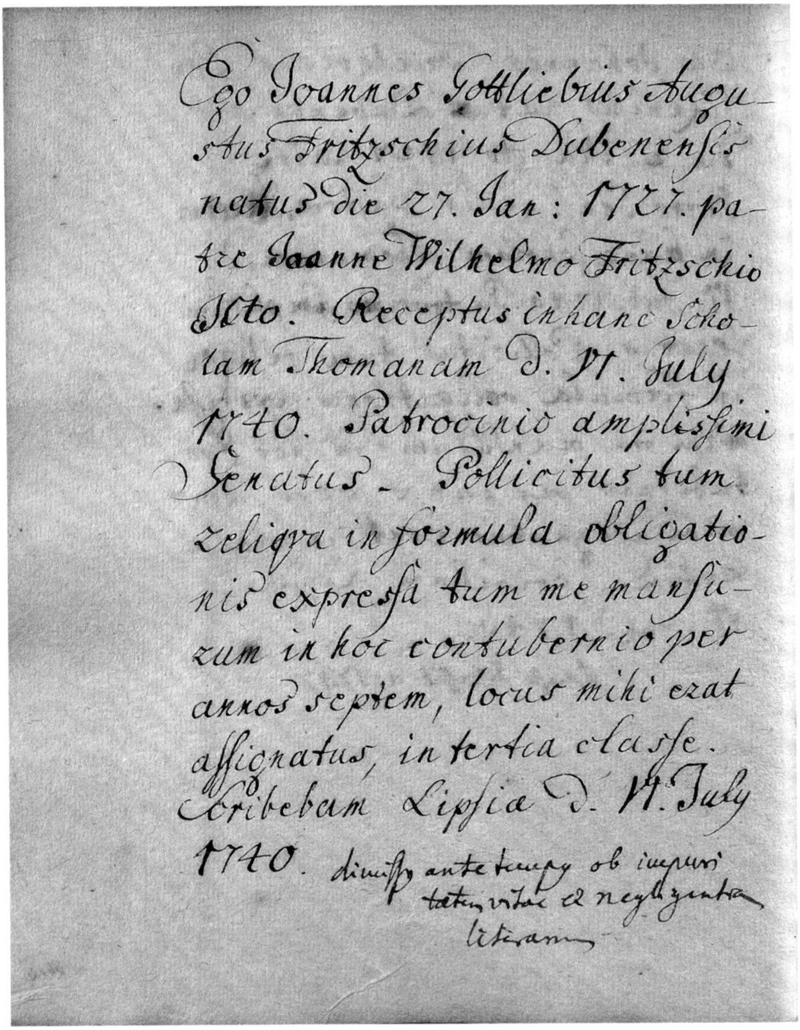

Ego Joannes Gottliebius Augustus Fritzschius Dubenensis natus die 27. Jan: 1727. patre Joanne Wilhelmo Fritzschio JCto. Receptus in hanc Scholam Thomanam d. 27. July 1740. Patrocinio amplissimi Senatus. Pollicitus tum zeligra in formula obligationis expressa tum me mansurum in hoc contubernio per annos septem, locus mihi erat assignatus, in tertia classe. Scribebam Lipsiæ d. 27. July 1740. dimissus ante tempus ob impuritatem vitae et negligentiam literarum.

Abbildung 4: Eintrag von J. F. A. Fritzsche (6. Juli 1740) mit Abgangsvermerk von J. A. Ernesti, in: *Album Alumnorum Thomanorum* (Stadtarchiv Leipzig, *Thomasschule, Nr. 483*), fol. 73 v.

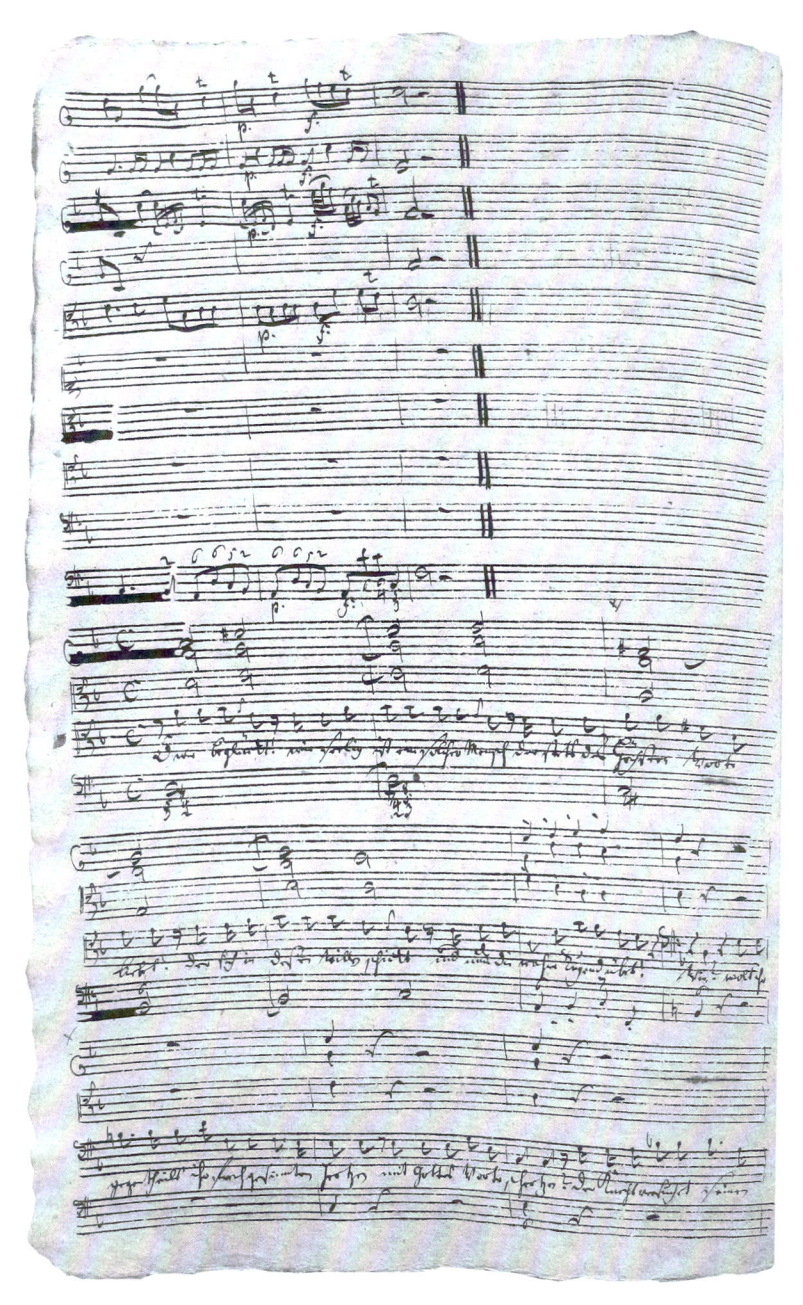

Abbildung 5: C. Förster, Kantate „Wer Gottes Wort ehret"; Partitur, fol. 3v, geschrieben von C. G. Fröber. – D-WFe, *211*.

Abbildung 6: J. S. Bach, „Der Streit zwischen Phoebus und Pan" BWV 201/BC G 46; *Alto*, geschrieben von C. G. Fröber. – D-B, *St 33 a*.

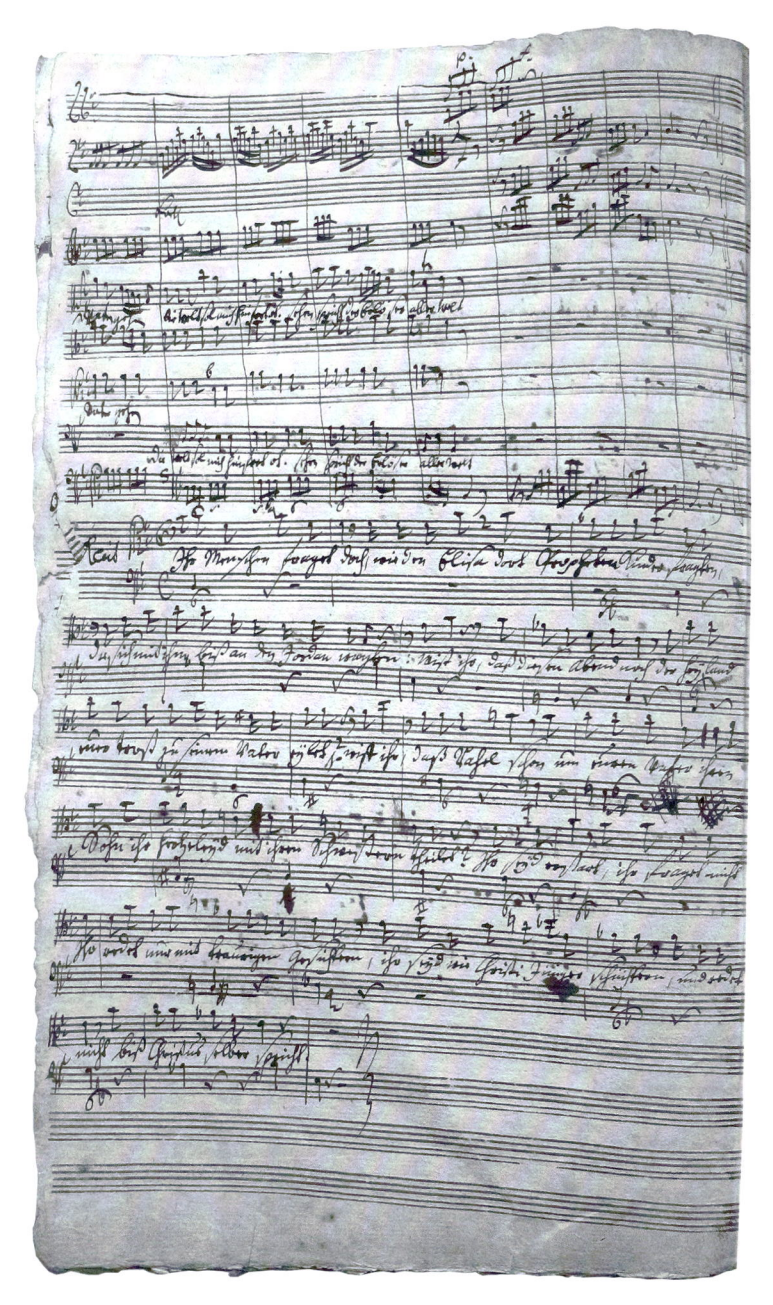

Abbildung 7: C. G. Tüchtler, Kantate „Ich will nunmehr zum Vater gehen";
autographe Partitur, fol. 2v. – D-WFe, *184*

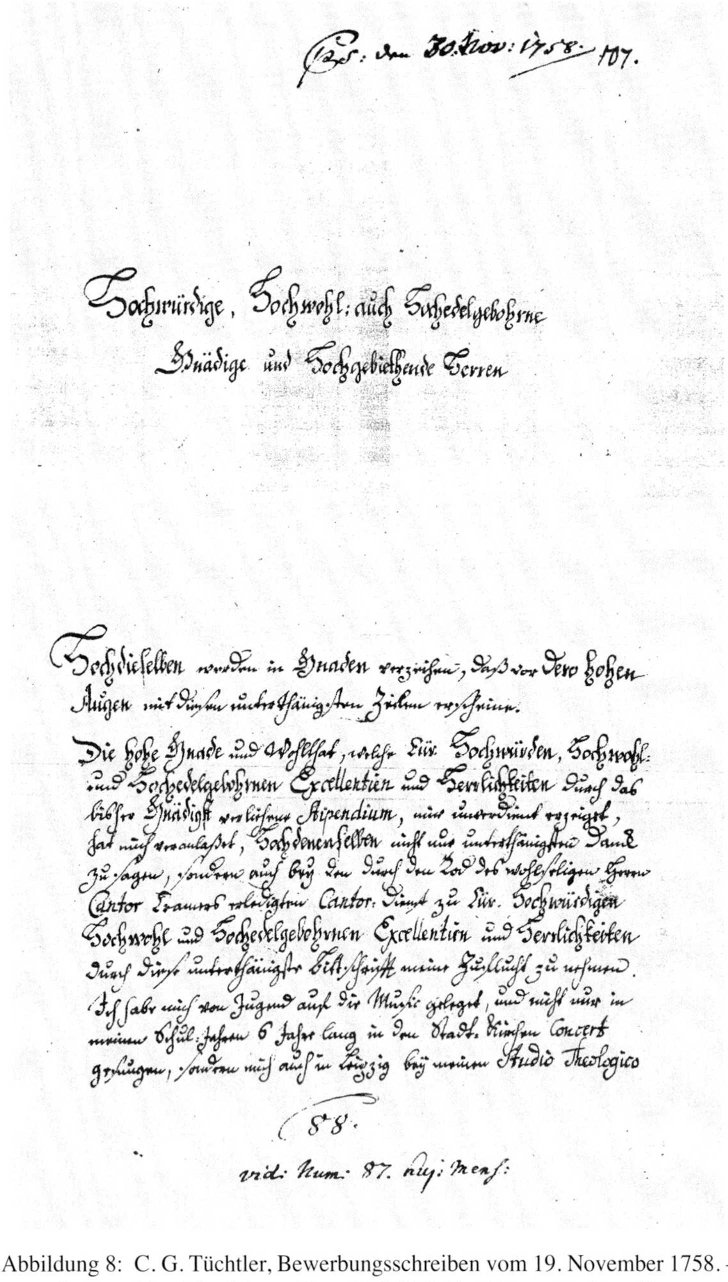

Praes: den 30. Nov: 1758. 107.

Hochwürdige, Hochwohl: auch Hochedelgebohrne
Gnädige und Hochgebiethende Herren

Hochdieselben werden in Gnaden verzeihen, daß vor Dero hohen
Augen mit diesen unterthänigsten Zeilen erscheine.
Die hohe Gnade und Wohlthat, welche Ew. Hochwürden, Hochwohl:
und Hochedelgebohrnen Excellentien und Herrlichkeiten durch das
bisher Gnädigst verliehene Stipendium, mir überdiesem erzeiget,
hat mich veranlaßet, Hochdenenselben nicht nur unterthänigsten Dank
zu sagen, sondern auch bey dem durch den Tod des wohlseligen Herrn
Cantor Franckes erledigten Cantor-Dienst zu Ew. Hochwürdigen
Hochwohl und Hochedelgebohrnen Excellentien und Herrlichkeiten
durch diese unterthänigste Bittschrifft meine Zuflucht zu nehmen.
Ich habe mich von Jugend auf die Music geleget, und nicht nur in
meinen Schul-Jahren 6 Jahre lang in den Stadt-Kirchen Concert
gesungen, sondern mich auch in Leipzig bey meinem Studio Theologico

88.

vide Num. 87. huj: mens:

Abbildung 8: C. G. Tüchtler, Bewerbungsschreiben vom 19. November 1758. – Staatsarchivs Magdeburg, *Rep. A 29 d VI, Nr. 2* (*Acta Die Bestellung des StadtCantoris zu Zeiz betr. 1661–1800*), fol. 107 r.

Abbildung 9: Kantate „*Jauchzet, der Himmel*"; Stimme *Oboe 2*, geschrieben von C. G. Gerlach, mit einem Zusatz von J. G. Wiedner. – D-WFe, *W 141*.

Abbildung 10: J. D. Zelenka, Magnificat C-Dur; *Soprano Rip.*,
von der Hand eines unbekannten Kopisten mit Zusätzen von C. Hartwig. – D-WFe, *189*.

Oper in der Kirche: Bach und der Kantatenstreit im frühen 18. Jahrhundert*

Von Robin A. Leaver (New Haven, Connecticut)

Das exquisite Wiegenlied „Schlummert ein, ihr matten Augen", in dem das Ende des Lebens in der Metapher des Schlafes eine schöne Entsprechung findet, gehört zu den beliebtesten Arien Bachs. Auch für den Komponisten selbst und seine Frau scheint diese Arie von besonderer Bedeutung gewesen zu sein; denn die Kantate „Ich habe genung" BWV 82, deren Bestandteil sie ist, wurde zwischen 1727 und 1747 in vier verschiedenen Fassungen aufgeführt und Anna Magdalena Bach trug sie zudem in ihr zweites, 1725 begonnenes Klavierbüchlein ein. Nun konnte in einem einige Jahre vor der Entstehung von BWV 82 veröffentlichten Jahrgang von Kantatenlibretti eine Arie ermittelt werden, die textliche Übereinstimmungen mit BWV 82/1 aufweist. Der vorliegende Beitrag untersucht diese beiden Libretti, bietet einen Überblick über das Leben und Wirken des Autors der früher entstandenen Dichtung – insbesondere seine Rolle in der Kontroverse um die Einführung der so genannten Reformkantate – und schließt mit einigen Überlegungen zu der Frage, in welchem Umfang die Schriften dieses Autors in Bachs Leipziger Umfeld bekannt gewesen sein mögen.[1]

I.

Die Kantate „Ich habe genung" BWV 82, wurde für das Fest Mariae Reinigung am 2. Februar 1727 komponiert und basiert auf dem zugehörigen Evangelium (Lukas 2:22–32), der Darstellung Jesu im Tempel und der Reaktion des greisen Simeon, der das kleine Kind auf den Arm nimmt und sein „Nunc dimittis" anstimmt. Die erste Fassung des Werks stand in c-Moll und war für Basso solo mit obligater Oboe, Streichern und Continuo bestimmt. In den frühen 1730er Jahren, wahrscheinlich 1731, wurde die Kantate um eine Terz höher nach e-Moll transponiert und für Sopran mit obligater Flöte eingerichtet. Um diese Zeit (1732/33) trug Anna Magdalena die Sätze 2 und 3 in ihr Klavierbüchlein

---

* In memoriam Kirsten Beißwenger (1960–2013) und Yoshitake Kobayashi (1942 bis 2013).
[1] Mein Dank gilt Michael B. Aune, Michael Marissen, Markus Rathey, Joshua Rifkin, Ruth Tatlow, Peter Wollny und Daniel Zager für ihre Unterstützung bei der Erarbeitung dieses Beitrags.

ein (streng genommen kopierte sie das Werk sogar zweimal).[2] Im Februar 1735 wurde die Fassung in e-Moll erneut aufgeführt, und irgendwann in den folgenden Jahren wurde sie nach c-Moll zurücktransponiert und nun von Mezzosopran und obligater Oboe ausgeführt. Um 1746/47 schließlich wies Bach die Kantate wieder der Baßstimme zu. Das Werk umfaßt fünf Sätze – drei durch zwei Rezitative getrennte Arien (mit „Schlummert ein" als Mittelpunkt) – ohne abschließenden Choral. Der Autor des Librettos ist nicht bekannt.

II.

1725 veröffentlichte der ehemalige Leipziger Theologiestudent Gottfried Ephraim Scheibel einen Jahrgang von Kantatenlibretti.[3] Die Dichtung für das Verkündigungsfest enthält eine Arie, deren Textbeginn in wesentlichen Teilen mit Bachs später entstandener Arie übereinstimmt:

Scheibel, Am Fest Mariae Reinigung (*Poetische Andachten*, S. 47)[4]	BWV 82/3
Schlummert ein, ihr *Augen*lieder	*Schlummert ein*, ihr matten *Augen*,
Fallet sanft in Frieden nieder, schlaft aus.	*Fallet sanft* und selig zu!
Ich sterbe wie der Simeon,	Welt, ich bleibe nicht mehr hier,
Und eile nun davon,	Hab ich doch kein Teil an dir,
Weil Jesus mir von ferne	Das der Seele könnte taugen.
Winkt in das Reich der Sterne	Hier muß ich das Elend bauen,
Und in des Himmels Haus.	Aber dort, dort werd ich schauen
Da Capo	Süßen Friede, stille Ruh.
	Da Capo

Die Unterschiede zwischen den beiden Arien-Dichtungen betreffen vor allem deren metrische Struktur. Der von Bach vertonte Text erscheint mit seinem

---

[2] *Johann Sebastian Bach. Klavierbüchlein für Anna Magdalena Bach 1725*, Faksimile, hrsg. von G. von Dadelsen, Kassel 1988, S. 105–110 und 111 d–114; siehe auch NBA V/4 (G. von Dadelsen, 1957), S. 122–124.

[3] G. E. Scheibel, *Poetische Andachten Uber alle gewöhnliche Sonn- und Fest-Tage, durch das gantze Jahr/ Allen Herren Componisten und Liebhabern der Kirchen-Music zum Ergötzen, Nebst einer Vorrede von den Hindernüssen derselben*, Leipzig und Breslau 1725 (VD18: 10857605). – Christoph Gottlieb Schröter (1699–1782), der in Leipzig bei Scheibel Theologie studiert hatte, komponierte – wahrscheinlich in Minden, wo er zwischen 1726 und 1732 als Organist wirkte – den vollständigen Jahrgang, allerdings sind seine Vertonungen nicht überliefert; siehe F. W. Marpurg, *Kritische Briefe über die Tonkunst*, Berlin, 1760–1764, Bd. 2, S. 456–460; New Grove 2001, Bd. 22, S. 650–652.

[4] Scheibel, *Poetische Andachten*, S. 47.

A-Teil (8.7.) und dem wesentlich längeren B-Teil (7.7.8.8.8.7.) ausgeglichener, während Scheibels A-Teil länger (8.10.8.6.) und der B-Teil merklich kürzer ist (7.7.6.).

Es ist natürlich möglich, daß die Entsprechungen zwischen den beiden Texten rein zufällig und durch den ähnlichen Zugang zu der zugrunde liegenden biblischen Erzählung bedingt sind. Auch anderwärts in Scheibels Kantatenzyklus finden sich Anklänge an Bach-Libretti. Scheibels Dichtung zum 1. Advent zum Beispiel beginnt mit den Worten „Jauchzet, frohlocket",[5] also genauso wie die erste Kantate des Weihnachts-Oratoriums, und der erste Satz von Scheibels Dichtung zum Ostersonntag spricht von „Trompeten", „Pauken" und „Saiten",[6] erinnert mithin an den ersten Satz von „Tönet, ihr Pauken!" BWV 214/1 – der Kantate, die Bach für den Eröffnungssatz des Weihnachts-Oratoriums parodierte. Hier handelt es sich jedoch eindeutig um Versatzstücke aus dem gebräuchlichen Vokabular für feierliche Anlässe. Die Übereinstimmungen zwischen den beiden mit den Worten „Schlummert ein" anhebenden Arien hingegen scheinen mehr als bloßer Zufall zu sein und implizieren, daß der Verfasser des späteren Librettos das frühere kannte.

Vergegenwärtigen wir uns folgendes: Beide Libretti entstanden für das Fest Mariae Reinigung und sind daher Betrachtungen zum Evangelium dieses Tages. Beide Arien verwenden dieselbe Metaphorik vom Tod als Schlaf, dem Schließen der Augen, und in beiden wird der Gläubige metaphorisch dem Simeon an die Seite gestellt und bedenkt mit ihm das persönliche Hinüberwechseln von der Erde zum Himmel.

Die ersten beiden Zeilen der beiden Arien beginnen mit denselben Worten. Dieses Phänomen – daß Passagen aus früheren Libretti von späteren Dichtern aufgegriffen werden – läßt sich auch in anderen von Bach vertonten Kantatenlibretti ausmachen. So beginnt zum Beispiel der dritte Satz der von einem unbekannten Autor verfaßten Dichtung der Kantate „Wer weiß wie nahe mir mein Ende?" BWV 27, die Bach für den 16. Sonntag nach Trinitatis (6. Oktober) 1726 komponierte, mit fast genau denselben Zeilen wie der Schlußsatz in der Dichtung auf den 1. Sonntag nach Trinitatis, die Erdmann Neumeister um 1700 für den Weißenfelser Hofkapellmeister Johann Philipp Krieger schuf:

Neumeister I (1. Sonntag nach Trinitatis)[7]   BWV 27/3 (16. Sonntag nach Trinitatis)

Willkommen! will ich sagen,   *Willkommen! will ich sagen,*
So bald *der Tod ans Bette tritt.*   Wenn *der Tod ans Bette tritt.*

---

[5] Ebenda, S. 1.
[6] Ebenda, S. 76.
[7] E. Neumeister, *Fünfffache Kirchen-Andachten bestehend In theils eintzeln, theils niemahls gedruckten Arien, Cantaten und Oden Auf alle Sonn- und Fest-Tage des gantzen Jahres*, hrsg. von G. Tilgner, Leipzig 1716, S. 294.

Einige Wochen später – für eine Aufführung am 19. Sonntag nach Trinitatis (27. Oktober) 1726 – schrieb Bach seine Kantate „Ich will den Kreuzstab gerne tragen" BWV 56 ebenfalls auf ein Libretto eines unbekannten Textdichters. Der Text entspricht zu Beginn den Anfangszeilen von Neumeisters Libretto für den 21. Sonntag nach Trinitatis aus demselben um 1700 entstandenen Zyklus:

Neumeister I (21. Sonntag nach Trinitatis)[8]   BWV 56/1 (19. Sonntag nach Trinitatis)

Ich will den Kreuzweg gerne gehen   *Ich will den Kreuzstab gerne tragen*

Ich weiß, da führt mit Gottes Hand   *Er kömmt von Gottes lieber Hand*

Dies sind keine Einzelfälle. Wie Helmut K. Krausse gezeigt hat, gibt es im Korpus der Bach-Kantaten zahlreiche Beispiele, bei denen Zeilen und Phrasen einer Dichtung von anderen Autoren übernommen und adaptiert wurden: Neumeister regte Salomo Franck und Georg Christian Lehms an, und Franck wiederum beeinflußte einen oder mehrere anonyme Dichter.[9] Die Entsprechungen zwischen Scheibels Libretto und Bachs Arie sind von derselben Art wie diese anderen Beispiele.

Die Arien in den beiden Libretti bilden jeweils den Mittelsatz der betreffenden Kantate. Scheibels Dichtung beginnt mit drei Sätzen – Arie, Rezitativ und Choral – und endet auch mit dreien – Rezitativ, Arioso und Choral. In der Mitte steht die Arie „Schlummert ein", die von einem knappen zweizeiligen Rezitativ eingeleitet wird[10]:

1. Aria. Licht des Lebens, leuchte mir. *Da capo.*
2. Accomp. [Recit.] Ich denck meinen Tod.
3. Choral. Herr, nun laß in Friede.[11]

4. [Recit.] So wollt ich gleichfalls, eh die Augen brechen,
   Eh meine Zunge starrt, noch sprechen:

---

[8] Ebenda, S. 514.

[9] H. K. Krausse, *Erdmann Neumeister und die Kantatentexte Johann Sebastian Bachs*, BJ 1986, S. 7–31.

[10] Scheibel, *Poetische Andachten* (wie Fußnote 3), S. 45–47.

[11] Strophe 1 einer anonymen Paraphrase des Simeon-Lieds („Nunc dimittis"), die zuerst in der fünften Auflage der *Vollständigen Kirchen- und Haus-Music* (Breslau 1663) erschien und vornehmlich in schlesischen Gesangbüchern verbreitet war. Dies entbehrt nicht einer gewissen Ironie, da Scheibel sich kritisch über Johann Jacob Rambachs Kantatenjahrgang äußerte, in dem dieser wenig verbreitete Lieder aus Freylinghausens Hallenser Gesangbuch verwendete; siehe G. E. Scheibel, *Zufällige Gedancken Von der Kirchen-Music, Wie Sie heutiges Tages beschaffen ist*, Frankfurt und Leipzig 1721 (Faksimile: Stuttgart 2002), S. 75–76. Der Choralsatz enthält die Spezifizierung „a 1. voix" und repräsentiert somit die Stimme des greisen Simeon.

5. Aria. Schlummert ein, ihr Augenlieder. *Da capo*.
6. [Recit.] Christus ist mein Leben
7. Arioso. Ich will gar gerne sterben.
8. Choral. Komm, o Christ, komm uns auszuspannen.[12]

III.

Gottfried Ephraim Scheibel (1696–1758)[13] wird oft als Theologe bezeichnet, obwohl er nie ordiniert wurde. Der Sohn eines Kantors an der Breslauer Elisabethkirche studierte zwischen 1715 und 1719 Theologie an der Universität Leipzig, scheint im übrigen aber sein Leben in Schlesien (in und bei Breslau) verbracht zu haben. Die Widmung seiner Abhandlung *Zufällige Gedancken von der Kirchenmusic* (1721) wurde in Oels unterzeichnet (dem heutigen Oleśnica, das etwa 15 km von Breslau entfernt liegt); sein Beruf ist nicht angegeben, doch wirkte er höchstwahrscheinlich in dem Ort als Lehrer. Der Titel seiner *Poetischen Andachten* (1725) beschreibt ihn als „Rev. Min. Cand. Wr. Sil.", also als „Anwärter auf den geistlichen Stand, aus Breslau in Schlesien". In den mittleren 1730er Jahren wurde er Lehrer am Breslauer Elisabeth-Gymnasium (der Wirkungsstätte seines Vaters); diese Position bekleidete er anscheinend bis zu seinem Tod.

Als Student in Leipzig muß Scheibel gelegentlich die geistliche Musik von Johann Kuhnau in der Nikolaikirche, Thomaskirche oder Paulinerkirche (der Universitätskirche) gehört haben; vor allem aber scheint er regelmäßig die Gottesdienste in der Neukirche besucht zu haben, wo Johann Gottfried Vogler als Musikdirektor wirkte. Die Neukirche war für den opernhaften Stil ihrer Kirchenmusik bekannt, und Vogler war auch als Geiger und Komponist an der Leipziger Oper aktiv.[14] Es ist daher wahrscheinlich, daß Scheibel die erste Aufführung von Telemanns Brockes-Passion (TVWV 5:1) am Karfreitag des

---

[12] Strophe 6 von Simon Dach, „O wie selig seid ihr doch ihr Frommen" (1639).
[13] Zu Scheibel siehe WaltherL, S. 547; Zedler, Bd. 34, Sp. 1097; C. J. A. Hoffmann, *Die Tonkünstler Schlesiens. Ein Beitrag zur Kunstgeschichte Schlesiens von 960 bis 1830*, Breslau 1830, S. 382–384; S. Kümmerle, *Encyklopädie der evangelischen Kirchenmusik*, Gütersloh 1888–1895 (Reprint: Hildesheim 1974), Bd. 3, S. 173 f.; New Grove 2001, Bd. 22, S. 446 f.; J. Irwin, *Bach in the Midst of Religious Transition*, in: Bach's Changing World: Voices in the Community, hrsg. von C. K. Baron, Rochester 2006, S. 108–126, speziell S. 115–122. Die einschlägigen Lexika geben als Todesjahr durchweg 1759 an, dies ist jedoch ein Irrtum; siehe H. Lölkes, *Gottfried Ephraim Scheibel als Autor kirchenmusikalischer Schriften*, in: Jahrbuch für Schlesische Kirchengeschichte N. F. 74 (1995), Sigmaringen 1996, S. 257–281.
[14] Scheibel erwähnt besonders, ein deutsches Magnificat von Vogler gehört zu haben; siehe Scheibel, *Zufällige Gedancken* (wie Fußnote 11), S. 65. Er könnte auch die

Jahres 1717 in der Neukirche und erneut entweder 1718 oder 1719 hörte.[15] Möglicherweise hatte er eine dieser Aufführungen im Sinn, als er einige Jahre später schrieb:

Ich weiß mich zu erinnern/ daß in einem gewissen Orte am Charfreytage vor und nach der Predigt eine Passion solte gemusiciret werden. Des Predigers wegen waren die Leute gewißlich nicht so zeitig/ und mit so großem Gedräng in die Kirche kommen/ sondern/ wie vermuthlich/ der Music wegen.[16]

Dies scheint den Erkenntnissen von Tanya Kevorkian zu widersprechen, die die Auffassung vertritt, daß in Leipzig die Predigten sehr ernstgenommen wurden und daß Gemeindemitglieder, die nur einem Teil des Gottesdienstes beiwohnten, sich bemühten, die Predigt nicht zu verpassen.[17] Die Passionsaufführungen am Karfreitag in der Neukirche verkörperten allerdings eine signifikante neue Entwicklung in der musikalischen Gestaltung der Karwoche in Leipzig, die sicherlich mit großem Interesse verfolgt wurde, zumal die im Laufe des Kirchenjahrs in der Neukirche erklingende Musik sich bekanntermaßen wesentlich von der in den anderen Leipziger Kirchen unterschied. In seinem Memorial zur Verbesserung der Kirchenmusik (29. Mai 1720) beklagte Kuhnau, daß er für seine Aufführungen in den beiden Hauptkirchen keine passenden Musiker finden könne, da die begabtesten bereits bei den beliebten opernhaften Kirchenmusiken in der Neukirche mitwirkten. Seiner Ansicht nach wurde der Gottesdienst in der Neukirche von diesen jungen „Operisten" verweltlicht, da sie von dem wahren Kirchenstil nichts verstünden und es stattdessen „lieber mit der lustigen *Music* in der *Opera*, und denen *Caffée Häusern*" hielten.[18] Als Student in Leipzig muß Scheibel einer dieser von Kuhnau gerügten „Operisten" gewesen sein. In seinen *Zufälligen Gedancken* nennt er das Libretto von Telemanns Oper „Jupiter und Semele, oder Der unglückliche Alcmeon" (TVWV 21:7; Musik verschollen),[19] die 1716 und 1718 im Leipziger Opernhaus am Brühl erklang, sowie Voglers „Die über Haß und Liebe

---

Musik von Melchior Hoffmann – Telemanns Nachfolger an der Neukirche – gehört haben, allerdings verstarb Hoffmann schon bald nach Scheibels Ankunft in Leipzig.

[15] Das Libretto von Brockes wird ausdrücklich erwähnt; siehe Scheibel, *Zufällige Gedancken* (wie Fußnote 11), S. 73. Siehe auch A. Glöckner, *Die Musikpflege an der Leipziger Neukirche zur Zeit Johann Sebastian Bachs*, Leipzig 1990 (BzBF 8), S. 79.

[16] Scheibel, *Zufällige Gedancken* (wie Fußnote 11), S. 30.

[17] T. Kevorkian, *Baroque Piety: Religion, Society, and Music in Leipzig, 1650–1750*, Aldershot 2007, S. 33.

[18] Zitiert nach Spitta II, S. 866; siehe auch Glöckner (wie Fußnote 15), S. 82, sowie die Diskussion der Verbindungen zwischen der Leipziger Oper und der Neukirche bei M. Maul, *Barockoper in Leipzig (1693–1720)*, Freiburg 2009, Bd. 1, S. 535–538.

[19] Speziell die ersten beiden Arien in Szene 2 des ersten Aktes. Siehe Maul (wie Fußnote 18), Bd. 2, S. 1040–1043 (Nr. 70).

triumphirende Tugend, oder Artaxerxes",[20] aufgeführt 1718.[21] Ihre Erwähnung läßt vermuten, daß er diese Werke zumindest gehört hatte. Da aber die Leipziger Oper maßgeblich auf studentische Musiker angewiesen war,[22] ist es durchaus möglich, daß Scheibel in seiner Studentenzeit an Opernaufführungen mitwirkte oder sonst in irgendeiner Weise an diesen beteiligt war. Sicherlich interessierte er sich auch nach seiner Rückkehr nach Breslau weiterhin für die theatralische Musik, besonders nach 1725, als dort die italienische Oper unter der Leitung des venezianischen Impresarios Antonio Peruzzi eine Blütezeit erlebte.[23] Auch scheint Scheibel Verbindungen zur Hamburger Oper unterhalten oder zumindest deren Aktivitäten verfolgt zu haben, da er verschiedene seiner Schriften Telemann, Mattheson und Brockes widmete.

IV.

Eines der Merkmale der *Zufälligen Gedancken* ist Scheibels Befürwortung von opernhaften Elementen in der geistlichen Musik, etwa das Ausdrücken von Emotionen und sogar die Verwendung von Sängerinnen anstelle von indifferenten Knabensopranen. So heißt es:

> Und ich weiß nicht woher die Opern allein das Privilegium haben/ daß sie uns die Thränen auspressen sollen/ warum geht das nicht in der Kirchen an? […] Kan mir ein Componiste in Theatralischen und weltlichen Musicken die Affecten moviren/ so wird er solches in geistlichen Dingen thun können/ wie solches das Exempel Mons. Käysers/ Mathesons und Telemanns bezeuget.[24]

Scheibels Befürwortung opernhafter Elemente war Teil einer ausgedehnten Debatte über den angemessenen Stil der Kirchenmusik. Diese sollte sich über die nächsten zwanzig Jahre und länger fortsetzen.[25] Seit Spitta neigen Bach-

---

[20] Maul (wie Fußnote 18), Bd. 2, S. 1033–1034 (Nr. 66).
[21] Scheibel, *Zufällige Gedancken* (wie Fußnote 11), S. 35–38. Zur Leipziger Oper in Scheibels Studentenjahren (1715–1719) siehe Maul (wie Fußnote 18), speziell Bd. 1, S. 107–108, und Bd. 2, S. 862–863.
[22] Siehe Maul (wie Fußnote 18), Bd. 1, S. 250–251; R. Strohm, *Dramma per Musica: Italian Opera Seria of the Eighteenth Century*, New Haven 1997, S. 92.
[23] Siehe Strohm, S. 93 und 95.
[24] Scheibel, *Zufällige Gedancken* (wie Fußnote 11), S. 39–41.
[25] Siehe die Diskussion bei J. Irwin, *Neither Voice nor Heart Alone: German Lutheran Theology of Music in the Age of the Baroque*, New York 1993, S. 127–139, sowie die Zusammenfassung in J. Herl, *Worship Wars in Early Lutheranism: Choir, Congregation, and Three Centuries of Conflict*, New York 2004, S. 122–123; außerdem C. Bunners, *Musiktheologische Aspekte im Streit um den Neumeisterschen Kantatentyp*, in: Erdmann Neumeister (1671–1756). Wegbereiter der Evangelischen Kirchenkantate, hrsg. von H. Rucker, Rudolstadt 2000, S. 39–50.

Forscher dazu, die Bedeutung der neuen Entwicklungen für die Kirchenkantate zu unterschätzen, indem sie argumentieren, daß diese eine ungebrochene Tradition repräsentierte, in der das langjährige Wirken der orthodoxen lutherischen Theologie eine neue Dimension gewann, und implizieren, daß lediglich die Pietisten den neu eingeführten Stil problematisch fanden. Wie Joyce Irwin nachgewiesen hat, widerspricht diese Schlußfolgerung jedoch der tatsächlichen Situation; die Entwicklungen verliefen – sowohl in theologischer als auch in musikalischer Hinsicht – wesentlich radikaler und revolutionärer als gemeinhin angenommen.[26]

In vielerlei Hinsicht beginnt die Debatte mit Erdmann Neumeister,[27] der in den ersten Jahren des 18. Jahrhunderts für Johann Philipp Krieger am Weißenfelser Hof einen vollständigen Zyklus von Kantatenlibretti schrieb.[28] Diese Texte zeichnen sich durch die Verwendung von Formen (Rezitative und Arien) aus, die man bis dahin gewöhnlich nur in der Oper zu Gehör bekam. Der Kantatenzyklus erschien 1702 anonym,[29] versehen mit einem Vorwort Neumeisters,[30] das den folgenden Passus enthielt:

Sol ichs kurtzlich aussprechen/ so siehet eine Cantata nicht anders aus/ als ein Stück aus einer *Opera*, von *Stylo Recitativo* und *Arien* zusammen gesetzt.[31] [...] Doch hatte

---

[26] Irwin (wie Fußnote 25), S. 127–128.

[27] Neumeister (1671–1756) hatte schon früh Verbindung zum Weißenfelser Hof. Nach seinem Studium der Theologie an der Universität Leipzig wurde er zunächst vom Herzog von Sachsen-Weißenfels gefördert, wirkte sodann eine Zeitlang als Hofprediger und wurde 1715 Pastor an der Hamburger Jacobikirche; siehe *Erdmann Neumeister* (wie Fußnote 25), S. 19–23 (H. Rucker), sowie die dort genannte Literatur. Neumeister war natürlich nicht der erste, der opernhafte Elemente in die Kantatenform einbaute, aber er war der einflußreichste Verfechter dieser Richtung.

[28] Zum Hintergrund siehe A. Werner, *Städtische und fürstliche Musikpflege in Weißenfels bis zum Ende des 18. Jahrhunderts*, Leipzig 1911.

[29] *Geistliche Cantaten Uber alle Sonn- Fest- und Apostel-Tage/ Zu einer/ denen Herren Musicus sehr bequemen Kirchen-Music In ungezwungenen Teutschen Versen ausgefertiget* (o. O., 1702); siehe W. Hobohm, *Ein unbekannter früher Textdruck der Geistlichen Cantaten von Erdmann Neumeister*, Jahrbuch MBM 2000, S. 182–186. Eine zweite Auflage erschien zwei Jahre später: E. Neumeister, *Geistliche Cantaten statt einer Kirchen-Music. Die zweyte Auflage Nebst einer neuen Vorrede*, [Hamburg] 1704. Zu weiteren Ausgaben siehe I. Scheitler, *Zwei weitere frühe Drucke von Neumeisters Geistlichen Cantaten*, in: Jahrbuch MBM 2003, S. 365–367; U. Poetzsch-Seban, *Weitere Aspekte zu den Geistlichen Cantaten von Erdmann Neumeister*, in: Jahrbuch MBM 2004, S. 343–347.

[30] Siehe H. Rucker, *Erdmann Neumeisters „Vorbericht" zu seinen „Geistlichen Cantaten" von 1704: ein literatur- und musikprogrammatisches „Meister-Stück"*, in: *Erdmann Neumeister* (wie Fußnote 25), S. 51–74.

[31] Hier greift Neumeister seine 1695 an der Universität Leipzig gehaltenen Poetikvorlesungen auf. Diese wurden von Christian Friedrich Hunold unter dem Pseudo-

ich oben gesagt: Eine *Cantata* sähe aus/ wie ein Stück einer Opera; so dürffte fast muthmaßen/ daß sich mancher ärgern möchte/ und dencken: Wie eine Kirchen-Music und Opera zusammen stimmeten? Vielleicht/ wie Christus und Belial? Etwan/ wie Licht und Finsternis? Und damnach hätte man lieber/ werden sie sprechen/ eine andere Arth erwehlen sollen. Wiewohl darüber will ich mich rechtfertigen lassen/ wenn man mir erst beantwortet hat: Warumb man nicht andere Geistliche Lieder abschaffet/ welche mit Weltlichen und manchmal schändlichen Liedern eben einerley genus versuum haben? Warumb man nicht die instrumenta Musica zerschlägt/ welche heute sich in der Kirche hören lassen/ und doch wohl gestern bey einer üppigen Weltlust aufwarten müssen? Sodann: Ob diese Arth Gedichte/ wenn sie gleich ihr Modell von Theatralischen Versen erborget/ nicht dadurch geheiliget/ indem/ daß sie zur Ehre Gottes gewiedmet wird? Und ob nicht dißfals die Apostolischen Sprüche 1. Cor. VII.14. 1 Tim. IV.5. Phil. 1. 18. in applicatione justa mir zu einer gnugsamen Verantwortung dienen können?[32]

Neumeister hatte seine neuartigen Kantatenlibretti in Verbindung mit bestimmten Höfen entwickelt, die für ihre Opernaufführungen bekannt waren. Seinen ersten Kantatenzyklus schrieb er, wie bereits erwähnt, für Johann Philipp Krieger in Weißenfels (1700–1701, veröffentlicht 1704, Nachdrucke 1705 in Hamburg und 1727 in Querfurt); der zweite Jahrgang entstand für Philipp Heinrich Erlebach, Kapellmeister in Rudolstadt (1707, veröffentlicht Augsburg 1708), während der dritte und vierte Jahrgang für Georg Philipp Telemann in Eisenach[33] bestimmt waren (der dritte wurde 1711 in Gotha gedruckt, der vierte 1714 in Frankfurt, Nachdruck Eisenach 1717). Somit wurde die neue Kantatenform zuerst an Hofkapellen eingeführt und nicht an städtischen Kirchen – dargeboten von Musikern, die auch an Opernaufführungen mitwirkten.[34] Vor allem in den Stadtkirchen regte sich Widerstand. So beklagte Kuhnau sich über die opernhafte Musik in der Leipziger Neukirche, und als

---

nym Menantes plagiiert und in überarbeiteter Form unter dem Titel *Die Allerneueste Art/ Zur Reinen Galanten Poesi zu gelangen* (Hamburg 1707) veröffentlicht. Der Abschnitt über die Kantate enthält folgenden Text (S. 284–285): „Also werden nun kürtzlich die *Cantaten* auf dieser Art gemacht/ daß man *Stylum recitativum* und *Arien* mit einander abwechselt. Mit einem Wort: Eine *Cantata* siehet aus/ wie ein Stück aus einer *Opera*".

[32] E. Neumeister, *Geistliche Cantaten Uber alle Sonn- Fest- und Apostel-Tage/ Zu beförderung Gott geheiligter Hauß- Und Kirchen-Andacht: In ungezwungenen Teutschen Versen ausgefertigt*, Halle 1705, Bl. 2 v–3 r und 7 v–8 r; Spitta I, S. 467 f.

[33] In Eisenach gab es kein Opernhaus, aber Telemann schrieb auch dort weiterhin für die Leipziger Oper. In Eisenach verfaßte er vier oder fünf vollständige Kantatenzyklen; diese Tätigkeit setzte er auch nach seinem Wechsel nach Frankfurt im Jahre 1712 fort. Vier oder fünf Opern von Telemann wurden zwischen 1712 und 1719 in Leipzig zur Aufführung gebracht; siehe Maul (wie Fußnote 18), Bd. 2, S. 861–863.

[34] Zum Hintergrund siehe ausführlich K. Küster, *„Theatralisch vorgestellet". Zur Aufführungspraxis höfischer Vokalwerke in Thüringen um 1710/20*, in: Barockes

Bach einige Jahre später sein Nachfolger als Thomaskantor wurde, mußte er ein ähnliches Dokument unterschreiben wie Kuhnau im Jahre 1701. Bach gelobte:

7). Zu Beybehaltung guter Ordnung in denen Kirchen [soll er] die *Music* dergestalt einrichten, daß sie nicht zulang währen, auch also beschaffen seyn möge, damit sie nicht *opern*hafftig herauskommen, sondern die Zuhörer vielmehr zur Andacht aufmuntere.[35]

Die neue Kantatenform wurde als Andachtsdichtung aufgenommen. 1715 schrieb Johann David Schiefferdecker, Lehrer am Weißenfelser Gymnasium, einen deutlich von Neumeister geprägten Jahrgang von Kantatentexten, der im folgenden Jahr im Druck erschien.[36] 1716 wurden in Leipzig Neumeisters vier Jahrgänge gemeinsam mit einem fünften unter dem Titel *Fünfffache Kirchen-Andachten [...] Cantaten und Oden Auf alle Sonn- und Fest-Tage des gantzen Jahres* veröffentlicht. Zu beiden Sammlungen rückte die in Leipzig publizierte orthodoxe theologische Zeitschrift *Unschuldige Nachrichten*[37] 1717 kurze Besprechungen ein.[38] Dort heißt es, Neumeisters Libretti ermöglichten eine neue, künstlerische Form der Musik für den öffentlichen Gottesdienst und Schiefferdeckers Dichtkunst zeugen von großem Können. Allerdings konzentrieren sich diese Kritiken auf textliche Aspekte; erst als die Libretti in Musik gesetzt waren, kam es zu ernsthaften Vorbehalten und Kritik. Christian Gerber etwa schrieb zu einem etwas späteren Zeitpunkt:

Musiktheater im mitteldeutschen Raum im 17. und 18. Jahrhundert, hrsg. von F. Brusniak, Köln 1994, S. 118–141.

[35] Dok I, Nr. 92 (S. 177). Das Dokument ist auf den 5. Mai 1723 datiert. Bachs Wahl zum Kantor hatte zwei Wochen zuvor am 22. April stattgefunden; das zugehörige Protokoll registriert, daß Dr. Steger für Bach votierte mit der folgenden Anweisung: „und hätte er solche *Compositiones* zu machen, die nicht *theatrali*sch wären". Siehe Dok II, Nr. 129 (S. 94).

[36] J. D. Schieferdecker, *Auserlesene aus Fürstlichen Gedancken [...] Nach Ordnung der Sonn- und Festtäglichen Evangelien, in Geistliche Cantaten verfasset*, Eisleben [1716]. Die Libretti wurden 1715 bzw. 1716 von den beiden Kapellmeistern Johann Philipp Krieger und Johann Augustin Kobelius vertont und in den Schloßkapellen von Weißenfels und Sangerhausen aufgeführt. Kobelius komponierte und dirigierte zwischen 1715 und 1729 am Weißenfelser Hof mehr als zwanzig Opern; siehe Werner (wie Fußnote 28), S. 119 f. 1702 bewarb sich der 17jährige Bach auf das Organistenamt in Sangerhausen, wurde aber von Herzog Johann Georg von Sachsen-Weißenfels abgelehnt, der auf der Anstellung von Kobelius bestand; siehe Dok I, Nr. 38 K.

[37] *Unschuldige Nachrichten* (im folgenden UN), die erste deutsche theologische Zeitschrift, wurde zwischen 1701 und 1761 herausgegeben. Der erste Band erschien bei Ludwig in Wittenberg, die späteren in Leipzig bei Große (1702–1719) und Braun (1720–1761).

[38] Neumeister (UN 1717, S. 264 f.), Schiefferdecker (UN 1717, S. 654).

Ob nun wohl eine mäßige Music in der Kirche bleiben kann [...] so ist doch bekannt, daß sehr offt damit excediret wird [...] Denn sie klinget offt so gar weltlich und lustig, daß sich solche Music besser auff einem Tantzboden oder eine Opera schickte, als zum Gottesdienst.[39]

Friedrich Smend tut Gerbers Kritik als die typische Haltung eines Pietisten ab.[40] Doch so einfach war die Sache nicht: Es gab Protagonisten und Antagonisten beiderseits der Scheidelinie zwischen Orthodoxen und Pietisten, und auch unter den Geistlichen und den Musikern fanden sich Befürworter und Gegner der opernhaften Texte und ihrer musikalischen Umsetzung. Die Befürworter stammten meist aus dem Umfeld der höfischen Musik – vor allem wenn es an dem betreffenden Hof auch Opern gab –, und die Gegner standen in der Regel den musikalischen Institutionen der Stadtkirchen nahe.

Neumeister wurde 1715 zum Hauptpastor an der Hamburger Jacobikirche berufen – ein Jahr, bevor die Sammlung seiner fünf Jahrgängen von Kantatenlibretti veröffentlicht wurde. Bezeichnenderweise fehlte hier Neumeisters „Vorbericht" zum ersten Jahrgang, in dem er behauptet hatte, daß eine Kantate im Grunde nur ein Stück aus einer Oper sei. Stattdessen war den Libretti ein neues Vorwort aus der Feder des Herausgebers Gottfried Tilgner vorangestellt, das wesentlich vorsichtiger und defensiver formuliert war als Neumeisters eigene frühere Einleitung. Nachdem er sich zunächst an die Kritiker der neuen Kantatenform wandte, fuhr Tilgner fort:

Denn weil diese viel klügern Gegner ernstlich darwider protestiren, daß sie nicht gesonnen die Kirchen-Musick überhaupt, sondern den eingerissenen Mißbrauch derselben anzufechten: so hat es freylich einen ziemlichen Schein des Rechten, wenn sie eifern, daß man den Tempel des HERRN nicht zu einem Opern-Hause, noch sein Heiligthum zu einem Schau-Platze Ohren-kützelnder Uppigkeiten machen solle [...]. In Wahrheit, wer das schmertzlich Leiden unsers Heylandes nach der Melodie einer *folie d'Espagne*[41] besingen, oder desselben frölice Auferstehung und Himmelfahrt mit *Couranten*- und *Giqu*en-Tackte[42] bejauchzen wolte, würde billig wo nicht vor einen gottlosen Spötter, doch gewiß vor einen sehr einfältigen Verehrer der göttlichen Geheimnisse anzusehen seyn.[43]

---

[39] C. Gerber, *Geschichte der Kirchen-Ceremonien in Sachsen*, Dresden und Leipzig 1732, zitiert bei F. Smend, *Bach in Köthen*, Berlin 1951, S. 135. An diese Passage schließt sich eine Anekdote über eine Passionsaufführung in einer namentlich nicht genannten Stadt an (eine Zeitlang glaubte man, es handele sich um eine Passion Bachs), bei der eine ältere Zuhörerin ausrief: „Ist es doch, als ob man in einer Opera-Comödie wäre."
[40] Smend (wie Fußnote 39), S. 137.
[41] *La Folia*, das in der Barockzeit am häufigsten gewählte Thema für Variationsreihen.
[42] „Ich gebe gerne zu/ daß *Menuet*en/ *Gigu*en/ *Gavott*en/ *Passpieds* &c. sich in die Kirchen nicht schicken/ weil dadurch den Zuhörrern eitele *Ideen* beygebracht werden". Scheibel, *Zufällige Gedancken* (wie Fußnote 11), S. 41.
[43] Neumeister, *Fünfffache Kirchen-Andachten* (wie Fußnote 8), Vorrede (S. 3).

Die Haltung gegenüber der neuen Kantatenform war zum Teil generationsbedingt, wobei die ältere Generation von der jüngeren als rückwärtsgewandt bezeichnet wurde, während sie selbst sich für progressiv hielt. Unter den Musikern läßt sich vielleicht eine zusätzliche Spannung zwischen Organisten und anderen Musikern ausmachen. Organisten, deren Hauptbetätigungsfeld die Kirche war, waren noch dem alten modalen System der Choralmelodien verhaftet, mit denen sie ständig zu tun hatten[44], während andere Musiker, die in den Orchestern und Collegia musica der Opern- und Kaffeehäuser spielten, allgemein die neue Dur-Moll-Tonalität bevorzugten.[45] Diese unterschwellige Spannung entlud sich im zweiten Jahrzehnt des 18. Jahrhunderts in dem Disput zwischen Buttstedt und Mattheson. Johann Mattheson veröffentlichte *Das Neu-Eröffnete Orchestre* (Hamburg 1713), in dem er die älteren Praktiken der lutherischen Komponisten kritisierte und sich für die stilistische Öffnung der Kirchenmusik aussprach. Johann Heinrich Buttstedt, Organist an der Erfurter Predigerkirche – und sicherlich kein Pietist –, reagierte mit seiner Schrift *Ut, Mi, Sol, Re, Fa, La, tota Musica et Harmonia Aeterna* (Erfurt, um 1715), einer detailfreudigen polemischen Widerlegung von Mattheson Traktat.[46] Besonders beklagt Buttstedt das Verschwimmen der traditionellen Unterscheidung zwischen kirchlichem und weltlichem Stil (S. 64):

Und was ist heut zu tage zwischen Kirchen- *Theatral* und Cammer-*Musique* für ein Unterscheid? es ist ja fast eine wie die andere. Bringet man doch jetzo nebst dem *Stylo recitativo Theatrali* faßt allen liederlichen Krahm in die Kirche/ und je lustiger und täntzlicher es gehet/ je besser gefället es theils Personen/ (aber nicht allen) daß es zuweilen an nichts fehlet/ als daß die Mannsen die Weibsen anfasseten/ und durch die Stühle tantzten.[47]

Scheibel teilte Buttstedts Urteil, daß es wenige oder keine Unterschiede gebe zwischen der neuen Kirchenmusik und der zeitgenössischen Oper; er sah darin jedoch einen Vorzug, während Buttstedt diese Entwicklung als Verfall wertete. Bei Scheibel heißt es:

Der Thon/ der mich in einer *Opern* vergnügt/ der kan auch solches in der Kirchen thun/ nur daß er ein anders *Objectum* hat... wenn unsre Kirchen-Music heut zu Tage ein wenig lebhaffter und freyer/ *c'est a dire*, mehr *theatra*lisch wäre/ sie würde mehre Nut-

---

[44] Scheibels Kommentar (*Zufällige Gedancken*, S. 23) ist sehr aufschlußreich: „Was die *Figural-Music* anbelangt/ so halt ich davor/ daß diese vor der *Choral-Music* einen großen Vorzug haben müsse. Denn da wird jedem *affectuesen* Worte ein Genügen gethan/ da man in den *Choral*en nur drüber weg geht."

[45] Siehe J. Lester, *Major-Minor Concepts and Modal Theory in Germany, 1592–1680*, JAMS 30 (1977), S. 208–253.

[46] Siehe B. C. Cannon, *Johann Mattheson: Spectator in Music*, New Haven 1947, S. 83–84 und 134–138.

[47] Siehe auch die ähnliche Formulierung auf S. 81.

zen schaffen/ als die gezwungne *Composition*, der man sich in der Kirchen *ordinair* bedienet. Soll zum Exempel etwas erfreuliches gemusiciret werden/ so giebt man ihm ein ernsthafftes langsames *Air*, da der Sechs achtel *Tact* noch einmahl so langsam sich bringt/ wodurch auch die *Motion* der *Affecten* um ein mercklisches gemehret wird; Und dieses ist auch die Ursache/ warum unsre heutige Kirchen-Music so herleiden muß. Die Leute sind des Alten Schlendrians[48] und der Hammer-Schmiedischen[49] *Composition* gewohnt/ da weder Anmuth noch Zierlgkeit drinnen stecket/ und die meisten dencken/ alles was fein altväterlich und einfaltig klinget/ schicke sich am besten in die Kirche.[50]

Viele Zeitgenossen empfanden die von Scheibel – ebenso wie die von Neumeister, Mattheson und anderen – verfochtenen Ansichten als radikal. Daß Mattheson in Hamburg Scheibels Schrift zustimmend aufnahm, ist kaum überraschend; in seiner *Critica Musica* (1722) heißt es: „[…] ich habe niemahls etwas dergleichen gelesen/ das mit meinen sentiments so wohl übereingekommen wäre."[51] Im Laufe der Jahre wies Mattheson immer wieder darauf hin, daß der opernhafte Stil „moderner" Kirchenmusik als Basis dienen solle: „Die Opern sind der Musik Academien: so wie die Concerte ihre Gymnasien; in der Kirche aber findet sie den rechten Beruf."[52]

Die Debatte läßt sich beispielhaft veranschaulichen in den gedruckten Polemiken zwischen Joachim Meyer in Göttingen, der die Verbreitung des Opernstils ablehnte, und Johann Mattheson in Hamburg, der sie befürwortete.[53] Die erste Salve feuerte der juristisch geschulte Meyer, Professor der Musik und

---

[48] Man beachte, daß „Schlendrian" der Name des Vaters in Bachs Kaffeekantate BWV 211 ist.
[49] Wortspiel auf den Namen von Andreas Hammerschmidt (1612–1675), dessen Kirchenmusik in der zweiten Hälfte des 17. und Anfang des 18. Jahrhunderts weite Verbreitung fand und häufig aufgeführt wurde.
[50] Scheibel, *Zufällige Gedancken* (wie Fußnote 11), S. 35 und 39–40.
[51] J. Mattheson, *Critica Musica* I/2, Hamburg 1722, S. 96; siehe auch den gesamten Abschnitt S. 96–104.
[52] J. Mattheson, *Die neueste Untersuchung der Singspiele, nebst beygefügter musikalischen Geschmacksprobe*, Hamburg 1744, S. 103 f. Siehe auch Mattheson, *Der Musikalische Patriot*, Hamburg 1728, S. 9. Während er Elemente des Opernstils in der Kirchenmusik befürwortete, unterschied Mattheson trotzdem weiterhin zwischen Kirchenstil, Theatralischem Stil und Kammerstil.
[53] Siehe unter anderem J. Heidrich, *Der Meier-Mattheson-Disput: Eine Polemik zur deutschen protestantischen Kirchenkantate in der ersten Hälfte des 18. Jahrhunderts*, Göttingen 1995 (Nachrichten der Akademie der Wissenschaften in Göttingen. I. Philologisch-Historische Klasse, Jg. 1995, Nr. 3), S. 55–107; A. Forchert, *Polemik als Erkenntnisform: Bemerkung zu den Schriften Matthesons*, in: New Mattheson Studies, hrsg. von G. Buelow und H. J. Marx, Cambridge 1983, S. 199–212, speziell S. 209–211; Cannon (wie Fußnote 46), S. 58 und 185 f. Auch die Oper selbst hatte ihre Kritiker, und die Unterstützer der Gattung teilten sich auf in Konservative, die

Kantor des Göttinger Gymnasiums, mit seinen *Unvorgreifflichen Gedancken über die neulich eingerissene theatralische Kirchen-Music* (Lemgo 1726);[54] der Titel mag durch Scheibels *Zufällige Gedancken* angeregt worden sein und sollte vielleicht andeuten, daß Scheibels Gedanken zwar zufällig sein mochten, daß sie aber dennoch parteiisch waren, während seine – Meyers – unparteiisch seien. Mattheson reagierte auf diese Breitseite auf den theatralischen Stil in der Kirchenmusik mit seiner Schrift *Der neue Göttingische Aber viel Schlechter/ als die alten lacedämonischen/ urtheilende Ephorus* (Hamburg 1727), die er mit einer Widmung an Scheibel versah.[55] Zur Verbreitung seiner Ansichten gab Mattheson ein Wochenblatt mit dem Titel *Der Musikalische Patriot* (1728) heraus, das der allgemeinen Hamburger Zeitung *Der Patriot* nachempfunden war und in seinen Fortsetzungen eine umfassende Diskussion der grundlegenden biblischen, theologischen, philosophischen, moralischen und künstlerischen Prinzipien zur Untermauerung der theatralischen Kirchenmusik präsentierte. Damit bezog Mattheson sich wiederum zustimmend auf Scheibels *Zufällige Gedancken*.[56] Noch während die Lieferungen des *Musikalischen Patrioten* im Druck erschienen, schoß Meyer eine weitere, längere Salve gegen Mattheson ab – die Schrift *Der anmaßliche Hamburgische Criticus* (Lemgo 1728).[57] Beekman Cannon beschreibt in seiner Besprechung der Debatte Meyers literarischen Stil als „nachlässig" und seine Argumentation als „eher unangemessen", während Matthesons als brillant bezeichneter Stil in seiner „üblichen leidenschaftlichen, um nicht zu sagen rüden Weise" Ausdruck finde.[58]

Die musikalische Welt zeigte sich in der Sache weiterhin gespalten, doch viele Angehörige des Klerus waren in Bezug auf die neue Reformkantate und die

---

die älteren Traditionen fortsetzen wollten, und Radikale, die sich grundlegende Reformen wünschten; siehe Strohm (wie Fußnote 22), S. 81–96.

[54] J. Meyer, *Unvorgreiffliche Gedancken über die neulich eingerissene theatralische Kirchen-Music und denen darinnen bishero üblich gewordenen Cantaten mit Vergleichung der Music voriger Zeiten Verbesserung der Unsrigen*, Lemgo 1726.

[55] J. Mattheson, *Der neue Göttingische aber viel schlechter, als die alten Lacedämonischen urtheilende Ephorus, wegen der Kirchen-Music eines anderen belehret*, Hamburg 1727: „Dem Wol-Edlen, Wolgelahrten Herrn, Herrn Gottfried Ephraim Scheibel, Rever. Minist. Candid. Wratisl. Sil. hat, durch freund-willige Zueignung dieses Wercks, seine Dankbarkeit, theils für öffentlich-erwiesene Ehre; am meisten aber für öffentliche Vertheidigung der guten Sache, auch öffentlich bezeugen wollen der Verfasser."

[56] Mattheson, *Der Musikalische Patriot* (wie Fußnote 52), S. 105–120.

[57] J. Meyer, *Der anmaßliche Hamburgische Criticus sine crisi entgegengesetzet dem so genannten Göttingischen Ephoro Joh. Matthesons, und dessen vermeyntlicher Belehrungs-Ungrund der Verthädigung der Theatralischen Kirchen-Music*, Lemgo 1728.

[58] Cannon (wie Fußnote 46), S. 186.

Einbeziehung von Elementen der Oper erwartungsgemäß ablehnender oder zumindest extrem argwöhnischer Haltung. So berücksichtigten die *Unschuldigen Nachrichten* die beiden negativen Titel Meyers,[59] ignorierten aber Matthesons befürwortende Stellungnahmen.[60] Die Zeitschrift enthielt außerdem einen kurzen Hinweis auf Martin Heinrich Fuhrmanns hitzige Streitschrift gegen den Einfluß der Oper auf die Kirchenmusik, *Die an der Kirchen Gottes gebauete Satans-Capelle* (Berlin, 1729).[61] Fuhrmann, der Meyers Angriffe gegen Mattheson unterstützte, verdammte die Kantatenform allerdings nicht grundsätzlich: „Ich will nicht, daß man alle *Cantaten* aus den Kirchen soll peitschen wie die Hunde, sondern nur diejenigen, so fett und feist am *Opern Geist*."[62]

Für Scheibel lag ein Großteil der Problematik der älteren Kirchenmusik in dem „Mangel geschickter Texte."[63] Er weist auf die zahlreichen Jahrgänge von Kantatentexten, die gemeinhin produziert wurden und kommentiert, „[…] die wenigsten aber halten den Stich/ und sind nicht werth/ daß ein *Componiste* sich drüber mache".[64] Nur drei Kantatendichter fanden seine Zustimmung: Erdmann Neumeister (den er mit den Psalmisten Asaph und David vergleicht), Johann Jacob Rambach (mit gewissen Vorbehalten) und Salomo Frank.[65] Wohl wegen dieses von ihm empfundenen allgemeinen Mangels gab Scheibel vier Jahre, nachdem er seine *Zufälligen Gedancken* veröffentlicht hatte, einen eigenen Jahrgang von Kantatenlibretti heraus, die *Poetischen Andachten* (1725).[66]

---

[59] Meyers *Unvorgreiffliche Gedancken* (1726) wurden in UN (1726), S. 857 besprochen, seine Schrift *Der anmaßliche Hamburgische Criticus* (1728) in UN (1730), S. 283–285.

[60] Die zuletzt genannte Besprechung erwähnt am Rande eine Kritik von Matthesons *Göttingischem Ephorus* (1727) in den „Leipziger Gelehrten Zeitungen 1727. p. 613".

[61] UN (1729), S. 1044 f.

[62] Marco Hilario Frischmuth [Martin Heinrich Fuhrmann], *Die an der Kirchen GOttes gebauete Satans-Capelle*, [Berlin 1726], S. 45.

[63] Scheibel, *Zufällige Gedancken* (wie Fußnote 11), S. 41.

[64] Ebenda, S. 73.

[65] Ebenda, S. 74–76, 78. In seiner späteren kurzen Geschichte der Kirchenmusik, die der zeitgenössischen Situation nur knapp zwei Seiten widmet, nennt Scheibel einige weitere lobenswerte Librettisten, darunter besonders Benjamin Schmolck. Siehe Scheibel, *Die Geschichte der Kirchen-Music alter und neuer Zeiten*, Breslau 1738 (Reprint: Stuttgart 2002), S. 47.

[66] 1734 veröffentlichte Scheibel ein Buch über die Verbesserung der Dichtkunst, und 1738 gab er einen zweiten Jahrgang von Kantatenlibretti heraus, den er Barthold Hinrich Brockes widmete. Siehe *Die Unerkannte Sünden der Poeten Welche man Sowohl in ihren Schriften als ihrem Leben wahrnimmt. Nach den Regeln des Christentums und vernünfftiger Sittenlehre geprüft*, Leipzig 1734 (Reprint: München 1981) und *Musicalisch-Poetische Andächtige Betrachtungen über alle Sonn- und Fest-Tags Evangelien Durchs gantze Jahre Andächtigen Seelen zur Erbauung ans*

Der Mattheson[67] und Telemann gewidmete Band verfolgte zweierlei Absichten. Einerseits enthielt er Muster dessen, was seiner Meinung nach für die moderne Kirchenkantate benötigt wurde, und andererseits vertiefte Scheibel die Debatte um den neueren Stil in seinem 48 Seiten umfassenden Vorwort, das eine Fortsetzung seiner vier Jahre zuvor erschienenen *Zufälligen Gedancken* darstellte.

V.

Scheibels zentrales Thema, auf das er sowohl in der früheren Abhandlung als auch in dem ausgedehnten Vorwort zu seinen *Poetischen Andachten* zurückkommt, ist der Bedarf an Musik – für Oper wie Kirche –, die Gefühle ausdrückt und hervorruft: „[…] daß die Kirchen- und die Welt-Music/ was die *Motion* der Affecten anbetrifft nicht eignes habe/ und also ein *Componiste* hierzu sich einerley *Modi* bedienen müsse."[68] Zur Untermauerung dieser Theorie,[69] nach der derselbe Affekt seine Wirkung sowohl im weltlichen als auch im geistlichen Kontext entfaltet, zitiert er Arientexte aus Opern von Telemann und Vogler und parodiert sie sodann, um sie für die Verwendung in Kirchenkantaten passend zu machen[70] und um zu demonstrieren, daß er mit dem parodierten Text „eben den *Affect* den die *Composition* mit sich bringt" ausdrückt.[71]

Licht, Breslau 1738. Außerdem stellte er eine Anthologie von Gedichten zu allen Sonn- und Festtagen zusammen: *Andachts-Blumen Der zu Ehren Gottes Blühenden Jugend Oder Gedenck-Reime Uber alle Sonn- und Festtags-Evangelien*, Breslau [1750].

[67] In dem um 1764 zusammengestellten handschriftlichen Katalog seiner Bibliothek führt Mattheson Scheibels *Poetische Andachten* als Nr. 122 an; D-Hs, *Sig.* VI, 4 („Verzeichnis der Bücher und Schriften", fol. 4v); vgl. H. J. Marx, *Johann Matthesons Nachlaß. Zum Schicksal der Musiksammlung der alten Stadtbibliothek Hamburg*, in: Acta Musicologica 55 (1983), S. 120.

[68] Scheibel, *Zufällige Gedancken* (wie Fußnote 11), S. 34.

[69] Maul (wie Fußnote 18), Bd. 1, S. 536.

[70] Scheibel, *Zufällige Gedancken* (wie Fußnote 11), S. 35–39; siehe auch Maul (wie Fußnote 18), Bd. 1, S. 532–534. Maul bespricht Scheibel im Zusammenhang mit Melchior Hoffmanns Verwendung eigener Kirchenkantaten als Quellen für seine Opern. So wurde die in der Leipziger Neukirche aufgeführte Kantate zu Mariae Verkündigung „Entfernet euch, ihr schmeichelnden Gedanken" (siehe Glöckner, wie Fußnote 15, S. 52 f.) in der 1713 im Leipziger Opernhaus präsentierten Oper „Ismenie und Montaldo" parodiert; siehe auch Maul (wie Fußnote 18), Bd. 1, S. 529–557, speziell S. 538–544.

[71] Scheibel, *Zufällige Gedancken* (wie Fußnote 11), S. 36.

Das gesamte zweite Kapitel der *Zufälligen Gedancken* ist der Erregung der Affekte gewidmet, ein auch im Vorwort der *Poetischen Gedancken* immer wieder vorkommender Begriff.[72] Eine von Scheibels bedeutsamsten Aussagen steht zu Beginn der *Zufälligen Gedancken*:

Wenn jemand fragt: Was ist denn die Music? so antwort ich/ *quod sit Ars, quae docet per Mutationem Tonorem Affectus movere*; oder auf gutt deutsch: Die Music ist eine Kunst die uns weiset wie man durch die Abwechßlung der Thone die Affecten bewegen kan.[73]

Mattheson hatte im *Neu-Eröffneten Orchestre* (1713) über die Möglichkeiten geschrieben, in der Oper eine große Bandbreite an Emotionen auszudrücken,[74]

da durch des *Componisten* und der Sänger Geschicklichkeit alle und jede *Affectus*, besser als in der *Oratorie*,[75] besser als in der Mahlerey, besser als in der *Sculpture*, nicht allein vivâ voce schlecht weg, sondern mit Zuthun einer *convenablen Action*, und hauptsächlich vermittelst Hertz-bewegender *Music*, gar schön und natürich *exprimi*ret werden.[76]

Doch Mattheson hatte noch nicht seine systematischen Ausführungen zu den verschiedenen Aspekten der Affektenlehre entwickelt; dies geschah erst später in seinem *Vollkommenen Capellmeister* von 1739.[77] Mithin ergänzte und entwickelte Scheibel in seinen Schriften von 1721 und 1725 Ideen, die Mattheson bereits 1713 vorgestellt hatte, wobei er sich auf rhetorische Kategorien bezog:

Wiewohl wenn ich auch die Music und ihren *Effect* ohne Absicht der *Temperamente* ansehe/ so hat Sie schon mit unsern *Passion*en als da ist Traurigkeit/ Freude/ Zufriedenheit/ Zorn/ etc. so eine *Connexion* daß sie nothwendig *movi*ren muß. Sind bloße Worte eines Redners fähig unser Gemüthe fröhlich oder betrübt zu machen/ wie vielmehr die Music/ die einen Affect noch lebhaffter und *penetrant*er vorstellen kan.[78] […] Denn sie ist vor nichts anders als vor eine *Praeparation* zur Andacht an-

---

[72] Ebenda, S. 10–18.
[73] Ebenda, S. 3–4.
[74] Mattheson, *Das Neu-Eröffnete Orchestre*, Hamburg 1713, S. 160–161.
[75] Cannon übertrug „oratorie" irrtümlich als „oratorio".
[76] Mattheson, *Das Neu-Eröffnete Orchestre* (wie Fußnote 74), S. 167–168.
[77] Mattheson, *Der Vollkommene Capellmeister, Das ist Gründliche Anzeige aller derjenigen Sachen, die einer wissen, können, und vollkommen inne haben muß, der einer Capelle mit Ehren und Nutzen vorstehen will*, Hamburg 1739 (Reprint: Kassel 1954).
[78] Scheibel, *Zufällige Gedancken* (wie Fußnote 11), S. 15–16.

zusehen/ und eben das was das *Exordium* bey einer *Oration*;[79] deßwegen auch meistens mit ihr der Gottes-Dienst in unsern Kirchen angefangen wird.[80]

Natürlich war es nicht neu, Verbindungen zwischen Rhetorik und Musik zu ziehen. Seit dem 16. Jahrhundert beruhte die an den Lutherischen Lateinschulen und Universitäten gepflegte Erziehung im wesentlichen auf den sieben Freien Künsten (Grammatik, Logik, Rhetorik, Geometrie, Arithmetik, Astronomie und Musik), die aus den Lehrplänen von Philipp Melanchthon hervorgingen, der selbst wiederum wesentlich von klassischen Autoren wie Cicero und Quintilian beeinflußt war. Die Kantoren, die an den Schulen Musik unterrichteten und die Kirchenmusiken leiteten, waren häufig auch verpflichtet, lateinische Grammatik und Logik zu lehren. Zahlreiche Kantoren des 17. Jahrhunderts schrieben auch grundlegende musiktheoretische Lehrbücher, die sich rhetorischer Kategorien bedienten, um das Wesen, die Logik und die Bedeutung der Musik zu erklären;[81] zu diesen zählen unter anderem Burmeister, Calvisius und Lippius.[82] Als die Erben der antiken Modaltheorie, der zufolge jeder Modus eine bestimmte Emotion reflektierte, betonen diese Theoretiker das expressive Wesen der Musik, also ihre Fähigkeit, emotionale Inhalte auszudrücken und zu vermitteln. Allerdings war die musikalische Darstellung dieser Affekte an den zu vertonenden Text gekoppelt. Wie Quintilian erklärt hatte: „Die Musik […] verwendet all ihre Kunst, um den Emotionen der begleitenden Worte zu entsprechen."[83] Gioseffo Zarlino, der meistgelesene Musiktheoretiker des 17. Jahrhunderts, entwickelte diesen Gedanken weiter:

---

[79] Das *exordium*, oder die Einleitung, gilt als wesentlicher Teil der Rede, da es den Inhalt der Rede selbst vorstellt und die Zuhörer für das Nachfolgende einstimmt und vorbereitet; siehe Quintilian, *Institutio rhetorica*, lib. 4, cap. 1. Scheibels Hinweis auf die Musik zu Beginn des Gottesdienstes könnte durchaus eine Anspielung auf Quintilians Erklärung des griechischen *prooimion* sein, das dem lateinischen *exordium* entspricht: „Nam sive propterea quod οἴμη cantus est et citharoedi pauca illa quae antequam legitimum certamen inchoent emerendi favoris gratia canunt prohoemium cognominaverunt" (Denn *oimē* bedeutet Lied, und Lyraspieler verwendeten den Begriff *prooimion* für die kurzen Stücke, die sie spielten, um sich die Gunst des Publikums zu sichern, bevor sie mit dem offiziellen Wettstreit begannen).

[80] Scheibel, *Zufällige Gedancken* (wie Fußnote 11), S. 22.

[81] Zur Vertiefung siehe zum Beispiel H.-H. Unger, *Die Beziehung zwischen Musik und Rhetorik im 16.–18. Jahrhundert*, Würzburg 1941 (Reprint: Hildesheim 2000); B. Vickers, *Figures of Rhetoric / Figures of Music?*, in: Rhetorica: A Journal of the History of Rhetoric 2 (1984), S. 1–44; D. Bartel, *Musica Poetica: Musical-Rhetorical Figures in German Baroque Music*, Lincoln 1997.

[82] J. Burmeister, *Musica Poetica*, Rostock 1606 (Reprint: Kassel 1955); S. Calvisius, *Exercitatio musica tertia*, Leipzig 1611 (Reprint: Hildesheim 1973); J. Lippius, *Synopsis musicæ novæ*, Straßburg 1612 (Reprint: Hildesheim 2004).

[83] Quintilian, *Institutio rhetorica*, lib. 1, cap. 10: „[Musice] moderata leniter canit totaque arte consentit cum eorum quae dicuntur adfectibus."

Percioche si come non è lecito tra i Poeti comporre una Comedia con versi Tragici; cosi non sarà lecito al Musico di accompagnare queste due cose, cioè l'Harmonia, & le Parole insieme, fuori di proposito. Non sarà adunque conveniente, che in una materia allegra usiamo l'Harmonia mesta, & i Numeri gravi; ne dove si tratta materie funebri, & piene di lagrime, è lecito usare un'Harmonie allegra, & li numeri veloci nelle materie allegre; & nelle materie meste le harmonie meste, & li numeri gravi; accioche ogni cosa sia fatta con proportione.[84]

Im Laufe des 17. Jahrhunderts nahm die Expressivität der Kirchenmusik stetig zu, da auch die Intensität der Andachtsliteratur wuchs.[85] Die Intention lag jedoch darin, Emotionen zu reflektieren, nicht sie zu stimulieren; es ging also darum, einer Empfindung Ausdruck zu verleihen („affectus exprimere"). Was an den Ansichten von Mattheson, Scheibel und anderen sowie in den Libretti von Neumeister und seinen Anhängern als radikal und voraussetzungslos neu empfunden wurde, war die Forderung nach der aktiven Erzeugung einer Empfindung („affectus movere"). Hier handelte es sich um eine radikale Verlagerung weg vom Text als dem Objekt der Komposition; stattdessen wurde der Zuhörer zum Mittelpunkt der Musik, deren Ziel es war, während des Vortrags eine subjektive Reaktion auf die Musik zu evozieren.[86]

---

[84] G. Zarlino, *Le Istitutioni Harmoniche* [1558], Venedig 1562, S. 339; deutsche Übersetzung: „Denn wenn es dem Dichter nicht erlaubt ist, eine Komödie in tragischen Versen zu verfassen, dann ist es auch dem Musiker nicht gestattet, diese beiden Dinge, das heißt Harmonien und Worte, in unpassender Weise miteinander zu verknüpfen. So wäre es weder angemessen, wenn er in einer freudigen Situation traurige Klänge und einen schwerfälligen Rhythmus verwendete, noch wäre es akzeptabel, für traurige und tränenreiche Themen eine fröhliche Harmonie und einen leichten oder schnellen oder wie auch immer genannten Rhythmus zu wählen. Im Gegenteil, er muß fröhliche Klänge und lebhafte Rhythmen in freudigen Situationen und bei von Trauer bestimmten Anlässen traurige Klänge und schwerfällige Rhythmen verwenden, so daß alles mit der richtigen Proportion ausgeführt werde."

[85] Siehe I. van Elferen, *Mystical Love in the German Baroque: Theology, Poetry, Music*, Lanham 2009; siehe auch J. Butt, *Emotion in the German Lutheran Baroque and the Development of Subjective Time Consciousness*, in: Musical Analysis 29 (2010), S. 19–36.

[86] Herl sieht in den Schriften, die den neuen Stil befürworten, ein wesentliches Anzeichen für diese Verlagerung der Aufmerksamkeit in der Ablösung des alten Begriffs für „Gemeine" – oder „Gemeinde" – durch „Zuhörer"; siehe Herl (wie Fußnote 25), S. 123. Allerdings wurde der neue Begriff umfassender eingesetzt, zum Beispiel wurde „Zuhörer" in diesem Sinn in den Protokollen von Bachs Wahl zum Thomaskantor verwendet (vgl. Dok I, S. 177). Über die Befürworter des neuen Stils schreibt Herl: „Sie sahen die Gemeinde eher als passive Zuschauer, deren Empfindungen es zu rühren galt, denn als aktive Teilnehmer an der Liturgie, zumindest was die Kirchenmusik betraf". Doch auch das Gegenteil könnte der Fall gewesen sein – daß sie das Publikum der älteren Kirchenmusik als passive Zuschauer betrachteten und die

In gewissem Sinne handelte es sich hier um die Rückkehr zu einem im 16. Jahrhundert verbreiteten Verständnis der Rhetorik, das seit dem frühen 17. Jahrhundert allerdings in Vergessenheit geraten war.[87] Die Lehrbücher der Renaissance vertraten die Auffassung, daß es ein vornehmliches Ziel der Rhetorik sei, den Zuhörer mittels des Inhalts des Vernommenen „zu bewegen" – ein Konzept, das durch verwandte Begriffe und Synonyme des lateinischen „movere" ausgedrückt wird.[88] In dieser Hinsicht war der Einfluß von Philipp Melanchthon von Bedeutung nicht nur wegen seiner Schriften zur Rhetorik, sondern auch wegen der rhetorischen Qualität seiner übrigen Schriften.[89] Melanchthons *Elementorum rhetorices libri duo* (Wittenberg 1531) fand weite Verbreitung, mit mehr als fünfzig Auflagen vor dem Ende des Jahrhunderts[90] sowie verschiedenen Bearbeitungen und Übersetzungen. In dieser Schrift behandelt er den Unterschied zwischen Dialektik und Rhetorik:

Iuxta hoc discrimen proprius Dialecticae finis est docere: Rhetoricae autem permovere, at[que] impellere animos, et ad affectum aliquem traducere.[91]

---

aufgerüttelte Zuhörerschaft des neuen Stil als von der gefühlsbetonten Musik aktiv berührt empfanden; Hören ist passiv, Zuhören hingegen aktiv.

[87] Die abnehmende Bedeutung des *movere* in der Rhetorik ging an den Lutherischen Universitäten einher mit dem Auftauchen der aristotelischen Metaphysik im frühen 17. Jahrhundert; siehe J. Krēsliņš, *Dominus narrabit in scriptura populorum: A Study of Early Seventeenth-Century Teaching on Preaching and the Lettische langgewünschte Postill of Georgius Mancelius*, Wiesbaden 1992 (Wolfenbütteler Forschungen. 54.), S. 17, 21–74.

[88] Siehe K. Dockhorn, *Rhetorica movet: Protestantischer Humanismus und karolingische Renaissance*, in: Rhetorik: Beiträge zu ihrer Geschichte in Deutschland vom 16.–20. Jahrhundert, hrsg. von H. Schanze, Frankfurt 1974, S. 17–42; F. Reckow, *Zwischen Ontologie und Rhetorik: die Idee des movere animos und der Uebergang vom Spätmittelalter zur frühen Neuzeit in der Musikgeschichte*, in: Traditionswandel und Traditionsverhalten, hrsg. von W. Haug, Tübingen 1991, S. 145–178.

[89] Siehe K. Bullemer, *Quellenkritische Untersuchungen zum I. Buche der Rhetorik Melanchthons*, Würzburg 1902; M. B. Aune, *To Move the Heart: Philip Melanchthon's Rhetorical View of Rite and its Implications for Ritual Theory*, San Francisco 1994; ders., *„A Heart Moved": Philip Melanchthon's Forgotten Truth About Worship*, in: Lutheran Quarterly 12 (1998), S. 393–416.

[90] Zwischen 1531 und 1606 wurden in Wittenberg 22 Auflagen veröffentlicht, 36 Auflagen in anderen Städten zwischen 1532 und 1578.

[91] Deutsche Übersetzung: „Der Unterschied, um es vielleicht genauer zu formulieren, besteht darin, daß es das Ziel oder der Zweck der Dialektik ist, zu belehren, während die Funktion der Rhetorik darin liegt, die Geister zu bewegen und anzuregen und damit auf eine Person einzuwirken." Ähnlich hatte Melanchthons sich einige Jahre zuvor in den Prolegomena zu *De rhetorica libri tres* (Basel 1519, S. 6) geäußert; vgl. Aune, *To Move the Heart* (wie Fußnote 89), S. 14.

Aus demselben Jahr, in dem Melanchthons Handbuch veröffentlicht wurde (1531), ist von Luther eine ähnliche Aussage überliefert: „Dialectica docet, rhetorica movet. Illa ad intellectum pertinent, haec ad voluntatem".[92] Die lateinische Version zirkulierte unter Akademikern, aber die deutsche war bekannter, da sie in Luthers *Tischreden* von 1566 enthalten ist, die unzählige Male gedruckt worden sind: „Dialectica lehret/ Rhetorica moviret und beweget/ Diese gehört zum Willen/ Jene zum Verstande."[93] Dies mag eine der Quellen gewesen sein, die Scheibel und andere bei der Formulierung ihrer Gedanken in Bezug auf das „movere" und die Musik beeinflußten; denn Luthers Äußerung findet sich in Aurifabers Sammlung der *Tischreden* am Ende von Kapitel 68 („Von Schulen und Universiteten") in dem Abschnitt „Von guten Künsten" (fol. 574r–577r), mithin nur zwei Seiten vor Kapitel 69, „Von der Musica" (fol. 577v–578).[94]

Ganz gleich, ob Scheibel diese Äußerung Luthers (oder Melanchthons) kannte, ist es bemerkenswert, daß es Librettisten und Musiktheoretiker waren – und nicht Akademiker in den der Rhetorik nahestehenden Disziplinen (insbesondere Theologie, Philosophie und Jura) –, die diese ursprüngliche Definition der Rhetorik aufgriffen, die im 16. Jahrhundert in der Erziehung eine fundamentale Rolle spielte.[95]

---

[92] *D. Martin Luthers Werke. Kritische Gesamtausgabe: Tischreden*, Weimar 1912 bis 1921, Bd. 2, S. 359, Nr. 2199. Siehe A. Grün-Oesterreich und P. L. Oesterreich, *Dialectica docet, rhetorica movet: Luthers Reformation der Rhetorik*, in: Rhetorica Movet: Studies in Historical and Modern Rhetoric in Honor of Heinrich F. Plett, hrsg. von P. L. Oesterreich und T. O. Sloane, Leiden 1999, S. 25–41; siehe auch B. Stolt, *Martin Luthers Rhetorik des Herzens*, Tübingen 2000.

[93] *Tischreden Oder Colloquia Doct. Mart: Luthers*, hrsg. von J. Aurifaber, Eisleben 1566, fol. 576r (*Luthers Werke. Kritische Gesamtausgabe: Tischreden*, Bd. 2, S. 360).

[94] Dies gewinnt zusätzlich an Bedeutung, wenn man bedenkt, daß sich ein Exemplar von Luthers *Tischreden* in Bachs Bibliothek befand; siehe R. A. Leaver, *Bachs theologische Bibliothek: Eine kritische Bibliographie*, Stuttgart 1983, S. 59f. (Nr. 4).

[95] Lehrbücher des 17. und frühen 18. Jahrhunderts zur Rhetorik widmen sich vor allem Details zu den Strukturen und Kategorien sowie der Terminologie der Rhetorik. Um nur ein Beispiel anzuführen: *Hodegeticum Brevibus Aphorismis Olim pro Collegio Concionatorio*, Leipzig 1652 (spätere Ausgaben: 1656 und 1675) von Johann Benedict Carpzov [I] (1607–1657), Professor der Theologie und Archidiakon der Leipziger Thomaskirche. Das als Einführung zur Homiletik für Theologiestudenten an der Leipziger Universität konzipierte Werk wurde bis weit in die ersten Jahrzehnte des 18. Jahrhunderts verwendet und als *Hodegetici Ad Artem Concionatoriam*, Leipzig 1689 erneut herausgegeben von Tilemann Andreas Rivinus, einem späteren Archidiakon der Thomaskirche.

VI.

Es ist nicht anzunehmen, daß Bach Scheibel persönlich kannte, da dieser Leipzig bereits vier Jahre vor Bachs Ankunft verlassen hatte und den Rest seines Lebens in der Umgebung von Breslau verbrachte. Der Umstand, daß Scheibels *Zufällige Gedancken* (1721) und seine *Poetischen Andachten* (1725) beide parallel auch in Leipzig erschienen, könnte andeuten, daß der Autor der Stadt, in der er studiert hatte, gelegentlich einen Besuch abstattete, und dabei hätte er in späteren Jahren auch Bach treffen können. Doch das ist reine Spekulation.

Bach muß von der Leipziger Oper und der in der Neukirche aufgeführten Musik bereits lange vor seiner Ankunft in der Stadt gewußt haben. Seit seiner frühen Weimarer Zeit pflegte er persönlichen Kontakt zu Telemann, der in seiner Leipziger Studienzeit wesentlich für die Einführung des Opernstils an der Neukirche verantwortlich war; außerdem wurden seine Opern auch in späteren Jahren im Leipziger Opernhaus aufgeführt.[96]

Während seiner Zeit als Kapellmeister in Köthen hatte Bach wiederholt Gelegenheit, sich über die musikalischen Entwicklungen in Leipzig zu informieren. In den Köthener Rechnungsbüchern findet sich unter dem 16. Dezember 1718 der Vermerk, „Vogler aus Leipzig" habe als Gastmusiker 16 Thaler erhalten.[97] Dies bezieht sich auf den Organisten und Musikdirektor der Leipziger Neukirche Johann Gottfried Vogler, der auch als Geiger und Komponist an der Leipziger Oper tätig war. Der Anlaß für Voglers Anwesenheit in Köthen war die Geburtstagsfeier für Fürst Leopold am 10. Dezember 1718, für die Bach zwei Kantaten komponiert hatte – „Lobet den Herrn, alle seine Heerscharen" BWV Anh. 5 und „Der Himmel dacht auf Anhalts Ruhm und Glück" BWV 66a. Die beiden Libretti stammten von Menantes (Christian Friedrich Hunold). Menantes hatte auch Neumeisters Poetik-Vorlesungen herausgegeben und war selbst ein anerkannter Dichter und Librettist, der mehrere umfangreiche Gedichtbände veröffentlicht hatte. Zwischen 1718 und 1720 komponierte Bach für den Köthener Hof insgesamt fünf Kantaten auf Texte von Menantes; neben den bereits erwähnten Werken handelt es sich um „Die Zeit, die Tag und Jahre macht" BWV 134a (Neujahr 1719), „Dich loben die lieblichen Strahlen der Sonne" BWV Anh. 6 (Neujahr 1720) und „Heut ist gewiß ein guter Tag" BWV Anh. 7 (Leopolds Geburtstag im Dezember 1720). Seine Zusammenarbeit mit Menantes am Köthener Hof stützt die Vermutung, daß Bach von den veröffentlichten Gedichtsammlungen des Autors wußte, und es ist durchaus möglich, daß er den einen oder anderen Band besaß.[98] Auch

---

[96] Siehe M. Boyd (Hrsg.), *Oxford Composer Companions: J. S. Bach*, Oxford 1990, S. 475; Maul (wie Fußnote 18), Bd. 2, S. 859–863.

[97] Dok II, S. 72 (Nr. 93).

[98] Die *Academischen Neben-Stunden allerhand neuer Gedichte* von Menantes (Halle

andere für den öffentlichen Gottesdienst bestimmte Gedichtanthologien standen offenbar in seiner Bibliothek, darunter Georg Christian Lehms' *Gottgefälliges Kirchen-Opffer* (Darmstadt 1711), das er schon bald nach Erscheinen erworben haben muß, da es die Libretti zu zwei Kantaten enthielt, die er 1713 und 1714 in Weimar komponierte (BWV 157 und BWV 54). Da er auch die nachfolgend genannten Sammlungen zu verschiedenen Zeiten als Quelle für Kantatenlibretti verwendete, befanden sich diese (und andere) wahrscheinlich ebenfalls in seinem Besitz: Erdmann Neumeister, *Geistliches Singen und Spielen* (Gotha 1711); Salomo Franck, *Evangelisches Andachts-Opffer* (Weimar 1715); Erdmann Neumeister, *Fünffache Kirchen-Andachten* (Leipzig 1716); Salomo Franck, *Geist- und Weltlicher Poesien Zweiter Theil* (Jena 1717); Erdmann Neumeister, *Geistliche Poesien mit untermischten Biblischen Sprüchen und Choralen* (Eisenach 1717); Johann Friedrich Helbig, *Poetische Auffmunterung zur Sonn- und Fest-Täglichen Andacht* (Eisenach 1720); und Johann Oswald Knauer, *Gott-geheiligtes Singen und Spielen* (Gotha 1721). Es ist bedauerlich, daß es keinen Nachweis der gedruckten Anthologien von Kantatenlibretti in Bachs Besitz gibt. Man gewinnt jedoch den Eindruck, daß seine Sammlung solcher Literatur recht umfangreich gewesen sein muß, allerdings läßt sich nicht entscheiden, ob Scheibels *Poetische Andachten* ebenfalls in seinem Bücherregal standen.

Einige der von Scheibel in seinen Schriften vertretenen Ansichten scheinen mit Bachs Auffassungen übereinzustimmen. Es ist offensichtlich, daß Bach die neuen stilistischen Reformen der Kantate befürwortete, die in engem Bezug zum „theatralischen Stil" standen, da er selbst einer der Vorreiter dieser Entwicklung war.[99] Scheibels kritisches Urteil über die meisten Jahrgänge von Kantatenlibretti findet Entsprechung in dem Umstand, daß Bach im Gegensatz zu anderen Komponisten seiner Zeit niemals einen vollständigen Jahrgang von Kantatenlibretti aus der Feder eines einzigen Dichters in Musik setzte. Stattdessen zog er es vor, eine Auswahl zu treffen – häufig nahm er nur einen Text, manchmal zwei oder drei für aufeinanderfolgende Sonn- oder Festtage, selten aber mehr als drei. Auch Scheibels Wertschätzung der Kantatenlibretti von Neumeister, Franck und Rambach entspricht Bachs Wahl von Texten dieser Dichter überein: Mit Ausnahme von zwei Libretti stammen sämtliche Texte seiner Weimarer Kantaten von Franck, außerdem auch zwei seiner Leipziger Kantaten; fünf Libretti sind von Neumeister (BWV 18 und 61 in Weimar,

---

und Leipzig 1713) etwa könnten sich durchaus in Bachs Besitz befunden haben, da das Libretto von „Ich bin in mir vergnügt" (BWV 204) Sätze aus dieser Quelle enthält; siehe die Diskussion weiter unten.

[99] Siehe H. J. Marx, *Bach und der „theatralische Stil"*, in: Johann Sebastian Bachs Spätwerk und dessen Umfeld. Bericht über das wissenschaftliche Symposium des 61. Bachfestes der Neuen Bachgesellschaft, Duisburg, 28.–30. Mai 1986, hrsg. von C. Wolff, Kassel 1988, S. 148–154.

BWV 24, 28 und 59 in Leipzig) und eine basiert auf einem Libretto von Rambach (BWV 25).

Einige weitere Ansichten Scheibels hingegen können nicht von Bach geteilt worden sein, darunter vor allem seine harsche Kritik an der älteren geistlichen Musik. Seine in den *Zufälligen Gedancken* in einem Wortspiel ausgedrückte Verurteilung von Hammerschmidt als Repräsentant altmodischer Kirchenmusik wurde bereits erwähnt.[100] In seinem ausgedehnten Vorwort zu den *Poetischen Andachten* verurteilt Scheibel diese Art von Musik ein weiteres Mal – wieder mit einem Wortwitz – und attackiert dabei besonders die Kontrapunktik:

Wenn man sie fragt, was gefiel denn an der alten Kirchen *Music*? So erfolgt die Antwort: Es klang fein andächtig. Ich hätte lieber setzen wollen: Es klung fein einfältig. Zur selbigen Zeit war das Rüsthaus der *Music* hoch voller schweren *Canonen*, die *Utremifasolitten* (*barbara Nomina! Barbara Musica!*) übten noch ihre Tyranney unter einer Pharisäischen Heiligkeit aus [...].[101]

Bach war mit seiner Begeisterung für kanonische Techniken,[102] seinem Respekt vor der Musik früherer Komponisten[103] und seiner kenntnisreichen Expertise im Stile antico[104] solchen Empfindungen sicherlich abhold. Allerdings waren die von Scheibel geäußerten Aversionen Teil des geistigen Hintergrunds von Johann Adolph Scheibes Angriff auf Bach und andere im Jahr 1737[105] und gehörten zur Definition des entstehenden galanten Stils. Insgesamt aber dürfte Bach an Scheibels Dichtkunst wesentlich mehr interessiert gewesen sein als an seiner Prosa.

VII.

Was die Kantatenlibretti betrifft, so scheint Bach es vorgezogen zu haben, mit einem Dichter direkt zusammenzuarbeiten, anstatt sich bereits veröffentlichter Sammlungen zu bedienen. Namhafte Beispiele sind Salomo Franck in Weimar, Menantes in Köthen sowie Christiana Mariana von Ziegler und Picander in Leipzig, deren für Bach geschriebene Texte nach Vollendung der jeweiligen Komposition veröffentlicht wurden. Diese Vorgehensweise war allerdings

---

[100] Vgl. Fußnote 49.
[101] Scheibel, *Poetische Andachten* (wie Fußnote 3), Bl. b2r.
[102] Siehe zum Beispiel D. Yearsley, *Bach and the Meanings of Counterpoint*, Cambridge 2002.
[103] Siehe Beißwenger, passim.
[104] Siehe Wolff Stile antico, passim.
[105] Siehe M. Maul, *Neues zum Kontext einer musikalischen Debatte: Johann Adolph Scheibes Bach-Kritik*, in: Bach Magazin 17 (2011), S. 9–11.

nicht immer möglich, und in solchen Fällen wandte Bach sich gedruckten Quellen zu. Die Phase vor seiner intensiven Zusammenarbeit mit Picander, also etwa die Zeit von Ende 1725 bis Mitte des Jahres 1727,[106] zeichnet sich durch das Fehlen eines regulären poetischen Partners für die Kantatenproduktion aus. In dieser Zeit stammten siebzehn Libretti aus nur zwei Quellen: Lehms' *Gottgefälliges Kirchen-Opffer* (Darmstadt 1711) und die anonymen *Sonn- und Fest-Tags-Andachten* (Rudolstadt 1726; siehe Tabelle 1). Bach vertonte in diesen Monaten auch einzelne Libretti aus gedruckten Anthologien von Neumeister, Franck und Helbig (siehe Tabelle 2), außerdem sieben Libretti von unbekannten Dichtern (siehe Tabelle 3). Weitere fünf von Bach in Musik gesetzte Libretti sind ebenfalls anonym überliefert, stehen aber mit zuvor veröffentlichten Quellen in Verbindung.[107] Diese fünf Dichtungen werden hier in chronologischer Folge besprochen.

Das Libretto der 1726 (oder möglicherweise 1727) für einen unbekannten Anlaß komponierten Kantate „Ich bin in mir vergnügt" BWV 204 ist eine raffinierte Zusammenstellung und Modifizierung von Dichtungen aus zwei verschiedenen Quellen von Menantes sowie zusätzlichen Strophen von einem unbekannten Autor. Die Menantes zugeordneten Vorlagen finden sich in seinen *Academischen Neben-Stunden allerhand neuer Gedichte* (Halle und Leipzig 1713), einer Zusammenstellung einzelner Teile mit jeweils eigener Paginierung. Die beiden Quellen zu BWV 204 entstammen demselben Teil, den *Lob- und Glückwünschungs-Schrifften*. Der erste Satz, ein Rezitativ, basiert auf einem 24zeiligen Gedicht, das in Menantes' Band (S. 40) den Titel „Der vergnügte Mensch" trägt;[108] die handschriftliche Partitur von Bachs Kantate ist betitelt „Cantata von der Vergnügsamkeit".[109] Bachs Libretto folgt im wesentlichen Menantes' Dichtung. In den Zeilen 19 und 20 allerdings ersetzt das Ideal der Furchtlosigkeit das ursprüngliche der Bescheidenheit:

---

[106] 1725 lieferte Picander zwei Libretti für nicht-liturgische Festkantaten: „Entfliehet, verschwindet" BWV 249a (Februar) und „Zerreißet, zersprenget" BWV 205 (August). Die früher entstandene Kantate „Bringet dem Herrn Ehre seines Namens" BWV 148, die für den 17. Sonntag nach Trinitatis des Jahres 1723 komponiert wurde, basierte auf einem Gedicht von Picander; für die endgültige Form des Librettos könnte aber jemand anderes verantwortlich gewesen sein.

[107] Damit soll nicht suggeriert werden, daß sich derartige Libretti nur in Kantaten dieser Zeit finden. Bei dem Libretto der 1723 entstandenen Kantate BWV 25 zum Beispiel handelt es sich um eine geschickte Bearbeitung eines Kantatenlibrettos von Johann Jacob Rambach; zu Einzelheiten siehe M. Petzoldt, *Bach-Kommentar: theologisch-musikwissenschaftliche Kommentierung der geistlichen Vokalwerke Johann Sebastian Bachs*, Bd. 1, Kassel 2004, S. 388–393.

[108] Siehe das Faksimile in BT, S. 263.

[109] NBA I/40 Krit. Bericht (W. Neumann, 1970), S. 81.

Menantes	BWV 204/1
Ich bin in mir vergnügt	*Ich bin in mir vergnügt*
…	…
Was meine Wollust ist/	*Was meine Wollust ist,*
ist, meine Lust zu zwingen.	*Ist, meine Lust zu zwingen;*
Die Demuth liebt mich selbst;	*Ich fürchte keine Not,*
wer es so weit kan bringen,	*Frag nichts nach eitlen Dingen.*
Der gehet nach dem Fall	*Der gehet nach dem Fall*
…	…

Die nächsten fünf Sätze (BWV 204/2–6) sind der „Cantata Von der Zufriedenheit" (S. 62–64) entnommen.[110] Auch hier folgt der Text weitgehend Menantes' Original, doch gibt es einige wesentliche Änderungen, besonders im fünften Satz. Wieder finden wir den direkten Austausch von Vokabeln: in Zeile 5 wurde „Ergetzen" durch „Vergnügen" ersetzt. Menantes' ursprünglicher Satz enthält 20 Zeilen, die Fassung in BWV 204 hingegen 22. Das zusätzliche Couplet steht daher mit der Änderung in Zeile 5 in Verbindung, da es wiederum das „Vergnügen" behandelt, das eigentliche Sujet der Kantate:

Menantes	BWV 204/5
Und sonder des Gewissens Brand	*Und sonder des Gewissens Brand*
Gen Himmel sein Gesicht gewandt.	*Gen Himmel sein Gesicht gewandt,*
	Da ist mein ganz Vergnügen,
	Der Himmel wird es fügen.
Die Muscheln öffnen sich/	*Die Muscheln öffnen sich,*
wenn Strahlen darauf schießen,	*wenn Strahlen darauf schießen,*
Und zeugen *dann in sich die Perlen Frucht*	*Und* zeigen *dann in sich die Perlenfrucht*

Die ersten beiden Zeilen des siebten Satzes von Bachs Kantate entsprechen dem Eröffnungssatz von Menantes' „Cantata von der Vergnügsamkeit". Der Rest des siebten sowie der gesamte achte Satz stammen von einem unbekannten Dichter, der höchstwahrscheinlich auch für das Libretto der Kantate in seiner gegenwärtigen Form verantwortlich war.

Für das Michaelisfest am 29. September 1726, das mit dem 15. Sonntag nach Trinitatis zusammenfiel, komponierte Bach „Es erhub sich ein Streit" BWV 19. Auch hier ist das Libretto eine Kompilation bereits existierender Texte, die überarbeitet und durch neu verfaßte Verse ergänzt wurden. Hier handelt es sich um eine Bearbeitung einer Strophendichtung für das Michaelisfest von Picander, die zu der Melodie „Allein Gott in der Höh sei Ehr" gesungen werden sollte; veröffentlicht wurde der Text in Picanders *Sammlung*

---

[110] Siehe das Faksimile in BT, S. 263.

Erbaulicher Gedancken (Leipzig 1724/25).[111] Vier der sieben Strophen bilden die textliche Grundlage von drei Sätzen des Librettos. Die ersten beiden Sätze lehnen sich eng an die Lesung des Tages an (Offenbarung 12: Der Triumph des Erzengels Michael und seiner Heerscharen über die Knechte des Teufels) und stammen von einem unbekannten Dichter. Der dritte Satz entspricht der dritten Strophe von Picanders Ode in nahezu unveränderter Form. Im vierten Satz wurde die erste Strophe der Vorlage modifiziert und erweitert und erhielt eine andere metrische Struktur:

Picander	BWV 19/4
Was ist der Mensch, das Erden-Kind,	*Was ist der* schnöde *Mensch, das Erdenkind?*
Der Staub, der *Wurm*, der *Sünder*?	Ein *Wurm*, ein armer *Sünder*.
Daß ihn *der Herr so lieb gewinnt*,	Schaut, wie ihn selbst *der Herr so lieb gewinnt*,
	Daß er ihn nicht zu niedrig schätzet
Und ihm die Gottes *Kinder*,	*Und ihm die* Himmelskinder,
Das große Himmels-*Heer*,	Der Seraphinen *Heer*,
Zu einer *Wacht und Gegenwehr*,	*Zu* seiner *Wacht und Gegenwehr*,
Zu seinem Schutz ge*setzt*.	*Zu seinem Schutz*e *setzt*.

Der fünfte Satz ist lose mit dem Grundgedanken von drei Zeilen in Picanders sechster Strophe verbunden, die vom Einstimmen mit den Engeln in den Lobgesang Gottes handeln; Picanders spezifische Anspielung auf das liturgische Sanctus ist dabei aber verlorengegangen:

Picander	BWV 19/5
…	Bleibt, ihr *Engel*, bleibt bei mir!
	Führet mich auf beiden Seiten,
	Daß mein Fuß nicht möge gleiten!
Erhebt mit Loben Gottes Reich,	Aber lernt mich auch allhier
Und lasset uns den *Engeln* gleich	Euer großes *Heilig singen*
Sein dreimal *Heilig!* singen.	Und dem Höchsten Dank zu singen!

Der sechste Satz der Kantate entstand aus der Zusammenführung der beiden letzten Strophen (6 und 7) von Picanders Ode:

---

[111] C. F. Henrici, *Sammlung Erbaulicher Gedancken über und auf die gewöhnlichen Sonn- und Fest-Tage*, Leipzig 1725, S. 434 f. (Faksimile: BT, S. 309).

Picander	BWV 19/6
Drum *lasset uns das Angesicht*	*Laßt uns das Angesicht*
Der frommen Engel lieben	*Der frommen Engel lieben*
Und sie mit unsern Sünden nicht	*Und sie mit unsern Sünden nicht*
Vertreiben und *betrüben*.	*Vertreiben* oder auch *betrüben*.
Erhebt mit Loben GOttes Reich,	
Und lasset uns den Engeln gleich	
Sein dreymahl Heilig! singen.	
Befiehlt uns, *HErr*, ein sanffter Tod	So sein sie, wenn der *Herr* gebeut,
Der Welt Valet zu sagen,	*Der Welt Valet zu sagen,*
So laß uns aus der Sterbens-Noth	Zu unsrer *Seligkeit*
Die Engel zu dir tragen.	Auch unser Himmelswagen.
Verleihe, daß wir nach der Zeit	
In deiner süssen *Seeligkeit*	
Den Engeln ähnlich glänzen.	

Den Schlußsatz von Kantate 19 (Satz 7) bildet die neunte Strophe des Liedes „Freu dich sehr, o meine Seele" (Freiburg 1620).

Die verbleibenden drei Kantaten mit anonymen Libretti, die bereits existierende Dichtung verwenden, wurden schon zu Beginn dieses Beitrags diskutiert:

6. Oktober 1726	16. Sonntag nach Trinitatis	„Wer weiß, wie nahe mir mein Ende" BWV 27
17. November 1726	22. Sonntag nach Trinitatis	„Ich armer Mensch, ich Sündenknecht" BWV 55
2. Februar 1727	Mariae Reinigung	„Ich habe genung" BWV 82

Die Kantaten BWV 27 und BWV 55 verwenden einzelne Zeilen aus Neumeisters Libretti, die Arie „Schlummert ein, ihr matten Augen" in BWV 82 klingt an Scheibel an.

VIII.

Die Arie „Schlummert ein, ihr matten Augen" scheint auch außerhalb der Bach-Familie rezipiert worden zu sein.[112] Einige Jahre nach der Komposition von BWV 82 veröffentlichte Picander ein Libretto für eine „Cantate bey der Communion", deren zentrale Arie auf derselben Metaphorik beruht:

Schlaffet ein!
Schlafft ihr müden Augen-Lieder,
Und ihr abgezehrten Glieder
Schlaffet ein!
Laßt die Erde, Erde seyn,
Denn der Himmel ist nun mein,
Schlaffet ein![113]

In den Jahren 1737 bis 1742 beschäftigte Bach seinen Neffen Johann Elias Bach (1705–1755), den zweiten Sohn seines Vetters Johann Valentin, als Sekretär und Lehrer seiner Kinder. Nach dieser Zeit kehrte J. E. Bach in seine Geburtstadt Schweinfurt zurück, wo er Kantor an der Johannisschule wurde. In einem gedruckten Jahrgang von Kantatentexten, den *Texten zu der Schweinfurther Kirchen Musik/ welche in der Kirche zu Johannes von dem Choro Musico daselbst abgesungen werden Anno 1744. und 45*, ist der zentrale Satz des Librettos für Mariae Reinigung identisch mit dem Mittelsatz von BWV 82.[114]

IX.

Zusammenfassend läßt sich festhalten, daß Bachs Komposition von Kirchenkantaten in der Zeit zwischen Ende 1725 und Mitte 1727 von zwei miteinander verwandten Phänomenen bestimmt ist. Einerseits machte Bach häufiger Gebrauch von gedruckten Libretti als es bis dahin seine Gepflogenheit gewesen war, und andererseits gibt es eine Gruppe von Kantatentexten,[115] für die ein unbekannter Dichter bereits veröffentlichte Texte anderer Autoren verwendete. Man gewinnt den Eindruck, daß Bach in dieser Zeit mit einem Dichter eng

---

[112] Siehe den ersten Absatz dieses Beitrags.
[113] *Picanders Ernst-Schertzhaffte und Satyrische Gedichte. Dritter Theil*, Leipzig 1732, S. 47.
[114] Siehe P. Wollny, *Dokumente und Erläuterungen zum Wirken Johann Elias Bach in Schweinfurt (1743–1755)*, in: Die Briefentwürfe des Johann Elias Bach (1705–1755), hrsg. von E. Odrich und P. Wollny, Hildesheim ²2005 (LBB 3), S. 55.
[115] Fünf wurden bisher bestimmt, es könnte aber noch weitere geben.

zusammenarbeitete und gezielt gedruckte Sammlungen von Kantatentexten sichtete, um brauchbare Libretti zu finden oder um Formulierungen, Zeilen, Reime und Ideen zu entdecken, die umgearbeitet und aus denen neue Libretti gewonnen werden konnten. Bei einer dieser Quellen scheint es sich um Scheibels *Poetische Andachten* zu handeln. Das wirft die – nicht zu beantwortende – Frage auf, wie eng Bach an der Entstehung dieser neuen Texte beteiligt war. Seine Vorliebe für die direkte Zusammenarbeit mit Dichtern scheint darauf hinzudeuten, daß es sich um eine aktive Beteiligung handelte. Das Maß einer solchen Kollaboration ist jedoch nicht zu bestimmen. Ebenso wenig läßt sich ermitteln, was Bach grundsätzlich von Scheibels Dichtungen hielt. Die Tatsache, daß er kein vollständiges Libretto des schlesischen Dichters vertonte, ließe sich als Argument dafür anführen, daß keines seinen Ansprüchen völlig genügte.

Scheibels schneidender Kritik an der älteren Kirchenmusik hätte Bach vermutlich widersprochen. In der Ablehnung der Solmisation als „barbarische Musik"[116] folgte Scheibel Matthesons *Beschütztem Orchestre* (Hamburg 1717), das unter anderem eine ausführliche Abrechnung mit Buttstedts Traktat enthält.[117] Mattheson charakterisierte diesen Aspekt seines Buches auf der Titelseite mit einer ironischen Verdrehung von Buttstedts Titel:

… so dann endlich des lange verbannet gewesenen *Ut Mi Sol Re Fa La* Todte (nicht tota) Musica Unter ansehnlicher Begleitung der zwölff Griechischen *Modorum*, als ehrbahrer Verwandten und Trauer-Leute/ zu Grabe gebracht und mit einem *Monument*, zum ewigen Andencken beehret wird.

Für Mattheson und Scheibel gab es nur einen Weg nach vorne, und das war der vollständige Bruch mit der Vergangenheit. Für Bach hingegen war musikalischer Fortschritt nur als Weiterentwicklung der Vergangenheit möglich. Es ist bedeutsam, daß der Titel des Wohltemperierten Klaviers von 1722 einen Hinweis auf die Solmisation enthält: „*Praeludia*, und *Fugen* durch alle *Tone*

---

[116] Siehe Fußnote 101.

[117] Matthesons Angriff gegen Buttstedt war indirekt auch ein Angriff gegen Bachs erweiterte Familie, da Buttstedt mit Martha Lämmerhirt verheiratet war, einer entfernten Verwandten von Bachs Mutter. Außerdem enthält Matthesons *Beschütztes Orchestre* eine geringschätzige und herabwürdigende Bemerkung über Johann Michael Bach als Komponist (S. 221 f.). In einer Fußnote zu dieser Passage merkt Mattheson zudem an, er wisse nicht, ob Johann Sebastian Bach mit diesem Johann Michael Bach verwandt sei, fordert ihn aber auf, er möge trotzdem biographisches Material für seine geplante *Musicalische Ehren-Pforte* beisteuern; siehe Dok II, S. 65 (Nr. 83). Johann Michael Bach (1648–1694) war Bachs erster Schwiegervater, dessen Musik er bewunderte, ebenso wie die von dessen Bruder Johann Christoph (1642–1703). Zweifellos trug dies zu Bachs Entschluß bei, Matthesons Aufforderung zu ignorieren.

und *Semitonia*, So wohl *tertiam majorem* oder *Ut Re Mi* an langend, als auch *tertiam minorem* oder *Re Mi Fa* betreffend".[118] In der Verwendung der Guidonischen Solmisationssilben distanziert er sich von Mattheson ebenso wie von Scheibel; dies läßt vermuten, daß er eher mit Buttstedt sympathisierte, auch wenn er vielleicht nicht völlig mit ihm einig war.[119]

Hingegen deckten Bachs Ansichten sich vermutlich mit denen von Scheibel bezüglich der Intentionen und Zielsetzungen des Kantatenschaffens: Ihr Zweck liegt in Liturgie und Andacht, unmittelbar und mit überzeugendem emotionalen Inhalt ausgedrückt in zeitgemäßer Sprache und Musik. Scheibel schreibt:

> Was soll aber gemusiciret werden? [...] überhaupt man *music*iret etwas/ was sich auff die Zeit schickt: Ihrer eigentlich Beschaffenheit aber/ so müssen sie I. Erbaulich seyn/ II. Den *Affect* wohl *exprim*iren/ III. Nicht undeutliche Redens-Arten in sich halten.[120]

Einige Seiten weiter unten greift Scheibel sein zentrales Anliegen erneut auf:

> Doch können wir überhaupt mercken/ daß dieselbe [die angemessenen Dichtung] von einem guten Meister/ der die Lehre von den *affect*en gut eingesehn/ müsse verfertiget werden. Wenn der Text noch so gutt/ und die *Composition* einfältig/ ob Sie gleich *harmonice* gesetzt/ so wird keine Erbauung folgen. Was ich in demjenigen Capital dargethan/ wo ich beweise, daß die Kirchen- und *Theatral*ische *Composition Ratione* der Bewegung der Affecten nichts eignes haben/ wil ich hier erst nicht wiederhohlen. Genung/ daß ein Componiste die Zuhörer in der Kirchen eben so zu *movi*ren suchen muß/ als auf dem *Theatro*.[121]

Der Text wie auch die Musik einer Kantate verfolgen das Ziel, die Zuhörer zu „moviren" – nicht einfach den Ohren zu schmeicheln oder den Verstand zu unterhalten, sondern das Herz zu bewegen. Die einzelnen Sätze von Bachs Kantaten, und ganz besonders die Arien, sind mehr als nur musikalische Darstellungen der jeweiligen Texte, mehr als einfache Wortmalerei, mehr als theologische Konzepte in klanglicher Form. Der Hauptzweck dieser erstaunlich wohlgestalteten Sätze voller musikalischer Rhetorik ist das „movere", das Bestreben eine emotionale Reaktion der Hörer hervorzurufen. Die Arie „Schlummert ein, ihr matten Augen" in BWV 82 ist ein ausgezeichnetes Beispiel hierfür, das auch heute noch so wirkungsvoll unsere Herzen anspricht wie zu der Zeit, als sie zum ersten Mal erklang.

---

[118] Dok I, S. 219 (Nr. 152).

[119] W. Blankenburg, *Die innere Einheit von Bachs Werk*, maschr. Diss. Göttingen 1942, S. 74 f.; D. Ledbetter, *Bach's Well-tempered Clavier: The 48 Preludes and Fugues*, New Haven 2002, S. 124 f.

[120] Scheibel, *Zufällige Gedancken* (wie Fußnote 11), S. 62 f.

[121] Ebenda, S. 66 f.

Tabelle 1. Kantatenlibretti (1725–1727) aus zwei gedruckten Quellen

1. G. C. Lehms, *Gottgefälliges Kirchen-Opffer*, Darmstadt 1711

Datum	Kantate	BWV	Anlaß
25. 12. 1725	Unser Mund sei voll Lachens	110	Erster Weihnachtstag
26. 12. 1725	Selig ist der Mann	57	Zweiter Weihnachtstag
27. 12. 1725	Süßer Trost, mein Jesu kömmt	151	Dritter Weihnachtstag
30. 12. 1725	Gottlob! nun geht das Jahr zu Ende	28	Sonntag nach Weihnachten
1. 1. 1726	Herr Gott, dich loben wir	16	Neujahr
13. 1. 1726	Liebster Jesu, mein Verlangen	32	1. Sonntag nach Epiphanias
20. 1. 1726	Meine Seufzer, meine Tränen	13	2. Sonntag nach Epiphanias
28. 7. 1726	Vergnügte Ruh, beliebte Seelenlust	170	6. Sonntag nach Trinitatis
8. 9. 1726	Geist und Seele wird verwirret	35	12. Sonntag nach Trinitatis
6. 2. 1727	Ich lasse dich nicht, du segnest mich denn!	157	Trauerfeier

2. *Sonn- und Fest-Tags-Andachten über die ordentlichen Evangelia*, Rudolstadt 1726

30. 5. 1726	Gott fähret auf mit Jauchzen	43	Himmelfahrt
23. 6. 1726	Brich dem Hungrigen Brot	39	1. Sonntag nach Trinitatis
21. 7. 1726	Siehe, ich will viel Fischer aussenden	88	5. Sonntag nach Trinitatis
4. 8. 1726	Es wartet alles auf dich	187	7. Sonntag nach Trinitatis
11. 8. 1726	Es ist dir gesagt, Mensch, was gut ist	45	8. Sonntag nach Trinitatis
25. 8. 1726	Herr, deine Augen sehen nach dem Glauben	102	10. Sonntag nach Trinitatis
22. 9. 1726	Wer Dank opfert, der preiset mich	17	14. Sonntag nach Trinitatis

Tabelle 2. Einzelne Kantatenlibretti (1725–1727) aus drei gedruckten Quellen

E. Neumeister, *Fünfffache Kirchen-Andachten*, Leipzig 1716

Datum	Kantate	BWV	Anlaß
30. 12. 1725	Gottlob! Nun geht das Jahr zu Ende	28	1. Weihnachtstag

S. Franck, *Evangelisches Andachtsopffer*, Weimar 1715

Datum	Kantate	BWV	Anlaß
27. 1. 1726	Alles nur nach Gottes Willen	72	3. Sonntag nach Epiphanias

J. F. Helbig, *Poetische Auffmunterung zur Sonn- und Fest-Täglichen Andacht*, Eisenach 1720

Datum	Kantate	BWV	Anlaß
13. 10. 1726	Wer sich selbst erhöhet	47	17. Sonntag nach Trinitatis

Tabelle 3. Anonyme Kantatenlibretti (1726–1727)

Datum	Kantate	BWV	Anlaß
April 1726	*O ewiges Feuer, o Ursprung der Liebe*	34a	Hochzeit
20. 10. 1726	*Gott soll allein mein Herze haben*	169	18. Sonntag nach Trinitatis
27. 10. 1726	*Ich will den Kreuzstab gerne tragen*	56	19. Sonntag nach Trinitatis
3. 11. 1726	*Ich geh und suche mit Verlangen*	49	20. Sonntag nach Trinitatis
10. 11. 1726	*Was Gott tut, das ist wohlgetan II*	98	21. Sonntag nach Trinitatis
24. 11. 1726	*Falsche Welt, dir trau ich nicht*	52	23. Sonntag nach Trinitatis
5. 1. 1727	*Ach, Gott, wie manches Herzeleid*	58	Sonntag nach Neujahr

Anmerkungen zu Bachs Kantate „Mein Herze schwimmt im Blut" (BWV 199)[*]

Von Klaus Hofmann (Göttingen)

Seit dem Erscheinen des Bandes I/20 der Neuen Bach-Ausgabe (1986), der meine Edition der Kantate „Mein Herze schwimmt im Blut" (BWV 199) enthält,[1] haben sich hierzu für die Bach-Forschung in zweierlei Hinsicht neue Aspekte ergeben: zum einen im Blick auf die Entstehung der Kantate und deren traditionelle Datierung auf das Jahr 1714, die von Yoshitake Kobayashi in seinem Beitrag zu dem Kolloquium „Das Frühwerk Johann Sebastian Bachs" der Universität Rostock 1990 in Zweifel gezogen wurde und seither in Frage steht,[2] zum anderen durch die Entdeckung einer bis dahin in der Bach-Forschung unbekannten und daher auch von mir für die Edition nicht berücksichtigten autographen Violinstimme im Besitz des Puschkin-Hauses Sankt Petersburg, auf die erstmals Tatjana Schabalina mit einem Aufsatz im BJ 2004 aufmerksam gemacht hat.[3] Im folgenden soll zunächst von der Datierungsfrage, dann von der neuentdeckten Violinstimme und den damit verbundenen Problemen die Rede sein. An dritter Stelle soll der in meinem Kritischen Bericht seinerzeit offen gelassenen Frage nach der Bestimmung einer Continuo-Dublette der Köthener Zeit neu nachgegangen werden.

Zum besseren Verständnis der folgenden Ausführungen sei eine Übersicht über die Quellen vorangestellt (Quellensiglen A, B, C 1–20 und Stimmengruppengliederung für C 1–20 nach NBA I/20 Krit. Bericht, S. 13 ff.):

A. Autographe Partitur. Königliche Bibliothek Kopenhagen, Signatur: *C I, 615*.
B. Autographe Partiturskizze zur Neufassung von Satz 8. Staatsbibliothek zu Berlin – Preußischer Kulturbesitz, Signatur: *Mus. ms. Bach P 1162*. Die Partiturskizze steht auf dem freien Raum der Weimarer Originalstimme C 6 (siehe unten).

---

[*] In memoriam Yoshitake Kobayashi (1942–2013) und Kirsten Beißwenger (1960 bis 2013).
[1] Johann Sebastian Bach, *Kantaten zum 11. und 12. Sonntag nach Trinitatis*, hrsg. von Klaus Hofmann (BWV 199, 179, 69a, 137, 35) und Ernest May (BWV 113), NBA I/20, Kassel, Leipzig 1986, S. 1–54; Krit. Bericht ebenda 1985, S. 13–57.
[2] Y. Kobayashi, *Quellenkundliche Überlegungen zur Chronologie der Weimarer Vokalwerke Bachs*, in: Das Frühwerk Johann Sebastian Bachs. Kolloquium, veranstaltet vom Institut für Musikwissenschaft der Universität Rostock 11.–13. September 1990, hrsg. von K. Heller und H.-J. Schulze, Köln 1995, S. 290–308 (Diskussion S. 309f.).
[3] T. Schabalina, *Ein weiteres Autograph Johann Sebastian Bachs in Rußland: Neues zur Entstehungsgeschichte der verschiedenen Fassungen von BWV 199*, BJ 2004, S. 11–39 (darin verkleinerte Abbildung der Violinstimme, S. 37–39).

C. 21 Originalstimmen, heute an vier verschiedenen Stellen aufbewahrt: a) 18 Stimmen: Staatsbibliothek zu Berlin – Preußischer Kulturbesitz, Signatur: *Mus. ms. Bach St 459* (= C 1–5, 7–13, 15–20); b) Stimme *Viola obligata* (mit der Partiturskizze Quelle B): ebenda, Signatur: *Mus. ms. Bach P 1162* (= C 6);   c) Stimme *Viola da Gamba*: Archiv der Gesellschaft der Musikfreunde in Wien, Signatur: *A 88* (= C 14); d) Stimme *Violino 1*: Puschkin-Haus Sankt Petersburg, Signatur: *9789w* (= C 21).[4]

Autographe Stimmen sind im folgenden durch einen Stern bei der laufenden Nummer gekennzeichnet.

In einem Teil der Stimmen erscheint der Notentext eine große Sekunde höher als in Bachs Partitur, d. h. mit Kantatenbeginn in d- statt c-Moll und Kantatenschluß in C- statt B-Dur (c-Moll/B-Dur bezieht sich dabei auf den Chorton, d-Moll/C-Dur auf den Kammerton). Die Hochtransposition wird in der folgenden Aufstellung durch ein Pluszeichen bei der Satznummer angezeigt.

Erste Stimmengruppe: Weimarer Stimmen[5]
1. *Oboe*. Sätze 2+ und 8+.
2. *Violino 1*. (Erstkopie) Sätze 1, 3, 4, 7, 8
3. *Violino 1*. (Dublette) Sätze 1, 3, 4, 7, 8
4. *Violino 2*. Sätze 1, 3, 4, 7, 8
5. *Viola*. Sätze 1, 3, 4, 7, 8
6. *Viola obligata*. Satz 6
7. *Violono*. Sätze 1–8 (Continuopart)
8. *Fagotto*. Sätze 1, 3, 4, 7, 8 (Continuopart)
9*. *Violoncello. è Hautbois*. Continuopart (unbeziffert) der Sätze 1, 3, 4, 5, 7, Obligatpart von Satz 6, Oboenpart der Sätze 2+ und 8+

Zweite Stimmengruppe: Köthener Stimmen
10*. *Continuo*. Sätze 1+–8+, beziffert
11. *Continuo*. (Dublette) Sätze1+–8+, bis Satz 7 beziffert
12*. Violino (ohne originale Stimmbezeichnung). Satz 8 in Neufassung
13*. Viola (ohne originale Stimmbezeichnung). Satz 8 in Neufassung
14*. *Viola da Gamba zum Choral. und lezten Aria*. Enthält die Sätze 6+, 7+ und 8+; Sätze 6 und 8 in Neufassung, Satz 7 als Continuo-Stimme

Dritte Stimmengruppe: Leipziger Stimmen
15. *Violino 1*. (Erstkopie) Sätze 1+, 3+, 4+, 7+, 8+
16. *Violino 1*. (Dublette) Sätze 1+, 3+, 4+, 7+, 8+
17. *Violino 2*. (Erstkopie) Sätze 1+, 3+, 4+, 7+, 8+
18. *Violino 2do*. (Dublette) Sätze 1+, 3+, 4+, 7+, 8+

---

[4] Die neuentdeckte Violinstimme erhält in unserer Liste der Einfachheit halber die Sigle C 21.

[5] Mindestens zwei Weimarer Stimmen sind als verschollen anzusehen, eine Stimme für den Solosopran und eine Continuo-Stimme für Orgel; vgl. NBA I/20 Krit. Bericht, S. 36: *Soprano solo* (E 1) und *Continuo* (E 2).

19. *Viola*. Sätze 1⁺, 3⁺, 4⁺, 7⁺, 8⁺
20. Violoncello piccolo (ohne originale Stimmbezeichnung). Satz 6⁺

In Sankt Petersburg neu aufgefunden:
21*. *Violino 1*. Sätze 1⁺, 2⁺ (Oboenpart), 3⁺, 4⁺, 7⁺, 8⁺ (Oboenpart)

I. Zur Datierung

Yoshitake Kobayashis Rostocker Referat „Quellenkundliche Überlegungen zur Chronologie der Weimarer Vokalwerke Bachs" geht von der Frage aus, ob und inwieweit sich die von Alfred Dürr entworfene Chronologie der Weimarer Kantaten[6] mit diplomatischen Methoden bestätigen lasse. Was die von Bach verwendeten Papiersorten betrifft, so kommt Kobayashi für die Chronologie zu einem negativen Ergebnis.[7] Chancen aber sieht er in der Untersuchung der Schriftentwicklung Bachs und seiner Kopisten. Bei Bach selbst verzeichnet er für die Weimarer Jahre einen charakteristischen Wandel der Notenschrift besonders bei Halbenoten: Hier treten im Laufe der Zeit an die Stelle der „Vogelkopfform" abwärts kaudierter und der „Löffelform" aufwärts kaudierter Noten „ovale Formen" und die „Halbmondform" sowie „Formen mit einem offenen Notenkopf".[8]

Kobayashi nimmt eine kontinuierliche Fortentwicklung der Notenschrift Bachs an und kommt bei der Analyse des Schriftstadiums des Autographs von BWV 199 zu einem Ergebnis, das in Widerspruch steht zu der bisherigen Datierung.[9] Bis dahin nämlich hatte man – mit Alfred Dürr[10] – angenommen, daß die Kantate im Rahmen des im März 1714 begonnenen vierwöchentlichen Turnus Bachscher Kantatenaufführungen im Weimarer Hofgottesdienst zum 11. Sonntag nach Trinitatis 1714, dem 12. August des Jahres, entstanden sei. Kobayashi kommt nach Vergleich mit Quellen von sicher datierten anderen Kompositionen zu dem Schluß, daß in Bachs Partitur und in der von Bach selbst ausgeschriebenen Stimme C 9 „die Halben außer in der ‚ovalen' Form noch sehr oft in der ‚Löffel-' und ‚Vogelkopfform' geschrieben sind" und sich daher „Bachs Schrift [...] am ehesten auf das Jahr 1713 datieren" lasse.[11] Die Weimarer Stimmen dagegen des Kopisten Anonymus Weimar 2 – nach neue-

---

[6] Dürr St 2, S. 64f.
[7] Kobayashi (wie Fußnote 2), S. 291 mit S. 298.
[8] Ebenda, S. 294f. mit S. 303.
[9] Eine knappgefaßte Kritik enthält bereits mein Aufsatz *Neue Überlegungen zu Bachs Weimarer Kantaten-Kalender*, BJ 1993, S. 9–29, dort S. 10, Fußnote 9.
[10] Zuerst in Dürr St, S. 54, 210; ebenso in Dürr St 2, S. 64f., 221.
[11] Kobayashi (wie Fußnote 2), S. 296.

ren Erkenntnissen Johann Lorenz Bach (1695–1773)[12] – (C 1, 2, 4–8) datiert auch Kobayashi auf das Jahr 1714.[13]

Nach Kobayashi wäre also die Kantate bereits 1713 entstanden und unter Verwendung der Stimme C 9 – als Teil eines im Übrigen verschollenen Stimmensatzes – aufgeführt worden. Daß die Vordatierung nicht gut zum musikalischen Befund paßt, sieht auch er. Schwer mit Kobayashis These zu vereinbaren sind vor allem gewisse auffällige inhaltliche Unterschiede der Stimme C 9 zu dem 1714 notengetreu nach Bachs Partitur ausgeschriebenen Aufführungsmaterial: Die Stimme C 9 – eine „Kombinationsstimme" für einen Oboisten, der auch Violoncello spielte – enthält, über die Partitur hinausgehend und anders als die Oboenstimme C 1 vom Sommer 1714, in Satz 2 einige technisch anspruchsvolle Ornamente (Doppelschläge), vor allem aber ist der ursprünglich für Bratsche bestimmte, hier dem Violoncello übertragene Obligatpart von Satz 6 mittels diminutionsartiger Auszierungen in Zweiunddreißigstelnoten und durch Änderungen des Stimmverlaufs charakteristisch weiterentwickelt.[14] Während der Part in seiner ursprünglichen Fassung, abgesehen vom Themenkopf, auf weite Strecken ununterbrochen in Sechzehntelnoten verläuft, erscheint in der Violoncello-Fassung von C 9 das melodisch-rhythmische Profil geschärft durch zwei Wechselnotenfiguren in Zweiunddreißigsteln, die, ausgehend von T. 2 und 3, den ganzen Satz hindurch in wechselnden Konstellationen wiederkehren. Hier eine Gegenüberstellung zweier Ausschnitte der beiden Fassungen (T. 1–4, 8–13):

Notenbeispiel 1

---

[12] *Die Kopisten Johann Sebastian Bachs. Katalog und Dokumentation von Yoshitake Kobayashi und Kirsten Beißwenger*, NBA IX/3, 2 Bände (Textband, Abbildungen), Kassel 2007, Nr. 11.

[13] Kobayashi (wie Fußnote 2), S. 293 mit S. 302.

[14] Kobayashi (ebenda, S. 296) bezieht sich – wohl versehentlich – nur auf die Veränderungen in der Oboenpartie.

Aus musikalischer Sicht spricht also alles dafür, daß es sich bei der Stimme C 9 um eine spätere Fassung als in den im Sommer 1714 geschriebenen Weimarer Stimmen für Oboe (C 1) und Solobratsche (C 6) handelt. Man könnte sogar sagen, daß der Obligatpart von Satz 6 in der Kombinationsstimme C 9 seine endgültige Gestalt gewonnen hat, denn die Köthener Gambenstimme (C 14) enthält den Part ebenso wie die Leipziger Stimme für Violoncello piccolo (C 20) inhaltlich unverändert als reine Transpositionskopie der Fassung von C 9.

Kobayashi versucht das Problem durch Hypothesen zu entschärfen. Zur Erklärung der Tatsache, daß Bach bei der Anfertigung des Stimmensatzes im Sommer 1714 für Satz 6 nicht auf die weiterentwickelte Version der Stimme C 9, sondern auf den unveränderten Bratschenpart der Partitur zurückgegriffen hat, schlägt er vor anzunehmen, daß die Stimme C 9 zusammen mit den übrigen Stimmen der Aufführung von 1713 „aus unbekannten Gründen"[15] Bach 1714 nicht zur Verfügung gestanden habe. Freilich wäre sie dann, so muß man ergänzen, spätestens in den Köthener Jahren (in denen sie als Teilvorlage für die Gambenstimme C 14 diente) in Bachs Besitz zurückgekehrt.

Wenn man die Veränderungen der Stimme C 9 in Satz 6 betrachtet, kann man jedoch kaum glauben, daß es von hier je ein Zurück in die schlichtere Fassung von Bachs Partitur und der Weimarer Solobratschenstimme vom Sommer 1714 habe geben können. Die markanten Verbesserungen dürften Bach schwerlich wenige Monate nach seinem Debüt als Komponist von Kirchenkantaten für den Weimarer Hofgottesdienst derart gleichgültig gewesen sein, daß er sie im Sommer 1714 einfach ignorierte (während er sie in späteren Fassungen wieder aufleben ließ).[16]

---

[15] Ebenda, S. 296.
[16] Selbst wenn die Stimme C 9 mit der weiterentwickelten Fassung zwar bereits exi-

Quellenphilologische und musikalische Befunde stehen hier zueinander in offenem Widerspruch. Kobayashi ist sich der Brisanz seiner These durchaus bewußt, wenn er vermerkt: „Daß Bach BWV 199 bereits 1713, und zwar nicht erheblich später als die Jagdkantate, komponiert haben muß, ist allerdings von großem Interesse [...] Die Entwicklung von der kurzatmigen Melodik, die in der [...] Jagdkantate noch vorherrscht, zum typischen, von den reiferen Werken her bekannten weiträumigen Stil, der bereits in BWV 199 zum Vorschein kommt, ist in diesem kurzen Zeitraum offenbar sprunghaft vonstatten gegangen."[17]

Kobayashis These der Entstehung der Partitur 1713 und der ersten Aufführung im gleichen Jahr unter Verwendung der Stimme C 9 ist nach dem Gesagten an zwei hypothetische Voraussetzungen gebunden; und eine unausgesprochene dritte kommt hinzu:

1. Die Stimmen der Aufführung von 1713 waren im Sommer 1714 vorübergehend für Bach nicht zugänglich. Aus diesem Grund blieben die Weiterentwicklungen von 1713 beim Ausschreiben der Stimmen für die Weimarer Aufführung am 12. August 1714 unberücksichtigt.
2. Zwischen der Entstehung der Jagdkantate BWV 208 (Anfang 1713) und der Entstehung von BWV 199 (Sommer 1713) vollzog sich bei Bach eine „sprunghafte" Stilentwicklung.
3. Es war Zufall, daß die von Bach 1713 für einen unbekannten Anlaß komponierte Kantate mit ihrer liturgischen Bestimmung zum 11. Sonntag nach Trinitatis genau in den im März 1714 begründeten vierwöchigen Turnus Bachscher Kantatenaufführungen paßte und daher in diesem Rahmen am 12. August 1714 im Weimarer Hofgottesdienst dargeboten werden konnte.[18]

---

stiert haben, aber im Sommer 1714 nicht verfügbar gewesen sein sollte, hätte dies Bach nicht gezwungen, auf die Verbesserungen zu verzichten: Wie das Schriftbild von C 9 zeigt, hat Bach die Änderungen dort unmittelbar beim Ausschreiben der Stimme vorgenommen. Daß Bach aber damals unzweifelhaft die Absicht hatte, den Obligatpart von Satz 6 in der Fassung der Bratschenstimme C 6 spielen zu lassen, ergibt sich aus seinen Revisionseintragungen (Trillerzeichen in T. 1, 8, 13, 16, 17, 23).

[17] Kobayashi (wie Fußnote 2), S. 297. Die „Jagdkantate" BWV 208, die zum Geburtstag des Herzogs Christian von Sachsen-Weißenfels am 23. Februar entstand, wird auf 1713 datiert. Eine Entstehung zum Februar 1712, wie von Kobayashi in Betracht gezogen (vgl. S. 295 mit Fußnote 13), ist auszuschließen; vgl. H.-J. Schulze, *Wann entstand Johann Sebastian Bachs „Jagdkantate"?*, BJ 2000, S. 301–305.

[18] Dieses Problem wurde in Kobayashis Rostocker Referat nicht angesprochen und auch in der anschließenden Diskussion (S. 309 f.) nur am Rande berührt. Als Anlaß für eine Entstehung der Kantate bereits 1713 wurde sowohl eine auswärtige Aufführung, eventuell auch außerhalb des Detempore, in Betracht gezogen als auch die Möglichkeit, daß Bach vereinzelt die Komposition und Aufführung von Kantaten für den Weimarer Hofgottesdienst schon 1713 übernommen haben könnte. – Ein

Ich kann das von Kobayashis Ergebnissen verursachte Dilemma nicht auflösen. Doch es stimmt skeptisch, wenn eine These so komplexe Hypothesen nach sich zieht. Zu überprüfen blieben die Prämissen: Genügt es, die Chronologie der Schriftentwicklung Bachs, und damit die Datierung von Manuskripten, auf seine Schreibung der Halbenoten zu gründen – oder ist die Basis zu schmal? Wie sicher ist die Annahme einer linearen Schriftentwicklung ohne Rückschritte und eines stetig voranschreitenden Wandels, in dessen Verlauf allmählich eine Notenform durch eine andere ersetzt wird? Welchen Aussagewert haben quantitative Schriftanalysen? Welchen Einfluß haben Schreibumstände und Schreibintention, welche Rolle spielen Federkiel, Tintenfluss und Oberflächenbeschaffenheit des Papiers?

II. Zur Sankt Petersburger Violinstimme

Die autographe Sankt Petersburger Stimme mit dem Besetzungstitel *Violino 1* fügt sich nicht leicht in unser Bild von der Aufführungs- und Fassungsgeschichte der Kantate. Tatjana Schabalinas Deutung der Stimme als Teil einer nur von Streichern begleiteten Kantatenfassung (ohne Oboe, aber mit Viola da gamba), die der Komponist, ausgehend von der zunächst als Einzelstück entstandenen Köthener Neufassung der Schlußarie, eigens für Anna Magdalena Bach geschaffen habe,[19] beruht auf teilweise wenig belastbaren Argumenten. Immerhin besteht dank Schabalinas gründlicher Diskussion des diplomatischen Befundes Gewißheit darüber, daß die Stimme Bachs Köthener Jahren angehört.[20] In dem komplexen Quellenbestand von Weimarer, Köthener und Leipziger Materialien ist sie also eindeutig der Köthener Quellengruppe zuzuordnen.

Der bislang bekannte Bestand an Köthener Quellenmaterialien umfaßt eine autographe Partiturskizze zur Neufassung des letzten Satzes (Quelle B) und – wie auch aus der obigen Quellenliste ersichtlich – fünf Stimmen: zwei bezifferte Continuo-Stimmen mit allen Sätzen der Kantate (C 10, 11), zwei halbformatige (Einlage-)Blätter ohne Besetzungsangaben mit den Stimmen der Neufassung von Satz 8 für Violine und Viola (C 12, 13) und eine Stimme für

---

ähnliches Problem stellt sich bei der Kantate „Gleichwie der Regen und Schnee vom Himmel fällt" (BWV 18) zum Sonntag Sexagesimae: Kobayashi datiert sie aufgrund der „mehrmals" vorkommenden Löffelform auf Sexagesimae 1713, den 19. Februar des Jahres (S. 304). Innerhalb des im Frühjahr 1714 begonnenen Kantatenturnus (vgl. hierzu die Aufführungskalender bei Dürr St 2, S. 64 f., und in meinem oben in Fußnote 9 erwähnten Aufsatz, S. 27 ff.) hätte sie ihren bestimmungsgemäßen Platz aber am 24. Februar 1715.

[19] Schabalina (wie Fußnote 3), S. 31–35.
[20] Ebenda, S. 26 f., 28 ff.

Viola da gamba (C 14) mit den Sätzen 6 (Obligatpart nach C 9), 7 (Continuo) und 8 (Obligatpart der Neufassung). Alle Stimmen außer C 11 sind autograph; C 11 ist eine Abschrift von C 10. Die Stimmen sind teils kammertönig notiert, rechnen also mit d-Moll am Kantatenbeginn und C-Dur für den Schlußsatz (Continuo C 10, C 11,Viola da gamba C 14), teils aber chortönig, also für den Kantatenbeginn in c-Moll und den Kantatenschluß in B-Dur angelegt (Violine C 12, Viola C 13). In Bachs Partiturskizze zur Neufassung des Schlußsatzes (die keine originalen Besetzungsangaben enthält) steht der Oboenpart im Kammerton, alle übrigen Stimmen (Sopran, Violine, Viola, Viola da gamba, Continuo) sind chortönig notiert. Eine Besonderheit der Neufassung ist, daß Bach nur den Mittelstimmenkomplex (Violine I, II, Viola) umgestaltet, die Partien der Oboe, des Soprans und des Continuo aber unangetastet gelassen hat. Bei den beiden Köthener Continuostimmen (C 10, 11) ist daher am Notentext selbst nicht zu erkennen, ob sie in Verbindung mit der Neufassung des Schlußsatzes oder aber für eine modifizierte Aufführung der Weimarer Kantatenfassung entstanden sind. Die drei Köthener Stimmen C 12–14 dagegen sind eindeutig der Neufassung zuzuordnen.

Die Herausforderung, die von dieser – nunmehr um die Sankt Petersburger Violinstimme erweiterten – Quellengruppe ausgeht, besteht in der Frage nach der Aufführungsrealität, die sich in ihr widerspiegelt. Die Antwort ist aus mehreren Gründen schwer zu finden:

1. Die Köthener Stimmen bilden keinen vollständigen Stimmensatz und haben wohl auch nie einen solchen gebildet. Vielmehr werden in der Köthener Zeit jeweils nur solche Stimmen angefertigt worden sein, die als Ergänzung der Weimarer Materialien zur Anpassung an die jeweiligen Aufführungsumstände (Besetzung, Stimmton) erforderlich waren.
2. Sowohl die Köthener als auch die Weimarer Quellenmaterialien sind teils im Chorton (c-Moll/B-Dur), teils im Kammerton (d-Moll/C-Dur) notiert. Diese Notenmaterialien konnten teilweise miteinander verwendet werden. Ungewöhnlich war das nicht: Der Chorton – eine große Sekunde bis kleine Terz höher als der Kammerton – war der Stimmton der Kirchenorgeln. In der Kirchenmusik richtete sich daher traditionell ein Teil des Klangkörpers nach dem Stimmton der Orgel. Ein typisches Beispiel für diese Praxis bieten die Weimarer Stimmen unserer Kantate: Soweit erhalten, stehen sie mit Ausnahme der Oboenpartie sämtlich im Chorton (c-Moll), und zweifellos waren die heute verlorenen Weimarer Stimmen[21] für den Solosopran (E 1) und für die Continuo-Orgel (E 2) ebenso notiert; die Stimme der Oboe aber (C 1; Sätze 2 und 8 in C 9) steht nach damaliger Gepflogenheit im Kammerton (d-Moll). Die Differenz zwischen den Stimmtönen wurde durch Trans-

---

[21] Vgl. Fußnote 5.

position ausgeglichen. Chorton c-Moll und Kammerton d-Moll stimmten in der absoluten Tonhöhe überein.
3. Es muß mit mehr als einer Aufführung und je verschiedenen Anpassungsmaßnahmen gerechnet werden.
4. Es muß mit dem Verlust einzelner Köthener Stimmen gerechnet werden.

* * *

Auf der Suche nach der hinter den Köthener Materialien stehenden Aufführungsrealität habe ich seinerzeit in Band I/20 der NBA eine „Köthener Fassung" der Kantate postuliert, bei der in Satz 6–8 eine Viola da gamba mitwirkte und der Schlußsatz in der in Quelle B skizzierten Neufassung erklang, die in den Instrumenten mit Oboe, Violine, Viola, Gambe und Continuo besetzt war.[22] Bezüglich der Stimmtonpraxis hatte ich im wesentlichen dieselben Verhältnisse wie in Weimar angenommen: Die Oboe spielte im Kammerton (im Schlußsatz also in C-Dur); Violine, Viola und Continuo intonierten im Chorton[23] (im Schlußsatz also in B-Dur); der Sopran (für dessen Ausführung die Tonartnotation ohne Bedeutung war) dürfte aus der chortönig notierten verschollenen Weimarer Stimme (E 1) gesungen worden sein. Für die Gambe war nach der Stimme C 14 Kammertonstimmung anzunehmen.[24]
Meine damals vorgelegte hypothetische Rekonstruktion der „Köthener Fassung" wird insoweit auch heute noch Geltung beanspruchen dürfen. Einzuräumen ist, daß das Notenbild in NBA I/20 die Stimmtonsituation nicht realistisch widerspiegelt, da die Kantatensätze 6–8 nach Praxis der NBA in tonartlich vereinheitlichter Partitur wiedergegeben sind (und zwar im Kam-

---

[22] Teilabdruck (Satz 6–8) in NBA I/20, S. 48–54; dazu im Krit. Bericht besonders S. 33 f., 42 und 43 ff.
[23] Im Continuo dürfte die heute nicht mehr erhaltene Weimarer Orgel-Stimme E 2 verwendet worden sein, ergänzt vielleicht durch eine der Weimarer Violone- bzw. Fagottstimmen C 7, C 8. – Beim Continuo-System meiner Ausgabe (S. 51) mag das Fehlen eines Vorsatzes mit dem Beginn der Stimme in B-Dur (und entsprechenden Vorsätzen bei Satz 6 und 7) irritieren (vgl. das Mißverständnis bei Schabalina, S. 34). Da die Weimarer Orgelstimme nicht erhalten ist, wird sie in meiner Edition durch die offenbar auf sie zurückgehende Transpositionskopie C 10 vertreten. Diese ist allerdings kammertönig in C-Dur, also bereits wie in NBA wiedergegeben, notiert, deshalb bleibt das System nach den Editionsrichtlinien der NBA ohne Vorsatz.
[24] In Quelle B hat Bach den Part chortönig notiert, möglicherweise nur, um sich die kompositorische Umgestaltung des Streicherstimmenkomplexes zu erleichtern. – Da die Gambe nicht zum Standardinstrumentarium der Kirchenmusik gehörte, gab es für sie wohl keine normative Stimmtonpraxis und Bach richtete sich fallweise nach Spieler und Instrument. – Schabalina nimmt ohne Begründung an, daß der Gambenpart zuerst für Violoncello bestimmt war (S. 34).

merton). Eigentlich müßten in Satz 6–8 Sopran und Continuo, in Satz 7 Sopran, Violine I, II, Viola und Continuo (mit Ausnahme der Gambe) und in Satz 8 alle Stimmen außer denen der Oboe und der Gambe eine große Sekunde tiefer, also im Chorton, notiert sein.

Das entscheidende Indiz dafür, daß Bach bei dieser „Köthener Fassung" für die Singstimme, die Violinen, die Viola und den Continuo (bei Satz 7 die Gambe ausgenommen) mit der Ausführung im Chorton rechnete, ist – neben der Notation dieser Stimmen in der Partiturskizze für den Schlußsatz – die chortönige Notation der autographen Einzelstimmen von Violine und Viola zur Neufassung des Schlußsatzes (C 12, 13). Dieses Notationsmerkmal nämlich bedeutet, daß die Aufführung in einer Kirche unter Mitwirkung der Orgel erfolgte, die wie üblich im Chorton gestimmt war. Was aber die vorangehenden Sätze betrifft, so können hier Violinen und Viola schlechterdings nicht anders gestimmt gewesen sein als im Schlußsatz. Ebenso ist für eventuell im Orgel-Continuo außer der Gambe mitgehende Melodieinstrumente, also etwa Violoncello, Violone oder Fagott, Chortonstimmung anzunehmen.

Ein damals schon von mir vermerktes Defizit der in NBA I/20 vorgelegten Lösung besteht darin, daß die Rolle der beiden kammertönigen Continuo-Stimmen C 10 und C 11 ungeklärt bleibt.[25] Beide Stimmen sind beziffert (C 11 allerdings nur bis Satz 7), waren also für Akkordinstrumente gedacht; der kammertönigen Notation wegen waren sie als Orgelstimmen ungeeignet, vielmehr war C 10 vermutlich für Cembalo, C 11 aber – wie noch zu begründen sein wird – für Laute bestimmt. Daß aber Cembalo und Laute in der „Köthener Fassung" zusätzlich zur Orgel als Generalbaßinstrumente eingesetzt waren, ist angesichts der sicherlich kleinen Gesamtbesetzung wohl auszuschließen. Die Stimmen dürften also für eine andere Aufführung entstanden sein.

* * *

Wir kommen zurück auf die Frage nach dem Ort der Sankt Petersburger Stimme *Violino 1* in der Aufführungs- und Fassungsgeschichte unserer Kantate. Die Stimme weist zwei Merkmale auf, die Rückschlüsse auf die Umstände der Aufführung ermöglichen. Signifikant ist zum einen der Inhalt der Stimme: Sie enthält den Part der 1. Violine der Sätze 1, 3, 4 und 7 sowie außerdem, nun ebenfalls für Violine bestimmt, die Oboenpartien von Satz 2 und Satz 8. Und signifikant ist die Tonart: Die Stimme ist in d-Moll, also im Kammerton, notiert.

Aus dem Inhalt der Stimme ergibt sich, daß sie für eine Aufführung angefertigt wurde, bei der keine Oboe zur Verfügung stand und daher der Spieler der

---

[25] NBA I/20 Krit. Bericht, S. 42.

1. Violine deren Part mitübernehmen mußte. Die durchgehend kammertönige Notation der Stimme aber zeigt, daß die Aufführung unter Stimmtonverhältnissen stattfand, die von Bachs Weimarer Praxis abwichen. Das betraf den gesamten Streicherpart: Denn wenn die 1. Violine im Kammerton spielte, muß dies auch für die 2. Violine und ebenso für die Viola gegolten haben; alles andere war nach der Praxis der Zeit undenkbar. Es müssen also mindestens zwei Stimmen in d-Moll, eine für die 2. Violine und eine für Viola, verloren gegangen sein.

Eine offene Frage ist, welche Werkfassung jener Aufführung zugrunde lag. Grundsätzlich ist denkbar, daß dies eine modifizierte Form der Weimarer Originalfassung der Kantate war. Die entsprechenden Weimarer Stimmen hätten dann lediglich von c- nach d-Moll transponiert werden müssen. Allerdings wären dann bei Satz 8 nunmehr drei Violinen oder aber zwei Violen erforderlich geworden. Denn da die 1. Violine hier die Oboenstimme spielte, hätte die 2. Violine den ursprünglichen Part der 1. Violine übernehmen müssen, und für den ursprünglich der 2. Violine zugewiesenen Part hätte man eine 3. Violine oder eine zusätzliche Viola gebraucht.[26]

Es ist aber auch möglich, daß Bach auf die „Köthener Fassung" zurückgegriffen hat – sofern diese schon vorlag (was ja keineswegs sicher ist) und für die Aufführung ein Gambist zur Verfügung stand. In dieser Fassung war im Schlußsatz nur eine Violine erforderlich. Ihr Part konnte, wenn die 1. Violine die Oboenstimme spielte, von der 2. Violine übernommen werden. Aber auch in diesem Fall hätten die zu der Sankt Petersburger Violinstimme hinzutretenden Violin- und Violastimmen für die ganze Kantate transponiert werden müssen.

In jedem Falle deutet die d-Moll-Notation der Sankt Petersburger Violinstimme auf eine Aufführung, bei der die Streicher im Kammerton spielten, d.h. entweder eine außerkirchliche Aufführung (mithin ohne Orgel) oder eine Aufführung in einer Kirche, bei der es bereits üblich war, daß die Streicher, wie damals von Kuhnau in Leipzig eingeführt, im Kammerton intonierten.[27] Die erste Möglichkeit ist die weitaus wahrscheinlichere. Da bei einer außerkirchlichen Aufführung das Cembalo an die Stelle der Orgel trat, ließe sich so auch die Anfertigung der kammertönigen bezifferten Continuo-Stimme C 10 erklären. Vermutlich gab es also eine solche Aufführung im weltlichen Rahmen einer Kammermusik mit Cembalo als Generalbaßinstrument und zusätzlich mit Laute (C 11).

* * *

---

[26] Vielleicht wurde der Streicherpart auch provisorisch modifiziert, etwa indem die originale Partie der 2. Violine mit leichten Umfangsretuschen für Bratsche und die originale Bratschenpartie für Gambe eingerichtet wurde.

[27] Wir übergehen hier der Einfachheit halber den seltenen Sonderfall einer Orgel mit einem kammertönigen „Musikgedackt"-Register.

Zusammenfassend ist festzustellen, daß sich in den Köthener Quellen offenbar zwei unterschiedliche Aufführungen dokumentieren: eine Aufführung in einer Kirche im zeitüblichen Neben- und Miteinander von Chor- und Kammerton, besetzt mit Oboe und obligater Gambe und verbunden mit der Neufassung des Schlußsatzes (die „Köthener Fassung" von NBA I/20); und eine „kammermusikalische" Darbietung in außerkirchlichem Rahmen, bei der alle Instrumente im Kammerton spielten und nach Ausweis der Sankt Petersburger Violinstimme die Oboe durch Violine ersetzt wurde. Ob dieser Aufführung die Weimarer oder aber die „Köthener Fassung" mit obligater Gambe und dem neugefaßten Schlußsatz zugrunde lag, muß offen bleiben. Ein Zusammenhang der Sankt Petersburger Violinstimme mit den Köthener Continuo-Stimmen C 10 und C 11 ist sehr wahrscheinlich. Die kammertönigen Stimmen für Violine II und Viola (und vielleicht eine weitere Violin- oder Violastimme), die für diese Aufführung angefertigt worden sein dürften, sind als verschollen anzusehen. Sollte sich eine dieser Stimmen wiederfinden, so dürfte aus ihr – anders als aus der Sankt Petersburger Violinstimme – mit Sicherheit zu erkennen sein, ob die Aufführung, für die sie angefertigt wurde, beim letzten Satz der „Köthener Fassung" oder aber dem Weimarer Original folgte.

* * *

Bei den Aufführungsumständen, die sich in den Köthener Materialien spiegeln, handelt es sich um Ausnahmesituationen, für die das Weimarer Aufführungsmaterial teilweise ersetzt oder ergänzt werden mußte. Die Gründe dafür waren Umbesetzungen und wechselnde Stimmtonverhältnisse. Die Merkmale der Köthener Quellen deuten auf Darbietungen sowohl in der Kirche als auch in außerkirchlichem Rahmen.

Wo diese Aufführungen stattfanden, ist eine offene Frage. Immerhin läßt sich vermuten, daß sie nicht in Köthen erfolgten. Für die „kammermusikalische" Fassung, bei der die Sankt Petersburger Violinstimme die Oboe ersetzte, ist zwar Köthen als Ort einer Darbietung in privatem Rahmen nicht auszuschließen. Daß aber am Köthener Hof, der ja über entsprechende Musiker verfügte, eine Aufführung in dieser eingeschränkten Besetzung stattfand, ist unwahrscheinlich. Eher ist an eine auswärtige Aufführung auf einer der Reisen Bachs zu denken.

Zumindest für die „Köthener Fassung" mit Sologambe und dem veränderten Schlußsatz läßt sich die Vermutung einer auswärtigen Aufführung indirekt durch Quellenbefunde erhärten. Peter Wollny ist der Hinweis auf eine Besonderheit der Partiturskizze zum Schlußsatz zu verdanken, die, wie er plausibel darlegt, darauf deutet, daß deren Aufzeichnung auf Reisen erfolgte.[28] Für die

---

[28] Johann Sebastian Bach, *Beiträge zur Generalbaß- und Satzlehre, Kontrapunktstudien, Skizzen und Entwürfe*, hrsg. von P. Wollny, NBA Supplement, Kassel 2011, S. 93.

Umarbeitung hat Bach nämlich nicht auf seine Partitur zurückgegriffen, sondern die Arie, soweit es die unverändert zu übernehmenden Partien von Oboe, Sopran und Continuo betraf, aus den Weimarer Stimmen spartiert. Der merkwürdige Sachverhalt läßt nur eine Erklärung zu: Die Partitur stand Bach nicht zur Verfügung; sie war wohl zur Entlastung des Reisegepäcks in Köthen zurückgeblieben.

Aber noch mehr spricht für eine Reisesituation: Offenbar war auch das Papier knapp; denn anders ist kaum zu erklären, daß für die Niederschrift der Partiturskizze der freie Raum auf der Bratschenstimme C 6 herhalten mußte. Und in dieselbe Richtung deutet, daß die neuen Stimmen zum Schlußsatz für Violine und Viola, C 12 und C 13, je auf nur einem halben Blatt notiert wurden.

* * *

Die hier vorgetragenen Überlegungen treffen sich mit denjenigen Schabalinas in der Erkenntnis, daß es sich bei den Köthener Quellen nicht um Dokumente einer einzigen, sondern um solche von wenigstens zwei Aufführungen in unterschiedlicher Fassung handelt. Darüber hinaus bestehen in unserer Deutung der Quellenbefunde allerdings beträchtliche Unterschiede. Ich habe zur Entlastung meines Textes darauf verzichtet, Schabalinas Argumentation im einzelnen kritisch zu kommentieren. Den Beschluß mögen jedoch drei kritische Anmerkungen bilden:

1. Schabalina ist der Ansicht, daß die Neufassung des Schlußsatzes zunächst für eine Einzeldarbietung dieser Arie und nicht für eine Aufführung der vollständigen Kantate gedacht gewesen sei.[29] Zur Begründung stellt sie im Blick auf die von mir postulierte „Köthener Fassung" die rhetorische Frage, wie es denn sein könne, daß im Schlußsatz nur eine statt der bis dahin erforderlichen zwei Violinen beschäftigt sei: „Warum ‚verstummt' plötzlich eine dieser Violinen in der Schlußarie?"[30] Doch die Aufführungsrealität der Bach-Zeit weicht von unserer heutigen Praxis oft entschieden ab: Wir müssen uns nur vorstellen, daß Bachs Oboist auch Geiger war und außer in Satz 2, wo er Oboe spielte, bis Satz 7 in der 2. Violine eingesetzt war.[31] Für Satz 8 wurde dann freilich eine kompositorische Reduktion des Streicherparts unabweisbar. – Denkbar ist aber auch eine andere Antwort: Nicht unbedingt brauchte eine der beiden Violinen im Schlußsatz zu „verstummen", vielleicht spielten sie beide ein und dieselbe Stimme unisono. Der Verzicht auf selbständige Führung der 2. Violine wäre der Transparenz des Satzes

---

[29] Schabalina (wie Fußnote 3), S. 32 ff.
[30] Ebenda, S. 33, Fußnote 44.
[31] Ähnlich wie der Musiker, der in der zweiten Weimarer Fassung aus der Stimme C 9 spielte und zwischen Violoncello und Oboe wechselte.

zugutegekommen und hätte dazu beigetragen, daß die Gambe sich im Gesamtklang besser behaupten konnte.[32]

2. Ins Reich der Legende führt Schabalinas These, daß Bach die Kantate, beginnend mit dem Schlußsatz, für seine Gattin Anna Magdalena umgearbeitet und dabei eine einheitlich in d-Moll stehende Fassung geschaffen habe, der sie die Sankt Petersburger Violinstimme zurechnet.[33] Es ist in der Tat gut möglich, daß Anna Magdalena Bach die Kantate gesungen hat, doch fehlt dafür jeder dokumentarische Anhaltspunkt. Der Vorstellung aber, daß der Wechsel von c-Moll nach d-Moll der Anpassung an ihre Stimmlage (oder auch an die eines anderen Sängers) gedient habe, liegt ein Mißverständnis zugrunde. Denn die Transposition veränderte nicht die reale Tonhöhe: c-Moll im Chorton und d-Moll im Kammerton stimmten in der Tonhöhe überein. Man wird also gut daran tun, in den Schwankungen der Tonartnotation nicht mehr zu sehen als Maßnahmen der Anpassung an wechselnde Aufführungssituationen mit unterschiedlichen Stimmtonpraktiken.

3. Nicht zuzustimmen ist Schabalina denn auch, wenn sie der von ihr angenommenen d-Moll-Fassung zugutehält, hier gebe es – anders als in der von mir postulierten „Köthener Fassung" – „keinen Widerspruch mit den Tonarten der auf uns gekommenen Köthener Quellen"[34]: Tonartliche Einheitlichkeit des Aufführungsmaterials einer Kantate ist für Bach kein Wert an sich und kein erstrebenswertes Ziel. Nahezu alle Aufführungsmaterialien Bachscher und anderer zeitgenössischer Kirchenkantaten weisen den vermeintlichen Widerspruch zwischen Chor- und Kammertonnotation auf. Auch bleibt zu bedenken, daß für den Sopranpart der besagten d-Moll-Fassung doch aller Wahrscheinlichkeit nach in der Köthener Zeit wie noch in Leipzig die Weimarer c-Moll-Stimme weiterverwendet worden ist.

---

[32] Unklar bleibt, welche Rolle dem Gambisten in den Sätzen 1–5 zukam, die in seiner Stimme nicht enthalten sind. Es liegt nahe anzunehmen, daß er hier den Continuopart mitspielte. Allerdings hätte er dazu eine kammertönig notierte Stimme benötigt. Im Weimarer Material ist keine solche Stimme vorhanden, und ob die Stimmen C 10 und C 11 (aus denen er hätte mitspielen können) in diesem Stadium schon existierten, ist unsicher. Am wahrscheinlichsten ist wohl, daß eine kammertönig notierte Continuo-Stimme mit den Sätzen 1–5 vorhanden war und später verloren gegangen ist.

[33] Schabalina (wie Fußnote 3), S. 34.

[34] Ebenda, S. 35.

III. Zur Köthener Continuo-Stimme C 11

Die Stimmen der Köthener Quellengruppe sind mit Ausnahme der Continuo-Dublette C 11 von Bach selbst geschrieben. Schreiber von C 11 ist der namentlich nicht bekannte Köthener Kopist K 1.[35] Die Stimme ist nach der autographen Continuo-Stimme C 10 kopiert. Wie diese ist sie kammertönig notiert und beziffert, allerdings fehlt die Bezifferung beim letzten Satz. Die Stimme enthält einige wenige Abweichungen, die offensichtlich auf Absicht beruhen. Es sind durchweg Oktavversetzungen einzelner Noten, teils in die obere, teils in die untere Oktave, die der Kopist unmittelbar beim Schreiben der Stimme – also nicht durch nachträgliche Korrektur – vorgenommen hat. Im einzelnen handelt es sich um folgende Sonderlesarten: Satz 1, Schlußnote d statt D; Satz 3, T. 8–9, $d\ e$ statt $D\ E$; Satz 8, T. 22, 8. Note e statt E; ferner in umgekehrter Richtung oktaviert: Satz 7, Schlußnote c statt c^1.

Wie schon im Kritischen Bericht NBA I/20 vermerkt, kann es sich nicht um umfangsbedingte Stimmknickungen handeln, denn der notierte Umfang der Stimme ist $C-e^1$, und alle von Änderungen betroffenen Noten liegen innerhalb dieses Ambitus. Auch sind die fraglichen Töne keineswegs konsequent vermieden. Sinn und Zweck der Abweichungen konnte ich seinerzeit nicht klären. So mußte ich mich auf die Feststellung beschränken, daß die „auf den ersten Blick willkürlich scheinenden Oktavversetzungen [...] vermutlich den Schlüssel zum Problem der Bestimmung des zweiten Continuo-Parts" darstellen.[36]

Hier zeichnet sich nun eine Lösung ab: Sinnvoll erscheinen die Oktavversetzungen, wenn man annimmt, daß die Stimme für Laute gedacht war. Da die Änderungen vom Schreiber ad hoc vorgenommen wurden, muß man weiter annehmen, daß dieser selbst Lautenist war und die Stimme beim Kopieren gleich für sein Instrument einrichtete. Die Gründe für die Änderungen liegen auf der Hand: Die Hochoktavierung bei der Schlußnote von Satz 1 (d statt D) und in T. 8–9 von Satz 3 ($d\ e$ statt $D\ E$) dürfte darauf beruhen, daß sich bei der damaligen d-Moll-Stimmung der Laute der erforderliche D-Dur- bzw. d-Moll-Akkord am günstigsten vom kleinen d aus aufbauen ließ. Die Tiefoktavierung der Schlußnote von Satz 7 (c statt c^1) hat offenbar den Zweck, Platz zu schaffen für einen Generalbaßakkord in lautengemäßer Lage (also in der kleinen und in der eingestrichenen Oktave etwa bis e^1 oder g^1). An den drei genannten Stellen dürfte somit etwa an folgende Ausführung gedacht gewesen sein:

---

[35] NBA IX/3, Nr. 25.
[36] Schabalina (wie Fußnote 3), S. 34.

220 Klaus Hofmann

Notenbeispiel 2

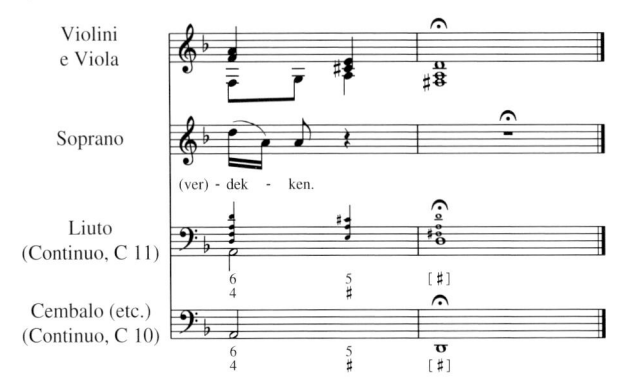

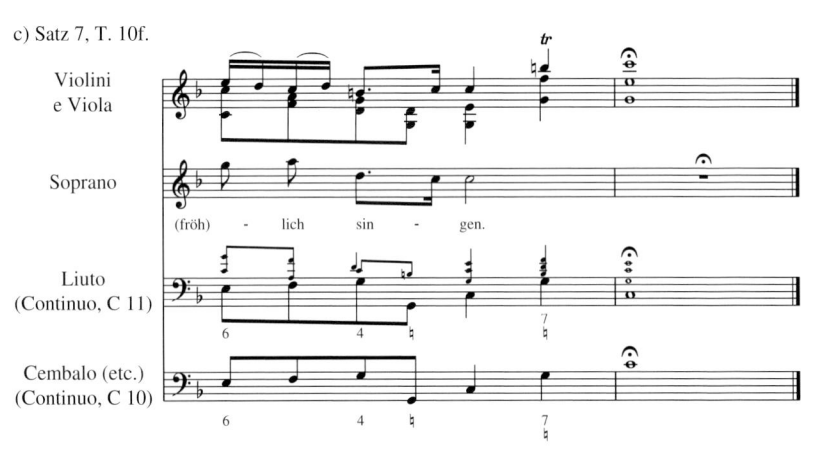

a) Satz 1, T. 21f.

b) Satz 3, T. 8ff.

c) Satz 7, T. 10f.

Die Hochoktavierung der 8. Note in T. 22 des letzten Satzes (*e* statt *E*) dürfte am ehesten mit der nach der Tiefe hin abnehmenden Treffsicherheit des Daumens zumal in raschem Tempo wie auch mit dem unter Umständen störenden Nachklingen der ungedämpften und relativ lautstarken „Contrabassi" zusammenhängen (zumal der Continuo hier in eine Pause hinein nachschlägt). Erwägungen zu Treffsicherheit und Lautstärke könnten im übrigen auch bei den Hochoktavierungen in Satz 1 und Satz 3 eine Rolle gespielt haben.

Auffällig ist, daß drei der vier Änderungen der Oktavlage an prominenten Stellen stehen: Bei Satz 1 und Satz 7 ist der Schlußakkord betroffen, bei Satz 3 das musikalisch herausgehobene Zitat des Bibelworts „Gott sei mir Sünder gnädig". So könnte man glauben, daß der Schreiber und Spieler der Stimme die Kantate bereits kannte, als er die Stimme anfertigte. Hatte er womöglich seinen Part schon nach der Cembalostimme C 10 mitgespielt und zog beim Ausschreiben seiner eigenen Stimme Konsequenzen aus seinen Erfahrungen?

Daß sich in den insgesamt nur vier Oktavänderungen das ganze Ausmaß der lautenistischen Abweichungen gegenüber dem notierten Continuopart widerspiegelt, wird man nicht annehmen dürfen. Vieles wird Sache der Improvisation gewesen sein. Aber vielleicht handelt es sich bei den notierten Änderungen um diejenigen, die dem Schreiber und Spieler am wichtigsten waren.

Auch das Fehlen der Bezifferung beim letzten Satz könnte in der Bestimmung des Parts für Laute begründet sein. Der Schreiber könnte in der Einsicht auf die Bezifferung verzichtet haben, daß angesichts des schnellen Tempos akkordisches Spiel nur in äußerst rudimentärer Form in Frage kam, beschränkt etwa hauptsächlich auf Akkorde zu Baß-Fortschreitungen in punktierten Viertelnoten und auf markanten Taktschwerpunkten, für die ein erfahrener Musiker der Bezifferung kaum bedurfte.[37]

---

[37] Für die Beratung in lautenistischen Fragen sei Harry Hoffmann (Bremen) freundschaftlich gedankt. – Eine neue Ausgabe der Kantate lege ich im Carus-Verlag Stuttgart vor.

Die Passaggio-Orgelchoräle – Neue Perspektiven*

Von Jean-Claude Zehnder (Basel)

Seit einigen Jahren hat sich der Begriff „Passaggio-Choral" eingebürgert für einen schlichten Orgelchoral, bei dem zwischen die einzelnen Choralzeilen *passaggi* eingeschoben sind; vielfach verbindet man damit die Vorstellung, diese Sätze seien zur Begleitung der singenden Gemeinde beim Gottesdienst bestimmt. So wurden die Choräle BWV 715, 722, 726, 729, 732 und 738 auch als „Arnstädter Gemeindechoräle" bezeichnet. Fragwürdig an diesem Begriff sind zwei Aspekte: erstens ist es unsicher, ob diese Choräle wirklich zur Begleitung der im Gottesdienst singenden Gemeinde intendiert sind, zweitens ist zu fragen, ob sie nicht überhaupt erst in Weimar entstanden sein könnten.
Die Geschichte dieser Gattung ist noch nicht geschrieben; viele Anregungen erhielt ich durch Rudolf Lutz, Jörg-Andreas Bötticher und die Forschungsgruppe Basel für Improvisation (FBI), die an der Schola Cantorum Basiliensis mit solchen Improvisationsmodellen arbeiten.[1] Ähnlich wie beim Orgelbüchlein-Typus handelt es sich um kleine Orgelchoräle: Sie beginnen ohne Vorspiel und die Choralmelodie erklingt fortlaufend in der Oberstimme, wenn auch durch die genannten *passaggi* unterbrochen. In der Terminologie der Zeit wird meist von einem „schlechten [schlichten] Choral" gesprochen. Vom professionellen Orgelspieler wird erwartet, daß er solche Choräle aus dem Stegreif, mit improvisatorischer Freiheit spielen kann (siehe dazu Abschnitt 6); entsprechend selten sind notierte Beispiele, sei es als Aufzeichnung mit beziffertem Baß, sei es mit ausgearbeiteten Mittelstimmen.
Nach momentanem Kenntnisstand wird erst ab etwa 1725 deutlich gesagt, daß in dieser Art die gottesdienstliche Gemeinde begleitet wurde, wobei die Passagen Zeit zum Atemholen gewähren.[2] Es gab Befürworter und Gegner

---

* In memoriam Kirsten Beißwenger (1960–2013) und Yoshitake Kobayashi (1942 bis 2013).
[1] Das *Compendium Improvisation* der Schola Cantorum Basiliensis befindet sich in Vorbereitung; der Abschnitt von Jörg-Andreas Bötticher trägt den Titel „*Gar stille halten wäre zu schlecht*" – Zeilenzwischenspiele in der Choralbegleitung des 18. Jahrhunderts.
[2] J. C. Voigt, *Gespräch von der MUSIK, zwischen einem Organisten und Adjuvanten*, Erfurt 1742, S. 96: „Es wollte ziemlich abgeschmackt heraus kommen, ohne einige manierliche Lauffer zu machen, welches nicht allein die Zuhörer vergnügt, sondern sie können auch wiederum indeß Athem holen, und sich zum Singen geschickt machen."

dieser Begleitpraxis. Johann Jacob Adlung berichtet: „Endlich sind noch die *Zwischenspiele* zu beurteilen, welche insgemein *Passagien* heißen. Einige machen zwischen den Zeilen gar keine, weil sie es nicht vor dienlich halten (u), einigen ists wohl gar untersagt (w)". In der Fußnote u) lesen wir: „So war Herr *Bach* in Jena nicht wohl darauf zu sprechen, weil er glaubte, ein anhaltender Grif könnte die Gemeinde besser zwingen ohne solch Laufwerk." Johann Nicolaus Bach (1669–1753), Universitätsorganist in Jena, ist ein Sohn des Eisenacher Johann Christoph Bach (1642–1703); war wohl schon Johann Christoph dieser Meinung? Die Neumeister-Sammlung überliefert von ihm zwei exquisit harmonisierte Choräle ohne Passagen.[3] Fußnote w) im obigen Text nimmt auf Weißenfels Bezug: „Als ich einstens im Schloß zu Weißenfels zuhörete, und weiter nichts vernahm, als einen kurzen Vorschlag, so erhielte ich bey meiner bezeigten Verwunderung die Nachricht, daß ein mehrers nicht erlaubt sey."[4] Johann Sebastian Bach könnte also bei seinen Weißenfelser Besuchen (ab 1713) mit dieser Praxis in Berührung gekommen sein. Nach dem Zeugnis Johann Friedrich Agricolas vertrat Johann Sebastian Bach in späteren Jahren eine ähnliche Ansicht wie Johann Nicolaus: „Denn dies Zwischenspielen ist überhaupt nur bey den wenigsten Gelegenheiten schicklich. Johann Sebastian Bach, der größte Orgelspieler von ganz Europa, hielt nichts davon, sondern sagte vielmehr: Der Organist zeige seine eigentliche Kunst und Fertigkeit, wenn er welche besitzt, im Vorspiele; bey dem Gesange aber, halte er die Gemeine blos durch volle, reine, auf richtige Melodie gestützte, Harmonie in Ordnung." Wenn wir die oben genannten Choräle – wie das meist geschieht – als frühe Werke Bachs betrachten, müßte der Meister „seine Anschauungen im Laufe der Zeit geändert" haben.[5]

Ein Zentrum der Passaggio-Choräle scheint in Thüringen und speziell in Erfurt gelegen zu haben, was sich bis hin zu Johann Christian Kittels Lehrbuch von 1803[6] und Michael Gotthard Fischers „Choral-Melodieen der evangelischen Kirchen-Gemeinden"[7] von 1821 zeigen läßt. Für die Position

---

[3] J. M. Bach, *Sämtliche Orgelchoräle, mit einem Anhang (Orgelchoräle des Bach-Kreises, hauptsächlich aus der Neumeister-Sammlung)*, hrsg. von C. Wolff, Neuhausen-Stuttgart 1988, S. 72–73.

[4] J. Adlung, *Anleitung zu der musikalischen Gelahrtheit*, Erfurt 1758, Reprint, hrsg. von H.-J. Moser, Kassel 1953 (Documenta musicologica, Erste Reihe: Druckschriften-Faksimiles, Bd. 4), S. 683.

[5] Dok V, Nr. C 760a (S. 213); U. Czubatynski, *Choralspiel und Choralbegleitung im Urteil J. S. Bachs*, BJ 1993, S. 223.

[6] J.-C. Kittel, *Der angehende praktische Organist, oder Anweisung zum zweckmäßigen Gebrauch der Orgel bei Gottesverehrungen in Beispielen*; drei Teile, Erfurt 1803–1808 (Reprint mit einem Nachwort von G. Bal, Leipzig 1986), Erste Abtheilung, S. 8 f.

[7] Exemplar im Besitz von Georg Senn, Basel.

des jungen Bach, möchte ich hier einige bisher unbekannte Dokumente besprechen; wie nicht anders zu erwarten, ergeben sich damit auch neue Fragen.

1. Die frühe thüringische Tradition der Passaggio-Choräle

Aus Pachelbels Amtszeit an der Predigerkirche in Erfurt ist bekannt, daß er die Choräle „durchgehends mitspielen" sollte;[8] seine Begleitpraxis läßt sich freilich kaum belegen. Einen Reflex der frühen Erfurter Praxis stellen vielleicht die einfachen Generalbaß-Choräle des Weimarer Tabulaturbuches (D-WRz, *Ms. Q 341 b*) dar. Der Titel weist den Inhalt pauschal Johann Pachelbel zu; da dies für die kurzen Vorspiele widerlegt werden kann, ist auch bei den Generalbaß-Chorälen Vorsicht geboten.[9] Von Pachelbels Amtsnachfolger an der Predigerkirche seit 1691, Johann Heinrich Buttstett, ist ein 4- bis 6stimmiger Choralsatz mit *passaggi* erhalten: leider ist der Druck „Allein Gott in der Höh sey Ehr, von 2 Variationen, nebst dem schlechten Choral, an. 1705" offenbar verschollen.[10] Die Abschrift Johann Gottfried Walthers zeigt jedoch alle Merkmale einer getreuen Kopie.[11] Wie aus dem Titel zu ersehen, geht es hier vor allem um das dritte Stück, den „schlechten" Choral. Die Melodie wird in Ganzen und Halben (3/2-Takt) notiert, die eingeschobenen *passaggi* meist in Achteln (siehe dazu Notenbeispiel 2). Mit einfacheren Passagen steuert das Plauener Orgelbuch einen Satz zum Lied „Am Sabbath früh Marien drei – Wir danken dir, Herr Jesu Christ" bei, wiederum auf ein Bicinium folgend

---

[8] Pachelbels Erfurter Anstellungsvertrag ist abgedruckt in J. Pachelbel, *94 Kompositionen – Fugen über das Magnificat für Orgel oder Klavier*, hrsg. von H. Botstiber und M. Seiffert; DTÖ, Jg. VIII/2 (Bd. 17), S. VIII. Dieselbe Formulierung auch im Anstellungsvertrag von Buttstett, vgl. E. Ziller, *Der Erfurter Organist Johann Heinrich Buttstädt (1666–1727)*, Halle 1935 (Reprint Tübingen 1971), S. 126.

[9] J.-C. Zehnder, *J. A. L. – Ein Organist im Umkreis des jungen Bach*, in: Basler Jahrbuch für historische Musikpraxis 22 (1998), Winterthur 1999, S. 127–155; H. H. Eggebrecht, „Das Weimarer Tabulaturbuch von 1704", in: AfMw 22 (1965), S. 115–125; die Ausgabe von Traugott Fedtke (Pachelbel, *Orgelwerke*, Bd. I, Frankfurt a. M. 1972) enthält eine vom Herausgeber vorgenommene Aussetzung des Generalbasses.

[10] J. H. Buttstett, *Sämtliche Orgelwerke*, hrsg. von K. Beckmann, Band 2, Meßstetten 1996 (später Schott, Mainz), Nr. 2 (mit Kommentar auf S. 119, 122, 123). Der Druck ist nachgewiesen bei Walther L, S. 122.

[11] NL-DHgm, *4. G. 14*, S. 1–3. Das Manuskript befindet sich momentan im Nederlands Muziek Instituut; unter http://www.nederlandsmuziekinstituut.nl/en/collections/web-presentations/walther ist es Online einsehbar.

(S. 36–37, ohne Angabe des Komponisten).[12] Diese umfangreiche Quelle mit dem Titeldatum 1708 ist mit hoher Wahrscheinlichkeit ebenfalls dem Erfurter Kreis zuzurechnen. „Am Sabbath früh" steht im Fughetten-Bicinien-Teil der Handschrift, dessen Beziehung zum Weimarer Tabulaturbuch ich in einer früheren Studie nachgegangen bin.[13] Weitere Sätze mit Zeilenzwischenspielen seien mehr am Rande erwähnt: Eine anonyme Bearbeitung über „Vom Himmel hoch, da komm ich her" kombiniert den vierstimmig-akkordischen Satz mit einem meist in Sechzehnteln fließenden Baß; über das gleiche Lied ist von Buttstett ein dreistimmiger Satz mit Passagen überliefert.[14] Dies mag genügen um darzutun, daß Buttstett, dessen Vorliebe für oft recht kapriziöse Passagen auch anderweitig bekannt ist, die Zeilenzwischenspiele gepflegt, möglicherweise sogar begründet hat. Mit dem Datum 1705 ist zudem ein chronologischer Hinweis gegeben: den Ursprung dieser Praxis wird man einige Jahre früher anzunehmen haben, wohl noch vor 1700. Jedenfalls ist die seit den Untersuchungen von Martin Blindow gültige These, Bachs Passaggio-Choräle seien die frühesten Beispiele dieser Gattung, in Frage zu stellen.[15]

Ein nächster Ankerpunkt ist die Handschrift *P 802*, die dem Weimarer Kreis um Bach, Johann Gottfried Walther und deren gemeinsamen Schüler Johann Tobias Krebs zugehört. Sie enthält von der Hand des Johann Tobias Krebs die Generalbaß-Fassungen der vier Weihnachtschoräle „Gelobet seist du, Jesu Christ" BWV 722a, „Vom Himmel hoch, da komm ich her" BWV 738a, „In dulci jubilo" BWV 729a und „Lobt Gott, ihr Christen, allzugleich" BWV 732a.[16] Auch Krebs selbst scheint Versuche mit *passaggi* gemacht zu haben; demnach setzten sich Bachs Schüler ebenfalls mit dieser Choralpraxis ausein-

---

[12] Das Original ist Kriegsverlust; erhalten sind Fotokopien im Staatlichen Institut für Musikforschung, Preußischer Kulturbesitz, Berlin (Signatur: *Fot. Bü 129*). Die Melodie ist besser bekannt mit dem Text „Erschienen ist der herrliche Tag".

[13] Zehnder (wie Fußnote 9).

[14] Incipits bei M. Seiffert, *Das Plauener Orgelbuch von 1708*, AfMw 2 (1920), S. 377. Die zweite Bearbeitung in: *Deutsche Orgel- und Claviermusik des 17. Jahrhunderts – Werke in Erstausgaben*, Bd. II, hrsg. von S. Rampe, Kassel 2004, S. 23; Rampe publiziert nach der Handschrift D-Hs, *ND VI 2365d*. Siehe auch S. Rampe, *Abendmusik oder Gottesdienst? Zur Funktion norddeutscher Orgelkompositionen des 17. und frühen 18. Jahrhunderts*, in: Schütz-Jahrbuch 25 (2003), S. 63.

[15] M. Blindow, *Die Choralbegleitung des 18. Jahrhunderts in der evangelischen Kirche Deutschlands*, Regensburg 1957 (Kölner Beiträge zur Musikforschung. 13.), S. 120; M. Schneider, *Bachs „Arnstädter Choräle" – komponiert in Weimar?*, in: Bachs Musik für Tasteninstrumente, Bericht über das 4. Dortmunder Bach-Symposion 2002, hrsg. von M. Geck, Dortmund 2003, S. 298.

[16] H. Zietz, *Quellenkritische Untersuchungen an den Bach-Handschriften P 801, P 802 und P 803 aus dem „Krebs'schen Nachlaß" unter besonderer Berücksichtigung der Choralbearbeitungen des jungen J. S. Bach*, Hamburg 1969 (Hamburger Beiträge zur Musikwissenschaft. 1.).

ander (siehe dazu Abschnitt 2). Daß der Passaggio-Choral in Weimar aktuell blieb, zeigen die 1737 dort publizierten Choräle Johann Caspar Voglers (1696–1763). Formal scheinen sie insgesamt den Stand seiner Studien bei Bach zu repräsentieren (Bicinium mit Continuo-Ritornell, kolorierte cantus firmi). Die *passaggi* beschränken sich fast ausschließlich auf 32stel-Skalen.[17] Vogler scheint eine Vorliebe für schnelle Tempi gehabt zu haben: seine Bewerbung um die Organistenstelle der Leipziger Nikolaikirche schlug fehl, da er „die Kirche irre gemacht und zu geschwinde gespielet" hatte.[18] Eigenartigerweise findet sich im umfangreichen Choral-Oeuvre von Johann Gottfried Walther, soweit ich sehe, keine Andeutung von Zeilenzwischenspielen.

Zahlreiche Passaggio-Choräle hat Georg Friedrich Kauffmann (1679–1735), Organist in Merseburg, in seiner „Harmonischen Seelenlust" (1733 f.) veröffentlicht. Um 1695 war Kauffmann Schüler Buttstetts, was erneut Erfurt als Zentrum für unser Thema bekräftigt.[19] Der Titel erwähnt die *Praeludia* (also die großen Choralbearbeitungen) und bestimmt sie zuerst „Allen Hohen und Niedern Liebhabern des *Claviers* zu einem *Privat* Vergnügen", dann [in kleinerer Schrift] „denen HERREN Organisten in Städten und Dörffern aber [noch kleinerer Schrifttypus] Zum allgemeinen Gebrauch beym öffentlichen GOTTES-Dienst". Erst danach wird erwähnt, daß „jedesmahl am Ende der schlechte *Choral*, mit einem zierlichen *Fundament* nach dem *General-Baß* und zwischen jeden *Commate* eine kurtze *Passage*" beigefügt sei. Im ausführlichen Vorwort lesen wir dann, daß die Passaggio-Choräle auf Wunsch einer „vornehme[n] Person" für ihre Kinder beigefügt worden seien; die liturgische Begleitpraxis ist mit keinem Wort erwähnt.[20] Wenn Kauffmann etwa davon spricht, daß „der Baß etwas zierlich und lebhafft/ jedoch nicht eben schwer/ gesetzt würde", so ist deutlich, daß solchen Stücken ein eigener Wert zugebilligt wurde: sie sind gleichsam „Choräle an sich", sei es für eine Hausandacht oder zur musikalischen Privatunterhaltung; eine Verwendung als Begleitsatz zur singenden Gottesdienst-Gemeinde sei damit nicht ausgeschlossen, doch sind sie offenbar nicht in erster Linie dafür komponiert worden. Kauffmanns Passagen richten sich nach dem Affekt des Liedes: er versieht die Passagen-Figurationen teilweise mit Legato-Bögen, um einen weicheren Charakter anzudeuten. Dies scheint – gegenüber Bachs Praxis – ein späteres Stadium zu repräsentieren.

---

[17] J. C. Vogler, *Koraalbewerkingen*, hrsg. von E. Kooiman, Hilversum 1988 (Incognita Organo. 36.), S. 4–6.

[18] Dok II, Nr. 266.

[19] Walther L, S. 336.

[20] Exemplar in CH-Bu, *kk VIII 107*. In der Ausgabe von P. Pidoux (Kassel 1948) ist das Vorwort nur auszugsweise wiedergegeben. Die Aussage von Matthias Schneider (wie Fußnote 15, S. 297), Kauffmanns „schlechte Choräle" seien „dezidiert zur Gemeindebegleitung komponiert", muß in Frage gestellt werden.

Eine Äußerung von Jacob Adlung läßt uns den Horizont noch weiter ziehen; er beklagt, daß die Choräle in jedem Dorf, ja in jeder Kirche Erfurts anders gesungen würden. Wenn nun ein Komponist in einem Kirchenstück eine Choralmelodie verwende, so „unterlassen die Zuhörer nicht, solch ihnen einigermaßen bekanntes Lied mit zu singen, ob es wohl in vielen Stücken von der Composition abweicht".[21] Anlaß für Adlungs Bemerkung sind also die Mißklänge, die durch Abweichungen der Melodiefassung entstehen; für uns aber wird deutlich, wie tiefgehend im lutherischen Umfeld die Verbundenheit mit den Chorälen gewesen sein muß.[22] Ein weiteres Beispiel sind die Textdrucke zur Hamburger Kirchenmusik Georg Philipp Telemanns: gelegentlich wird vermerkt, welche Choräle „von dem Musicalischen Chore allein" zu singen seien.[23] Dominik Sackmanns Bedenken, bei Bachs komplexer Harmonik würden die Singenden nach dem *passaggio* den Einsatzton nicht mehr finden, gehen zu sehr von einem heutigen Perfektionsanspruch aus.[24] Nach meiner Erfahrung bleibt der zuletzt gesungene Ton der vorangehenden Zeile im Gedächtnis und entsprechend ist es nicht schwierig, erneut einzusetzen (man bedenke, daß in über 50 % der Fälle Schlußton und folgender Einsatzton identisch sind). Die Frage „Begleitsatz ja oder nein?" steht im folgenden nicht im Zentrum der Betrachtung.

2. Die Generalbaß-Fassungen

Wie verhalten sich nun Bachs Passagio-Choräle zu den angesprochenen Dokumenten? Die in *P 802* überlieferten Generalbaß-Fassungen sind die ältesten Zeugnisse für Bachs Beschäftigung mit diesem Typus; sie stehen in der Beschriftungsphase II (S. 71–302), wo Johann Gottfried Walther und Johann Tobias Krebs ein buntes Repertoire von Choralbearbeitungen mittel- und norddeutschen Ursprungs eingetragen haben. Seit den Studien von Hermann Zietz steht fest, daß dieses Manuskript in engem Zusammenhang zu sehen ist mit

---

[21] Adlung (wie Fußnote 4), S. 665. Auf dieses Zitat hat mich Markus Schwenkreis (Basel) aufmerksam gemacht.

[22] Man denke auch an die Musikverbundenheit, die sich in den Adjuvantenchören manifestiert; vgl. W. Stolze, *Dörfliche Musikkultur Thüringens und ihre Sonderstellung in der Musikgeschichte*, in: Musik und Kirche 61 (1991), S. 213–226.

[23] J. Neubacher, *Georg Philipp Telemanns Hamburger Kirchenmusik und ihre Aufführungsbedingungen (1721–1767). Organisationsstrukturen, Musiker, Besetzungsbedingungen. Mit einer umfangreichen Quellendokumentation*, Hildesheim 2009 (Magdeburger Telemann-Studien. 20.), S. 70–71; dort auch weitere einschlägige Zitate.

[24] D. Sackmann, *Bach und Corelli – Studien zu Bachs Rezeption von Corellis Violinsonaten op. 5 unter besonderer Berücksichtigung der „Passaggio-Choräle" und der langsamen Konzertsätze*, München 2000 (Musikwissenschaftliche Schriften. 36.), S. 46.

dem Unterricht, den Johann Tobias Krebs (1690–1762) in den Jahren 1710 bis 1717 bei Walther und bei Bach genoß.[25] Der Anteil Walthers nimmt allmählich ab, bis in der Beschriftungsphase III (S. 303–352) nur noch Krebs aktiv ist und ausschließlich Bachsche Werke kopiert. Pädagogische Absichten kann man daran erkennen, daß Stücke ähnlicher Faktur, aber verschiedener Provenienz zusammengestellt wurden, beispielsweise chromatische Choräle (Pachelbel und BWV 637 auf S. 134–136). Zudem vermutete schon Zietz, einige anonyme Stücke (Skizzen) von der Hand Tobias Krebs' seien wohl seine eigenen Versuche. Der Eintrag der vier Bachschen Passaggio-Choräle steht mitten in diesem pädagogischen Abschnitt der Handschrift.

Zunächst sei der Anschluß an die ältere thüringische Notationspraxis durch einen Vergleich mit dem *Weimarer Tabulaturbuch* gezeigt (Beispiele 1a und 1b[26]). Grundwert der Choralmelodie ist die Halbenote, Taktstriche erscheinen lediglich beim Zeilenende:

Beispiel 1: „Gelobet seist du, Jesu Christ", Zeilen 1 und 2: a) Weimarer Tabulaturbuch, S. 40; b) BWV 722a nach *P 802*, S. 241; c) J. S. Beyer, *Musicalischer Vorrath* (vgl. Fußnote 35), S. 10; d) C. F. Witt, *Psalmodia sacra*, Gotha 1715, Nr. 19.

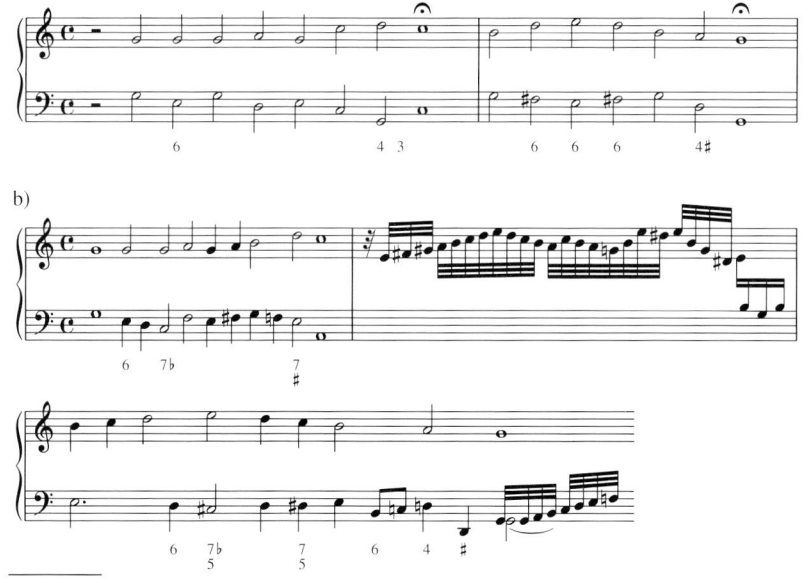

---

[25] Zietz (wie Fußnote 16), S. 99. Die von Zietz vorgeschlagenen Datierungen sind wohl um einige Jahre zu früh; die Beschriftungsphasen II und III könnten etwa um 1714–1717 liegen. Vgl. J.-C. Zehnder, *Die frühen Werke Johann Sebastian Bachs – Stil, Chronologie, Satztechnik*, Basel 2009 (Schola Cantorum Basiliensis Scripta. 1.), S. 354–355.

[26] Zu den Abweichungen vom Notentext in NBA IV/3 (H. Klotz, 1961) siehe schon Zietz (wie Fußnote 16), S. 165–166.

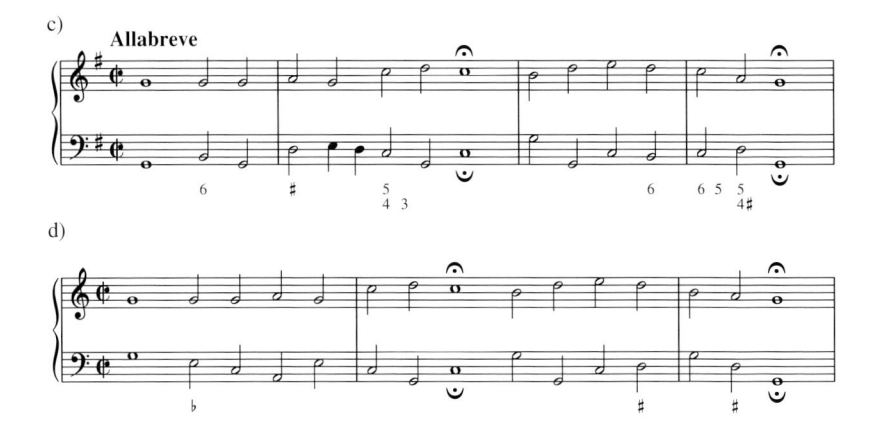

Bachs reichere harmonische Sprache wird später kommentiert. Im Weimarer Tabulaturbuch fehlen die Zeilenzwischenspiele; anders dann in Buttstetts „Allein Gott in der Höh sei Ehr" von 1705. Das Stück steht im 3/2-Takt, ermöglicht deshalb einen direkten Vergleich mit Bachs „In dulci jubilo" BWV 732 a:

Beispiel 2: a) J. H. Buttstett, „Allein Gott in der Höh sei Ehr" (vgl. Fußnote 10), T. 12; b) J. S. Bach, „In dulci jubilo" BWV 729a, Passage zwischen den Zeilen 2 und 3.

In beiden Fällen alternieren Skalen, Akkordbrechungen und Zickzack-Bewegungen: Das Erfurter Muster ist kaum von der Hand zu weisen.[27] Dies gilt

---

[27] Dominik Sackmanns These, die Passagen seien nach dem Muster der verzierten langsamen Sätzen von Corellis Violinsonaten op. 5 (Amsterdam, 1710) gestaltet,

auch für die in 32steln notierten Choräle im geraden Takt. Nun ist Buttstetts kompositorisches Profil nicht so herausragend, daß wir eine Vorbildfunktion für Bach leichthin annehmen sollten. Andererseits wird Erfurt als musikalisches Zentrum eine starke Ausstrahlung auf Thüringen, sei das nun Arnstadt oder Weimar, ausgeübt haben.

Wie schon angedeutet, enthält *P 802* von Tobias Krebs' Hand Skizzen zu weiteren „schlechten" Chorälen. Auf S. 227 notierte er die Melodie „Seele, was ist schöner wohl"; auf S. 230 folgt „Herr, wie du willst, so schicks mit mir", zwar ebenfalls ohne Baß, jedoch mit *passaggi* bei allen Zeilenübergängen. Bachs Choräle BWV 722a, 738a, 729a und 732a nehmen die Seiten 241 und 242 ein; das Notenbild ist flüchtig mit schrägen Notenhälsen und wenig vorausschauender Platzdisposition. Schließlich schrieb Krebs auf S. 253 einen vollständigen Choral mit der Überschrift „Jesu, der du meine Seele". Diese beiden Skizzen auf S. 230 und 253 sind sehr aufschlußreich: Passagen aus den Bachschen Chorälen werden mit anderen Melodien in Verbindung gebracht, offensichtlich eine Studienarbeit von Johann Tobias Krebs.[28]

Beispiel 3: „Herr, wie du willst, so schicks mit mir", Skizze von der Hand J. T. Krebs', *P 802*, S. 230.

In den Generalbaß-Fassungen ist das Grundmaß der cantus firmi die Halbenote; dies entspricht den thüringischen Orgelchorälen von Pachelbel, Johann Michael Bach, Johann Christoph Bach und anderen (nur in den Choralpartiten herrscht die Viertelnote vor). Bezeichnend für dieses Stadium der Notation ist zudem, daß trotz der Allabreve-Mensur das Taktzeichen c gesetzt wird (Beispiele 1a und 1b).[29] Der Vergleich mit den zeitgenössischen Choralsätzen

---

dürfte damit aus der Diskussion ausscheiden. Daß die Suche nach Vorbildern „in der deutschen Orgelmusik zu keinem Ergebnis" (Sackmann, wie Fußnote 24, S. 82) führe, konnte widerlegt werden. Zudem hat schon Schneider (wie Fußnote 15, S. 299) zu Recht auf den Unterschied zwischen *passaggio* und Diminution hingewiesen.

[28] Ein Ausschnitt aus „Jesu, der du meine Seele" bei D. Schulenberg, *Composition and Improvisation in the School of J. S. Bach*, in: Bach Perspectives 1, Lincoln 1995, S. 1–42, hier S. 20. In beiden Fällen handelt es sich nicht um die aus Bachs Kantaten und Chorälen bekannten Melodien.

[29] Siehe den Vorsatz in NBA IV/3, die Korrektur zu ¢ im Haupttext geht auf das Konto

(Beispiele 1a, 1c und 1d) läßt erahnen, wie ungewohnt Bachs Spiel auf die Zuhörer gewirkt haben muß. Bekanntlich wurde Bach am 2. Februar 1706 vom Arnstädter Konsistorium nach seiner verspäteten Rückkehr aus Lübeck vorgehalten, „daß er bißher in dem *Choral* viele wunderliche *variationes* gemachet, viele frembde Thone mit eingemischet, daß die Gemeinde drüber *confund*iret worden".[30] Mit hoher Wahrscheinlichkeit handelte es sich um improvisierte Choralsätze; dennoch geben uns die in *P 802* erhaltenen, vermutlich aus pädagogischen Gründen notierten Choräle einen Eindruck von Bachs Praxis. Hingewiesen sei besonders auf die zahlreichen „chordae elegantiores" und auf das unvorbereitete Eintreten einer Septime zum Melodieton des Chorals. „Zierlichere Saiten" oder „chordae elegantiores" sind nach Mattheson und Walther (chromatische) Töne, die eigentlich nicht zum Modus gehören; als Beispiel nennt Walther eine „clausula peregrina" mit cis in C-Dur (nach moderner Terminologie eine Zwischendominante zur II. Stufe, also zu d-Moll).[31] In der 2. Zeile müssen cis und dis als „frembde Töne" gelten, die – nach dem Vergleich mit zeitgenössischen Sätzen in Notenbeispiel 1 – wohl im Stande waren, eine Gemeinde zu „confundieren". Ebenso unvertraut waren wohl die Septimen zwischen Baßton und Melodieton: im Beispiel 1b wird die Penultima der 1. Zeile (d²) als a-Moll V^7 harmonisiert. Da hier d als Akkordton im vorhergehenden Klang enthalten war, ist die Regel der Vorbereitung zumindest heteroleptisch erfüllt. Bei „In dulci jubilo" jedoch wird in der 2. Zeile der Melodieton fis² durch den Baßton Gis kontrapunktiert; weder im vorhergehenden noch im nachfolgenden Klang ist einer der Töne dieses Septakkords enthalten. Zwar sind solche Freiheiten nach dem Regelwerk der mitteldeutschen Kompositionslehre suspekt, doch scheinen sie in der Familie Bach[32] Tradition zu haben:

---

des Herausgebers. Vgl. dazu Zehnder (wie Fußnote 25), S. 362–363. Die Beispiele 1c und 1d machen deutlich, daß ab etwa 1710 vermehrt das Zeichen ₵ verwendet wird.

[30] Dok II, Nr. 16; Sackmann (wie Fußnote 24), S. 33. Zum Datum 2. Februar (statt früher 21. Februar) vgl. A. Forchert, *Johann Sebastian Bach und seine Zeit*, Laaber 2000, S. 66. Die erhaltenen Passaggio-Choräle wurden von Spitta, Frotscher, Keller, Schneider (und anderen) in unterschiedlicher Weise mit den Arnstädter Vorwürfen in Verbindung gebracht; siehe dazu Sackmann (wie Fußnote 24), S. 49–54.

[31] Walther L, S. 160; J. Mattheson, *Kleine General-Baß-Schule*, Hamburg 1734, S. 126; J. Lester, *Compositional Theory in the Eighteenth Century*, Cambridge 1992, S. 82–87.

[32] Zur Expressivität in den Vokalwerken von Johann Christoph und Johann Michael Bach vgl. Zehnder (wie Fußnote 25), S. 377. Südliche Einflüsse sind zu vermuten, siehe etwa G. Muffat, *Apparatus musico-organisticus*, Salzburg 1690 (hrsg. von M. Radulescu, Wien 1982), Toccata septima, T. 59.

Beispiel 4: a) Joh. Christoph Bach, „Ach, daß ich Wassers gnug hätte", T. 13 f.; b) J. S. Bach, „In dulci jubilo", BWV 729a, Ende von Zeile 2, c) ebenda, BWV 729, T. 9 f.

Offensichtlich liegt die Überzeugungskraft der Fortschreitung in der melodischen Stringenz der beiden Stimmen. Weitere Beobachtungen zur Harmonik folgen im Abschnitt 4.

Die Gestaltung der Baßstimme ist teils rein akkordisch, teils gemahnt die Bewegung der Unterstimmen an den ‚Bach-Choral', wo Durchgangsnoten in Achteln (seltener Sechzehnteln) und Synkopierungen den Satz in Fluß halten. Bemerkenswert ist die Wahl der Tonarten: A-Dur für „In dulci jubilo" ist vom Orgelbüchlein her vertraut; E-Dur für „Lobt Gott, ihr Christen, allzugleich" ist aber Bachs einziger Orgelchoral in dieser Tonart.[33]

3. Die vier Weihnachtschoräle in ausgearbeiteter Fassung

Für die ausgearbeiteten Fassungen haben wir nur spätere Quellen zur Verfügung; als wichtigste gilt eine Abschrift von Johann Gottlieb Preller (D-LEm, Sammlung Mempell-Preller, *Ms. 7*), in der die vier Stücke in gleicher Reihen-

---

[33] Sackmann (wie Fußnote 24, S. 45) macht darauf aufmerksam, daß die Grundtöne der vier Weihnachtschoräle in steigenden Quinten angeordnet sind: G, D, A, E.

folge unter dem Titel „Vier Weyhnachts Choräle" erscheinen. Nach den Untersuchungen von Thomas Synofzik ist Prellers Kopie zwischen 1743 und 1749 entstanden und beruht auf Weimarer Vorlagen.[34] Von „Gelobet seist du, Jesu Christ" BWV 722 existiert zudem eine Quelle von Johann Gottfried Walther, die die Verbindung zu Weimar bekräftigt. Die wohl frühesten Abschriften – leider Fragmente – stammen aber von der Hand Johann Peter Kellners (1724 bzw. 1727, vgl. Abschnitt 4).

Ein vorrangiges Merkmal von Bachs Revision ist die Verkürzung der Grundmensur der Choralmelodie auf Viertel (Ausnahme: BWV 729). Damit könnte eine Angleichung ans Orgelbüchlein beabsichtigt sein, vielleicht aber folgt Bach einfach einer Zeitströmung: schlichte Choräle werden mehr und mehr in Viertelmensur präsentiert, so jedenfalls im frühesten einigermaßen sicher datierbaren Bach-Choral am Schluß der Kantate „Gleichwie der Regen und Schnee" BWV 18 (um 1713).[35]

Erstaunlicherweise setzt Bach als Norm den fünfstimmigen Satz, von dem fallweise zur Vier- oder Sechsstimmigkeit abgewichen wird; fünfstimmig sind auch die Weimarer Choralsätze mit freier Überstimme, wie erstmals in der Kantate „Weinen, Klagen, Sorgen, Zagen" BWV 12/7 (1714) zu hören. In der Regel sind die Mittelstimmen reich bewegt und gehen über die Ziffern der Generalbaß-Fassungen weit hinaus; ihre Gestaltung ist satztechnisch einwandfrei, Parallelen sind vermieden.[36] Der Kontext der Choralsätze fürs Tasteninstrument ergibt folgendes Bild: die sorglose Vollstimmigkeit (mit Inkaufnahme von Parallelen) in den Choralsätzen der frühen Partiten BWV 770/1, 766/1 und 767/1 ist Vergangenheit. Bachs größte Choralpartita, „Sei gegrüßet, Jesu gütig" BWV 768, vermutlich in den ersten Weimarer Jahren entstanden, wird eingeleitet durch einen vierstimmigen Satz, der dem Typus Bach-Choral sehr ähnlich ist. Einige Floskeln der Ausarbeitung kann man als Verzierungen einstufen (BWV 722, Sechzehntelmotive in T. 5), andere sind raffinierte

---

[34] T. Synofzik, *Johann Gottlieb Preller und seine Abschriften Bachscher Clavierwerke – Kopistenpraxis als Schlüssel zur Aufführungspraxis*, in: Bach und seine mitteldeutschen Zeitgenossen, Bericht über das Kolloquium Erfurt und Arnstadt 2000, hrsg. von R. Kaiser, Eisenach 2001 (Schriften zur mitteldeutschen Musikgeschichte. 4.), S. 45–64, hier S. 49.

[35] Merkwürdig ambivalent ist der *Musicalische Vorrath neu-variirter Fest-Choral-Gesänge* von Johann Samuel Beyer (Vorwort datiert 1716; Exemplar im Besitz des Verfassers): in den Choralsätzen wird die Melodie in Halben gebracht, aber mit dem Vermerk *Allabreve* und mit dem zugehörigen Taktzeichen versehen, in den Variationen jedoch in Vierteln. Zum ‚Bach-Choral' vgl. W. Breig, *Grundzüge einer Geschichte von Bachs vierstimmigem Choralsatz*, in: AfMw 45 (1988), S. 165–185 und S. 300–319, besonders S. 170.

[36] Sackmann (wie Fußnote 24), S. 39, moniert parallele Oktaven zu Beginn der 4. Zeile, die ich nicht entdecken kann.

Ausweichungen, um eine korrekte Stimmführung zu erreichen. Überstimmen können sich über die Choralmelodie aufschwingen (BWV 732, T. 6–8; BWV 738, T. 2; vgl. die obige Bemerkung zum Schlußchoral von BWV 12). Die einzelnen Choräle haben je wieder ein anderes Profil; sie seien deshalb kurz charakterisiert.

„Gelobet seist du, Jesu Christ" BWV 722: Von diesem Stück existiert eine Abschrift von Johann Gottfried Walther in D-B, *Mus. ms. 22541/1*, einer für Walther typischen, nach dem de tempore des Kirchenjahres geordneten Sammlung. Zum jeweiligen Lied kopierte Walther mehrere Orgelchoräle verschiedener Komponisten (zu „Gelobet seist du": Böhm, Buxtehude, Böhm [Partita], anonymer Orgelchoral, BWV 604, BWV 722, Heinrich Michael Keller).[37] Diese Sammlung spricht dafür, daß Walther BWV 722 als Orgelchoral (und nicht primär als Begleitsatz) aufgefaßt hat. Wie schon angedeutet, verläuft die Melodie in Viertel-Mensur; wenn überraschend für die letzte Choralzeile, das „Kyrieleis", ein Mensurwechsel zu Halben stattfindet,[38] so wird man den Grund weniger in einem Rückgriff auf BWV 722a als vielmehr in der Ausstattung mit fließenden Sechzehnteln zu suchen haben. Baß und Tenor führen eine Sechzehntelfigur ein (T. 9), wie sie aus dem Orgelbüchlein vertraut ist; im letzten Takt hören wir ein luthé-Spiel, vergleichbar dem Schluß von „Jesus Christus, unser Heiland" BWV 665 – beides Elemente aus den normalen Orgelchorälen dieser Schaffenszeit. Auch die vielen Ornamente, die Accente und Schleifer umfassen, sind einer Gemeindebegleitung kaum förderlich.

„Lobt Gott, ihr Christen, allzugleich" BWV 732: Eine 32stel-Floskel wird imitierend vom Sopran bis zum Baß geführt, analog zum Orgelbüchlein-Choral „Herr Christ, der ein'ge Gottes Sohn" BWV 601; hier wird freilich das Motiv im weiteren Verlauf nicht mehr herangezogen. Die Schlußtöne der Choralzeilen 1 bis 3 werden bei der Ausarbeitung verlängert, wobei die Unterstimmen die Bewegung weitertragen, besonders auffallend gegen Ende der 3. Zeile („der heut schleußt auf sein Himmelreich"), wobei die darüberliegende Stimme sich bis h^2 aufschwingt. In der frühen Fassung fehlt zwischen den Zeilen 2 und 3 ein *passaggio*; nach der genannten Verlängerung des Schlußtons fügt Bach nur eine knappe Passage ein (T. 3). Pedalverwendung ist in den Quellen zwar nicht vorgeschrieben, doch ist ein punktueller Pedaleinsatz für die meisten Spieler unumgänglich (z. B. in T. 4, letztes Viertel).

„In dulci jubilo" BWV 729: Abweichend von den anderen drei Weihnachtschorälen besteht hier kein Unterschied in der Taktart zwischen BWV 729a und BWV 729: beide notieren den 3/2-Takt. Der modernere 3/4-Takt, im

---

[37] NBA IV/2 Krit. Bericht (H. Klotz, 1957), S. 28.
[38] Ein weiteres Beispiel für einen unerwarteten Mensurwechsel ist „Vater unser im Himmelreich" BWV 737, dazu Zehnder (wie Fußnote 25), S. 158–159.

Orgelbüchlein nur in BWV 623 (einem späten Eintrag, wohl nach 1714) vertreten, steht offenbar noch nicht zur Diskussion. In BWV 729a fehlt das Zwischenspiel zwischen der 5. und 6. Zeile; die für BWV 729 vorgenommene Ergänzung wird nicht durch eine Passage, sondern im zweistimmigen Satz bewerkstelligt (T. 30–32). Hier wird die jubelnde sextolische Bewegung exponiert, die dann auch die 6. Choralzeile (T. 32–36) erfüllt. Das Stück beginnt im fünfstimmigen akkordischen Satz, mehr und mehr dringt aber die in den Zwischenspielen entwickelte Bewegung in die Zeilen ein; Höhepunkt sind die schon genannten Sextolen. Die Rückkehr zum akkordischen Satz bei der Zeile „Alpha es et O" (T. 39) ist ein eindrücklicher Effekt; die wieder bewegtere Coda ist gegenüber BWV 729a um etwa 5 Takte verlängert und klingt deutlich an den Schluß von „In dulci jubilo" BWV 608 im Orgelbüchlein an.

„Vom Himmel hoch, da komm ich her" BWV 738: Die Ausstattung mit bewegten Mittelstimmen ist hier weit konsequenter durchgeführt als in den übrigen Passaggio-Chorälen; schon in der Generalbaß-Fassung wird dies in der 1. Zeile durch eine darüberliegende Stimme angedeutet. Sackmann und Schneider ziehen sogar einen Vergleich zu dem Orgelbüchlein-Choral über dasselbe Lied (BWV 606), wobei freilich von einem „durchweg beibehaltenen Grundmotiv" in BWV 738 nicht gesprochen werden sollte.[39] An das Orgelbüchlein erinnert zudem die durchgehende Pedalverwendung. Auffallend ist der Wechsel von Dreier-Einheiten und Zweier-Einheiten innerhalb der Sextolen. Thomas Synofzik hat gezeigt, daß „Zuordnungsstriche" in der Kopie von Preller eine Angleichung der beiden Muster suggerieren.[40] In der frühen Fassung fehlt zwischen den Zeilen 2 und 3 ein *passaggio*; ähnlich wie bei BWV 732 fügt Bach bei der Ausarbeitung ein Zwischenspiel ein, das als zweistimmige Sequenz gebildet ist. Sollte man daraus schließen, daß die Ausarbeitung zu einer Zeit stattgefunden hat, als Bachs Liebe zu den *passaggi* nicht mehr so groß war?

Es ist kaum wegzudiskutieren, daß sich die ausgearbeiteten Fassungen in Richtung von selbständigen Orgelchorälen entwickelt haben; hierin ist Hermann Keller und Dominik Sackmann beizustimmen.[41] Lediglich Matthias Schneider plädiert bei beiden Fassungen für Gemeindebegleitung (und für Arnstadt).[42] Wie oben dargelegt, halte ich die Generalbaß-Fassungen als zur

---

[39] M. Schneider, „*...daß die Gemeinde drüber confundiret worden*" – *Zu Bachs „Arnstädter Chorälen" für Orgel*, in: Greifswalder Beiträge zur Musikwissenschaft 3, Frankfurt/Main 1996, S. 111–125. Ob man mit Sackmann (wie Fußnote 24, S. 65) einen „Qualitätsunterschied" zwischen BWV 738 und 608 diagnostizieren soll, sei dahingestellt.

[40] Synofzik (wie Fußnote 34), S. 53.

[41] H. Keller, *Die Orgelwerke Bachs – Ein Beitrag zu ihrer Geschichte, Form, Deutung und Wiedergabe*, Leipzig 1948, S. 141; Sackmann (wie Fußnote 24), S. 60–61.

[42] Schneider (wie Fußnoten 15 und 39).

Begleitung geeignet; Sackmanns Argument, die Gemeinde hätte den je folgenden Einsatzton nicht mehr treffen können, kann nicht überzeugen (vgl. Abschnitt 1).

4. Die durch Kellner überlieferten Passaggio-Choräle

Zwei weitere Passaggio-Choräle sind nur in ausgearbeiteter Fassung erhalten: „Allein Gott in der Höh sei Ehr" BWV 715 und „Herr Jesu Christ, dich zu uns wend" BWV 726, geschrieben von Johann Peter Kellner (1705–1772). Kellner wirkte ab 1725 in Frankenhain, ab 1727 dann als Schuldiener, Organist, Kantor und Komponist in Gräfenroda, unweit von Ohrdruf und Arnstadt. Nach Russell Stinsons Studien zu den Kellner-Quellen ist der Faszikel 42 der Handschrift *P 804* „1727 oder später" zu datieren.[43] Kellners Vertrautheit mit Bachs Passaggio-Chorälen ist außerdem durch eine fragmentarische Kopie von BWV 722 und einzelne Passagen aus BWV 732 dokumentiert. Nach Stinsons Einordnung auf „1724/25" ist diese Aufzeichnung (*P 274*, im Anschluß an BWV 531[44]) das älteste Zeugnis der ausgearbeiteten Fassungen. Deutlich wird durch diese Datierung auch, daß Kellners Kopien zu Beginn seiner organistischen Tätigkeit, vielleicht sogar noch während seiner Lehrjahre entstanden sind. Die letzte Station seiner Ausbildung waren Studien bei Hieronymus Florentinus Quehl (1694–1739) im benachbarten Suhl. Das Profil dieses heute weitgehend unbekannten Musikers läßt sich durch einen Druck von 1734 erschließen: *Der zur Beförderung Göttlicher Ehre, und Aufmunterung des Geistlichen Zions abzielende Erstere Musicalische Versuch*[45] bringt zu zwei Choralmelodien je eine Folge von Variationen mit verschiedenen Formtypen. Eingeleitet werden sie durch einen Choralsatz, der – wie Quehl in seinem Vorwort schreibt – „gantz schlecht, mit darzwischen lauffenden Passagen und Zu-Lenckungen, für Anfänger und Lehrbegierige" gesetzt ist. Vielleicht wurde Kellner von Quehl in die *passaggio*-Technik eingeführt; denkbar wären indes auch Verbindungen zu Johann Caspar Vogler in Weimar (vgl. Abschnitt 1), mit dem Kellner freundschaftlich verbunden war. Von Johann Peter Kellner selbst scheinen keine Passaggio-Choräle erhalten zu sein;

---

[43] R. Stinson, *„Ein Sammelband aus Johann Peter Kellners Besitz": Neue Forschungen zur Berliner Bach-Handschrift P 804*, BJ 1992, S. 45–64, hier S. 62–63.

[44] NBA IV/5–6 Krit. Bericht (D. Kilian, 1978), S. 49; Faksimile in Sackmann (wie Fußnote 24), S. 87.

[45] RISM A/I, Q 40; D-B, *Am. B. 473*. Vgl. G. Frotscher, *Geschichte des Orgelspiels und der Orgelkomposition*, 2. Auflage, Berlin 1959, S. 620. 1723 wurde Bach Pate von Quehls Sohn (siehe Dok V, Nr. B 153a). Ob in diese Beziehung auch Johann Peter Kellner auf irgendeine Weise eingebunden war, ist höchstens zu vermuten.

sein Sohn, Johann Christoph Kellner (1736–1803) jedoch hat einige Choräle im Druck herausgebracht.[46]

Der Überlieferungsweg über Johann Peter Kellner bringt neue Aspekte ins Spiel. Während Johann Gottfried Walther, Johann Tobias Krebs und Johann Gottlieb Preller als zuverlässige Gewährsleute gelten dürfen, sind Kellners Abschriften öfter von einer gewissen Flüchtigkeit. Die zahlreichen Pflichten und beengte Platzverhältnisse in seinem Wohnhaus, das zugleich als Schulstube dienen mußte, mögen erklären, warum seine Kopien nicht zu den zuverlässigsten Zeugen für Bachs Werke zu zählen sind.[47] Die oben genannten Kühnheiten sind in den beiden Chorälen BWV 715 und 726 auf die Spitze getrieben; schon Hermann Keller galt BWV 715 als „genialisch harmonisiert".[48] Gerade an exponierten Stellen ergeben sich freilich Probleme der Quellenlesung, so daß die Herausgeber meist korrigierend eingegriffen haben. Die Kritischen Berichte von Naumann (BG), Keller (Peters, Bd. IX, 1940) und Klotz (NBA) geben darüber, wenn auch unvollständig, Auskunft. Bernhard Billeter möchte die satztechnischen Besonderheiten als chronologisches Indiz einsetzen: diese seien „Experimente, wie sie in dieser Häufigkeit und Unausgegorenheit in der Weimarer Zeit nicht mehr anzutreffen sind".[49] Seine Ausführungen vertrauen dem Notentext von NBA IV/3; einige Richtigstellungen sind deshalb unumgänglich. In T. 7 muß der Tenor auf der dritten Zählzeit c^1, das folgende Achtel wahrscheinlich cis^1 lauten.[50] Damit wird Billeters Diskussion um den verminderten Dreiklang c^1 es^1 fis^1 gegenstandslos. Als besonders ausgefallen nennt er dann die „doppelt verminderte Oktave" His-b; daß Kellner c (und nicht His) schreibt, ist dem Notentext von Keller und dem Kritischen Bericht von Klotz zu entnehmen.[51]

---

[46] Die Informationen über Vater und Sohn Kellner verdanke ich Peter Harder, Waltershausen (Johann-Peter-Kellner-Gesellschaft), der mir zudem einen Choral von J. C. Kellner aus op. 20 zur Verfügung gestellt hat (vgl. RISM A/I, K 278).

[47] R. D. Claus, *Johann Peter Kellner – Musiker und Schulmeister*, in: Thüringer Orgeljournal 1997, S. 69–92.

[48] H. Keller, Vorwort zur Peters-Ausgabe der Orgelwerke, Neufassung von Band IX (1940).

[49] B. Billeter, *Wann sind Johann Sebastian Bachs Choralfughetten (BWV 696–699 und 701–704) und die sogenannten „Arnstädter Gemeinde-Choräle" (BWV 726, 715, 722, 732, 729 und 738) entstanden?*, BJ 2007, S. 213–221, das Zitat auf S. 218.

[50] So in Peters/Keller; auf meinem Mikrofilm meine ich für das zweite Achtel c mit Akzidens b zu erkennen. Eine Kontrolle direkt an der Handschrift *P 804* wäre wünschenswert. Klotz' Korrektur zur durchgehenden chromatischen Linie könnte man unterstützen durch einen Vergleich mit „Jesus Christus, unser Heiland" BWV 665/665a, T. 37.

[51] Keller (wie Fußnote 48), S. 50; NBA IV/3 Krit. Bericht, S. 51.

Betrachtungen zu Bachs Harmonik sollten – mindestens zehn Jahre vor Rameau – von der heute noch weit verbreiteten Lehre der Umkehrungen (auch Umstellungen genannt) eines Septakkords Abstand nehmen. Der Quint-Sext-Akkord hat wesentlich früher in Choralsätze Eingang gefunden als der Septakkord in Grundstellung. Bernhard Billeters Beschreibung der Stelle von T. 13 in BWV 715: „fünf verminderte Septakkorde auf cis, h, fis, gis und dis"[52] geht zu sehr von der spätestens seit Franz Liszt fixierten Vorstellung *verminderter Septakkord* aus. Einen Versuch, diese Stelle im Sinne Bachs zu verstehen, verdanke ich Markus Jans: als Basis-Fortschreitung kann man eine Folge von Sextakkorden annehmen, die nun durch Dissonanzen verschärft werden.[53] Die Diskussion muß hier abgebrochen werden; Voraussetzung für ein vertieftes Verständnis wäre eine Darstellung von Bachs harmonischer und kontrapunktischer Sprache von frühen Experimenten bis zu den Kühnheiten der Chromatischen Fantasie BWV 903. Ob nun die Choräle BWV 715 und 726 als „unausgegorene Experimente", die Bach später wieder zurückgenommen hat, oder aber als Schritte auf dem Weg zu einer reifen Satztechnik zu sehen sind, könnte auf der Folie einer umfassenden Studie – dies sei als Hoffnung und Herausforderung an künftige Forschung ausgesprochen – beantwortet werden. Das von Hans-Joachim Schulze für Bachs frühe Chromatik beobachtete Muster ist in BWV 726 jedenfalls nicht präsent; auch wenn Schulze sich ebenfalls auf den emendierten NBA-Text stützt, bleibt seine Feststellung gültig, BWV 726 (zu ergänzen: und BWV 715) sei „prinzipiell nicht oder nicht mehr" mit der simplen frühen Chromatik vergleichbar.[54]

---

[52] Billeter (wie Fußnote 49), S. 218.
[53] M. Jans, *Towards a History of the Origin and Development of the Rule of the Octave*, in: Towards Tonality. Collected Writings of the Orpheus Institute, hrsg. von P. Dejans, Leuven 2007, S. 119–143; M. Jans, Modale „Harmonik" – Beobachtungen und Fragen zur Logik der Klangverbindungen im 16. und frühen 17. Jahrhundert, Basler Jahrbuch für historische Musikpraxis 16 (1992), S. 167–188.
[54] H.-J. Schulze, *Die Handhabung der Chromatik in Bachs frühen Tastenwerken*, in: Das Frühwerk Johann Sebastian Bachs. Kolloquium, veranstaltet vom Institut für Musikwissenschaft der Universität Rostock 11.–13. September 1990, hrsg. von K. Heller und H.-J. Schulze, Köln 1995, S. 70–86, hier S. 80; Zehnder (wie Fußnote 25), S. 519–521. Ein weiteres chronologisches Indiz bei Billeter (wie Fußnote 49) ist die Präsenz bzw. das Fehlen von rhetorischen Figuren. Ein so kontroverses Argument sollte meines Erachtens für die zeitliche Einordnung eines Werks nicht herangezogen werden.

5. Ein Seitenblick auf das Orgelbüchlein und auf den Bach-Choral

Die meisten Orgelbüchlein-Choräle sind – ebenso wie die Passaggio-Choräle – kleine Choralbearbeitungen; einige Detailbeziehungen sind in die voranstehenden Bemerkungen schon eingeflossen. In der Bach-Literatur werden für den im Orgelbüchlein vertretenen Typus zwei Wurzeln angesprochen: der Kantionalsatz und die Choralpartita. Die Anknüpfung an den Kantionalsatz (zu ergänzen: den Generalbaß-Satz) bleibt freilich meist ohne konkrete Vorbilder.[55] Doch scheinen gerade um 1710 „schlechte" Choräle mit Variation beinahe eine Modeerscheinung gewesen zu sein: in den Drucken von Daniel Vetter (1709) und Johann Samuel Beyer (1716) folgen auf den Kantionalsatz jeweils eine oder mehrere einfache Variationen.[56] Vetters Auffächerung der Akkorde in „gebrochener Art" klinge, wie im Vorwort zu lesen ist, auf Spinetten und Clavichorden „gar schöne". Beyers Variationen versetzen die Melodiestimme beziehungsweise den Baß in schnellere Bewegung (zuerst Achtel, dann Sechzehntel); auch seine Variationstechnik ist unkompliziert, wobei Ziffern dazu auffordern, den zweistimmigen Satz akkordisch zu bereichern. Der Abstand zu den seit etwa 1690 in größerer Zahl publizierten Generalbaß-Chorälen ist nicht allzu groß; als Hintergrund für die Passaggio-Choräle, für das Orgelbüchlein und wohl auch für den Bach-Choral müßten diese Choralbücher – eine Gattung zwischen Gesangbuch und Orgelmusik – intensiver ins Auge gefaßt werden. In Vorworten ist von Haus-Andachten die

---

[55] C. Wolff, *Zur Problematik der Chronologie und Stilentwicklung des Bachschen Frühwerkes, insbesondere zur musikalischen Vorgeschichte des Orgelbüchleins*, in: Bericht über die Wissenschaftliche Konferenz zum V. Internationalen Bachfest […] Leipzig 1985, hrsg. von W. Hoffmann und A. Schneiderheinze, Leipzig 1988, S. 449–455, hier S. 451–453. Das „ideele Vorbild des variierten Kantionalsatzes" als Ausgangspunkt wird auch von Heinz-Harald Löhlein betont (*J. S. Bach. Orgelbüchlein. Faksimile der autographen Partitur*, hrsg. von H.-H. Löhlein, Documenta musicologica II/9, Vorwort, S. 11).

[56] D. Vetter, *Musicalische Kirch- und Hauß-Ergötzlichkeit*, Leipzig 1709–1713 (Reprint Hildesheim 1985); zu Beyer siehe Fußnote 35. Auch in Norddeutschland gibt es vergleichbare Tendenzen: im *Choral-Buch* von Georg Bronner (Hamburg 1715, RISM B VIII/1, 1715[01]; Exemplar in D-Hs, *MA 5*) werden zu den Chorälen jeweils zwei verschiedene Bässe gesetzt, ein einfacherer und ein mit Achteln belebter; sogar ein Beispiel mit Sechzehnteln wird im Vorwort gezeigt (Notenbeispiel, auf fol. c2 folgend). Nicht fern von diesen Überlegungen ist auch Friedrich Erhard Niedts *Variation des Generalbasses*, die Klaus-Jürgen Sachs in seinen Ausführungen zum Orgelbüchlein herangezogen hat, siehe K.-J. Sachs, *Die „Anleitung…, auff allerhand Arth einen Choral durchzuführen" als Paradigma der Lehre und der Satzkunst Johann Sebastian Bachs*, in: AfMw 37 (1980), S. 135–154.

Rede; die dadurch zum Ausdruck kommende Choralfreudigkeit dürfte auch mit pietistischen Strömungen zu tun haben. Im genannten Weimarer Tabulaturbuch (vgl. Abschnitt 1) gibt es einen umfangreichen zweiten Teil mit der Überschrift „Neu-Hallische Gesänge", der Lieder aus verschiedenen Auflagen der beiden Gesangbücher von Johann Anastasius Freylinghausen enthält (1704 und 1714).[57]
Daniel Vetter verweist im Anschluß an seine Bemerkung über die Variation auf Johann Pachelbel, der „an etlichen Chorälen davon [von der Variation] eine Probe an das Licht gegeben" habe. Damit spielt Vetter zweifellos auf die 1683 gedruckten *Musicalischen Sterbensgedanken* an, mithin auf seine Choralpartiten (der Druck ist verschollen, Variationen über Sterbelieder sind handschriftlich erhalten). Somit verknüpft Vetters Aussage den „schlechten" Choral mit der Tradition der Choralpartita. Auch dieser Typus der Variation über ein Kirchenlied ist eine relativ eng begrenzte Erscheinung, „eine weitgehend exklusive thüringische Angelegenheit", die „von etwa 1680 bis etwa 1715" zu beobachten ist.[58] Schon Fritz Dietrich hat die Motivverwandtschaften zwischen Partiten Pachelbels, Böhms und Bachs als Wurzeln für die Gestaltung der Orgelbüchlein-Choräle betrachtet.[59] Natürlich ist es reichlich spekulativ, den Passaggio-Choral als „schlechten" Choral und den dazugehörigen Orgelbüchlein-Choral als variatio aufzufassen.[60] Doch ist die oben genannte Choralfreudigkeit als Dach für alle diese Phänomene wohl nicht von der Hand zu weisen.
Hat vielleicht auch die Herausbildung des Typus Bach-Choral mit der Zuwendung zum „schlechten" Choral um 1710 zu tun? Der vierstimmige Satz zu Ende der Kantate „Gleichwie der Regen und Schnee" (um 1713) oder der fünfstimmige Satz in „Weinen, Klagen, Sorgen, Zagen" BWV 12 (Juni 1714)

---

[57] Eggebrecht (wie Fußnote 9), S. 116. Für den Gedankenaustausch zum Thema Pietismus bedanke ich mich bei Martin Geck. Seine Sicht des Orgelbüchlein-Zyklus als „integrales Kunstwerk" macht deutlich, zu welcher Höhe Bach den „schlechten" Choral im Orgelbüchlein geführt hat: M. Geck, *Bach – Leben und Werk*, Reinbek bei Hamburg 2000, S. 545 f.

[58] P. Dirksen, *J. S. Bach und die Tradition der Choralpartita*, in: Bach und die deutsche Tradition des Komponierens. Festschrift Martin Geck zum 70. Geburtstag, Dortmund 2009, S. 39–48.

[59] F. Dietrich, *Bachs Orgelchoral und seine geschichtlichen Wurzeln*, BJ 1929, S. 1–89; Zehnder (wie Fußnote 25), S. 515 f.

[60] Um den Fragenkreis ganz auszuschreiten, wären auch die in Generalbaßnotation aufgezeichneten Sätze im Anschluß an BWV 690, 695, 713, 734 und 736 mit zu bedenken. Hingewiesen sei zudem auf den Passaggio-Choral „Komm heiliger Geist, erfüll die Herzen", der in US-NH LM 4843 mit „di Seb. Bach" bezeichnet ist (NBA IV/10, S. 108).

könnten auf eine Vorliebe der Zeit antworten. Angesichts des genannten Passagen-Verbots in Weißenfels könnte man auch an Anweisungen der weltlichen oder geistlichen Obrigkeit denken.

6. Arnstadt oder Weimar?

Eine wichtige Feststellung vorweg: es steht außer Frage, daß Bach schon in Arnstadt die Gemeinde mit improvisierten Choralsätzen in der Weise begleitet hat, daß diese durch „fremde Töne perturbiret" wurde. Siegbert Rampe hat in einem breit angelegten Exposé gezeigt, daß für das gottesdienstliche Orgelspiel und für das Renommé eines Orgelspielers des 18. Jahrhunderts grundsätzlich die Improvisation maßgeblich war.[61] Gerade für so einfache satztechnische Aufgaben wie diese Choräle haben wir – wie auch noch heute – fast ausschließlich mit Improvisationen zu rechnen. Eine Aufzeichnung ist, wie wir gesehen haben, äußerst selten (eine Ausnahme macht lediglich Kauffmann, vgl. Abschnitt 1), die These, es handle sich dabei um Muster „für Anfänger und Lehrbegierige"[62] deshalb sehr naheliegend. In den Generalbaß-Fassungen der Weimarer Handschrift *P 802* hat Bach offenbar seine seit einigen Jahren geübte Praxis für Schüler zu Papier gebracht.

Die Frage „Arnstadt oder Weimar?" verliert unter dieser Prämisse ihre Spitze. Die Anknüpfung an Buttstett eröffnet grundsätzlich die Möglichkeit, die Generalbaß-Fassungen zu Ende der Arnstädter Zeit zu plazieren. Doch sind die Gedanken mehrfach zum Orgelbüchlein abgeschweift: die knappe Gestalt des kleinen Orgelchorals verbindet die beiden Typen. Der in der Geschichte der Orgel-Choralbearbeitung seltene Typus der kleinen Choralbearbeitung ist in Bachs Oeuvre vor 1708 kaum präsent; die große *varietas* der Neumeister-Choräle und weiterer früher Choralbearbeitungen läßt kaum an einen so kompakten Satz wie BWV 722a denken. Zudem gibt es in der Gruppe der Mühlhäuser Kantaten keinen einzigen „schlechten" Choral. Die frühen Weimarer Jahre stellen für Bachs kompositorisches Schaffen eine Schwelle dar; die in den Abschnitten 5 und 6 formulierten Fragen bedürfen weiteren Forschens und Nachdenkens.

---

[61] S. Rampe, *Abendmusik oder Gottesdienst? Zur Funktion norddeutscher Orgelkompositionen des 17. und frühen 18. Jahrhunderts*, in: Schütz-Jahrbuch 25 (2003), S. 7–70; 26 (2004), S. 155–204; 27 (2005), S. 53–127.

[62] Quehl (wie Fußnote 45), Vorwort.

Das „Thema Legrenzianum" der Fuge BWV 574 – eine Fehlzuschreibung?

Von Rodolfo Zitellini (Fribourg)

Das umfangreiche Korpus der überlieferten Tastenwerke von Johann Sebastian Bach enthält sieben Fugen, deren Themen Werken anderer Autoren entlehnt sind. Alle Vorlagen für diese Themen sind Triosonaten; die Fugen stellen mithin eine anspruchsvolle kompositorische Übung dar – das Bearbeiten des Themas aus einem Ensemblewerk für ein solistisches Tasteninstrument. Offensichtlich bevorzugte Bach Themen italienischer Meister; nachgewiesen sind Albinoni (drei Fugen, BWV 946, 950 und 951a), Corelli (eine Fuge, BWV 579) und Legrenzi (eine Fuge, BWV 574). Die verbleibende Fuge BWV 954 basiert auf einem Thema aus der zweiten Sonate von Johann Adam Reinckens *Hortus Musicus* (Hamburg, ohne Jahr). Bemerkenswerterweise gibt es noch zwei weitere Fugen über Themen aus der letztgenannten Sammlung; in diesem Fall sind sie allerdings Teil der Bearbeitung vollständiger Sonaten (BWV 965 und 966; von dem letztgenannten Werk sind nur Präludium, Fuge und Allemande erhalten).

Die Vorlagen der von Albinoni und Corelli entlehnten Themen lassen sich zweifelsfrei identifizieren: Sie stammen aus Albinonis Opus 1 (Venedig 1694) und Corellis Opus 3 (Rom 1689).[1] Lediglich für die Fuge über das Legrenzi zugeschriebene Thema findet sich kein direkter Nachweis in den gedruckten Sammlungen dieses Autors. Verschiedentlich ist versucht worden, Verbindungen zwischen dem ersten[2] oder zweiten[3] Thema in BWV 574 und Instrumentalwerken von Legrenzi aufzudecken. Diese erwiesen sich aber als unbefriedigend, da Bach sich bei seinen Entlehnungen immer relativ streng an das Original hielt.

Neuentdeckte Quellen werfen nun Licht auf die Herkunft des ersten Themas von BWV 574 und verschieben die Zuschreibung an Giovanni Maria Bononcini, einen weiteren norditalienischen Komponisten des späten 17. Jahrhunderts.

---

[1] Albinonis Sammlung wurde viermal wiederaufgelegt, davon dreimal Anfang des 18. Jahrhunderts bei Estienne Roger in Amsterdam. Auch Corellis Sonatensammlungen wurden außerhalb Italiens mehrfach nachgedruckt. Zu diesem Zeitpunkt ist es nicht möglich festzustellen, welche Ausgabe der jeweiligen Bearbeitung als Vorlage diente oder ob Bach eine handschriftliche Kopie vorlag (siehe weiter unten). Vgl. P. Williams, *The Organ Music of J. S. Bach*, Cambridge 2003, S. 179.
[2] D. Swale, *Bach's fugue after Legrenzi*, in: Musical Times 126 (1985), S. 687.
[3] R. Hill, *Die Herkunft von Bachs Thema Legrenzianum*, BJ 1986, S. 105.

Von der Sonate zur Fuge

Zahlreiche Forscher haben die Werke von Giovanni Legrenzi studiert, ohne eine überzeugende Quelle des Themas von BWV 574 namhaft machen zu können; dennoch wurde die Zuschreibung an Legrenzi nie in Frage gestellt.[4] Sofern keine neuen Quellen auftauchen, wäre die beste Annahme für die Herkunft der beiden Themen eine allgemeine Inspiration durch die in kontrapunktischen Kompositionen italienischer Prägung häufig vorkommenden musikalischen Figuren. Mögliche Vorbilder wären die Sonaten von Benedetto Marcello, die ähnliche satztechnische Modelle verwenden wie sie in den beiden Themen von BWV 574 auftreten.[5]

Die vorgeschlagene neue Vorlage hingegen weist – mit nur einer geringfügigen Abweichung – die gleiche Gestalt auf wie das erste Thema. Sie entstammt dem Schlußabschnitt der zehnten Sonate von Giovanni Maria Bononcinis Opus 6 (Venedig 1672), und mit einiger Wahrscheinlichkeit war dies die Quelle, die Bach zu BWV 574 inspirierte:

Beispiel 1:
Synopse von Bononcinis und Bachs Fassung des Themas

Ein Vergleich der Sonate mit der Fuge ergibt, daß Bach Bononcinis Thema verdichtet, wobei er den Echoeffekt eliminiert. Eine Wiederholung des Themenkopfes wird vermieden, der Quintsprung im dritten Takt des Sonatenthemas wird in der Fuge zu einer Terz, auf die ein Oktavsprung folgt. Es ist leicht zu verstehen, warum diese Änderungen vorgenommen wurden. Zum einen entstammt Bononcinis Thema (im Gegensatz zu denen von Albinoni und Corelli) nicht einer Fuge oder einem Fugato, sondern einem einfachen imitativen Abschnitt einer Sonate. Diese Imitation verwendet zwar in der Tat einige Fugenprinzipien – siehe zum Beispiel die von Bach beibehaltene tonale Antwort in der zweiten Violine –, ihr Autor scheint diese aber nicht weiter ausarbeiten zu wollen. Zudem ist Bononcinis Fassung des Themas wegen seiner häufigen Wiederholungen und seiner Länge als Grundlage für eine Fuge nicht

---
[4] Swale (wie Fußnote 2), S. 687.
[5] J.-C. Zehnder, *Die frühen Werke Johann Sebastian Bachs: Stil – Chronologie – Satztechnik*, Basel 2009, S. 198–202.

geeignet (siehe auch die vollständige Wiedergabe von Bononcinis Sonatensatz im Anhang).

Bachs „komprimierte" Fassung des Themas behält nicht nur die ungewöhnliche Struktur und Klanggestalt des Themas bei, sondern erleichtert zugleich dessen kontrapunktische Elaboration (und möglicherweise auch die Kombination mit einem weiteren Thema, wie weiter unten diskutiert wird).

Eine bemerkenswerte Ähnlichkeit zwischen der Bearbeitung in BWV 574 und dem besagten Abschnitt von Bononcinis Sonate betrifft das Kontrasubjekt. Singulär in diesem Werk ist wohl der Umstand, daß es sich bei dem Kontrasubjekt dieser Fuge um eine Wiederholung der ersten Noten des ersten Themas handelt. Dieser Gedanke scheint unmittelbar von der Sonate inspiriert zu sein, denn auch dort beginnt das Gegenthema mit einer simplen Wiederholung der ersten Noten des Hauptthemas. Hinzu kommt, daß, nachdem die zweite Stimme mit dem Thema einsetzt, beide Komponisten in den übrigen Stimmen auf dieselbe Weise den Kopf des ersten Themas wiederholen lassen:

Beispiel 2a: Bach

Beispiel 2b: Bononcini

Wie noch darzulegen sein wird, übernahm Bach gelegentlich ganze Passagen, wobei er zahlreiche Elemente der ursprünglichen Vertonung beibehielt. Ein Beispiel hierfür sind T. 18–21 von BWV 574b, die von T. 99–103 bei Bononcini (Zählung ab Beginn der Sonate) unmittelbar angeregt worden zu sein scheinen:

Beispiel 3:

Diese beiden Ausschnitte weisen zahlreiche Gemeinsamkeiten auf. Am offensichtlichsten ist die beschriebene parallele Terzbewegung der beiden themenfreien Stimmen. Außerdem setzt in beiden Fällen das Thema in den mittleren Stimmen in der Taktmitte ein. Beide Male handelt es sich um eine tonale Antwort, die mit einer perfekten Kadenz zur Tonika zurückkehrt und mit derselben Baßformel schließt.

Bis hierhin haben wir uns auf das erste Thema von BWV 574 und seine bemerkenswerten Ähnlichkeiten mit dem imitativen Abschnitt am Ende von Bononcinis Sonate konzentriert. Das so elegant mit dem ersten verflochtene zweite Thema wurde bisher bewußt zurückgestellt. Dieses Thema ist problematischer als das erste, vor allem da sich in keiner Komposition von Bononcini Konkordanzen finden lassen, letztlich aber auch, weil einige seiner charakteristischen Ausprägungen Probleme der Identifizierung bieten. Formal besteht Bachs Fuge aus drei Teilen: Das erste Thema wird in 37 Takten durchgeführt, die Behandlung des zweiten umfaßt weitere 33 Takte, und im dritten Abschnitt werden beide Themen kombiniert. Eine weitere Besonderheit der Komposition ist, daß das zweite Thema im Pedal stets in vereinfachter Form erscheint. Diese Vereinfachung ist in der Tat notwendig wegen der rasch aufsteigenden Sechzehntelpassage vor dem Oktavsprung (die im Pedal recht unangenehm zu spielen wäre), sie erklärt aber nicht, warum die so charakteristischen Sechzehntel in den Durchgangsnoten zu Beginn des Themas eliminiert wurden.[6] Auch wenn diese Töne im Pedal in der Tat schwierig zu spielen sind, ist ihre Ausführung keineswegs unmöglich – eine ähnliche Pas-

---

[6] Die möglicherweise unechte Fassung BWV 574a stellt in einigen Fällen die Durchgangsnoten im Pedal wieder her.

sage findet sich nach dem ersten Einsatz des Pedals mit dem ersten Thema in Takt 8.

Wenn wir daher technische Gründe für diese Vereinfachung ausschließen können,[7] fragt sich immer noch, warum der Komponist es für so wichtig hielt, das Thema auf diese Weise zu verändern. Ist Johann Christoph Bachs Zusatz[8] „cum subjecto. Pedaliter" möglicherweise dahingehend zu interpretieren, daß es sich bei dem ursprünglichen zweiten Thema um das unverzierte Thema im Pedal handelte? Die Bedeutung dieser Anmerkung wurde unterschiedlich interpretiert: Meint sie vielleicht lediglich, daß es im Pedal Themeneinsätze gibt?[9] Oder, wichtiger noch, daß das zweite Thema „pedaliter" eigentlich nur das entlehnte Thema ist? Es sei auch darauf hingewiesen, daß die beiden Themen einander so perfekt ergänzen, als wären sie aufeinander abgestimmt. Und dies ist möglicherweise auch der Fall: Das zweite Thema stammt von Bach, der es als Kontrapunkt zu dem (leicht modifizierten) Bononcini-Thema geschaffen hat. Eine andere Erklärung ist in der Tat weit weniger wahrscheinlich: Selbst wenn beide Themen vom selben Autor stammten, wäre es nahezu unmöglich, daß zwei Themen sich so perfekt miteinander verknüpfen ließen, ohne auf diese Verknüpfung hin entworfen worden zu sein. Die Hypothese, daß die beiden Themen von zwei verschiedenen Komponisten stammen könnten (Bononcini und Legrenzi?) ist so abwegig, daß wir sie verwerfen können. Es wäre ein unglaublicher Zufall, zwei Themen zu finden, die so gut zueinander passen. Die plausibelste Schlußfolgerung ist in diesem Fall also, daß das zweite Thema von Bach selbst stammt und in der Pedalstimme vereinfacht wurde, um dem Spieler die Ausführung zu erleichtern.

Zusammenfassend ist festzuhalten: Auch wenn diese Hypothese weniger überzeugend erscheint, ist es sehr wahrscheinlich, daß Bach bei der Konzipierung dieser Doppelfuge – genau wie bei anderen Fugen mit entlehnten Themen – vorgegebenes musikalisches Material auf die ihm eigene Weise verarbeiten wollte. Die dreiteilige Struktur von BWV 574 scheint dies zu bestätigen: Zunächst wurde das von Bononcini vorgegebene Thema unter Verwendung zahlreicher musikalischer Ideen der Vorlage bearbeitet. Etwa ab Takt 34 beginnt Bach, das versammelte Material individuell zu verarbeiten – so läßt er zum Beispiel Bononcinis Gegenthema fallen, das nicht wieder auftaucht. Der erste Abschnitt endet in Takt 37 mit einer vollen Kadenz. Nun wird das zweite Thema vorgestellt und separat durchgeführt, bis eine weitere Kadenz in Takt 69/70 den dritten Abschnitt einleitet, in dem die beiden Themen schließlich

---

[7] Auch Spitta war der Meinung, daß das Thema nicht modifiziert wurde, um die Ausführung auf dem Pedal zu erleichtern. Vgl. Spitta I, S. 421 f., sowie Williams (wie Fußnote 1), S. 171.
[8] Siehe die Diskussion der Quellen weiter unten.
[9] Williams (wie Fußnote 1), S. 171.

miteinander verknüpft werden. Das Stück endet mit einer toccatenhaften Coda, die musikalisch in keiner Weise mit den beiden Themen verwandt ist.

Das Schreiben einer Fuge über ein entlehntes Thema

Das Schreiben einer Fuge über ein fremdes Thema ist nicht zu verwechseln mit der reinen Transkription eines Stücks für ein anderes Instrument. In letzterem Fall bleibt das ursprüngliche musikalische Material gewöhnlich unverändert und wird nur einem bestimmten Instrument angepaßt. Berühmte Beispiele für diese Praxis sind Bachs Transkriptionen von Streicherkonzerten für Cembalo und Orgel. Bach hält sich in diesen Fällen streng an die Vorlage; er greift in der Regel nicht strukturell in die ursprüngliche Musik ein, sondern verdichtet generell nur das harmonische Gefüge und die kontrapunktischen Linien. Andere Bearbeiter, zum Beispiel Johann Gottfried Walther, verändern die von ihnen bearbeitete Musik in vielerlei Hinsicht und fügen manchmal sogar neue Passagen ein.[10] Die erstgenannte Praxis hingegen besteht darin, aus einem vorgegebenen Thema ein völlig neues Stück – in diesem Fall eine Fuge – zu schaffen. Die angeführten Beispiele Bachscher Fugen sind viel weniger bekannt als die Konzerttranskriptionen; auch ist der Zweck dieser Übung nicht eindeutig geklärt – wie wissen nicht, ob sie rein didaktisch oder spekulativ ist,[11] oder aber Teil einer seinerzeit verbreiteten musikalischen Gattung.[12] In jedem Fall aber ist leicht zu sehen, daß der Komponist in diesen Stücken die Möglichkeiten eines vorgegebenen Themas auf die ihm eigene Weise erkunden und sich dabei von dessen ursprünglicher Gestalt entfernen will.

Bemerkenswerterweise gibt es aber einen Punkt, an dem Transkription und das Entlehnen eines Themas bei Bach konvergieren: In den Transkriptionen der beiden Sonaten aus Reinckens *Hortus Musicus* werden die freien Sätze in stark ornamentierter Form auf ein Tasteninstrument übertragen; nur bei den Fugensätzen handelt es sich um völlig neue Kompositionen, die thematisch auf die entsprechenden Sätze im *Hortus Musicus* zurückgehen.[13] In dieser Hinsicht können die beiden Fugen (sowie eine Gigue) der Gruppe der Fugen über fremde Themen zugeordnet werden.

Wie bereits erwähnt, komponierte Bach besonders gerne Fugen über Themen aus Triosonaten. Bei der Bearbeitung dieser Themen, die sämtlich aus fugierten Abschnitten oder Sätzen der Vorlagen stammen, löst er sich aber radikal

---

[10] L. F. Tagliavini, *Johann Gottfried Walther trascrittore*, in: Analecta Musicologica 7 (1969), S. 112.
[11] Swale (wie Fußnote 2), S. 689.
[12] Williams (wie Fußnote 1), S. 172.
[13] W. Breig, *Composition as arrangement and adaption*, in: The Cambridge Companion to Bach, hrsg. von J. Butt, Cambridge 1997, S. 154–170.

vom ursprünglichen musikalischen Kontext und ist bestrebt, die Möglichkeiten eines musikalischen Gedankens in ganz eigener Weise auszuloten. Die Themen werden meist vollständig zitiert und stehen mit einer Ausnahme (BWV 946) in derselben Tonart wie das Original. In zwei weiteren Fällen (BWV 579 und BWV 950) entlehnt Bach auch anderes musikalisches Material: In BWV 579 werden die beiden Themen von Corellis Fuge immer gemeinsam zitiert, im zweiten zitiert der Komponist auch das ursprüngliche Kontrasubjekt. Abgesehen von diesen Gemeinsamkeiten lösen sich die Stücke aber radikal von ihren Vorlagen und werden zu eigenständigen Klavierfugen. Eine gründliche Untersuchung der Albinoni-Fugen hat in der Tat gezeigt, daß Bach das musikalische Material zwar eigenständig bearbeitet hat, daß er gelegentlich aber in gewissem Umfang die formale Struktur der Vorlagen beibehielt.[14] Ein ausgezeichnet Beispiel hierfür ist die Fuge in h-Moll BWV 951/951a. Auf der Basis eines Vergleichs mit der ursprünglichen Sonate fällt es leicht, nicht nur einige nicht mit dem Thema oder Gegenthema verwandte Melodieelemente auszumachen, die in Bachs Bearbeitung beibehalten wurden, sondern zudem auch einige Passagen, die auf ähnliche Weise „transkribiert" wurden wie in Beispiel 4.[15]

Das „Andreas-Bach-Buch" und die Zuschreibung an Legrenzi

BWV 574 ist in mindestens drei unterschiedlichen Fassungen überliefert, die drei verschiedene Entwicklungsstadien des Werk (BWV 574, 574a und 574b) dokumentieren. Von diesen drei Varianten gilt BWV 574b als die älteste, während BWV 574 ein mittleres Stadium repräsentiert und BWV 574a möglicherweise eine spätere Lesart reflektiert.[16] BWV 574 und 574b unterscheiden sich lediglich in zahlreichen Details, BWV 574a hingegen weicht in vielen Aspekten deutlich von den anderen beiden Fassungen ab,[17] was einige Forscher dazu bewogen hat, diese Fassung für eine nicht autorisierte Bearbeitung zu

---

[14] M. Talbot, *A Further Borrowing from Albinoni: The C Major Fugue BWV 946*, in: Das Frühwerk Johann Sebastian Bachs: Kolloquium veranstaltet vom Institut für Musikwissenschaft der Universität Rostock, hrsg. von K. Heller und H.-J. Schulze, Sinzig 1995, S. 142–161.
[15] D. Schulenberg, *The Keyboard Music of J. S. Bach*, New York ²2006, S. 72–75.
[16] Williams (wie Fußnote 1), 174.
[17] Ebenda.

halten.[18] Die folgende Tabelle gibt einen Überblick über die wichtigsten Quellen des Werks:[19]

BWV 574
„Autograph" (ehemals im Besitz von K. W. F. Guhr, verschollen, aber berücksichtigt in Peters IV [1845])
P 247: Fuga
P 1093: Fuga ex C mol (J. G. Preller)

BWV 574a
P 207: Fuga a 4. Voc

BWV 574b
D-LEm, *III.8.4* (Andreas-Bach-Buch): *Thema Legrenzianum. Elaboratum per Joh. Seb. Bach. / cum subjecto. Pedaliter* (J. C. Bach)
P 805: Fuga (J. G. Walther)

Für die vorliegende Untersuchung konzentrieren wir uns auf BWV 574b (während wir BWV 574a vernachlässigen), da es sich hier um die älteste Bearbeitung handelt. Die beiden Handschriften, die BWV 574b enthalten, scheinen unmittelbar auf ein verschollenes Autograph zurückzugehen, wobei Walthers Abschrift in *P 805* möglicherweise etwas älter ist als die von Johann Christoph Bach im Andreas-Bach-Buch (im folgenden ABB).[20] Beide scheinen aber nach derselben Vorlage kopiert zu sein, die vor der Abschrift im ABB geringfügig korrigiert wurde. Merkwürdigerweise erwähnt nur J. C. Bach den Namen Legrenzi – der Name fehlt auf der maßgeblichen Abschrift von Bachs Vetter J. G. Walther.

Wäre es möglich, daß Johann Christoph Bach diese irrtümliche Zuschreibung eigenmächtig selber vorgenommen hat? Es wäre leicht, wenn man sich nur auf sein Gedächtnis verläßt, die beiden norditalienischen Komponisten zu verwechseln, die ungefähr zur selben Zeit (in der zweiten Hälfte des 17. Jahrhunderts) und in derselben Gegend tätig waren.[21] Möglich wäre auch, daß es sich

---

[18] J. A. Brokaw II, *The Perfectability of J. S. Bach, or Did Bach Compose the Fugue on a Theme by Legrenzi, BWV 574a*, in: Bach Perspectives 1, hrsg. von R. Stinson, Lincoln 1995, S. 163.

[19] Die Liste der Quellen wurde zusammengestellt nach NBA IV/5–6 (D. Kilian, 1979), S. 500 f. und 570–577, sowie nach Williams (wie Fußnote 1), S. 171 und 174.

[20] R. Hill, *The Möller Manuscript and the Andreas Bach Book: Two Keyboard Anthologies from the Circle of the Young Johann Sebastian Bach*, Diss. Harvard University 1987, S. 313–315.

[21] Es sei daran erinnert, daß Legrenzi sich sogar um die vakante Stelle des „Maestro di Cappella" an S. Petronio in Bologna bewarb, der Modena am nächsten gelegenen Stadt (wo Bononcini wirkte). Die Mehrzahl seiner gedruckten Opera erschien in

mit falscher Bezeichnung handelte. Beim gegenwärtigen Stand der Forschung läßt sich dies nicht mit Sicherheit entscheiden. Sicher ist nur, daß die Mehrzahl der Quellen Legrenzi nicht erwähnt und wir daher Grund haben, seine Verbindung mit BWV 574 in Frage zu stellen.

Zudem gibt es auch noch andere Beispiele für falsche Zuschreibungen in mit J. S. Bach in Verbindung stehenden Musikhandschriften. Ein bekannter Fall ist die Konzerttranskription BWV 979 „nach Torelli".[22] Die Quelle für dieses Werk von der Hand Johann Bernhard Bachs erwähnt den italienischen Komponisten nicht; der Titel lautet schlicht „*Concerto. Ex H.*"[23] Die Verbindung zu Torelli wurde viel später gezogen – in den 1960er Jahren, als in der Österreichischen Nationalbibliothek eine Abschrift des dem Werk zugrunde liegenden Streicherkonzerts aus dem frühen 18. Jahrhundert entdeckt wurde, die den Namen des Bologneser Meisters trägt.[24] Auffällig an diesem Werk – und unmittelbar erkennbar, wenn man Bachs Transkription mit einem beliebigen Solokonzert von Torelli vergleicht – ist, daß es keinerlei Gemeinsamkeiten mit dem Stil Torellis aufweist. Tatsächlich wird es in einer in Schweden überlieferten späteren Quelle[25] mit Vivaldi in Verbindung gebracht. Erst 2005 konnte überzeugend nachgewiesen werden, daß dieses Werk in Wirklichkeit von Vivaldi stammt (in dessen Werkverzeichnis es nun die Nummer RV 813 trägt).[26] Besonders interessant ist in diesem Fall, daß ausgerechnet die älteste Quelle die Zuschreibung an Torelli enthält. Es sei darauf hingewiesen, daß die Musik Torellis in Weimar keineswegs unbekannt war, wie auch die Übertragungen von Werken aus seinem Opus 8 (Bologna 1709) von Johann Gottfried Walther zeigen.[27]

Ein ähnliches Beispiel, das in viel engerer Beziehung zum Andreas-Bach-Buch steht, ist die in der Möllerschen Handschrift Georg Böhm zugeschriebene Suite in f-Moll. Das Werk besteht aus den drei Sätzen Allemande, Courante und Sarabande. Es konnte nachgewiesen werden, daß diese Sätze tatsächlich sämtlich aus Johann Matthesons *Pièces de Clavecin* (London 1714)

Venedig bei Francesco Magni („detto il Gardano"), der auch Bononcinis op. 6 verlegte.

[22] „Concerto h-moll BWV 979 nach dem Violinkonzert d-Moll von Torelli", wie es in NBA V/11 Krit. Bericht (K. Heller, 1997), S. 90–92, genannt wird. Die Zuschreibung an Torelli erscheint allerdings aus stilistischen Gründen nicht unplausibel.

[23] D-B, *P 280*. Vgl. NBA V/11 Krit. Bericht, S. 90.

[24] Der Eintrag im Bibliothekskatalog lautet: „Concerto del Sigr. Gioseppe Torelli" (A-Wn, *E. M. 143. a-d Mus*.) Vgl. NBA V/11 Krit. Bericht, S. 91.

[25] Ebenda. Diese Abschrift des frühen 19. Jahrhunderts ist überliefert in S-L, *Lit. D. 28*.

[26] F. M. Sardelli, *Le opere giovanili di Antonio Vivaldi*, in: Studi Vivaldiani 5 (2005), S. 45–79.

[27] Tagliavini (wie Fußnote 10).

stammen.[28] Dieser Umstand läßt an der Zuverlässigkeit einiger anderer von Johann Christoph Bach in diesen beiden Handschriften vorgenommenen Zuschreibungen zweifeln.[29]
Diese beiden Beispiele zeigen, daß Zuweisungen in handschriftlich überlieferter Musik (und gelegentlich auch in Drucken) falsch sein können. Die Fehlzuschreibung an Legrenzi könnte folgendermaßen zustandegekommen sein: Johann Christoph Bach könnte sie in einem zweiten Stadium eingetragen haben, nachdem die Musik bereits niedergeschrieben war (wie im Beispiel der Suite von Böhm),[30] oder sie könnte von einer fehlerhaften Überlieferung von Bononcinis Sonate herrühren, in der Legrenzi als Autor genannt wurde.

Giovanni Maria Bononcinis „Sonate" op. 6

Die Sonaten op. 6 sind von besonderem Interesse nicht nur, weil sie das Thema für BWV 574 stellen, sondern auch, weil sie mit Bononcinis bekannter (und außerhalb Italiens hoch geschätzter) Abhandlung *Musico Prattico* (Bologna 1673) zusammenhängen.

Bononcini veröffentlichte sein sechstes Druckwerk 1672 bei Magni in Venedig. Das vollständige Titelblatt lautet:

SONATE | DA CHIESA | A Due Violini | Opera Sesta | DI GIO. MARIA BONONCINI | Del Concerto de gli Strumenti | DELL'ALTEZZA SERENISSIMA | DI MODANA | Et Accademico Filarmonico | DEDICATA | ALL'ILL.mo & REV.mo SIG.r ABBATE | CONTE GIULIO CAMILLO CAMPORI | IN VENETIA | 1672. Apresso Francesco Magni detto Gardano

Diese Sammlung war ausgesprochen populär, wie ein innerhalb kurzer Zeit erfolgter Wiederabdruck (Bologna 1677)[31] bezeugt. In der Tat scheint seine

---

[28] H. Walter, *Musikgeschichte der Stadt Lüneburg vom Ende des 16. bis zum Anfang des 18. Jahrhunderts*, Tutzing 1967, S. 252. Vgl. auch Hill, *The Möller Manuscript* (wie Fußnote 20), S. 195.

[29] Hill, *The Möller Manuscript*, S. 196.

[30] Böhms Name wurde in einem zweiten Stadium eingetragen; vgl. Hill, *The Möller Manuscript*, S. 195.

[31] Eine weitere Auflage ist in RISM A/1 genannt; die Verlagsangabe lautet „Bologna, Giacomo Monti, stampa del Gardano". Das einzige, angeblich in I-Bc erhaltene Exemplar ist in der Bibliothek nicht aufzufinden; hier scheint es sich um einen bibliographischen Irrtum in RISM zu handeln. Vgl. *Addenda e corrigenda a RISM A/I, B/I, B/VI e SartoriL (relativi al posseduto di I-Bc)*, http://badigit.comune.bologna. it/cmbm/tools/rism.pdf. (Zugriff: 23. November 2012). Derselbe fehlende Band wird genannt bei O. Mischiati, *Bibliografia e musicologia*, in: Note d'archivio per la storia musicale – nuova serie III (1985), S. 171–193.

Musik weithin geschätzt worden zu sein – die *correnti* in seiner nächsten Veröffentlichung zum Beispiel (op. 7) waren „kaum im Druck erschienen […], als sie bereits von den unersättlichen Virtuosen verschlungen wurden."[32]
Die zwölf Sonaten von Giovanni Maria Bononcinis op. 6 sind in vielerlei Hinsicht bemerkenswert. In den Worten des Autors:[33]

> In meinen vorliegenden Bemühungen werden Sie (abgesehen von der Art, die Harmonien und Dissonanzen miteinander zu verknüpfen, und von verschiedenen Tempoangaben, die im konzertanten Stil eingeübt werden können) sehen, daß ich die Tonarten anders als üblich bezeichne, und daß angewendet eher zur Erklärung dessen dient, was ich zu diesem Thema in meiner Abhandlung über die Musik beschreibe, die ich Ihnen bereits versprochen habe und die auch schon vollendet ist, aber noch gedruckt werden muß […].

Die Sonaten stecken in der Tat voller kontrapunktischer Kunststücke. Der Komponist beschreibt sie als Beispiele für das, was er in seiner angekündigten musikalischen Abhandlung ausführen wird.[34] Sie verwenden einige, aber nicht alle zwölf Modi,[35] die viele Male in andere Tonarten transponiert werden; zum Beispiel *Sonata Seconda del Duodecimo Tuono una quinta più basso* oder *Sonata Duodecima del Duodecimo Tuono una terza più alto*. Häufig finden sich ungewöhnliche Tempoangaben, etwa 9/16 über 3/8; sie sollen wahrscheinlich verschiedene mögliche Tempokombinationen exemplifizieren.[36]
In der zehnten Sonate findet sich das erste Thema von BWV 574; der Komponist beschreibt sie als *Sonata Decima del primo Tuono un tuono più basso*, das heißt „Sonata X im ersten Ton, einen Ton tiefer transponiert". Aufgrund dieser Transposition entspricht die Tonart des Stücks dem modernen c-Moll, was durch die beiden ♭ in der Schlüsselvorzeichnung angedeutet wird („dorische

---

[32] „[…] che appena stampati furon per la loro esquisitezza dall' voracita de' Virtuosi assorbiti […]". So lautet der Text von Marino Silvanis neuer Widmung im ersten Wiederabdruck von op. 7 (Bologna 1677).

[33] „In questa mia fatica ritroverai (oltre il modo di contessere le Consonanze, è Dissonanze, e diversi intitij del Tempo, che nello stile concertato si può praticare) che hò nominati gli Tuoni fuor dall'uso comune, e ciò perche habbia à valere per maggiore esplicazione di quanto vedrai descritto su questo particolare nel mio Trattato di Musica, che già ti hò promesso, è'l quale sebene è composto, ne resta più, che di metterlo sotto'l Torchio […]."

[34] Dies bezieht sich auf den oben zitierten *Musico Prattico*.

[35] Der Titel der Sonate spezifiziert immer den genauen Ton. Von den zwölf Tönen werden nur der erste, zweite, achte, neunte, elfte und zwölfte verwendet.

[36] Eine umfassende Studie von Bononcinis opus VI und seinem „didaktischen" Status einschließlich einer kritischen Auseinandersetzung mit der im *Musico Prattico* vertretenen Theorie findet sich bei A. Chiu-Wah Yeung, *A Study of Late Seventeenth-Century Compositional Practice: The Sonate da Chiesa (opus 6) of G. M. Bononcini*, Diss. Columbia University 1994.

Notation"). Formal entspricht das Werk in etwa dem in der vor-Corellischen Sonate des 17. Jahrhunderts vertretenen Stil. Die Komposition umfaßt vier kontrastierende Abschnitte mit den Bezeichnungen Allegro, Largo, Adagio und Allegro. Der erste Abschnitt ist ein lebhaftes und komplexes Fugato, auf das ein melodisches Largo folgt, in dem besonders die Kombination von 9/16- und 3/8-Takt von Interesse ist. Das Adagio ist ein typisches Stück im durezze-e-ligature-Stil. Im letzen Abschnitt, dem Allegro, findet sich schließlich das fragliche Thema. Es handelt sich nicht eigentlich um ein Fugato, sondern eher um eine einfache Imitation, die auf dem so charakteristischen Thema mit seinen Tonrepetitionen beruht. Mit seinem lebhaften Charakter und den durch die forte- und piano-Wiederholungen erzielten Echoeffekten des Themas bildet dieser Abschnitt einen überzeugenden Abschluß der Sonate.

Zur deutschen Überlieferung und Rezeption von Bononcinis Schaffen im 18. Jahrhundert

Die musikalische Laufbahn von Giovanni Maria Bononcini (geb. 1642 in Montecorone di Zocca/Modena, † 1678 in Modena) war typisch für einen Musiker, der aus einer kleinen Stadt in der norditalienischen Provinz kam, wie Modena eine ist. Er reiste in nahegelegene Städte (vor allem nach Bologna, wo er in die berühmte *Accademia Filarmonica* aufgenommen wurde) und widmete seine gedruckten Werke ortsansässigen Adligen, um sich eine dauerhafte Stellung zu sichern. Dieses Ziel erreichte er im Jahre 1673, als er trotz gewisser Vorbehalte zum Maestro di Cappella am Dom zu Modena ernannt wurde – ein Amt, das er wegen seines frühen Todes allerdings nur wenige Jahre ausüben konnte. Er war der Vater zweier berühmter Söhne, Giovanni (1670–1747) und Antonio Maria (1677–1726), die im Gegensatz zu ihrem Vater beide ihre Karrieren im Ausland verfolgten.

Bononcinis musikalisches Vermächtnis besteht hauptsächlich aus Instrumentalmusik, einigen geistlichen Werken und einer Sammlung von Madrigalen. All dies wäre für seine Epoche absolut durchschnittlich und sein Name wäre wahrscheinlich längst vergessen, wenn er nicht auch die oben zitierte musikalische Abhandlung *Musico Prattico* veröffentlicht hätte. Dieses Werk genoß enorme Popularität. Es wurde posthum drei Mal nachgedruckt und war in ganz Europa geschätzt,[37] bis es 1725 von Johann Joseph Fux' *Gradus ad Parnassum* abgelöst wurde. Besonders in Deutschland scheint Bononcinis Abhandlung weite Verbreitung gefunden zu haben; sie wurde sogar ins Deutsche übersetzt (Stuttgart 1701). Die Abhandlung weckte auch die Bewunderung von Bachs Vetter Johann Gottfried Walther, der in seinen *Praecepta der musicali-*

---

[37] Wie die zahlreichen, noch heute in ganz Europa überlieferten Exemplare beweisen.

schen Composition (Weimar 1708), dem musikalischen Lehrbuch für Johann Ernst von Sachsen-Weimar, nicht weniger als fünfzehn Beispiele aus Bononcinis *Musico Prattico* übernahm.[38] Walthers Interesse an Bononcini zeigt sich auch daran, daß er ihm in seinem *Musicalischen Lexicon* (Leipzig 1732) zwei ganze Spalten widmet.

Als Theoretiker scheint Bononcinis Name mithin fest etabliert, aber wie stand es mit seinem Ruf als Komponist? Während der *Musico Prattico* in zahlreichen Exemplaren verbreitet wurde,[39] sind die musikalischen Quellen seltener. So sind von seinem Opus IV nur vier Exemplare erhalten.[40] Es gab im 17. Jahrhundert keine weiteren Auflagen, und die einzige andere zeitgenössische Quelle der Sammlung ist eine in Modena überlieferte Abschrift.[41] Was die Überlieferung von Opus IV in Deutschland betrifft, so findet sich hier derzeit nur ein einziges Exemplar.[42] Auch wenn heute außerhalb Italiens nur noch wenige Quellen der Sammlung existieren, ist trotzdem anzunehmen, daß seine Musik im Ausland vor allem im 18. Jahrhundert eine gewisse Verbreitung fand. Eine Anthologie seiner Musik, die auch Teile von Opus IV enthielt, erschien in den beiden ersten Jahrzehnten des Jahrhunderts bei Walsh in London.[43] Zugleich gab es in gewissem Umfang auch eine handschriftliche Überlieferung; so ist etwa dem 1699 angelegten Inventar der Pfarrkirche von St. Nikolaus in Feldkirch (Österreich) zu entnehmen, daß diese zwei Exemplare der Sammlung (einen Druck und eine Abschrift) besaß.[44]

In Deutschland erfreute sich italienische Instrumentalmusik traditionell einer breit gefächerten handschriftlichen Überlieferung. Ein gutes Beispiel hierfür sind die beiden Konzerte aus Vivaldis op. 4 und 7, die Bach bereits vor ihrer Drucklegung 1714 und 1716 transkribierte.[45] Ein weiteres, BWV 574 viel näherstehendes Beispiel ist die sogenannte Möllersche Handschrift, in der wir die Partiturabschriften von zwei vollständigen Sonaten aus Albinonis op. 1 finden. Ein handschriftlicher Stimmensatz dieser Sonatensammlung aus dem frühen 18. Jahrhundert wird heute in der Sächsischen Landesbibliothek zu

---

[38] Es ist mir nicht gelungen, die Quelle für Walthers Beispiele zu identifizieren; es muß daher offenbleiben, ob er den italienischen Originaldruck oder die deutsche Übersetzung von 1701 konsultierte.

[39] Insgesamt sind heute noch 14 Exemplare dieses Werks erhalten.

[40] Diese Zahl basiert auf den Angaben in RISM A/I.

[41] P. Lodi, *Catalogo delle opere musicali: Città di Modena, Biblioteca Estense*, Parma 1923 (Reprint: Bologna 1967), S. 441.

[42] In der Diözesanbibliothek Münster.

[43] W. C. Smith, *A Bibliography of the musical works published by John Walsh during the years 1695–1720*, London 1948, S. 169.

[44] C. Bacciagaluppi, *The Feldkirch Inventory (1699)*, in: Historical music inventories 1500–1800, Bd. 3 (2011); http://inventories.rism-ch.org (Zugriff: 27. März 2013).

[45] Williams (wie Fußnote 1), S. 201.

Dresden aufbewahrt. Um zu Bononcini zurückzukehren: Auch heute noch sind einige seiner Vokalkompositionen in Deutschland erhalten, darunter besonders Abschriften von Kantaten und Solomotetten.[46]

Wenn wir andererseits die Rezeption von Legrenzis Instrumentalmusik betrachten, so zeigt sich, daß diese weit verbreitet war wie Bononcinis Werke (mit der Ausnahme, daß Walsh Legrenzi niemals nachdruckte). Interessanterweise besitzt die erwähnte Kirche von St. Nikolaus in Feldkirch auch je ein gedrucktes und ein handschriftliches Exemplar von Legrenzis opus 4, „La Cetra",[47] das man bisher für die Quelle der beiden Themen in BWV 574 hielt.[48]

Zuletzt sei noch einmal auf die enge Beziehung zwischen Bach und seinem Weimarer Kollegen Johann Gottfried Walther hingewiesen. Wie wir bereits gesehen haben, stammt eine der beiden Abschriften von BWV 574b – möglicherweise die früheste – von der Hand Walthers. Diese Verbindung gewinnt an Bedeutung, wenn wir bedenken, daß wir in seinem Lexicon erste Informationen darüber finden können, welche italienischen Kompositionen zuerst in Deutschland verbreitet wurden. Erstaunlicherweise enthält sein Eintrag zu Bononcini keine Instrumentalmusik des Komponisten, sondern konzentriert sich fast ausschließlich auf den *Musico Prattico*. Eine Analyse anderer Einträge zu italienischen Komponisten führt zu dem überraschenden Ergebnis, daß Walther sich vorzugsweise zu geistlicher Musik äußerte und in vielen Fällen das Instrumentalschaffen der Komponisten ignorierte.

Andere Quellen deuten an, daß die Musik der Schule von Modena-Bologna über die Grenzen Italiens hinaus eine gewisse Verbreitung fand. Neben recht bekannten Fällen wie dem engen musikalischen Austausch zwischen Bologna und Wien gab es auch weniger bekannte Wege der Verbreitung. Wie das folgende Zitat zeigt, erfreute sich die Musik von Giacomo Antonio Perti (1661–1756), einem Kollegen Bononcinis an der *Accademia Filarmonica* und Kapellmeister in Bologna, in Deutschland einer gewissen Beliebtheit; warum sonst hätte Johann Friedrich Agricola die folgende Bemerkung für nötig gehalten?

Man nehme nur die Messen eines nur kürzlich verstorbenen Stölzels, die Messen und Magnificat des vor wenigen Tagen in Leipzig verstorbenen Bachens, die vielen und unzählbaren Kirchenarbeiten, und zwar vornehmlich die Chöre eines noch lebenden ehrwürdigen Telemanns, die Psalmen eines Händels, und vieler anderer geschickter Männer: so wird man finden, daß wir in Deutschland Männer haben, denen es etwas leichtes ist, es mit einem Perti aufzunehmen.[49]

---

[46] Siehe H. Kümmerling, *Katalog der Sammlung Bokemeyer*, Kassel 1970, S. 106, 135–143.
[47] Bacciagaluppi (wie Fußnote 44).
[48] Hill, *Die Herkunft von Bachs Thema Legrenzianum* (wie Fußnote 3), S. 105.
[49] Dok II, Nr. 620.

Die vorstehend diskutierte Zuschreibung an Bononcini wirft auch neues Licht auf die Verbreitung italienischer Musik in Deutschland. Besonders auffällig ist, daß es Komponisten gibt, die heute fast völlig vergessen sind und selbst in modernen wissenschaftlichen Studien kaum noch Beachtung finden, seinerzeit aber weithin rezipiert wurden.

Der Autor ist Luigi Collarile für seine wertvolle Hilfe und Unterstützung bei der Abfassung dieses Beitrags zu Dank verpflichtet; durch seine Vermittlung kam auch der Kontakt zur Redaktion des Bach-Jahrbuchs zustande. Außerdem möchte ich Jean-Claude Zehnder für die Durchsicht der englischen und der deutschen Fassung und seine zahlreichen weiterführenden Hinweise danken.

Anhang: G. M. Bononcini, Schlußsatz der Sonata X aus Opus 6 (Venedig 1672)

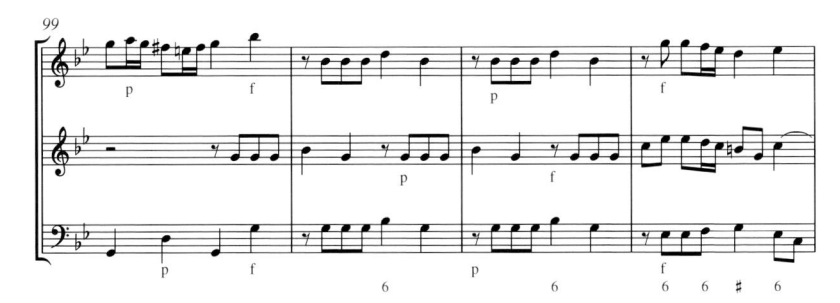

Das „Thema Legrenzianum" der Fuge BWV 574

Verborgene Trios mit obligater Laute? –
Zu Fragen der Fassungsgeschichte und Autorschaft der Sonaten Es-Dur und g-Moll, BWV 1031 und 1020[1]

Von Stephan Olbertz (Wuppertal)

I. Einführung

Im Bach-Jahrbuch 1998 veröffentlichte Klaus Hofmann einen Artikel zur vermuteten Urfassung der h-Moll-Sonate BWV 1030 als Trio für Laute, Violine und Baß in g-Moll.[2] In einem Nachwort geht er auf das lange in seiner Authentizität angezweifelte und kurz zuvor als Bachs Bearbeitung einer Lautensonate von Silvius Leopold Weiß erkannte Trio in A-Dur, BWV 1025 ein.[3] Er schließt:

> Die Zuschreibung gilt – pointiert gesagt – nicht dem Komponisten, sondern dem Bearbeiter Bach. Wir halten für möglich, daß bei der ähnlich vertrauenswürdig als Werk Bachs überlieferten und ebenfalls aus stilistischen Gründen umstrittenen Sonate für Querflöte und obligates Cembalo in Es-Dur BWV 1031 und deren Schwesterwerk in g-Moll BWV 1020 die Lösung des Echtheitsproblems in derselben Richtung liegt und diese Werke sich eines Tages als Bachsche Bearbeitungen fremder Kompositionen, womöglich gar von Trios mit obligater Laute erweisen. Doch dazu bedürfte es weiterer Untersuchungen und neuen Finderglücks (S. 59).

Die Triobesetzung mit Barocklaute, Violine oder Flöte und (Streich-)Baß war in der Kammermusik für Zupfinstrumente des 18. Jahrhunderts nicht selten und entwickelte sich von einem solistisch angelegten, überwiegend zweistimmigen Lautenstück mit colla parte spielenden Streichinstrumenten hin zu echter Dreistimmigkeit, bei der Violine (oder Flöte) und Lautenoberstimme

---

[1] Mein Dank geht an Jörg Jewanski, Reinmar Emans und Klaus Hofmann für die bereitwillige Durchsicht und Korrektur meines Textes, insbesondere für ihre freundliche Ermutigung und einige formale und inhaltliche Anregungen. – Der vorliegende Beitrag stellt die gekürzte Fassung eines umfangreichen Berichts über die vom Verfasser vorgenommene (Rück-)Übertragung der beiden Sonaten BWV 1031 und BWV 1020 dar.

[2] K. Hofmann, *Auf der Suche nach der verlorenen Urfassung. Diskurs zur Vorgeschichte der Sonate h-Moll für Querflöte und obligates Cembalo von Johann Sebastian Bach*, BJ 1998, S. 23–59 (*Kritische Nachbemerkung* von H. Eppstein, ebenda, S. 60–62).

[3] Vgl. C. Wolff, *Das Trio A-Dur BWV 1025. Eine Lautensonate von Silvius Leopold Weiß, bearbeitet und erweitert von Johann Sebastian Bach*, BJ 1993, S. 47–67; K.-E. Schröder, *Zum Trio A-Dur BWV 1025 (mit einem Anhang von Christoph Wolff)*, BJ 1995, S. 47–60; NBA VI/5 Krit. Bericht (K. Hofmann, 2006), S. 68 ff.

dem spätbarocken Trio entsprechend angelegt sind und das Baßinstrument die eher harmonisch orientierten Lautenbässe meist eine Oktave höher rhythmisch/melodisch ausgestaltet.[4] Da Johann Sebastian Bach nachweislich mit vielen Lautenisten bekannt und befreundet war, die Lautentrios nicht nur spielten, sondern zum Teil auch selber komponierten,[5] sind ihm und seinen Söhnen solche Werke sicherlich bekannt gewesen. Zwar werden in den Quellen BWV 1031 und BWV 1020/H 542.5 Johann Sebastian bzw. Carl Philipp Emanuel Bach zugeschrieben,[6] die Wahrscheinlichkeit jedoch, daß hier Bearbeitungen originärer Lautentrios vorliegen, erscheint bei näherer Überprüfung der Notentexte hoch.

In der Tat wirken die Obligato-Partien insgesamt wenig cembalistisch,[7] auch eine Bearbeitung von BWV 1031, in der eine Violine den Part der rechten Hand des Cembalisten ausführt, ist nicht überzeugend. In BWV 1020 verhindert das Sextenthema des zweiten Satzes die Ausführung auf der Violine. Hinweise auf einen möglichen Ursprung der beiden Sonaten als Kammermusik mit obligater Laute gibt es dagegen einige: So ist in beiden Werken die

---

[4] Das Lautentrio wird mitunter als Vorgänger des frühen Klaviertrios gesehen, vgl. T. Crawford, Begleittext zur CD: J. Kropffgans, *Lute Concerto, Sonatas & Divertimentos*, J. Schneiderman, Profil Edition Hänssler PH 05012 (2005). P. K. Farstad, *German Galant Lute Music in the 18th Century. A Study of the Period, the Style, Central Lutenists, Ornaments, Idiomatic, and Problems that Arise when Adapting Lute Music from this Period to the Modern eight-stringed Classical Guitar*, Diss. Universität Göteborg 2000, Appendix II, S. 385 ff. bietet eine nach Komponisten geordnete Quellenübersicht mit zahlreichen Trio-Nennungen. Die Firma Breitkopf allein bot in der zweiten Hälfte des 18. Jahrhunderts über 150 Werke für Lautentrio an (vgl. T. Crawford und D. Poulton, *Lute*, § 8: *Repertory*, in: New Grove 2001, Bd. 15, S. 350–359, speziell S. 355). Eine aktuelle und umfassende Darstellung des Lautentrios des 18. Jahrhunderts steht noch aus.

[5] Hier vor allem Silvius Leopold Weiß und nach 1735 auch Johann Kropffgans. Zu den zum Teil lange bekannten Kontakten Bachs mit Lautenisten (vgl. die Übersicht bei Hofmann, wie Fußnote 2, S. 56 f.) muß auch die Leipziger Dichterin Christiane Mariane von Ziegler gezählt werden. Siehe P. K. Farstad, *Lautenistinnen in Deutschland im 18. Jahrhundert*, in: Early Modern Culture Online 2/1 (Onlineveröffentlichung 2011: http://journal.uia.no/index.php/EMCO/article/view/15; Zugriff November 2013), S. 55–80, hier S. 61 f.

[6] Zur Quellenlage der Werke siehe insbesondere NBA VI/5 Krit. Bericht, S. 23 ff.

[7] Zu BWV 1031 vgl. J. S. Bach, *Sonate für Flöte und Cembalo Es-Dur, BWV 1031/ H. 545*, hrsg. von B. Kuijken, Wiesbaden 1999, S. 16, sowie U. Leisinger und P. Wollny, „*Altes Zeug von mir". Carl Philipp Emanuel Bachs kompositorisches Schaffen vor 1740*, BJ 1993, S. 196. S. Rampe und D. Sackmann, *Bach, Berlin, Quantz und die Flötensonate BWV 1020*, BJ 1997, S. 51–85, hier S. 76, sehen in BWV 1020 auch eine „über weite Strecken unbefriedigend hohe Lage der Cembalostimme" und eine „einförmige Führung des Basses".

häufig in Akkordbrechungen geführte Oberstimme in gleichmäßig fließenden Sechzehnteln oder Achteln gesetzt, die trotz der neueren, galanten Tonsprache noch sehr an den hochbarocken Lautenstil eines Silvius Leopold Weiß erinnern. In den Mittelsätzen begegnen uns nur bedingt für ein Streichinstrument geeignete begleitende Akkordzerlegungen und zweistimmig angelegte Dreiklangsthematik, während in den schnellen Ecksätzen mehrfach Passagen mit pausierender Oberstimme vorkommen, in denen der Baß ausgesetzt werden muß.[8] Weitere Besonderheiten betreffen die Satztechnik und den Ambitus. So sind der langsame harmonische Rhythmus und der meist stufenweise, selten in schneller Bewegung geführte Baß ideal für die Darstellung auf der Laute. Der Diskant steigt in den Ecksätzen nur selten unter d' hinab, was dem fünften Chor (d) der Barocklaute entspricht. Dieser ist noch unisono bespannt, der sechste Chor (A) ist wie die tieferen Chöre bereits mit einer Oktavsaite versehen und wird deswegen in der Regel als Baßchor eingesetzt.[9] Daß die zweiten Sätze in den überlieferten Fassungen teilweise recht tief liegen, müßte allerdings auf bearbeitende Eingriffe zurückgeführt werden.

Stilistisch passen die beiden in ihrer Authentizität schon lange angezweifelten Sonaten BWV 1031 und BWV 1020 weder in das Schaffen J. S. Bachs, noch können sie einem seiner Söhne zugeordnet werden.[10] Die Autorenangaben beziehen sich somit wohl eher auf ihre Rolle als Bearbeiter. Die Schriftzüge des Vaters oder Sohnes in den nicht erhaltenen Vorlagen könnten dann wie bei BWV 1025 zu der Annahme geführt haben, die Schreiber seien auch die

---

[8] Als einzige Quelle zu BWV 1031 bietet die Abschrift in der Sing-Akademie zu Berlin eine Bezifferung, die wohl aus der Vorlage übernommen wurde (NBA VI/5 Krit. Bericht, S. 27 f.). Satz III, T. 19–20 ist dort allerdings unbeziffert, ebenso die Abschriften von BWV 1020 in den Sätzen II und III in den kurzen Passagen ohne rechte Hand. Für den ersten Satz jedoch bieten dort beide Hauptquellen eine Bezifferung.

[9] Daß der Diskant in BWV 1031 und BWV 1020 trotzdem einige Male den sechsten Chor benutzen würde, ist kein Indiz für einen nicht selbst die Laute spielenden Komponisten. Weder entstehen dadurch größere spieltechnische Schwierigkeiten, noch wäre dies eine Ausnahme in der Lautenliteratur. Beispielsweise kommen solche Melodieführungen auch in den Lautensonaten des Bach-Schülers Rudolf Straube vor (R. Straube, *Due Sonate a Liuto Solo*, Leipzig 1746). Auch in zwei zeitgenössischen Lautenbearbeitungen von Cembalosonaten Johann Adolf Hasses steigt die Oberstimme häufig bis auf den sechsten Chor hinab (J. A. Hasse, *Suonate di Sigr. Hasse accommodate per il liuto*, Manuskript in D-LEm, *III.11.46 b* und *III.11.46 c*, Faksimile: München 2000). Somit könnte man eher umgekehrt davon ausgehen, daß der Komponist mit den technischen Möglichkeiten des Instruments wohlvertraut war.

[10] Hierzu ausführlich und die bisherige Diskussion zusammenfassend NBA VI/5 Krit. Bericht, S. 23 ff. Die Frage der Autorschaft wird in Abschnitt III der vorliegenden Studie weiter behandelt.

Komponisten der Werke.[11] In die Gesamtausgabe der Werke C. P. E. Bachs sind weder BWV 1031 noch BWV 1020 aufgenommen worden,[12] und aus quellen- und stilkundlichen Gründen fand BWV 1020 auch nicht Eingang in die NBA.[13] Die Berücksichtigung von BWV 1031 hingegen stellt laut Hofmann „einen Grenzfall dar". Sie erfolge „in der Erwartung, daß sich das Echtheitsproblem eines Tages endgültig lösen läßt."[14]
Der vorliegende Artikel soll helfen, die Frage nach dem Ursprung der beiden Sonaten zu klären. Ausgehend von der geschilderten Bearbeitungs-Hypothese ergeben sich aus der Analyse werkgenetischer Aspekte sowohl die Rekonstruktionen der wahrscheinlichen Urformen[15] als auch neue Hinweise auf in Frage kommende Autoren.

II. Rekonstruktionen

Die Notation der Cembalo-Oberstimmen in den überlieferten Notentexten liegt eine Oktave höher, als ein Lautendiskant klingt, und auch die Baßstimmen liegen in der Regel eine Oktave über den für die Barocklaute zu erwartenden Tiefbässen. Die gleiche Schreib- bzw. Transkriptionsweise finden wir im Trio A-Dur BWV 1025, ähnlich auch in der größtenteils wohl für Laute gedachten Partita BWV 997 sowie in den Cembalo- und Orgelfassungen des ursprünglich von der Laute begleiteten Arioso „Betrachte, meine Seel" aus der Johannes-Passion BWV 245 (Oberstimme der Lautenfassung im Sopranschlüssel).[16] Nicht wenige zeitgenössische Beispiele von Lautenmusik in kon-

---

[11] Sämtliche Komponisten-Angaben in den Hauptquellen von BWV 1031 beruhen sicher oder vermutungsweise auf Konjekturen; ein weiterer Überlieferungszweig (BWV 1031/Quelle F) nennt lediglich einen „Sigre Bach" (vgl. NBA VI/5 Krit. Bericht, S. 37). Bei BWV 1020 gehen beide Hauptquellen vermutlich auf eine verschollene, C. P. E. Bach zugeschriebene Vorlage zurück; vgl. Leisinger/Wollny (wie Fußnote 7), S. 195.

[12] Vgl. CPEB:CW II/3.2 (S. Zohn, 2010), S. XIX f.

[13] NBA VI/5 Krit. Bericht, S. 88.

[14] Ebenda, S. 37. Siehe auch K. Hofmann, *Zur Echtheitskritik in der Bach-Forschung*, in: Bach oder nicht Bach. Bericht über das 5. Dortmunder Bach-Symposion 2004, hrsg. von R. Emans und M. Geck (Dortmunder Bach-Forschungen. 8.), S. 71–89, insbesondere S. 81 ff.

[15] Durch das methodische Gewicht auf aufführungs- und spielpraktischen Aspekten ergibt sich neben einer theoretischen auch eine praktische Plausibilität, die sich anhand einer kritischen Ausgabe in Tonhöhennotation und Lautentabulatur in vollem Umfang nachvollziehen läßt (eine Edition ist zunächst im Selbstverlag des Autors erhältlich).

[16] Zu BWV 1025 vgl. die Literaturangaben in Fußnote 3. BWV 997 ist in einer Abschrift von J. F. Agricola erhalten, der die Sätze 1–4 im oktavierenden Violinschlüs-

ventioneller Notation unter anderem von de Visée, Vivaldi, Fasch und Schaffrath verwenden oktavierende Schlüssel in ein oder zwei Systemen.[17] Nicht zuletzt die Anfänge des Lautentrios selbst mit colla parte gehenden Streichern in der höheren Oktave zeigen, daß die tiefe Lage der Laute wegen ihres silbrig hellen Tons im 18. Jahrhundert eher klangfarblich, sozusagen als 16-Fuß-Register aufgefaßt wurde.[18] Nimmt man nun den oktavierenden Violinschlüssel für den Lautendiskant und einen zum Großteil ebenso abwärts oktavierenden, bewegungsreduzierten Baß an, ergibt sich für die jeweiligen ersten und dritten Sätze fast auf Anhieb eine schlüssige Lautenstimme, deren Baß dann durch die Hinzunahme eines Violoncellos in der üblichen Weise vervollständigt wird.[19]

Die Eröffnungssätze der beiden Sonaten sind in der für Konzertsätze typischen Ritornellform geschrieben und weisen so auf die in den 1720er und 1730er Jahren gehäuft auftretende „Sonate auf Concerten-Art".[20] Die Anfangsritor-

sel und klangnotierten Baßschlüssel überliefert; Satz 5 erscheint durchweg in Klangnotation und ist sicherlich für ein Tasteninstrument gedacht. Die Sätze 1, 3 und 4 finden sich auch in einer zeitgenössischen Lautentabulatur von J.C. Weyrauch. Vgl. NBA V/10 Krit. Bericht (T. Kohlhase, 1982), S. 120 und 142.

[17] Tonhöhennotation ermöglicht es dem Spieler – im Gegensatz zur üblichen Tabulaturschreibweise –, den Part für ein spezifisches Lauteninstrument einzurichten oder auf einem Tasteninstrument auszuführen. Eine detaillierte Darstellung ist in Vorbereitung (S. Olbertz, *Johann Sebastian Bachs Notierung von Lautenmusik im zeitgenössischen und historischen Kontext*). Zur Überlieferung barocker Lautenmusik in Transkriptionen für andere Instrumente siehe auch Fußnote 77.

[18] Ebenso wurde Gambenmusik der Berliner Schule seit den 1740er Jahren häufig im oktavierenden Violinschlüssel notiert, was die zahlreichen Adaptionen von Violinwerken sowie die Ausführung mit Cembalo obligato begünstigte (vgl. M. O'Loghlin, *Frederick the Great and his Musicians. The Viola Da Gamba Music of the Berlin School*, Aldershot 2008, S. 107 ff.). Allerdings hätte die Ausführung der Obligato-Oberstimmen von BWV 1031 auf einer Gambe wenig Typisches (z.B. bestimmte Akkordbrechungen, vertikale Akkorde und Terzgänge), wenngleich sie prinzipiell möglich scheint.

[19] Neben den hier postulierten Ursprungsfassungen in Tonhöhennotation könnte es auch Lautenstimmen in Tabulatur gegeben haben, die vermutlich erst nachträglich vom ausführenden Lautenisten angefertigt wurden. Darauf deutet bei BWV 1031 der Umstand, daß in den Hauptquellen keine der Bindefehler auftauchen, die typischerweise bei einer Umschrift aus der Lautentabulatur entstehen können – fehlerhafte Tonhöhen, die auf falsches Ablesen von Tabulaturlinien oder Fehldeutung von Tabulaturbuchstaben zurückzuführen sind, sowie unklare bzw. inkonsequente rhythmische Verläufe in den Stimmebenen (Lautentabulaturen werden gewissermaßen einstimmig notiert).

[20] Siehe J. Swack, *On the Origins of the Sonate auf Concertenart*, in: JAMS 46 (1993), S. 369–414; S. Zohn, *The Sonate auf Concertenart and Conceptions of Genre in the Late Baroque*, in: Eighteenth-Century Music 1 (2004), S. 205–247; ders. *Music for*

nelle klingen wegen ihrer zum Teil weitläufigen Arpeggiostruktur sehr passend für die Laute, die Solostimmen heben sich davon zunächst mit einem galanten, sanglichen Thema ab, ehe Arpeggien und Passagen in beiden Instrumenten ein Wechselspiel eingehen. Ein häufiges Merkmal solcher konzertanten Sätze ist naturgemäß, daß die „Solostimme" in typischer, auch virtuoser Weise idiomatisch für das jeweilige Instrument gesetzt ist, anders als in herkömmlichen, kontrapunktisch gearbeiteten Sonaten, deren Besetzung bei gleichartiger Faktur der Stimmen (wie auch hier im dritten Satz) meist austauschbar ist.[21] Auch das „Ripieno"-Instrument kann durch klangverstärkende idiomatische Satzweise charakterisiert sein und so das „Fehlen" eines echten Tutti kompensieren.[22] Um in diesem Sinne die Stimmen noch ein wenig mehr den Möglichkeiten der Laute und der Violine anzupassen, gilt es, einige wahrscheinliche Änderungen des ursprünglichen Textes rückgängig zu machen, die im Zuge der Umarbeitung eines Lautentrios in eine Sonate für Flöte und Cembalo eingebracht worden sein dürften. Diese fallen grundsätzlich in drei Kategorien: Ausschmückungen, Oktavierungen aufgrund von Ambitus-Problemen und strukturelle Änderungen (Auslassen oder Hinzufügen von Tönen, Motivabänderung, Stimmentausch).[23]

Die Mittelsätze der Werke überraschen durch die Wahl ihrer Tonarten. So steht der zweite Satz von BWV 1031 in der Dominantparallele g-Moll; hier wäre die Tonikaparallele c-Moll zu erwarten, zumal in der Lautenliteratur die Bässe stets in der einmal für das jeweilige Werk eingestimmten Tonart verbleiben. Der zweite Satz von BWV 1020 steht statt in der Tonikaparallele B-Dur in der Subdominantparallele Es-Dur. Beide Sätze sind wegen Lagen- und Baßchorproblemen auf der Barocklaute kaum sinnvoll zu realisieren.[24] Eine Lösung des Problems ergibt sich jedoch, wenn man annimmt, daß die Mittelsätze ur-

---

a Mixed Taste. Style, Genre, and Meaning in Telemann's Instrumental Works, Oxford 2008, S. 283–334; D. Schulenberg, *The Sonate auf Concertenart: a Postmodern Invention?*, in: Bach Perspectives 7, Urbana 2007, S. 55–96; M. Geuting, *Konzert und Sonate bei Johann Sebastian Bach. Formale Disposition und Dialog der Gattungen*, Kassel 2006 (Bochumer Arbeiten zur Musikwissenschaft. 5.), S. 235 ff.

[21] Zudem übernimmt in BWV 1031/1 die Solostimme zu keiner Zeit die Musik des Ritornells.

[22] Vgl. Zohn, *Music for a Mixed Taste* (wie Fußnote 20), S. 288 ff.

[23] Letztere können an dieser Stelle der gebotenen Kürze wegen nicht besprochen werden.

[24] Somit scheidet im Rahmen der Lautenhypothese auch die Möglichkeit aus, daß die langsamen Sätze der Sonaten ausgetauscht worden sein könnten. Die sich in diesem Fall ergebende Tonartgleichheit aller drei Sätze (Es-Dur bzw. g-Moll) käme der Stimmung der Laute nur auf den ersten Blick entgegen; zudem wirken die Sätze in ihrer überlieferten Reihenfolge stilistisch recht homogen.

sprünglich tatsächlich in den jeweiligen Tonikaparallelen c-Moll bzw. B-Dur standen.
Für das Cembalo wäre eine Ausführung von BWV 1031/2 in c-Moll ungünstig tief, da der Satz in den begleitenden Abschnitten nicht gut in der gleichen Lage wie die Melodie stehen könnte und so anders als in den Ecksätzen eine Ausführung um eine Oktave tiefer erforderlich wäre. Alternativ die Melodiestimme nach oben zu oktavieren, hätte dem Charakter des Stückes entgegengestanden. Somit war eine Transposition nach g-Moll die adäquate Lösung. In dieser Tonart ist der Satz dann ebenso gut auf der Traversflöte spielbar, deren Umfangs-Untergrenze zu jener Zeit üblicherweise bei d' lag.[25] Dieser Umstand könnte letzten Endes die Einrichtung auch der beiden anderen Sätze für Flöte inspiriert haben, Spuren davon finden sich vor allem im dritten Satz.
Für BWV 1020/2 ergibt sich in B-Dur eine angenehm zu spielende Lautenstimme, die den gesamten Ambitus des Instrumentes bis hinauf zum f" im zwölften Bund ausnutzt. Dieser große Umfang führte wohl dazu, daß der Satz in der Cembalo-Einrichtung transponiert werden mußte. Eine Umarbeitung durch Oktavierung der betreffenden Passagen kam für den Bearbeiter offenbar nicht in Frage, da zudem weite Teile des Satzes in relativ hoher Lage standen. Vielmehr entschied er sich, wie in BWV 1031/2 und anders als in den Ecksätzen, für eine Klangnotation der Oberstimme. Die nun recht tiefe Lage glich er durch die Transposition nach Es-Dur aus, womit dieser größtenteils solistisch wirkende Satz auf dem Cembalo überzeugender zu liegen kam. Wie in BWV 1031 war die damit in den Flötenambitus rückende Solostimme ursprünglich offensichtlich für Violine gedacht, einige Änderungen in den Ecksätzen machten dann das ganze Werk auf der Traversflöte spielbar. Trotz der Beibehaltung der Besetzungsangabe „Violino" führte der Ambitus der überlieferten Form des Werkes in der Folge zu der allgemein gebräuchlichen Einordnung ins Flötenrepertoire. Denkbar ist, daß der Bearbeiter zunächst den Titel und den problemlosen ersten Satz für Violine und Cembalo schrieb, sich dann aber über die erforderlichen Änderungen in Satz II bewußt wurde und neben einer einzigen nachträglich zu oktavierenden Passage im ersten Satz auch den dritten Satz gleich für Flöte umarbeitete.

---

[25] A. Powell und D. Lasocki, *Bach and the flute: the players, the instruments, the music*, in: Early Music 23 (1995), S. 9–29, hier S. 13, weisen jedoch darauf hin, daß relativ viele erhaltene dreiteilige Flöten einen zusätzlichen c-Fuß besitzen.

III. Zur Frage der Autorschaft

Die Zuschreibung der beiden als Solosonaten mit obligatem Cembalo überlieferten Werke ist von zahlreichen Forschern diskutiert worden. Schon die Konjekturen in den Titeln der erhaltenen Abschriften zeugen von der Ratlosigkeit der Schreiber oder Sammler. Carl Friedrich Zelters auf die Zuschreibung an J. S. Bach zielende Notiz „Zu viel Ehre!" auf der Titelseite der Triosonatenbearbeitung von BWV 1031 sowie die (nicht identifizierte) Ergänzung „Creti und Pleti" sind aus heutiger Sicht humorige Äußerungen, die aber den Kern des Problems treffen. Bis heute hat sich die Forschung hauptsächlich auf die Frage konzentriert, ob die beiden Werke von J. S. bzw. C. P. E. Bach komponiert wurden oder nicht und ob sie beide aus ein- und derselben Feder stammen können.[26]

Belebt (wenn auch nicht übersichtlicher) wurde die Diskussion in jüngerer Zeit durch das Auftauchen einer Triosonate für Flöte, Violine und Bc. von Johann Joachim Quantz in Es-Dur (QV 2:18), die als offensichtlich mit BWV 1031 verwandt erkannt wurde.[27] So sah man sie hier als Schwesterwerk von BWV 1031 (mit dem gemeinsamen Autor Quantz),[28] dort als Kompositionsvorlage für J. S. Bach.[29] Allerdings ist BWV 1031 einerseits von den beiden das eindeutig reifere Werk,[30] andererseits läßt der Stilbefund bei nüchterner Betrachtung eine wirkliche Ähnlichkeit mit anderen Werken Bachs nicht erkennen, sondern paßt „entschieden besser zu einem Komponisten der nachfolgenden Generation".[31] Noch deutlicher sieht es mit dem g-Moll Trio BWV 1020 aus. Zwar bestehen auch hier, neben den Parallelen zu BWV 1031, einige äußerliche Ähnlichkeiten zu einem weiteren Quantz-Trio (QV 2:35),[32] jedoch deutet

---

[26] Eine Übersicht über die Echtheitsdiskussion der beiden Werke findet sich in NBA VI/5 Krit. Bericht, S. 32 ff. und 87 ff.
[27] Unabhängig voneinander durch S. Rampe, *Bach, Quantz und das musikalische Opfer*, in: Concerto 84 (1993), S. 15–23 und Swack (wie Fußnote 20); vgl. auch Rampe/Sackmann (wie Fußnote 7). Die Ähnlichkeiten beziehen sich auf Form, Satzweise, Struktur und Thematik vor allem der Ecksätze.
[28] Swack (wie Fußnote 20).
[29] Rampe (wie Fußnote 27), Rampe/Sackmann (wie Fußnote 7).
[30] Hierzu ausführlich Rampe/Sackmann (wie Fußnote 7), S. 76; sowie Kuijken (wie Fußnote 7).
[31] NBA VI/5 Krit. Bericht, S. 33. Vgl. auch J. S. Bach, *Sonate C-Dur, Sonaten Es-Dur, g-Moll, BWV 1033, 1031, 1020*, hrsg. von A. Dürr, Kassel 1975, S. 3, sowie Kuijken (wie Fußnote 7), S. 16.
[32] Ebenfalls mit Flöte, Violine und Bc. besetzt. Die Ähnlichkeiten umfassen lediglich eine dreisätzige Anlage in g-Moll/Es-Dur/g-Moll, einen langsamen Mittelsatz im ungeraden Takt mit Reprisenwirkung und einen ersten Satz mit unbegleitetem Ritornell. Swack (wie Fußnote 20) sieht außerdem eine unmittelbare Rückkehr in die Tonika während bzw. nach dem zweiten Ritornell als verbindend an (S. 45). Sie er-

thematisch und stilistisch noch weniger auf Quantz oder gar J. S. Bach hin als bei BWV 1031.[33] Auch in C. P. E. Bachs Jugendwerk ließe es sich schwerlich einordnen.[34]

Die Vorbehalte für eine Zuschreibung an J. S. Bach gelten um so mehr, als die Lautenwerke des Thomaskantors den heutigen Spieler in der Regel vor hohe Hürden der Umsetzbarkeit stellen,[35] während die beiden hier behandelten Sonaten dem Instrument geradezu auf den Leib geschneidert sind. Als lautenkundiger Komponist ist uns C. P. E. Bach bisher jedoch nicht bekannt. Es versteht sich fast von selbst, daß auch Quantz somit als Komponist der Lautentrios endgültig ausscheidet, auch wenn angesichts der Ähnlichkeiten zu QV 2:18 angenommen werden muß, daß er eine Fassung von BWV 1031 (und vielleicht auch BWV 1020) gekannt hat.[36] Zwar würde man weiterhin einen Komponisten der nachfolgenden Generation vermuten, dieser dürfte aber zudem des Lautenspiels kundig gewesen sein.[37] Daß die kompositorische Qualität der Sonate BWV 1031 und selbst der etwas weniger eleganten Sonate BWV 1020 überdurchschnittlich hoch ist, grenzt die Suche zusätzlich ein.[38] Unabhängig von der Frage, ob beide Trios von demselben Komponisten stammen, erscheint es ratsam, die Suche auf Bachs Leipziger und Quantz' Dresdner Umfeld zu konzentrieren. Die Bezüge zu den Quantz-Trios QV 2:18 und

---

wähnt außerdem eine dritte formal verwandte Quantz-Sonate in D-Dur, QV 2:9 (S. 42).

[33] Vgl. Kuijken (wie Fußnote 7), S. 20f.

[34] Leisinger/Wollny (wie Fußnote 7), S.195f.; Kuijken (wie Fußnote 7), S. 20.

[35] Vgl. K. Junghänel, *Bach und die zeitgenössische Lautenpraxis*, in: Johann Sebastian Bachs Spätwerk und dessen Umfeld. Bericht über das wissenschaftliche Symposion anläßlich des 61. Bachfestes der Neuen Bachgesellschaft Duisburg 1986, Kassel 1988, S. 95–101.

[36] Swack (wie Fußnote 20) läßt den Gedanken, daß BWV 1031 als Inspirationsvorlage für Quantz diente, lediglich in einer Fußnote zu. Daß ein reifer Komponist sich sowohl thematisch von einem schwächeren Werk inspirieren läßt, als es auch strukturell nachbildet, ist wohl eher unwahrscheinlich.

[37] Leisinger und Wollny denken zwar aufgrund des „schlecht in der Hand" liegenden Klavierparts von BWV 1031 an „einen Komponisten […], der kein Klavierspieler war", ziehen jedoch keine weitergehenden Schlüsse daraus (Leisinger/Wollny, wie Fußnote 7, S.196). Vgl. auch Kuijken (wie Fußnote 7), S.16, der von „oft ungeschickt liegenden Figuren der rechten Hand" spricht und einen „versierten Cembalisten" als Komponisten bezweifelt. Kubota vermutet vage einen Ursprung beider Werke als herkömmliche Triosonate (K. Kubota, *C. P. E. Bach: A Study of his Revisions and Arrangements*, Tokyo 2004, S.154f. und S.165).

[38] B. Kuijken nennt in seiner Ausgabe (Wiesbaden 2003, S. 20) BWV 1020 ein „übersichtliches und ausgewogenes Werk eines reifen, stilsicheren Komponisten" (S. 21). Vgl. auch die kurze analytische Gegenüberstellung der beiden Werke bei Rampe/Sackmann (wie Fußnote 7), S. 76.

2:35 lassen zudem eine genauere zeitliche Einordnung zu, als es die Quellenbefunde von BWV 1031 und BWV 1020 erlauben. Die Dresdner Abschriften von QV 2:18 und QV 2:35 wurden um 1725–1731 von den Kopisten Johann Gottlieb Grundig und Johann Gottlieb Morgenstern angefertigt, zusätzlich finden sich Eintragungen von Johann Georg Pisendel.[39] Quantz erfand die für die Tonarten Es-Dur und g-Moll erheblich spielerleichternde Es-Klappe um 1726[40] und kehrte zudem erst im Juli 1727 von einer dreijährigen Studienreise zurück. Danach widmete er sich unter der Anleitung Pisendels verstärkt der Komposition, zweifellos inspiriert durch den Zugang zum reichen Repertoire neuester Musik der Dresdner Hofkapelle, deren Mitglied er 1728 wurde.[41] Wenn nun die Entstehung seiner beiden Trios auf den Zeitraum 1727/28–1731 angesetzt werden kann, so muß dies gleichsam als terminus ante quem für die wahrscheinliche Inspirationsquelle BWV 1031 gelten und ebenso für BWV 1020 – sofern die Ähnlichkeiten in QV 2:35 nicht bloß zufälliger Natur sind. Stammen beide Lautentrios vom gleichen Komponisten, so ist BWV 1020 als das frühere Werk anzusehen, auch weil der durch Arpeggios und Tonrepetitionen auf dem Cembalo erzeugte dramatische Charakter in der Lautenfassung deutlich weniger in Erscheinung tritt und so nicht als Indiz für eine spätere Einordnung des Werks bzw. eine spätere Komponistengeneration dienen kann.[42] Dreiklangsbrechungen sind hier idiomatisch, Tonwiederholungen der Oberstimme (in BWV 1020/I) beruhen zum Teil auf der späteren Umarbeitung für Cembalo. Auch Tonrepetitionen der Baßstimme erklären sich durch das in dieser Entwicklungsstufe des Lautentrios noch relativ stark von den unbeweglicheren Lautenbässen abhängige Baßinstrument. Da beide Trios offensichtlich für 13chörige Barocklauten konzi-

---

[39] Swack (wie Fußnote 20), S. 42; J. J. Quantz, *Seven Trio Sonatas*, hrsg. von M. Oleskiewicz, Middleton 2001 (Recent Researches in the Music of the Baroque Era. 111.), S. 112. Identifikation von Schreiber D als Morgenstern nach O. Landmann, *Die Dresdner Hofnotisten von ca. 1720 bis ca. 1850, Neue Ermittlungen samt einem Überblick über die bisherigen Untersuchungsergebnisse*, in: Über das Musikerbe der Sächsischen Staatskapelle. Drei Studien zur Geschichte der Dresdner Hofkapelle und Hofoper anhand ihrer Quellenüberlieferung in der SLUB Dresden (Onlineveröffentlichung 2009: http://nbn-resolving.de/urn:nbn:de:bsz:14-qucosa-25559; Zugriff November 2013), S. 163 ff. Auch eine Abschrift des dritten Werkes „auf Concerten-Art", QV 2:9, stammt aus der Kopierwerkstatt Grundigs und weist die gleichen frühen Schriftzüge des Kopisten auf (Swack, wie Fußnote 20, S. 42). Die Trios in Es-Dur und g-Moll liegen auch in späteren Berliner Quellen in einer Fassung mit obligatem Cembalo vor (vgl. H. Augsbach, *Johann Joachim Quantz. Thematisch-systematisches Werkverzeichnis (QV)*, Stuttgart 1997, S. 98 f. und 102).

[40] Rampe/Sackmann (wie Fußnote 7), S. 72.

[41] Vgl. Oleskiewicz (wie Fußnote 39), S. X. Im gleichen Jahr stieg Pisendel zum Konzertmeister auf.

[42] Vgl. zu dieser Einordnung Dürr (wie Fußnote 31), S. 3.

piert sind, diese aber erst seit ca. 1719 in Gebrauch waren und im Verlauf der 1720er Jahre allmählich populär wurden,[43] kann man somit von einem ca. zehnjährigen Zeitraum von etwa 1720 bis etwa 1730 ausgehen, in dem das Es-Dur- und vielleicht auch das g-Moll-Trio komponiert wurden.[44]
Dies deckt sich auch mit den Entstehungsdaten der meisten Concerti von Ernst Gottlieb Baron, die zu den ersten überlieferten Lauten-Trios mit zwei eigenständigen Oberstimmen zählen.[45] Ferner gehören hierzu die Concerti und Ouverturen von Johann Michael Kühnel,[46] die beiden vollständig erhaltenen Kammermusikwerke Wolff Jakob Lauffensteiners[47] und wohl auch die offenbar über einen längeren Zeitraum entstandenen, aber erst um 1730/33 veröffentlichten Trios von Philippo Martino.[48] Da diese Werke stilistisch und kompositionstechnisch weit hinter BWV 1031 und BWV 1020 zurückbleiben, wäre ein Komponist von außergewöhnlichem Niveau anzunehmen, der in der Lage war, die neue Form des Lautentrios in ihren Möglichkeiten bereits in den 1720er Jahren voll auszuschöpfen. Auffällig ist trotz der geschilderten lautengerechten Schreibweise ein völliges Fehlen derjenigen Merkmale, die die bekannten Ensemble-Kompositionen der zwanziger Jahre prägen. Statt einfach begleitender oder unisono gehender Violine, flächenhafter Arpeggios, Sequenzierungen und spielerisch-naiver Concerto-Andeutungen finden wir hier schon völlig eigenständige Melodiestimmen, melodisch gestaltete Ak-

---

[43] Silvius Leopold Weiß gab die erste 13-chörige Laute bei Thomas Edlinger in Prag in Auftrag und nahm sie wohl im September 1718 dort in Empfang. Sein erstes datiertes Stück für ein solches Instrument entstand im Januar 1719 in Wien. Vgl. R. Lundberg, *Weiss' Lutes: The Origin of the 13-Course German Baroque Lutes*, in: Journal of the Lute Society of America, 23 (1999), S. 35–66, hier S. 35 ff.

[44] Somit ergibt sich ein weiteres Argument gegen die in Fußnote 18 erwogene Möglichkeit einer Besetzung mit Baß- oder Diskantgambe, da in Berlin die Notierung dieser Instrumente im Violinschlüssel wohl erst ab der Ankunft des Gambisten Ludwig Christian Hesse 1741 erfolgte (vgl. O'Loghlin, wie Fußnote 18, S. 121 ff.).

[45] Vgl. E. G. Baron, *Collected Works*, hrsg. von J. W. Burgers, Lübeck 2004, S. 28. Hierzu sind neben den besetzungsmäßigen Trios mit Laute, Oboe/Flöte/Violine sowie einem Baßinstrument auch die beiden als *Sonata* bzw. *Duetto* betitelten Duette mit Flöte in Triofaktur zu zählen, also in Burgers Edition die in chronologischer Reihenfolge vergebenen Nummern 22–25 (noch für 11chörige Laute), 26 und 28–29.

[46] Vgl. Farstad (wie Fußnote 4), S. 334 f. und 447 ff. In B-Br, *4089* befinden sich neben den Concerti für Laute, Gambe und Streichbaß auch einige vierstimmige Concerti verschiedener Komponisten in ähnlicher Faktur (vgl. Z. Ozmo, *German Lute Concertos of the Galant Era from B-Br Ms II 4089*, M. A. Thesis, University of Southern California 2003).

[47] Vgl. Farstad (wie Fußnote 4), S. 335 und 450 ff.; sowie W. J. Lauffensteiner, *Ensemble Works*, hrsg. von D. Towne, Lübeck 2010.

[48] Vgl. Farstad (wie Fußnote 4), S. 338 und 455.

kordbrechungen und durchkomponierte, formal geschlossene Sätze. Beide Werke weisen zudem einen ungewöhnlichen melodischen, harmonischen und strukturellen Reichtum auf. Der Urheber dieser Musik muß also in erster Linie ein versierter Komponist gewesen sein und erst in zweiter Linie Lautenist. Dies zeigt sich auch in der im Vergleich zu den zeitgenössischen Lautenwerken weniger stark mit den instrumentalen Möglichkeiten verwobenen kompositorischen Konsequenz bei der Führung der Lauten-Oberstimme.

Aus dem Umfeld Johann Sebastian Bachs paßt dieses Profil wohl nach heutigem Wissen nur auf seinen Schüler Johann Ludwig Krebs (1713–1780).[49] Krebs erlernte 1726–1735 als Schüler der Thomasschule unter anderem auch das Lautenspiel; anschließend studierte er bis 1737 an der Leipziger Universität, wirkte aber weiterhin als Musiker und war unter anderem Lehrer von Luise Adelgunde Victoria Gottsched.[50] In seinen Werken für Cembalo und Orgel scheint er sich zwar vor allem dem Stil seines Lehrers verpflichtet zu fühlen, in seinen Kammermusikwerken jedoch schreibt er im galanten Stil. Diesem sicher hochtalentierten Schüler bereits als etwa Fünfzehnjährigem BWV 1031 und BWV 1020 zuzuschreiben hieße aber wohl, seine Reife zu überschätzen.[51]

Blicken wir nach Dresden, so bietet sich uns das Bild des alles überragenden Lautenisten Silvius Leopold Weiß,[52] dessen Strahlkraft auch einige pro-

---

[49] Der noch jüngere Bach-Schüler Rudolf Straube (1717–1785) ist als Komponist abgesehen von seinen beiden 1747 veröffentlichten Lautensonaten wenig in Erscheinung getreten und zeigt sich hier als Vertreter des an C. P. E. und W. F. Bach orientierten empfindsamen Stils (Straube, wie Fußnote 9).

[50] Biographische Angaben nach MGG², Personenteil, Bd. 10, Sp. 643–647 (F. Friedrich).

[51] Denkbar wäre hingegen, daß das g-Moll-Trio in den dreißiger Jahren entstand, noch als Jugendwerk, mit dem Es-Dur-Trio als Studienobjekt. Die Voraussetzung hierfür wäre, daß die wenigen Ähnlickeiten zu QV 2:35 tatsächlich so zufällig wären, wie sie scheinen, und damit eine hiervon unabhängige, spätere Entstehung möglich ist. Alternativ wäre das Werk eventuell dem jungen Christoph Schaffrath zuzutrauen, dessen *Sonata* für Violoncello und Cembalo oder Laute auf ca. 1760 datiert wird. Schaffrath war 1733 in Dresden, wahrscheinlich besuchte er auch J. S. Bach. Der Stil des Duetts ist jedoch deutlich anders als der der g-Moll-Sonate und eher als cembalistisch zu bezeichnen.

[52] Weiß selbst schrieb bekanntlich in einem ausladenden, spätbarocken vermischten Stil, sein früh verstorbener Bruder Sigismund (um 1690–1737) in einem mitunter deutlich von Händel geprägten Stil (vgl. insbesondere T. Synofzik, Begleittext zur CD: *Verschlungene Pfade. Sämtliche Oboensonaten von Georg Friedrich Händel und Johann Sigismund Weiß*, Concerto Royal Köln, Musicaphon M 56889, 2007). Auch S. L. Weiß' begabter Schüler Johann Kropffgans (1708–ca. 1770) kommt als Komponist der beiden Werke nicht in Frage. Erst ab 1735 in Dresden, entwickelte er sich in der Folge zwar zu einem respektablen Komponisten zahlreicher Lautentrios

fessionelle Komponisten veranlaßte, für die Laute zu schreiben. Als einziger wirklich lautenkundiger und bedeutender Komponist kommt der Weiß-Schüler Carl Heinrich Graun (1703/04–1759) in Betracht, dessen bekanntes von dem preußischen Hofmaler Antoine Pesne gemaltes Porträt[53] den Komponisten bescheiden hinter seiner cembalospielenden Frau eine Laute stimmend zeigt.

In Graun vereinigen sich alle Anforderungen, die für den potentiellen Komponisten von BWV 1031 und BWV 1020 zu stellen sind: Neben einer passenden Biographie hatte er unzweifelhaft das kompositorische Rüstzeug, bereits als junger Mann die beiden Trios zu schreiben. Die Qualität von C. H. Grauns galanten, am italienischen Stil orientierten Kompositionen veranlaßte G. P. Telemann 1726 in einem Brief an den Autor einer Sammlung von Kantatentexten, Johann Friedrich Armand von Uffenbach, eine Art Vertonungswettbewerb mit dem jungen Komponisten vorzuschlagen.

Nach heutigem Ermessen muß Graun als frühreifer Komponist angesehen werden, der für die Laute im Rahmen seiner Ausbildung und wahrscheinlich auch darüber hinaus komponiert haben wird. Somit scheint er der bislang wahrscheinlichste Kandidat für die Komposition von wenigstens einem der fraglichen Werke, eher noch von beiden Trios zu sein.[54] Das Graun-Werkverzeichnis enthält jedoch weder unter seinem Namen, noch unter dem seines Bruders oder den Incerta ein Werk für oder mit Laute. Da der Großteil der Kammermusik der Brüder in Abschriften und/oder Transkriptionen für verschiedene Besetzungen überliefert ist und nur wenige Autographe vorliegen,[55] ist der bislang fehlende Nachweis von Lautenmusik jedoch kein Beweis ihrer Nicht-Existenz. Vielmehr scheint es, daß eine partielle Repertoire-Gemeinschaft von Laute und Cembalo oder Lautenwerk existierte, wie Beispiele im

---

(von denen nur etwa ein Drittel ganz oder teilweise erhalten ist), jedoch finden sich in der offenbar frühen Sonate G-Dur für Laute, Violine und Violoncello (B-Br, *Ms. II 4088*) nach den ersten beiden Sätzen, in denen die Violine die Lautenstimme noch begleitet und einige Imitationen einstreut, nur noch Sätze mit unisono geführten Oberstimmen. Vgl. *Kropfgans, Johann*, in: MGG², Personenteil, Bd. 10, Sp. 753 f. (J. Jewanski).

[53] Berlin, Schloß Sanssouci (Stiftung Preußischer Kulturbesitz). Zu Grauns Unterricht bei Weiß vgl. C. Terne, *„Ich wünschte ihn lange zu hören." Der Komponist und preußische Hofkapellmeister Carl Heinrich Graun und seine Brüder. Preußen 2001 – Gemeinsame Landesausstellung Berlin und Brandenburg*, Herzberg 2001, S. 77 (Fußnote 17).

[54] Die zukunftsweisende Behandlung der im Vergleich zum Lautenbaß schon im g-Moll-Trio relativ bewegten Streichbaßstimme würde sich so neben C. H. Grauns handwerklicher Integrität auch durch sein Violoncellospiel erklären lassen.

[55] Vgl. auch C. Henzel, *Berliner Klassik. Studien zur Graun-Überlieferung im 18. Jahrhundert*, Beeskow 2009 (Ortus Studien. 6.), S. 35 ff.

Werk J. S. Bachs und C. Schaffraths zeigen.[56] Zudem könnte ein potentieller Widmungsträger oder Kopienempfänger die Musik hauptsächlich für den eigenen Gebrauch reserviert haben. Es ist somit leicht vorstellbar, daß Graun als etwa Zwanzigjähriger vielleicht 1724/25 bei seinem Weggang aus Dresden als Abschiedsgeschenk für seinen Lehrer und Freund Silvius Leopold Weiß ein Lautentrio in g-Moll geschrieben hat, dem er um 1730 ein weiteres, strukturell ähnliches, aber stilistisch reiferes Werk in Es-Dur folgen ließ, das in Takt 40 und 43 des ersten Satzes sogar eine Anspielung auf das Kopfthema des g-Moll-Trios enthält.[57] Auch Pisendel erhielt immer wieder Sendungen mit Werken der beiden Brüder, die unter anderem deswegen heute noch greifbar sind, weil sein Nachlaß vom Dresdner Hof aufgekauft wurde und in dem berühmten „Schranck 2" erhalten blieb.[58] Für die Beschaffung und Archivierung von Kammermusik waren am Dresdner Hof die Musiker selbst verantwortlich.[59] Weiß, der darauf achtete, seine eigenen Kompositionen nicht zu freigiebig in Umlauf zu bringen,[60] mag eine reich gefüllte Notenbibliothek unter anderem mit Lautenkammermusik gehabt haben; erhalten ist hiervon jedoch nichts. Der Verbleib seines Nachlasses ist bis heute ungeklärt.[61]

Auch stilistisch passen die beiden Trios gut in dieses Szenario. Waren die Werke von Carl Heinrich Graun, soweit sie zeitlich einzuordnen sind, in seiner Dresdner und frühen Braunschweiger Zeit noch stark von der italienischen spätbarocken Praxis geprägt, einzelne Takte und kurze Phrasen teilweise bis zur Redundanz direkt zu wiederholen, entwickelte sich sein Stil mit der Zeit zu einer stärker durchgearbeiteten galant-empfindsamen Schreibart mit längeren Phrasen und wenigen Wiederholungen.[62] C. H. Grauns Trios wurden sogar im

---

[56] Bei Bach zumindest BWV 997, 998, 1025 sowie BWV 245/Nr. 19, vierte Fassung; bei Schaffrath die *Sonata â. 2, Cembalo overo Liuto Obligato. e Violoncello* (D-B, *Am.B. 497/I*; Ausgabe: *Duetto C-Dur*, hrsg. von H. Ruf, Wilhelmshaven 1972).

[57] Die charakteristische Dreiklangsbrechung der Laute aus dem ersten und dritten Satz von BWV 1020 findet sich hier (in Dur) im Violoncello. Es handelt sich sicher nicht um eine ironische Ausschmückung des späteren Bearbeiters, da die 16tel-Noten ein Gegengewicht für die breit rhythmisierten Oberstimmen und eine Vorbereitung für die notwendigen 16tel der folgenden Continuo-Stelle in Takt 49 f. darstellen.

[58] Vgl. Oleskiewicz (wie Fußnote 39), S. XVIII, Fußnote 11; Landmann (wie Fußnote 39), S. 35 f.

[59] Vgl. Landmann (wie Fußnote 39), S. 35.

[60] Vgl. F. Legl, *Between Grottkau and Neuburg. New Information on the Biographie of Silvius Leopold Weiß*, in: Journal of the Lute Society of America, 31 (1998), S. 52, Fußnote 16.

[61] Vgl. T. A. Burris, *Lute and Theorbo in Vocal Music in 18th-Century Dresden: A Performance Practice Study*, Diss. Duke University, Durham 1997, S. 21.

[62] Das Wiederholungsprinzip findet sich besonders in BWV 1020, aber auch BWV 1031 ist davon noch geprägt.

Laufe des 18. Jahrhunderts mehrmals in den Rang klassischer Modelle erhoben.[63]
Carl Heinrich Graun werden laut GraunWV in den Quellen insgesamt 26 Trios mehr oder weniger vertrauenswürdig zugeschrieben.[64] Er komponierte bis etwa 1745 vermutlich hauptsächlich viersätzige Trios,[65] während unter dem Namen Johann Gottlieb Graun 47 Trios gezählt werden, die fast alle dreisätzig überliefert sind.[66] Die lückenhafte Quellenlage verhindert eine gesicherte Zuordnung von weiteren 58 Trios,[67] für 24 Trios sind lediglich zweifelhafte Zuschreibungen überliefert.[68] Unter den Fehlzuschreibungen befinden sich vier anonym überlieferte Trios, die keinem anderen Komponisten zugeordnet werden können.[69] Außerhalb des GraunWV und des Trio-Verzeichnisses von Matthias Wendt[70] lassen sich drei weitere Trios von *Graun* bzw. *Graue* nachweisen.[71]
Nach Maßgabe der einschlägigen Literatur können von den Sonaten mit ungesicherter Überlieferung zwei Werke zu den Trios „auf Concerten-Art" gezählt werden, fünf befinden sich unter den Johann Gottlieb sicher zugewie-

---

[63] Vgl. M. Wendt, *Die Trios der Brüder Johann Gottlieb und Carl Heinrich Graun*, Diss. Bonn 1983 (1982), Kapitel 2, insbesondere S. 65 f., 74 f., 99 und 103.

[64] Das GraunWV nimmt Werke ausschließlich dann auf, wenn eine Quellenzuschreibung an einen der beiden Brüder Graun vorliegt; stilkundliche Parameter werden nicht angewendet, wobei die Werke entsprechend der Glaubwürdigkeit der Quelle in acht Kategorien eingeordnet werden.

[65] Vgl. Wendt (wie Fußnote 63), S. 135 und 148. In GraunWV B:XV und Bv:XV werden zehn viersätzige und 16 dreisätzige Trios als gesicherte oder vermutete Werke C. H. Grauns aufgeführt.

[66] Das Graun-Werkverzeichnis weist innerhalb der Kategorien A:XV und Av:XV insgesamt 44 dreisätzige und nur drei viersätzige Trios aus.

[67] Von den 13 viersätzigen und 37 dreisätzigen erhaltenen Trios in GraunWV C:XV und Cv:XV (8 Trios sind nur durch Katalogeinträge bekannt) weist Henzel vermutungsweise vier viersätzige Trios und ein dreisätziges Trio Carl Heinrich Graun, sowie acht dreisätzige Trios Johann Gottlieb Graun zu.

[68] Unter den Trios in GraunWV D:XV befinden sich acht viersätzige und 14 dreisätzige Werke sowie ein Fragment und ein lediglich als Katalogeintrag bekanntes Stück.

[69] Es sind dies D-B, *Mus. ms. 8284/38, 49, 51, 58*. Sie wurden von Wendt (wie Fußnote 63; Nr. 108, 17, 6, 130) aus stilistischen Gründen einbezogen, kommen aber für das quellenkundlich konzipierte GraunWV nicht in Betracht.

[70] Wendt (wie Fußnote 63), S. 253–331.

[71] *Sonata a 3 Partie ex D♯ Flauto Traverso Primo Flauto Traverso Secondo et Basso dell Sigr. Graun*, S-L, *Saml. Wenster E 14*; *Concerto ex D dur del: Sig: Graue*, S-L, *Saml. Wenster J: 1–17, f. 23–25*; *Trio ex D dur del: Sig. Graun*, S-L, *Saml. Wenster J: 1–17, f. 25–27* (alle GraunWV deest; Wendt, wie Fußnote 63, deest). Vgl. K. Schröter, Begleittext zur CD: *Bläsermusik der Brüder Graun*, Concerto Royal, Musicaphon M 51842 (2002).

senen Werken, ein weiteres unter den bisher nicht verzeichneten.[72] Eines dieser acht Trios läßt sich auf die Zeit vor 1730 datieren,[73] und es steht zu vermuten, daß andere, stilistisch ähnliche Trios ebenfalls bereits in den 1720er Jahren entstanden sind.[74] Von den 26 hinreichend vertrauenswürdig Carl Heinrich Graun zugeschriebenen Werken ist bis jetzt noch keines als Concerto-Trio beschrieben worden; es ist jedoch gut möglich, daß sich hier und unter der großen Zahl der restlichen Trios noch derartige Kompositonen Carl Heinrich Grauns verbergen. Insbesondere wären die 37 für Matthias Wendt seinerzeit nicht greifbaren Trios aus dem damals noch verschollenen Bestand der Sing-Akademie zu Berlin zu untersuchen, von denen acht die auch in BWV 1031 und BWV 1020 anzutreffende Satzabfolge schnell-langsam-schnell aufweisen.[75] Es ist jedoch zu bedenken, daß auch der zweite Satz in der wesentlich häufigeren Abfolge langsam-schnell-schnell in Ritornell-Struktur gearbeitet sein kann[76] und außerdem beide Satzfolgen auf Verkürzungen oder Umstellungen bei ursprünglich viersätzigen Trios beruhen können.

Ob sich unter den erhaltenen Werken im Graun-Werkverzeichnis versteckte Bearbeitungen von Werken für oder mit Laute befinden, werden weitere Forschungen zu klären haben. Darüber hinaus können auch anonym oder unter anderem Namen überlieferte Kompositionen eine ähnliche Vorgeschichte haben.[77] Ein typisches Indiz für ursprüngliche Lautenkompositionen könnte dabei wie in BWV 1031 und BWV 1020 eine rhythmisch fließende, akkordisch orientierte Oberstimmenführung sein, die an den Stil von Silvius Leopold Weiß erinnert, ohne dabei dessen ausschließlich am Instrument entwickelte konsequente Idiomatik teilen zu müssen.

---

[72] Wendt (wie Fußnote 63), passim und Swack (wie Fußnote 20), S. 404 nennen GraunWV Cv:XV:120 (Wendt 78), Cv:XV:132 (Wendt 123); A:XV:13 (Wendt 8), Av:XV:43 (Wendt 18), A:XV:11 (Wendt 59) und A:XV:2 (Wendt 87). Swack (wie Fußnote 20) gibt zusätzlich Av:XV:22 (Wendt 31) an.

[73] GraunWV A: XV: 13.

[74] Hierzu zählen GraunWV Av: XV:43, Av:XV:22, Cv:XV:120, sowie das *Trio ex D dur*, GraunWV und Wendt deest.

[75] GraunWV Bv:XV:68, Bv:XV:73, Bv:XV:74, Cv:XV:95, Cv:XV:126, D:XV:138, D:XV:141, D:XV:156.

[76] Dies sind die Trios GraunWV A:XV:2, A:XV:11 und Cv:XV:132.

[77] Da das GraunWV keine stilkritischen Maßstäbe anlegt, könnte hier noch einiges zu erwarten sein. Vgl. hierzu auch die Endeckung einer Weißschen Courante in einer transponierten Bearbeitung für Flöte Solo von J. J. Quantz (B. Kuijken, *Weiß – Quantz/Blockwitz/Braun – Blavet – Taillart … und J. S. Bach? Kreuz- und Querverbindungen im Repertoire für Flöte solo des 18. Jahrhunderts*, in: Tibia 31, 2006, S. 9 und 93), sowie die offensichtliche Transkription einer Lauten-Fantasie für Cembalo in Lt-Vn, Mk Gr-7 (siehe S. Olbertz, *An unknown Lute Piece in a Keyboard Manuscript with works by Wilhelm Friedemann Bach?*, in Vorbereitung).

Über den vermutlichen Widmungsträger Weiß könnte auch die Bearbeitungsgeschichte der beiden Trios ihren Anfang genommen haben. Vielleicht sind die Werke nicht über Leipziger Lautenisten in Bachs Hände gelangt, da dies wohl eine weitere Verbreitung nach sich gezogen hätte. Plausibler erscheint eine direkte Linie von Weiß entweder zu J. S. Bach, der 1731 ein Konzert in der Dresdner Sophienkirche gab, oder auch über den ab 1733 in Dresden tätigen W. F. Bach. Dieser gab sich gegenüber S. L. Weiß sicherlich als Violinschüler Johann Gottlieb Grauns zu erkennen.[78] Wenn W. F. Bach Gelegenheit hatte, die beiden Trios mit Weiß selbst zu spielen, ist es gut möglich, daß er sich eine Abschrift erbat oder selbst anfertigte, vielleicht die Trios auch im gleichen Zuge für Cembalo bearbeitete. Diese könnten dann bei einem Besuch in Leipzig wiederum Vorlagen für Bearbeitungen oder Abschriften im Familienkreis gewesen sein.

---

[78] J. S. Bach begleitete seinen Sohn Wilhelm Friedemann wahrscheinlich im Sommer 1726 nach Merseburg, wo dieser die folgenden zehn Monate bei Johann Gottlieb Graun studierte. Eventuell war er auch bei der Drucklegung von J. G. Grauns Sonaten op. 1 (vermutlich 1727) behilflich. Siehe G. G. Butler, *Johann Sebastian Bach und Johann Gottlieb Graun*, in: Über Leben, Kunst und Kunstwerke. Aspekte musikalischer Biographie. Johann Sebastian Bach im Zentrum. Festschrift Hans-Joachim Schulze zum 65. Geburtstag, hrsg. von C. Wolff, Leipzig 1999, S. 186–193.

Anna Magdalena Wilcke – Gesangsschülerin der *Paulina*?*

Von Hans-Joachim Schulze (Leipzig)

Wenn Johann Sebastian Bach seiner zweiten Frau 1730 „gar einen sauberen Soprano" bescheinigte,[1] so stellt sich die Frage nach dem Zustandekommen dieser offenbar nicht alltäglichen Leistungsfähigkeit der Anna Magdalena, nach einem Zusammenspiel von Naturbegabung, Übung und Fleiß sowie gegebenenfalls professioneller Anleitung. Was das letztere betrifft, so ist von Zeit zu Zeit vermutet worden, daß die üblicherweise als *Paulina* bekannte Primadonna Christiane Pauline Kellner zumindest teilweise mit der Ausbildung Anna Magdalenas befaßt gewesen sein könnte. Die Gleichzeitigkeit des Wirkens der Paulina am Fürstenhof zu Weißenfels und der Bevorzugung der Stadt Weißenfels als Wohnsitz der Familie Wilcke legten einen solchen Schluß jedenfalls nahe. Ob ein geregelter Unterricht tatsächlich stattgefunden hat und wann er allenfalls anzusetzen wäre, bleibt freilich weiter zu überdenken. Einschlägige Untersuchungen können lediglich Näherungswerte erbringen, da die Quellen zur Jugendzeit der Anna Magdalena Wilcke nicht eben reichlich fließen und auch die bewegte Karriere der Paulina sich keineswegs in allen Einzelheiten verfolgen läßt.

I. Lebensstationen der Christiane Pauline Kellner – ihr Weg nach Weißenfels

Als erste Lebensstation der Paulina läßt sich Stuttgart belegen. Hier war am 6.5.1657 Samuel Capricornus zum Kapellmeister ernannt worden und hatte mit dem Wiederaufbau der Hofkapelle begonnen.[2] Im Rechnungsjahr 1657/58 erhielt Paul Kellner eine Anstellung als Instrumentalist.[3] Seine vorangehende Wirkungsstätte ist bislang unbekannt. Nach den Taufbüchern der Stiftskirche Stuttgart sind mehrere Angehörige seiner am Ende recht zahlreichen Nachkommenschaft in Stuttgart zur Welt gekommen.[4] Am 10.9.1664 ist die Taufe

---

* In memoriam Kirsten Beißwenger (1960–2013) und Yoshitake Kobayashi (1942 bis 2013).
[1] Brief vom 28.10.1730 an Georg Erdmann in Danzig; Dok I, S. 68.
[2] J. Sittard, *Zur Geschichte der Musik und des Theaters am Württembergischen Hofe*, Bd. I, Stuttgart 1890, S. 59–62.
[3] W. Pfeilsticker, *Neues Württembergisches Dienerbuch*, Bd. I, Stuttgart 1957, § 890.
[4] Meine Anfrage beim Landeskirchlichen Archiv Stuttgart wurde von Frau Gudrun

der Tochter Christiane Pauline eingetragen; bei ihrem Ableben im Januar 1745 hatte diese mithin ein Alter von 80 Jahren und einigen Monaten erreicht.

Ihr Vater Paul Kellner scheint eine unruhige und streitbare Persönlichkeit gewesen zu sein. In den knapp eineinhalb Jahrzehnten seiner Tätigkeit in Stuttgart war er in Auseinandersetzungen sowohl mit Samuel Capricornus († 12.11.1665) als auch mit dessen Nachfolger Johann Friedrich Magg verwickelt. Als Anfang Juli 1674 der regierende Herzog Eberhard III. mit kaum 60 Jahren verstarb und der Thronfolger Herzog Wilhelm Ludwig mit einem Dekret vom 9.9.1674 die Hofkapelle reduzierte, wurde auch Paul Kellner entlassen.

Schon vor dem offiziellen Stuttgarter Abschied per 2.2. (Lichtmeß) 1675 hatte Kellner am Hofe des Markgrafen Johann Friedrich von Brandenburg-Ansbach eine neue Anstellung gefunden (15.11.1674) und konnte mit Söhnen und Töchtern in die fränkische Residenz übersiedeln.[5] Für zwei (und später drei) seiner Töchter ist hier unter dem 15.6.1675 erstmals eine Besoldung nachzuweisen, zwei Jahre später (11.6.1677) sogar eine Besoldungserhöhung. 1683 (24.3.) stellte Kellner weitere Ansprüche zugunsten seiner Kinder, bat sogar um seine Entlassung, nahm diese Bitte jedoch erwartungsgemäß zurück, als Markgraf Johann Friedrich den Wünschen seines Hofmusikers wenigstens teilweise nachkam (14.4.). Im selben Jahr sind Einkünfte für die beiden ältesten Töchter Kellners nachweisbar (20.8.), dann auch noch für eine dritte Tochter, letztere sicherlich identisch mit der Paulina. Ob und in welchem Ausmaß diese Töchter bei den Ansbacher Opernaufführungen jener Jahre mitgewirkt haben, läßt sich nicht im einzelnen verfolgen. Dies gilt – ungeachtet einer naheliegenden Gedankenverbindung – auch für Johann Wolfgang Francks Oper „Die drei Töchter [des] Cecrops" (nach einem Text von Maria Aurora von Königsmarck), die in Ansbach wohl im Februar 1686 dargeboten wurde.[6] Kurze Zeit später (22.3.) starb Markgraf Johann Friedrich, es folgte eine Zeit der vormundschaftlichen Regierung und die Kapelle wurde durch Erlaß vom 3.5.1686 aufgelöst.

Wißmann bearbeitet, die sich freundlicherweise mit den aufwendigen Sucharbeiten befaßte. Außer der „Paulina" sind folgende Kinder des Ehepaares Paul Kellner und Johanna Magdalena geb. NN. nachweisbar (Taufdaten): Anna Johannetta 10.5.1661 (Pate: Kapellmeister S. Capricornus), Antonia 6.10.1662, Anna Elisabetha 17.3.1667, Jonathan Paulus 18.12.1668, Ernst Friedrich 4.12.1672.

[5] Dies und das folgende nach C. Sachs, *Die Ansbacher Hofkapelle unter Markgraf Johann Friedrich (1672–1686)*, SIMG 11 (1909–1910), S.105–137, hier S.115f. und 132f.

[6] W. Braun, *„Die drei Töchter Cecrops". Zur Datierung und Lokalisierung von Johann Wolfgang Francks Oper*, AfMw 40 (1983), S.102–125, besonders S.109, 122; zum Textbuch vgl. H. J. Marx und D. Schröder, *Die Hamburger Gänsemarkt-Oper. Katalog der Textbücher (1678–1748)*, Laaber 1995, S.132f.

Über Mangel an Beschäftigung brauchten Paul Kellner und seine Töchter gleichwohl nicht zu klagen. Einige Aktennotizen lassen auf vielfältige Kontakte zu anderen Höfen schließen. So ersuchte Herzog Albrecht III. von Sachsen-Coburg (1648–1699) unter dem 17. 2. 1686 den Ansbacher Markgrafen Johann Friedrich um den Kammermusikus Paul Kellner samt dessen zwei Töchtern als „Cantatricen", die sich gerade auf einer Tournee nach Wolfenbüttel und Weißenfels befanden.[7] „Später einmal hält er die auf der Durchreise von Weißenfels her nach Coburg gelangten beiden Mädchen zurück und muß hinterher an den Markgrafen einen langen Entschuldigungsbrief schreiben."[8]

Eine wichtige Station in der Folgezeit ist der Hof von Braunschweig-Wolfenbüttel. Mittels einer „archivischen Sammlung" – Auszügen aus im übrigen kassierten Akten – konnte Friedrich Chrysander eine Reihe kennenswerter Zahlungsbelege im Zusammenhang mit Opernaufführungen beibringen.[9] Als im August 1686 in Wolfenbüttel die Oper „Psyché" mit der Musik von Jean-Baptiste Lully erklang, waren neben Paul Kellner und seinem Sohn Jonathan „zwei deutsche Sängerinnen, Antoinette und Pauline Kellner, letztere als Psyche" beschäftigt.[10] Im August 1687 folgte im selben Theater „Thesée", erneut unter Mitwirkung der Familie Kellner.[11] An gleicher Stelle wird im August 1688 „L'Ercole in Tebe" dargeboten; erwähnt werden diesmal sechs Mitglieder der Familie Kellner: Vater und Sohn, Pauline, Elisabeth, Johanna und Anna.[12] In einer undatierten Aufzeichnung des Herzogs Anton Ulrich heißt es gelegentlich „Pauline mit ihren Leuten 150. –"[13] Für 1692 sind Zahlungen für die Aufführungen von „Ariadne" und „Andromache" zur Braunschweiger

---

[7] R. Hambrecht, *Der Hof Herzog Albrechts III. von Sachsen-Coburg (1680–1699) – eine Barockresidenz zwischen Franken und Thüringen*, in: J. John (Hrsg.), Kleinstaaten und Kultur in Thüringen vom 16. bis 20. Jahrhundert, Weimar, Köln, Wien 1994, S. 161–185, hier S. 178 f. (Quelle: Staatsarchiv Coburg, *LA A Nr. 2375*).

[8] K. Höfer, *Über die Anfänge des Coburger Theaterwesens*, in: Aus den coburggothaischen Landen. Heimatblätter, Heft 6, Gotha 1908, S. 35–57, hier S. 54 f. Leider wird hier kein Datum genannt. Da der Markgraf bereits im März 1686 verstarb, ist wenig zeitlicher Spielraum gegeben.

[9] F. Chrysander, *Geschichte der Braunschweig-Wolfenbüttelschen Capelle und Oper vom sechzehnten bis zum achtzehnten Jahrhundert*, in: Jahrbücher für musikalische Wissenschaft, Bd. I (1863), S. 147–286.

[10] Chrysander, S. 200; Nachweis des Textbuches: *Libretti. Verzeichnis der bis 1800 erschienenen Textbücher. Zusammengestellt von Eberhard Thiel unter Mitarbeit von Gisela Rohr*, Frankfurt a. M. 1970 (Kataloge der Herzog August Bibliothek Wolfenbüttel. Die Neue Reihe. Der ganzen Reihe 14. Bd.; im folgenden: Kat. Wolfenbüttel), S. 274, Nr. 1339.

[11] Chrysander, S. 201; Textbuch: Kat. Wolfenbüttel, S. 325 Nr. 1584.

[12] Chrysander, S. 202; Textbuch: Kat. Wolfenbüttel, S. 130 Nr. 643.

[13] Chrysander, S. 188 f.

Messe sowie zur Lichtmesse belegbar: „Ausgabe | ... | Frauenzimmer.| ... | 2 Madm. Kelnerin ... 40 [Thlr.]" sowie „Kostgelder. Der Kellner'schen Familie für 3 Wochen 15.–"[14]

Viele andere Aktivitäten sind im fraglichen Zeitraum für den genannten Hof zu verzeichnen,[15] doch fehlen zu diesen Nachweise über eine Einbeziehung von Mitgliedern der Musikerfamilie Kellner. Unklar ist darüber hinaus, ob von jenen eine ständige Anwesenheit am Hof erwartet wurde oder aber Gastspielreisen erlaubt waren. In diesem Zusammenhang ist eine Mitwirkung der Paulina bei der Hamburger Premiere der Oper „Cara Mustapha" (1686) erwogen worden.[16] Im September 1691 scheint die Sängerin den endgültigen Wechsel in die Hansestadt geplant zu haben. In dem Brief eines gewissen C. Fraudorff (?) heißt es hierzu:

Es soll die hier gewesene Paulina in Hamburgischen Opern zu singen Verlangen tragen; besagter Hr. Licentiat [Schott] aber, als dem die Ursache ihres Abschieds von hiesigem Hofe was verdächtig vorkommen mag, soll Bedenken haben, sie zu empl[o]yren, aus Beisorge, solches Höchstermelter Sr. Durchl. [Herzog Anton Ulrich, 1633–1714] missbehäglich sein möchte. Wünschet daher wohl ein wenig Nachricht zu erfahren, aus was Ursache und auf was Art diese Sängerin hiesigen Hoff und Land geräumet.[17]

Die Annahme einer langdauernden Verstimmung seitens des Hofes läge angesichts dieser Formulierungen nahe, doch zeigen die erwähnten Belege aus dem Jahre 1692, daß davon keine Rede sein kann.

---

[14] Chrysander, S. 194 und 196. Textbuch zu „Ariadne" (Aufführung in Braunschweig): Kat. Wolfenbüttel, S. 34 Nr. 165. Zur Komposition vgl. G. J. Buelow, *Die schöne und getreue Ariadne (1691): A Lost Opera by J. G. Conradi Rediscovered*, in: Acta Musicologica 44 (1972), S. 108–121.

[15] G. F. Schmidt, *Neue Beiträge zur Geschichte der Musik und des Theaters am Herzoglichen Hofe zu Braunschweig-Wolfenbüttel. Ergänzungen und Berichtigungen zu Chrysanders Abhandlung: „Geschichte der Braunschweig-Wolfenbüttelschen Capelle und Oper vom sechzehnten bis zum achtzehnten Jahrhundert". Erste [einzige] Folge*, München 1929, Tafel 3 ff.

[16] W. Braun, *Cara Mustapha oder die zweite Eröffnung des Hamburger Schauplatzes*, in: Studien zur Musikwissenschaft. Beihefte zu den Denkmälern der Tonkunst in Österreich 35 (1984), S. 37–64; ders., *Vom Remter zum Gänsemarkt. Aus der Frühgeschichte der alten Hamburger Oper (1677–1697)*, Saarbrücken 1987 (Saarbrücker Studien zur Musikwissenschaft. Neue Folge. Bd. 1.), S. 120–123, 143, 169. Zum Textbuch und zu weiteren bibliographischen Angaben vgl. Marx/Schröder (wie Fußnote 6), S. 199 f. und 386 f.

[17] Chrysander (wie Fußnote 9), S. 190. Den Briefauszug kommentiert Chrysander (S. 201) mit der Bemerkung, unter den ersten norddeutschen Opernsängerinnen scheine sich die „‚Pauline' durch Talent wie durch leichte Sitten besonders bemerkbar gemacht zu haben." Diese unbewiesene Anschuldigung hat in manche neuere Veröffentlichungen Eingang gefunden.

In Ansbach ging wenig später die Zeit der vormundschaftlichen Regierung zu Ende. Nach dem Regierungsantritt von Markgraf Georg Friedrich [II.] am 23.7.1694 begann der Neuaufbau der Hofkapelle, der eine Wiederanstellung der Paulina mit sich gebracht haben muß.[18] Ausdrücklich erwähnt werden die „Polina" und ihre „sorella" in einem wohl 1699 anzusetzenden Brief des Komponisten und Gesangslehrers Francesco Antonio Pistocchi (1659–1726).[19] Doch schon nach wenigen Jahren hatte die Herrlichkeit wieder ein Ende. Der junge Markgraf starb an den Folgen einer Kriegsverletzung (29.3.1703), und bald danach kam es zu durchgreifenden Einsparungen im Blick auf den Hofstaat. Das in diesem Zusammenhang verfaßte sogenannte *Reductions-Libell* vom Juli 1703 vermerkt zu den drei führenden Persönlichkeiten der Hofkapelle, „Capellmeister Rauh" († 1721), „Sängerin Paulina" und „Altist Bimbler" (Georg Heinrich Bümler, 1669–1745):

Von S: HochFürstl. Durchl. [Markgraf Wilhelm Friedrich] wollen alle drey zwar behalten: allein [sollen] dem ersten nur 300. fl. und denen beeden andern aber jedem 400. fl. vor alles und alles zur Besoldung gereicht werden.

Während Bümler auf diese Weise 50 Gulden Besoldung sowie Mietzuschuß und Lichtgeld einbüßte und Rau(h) auf Lichtgeld, Mietzuschuß und die Lieferung von Heizmaterial verzichten mußte, sollte die Paulina die Streichung von 50 Gulden Besoldung, 225 Gulden Kostgeld, 10 Gulden Lichtgeld sowie der freien Lieferung von 19 Klaftern Holz hinnehmen.[20] Angesichts dieser Radikalkur muß die Sängerin sich nach einem neuen Wirkungskreis umgesehen und eine zeitnahe Lösung des Ansbacher Dienstverhältnisses angestrebt haben, während Bümler und der Kapellmeister Rau(h) auf ihren Posten ausharrten. Vom einstigen Zusammenwirken der beiden Gesangskräfte in Ansbach zeugt eine – sicherlich durch den Geiger Johann Georg Pisendel (1687–1755) nach Dresden gelangte – Partitur der von Antonio Lotti komponierten „Serenata Bella Dea che in ciel risplendi", in der die Namen „Paul:" und „Bim:" vermerkt sind.[21]

---

[18] G. Schmidt, *Die Musik am Hofe der Markgrafen von Brandenburg-Ansbach vom ausgehenden Mittelalter bis 1806*, Kassel 1956, S. 67 ff.

[19] Ebenda, S. 69.

[20] Vgl. die Abbildung bei A. Treuheit, *Johann Georg Pisendel (1687–1755). Geiger – Konzertmeister – Komponist. Dokumentation seines Lebens, seines Wirkens und Umgangs und seines Werkes*, Cadolzburg 1987, S. 36, nach Staatsarchiv Nürnberg, *Ansbacher Archiv Akten Nr. 131*.

[21] Siehe *Schranck No: II. Das erhaltene Instrumentalmusikrepertoire der Dresdner Hofkapelle aus den ersten beiden Dritteln des 18. Jahrhunderts*, hrsg. von G. Poppe u. a., Beeskow 2012 (Forum Mitteldeutsche Barockmusik. 2.), S. 35. Zu Bümlers sängerischen Leistungen bemerkt Johann Mattheson rückblickend: „Ich erinnere mich hiebey/ des offt in Ehren erwehnten Bümlers/ daß derselbe/ wie er noch in

Im Krisenjahr 1703, vielleicht auch schon ein Jahr früher scheint die Paulina in Braunschweig die Titelpartie in Ruggiero Fedelis Oper „Almira" gesungen zu haben.[22]

Einen Nachweis für die Anwesenheit der Sängerin in Hamburg im März 1704 liefert die folgende chronikalische Notiz über ihr Mitwirken bei der Passionsaufführung in der Zuchthauskirche:

> Wenn seither 2 Jahren die Operisten die Passion im Zuchthause gesungen, so begannen sie den 20. dieses, als am Grünen Donnerstag solches abermahls, wie dann die Kirche daselbst gepfropfft voll allerhand vornehmer Leute sich befande, welche allermeist der Sängerin Paulina halber sich so häufig eingefunden gehabt.[23]

Ebenfalls auf das Eintreffen der Paulina im Jahre 1704 bezieht sich eine ärgerliche Äußerung Christian Friedrich Hunolds über unerwartete Erschwernisse für seine Arbeit am Libretto zu Reinhard Keisers Oper „Nebucadnezar":

> In *Nebucadnezar* war der erste *Actus* bereits fertig [und *componirt*, und kondte wegen kürtze der Zeit nicht geändert werden] [...] Wie aber die berühmte Sängerin/ *Madem: Paulina*, unverhofft hieher kam/ muste in dem andern [zweiten] *Actu* noch eine Haupt-Person/ die Königin *Adina* mit eingerücket werden/ welches mir durch die gantze *Invention* einen nicht geringen Strich machte.[24]

---

hiesigen Opern sang/ und zwar in einer/ die *Basilius* hiesse [von Reinhard Keiser, Hamburg 1694]/ offtmahls eine solche *tenue*, mit geschlagenem scharffen *trillo*, wohl über 20. Tripel-Täcte lang/ in einem Athem gemacht hat/ daß den Leuten im *Parterre* bange gewesen ist/ er würde gar darüber zu kurz kommen." (*Critica Musica*, Bd. I, Hamburg 1722, S. 124).

[22] *Ruggiero Fedeli. Almira*, hrsg. von H. Drauschke, Beeskow 2011 (Musik zwischen Elbe und Oder. 24.), S. XII. Vgl. auch R.-S. Pegah, *Neues zur Oper Almira*, in: Göttinger Händel-Beiträge, Bd. 10 (2004), S. 31–53, sowie zur verwickelten Text- und Kompositionsgeschichte W. Braun, *Händel und die frühdeutsche Oper*, in: Karlsruher Händel-Vorträge, Karlsruhe 1985, S. 51–85, speziell Tabelle 2: Almiras Wanderungen (S. 73), außerdem H. Drauschke, *Italienische Oper in Norddeutschland zwischen Wertschätzung, Kritik und Transformation. Ruggiero Fedelis Braunschweiger Almira*, in: Händel-Jahrbuch 58 (2012), S. 387–422, besonders S. 389.

[23] Zitiert nach I. Scheitler, *Deutschsprachige Oratorienlibretti. Von den Anfängen bis 1730*, Paderborn 2005 (Beiträge zur Geschichte der Kirchenmusik. 12.), S. 166. Gemäß Hamburger Gepflogenheiten wäre die umlaufende Passionsmusik allerdings schon Wochen zuvor (und offenbar unter Mitwirkung der Paulina) in verschiedenen Kirchen dargeboten worden, jedoch ohne erwähnenswerten Publikumsandrang. Vgl. auch J. Kremer, *Joachim Gerstenbüttel (1647–1721) im Spannungsfeld von Oper und Kirche. Ein Beitrag zur Musikgeschichte Hamburgs*, Hamburg 1997, S. 190, 197, 201.

[24] *Theatralische/ Galante Und Geistliche Gedichte/ Von Menantes*, Hamburg 1706, S. 127 f., hier zitiert nach Drauschke (wie Fußnote 22), S. XII. Textbuch: Marx/Schröder (wie Fußnote 6), S. 190.

Dem Hamburg-Aufenthalt der Sängerin zuzuordnen sind wohl auch zwei Äußerungen Johann Matthesons, der bis 1705 selbst zu den Mitwirkenden der Hamburger Oper gehört hatte und die Paulina aus nächster Nähe erlebt haben muß.

1713 heißt es hinsichtlich sprachlicher Schwierigkeiten bei der Darbietung italienischer Opern außerhalb Italiens:

Und glücklich der *Compositeur*, der eine *Marguerite* oder *Pauline*, und einen *Nicolini*, Bimmler oder Grünewald zu *Executeurs* seiner Arbeit antrifft.[25]

1717 führt Mattheson als Beispiel für den *Stylus Phantasticus* an:

Die *Paulina* pfleget wohl *ex tempore* zu singen und mit der Kehle zu *fantaisi*ren/ ohne einzige Worte; welches ich gewiß vor diesem mit grossem *Plaisir* gehöret habe.[26]

Auf einen Abstecher nach Berlin deutet eine Bemerkung der preußischen Königin Sophie Charlotte (1668–1705) in ihrem Brief vom 9. 9. 1704 an Hans Caspar von Bothmer (1656–1732):

Nous avons cependant musique de la cantatrice de la princesse d'Ansbach qui chante fort bien.[27]

Die „Cantatrice", die im Gefolge der Ansbacher Prinzessin und nachmaligen englischen Königin Wilhelmine Caroline (1686–1737) nach Lietzenburg, dem späteren Charlottenburg, kam, kann nach Lage der Dinge nur mit Christiane Pauline Kellner identisch sein, auch wenn deren Name nicht ausdrücklich genannt wird.[28] Anscheinend stand die Paulina im Herbst 1704 zumindest nominell noch immer in den Diensten des Ansbacher Hofes. Dies änderte sich erst im folgenden Frühjahr: Durch ein Dekret vom 21. April 1705 erhielt sie rückwirkend ab Februar eine Anstellung in Stuttgart und blieb bis zu ihrer Entlassung zu Lichtmeß (2. 2.) 1710 in ihrer Geburtsstadt Mitglied der Hofkapelle des Herzogs Eberhard Ludwig von Württemberg (1676–1733).[29]

---

[25] *Das Neu-Eröffnete Orchestre*, Hamburg 1713, S. 225.
[26] *Das Beschützte Orchestre*, Hamburg 1717, S. 137.
[27] *Briefe der Königin Sophie Charlotte von Preußen und der Kurfürstin Sophie von Hannover an hannoversche Diplomaten*, hrsg. von R. Doebner, Leipzig 1905 (Publikationen aus den K. Preußischen Staatsarchiven. 79.), S. 57. Bei einer anderwärts in den Briefen erwähnten Sängerin „Paulina" handelt es sich um die bereits 1705 verstorbene Pauline Friedlin (vgl. C. Sachs, *Musik und Oper am kurbrandenburgischen Hof*, Berlin 1910, S. 84).
[28] R.-S. Pegah, „*Hir ist nichts als operen undt commedien.*" Sophie Charlottes Musik- und Theaterpflege in den Jahren 1699 bis 1705, in: Sophie Charlotte und ihr Schloß. Ein Musenhof des Barock in Brandenburg-Preußen. Katalogbuch anläßlich der Ausstellung […] 6. Nov. 1999–30. 1. 2000, München 1999, S. 83–89, hier S. 84.
[29] Pfeilsticker (wie Fußnote 3), § 933.

Auch in diesem Jahrfünft wurde auf Gastspiele nicht verzichtet. In einem Brief des Markgrafen Christian Ernst von Brandenburg-Bayreuth (1644–1712) vom 24. 2. 1706 an Herzog Eberhard Ludwig heißt es, der Markgraf sei „im bevorstehenden Monath April eine kleine opera alhier [zu] agiren gewillet, wozu mir E. L. habende Sängerin Christiana Paulina Köller sehr recommandiert und angerühmet worden".[30] Eine ausführlichere Bitte folgt am 14. 6. 1706:

> Es ist dieser tagen E. L. Sängerin Paulina hierdurch passiret welche ich ersuchet en retour, so sie medio künftig[en] Monath vorgegeben, auf etliche Tage hier bei Mir zu verbleiben und auf meines Gemahls L. den 27. Juli einfallenden Geburthstag in einem kleinen Pastorale eine partie mitzusingen. Weilen sie sich aber ohne E. L. permission nicht engagiren wollen und E. L. sonst auch noch bey sich in Diensten einen Bassisten nahmens [Giovanni Marco] Ricci haben sollen, welcher ebenfalls zu besagtem kleinen musikalischen divertissement employret werden könnte, [...] also nehmen wir die Liberté E. L. zu ersuchen, beide Persohnen [nach Bayreuth kommen zu lassen].[31]

Anscheinend handelt es sich um ein Schreiben der Markgräfin Elisabeth Sophie (1674–1748), denn der 27. Juli war der Geburtstag des Markgrafen. Mit dem „kleinen Pastorale" ist „Galathea" gemeint, Aufführungsstätte war das neugebaute Schloß Elisabethenburg zu Erlangen,[32] das Markgraf Christian Ernst seiner dritten Gemahlin im Jahr der Hochzeit (1703) geschenkt hatte.[33]
Am 22. 6. 1708 bat Herzog Johann Georg von Sachsen-Weißenfels (1677 bis 1712) den Württemberger um Entsendung der Paulina, damit diese ab 21. Juli bei den Opern, die anläßlich der Vermählung der Prinzessin Magdalene Sibylle von Sachsen-Weißenfels (1673–1726) mit Herzog Johann Wilhelm von Sachsen-Eisenach (1666–1729) am 28.7.1708 aufgeführt werden sollten, mitwirken könne. Am 18. 8. bescheinigte der Weißenfelser der Sängerin, sie habe „diese Zeit über allenthalben vollkommene Satisfaction gegeben".[34]
Zwei Jahre später soll die Paulina – jedenfalls nach Aktenlage – endgültig am Weißenfelser Hofe angestellt worden sein. Neben einer reichlichen Besoldung

---

[30] L. Schiedermair, *Bayreuther Festspiele im Zeitalter des Absolutismus*, Leipzig 1908, S. 16.

[31] Ebenda; Schiedermair weist den Brief dem Markgrafen zu.

[32] E.W. Böhme, *Die frühdeutsche Oper in Thüringen*, Stadtroda 1931, S.134f., erwähnt den Textdruck (D-B, *B. Diez. 4⁰ 2388 n. 25*), bezieht ihn aber irrtümlich auf das gleichnamige Schloß in Meiningen. Richtigstellung durch R.-S. Pegah in: *Biographie und Kunst als historiographisches Problem. Bericht über die Internationale Wissenschaftliche Konferenz anläßlich der 16. Magdeburger Telemann-Festtage Magdeburg, 13. bis 15. März 2002*, Hildesheim etc. 2004 (Telemann-Konferenzberichte. 14.), S. 272 f.

[33] *Erlanger Stadtlexikon*, hrsg. von C. Friederich, Nürnberg 2002 (Stichwort *Schloss*).

[34] A. Werner, *Städtische und fürstliche Musikpflege in Weissenfels bis zum Ende des 18. Jahrhunderts*, Leipzig 1911, S. 54, 77.

wurden der *Cantatricin* allerlei Sondervergünstigungen gewährt, insbesondere die nahezu unbegrenzte Berechtigung zu Gastspielreisen.[35] Daß sie die Aufgabe 1710 tatsächlich übernommen hätte, bleibt allerdings ungewiß, denn am 1.10.1710 trat sie in die Dienste des Landgrafen Carl von Hessen-Kassel (1654–1730), ist hier 1711 und 1713 auch im Kapelletat und in einer Rangliste aufgeführt.[36] Ihre Besoldung betrug 400 Taler, hinzu kamen andere Zuwendungen und Geldgeschenke.

1713 könnte sie in London gastiert haben, wie eine Anzeige in einer Londoner Zeitung vom 26. Mai 1713 vermuten läßt: „Hickford's Room, a consort for the benefit of the Baroness [Johanna Maria Lindelheim, Sopran] and Mrs Paulina".[37]

Am 18.11.1713 wird in einem Schreiben des Kasseler Hofkapellmeisters Ruggiero Fedeli (1651/52–1722) an Agostino Steffani (1654–1728) in Hannover bemerkt:

Wir erwarten täglich eine Sängerin aus Bologna, die Lucia Bonarini [recte: Bouarini] heißt. Man sagt, sie sei jung, schön und tüchtig. Wir haben noch eine andere Sängerin, eine Deutsche, aber sie ist ein wenig alt, singt jedoch gut.[38]

Nach der Beschreibung muß es sich bei der „Deutschen" um die Paulina handeln, die in der Tat nicht mehr die Jüngste war. Bei Georg Christian Lehms (1684–1717) heißt es 1715 gleichwohl:

---

[35] Ebenda, S. 77 f.; T. Fuchs, *Studien zur Musikpflege in der Stadt Weißenfels und am Hofe der Herzöge von Sachsen-Weißenfels*, Bologna 1997, S. 98, 156. Hier und in anderen Publikationen erwähnt Fuchs eine Gehaltskürzung „am Badischen Hofe"; dergleichen ist allerdings nur für Ansbach zu belegen.

[36] C. Engelbrecht, *Die Hofkapelle des Landgrafen Carl von Hessen-Kassel*, in: Zeitschrift des Vereins für hessische Geschichte und Landeskunde 68 (1957), S. 141–173, hier S. 156, 163 f.

[37] M. Tilmouth, *A Calendar of References to Music in Newspapers*, London 1961 (R. M. A. Research Chronicle. 1.), hier zitiert nach H. J. Marx, *Händel und seine Zeitgenossen. Eine biographische Enzyklopädie*, Teilband 2, Laaber 2008, S. 616. Möglicherweise hatte die Paulina in Hamburg gastieren wollen, doch die Oper war wegen einer Pestepidemie geschlossen. Zu J. M. Lindelheim († 20.12.1724), der „Baroness", vgl. D. Brandenburg und T. Seedorf (Hrsg.), *„Per ben vestir la virtuosa"*, Schliengen 2011 (Forum Musikwissenschaft. 6.), S. 34 f. (T. Synofzik).

[38] Übersetzung aus dem Italienischen von Josef Loscheider in: *Beiträge zur Musikgeschichte der Stadt Düsseldorf*, Köln und Krefeld 1952 (Beiträge zur rheinischen Musikgeschichte. 1.), S. 51 f., hier zitiert nach R.-S. Pegah, *Johann Friedrich Fasch und das Musikleben an den Residenzen in Kassel, Ansbach, Oettingen und Bayreuth 1714–1716*, in: Musik an der Zerbster Residenz. Bericht über die Internationale Wissenschaftliche Konferenz vom 10. bis 12. April 2008 im Rahmen der 10. Internationalen Fasch-Festtage in Zerbst, Beeskow 2008 (Fasch-Studien. 10.), S. 81–90, hier S. 84.

Unter den Teutschen Sängerinnen auf dem *Theatro* sind bekannt:
[…]
2. Die *Paulina* in Cassel / so sich sonderlich wegen ihrer Fertigkeit in der *Vocal-Music* in *Estim* gesetzet.[39]

Das im selben Jahr vorgelegte *Frauenzimmer-Lexicon* des Amaranthes vermeldet unter dem Stichwort *Paulina*:

> Eine *virtuose* und berühmte Sängerin in Cassel, so zugleich eine gute *Actrice* ist.[40]

Der geflissentliche Hinweis auf die schauspielerischen Meriten könnte andeuten, daß die Sängerin stimmlich ihren Zenith bereits überschritten hatte. Nichtsdestoweniger bat Herzog Christian von Sachsen-Weißenfels (1682 bis 1736) den Landgrafen von Hessen-Kassel am 7.1.1716 um die Entsendung der Paulina zwecks Mitwirkung an den Weißenfelser Feierlichkeiten am 21. und 23.1.1716 zum Geburtstag der Herzogin Luise Christine (1675–1729). Die Zusage aus Kassel erfolgte am 14.1.[41] Am letzten Tag des Jahres 1716 endete das Kasseler Dienstverhältnis für die Paulina; Nachfolgerin wurde die nachmals in Dresden, London (in Opern Georg Friedrich Händels, 1720–1722) sowie in verschiedenen Städten Italiens tätige Maddalena da Salvai.

In Weißenfels scheint die Paulina 1717 Bedingungen vorgefunden zu haben, die sich nur unwesentlich von dem 1710 Vereinbarten unterschieden. In den folgenden beiden Jahrzehnten – bis zum Tod Herzog Christians Ende Juni 1736 – bleibt die Sängerin das bei weitem höchstbezahlte Mitglied der Hofkapelle.[42] Welche Aktivitäten dieser reichlichen Vergütung gegenüberstanden, ist leider unbekannt. In Johann Gottfried Walthers *Musicalischem Lexicon* (Leipzig 1732) heißt es lapidar:

> Kellnerin (Christiana Paulina) stehet, als eine grosse *Virtuosin* und Sängerin, annoch in Hochfürstlichen Weissenfelsischen Diensten.[43]

---

[39] *Teutschlands Galante Poetinnen*, Frankfurt a. M. 1715 (Widmung Darmstadt, 2. 7. 1714), Vorrede, S. (f2).

[40] *Nutzbares, galantes und curiöses Frauenzimmer-LEXICON* […] *Von Amaranthes* [Gottlieb Siegmund Corvinus, 1677–1746], Leipzig 1715, Sp. 1453.

[41] Werner (wie Fußnote 34), S. 77. Vgl. *Das Weissenfelser Aufführungsverzeichnis Johann Philipp Kriegers und seines Sohnes Johann Gotthilf Krieger (1684–1732). Kommentierte Neuausgabe*, bearbeitet und hrsg. von K.-J. Gundlach, Sinzig 2001, S. 433.

[42] A. Schmiedecke, *Zur Geschichte der Weißenfelser Hofkapelle*, Mf 14 (1961), S. 416–423.

[43] WaltherL, S. 338. Entgegen sonstiger Gepflogenheit übernimmt Zedler in Bd. 26 (Leipzig und Halle 1740, Sp. 1462) nicht den Text des Walther-Lexikons, sondern schreibt in Anlehnung an das *Frauenzimmer-Lexicon* des Amaranthes (vgl. Fußnote 40): „Paulina, eine Virtuose und berühmte Sängerin in Cassel, so zugleich eine gute Actrice ist."

An anderer Stelle des Lexikons, in dem wohl auf autobiographischen Mitteilungen des Betreffenden fußenden Artikel Andreas Elias Erhardt, wird erwähnt, dieser habe

an. 1723. mit eines gewissen Patrones Sohne auf die *Universit*ät Jena gehen wollen, und sich deswegen schon *inscribi*ren lassen; als aber dieses nach Ostern bewerckstelliget werden sollen, ist die wegen ihrer *Virtù* bekannte *Cantatrice, Mad. Paulina*, nebst dem Land-Rentmeister, Herrn *Kobelio*, von Weissenfels nach Altenburg gekommen, haben ihn zu sich kommen lassen, und mit nach Weissenfels genommen, woselbst er an Ihro Hochfürstliche Durchl. Geburts-Tage mit seiner Stimme gnädigste *approbation* gefunden, daß er an des in der Saale ertrunckenen Bassisten, Herrn Stieglers Stelle angenommen worden.[44]

Die geschilderten Vorgänge gehören in das Jahr 1724: Am 18.1. hatte Erhardt sich in die Jenaer Matrikel eingetragen, und der ertrunkene Bassist Johann Caspar Stiegler wurde am 17. 2. begraben.[45] Mit dem Geburtstag des Herzogs Christian ist demzufolge der 23. 2. 1724 gemeint.[46]
Nach dem Tod Herzog Christians (28. 6. 1736) wird die Paulina pensioniert und erhält mit 200 Talern nur noch die Hälfte ihres bisherigen Gehalts; später schrumpfen ihre Bezüge auf etwa ein Drittel des ehemaligen Quantums. „Den 17. Jan. [1745] ist Jungfer Christiana Paulina Kellnerin, gewesene Fürstl. Sächß. Cantatrice gestorben und den 19. ejusd. mit gnädigster Concession nach gehaltener Parentation Abends begraben worden", heißt es im Sterberegister der Marienkirche zu Weißenfels.[47] Damit endet ein langes Künstlerleben „zwischen den Zeiten": In des Wolfgang Caspar Printz *Beschreibung*

---

[44] WaltherL, S. 229. Erhardt, 1704 in Erfurt geboren, hatte die Gymnasien in Erfurt und Altenburg besucht und „an beyden Orten … den *Chorum symphoniacum frequentir*et". Nach dreijähriger Tätigkeit in Weißenfels wurde er Bassist in der Weimarer Hofkapelle; 1730 ging er nach Hamburg und wenig später nach Riga. Er starb 1761 in Moskau oder St. Petersburg; vgl. J. Neubacher, *Georg Philipp Telemanns Hamburger Kirchenmusik und ihre Aufführungsbedingungen (1721–1767). Organisationsstrukturen, Musiker, Besetzungspraktiken*, Hildesheim 2009 (Magdeburger Telemann-Studien. 20.), S. 419.

[45] BzBF 6 (Leipzig 1988), S. 30 (E.-M. Ranft). Zum Landrentmeister (und Kapelldirektor) Johann Augustin Kobelius (1674–1731) sowie zur Übernahme einer Patenschaft durch „Madem. Christina Paulina Köllnerin, Hochfürstl. Cantatrice" am 11. 3. 1728 vgl. ebenda, S. 21.

[46] Eine Musikaufführung aus diesem Anlaß ist an zuständiger Stelle registriert, vgl. Weissenfelser Aufführungsverzeichnis (wie Fußnote 41), S. 443.

[47] Schmiedecke (wie Fußnote 42), S. 421. Der Hof schuldete ihr zu diesem Zeitpunkt 1629 Taler 19 Groschen 6 Pfennige, mithin mehrere Jahresgehälter. Den rückständigen Betrag nennt bereits Werner (wie Fußnote 34, S. 77), jedoch irrtümlich mit der Jahreszahl 1726.

der Edelen Sing- und Kling-Kunst (Dresden 1690) wird die Paulina noch nicht erwähnt, in Johann Matthesons *Grundlage einer Ehren-Pforte* (Hamburg 1740) erscheint sie nicht mehr.

II. Die Wilcke-Familie und Weißenfels

Im Unterschied zur Lebensgeschichte der Paulina, die – soweit überhaupt möglich – anhand von Zahlungsbelegen, Anstellungsunterlagen, brieflichen Erwähnungen, zeitgenössischen Urteilen sowie Operntextbüchern verfolgt werden kann, ist die Forschung über Anna Magdalena Wilcke und ihre Familie großenteils auf Kirchenbucheintragungen angewiesen. Zwar liefern diese exakte Daten nebst Aussagen über Verwandtschaftsverhältnisse und Patenschaften, doch lassen sie andererseits erhebliche Zeiträume undokumentiert, so daß gesichertes Wissen durch mehr oder weniger plausible Vermutungen ergänzt werden muß.

Die erreichbaren Daten zur Familie des 1731 in Weißenfels verstorbenen Trompeters Johann Caspar Wilcke (I) liegen in Untersuchungen insbesondere von Christoph Schubart,[48] Adolf Schmiedecke[49] und Maria Hübner[50] in hinreichender Vollständigkeit vor. Einige Ergänzungen sind gleichwohl wünschenswert, etwa hinsichtlich von Geburt beziehungsweise Taufe der 1710, 1716 und 1720 eingeheirateten Schwiegersöhne Georg Christian Meißner, (Johann) Andreas Krebs und Christian August Nicolai (I). Im Blick auf die Städte (durchweg Residenzen), in denen Familienangehörige ansässig waren, ergibt sich folgendes Bild.

In *Zeitz* sind zwischen 1688 und 1701 alle Kinder des Ehepaares Johann Caspar Wilcke (I) und Margarethe Elisabeth geb. Liebe zur Welt gekommen.[51] In Zeitz haben die drei ältesten von ihnen auch geheiratet: Anna Catharina 1710, Johanna Christina 1716 und Johann Caspar (II) 1718. Die beiden jüngsten Schwestern heirateten anderwärts: Erdmuthe Dorothea in Weißenfels (1720), Anna Magdalena in Köthen (1721). Die Trauung des mittlerweile als Trompeter am Hofe zu Zerbst tätigen Sohnes Johann Caspar Wilcke (II) mit Dorothea Maria Longolius am 18.7.1718 in Zeitz belegt zugleich die späteste Verbindung der Familie mit Zeitz und ist wohl lediglich durch die Herkunft der

---

[48] C. Schubart, *Anna Magdalena Bach. Neue Beiträge zu ihrer Herkunft und ihren Jugendjahren*, BJ 1953, S. 29–50 und Stammtafeln.

[49] A. Schmiedecke, *Johann Sebastian Bachs Verwandte in Weißenfels*, Mf 14 (1961), S. 195–200 und Stammtafel.

[50] M. Hübner, *Anna Magdalena Bach. Ein Leben in Dokumenten und Bildern*, Leipzig 2004.

[51] Auszunehmen ist die älteste Tochter, die nur ein Alter von wenigen Wochen erreichte.

Braut als Tochter des Zeitzer Schloßkirchners Johann Heinrich Longolius bedingt. Das Zeitzer „Stammhaus" der Familie hatte Johann Caspar Wilcke (I) bereits am 20. 2. 1718 verkauft. Ob das Elternpaar nebst den beiden jüngsten, noch unverheirateten Töchtern (Erdmuthe Dorothea und Anna Magdalena) Zeitz vor oder aber erst nach diesem Verkauf verlassen hat, wissen wir leider nicht. Unbekannt bleibt auch, in welcher Weise die Abwanderung der Familie mit dem Niedergang der Residenz und dem Erlöschen der Nebenlinie Sachsen-Zeitz im Jahre 1718 zu tun hat.

In *Weißenfels* ist die Familie Wilcke erstmals 1712 nachweisbar: Anna Catharina, die älteste Tochter, übernimmt am 12. 9. eine Patenschaft. Ihr Ehemann Georg Christian Meißner wird hierbei als hochfürstlicher Trompeter (in Weißenfels) erwähnt, während er 1710 noch als Trompeter in Gera erscheint. Hochfürstlicher Trompeter in Weißenfels ist auch (Johann) Andreas Krebs, der 1716 die nächstjüngere Wilcke-Tochter Johanna Christina heiratet. Von nun an häufen sich in den Weißenfelser Kirchenbüchern die Belege zu Taufen, Patenschaften und Begräbnissen; die Reihe der Eintragungen endet erst am 24. 12. 1757 mit dem Begräbnis von Anna Catharina Meißner geb. Wilcke, der Witwe des schon 1730 verstorbenen Trompeters Georg Christian Meißner. Die einzige Eintragung für Anna Magdalena Wilcke betrifft die Patenschaft bei ihrem Neffen Christian August Nicolai (II) am 20. 4. 1721.

In *Zerbst* ist der einzige Sohn von Johann Caspar Wilcke (I), der 1691 geborene Johann Caspar Wilcke (II), seit dem 24. 6. 1717 als Trompeter nachweisbar.[52] Seiner ersten und dritten Ehe entspringen ab 1719 insgesamt sechs Kinder; bei der Taufe des fünften (3. 3. 1729) wird Johann Sebastian Bach als Pate genannt, muß sich allerdings vertreten lassen.[53] Zu vermuten ist, daß Johann Caspar Wilcke (II) das Gastspiel vermittelt hat, das seinen Vater Johann Caspar Wilcke (I) und eine seiner Schwestern nach Zerbst führte und das in den dortigen Kammerrechnungen von 1720/21[54] wie folgt dokumentiert ist:

---

[52] B. M. Reul, *The Court of Anhalt-Zerbst*, in: Music at German Courts, 1715–1760. Changing Artistic Priorities, hrsg. von S. Owens, B. M. Reul und J. B. Stockigt, Woodbridge/Suffolk 2011, S. 260–286, hier S. 262.

[53] Dok II, Nr. 255. In Zerbst war 1723 bis 1731 auch Johann Andreas Krebs tätig. Wohin ein am 25. 4. 1731 an der Universität Leipzig immatrikulierter Johann Gottfried Wilcke aus Zerbst gehört, bleibt noch zu ermitteln.

[54] S. 141 (*Außgabe an Verehrungen*), Nr. 1169 und 1170. Vgl. Schubart (wie Fußnote 48), S. 48; Hübner (wie Fußnote 50), S. 36 f.; Reul (wie Fußnote 52), S. 262; auch *Fasch-Studien*, Bd. 6, Dessau 1997, S. 57 (H.-G. Hofmann), und Bd. 11, Beeskow 2011, S. 50 (K. Eberl-Ruf). Die von Hermann Wäschke ehedem genannte Jahreszahl 1716 (*Die Zerbster Hofkapelle unter Fasch*, in: Zerbster Jahrbuch 2, 1906, S. 47–63, hier S. 48) ist offenkundig falsch, wurde aber für bare Münze genommen und hat viel Verwirrung gestiftet. Mit „Discretion" ist nach dem Sprachgebrauch der Zeit eine freiwillige Gabe gemeint.

6 [Taler] dem Trompeter Wilcken von Weißenfels, so sich alhier hören laßen
12 [Taler] deßen Tochter so in der Capelle einige mahl mit gesungen zur Discretion.

In *Köthen* erscheint Anna Magdalena Wilcke erstmals am 15. 6. 1721 im Abendmahlsregister der Agnus-Kirche mit der fehlerhaften Eintragung *Mar. Magd. Wilken*.[55] Am 25. 9. 1721 ist sie Patin, zusammen mit Johann Sebastian Bach; ein solches gemeinsames Auftreten galt üblicherweise als Bekanntgabe eines Verlöbnisses. Hier und auch in einer Eintragung vom 29. 9. 1721 wird sie als „fürstliche Sängerin allhier" beziehungsweise „Cammer-Musicantin" apostrophiert.[56] Entsprechende Einkünfte sind in den Kammerrechnungen allerdings nicht nachweisbar; sie setzen erst im Mai 1722, also ein halbes Jahr nach Anna Magdalenas Verheiratung, ein.[57] Ob die Sängerin zur Überbrückung etwa Zuwendungen aus der fürstlichen Schatulle erhalten hat und mit welchem Recht sie ihre erwähnten Titel führte, läßt sich leider nicht feststellen.

III. Mögliche Begegnung in Weißenfels

Für eine Unterweisung Anna Magdalena Wilckes durch die 37 Jahre ältere Christiane Pauline Kellner, wenn sie denn stattgefunden haben sollte, käme nach dem bisher Gesagten der Zeitraum zwischen der Jahreswende 1716/17 (Rückkehr der Paulina aus Kassel) und Juni 1721 (Verzeichnung Anna Magdalenas im Köthener Abendmahlsregister) in Frage. Für die Anfangszeit müßte allerdings unterstellt werden, daß Anna Magdalena sich nicht mehr in Zeitz aufgehalten hätte, sondern – gleichsam im Vorgriff auf den geplanten Verkauf des Zeitzer „Stammhauses" – nach Weißenfels übergesiedelt wäre und hier ein Unterkommen gefunden hätte, naheliegenderweise im Haushalt ihrer ältesten Schwester Anna Catharina Meißner. Dort lebten neben dem Ehepaar Meißner bereits vier Kinder, von denen das jüngste erst im April 1717 zur Welt gekommen war. Nicht auszuschließen ist gleichwohl, daß Anna Magdalena ihre Schwester im Haushalt unterstützt und den Gesangsunterricht bei der zurückgekehrten Primadonna nebenbei genommen haben könnte. Eine solche Sonderregelung wäre ab Frühjahr 1718 jedoch entfallen, nachdem Wilckes ihre Zelte in Zeitz endgültig abgebrochen hatten.

Das Ende der mutmaßlichen Ausbildung wäre wohl nicht später als 1720 anzunehmen. Das in den Zerbster Kammerrechnungen von 1720/21 belegte Gastspiel einer Wilcke-Tochter (wohl Anna Magdalena[58]) mit ihrem Vater

---

[55] BJ 1963/64, S. 57 (E. König); Dok II, Nr. 92; Hübner (wie Fußnote 50), S. 39.
[56] Dok II, Nr. 108.
[57] Dok II, Nr. 86.
[58] Wenn – was gelegentlich vermutet worden ist – es sich um eine ihrer verheirateten

Johann Caspar Wilcke (I) kann im Blick auf den üblichen Abrechnungszeitraum von Johannis (24. 6.) bis zum gleichen Tag des Folgejahres frühestens in der zweiten Jahreshälfte 1720 angesetzt werden sowie spätestens im Frühjahr 1721. Im letzteren Falle könnten Vater und Tochter aus Zerbst sogar unmittelbar in das nahegelegene Köthen weitergereist sein. In Zerbst mag Anna Magdalena „auf Anstellung" gastiert haben, mußte sich aber mit einer – allerdings reichlich bemessenen – Zahlung „zur Discretion" zufriedengeben. Besser waren offenbar die Aussichten in Köthen: Wie bereits bemerkt, enthalten die Kammerrechnungen 1721/22 zwar erst ab Mai 1722 einen Etatposten für Johann Sebastian Bachs Ehefrau, jedoch in der Zwischenzeit keine Zahlung „zur Discretion" oder „zur Abfertigung" für die „fürstliche Sängerin". Die großzügige Honorierung in Zerbst und die für Köthen zu unterstellende interimistische Bezahlung aus der fürstlichen Schatulle weisen gleichermaßen auf einen hohen Leistungsstandard und damit auf eine abgeschlossene Ausbildung.

IV. Konkurrenz in Köthen: Die „Singe-Jungfern"

Als unumschränkte Herrscherin auf dem ihr zugewiesenen Wirkungsfeld in Köthen konnte Anna Magdalena sich zunächst nicht begreifen. Zwei Schwestern namens Monjo, Töchter eines Pagenhofmeisters Jean François Monjo(u), erfreuten sich als „Singe-Jungfern" offensichtlicher Beliebtheit. Nach einer Anstellung auf Probe im September 1720 erhielten sie ab Oktober 1720 und bis November 1722 eine feste Besoldung.[59] Kurz vor ihrer Übersiedelung nach Köthen dürften sie in Wittenberg in einer von Johann Paul Kuntzen (1696–1757), dem nachmaligen Lübecker Marienorganisten und Werkmeister, „aufgerichteten" musikalischen Gesellschaft mitgewirkt haben.[60] Mitte 1722 traten sie in Berlin vor der Königin Sophia Dorothea (1687–1757), der Gemahlin Friedrich Wilhelms I., auf:

Hier sind zwo junge Sängerinnen/ Nahmens M*llees. de Monjou*, gewesen/ welche/ nachdem sie einige mahl vor der Königinn gesungen/ wieder nacher Köthen/ wo sie zu Hause gehören/ abgereiset sind. Die jüngste von ihnen hat eine schöne/ helle Stimme/ und grosse *perfection* in der Music. Man saget/ daß sie beyde nach Hamburg gehen/ und in dasigen Opern Dienste bekommen werden.[61]

Schwestern gehandelt hätte (deren – noch zu beweisende – Aktivität als Sängerin vorausgesetzt), wäre diese im Blick auf ihren Familienstand wohl anders definiert worden, denn als Tochter eines mitgereisten Vaters.

[59] F. Smend, *Bach in Köthen*, Berlin [1951], S. 19 und 153.
[60] J. Mattheson, *Grundlage einer Ehren-Pforte*, Hamburg 1740, S. 161.
[61] *Matthesonii Critica Musica P. I. Der melopoetischen Licht-Scheere Dritte Schneutzung. Geschehen im Julio 1722.*, S. 85 f.

Die Mattheson aus Berlin zugegangene Nachricht hat Johann Gottfried Walther in sein *Musicalisches Lexicon* (1732) übernommen, sie hinsichtlich der Herkunft der Schwestern jedoch mißverstanden:

Monjou [de] zwo von Cöthen gebürtige junge Sängerinnen, haben sich an. 1722 zu Berlin vor der Königin einige mahl hören lassen. s. Matthesonii Crit. Mus. T. 1. p. 85.

Die wirkliche Herkunft des Pagenhofmeisters, seiner Frau und seiner Töchter ist bisher ungeklärt; aller Wahrscheinlichkeit nach handelt es sich um Abkömmlinge einer Hugenottenfamilie.[62] Monjou erhielt am 1. 3. 1721 ein nachträgliches Geldgeschenk für „unterthänigst präsentierte Carmina" zum Geburtstag des Fürsten.[63] Friedrich Smend vermutete in ihm sogar den Übersetzer von Bachs Dedikation der Brandenburgischen Konzerte.

Zu Anna Magdalenas (anzunehmender) Erleichterung begannen die „Singe-Jungfern" im Herbst 1722 tatsächlich das Feld zu räumen. Eine von beiden wirkte in Hamburg bei der Wiederaufführung von Matthesons Dommusik „Die Leidtragende und wiedergetröstete Wittwe zu Nain" mit.[64] Deren Erstaufführung hatte 1716 am 16. Trinitatissonntag (27. 9.) stattgefunden; 1722 fiel dieser Sonntag auf den 20. 9.

Übereinstimmend damit gehörte die jüngere Schwester vom 5. 10. 1722 an zum Ensemble in Francesco Bartolomeo Contis Oper „Don Quixotte".[65] Vom 7. 1. 1723 an sind beide Schwestern in der von mehreren Komponisten – unter ihnen Georg Friedrich Händel und Reinhard Keiser – stammenden Oper „Muzio Scevola" beschäftigt.[66] 1725 ist eine „Serenata da cantarsi in Concerto Nel Teatro di Hamburgo, dalle due Sorelle Monjo" belegt, wohl eine Darbietung der Serenata „Zeffiro e Clori" aus der Feder Johann David Heinichens.[67]

---

[62] *Cöthener Bach-Hefte* 4 (1986), S. 15, 45 (G. Hoppe). Inwieweit ein 1732 und 1736 in Leipzig (1750 jedoch nicht mehr) unter den „Sprachmeistern" verzeichneter „*Monjo, aus Paris, auf der Peter-Strasse in Müllers Hause*" (so 1736) den Vorgenannten zuzuordnen ist, war bislang nicht festzustellen.

[63] Smend (wie Fußnote 59), S. 73, 161.

[64] Neubacher (wie Fußnote 44), S. 407.

[65] Marx/Schröder (wie Fußnote 16), S. 129f. Eine *Hamburg, den 22 August 1724* datierte Satire auf die Hamburger Oper (veröffentlicht in: *Der Patriot. 38tes Stück, 21. September 1724*) attestiert der jüngeren Monjou allerdings eine „magere Gestalt" und „schreiende Stimme". Der ihr zugewiesene Name Basine könnte bedeuten, daß ihr bislang unbekannter Vorname Sabine war. Vgl. *Händel-Jahrbuch* 58 (2012), S. 374 f. (M. Bärwald), sowie A. Clostermann, *Das Hamburger Musikleben und Georg Philipp Telemanns Wirken in den Jahren 1721 bis 1730*, Reinbek 2000, S. 184–194, bes. S. 186.

[66] Marx/Schröder (wie Fußnote 6), S. 293.

[67] Marx/Schröder, S. 343.

Die Jahre 1723 bis 1728 bescherten den Monjou-Schwestern eine kaum zu überschauende Zahl von Auftritten in Hamburger Opernaufführungen.[68] Doch auch die wechselnde wirtschaftliche Stabilität der Hamburger Oper spiegelte sich im Leben der Monjou-Schwestern. In den Aufzeichnungen des Grundstücksbesitzers Wilhelm Willers heißt es etwa unter dem 28.1.1728:

NB. hat die Monjou nicht eher singen wollen, bis sie Geld empfangen.

Und wenig später:

Febr. 11. reiste die Monjou nach Hannover und kam am 28. Merz zurück, worauf am 1. April L. Strintz den Operncontract mit beiden Monjou aufgesezt jährlich an ihr 1700 Thlr. alle 4 Wochen pro rata zu zahlen, welcher am 3ten April mit Ravens unterschrieben wurde.[69]

Johann Mattheson notierte zu einer Aufführung von Georg Philipp Telemanns Oper „*Aesopus*" am 28. 2. 1729:

Hierauf lagen die Opern stille. Der Pächter von Ravens trat ab und fand seine Rechnung gar nicht dabei. Die jüngste *Monjo* reisete mit einem gewissen Müller fort, der sie heirathete.[70]

Die ältere Schwester, von der Mattheson nicht zugeben wollte, sie „sey sonst nirgends als in Hamburg berüchtiget",[71] blieb vor Ort. In Willers' Aufzeichnungen wird sie noch mehrfach erwähnt, zuletzt unter dem 9. 2. 1737:

NB. ist Christel Monjo gestorben.

Für Anna Magdalena Wilcke/Bach war dieses Kapitel allerdings bereits 1722 abgeschlossen. Weder in Köthen – bis zu ihrer gastierenden Mitwirkung bei den Trauermusiken auf Fürst Leopold am 23. und 24. 3. 1729[72] – noch anderwärts brauchte sie sich nochmals dem Wettbewerb mit den „Singe-Jungfern" zu stellen.

---

[68] Marx/Schröder, passim.
[69] P. A. Merbach, *Das Repertoire der Hamburger Oper von 1718 bis 1750*, AfMw 6 (1924), S. 354–372, hier S. 362.
[70] [F. Chrysander], *Mattheson's Verzeichniss Hamburgischer Opern von 1678 bis 1728, gedruckt im „Musikalischen Patrioten" mit seinen handschriftlichen Fortsetzungen bis 1751, nebst Zusätzen und Berichtigungen*, in: Allgemeine Musikalische Zeitung 12 (1877), Sp. 198 ff. (in Fortsetzungen), hier Sp. 262.
[71] Neubacher (wie Fußnote 44), S. 224.
[72] Dok II, Nr. 259.

KLEINE BEITRÄGE

Eine unbekannte Wiederaufführung der Kantate „Mein Herze schwimmt im Blut" BWV 199/BC A 120

Die Sopran-Solokantate „Mein Herze schwimmt im Blut" gilt, ungeachtet aller Probleme ihrer schlüssigen stilistischen Einordnung und genauen Datierung, als eines der Hauptwerke aus Bachs Weimarer Zeit. Bach selbst muß sich der außergewöhnlichen künstlerischen Qualität der Komposition bewußt gewesen sein, denn er brachte sie auch in den folgenden Jahren zu verschiedenen Anlässen zu Gehör. Anhand der nahezu vollständig erhaltenen Originalquellen (DK-Kk, *C I 615*; D-B, *St 459* und *P 1162*; A-Wgm, *A 88*; RUS-SPlp, *9789w*) konnten von der neueren Forschung mindestens fünf verschiedene Aufführungen nachgewiesen werden, die in den Zeitraum von etwa 1713/14 bis zu Bachs erstem Leipziger Jahr 1723 fallen.[1]

Angesichts der ungewöhnlich großen Zahl von Aufführungsbelegen für Bachs Weimarer, Köthener und frühe Leipziger Zeit erstaunt es, daß wir kaum etwas über die Geschichte des Werkes in den späteren Leipziger Jahren in Erfahrung bringen können und auch die Zeugnisse zur Überlieferung nach 1750 dünn gesät sind. Selbst die scheinbar geradlinige Überlieferung innerhalb des ersten Leipziger Jahrgangs gibt bei näherer Betrachtung Anlaß zu Zweifeln. Denn ähnlich wie bei den autographen Partituren der Kantaten „Mein Gott, wie lang, ach lange" BWV 155/BC A 32 und „Nur jedem das Seine" BWV 155/BC A 158 fehlen in der Kopenhagener Partitur von BWV 199 jegliche Hinweise auf die de-tempore-Bestimmung, die sich nur aus der gedruckten Textvorlage (C. G. Lehms, *Gottgefälliges Kirchen-Opffer*, Darmstadt 1711) – erschließen läßt und erst dadurch eine Verankerung in der Werkabfolge des Kantatenjahrgangs ermöglicht. Bach betrachtete dieses Werk – ebenso wie die Weimarer Kantaten „Ich hatte viel Bekümmernis" BWV 21/BC A 99 und „Widerstehe doch der Sünde" BWV 54/BC A 51 – als Kirchenstück „in ogni

---

[1] Klaus Hofmann hat im Krit. Bericht NBA I/20 (1985), S. 13–57, das komplexe Erscheinungsbild der seinerzeit greifbaren Quellen anschaulich dargestellt. Siehe ergänzend hierzu Y. Kobayashi, *Quellenkundliche Überlegungen zur Chronologie der Weimarer Vokalwerke Bachs*, in: Das Frühwerk Johann Sebastian Bachs. Kolloquium, veranstaltet vom Institut für Musikwissenschaft der Universität Rostock 11.–13. September 1990, hrsg. von K. Heller und H.-J. Schulze, Köln 1995, S. 290 bis 308 (Diskussion S. 309 f.); T. Schabalina, *Ein weiteres Autograph Johann Sebastian Bachs in Rußland: Neues zur Entstehungsgeschichte der verschiedenen Fassungen von BWV 199*, BJ 2004, S. 11–39; NBA Supplement (P. Wollny, 2011), S. 93; sowie den Beitrag von Klaus Hofmann im vorliegenden Band.

tempo".[2] sein Sohn Carl Philipp Emanuel behalf sich – offensichtlich in Ermangelung weiterer Angaben – auf dem von ihm hinzugefügten Umschlag denn auch mit der knappen Angabe „Cantate | von | J. S. Bach". Auffällig ist darüber hinaus das Vorhandensein eines weiteren separaten Umschlags für die Stimmen, den C. P. E. Bach nach Ausweis des Schriftbefunds bereits in seiner Berliner Zeit (wohl um 1755–1765) ähnlich vage beschriftete („Geistliche Cantate | […] | di | J. S. Bach"). Da es für kein anderes dem ersten Jahrgang zugehöriges Werk einen solchen frühen Umschlag von C. P. E. Bach gibt, wäre zu fragen, ob die Originalquellen zu BWV 199 – ähnlich wie diejenigen zahlreicher Gelegenheitswerke J. S. Bachs – in der zweiten Hälfte des 18. Jahrhunderts nicht einen abweichenden, bislang nicht näher nachvollziehbaren Überlieferungsweg unabhängig von den drei Kantatenjahrgängen eingeschlagen haben.

Ein bemerkenswertes Detail zur Rekonstruktion der Überlieferungs- und Wirkungsgeschichte der Kantate „Mein Herze schwimmt im Blut" liefert ein bislang unbeachtet gebliebener Textdruck zu einer am 5. Februar 1747 in der Marktkirche zu Halle aufgeführten Trauerkantate, der in zwei Exemplaren – in der Staatsbibliothek zu Berlin und in der Universitätsbibliothek Bayreuth – überliefert ist.[3] Über den Anlaß gibt der Titel ausführlich Auskunft (siehe auch Abb. 1–4):

Des verlassenen Zions betrübter, | und der Seligen erfreuter Zustand | wurde | vor und nach | Der Gedächtniß-Predigt, | welche | auf das Absterben | des weiland | Hochwürdigen, in GOtt Andächtigen und Hochgelahrten Herrn, | HERRN | Johann George | Franckens, | Königl. Preussischen Hochverordnet-gewesenen Consistorial- | Raths im Hertzogthum Magdeburg, E. E. *MINISTERII* dieser Stadt | Hochansehnlichen *SENIORIS*, wie auch desselben und der Kirchen und | Schulen im Saalcreise *INSPECTORIS*, Hochverdienten *PASTORIS* | *PRIMARII* und Ober-Pfarrers bey der Kirche zur Lieben Frauen | und des *GYMNASII* ältesten Scholarchens etc. | am Sonntage *Sexagesimae*, | den 5ten Febr. 1747 Nachmittages | in der Haupt-Kirche zur Lieben Frauen | gehalten wurde, | in einer aufzuführenden | Trauer-Music | vorgestellet. | HALLE, | Gedruckt bey Johann Friedrich Grunerten, Universitäts- und Raths-Buchdrucker.

Mit der im Rahmen des Nachmittagsgottesdienstes zum Sonntag Sexagesimae aufgeführten Trauermusik wurde ein hochrangiger und weithin geachteter Theologe der Saalestadt gewürdigt:[4] Johann Georg Francke, geboren am

---

[2] Vgl. BJ 2000, S. 301 (H.-J. Schulze), und Schulze K, S. 374.

[3] Exemplare: D-B, *21 in: 4"@Ee 705-415* und Universitätsbibliothek Bayreuth, *45/NR 6470 F823*; eingesehen wurde das mittlerweile auch in digitaler Form vorliegende Berliner Exemplar (VD18: 90130715).

[4] Die folgenden biographischen Angaben nach der Leichenpredigt von Adam Struensee (*Die Wahre Gestalt Eines von GOtt Gesegneten Evangelischen Lehrers*, Halle 1747), Exemplar: D-B, *1 in 4"@Ee 705-415* (VD18: 90127595); der Band enthält noch zahlreiche weitere Trauerschriften. Ergänzungen zur Biographie finden sich bei

19. Januar 1669 in Kühren bei Wurzen, bezog nach Schulbesuch in Eilenburg, Gera und Breslau zum Wintersemester 1686 die Universität Leipzig, wo er am 13. Januar 1689 den Magistergrad erwarb,[5] sich noch im selben Jahr habilitierte und Mitglied des angesehenen Großen Predigerkollegiums wurde. Eine Gastpredigt in Halle hatte zur Folge, daß er im Sommer 1692 als Adjunkt an die dortige Marktkirche berufen wurde. Hier stieg er zum Diakon (1709), zum Archidiakon (1716) und schließlich zum Oberpastor (1722) auf, außerdem setzte er seine schon in Leipzig begonnene akademische Lehrtätigkeit an der Friedrichs-Universität in Halle fort und bekleidete verschiedene weitere Ämter. Er starb am 29. Januar 1747 – nach fast 55jähriger Amtszeit – im Alter von 78 Jahren und wurde drei Tage später (am 1. Februar) auf dem städtischen Friedhof beigesetzt. Der ihm gewidmete Gottesdienst am Sonntag Sexagesimae bildete den Höhepunkt und Abschluß der offiziellen Trauerfeierlichkeiten. Die Vorbereitung und Aufführung der zweiteiligen Trauermusik fiel in die Verantwortung des nur acht Monate zuvor ins Amt berufenen Organisten und Musikdirektors der Marktkirche Wilhelm Friedemann Bach, der damit eine erste schwierige Aufgabe zu bewältigen hatte. Denn ihm blieben nur knapp sieben Tage für die Beschaffung einer geeigneten Textvorlage, deren Zensur durch die zuständigen Stellen und schließlich die Bereitstellung einer dem Anlaß angemessenen Musik; berücksichtigt man die notwendigen Probenzeiten, waren es sogar noch weniger. Wie W. F. Bach sich in dieser Situation zu behelfen wußte, zeigt die folgende Gegenüberstellung des Textes der von ihm aufgeführten Trauermusik und des von Georg Christian Lehms verfaßten Textes der Kantate BWV 199:

Trauermusik Halle 1747	Lehms, *Gottgefälliges Kirchen-Opffer*[6]
Vor der Predigt.	Andacht auf den eilfften Sonntag nach *Trinitatis*.
Recit.	
Das Hertze schwimmt im Blut,	Mein Hertz[e] schwimmt im Blut/
Wir werden nicht zu gut,	Weil mich der Sünden-Bruth
Da Francke, unser Lehrer,	In Gottes heilgen Augen
Die müden Augen schließt.	Zum Ungeheuer macht/
O! Schmertzerfüllter Tag! o Pein!	Und mein Gewissen fühlet Pein/

J. G. W. Dunckel, *Historisch-Kritische Nachrichten von verstorbenen Gelehrten und deren Schriften*, Bd. I/1, Köthen 1753, S. 431–434.

[5] Siehe auch Erler II, S. 112.

[6] C. G. Lehms, Gott*gefälliges Kir*chen-Opffer *in einem gantzen Jahr-Gange Andächtiger Betrachtungen über die gewöhnlichen Sonn- und Festtags-Texte*, Darmstadt 1711, Nachmittags-Andachten, S. 64–65; textliche Abweichungen in BWV 199 (vgl. BT, S. 260f.) erscheinen in eckigen Klammern.

Es fällt ein Pfeiler ietzt an unserm
    Tempel ein.
Und diese Trauer-Nacht
Hat Zions Heiligthum in Gram und
    Schmertz gebracht.
Ja, ja, es seufzet Kirch und Schule.
Mit unsers Franckens sanftem Sinn
Fällt uns auch vieler Trost dahin.
Ach! unheilbarer Schmertz!
Das Angsterfüllte Hertz
Will hiebey fast kein Trost befeuchten.
Der Schmertz, der unsre Brust
    durchwühlet,
Zeugt von dem harten Schlag,
    den unsre Seele fühlet.

    Aria.
Stumme Seufzer, stille Klagen,
Ihr mögt unsern Jammer sagen,
Weil der Mund verschlossen ist.
Und ihr nassen Thränen-Quellen
Könnt ein sichres Zeugniß stellen,
Was die Kirche ietzt vermißt.
Das Hertz ist selbst ein Thränen-
    Brunn,
Die Augen heisse Quellen.
Ach GOtt! du must uns selbst zu
    frieden stellen.
    Da Capo.

    Recit.
Ja, GOtt wird unser Tröster seyn.
Da wir das Haupt mit Aschen,
Das Angesicht mit Thränen waschen,
So wird er, da er uns geschlagen,
Auch einen Trostspruch sagen,
Und uns nicht Wäysen lassen.
Wir zweifeln hieran nicht,
Weils uns sein Wort verspricht.

Weil mir die Sünden nichts/ als
    Höllen-Hencker seyn.
Verhaßte Laster-Nacht
Du/ du allein | Hast mich in diese [solche]
Noth bracht!
Und du/ du böser Adams-Saamen/
Raubst meiner SEelen alle Ruh/
Und schlüssest ihr den Himmel zu.
Ach! unerhörter Schmertz/
Mein außgedorrtes Hertz
Will ferner mehr kein Trost befeuchten;
Und ich muß mich vor dem verstecken/
Vor dem die Engel selbst ihr Angesicht
    verdecken.

Stumme Seuffzer/ stille Klagen/
Ihr mögt meine Schmertzen sagen/
Weil der Mund geschlossen ist:
Und ihr nassen Thränen-Quellen/
Könt ein sichres Zeugnüß stellen/
Wie mein sündlich Hertz gebüßt.
Mein Hertz ist itzt ein Thränen-Brunn/
Die Augen heisse Quellen/
Ach GOtt/ wer wird dich doch zu frieden
    stellen.
    Stumme Seuffzer/ stille Klagen/
Ihr mögt meine Schmertzen sagen/
Weil der Mund geschlossen ist.

Doch GOtt muß mir genädig seyn/
Weil ich das Haupt mit Asche/
Das Angesicht mit Thränen wasche/
Mein Hertz in Reu und Leid zerschlage/
Und voller Wehmuth sage/
GOtt sey mir Sünder gnädig.
Ach! ja sein Hertze bricht/
Und meine Seele spricht.

Aria.
Schlaf nun wohl, und ruhe aus,
Theurer Mann, von aller Noth.
Du geniessest nunmehr schon
Als ein treuer Knecht den Lohn
Bey GOtt.
    Da Capo.

Nach der Predigt.
Recit.
Mich deucht, Sein blasser Mund
Macht noch zuletzt die Worte kund:

Choral.[7]
O süsse Himmels-Lust! Wohl dem,
dem du bewust! Wenn wir ein Tröpflein
haben, so kann es uns erlaben, wie wird
mit grossen Freuden der volle Strohm
uns weiden!

Recit.
Nun geht und sterbt mit Lust und
Freuden,
Ihr matten Glieder, legt euch hin.
Das Sterben ist uns ein Gewinn;
Denn GOttes Lamm wird uns recht
herrlich kleiden,
Und dort vor seinem Stuhle weiden.

Aria.
Triumph! erlöster Geist,
Triumph! Du hast gesiegt!
Da das, was Dir gedroht,
Sünd, Hölle, Teufel, Tod,
Zu Deinen Füssen liegt.

    Da Capo.

Tief gebückt und voller Reue/
Lieg ich liebster GOtt vor dir.
Ich bekenne meine Schuld/
Aber habe doch Gedult/
Habe doch Gedult mit mir. *D. C.*

Auff diese Schmertzens-Reu/
Fällt mir alsdenn diß Trost-Wort bey:

Chor[ale]
Ich dein betrübtes Kind/ etc.
[werf alle meine Sünd, so viel ihr in mir
stecken und mich so heftig schrecken,
in deine tiefen Wunden, da ich stets Heil
gefunden.][8]

Ich lege mich in diese Wunden/
Als in den rechten Felsen-Stein/
Die sollen meine Ruhstadt seyn.
In diese will ich mich im Glauben
schwingen
Und drauff vergnügt und frölich singen.

Wie freudig ist mein Hertz/
Da GOtt versöhnet ist.
Und mir auf Reu und Leid
Nicht mehr die Seeligkeit
Noch auch sein Hertz verschlüßt. *D. C.*

---

[7] Heinrich Müller, „Ade, du schnöde Welt" (1670), Strophe 10. Der Text des Chorals entspricht der Fassung im Hallenser Gesangbuch von 1744 (*Eines sämtlichen Stadt-MINISTERII zu Halle neu verbessertes Gesang-Buch, voll alter und neuer Geistreicher Lieder*, Halle 1744, S. 234 f.); das Lied wurde in Halle auf die Melodie von „Wo soll ich fliehen hin" gesungen.
[8] Johann Heermann, „Wo soll ich fliehen hin" (1630), Strophe 3.

Wie die Hallenser Dichtung zeigt, empfand W. F. Bach die ihm zur Verfügung stehende Zeit als zu kurz, um mit einer Trauermusik aus eigener Feder aufzuwarten. So griff er auf das fast 35 Jahre alte Meisterwerk seines Vaters zurück. Ob die Noten dafür eigens aus Leipzig herangeschafft werden mußten oder ob J. S. Bach seinen ältesten Sohn bei dessen Dienstantritt vorsorglich mit einem Fundus vielfältig verwendbarer, von ihm selbst nicht mehr benötigter Werke eingedeckt hatte, entzieht sich unserer Kenntnis.[9] Auch ist nicht bekannt, wer für W. F. Bach den Text so umformulierte, daß er ohne Schwierigkeiten der bereits existierenden Musik unterlegt werden konnte.[10] Die Parodie reflektiert deutlich den Zeitdruck, unter dem sie entstand – sie läßt ihre Vorlage allenthalben durchscheinen. Häufig sind nicht nur die Reim- oder Schlüsselwörter stehengeblieben, sondern ganze Gedankengänge wurden – nicht immer ohne sprachliche Härten – übernommen und mit wenigen Änderungen in den neuen Zusammenhang eingepaßt.[11]

---

[9] Siehe hierzu F. W. Marpurg, *Legende einiger Musikheiligen*, Breslau 1786 (Reprint Leipzig 1977), S. 61–62. Dort heißt es, W. F. Bach habe 1749 aus seinem „guten Vorrath von Kirchenstücken" für eine weltliche Festmusik einige Arien „aus der Paßion eines gewissen großen Doppelcontrapunktisten" entlehnt. Siehe auch die Diskussion in meinen Aufsätzen *Wilhelm Friedemann Bach's Halle Performances of Cantatas by His Father*, in: Bach Studies 2, hrsg. von D. R. Melamed, Cambridge 1995, S. 202–228; *Überlegungen zu W. F. Bachs geistlichem Vokalschaffen*, in: Händel-Jahrbuch 47 (2001), S. 225–238; sowie „*Fleißige, reine Arbeit*" oder „*Abglanz einer großen Schule*"? *Wilhelm Friedemann Bach und die protestantische Kirchenkantate nach 1750*, in: Wilhelm Friedemann Bach und die protestantische Kirchenkantate nach 1750, hrsg. von W. Hirschmann und P. Wollny, Beeskow 2012 (Forum Mitteldeutsche Barockmusik. 1.), S. 13–31.

[10] Als mögliche Textredaktoren kommen in Frage: 1) der literarisch versierte Kantor der Liebfrauenkirche Johann Gottfried Mittag, der in einer Beschwerdeschrift vom 27. März 1749 angibt, er habe „ermeldtem Bachen von Anfang seines Hierseins die Music willig in die Correctur genommen; auch weilen er in der Rechtschreibung nichts Solides weiß und dadurch dem Setzer in der Druckerey viele Mühe verursachet". Das Schriftstück ist inzwischen verschollen, es wird hier zitiert nach W. Serauky, *Musikgeschichte der Stadt Halle*, Bd. II/2, Halle 1942, S. 21; aus dem Zusammenhang geht hervor, daß Mittag von zum Druck bestimmten Kirchenmusiktexten spricht. 2) Christian August Rotth, von dem sich in den „Belegen zur KirchRechnung de anno 1747" (Archiv der Marktkirche zu Halle) eine Quittung über den Erhalt von 2 Reichsthalern 18 Groschen „wegen Verfertigung eines Trauer-Carminis, auf das seel. Absterben des H. Consistorial-Rath und Inspectoris Franckens" findet. Hier dürfte allerdings eher das vom Kirchenkollegium der Liebfrauenkirche veröffentlichte Kondolenzgedicht gemeint sein (enthalten als Nr. 7 in dem in Fußnote 3 genannten Band). 3) Möglich ist auch, daß W. F. Bach die Textanpassung selber vornahm, zumal es gewisse sprachliche Ähnlichkeiten zu anderen von ihm aufgeführten Parodien gibt; vgl. BJ 1975, S. 134–139 (H.-J. Schulze).

[11] Am Rande sei darauf hingewiesen, daß es zu der hier dokumentierten Umwidmung

Angesichts des merkwürdigen Textbefunds und der geschilderten Hintergründe ist zu vermuten, daß W. F. Bach von der parodierten Kantate „Mein Herze schwimmt im Blut" keine neue Abschrift anfertigte, sondern – vielleicht mit Ausnahme der heute verschollenen Gesangsstimme – das originale Aufführungsmaterial und womöglich auch die autographe Partitur benutzte. Es wäre mithin zu fragen, ob die Hallenser Aufführung in den Originalquellen Spuren hinterlassen hat.[12]

Zunächst ist zu bemerken, daß in der Violino-2-Dublette (NBA I/20: C 18) die ausschließlich für Halle belegte Zweiteilung der Kantate (Teil I: Satz 1–4; Teil II: Satz 5–8) mit einem markanten Bleistiftstrich vermerkt wurde. Diese Beobachtung erlaubt den Schluß, daß W. F. Bach für seine Aufführung in Halle offenbar das Leipziger Material aus dem Jahr 1723 (NBA I/20: Dritte Stimmengruppe, C 15–20) verwendete, die Kantate also in d-Moll Kammerton zu Gehör brachte. Dies wirft neues Licht auf einen von Klaus Hofmann beschriebenen merkwürdigen Revisionsprozeß, mittels dessen die Leipziger Stimmen den Lesarten der autographen Partitur angeglichen wurden und „einige ältere, von Bach verworfene Lesarten, die sich nur hier finden, in die Stimmen gelangten".[13] Hofmann weist diese mißglückte Revision Christian Gottlob Meißner zu, dem Schreiber der Leipziger Erststimmen, und erklärt sie mit dessen „offenkundiger Unerfahrenheit". Plausibler erscheint es allerdings, die Revisionen nicht Meißner, sondern W. F. Bach zuzuschreiben.[14]

---

einer Perikopenkantate aus Lehms' *Gottgefälligem Kirchen-Opffer* in eine Trauermusik einen merkwürdigen Parallelfall gibt: Die in einer Gedenkschrift textlich dokumentierte zweiteilige „Trauer-Music" für Johann Christoph von Ponickau, die am 7. Februar 1727 in Pomßen – anscheinend unter der Leitung des zu Bachs engerem Umkreis gehörenden Studenten Christoph Gottlob Wecker – aufgeführt wurde, besteht in ihrem ersten Teil aus Bachs wohl eigens zu diesem Anlaß komponierter Kantate „Ich lasse dich nicht, du segnest mich denn" BWV 157/BC A 170 bzw. B 20, die später zu einem Kirchenstück auf das Fest Mariä Reinigung umgearbeitet wurde (und nur in dieser Fassung erhalten ist). Der zweite Teil der Trauermusik, aufgeführt nach der Gedächtnispredigt, enthält die mittels textlicher Retuschen dem neuen Anlaß angepaßte Lehmssche Dichtung „Liebster Gott, vergißt du mich" auf den 7. Sonntag nach Trinitatis. Nach Überlegungen von Klaus Hofmann handelte es sich hier möglicherweise um die geringfügig bearbeitete Fassung einer heute verschollenen Kantate aus Bachs Weimarer Zeit. Siehe H.-J. Schulze, *Bemerkungen zu einigen Kantatentexten Johann Sebastian Bachs*, BJ 1959, S. 168–170; K. Hofmann, *Bachs Kantate „Ich lasse dich nicht, du segnest mich denn" BWV 157. Überlegungen zu Entstehung, Bestimmung und originaler Werkgestalt*, BJ 1982, S. 51–80; Schulze K, S. 612–614; sowie BT, S. 390 f.

[12] Zum folgenden vgl. die Aufstellung der erhaltenen Quellen in NBA I/20 Krit. Bericht, S. 13–35, sowie im Beitrag von Klaus Hofmann.
[13] NBA I/20 Krit. Bericht, S. 28, 40 und 42.
[14] Die Eingriffe lassen kaum individuelle Schriftmerkmale erkennen.

Dieser hätte dann das Material anhand der autographen Partitur überarbeitet – in dem Glauben, daß sie die von seinem Vater autorisierten Lesarten und die zuverlässigste Werkgestalt enthielt. Die ausschließlich in den Weimarer und Köthener Stimmen enthaltenen Korrekturen und kompositorischen Verfeinerungen wurden von ihm anscheinend nicht wahrgenommen und fanden so in seiner Aufführung keine Berücksichtigung.

Des weiteren fallen die nachträglich mit Bleistift in die Weimarer Violone-Stimme (C 7) eingetragenen Generalbaßziffern zu Satz 1 und 3 sowie zum rezitativischen Teil von Satz 2 auf. Diese Zeichen sind keinesfalls autograph und stammen auch sicher nicht von C. P. E. Bach; sie können aber vermutungsweise mit der Handschrift W. F. Bachs in Verbindung gebracht werden, zumal die Beschränkung der Generalbaßziffern auf rezitativische Sätze ein typisches Merkmal seiner Originalstimmensätze ist. Als Bestandteil der Weimarer Stimmengruppe ist die Violone-Stimme in c-Moll notiert und war somit zusammen mit den in d-Moll stehenden Streicherstimmen ohne weiteres als transponierte Continuo-Stimme für die chortönig gestimmte Orgel der Marktkirche verwendbar.

Schließlich wäre zu erwägen, ob die bislang nicht zweifelsfrei zuzuordnende, von einem singulären Kopisten[15] geschriebene Obligatstimme zu Satz 6 vielleicht gar keine Originalstimme darstellt, sondern eigens für die Hallenser Aufführung angefertigt wurde. Der Schreiber läßt sich zwar derzeit auch in Hallenser Quellen nicht nachweisen; immerhin aber ähnelt ein nachträglich zu Beginn von Takt 22 eingefügter Violinschlüssel auffallend den Schriftzügen W. F. Bachs. Unklar bleibt allerdings, von welchem Instrument der Part in Halle ausgeführt wurde (vielleicht Viola da gamba oder Violoncello piccolo).

Da die – vermutlich neu ausgeschriebene – Singstimme nicht erhalten ist, bleibt ungewiß, in welchem Ausmaß die originale Linienführung dem parodierten Text angeglichen wurde. Derartige glättende Eingriffe hätten besonders an manchen Stellen in den ersten beiden Rezitativen (Satz 1 und 3) nahegelegen. Daß solche Erwägungen W. F. Bach nicht fremd waren, legt eine kleine, aber bezeichnende rhythmische Änderung in der mutmaßlich von ihm bezifferten Continuo-Stimme C 7 nahe. In Satz 1 wurde nachträglich die Ganzenote Fis in zwei Halbenoten geteilt; damit erhält der Ausruf „o Pein!" des Parodietexts eine stärkere Akzentuierung.

Leider sind zu der Hallenser Aufführung keine weiteren Dokumente greifbar. Wir wissen also nicht, welcher Sänger im Februar 1747 den anspruchsvollen Sopranpart ausführte; vielleicht war es derselbe, der auch in W. F. Bachs (in zeitlicher Nähe anzusetzender?) Darbietung der Kantate „Jauchzet Gott in allen Landen" BWV 51/BC A 134 die Solopartie zu meistern hatte. Ebenso

---

[15] NBA IX/3 (Y. Kobayashi/K. Beißwenger, 2007), Nr. 51 (Anonymus L 4); siehe dort auch die Schriftprobe.

bleibt unklar, ob den Zuhörern bewußt war, aus wessen Feder die Trauermusik tatsächlich stammte. Dessen ungeachtet bildet der Textdruck eine willkommene Ergänzung unserer Kenntnis der Bach-Pflege in Halle während der Amtszeit W. F. Bachs.[16]

Der Fund lehrt uns darüber hinaus zweierlei: 1) W. F. Bachs Aufführungen von Werken seines Vaters sind aus den originalen Stimmenmaterialien mitunter nur schwer abzulesen; eine entsprechend hohe Dunkelziffer ist daher zu vermuten. Eine erneute Durchsicht der in Frage kommenden Quellen erschiene dennoch geboten. 2) Die parodierende Umformung von vorgegebenen Texten kann trotz genauer Beibehaltung der ursprünglichen Strukturen kühner und weitreichender sein, als bisher angenommen. Die bereits erwähnte von Friedrich Wilhelm Marpurg veröffentlichte Mitteilung über W. F. Bachs Verwendung einiger Arien „aus der Paßion eines gewissen großen Doppelcontrapunktisten" in einer feierlichen Abendmusik zu Ehren des neugewählten Prorektors der Universität Halle im Juli 1749 – anhand von Akten nicht verifizierbar und daher in ihrem Wahrheitsgehalt bei unserem derzeitigen Kenntnisstand kaum einzuschätzen – gewinnt dadurch weiter an Glaubwürdigkeit.[17] Laut der pointierten Erzählung führte die Aufdeckung der gegenüber J. S. Bach als anmaßend empfundenen Parodie zu einem Eklat: Ein zufällig anwesender „sächsischer Cantor, dem die parodirten künstlichen Arien bekannt waren", beklagte sich über deren „Entweihung" und „fragte einen Studenten, wer der saubere Vogel wäre, der sich erfrechet, ein so sündliches Plagium zu begehen. Man nennte ihm den Nahmen des vermeinten Componisten, und der seufzende Cantor zuckte die Achseln."[18] Berücksichtigt man allerdings, wer hier dieses

---

[16] Ergänzend zu der in Fußnote 9 genannten Literatur siehe auch W. Braun, *Materialien zu Wilhelm Friedemann Bachs Kantatenaufführungen in Halle (1746–1764)*, in: Mf 18 (1965), S. 267–276; H.-J. Schulze, *Ein „Drama per Musica" als Kirchenmusik. Zu Wilhelm Friedemann Bachs Aufführungen der Huldigungskantate BWV 205a*, BJ 1975, S. 133–140; sowie M. Maul, *Der 200. Jahrestag des Augsburger Religionsfriedens (1755) und die Leipziger Bach-Pflege in der zweiten Hälfte des 18. Jahrhunderts*, in: BJ 2000, S. 101–118, speziell S. 111–114.

[17] Vgl. die abweichende Einschätzung der Anekdote bei M. Falck, *Wilhelm Friedemann Bach. Sein Leben und seine Werke*, Leipzig 1913, S. 30f.

[18] Geht man davon aus, daß die Anekdote hinsichtlich ihres faktischen Gerüsts zuverlässig ist (siehe auch Dok III, Nr. 914 K), so wäre zu fragen, auf wen die Mitteilung der geschilderten Umstände zurückgehen könnte. Hierzu stichwortartig folgende Überlegungen: Am Schluß der Schilderung heißt es, die Weigerung des Veranstalters, W. F. Bach nach Aufdeckung des Plagiats das vereinbarte Honorar auszubezahlen, habe zu einem Prozeß geführt, „dessen Ausgang ich nicht erfahren habe, weil ich kurz darauf die Universität verließ". Da Marpurgs Biographie mit diesen Angaben nicht vereinbar ist (vgl. BJ 2004, S. 124 und 128f. [H.-J. Schulze]), scheidet dieser als Verfasser der Anekdote aus. Der Erzählperspektive nach zu urteilen, war der Autor zwar Mitglied der Universität Halle, aber wohl nicht Student, und sein Le-

„sündliche Plagium" beging, so wäre gerechtigkeitshalber zu fragen, ob W. F. Bachs Handeln wirklich nur von vordergründigem Pragmatismus geleitet war oder ob seine Bearbeitungs- und Parodiepraxis nicht eher von einer ästhetischen Wertschätzung zeugt, gemäß derer die satztechnische Meisterschaft von J. S. Bachs Vokalwerken – unabhängig von ihren ursprünglichen Texten und Entstehungsanlässen – als eine gleichsam abstrakte Größe gewürdigt wurde.

Peter Wollny (Leipzig)

---

bensweg müßte um 1749/50 eine neue Richtung eingeschlagen haben. Diese Bedingungen treffen auf den Juristen Johann Samuel Friedrich (von) Böhmer (1704–1772) zu, der zu Ostern 1750 einem Ruf als Ordinarius und Rektor an die Viadrina nach Frankfurt/Oder folgte. Die Besetzung dieser durch den Tod von Johann Lorenz Fleischer († 13. Mai 1749) vakant gewordenen Stelle war noch von Böhmers Vater, dem Kirchenrechtler Justus Henning Böhmer († 23. August 1749), eingefädelt worden; der von langer Hand vorbereitete Stellenwechsel könnte mithin ab Herbst 1749 eine schrittweise Lösung von Halle bedingt haben. Zur Biographie J. S. F. Böhmers, seines Vaters und seines Frankfurter Vorgängers siehe Zedler, Supplement 4, S. 32 f.; ergänzend ADB 3 (1876), S. 76 und 79–81, sowie ADB 7 (1878), S. 113–114. Böhmer, ein Schwager des mit J. S. und besonders C. P. E. Bach befreundeten Berliner Arztes Georg Ernst Stahl, besaß vermutlich überdurchschnittliche musikalische Kenntnisse und Interessen; siehe auch CPEB:CW I/8.1 (P. Wollny, 2005), S. XVII, und CPEB:CW II/2.2 (C. Wolff, 2011), S. XVIII.

Des verlassenen Sions betrübter, und der Seeligen erfreuter Zustand

welche
vor und nach
Der Gedächtniß-Predigt,
auf das schmertzliche, doch selige Absterben
des weyland
Hochwürdigen, in GOtt Andächtigen und Hochgelahrten Herrn,

HERRN
Johann George
Francken,

Königl. Preussischen Hochverordnet-gewesenen Consistorial-
Raths im Hertzogthum Magdeburg, E. E. MINISTERII dieser Stadt
Hochansehnlichen SENIORIS, wie auch bestellten an der Kirchen und
Schulen im Saalcreise INSPECTORIS, Hochverordneten PASTORIS
PRIMARII und Ober-Pfarrers bey der Kirche zur Lieben Frauen
und des GYMNASII ältesten Scholarchens rc.
am Sonntage Sexagesimae,
den 5ten Febr. 1747 Nachmittages
in der Haupt-Kirche zur Lieben Frauen
gehalten wurde,
in einer aufzuführenden

Trauer-Music

vorgestellet.

H a l l e,
Gedruckt bey Johann Friedrich Grunerten, Universitäts- und Raths-Buchdrucker.

Vor der Predigt.

Recit.

Das Hertze schwimmt im Blut,
Wir werden nicht zu gut,
Da Francke, unser Lehrer,
Die müden Augen schließet.
O! Schmertzerfüllter Tag! o Pein!
Es fällt ein Pfeiler jetzt an unserm Tempel ein,
Und diese Trauer-Nacht
Hat Zions Heiligthum in Gram und Schmertz gebracht.
Ja, ja, es seufzet Kirch und Schul,
Mit unsers Franckens sanftem Sinn,
Fällt uns auch vieler Trost dahin.
Ach! unheilbarer Schmertz!
Das Angsterfüllte Hertz
Will hiebey fast kein Trost befruchten.
Der Schmertz, der unsre Brust durchwühlet,
Zeugt von dem harten Schlag, den unsre Seele fühlet.

Abbildung 1–4: Trauermusik „Des verlassenen Zions betrübter und der Seligen erfreuter Zustand", Halle 1747. D-B, *21 in 4"@Ee 705-415*.

Anmerkungen zu den Aufführungsstätten J. S. Bachs in Weimar

Johann Sebastian Bachs Wirkungsstätten am Weimarer Hof (1708–1717) sind seit langem Gegenstand der Bach-Forschung, vor allem die Schloßkapelle „Weg zur Himmelsburg" mit ihrer Musizierempore, der „Capelle". Grundlegend beschrieb Reinhold Jauernig die Schloßkirche und die Umgestaltung der Capelle zu Bachs Weimarer Zeit unter Auswertung der erhaltenen Kammerrechnungen.[1] Einen – auf Jauernigs Quellenuntersuchungen aufbauenden – Überblick zu Bachs hauptsächlicher Wirkungsstätte im Residenzschloß legte Hans Rudolf Jung vor.[2]

Die über der Himmelsburg gelegene und im Jahre 1774 durch einen Schloßbrand[3] zerstörte Capelle scheint die einzige mit Sicherheit zu lokalisierende Aufführungsstätte der Weimarer Hofkapelle J. S. Bachs[4] zu sein. Über die genaueren Raum- und Platzverhältnisse in der Capelle existieren bisher nur sehr vage Angaben. Es wurde von relativ großzügigen Raumbedingungen ausgegangen, wie z. B. Christoph Wolff in seiner Bach-Biographie zu veranschaulichen versucht.[5]

Aufbauend auf jüngeren Forschungsarbeiten[6] zur Baugeschichte des Weimarer Residenzschlosses sollen im Folgenden die tatsächlichen Raum- und Größenverhältnisse der einstigen Musizierempore dargelegt und damit bisherige Annahmen richtiggestellt werden. Außerdem sollen hier zwei weitere im Resi-

---

[1] R. Jauernig, *Bachs Wirkungsstätte in Weimar*, in: Johann Sebastian Bach in Thüringen. Festgabe zum Gedenkjahr 1950, Weimar 1950, S. 49–105, hier S. 58–71.

[2] H. R. Jung, *Johann Sebastian Bach in Weimar 1708 bis 1717*, Weimar 1985, S. 33 bis 36.

[3] Von dem Brand am 6. Mai 1774 blieben einige Teile des Residenzschlosses verschont, darunter die bis heute erhaltenen Umfassungsmauern mit der Fassade und den Fensterachsen der barocken Dreiflügelanlage.

[4] Zur Entwicklung der Weimarer Hofkapelle im späten 17. und frühen 18. Jahrhundert siehe W. Lidke, *Das Musikleben in Weimar 1683–1735*, Weimar [1954], S. 39–61.

[5] C. Wolff, *Johann Sebastian Bach*, Frankfurt a. M. 2000, S. 174, Abb. 2.

[6] F. Scharfe, *Rekonstruktion der Schlosskapelle im Weimarer Residenzschloss – Zustand 1658 bis 1774. Teil I (zweidimensionale Rekonstruktion), Teil II (dreidimensionale Visualisierung)*, Weimar 2004. Eine kurze Dokumentation dieses durch den Verfasser initiierten Forschungsvorhabens wurde bereits im *Bach-Magazin* veröffentlicht: *Bachs Weimarer Wirkungsstätte. Die ehemalige „Himmelsburg" virtuell im Internet*, in: Bach-Magazin 7 (2006), S. 37.

denzschloß befindliche Musizierstätten mit Bachs Wirken in Verbindung gebracht werden – zum einen der große Festsaal mit seiner doppelten Musizierempore in dessen Westflügel, zum anderen der „Schall-Saal" im Nordflügel.[7]

1. Zu den Raumverhältnissen der Capelle (Schloßkirche)

Bereits 2004 untersuchte Florian Scharfe die überlieferten Bauzeichnungen aus den Planungs- und Umbauphasen der Schloßkirche. Die Ergebnisse dieser vergleichenden Analyse wurden zur besseren Veranschaulichung in eine zweidimensionale (zeichnerische) und eine dreidimensionale (virtuell-räumliche) Rekonstruktion überführt.[8] Zuletzt wurden diese Räumlichkeiten im Kontext von Bachs Weimarer Wirkungsstätten unter anderem beschrieben von Bernd Mende.[9]

Die Grundstruktur der Schloßkirche geht bis zur Emporengliederung auf Entwürfe von Giovanni Bonalino (ca. 1575–1633) zurück. Bonalinos Nach-

---

[7] Neben diesen drei lokalisierbaren Aufführungsstätten im Residenzschloß sind drei weitere potentielle Wirkungsorte Bachs am Weimarer Hof in Betracht zu ziehen. Bei zweien ist die konkrete Gestalt jedoch nicht mehr genau nachvollziehbar: Zum einen unterhielt der musikaffine Mitregent Ernst August im „Roten Schloß" (seiner offiziellen Residenz) eine eigene Privatkapelle. Nur über Inventarlisten und Beschreibungen von Raumfolgen ist dort die ungefähre Lage eines Musizierraumes nachvollziehbar. Noch weitaus schwieriger fällt die Lokalisierung einer Bachschen Aufführungsstätte im „Gelben Schloß" westlich des Residenzschlosses. Auf Bachs Wirken an diesem Ort weisen lediglich erhaltene Rechnungen über Instandhaltungsarbeiten an einem Cembalo aus den Jahren 1709 und 1710 hin (Dok II, Nr. 49). Die dritte, in ihrer Raumkubatur und grundlegenden Gestaltung hingegen erhalten gebliebene Musizierstätte der Hofkapelle ist der sogenannte „Gewehrsaal" auf Schloß Ettersburg bei Weimar, das Herzog Wilhelm Ernst von Sachsen-Weimar als Jagdschloß diente. Konkrete Belege von Auftritten der Hofkapelle und J. S. Bachs fehlen, jedoch ist die Hofkapelle mit großer Wahrscheinlichkeit seit der Fertigstellung regelmäßig auch in diesem größten Saal des Schlosses aufgetreten, zumal der von Bach in der Aria BWV 1127 zum Geburtstag von Wilhelm Ernst vertonte fürstliche Wahlspruch „Alles mit Gott, und nichts ohn' ihn" über dem Eingangsportal des Schlosses zu finden ist. Vielleicht wurde diese Aria auch deshalb genau hier aufgeführt, weil der Fürst im Oktober 1713 während eines herbstlichen Jagdausfluges seinen Geburtstag in dem im Vorjahr fertiggestellten Schloß feierte. Die zeitliche Nähe zwischen der Wahlspruchvertonung in der Aria und dem Bau des Jagdschlosses ist vor dem Hintergrund, daß der Fürstengeburtstag in der traditionellen Jagdsaison lag, zumindest auffällig. Die Anspielung auf das Emblem am Schloßportal entspräche dem für die Zeit typischen Spiel mit subtilen Referenzen.
[8] Siehe Fußnote 6.
[9] B. Mende, *Auf Bachs Spuren in Weimar*, in: Johann Sebastian Bach in Weimar (1708–1717), hrsg. von H. Geyer, Göttingen 2008, S. 169–207, hier S. 174–181.

folger ab 1623, Nicol Theiner, setzte dessen Pläne fort. Am 28. März 1630 wurde die Kirche zu Ehren der Hl. Dreifaltigkeit geweiht. Nach 1630 stockten die Arbeiten zunächst für zwei Jahrzehnte infolge der Wirren des Dreißigjährigen Krieges. 1650 beauftragte Herzog Wilhelm IV. den fürstlich-sächsischen Landbaumeister Johann Moritz Richter mit dem Weiterbau, der bis 1664 zur Fertigstellung von Ost- und Nordflügel und vier Achsen des Westflügels führte. Das Barockschloß erhielt den Namen „Wilhelmsburg". Die Schloßkirche wurde nach einem Umbau am 28. Mai 1658 neu geweiht und erhielt den Namen „Weg zur Himmelsburg".[10]

In die Jahre 1711 bis 1714 fallen umfangreiche Umbau- und Renovierungsarbeiten an der damals offensichtlich bereits maroden Capelle und an der Vorschubdecke, mit der die Capelle zum Kirchenraum hin bekanntlich abgetrennt werden konnte; die Baumaßnahmen dieser Jahre sind durch Rechnungen belegt[11] und von Reinhold Jauernig bereits 1950 analysiert worden.[12] Jauernig legt den Schluß nahe, daß im Rahmen dieser Bauaktivitäten auch die Form des über der Capelle befindlichen Gewölbes umgestaltet wurde, womöglich aus akustischen Gründen.[13]

Den Untersuchungen von Florian Scharfe nach scheint sich für die Mitglieder der Hofkapelle das Platzangebot in der Capelle – entgegen bisherigen Annahmen – durch die Umbauten nicht grundlegend geändert zu haben.[14] Auch

---

[10] Eine Übersicht zur umfangreichen Literatur über die Baugeschichte des Weimarer Residenzschlosses ist zu finden bei K. Knebel, *Ein Schlossbau im europäischen Kontext. Die Pläne der Weimarer Wilhelmsburg von Johann David Weidner aus dem Jahr 1750*, in: Jahrbuch der Klassik Stiftung Weimar 2008, S. 105–137, hier S. 106, Fußnote 2.

[11] Thür. Staatsarchiv Weimar, *Kammerrechnungen* 1710/11, 1712/13 sowie 1714/15.

[12] Jauernig (wie Fußnote 1), S. 63–71.

[13] Nämlich von einem schiefergedeckten Kappengewölbe in eine mit Kupferblech gedeckte Kuppel. Ebenda, S. 65 und 68.

[14] Vgl. dazu Wolff (wie Fußnote 5), S. 173, der von einer „deutlichen Erweiterung" der Capelle spricht, obwohl solches den Untersuchungen Florian Scharfes nach weder durch die überlieferten Bauunterlagen belegbar ist noch konstruktiv in Erwägung gezogen werden kann. Vor allem die vom Schloßbrand verschonten und daher bis heute erhaltenen Umfassungsmauern der Himmelsburg halfen, beim Auswerten der verschiedenen historischen Bauzeichnungen die ehemaligen Größenverhältnisse und Maßstäbe der Capelle zu ermitteln. – Scharfe (wie Fußnote 6), hier „Grundriß Dachgeschoss und Schnittzeichnungen". Einzig belegbar bleibt nach wie vor entsprechend den Kammerrechnungen lediglich, daß der Orgelbauer Weishaupt die Orgel an der Ostseite der Capelle „eingerückt" aufstellen sollte (Thür. Staatsarchiv Weimar, *Kammerrechnungen* 1707/08, Bl. 106 in Verbindung mit Bl. 105) und daß später zur Eindeckung dieser Ausbuchtung („fäsgen") „zu den Stückchen Dache hinter der Orgel" fünf verzinnte Bleche angekauft wurden (ebenda, *Kammerrechnung* 1714/15, Bl. 123a). Auf diese offensichtlich nachträglich geschaffene Ausbuchtung,

nach Ende der Renovierungsarbeiten im Jahre 1714 hatte der um die Schallöffnung herumgeführte Gang auf der Musikempore eine maximale Breite von zwei Metern – Platz genug, daß sich die Musiker um die Deckenöffnung reihen konnten, wobei ihnen die Holzbalustrade vielleicht als Notenpult gedient haben mag, wie man dies noch in vielen barocken Kirchen exemplarisch sehen kann (Abbildung 1).[15]

Damit einhergehend werden sich die Mitglieder der Hofkapelle mitsamt nachgewiesenem Instrumentarium[16] zu den Aufführungen an der Nord- und Südseite und vor allem im östlichen Bereich in der Nähe der Orgel plaziert haben (Abbildung 2 mit Numerierungen).[17]

Die in Grundzügen nachvollziehbaren akustischen Gegebenheiten in der Schloßkirche legen eine Aufstellung der Musiker vorzugsweise im östlichen Teil der Capelle nahe, weil nur von diesem Bereich aus die Kirchenbänke im Erdgeschoß sowie die „fürstlichen Kirchengemächer" im westlichen Bereich des ersten Obergeschosses ausreichend mit Direktschall versorgt werden konnten[18] – ein für die Klangverständlichkeit angesichts der Höhe der Schloßkirche und der Lage der Capelle nicht zu vernachlässigendes Kriterium. Selbst wenn die Musiker im westlichen Teil der Capelle Platz gefunden hätten (wie Christoph Wolff hypothetisch annimmt),[19] wären sie von den zwei bis drei Stockwerke tiefer in der Kirche sitzenden Zuhörern, vor allem von der Fürstenloge aus, wohl schlecht hörbar gewesen. An dem Nachhall in der Kirche kann dies jedoch nicht gelegen haben: Insgesamt scheint die im Durchschnitt mit etwas mehr als 3 Sekunden errechnete Nachhallzeit sich in das übliche Klangbild barocker Kirchen einzufügen.[20]

Der Umstand, daß die Musiker in der Capelle von den Sitzplätzen im Kirchenraum aus kaum sichtbar blieben, mag die „himmlische" Wirkung der von oben kommenden Klänge auf den damaligen Hörer unterstrichen haben.

---

welche den hinteren Bereich der nach Osten leicht verschobenen Orgel abdecken sollte, weist schon Jauernig (wie Fußnote 1), S. 70, hin.

[15] Für die Bereitstellung der Abbildungen zur Himmelsburg sei Florian Scharfe gedankt.

[16] Die entsprechenden Kammerrechnungen sind bereits bei Reinhold Jauernig eingehend behandelt worden – Jauernig (wie Fußnote 1), S. 70f.

[17] Vgl. dazu Wolff (wie Fußnote 5), S. 174, Abb. 2. Hier werden allerdings eine kleinere Deckenöffnung und eine mithin zu große Fläche der herumführenden Musikerempore angenommen.

[18] Siehe dazu die Bestimmung der Bereiche mit Direktschallversorgung: J. Arnold, *Raumakustische Rekonstruktion der Himmelsburg*, in: Jung (wie Fußnote 2), S. 115, Abb. 5. Die fürstlichen Kirchengemächer werden ausführlicher beschrieben bei Knebel (wie Fußnote 10), S. 118.

[19] Siehe Fußnote 17.

[20] Arnold (wie Fußnote 18), S. 122, Abb. 8.

Dazu trugen auch die Wolkenausmalungen an der Kirchenraumdecke und im Gewölbe der Capelle bei;[21] sie waren Bestandteil der architektonischen Dramaturgie der Himmelsburg. Diese Raumidee muß auch auf Johann Sebastian Bach Eindruck gemacht haben: So ist es sicherlich kein Zufall, daß mit dem von Salomon Franck verfaßten Libretto zu Bachs erster, 1714 geschaffener Weimarer Kantate „Himmelskönig sei willkommen" (BWV 182)[22] dem Raum eine für den damaligen Hörer sofort offensichtliche Referenz erteilt wurde. Text und Musik dieser Kantate beziehen sich auf die Raumidee der Schloßkirche als eine ins Vertikale gedrehte Opernbühne, die der „Himmelskönig" betritt. Wenn man die Vorstellung einer konzeptuellen Mitwirkung Bachs bei der Zusammenstellung des Librettos zuläßt, mag dieser gewollte raumarchitektonische Bezug vom Selbstbewußtsein eines zum Konzertmeister Aufgestiegenen zeugen, der mit diesem ersten seiner von nun an monatlich zu liefernden Stücke feinsinnig auf seinen neuen Rang – auch innerhalb dieses angestammten Auftrittsortes der Hofkapelle – hinweist.

2. Die Musizierempore im großen Festsaal

Ein weiterer Raum, der als Aufführungsstätte der Weimarer Hofkapelle in Erwägung zu ziehen ist, war der große Festsaal, der sich (wie die Schloßkirche) bis zum Brand von 1774 im Ostflügel des Residenzschlosses befand.[23] Als Gardesaal diente er auch für militärische Aufmärsche bzw. Ehrenformationen. Einem überdachten *Cour d'honneur* gleich bildete der über einen Auftritt erreichbare Saal den Zugang zu den Repräsentationszimmern, die sich im östlichen Nordflügel des Schloßbaus anschlossen. Ein Rekonstruktionsversuch des Festsaals und einiger anliegender Repräsentationsräume im Zustand vor 1774 unter Auswertung erhaltener Abbildungen, Beschreibungen und Bauzeichnungen[24] erfolgte 2007 im Rahmen der Vorbereitungen zu der Ausstel-

---

[21] Siehe das Ölgemälde der Schloßkirche von Christian Richter (1557–1667), Weimar um 1660, Klassik Stiftung Weimar, Museen, *Inv. Nr. G 1230*.

[22] Auf den Sonntag Palmarum 1714 (25. März).

[23] Der Ort des heutigen klassizistischen Festsaals befindet genau an jener Stelle, an der bis zum Brand des Residenzschlosses im Jahre 1774 auch der barocke Festsaal lag. Die klassizistische Raumfassung nimmt mit der Säulenempore und dem Spiegelgewölbe zentrale Elemente des zerstörten Festsaals auf. Außerdem sind die Fensterachsen an der Westwand des Saales beibehalten worden, da der Wiederaufbau des Residenzschlosses weitgehend innerhalb der Umfassungsmauern der älteren Wilhelmsburg erfolgte (siehe auch Fußnote 3).

[24] Ein zentrales Dokument des hier nicht vollständig angeführten Archivalienbestandes ist ein Grundriß des Hauptgeschosses aus der Zeit um 1730 (Klassik Stiftung Weimar, *Inv. Nr. 1934/40*). Es handelt sich um eine Kopie nach einem Plan aus der Zeit um 1650 (Feder und Aquarell über Graphit, 44×62 cm, beschriftet: „Grundriss

lung „Ereignis Weimar. Anna Amalia, Carl August und das Entstehen der Klassik 1757–1807" im Residenzschloß Weimar.[25] Der Festsaal hatte den Überlieferungen zufolge einen länglichen Grundriß, wurde im Norden und Süden durch eine Exedra eingefaßt und war durch einen umlaufenden Säulengang mit schmaler Empore gegliedert (Abbildung 3). Die mit Stuckarbeiten verzierte und bemalte Holzdecke des Saales war in der Mitte mit einer Schallöffnung versehen, die eine Verbindung zu den beiden darüber liegenden Musikemporen darstellte (Abbildung 4). Diese Öffnungen waren mit etwa drei bzw. vier Metern Durchmesser jedoch deutlich kleiner als die mit einer Schubdecke ausgestattete Empore der Himmelsburg. Der etwa eineinhalb bis maximal zwei Meter breite Umgang der unteren Empore, auf dem die Musizierenden sich aufstellten, hatte vermutlich keine eigene Beleuchtung, da diese Ebene im Dachstuhl lag. Von der darüber liegenden Empore strömte jedoch durch eine etwas kleinere Deckenöffnung Licht, denn diese Empore befand sich bereits auf Höhe des begehbaren Daches in einer aufgesetzten, pavillonartigen Laterne. Die Musiker der Hofkapelle konnten sich also auf zwei übereinanderliegenden kleinen Emporen kreisförmig plazieren. Somit erscheint auch eine getrennte Aufstellung der Musiker in zwei Gruppen über zwei Etagen denkbar.

Die in zeitgenössischen Beschreibungen überlieferte Ausstattung des Saales läßt zumindest allgemeine Rückschlüsse auf die Akustik zu. Die harten Oberflächen der mit Stuck verkleideten Wände und Säulen sowie der Ziegelsteinboden mit abgegossenem Estrich, auf welchen der sich nach unten ausbreitende Schall direkt aufschlug, mögen dem Raum auch bei größeren Menschenansammlungen (z. B. bei Festveranstaltungen) zu einem gewissen Nachhall verholfen haben.

Wenn auch ein konkreter Nachweis von Aufführungen Bachscher Kompositionen in diesem Raum nicht erbracht werden kann, so ist der Festsaal aufgrund der beschriebenen baulichen Gegebenheiten – neben der Capelle in der Schloßkirche – als eine attraktive Aufführungsstätte der Hofkapelle anzusehen.

---

des andern Stocks der Fürstl. Residentz Wilhelmsburg zu Weymar"). Der Plan ist in den Umrissen durchstochen und daher als Kopie erkennbar. Zur Beschreibung des Festsaales siehe auch Knebel (wie Fußnote 10), S. 110f.

[25] Siehe die in Kooperation der Klassik Stiftung Weimar und der Firma Bennert Monumedia entstandene DVD „... *wie ein zerstörtes Troja*". *Die Wilhelmsburg in Weimar vor dem Brand von 1774*, Weimar 2007. Den Mitarbeitern der Firma Bennert Monumedia sei für die Bereitstellung der Abbildungen Nr. 3–4 gedankt.

3. Der „Schall-Saal"

Eine dritte Räumlichkeit im Residenzschloß, der konkrete Funktionen der Musikdarbietung zugewiesen werden können, bildete der „künstliche Schall-Saal". Es handelte sich den erhaltenen Bauakten zufolge um einen Raum im zweiten Obergeschoß des Nordflügels des Residenzschlosses,[26] der mit heute nicht mehr nachvollziehbaren Finessen der Raumakustik[27] ausgestattet war und auch als potentielle Aufführungsstätte angesehen werden muß.

Den historischen Beschreibungen zufolge konnte man in diesem als „Meisterstücke der Architectur" bezeichneten Saal „die delicateste und angenehmste Music, welche von virtuosen und geschickten Vocal- und Instrumental-Musicis gehalten wird, mit größtem Vergnügen" hören.[28] Irrtümlicherweise werden diese bewundernden Beschreibungen gelegentlich auf die Capelle in der Schloßkirche bezogen.[29] Bachs Wirken im „Schall-Saal" ist nicht belegbar, jedoch mag der Raum sicherlich Wilhelm IV. (dem Großvater von Wilhelm Ernst) zum privaten Musizieren oder für kammermusikalische Aufführungen z.B. mit Mitgliedern seiner Hofkapelle gedient haben.[30]

*

Die dargelegten Beschreibungen lassen erkennen, daß das Weimarer Residenzschloß mehrere für musikalische Aufführungen besonders geeignete Stätten aufwies. Die zahlreichen raumakustischen Finessen repräsentieren das schallphysikalische Wissen der Zeit um 1700[31] und stehen in der Tradition des mitteldeutschen Schloßbaus.[32] Und mit Sicherheit mögen die besonderen Qualitäten dieser Aufführungsstätten, an denen Bach täglich wirkte – neben

---

[26] Siehe zur Lage des Schallsaales die erhaltenen Grundrisse der Wilhelmsburg aus der Zeit um 1750, die auch die entsprechenden Bezeichnungen der damaligen Raumnutzungen enthalten; vgl. Knebel (wie Fußnote 10), S. 124.

[27] Denkbar ist beispielsweise ein zur Raummitte hin leicht abgesenkter und damit einen besonderen Nachhall hervorrufender Fußboden, wie er im 1770 eingerichteten „Grünen Eckkabinett" auf der Heidecksburg in Rudolstadt erhalten ist.

[28] Zitiert nach W. Schrammek, *Orgel, Positiv, Clavicymbel und Glocken der Schloßkirche zu Weimar 1658 bis 1774*, in: Bericht über die Wissenschaftliche Konferenz zum 5. Internationalen Bachfest der DDR in Verbindung mit dem 60. Bachfest der Neuen Bachgesellschaft, hrsg. von W. Hoffmann und A. Schneiderheinze, Leipzig 1988, S. 97–111, hier S. 99.

[29] Unter anderem bei Wolff (wie Fußnote 5), S. 175.

[30] Zitiert nach Schrammek (wie Fußnote 28), S. 99.

[31] Siehe A. Kircher, *Neue Hall- und Thonkunst*, deutsche Übersetzung von A. Carion, Nördlingen 1684 (Reprint Hannover 1983).

[32] Vgl. zum Beispiel das „Schallhaus" im unteren Bereich des Schloßgartens auf dem Residenzschloß Heidecksburg in Rudolstadt. Wesentliche Teile dieses Gebäudes, das

den reichhaltig gewonnenen musikalischen Impulsen – zu jenem musikalisch anregenden Umfeld beigetragen haben, auf das bei Beschreibungen der „Weimarer Zeit" Bachs gern hingewiesen wird.

Wenn im Jahre 1803 – im Rahmen des klassizistischen Wiederaufbaus des Weimarer Residenzschlosses – das von Heinrich Gentz im Westflügel vollendete Treppenhaus eine Schallöffnung mit Empore erhielt, so mag sie noch im Bann dessen gestanden haben, was am 6. Mai 1774 durch ein verheerendes Feuer untergegangen war.[33]

Alexander Ferdinand Grychtolik (Weimar)

Abbildung 1: Schloßkirche „Himmelsburg", Blick von der Westseite der Capelle zur Orgel (Rekonstruktion: Florian Scharfe)

Abbildung 2: Maßstabsgetreuer Grundriß der Capelle (Rekonstruktion: Florian Scharfe, Hypothetische Anordnung der Möblierung: Alexander Grychtolik). Zur Ausstattung der Capelle gehörten laut Kammerrechnungen (Einzelnachweise siehe bei Jauernig, wie Fußnote 1, S. 70.) 14 Lehnstühle für die Musiker (1), ein Tisch (3), ein Schrank „zur Verwahrung derer Musicalischen Instrumente" (4), ein „Clavicymbel" (5), ein Orgelpositiv mit Bank (6) und ein Spinett (7). Erst im Jahr nach Bachs Weggang aus Weimar kamen sechs rot angestrichene Bänke hinzu (2), 1725 gab es zudem 18 neue Holzstühle.

Abbildung 3: Festsaal mit Blick nach Süden (Rekonstruktion: Bennert Monumedia)

Abbildung 4: Blick durch die doppelte Musikerempore in der Deckenmitte hinauf in die Dachlaterne (Rekonstruktion: Bennert Monumedia)

---

wie der ehemalige Festsaal des Weimarer Residenzschlosses mit einer doppelten Musikempore ausgestattet ist, entstammen der Zeit um 1700.

[33] Der Verfasser dankt Michael Maul, Bernd Mende und Peter Wollny für ihre hilfreichen Anmerkungen zu diesem Artikel.

Kleine Beiträge 317

Abbildung 1

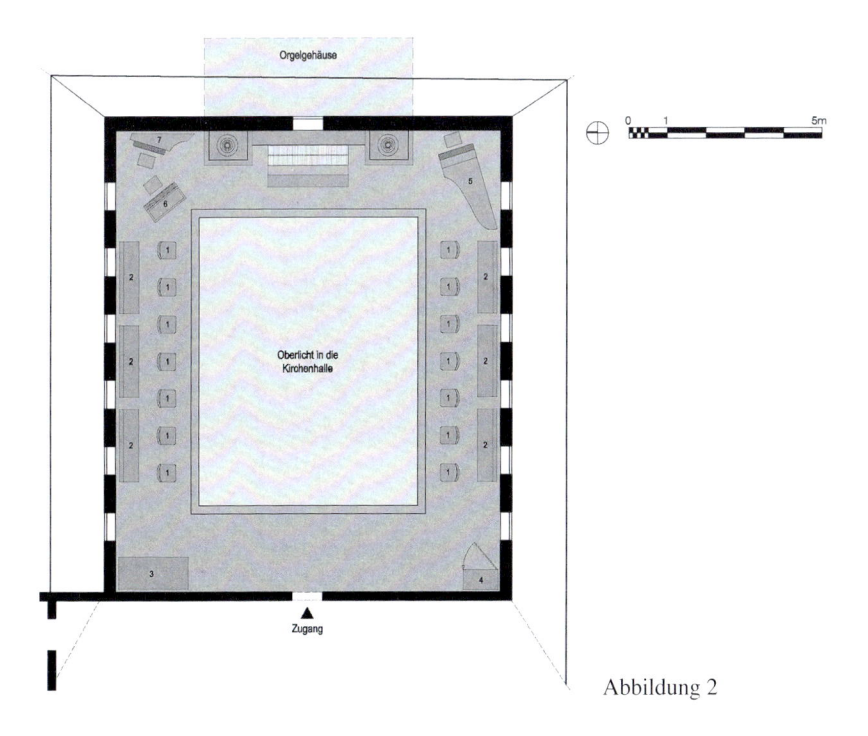

Abbildung 2

Abbildung 3

Abbildung 4

Zur Entstehungsgeschichte von Bachs Universitätsmusik „Gloria in Excelsis Deo" BWV 191

Johann Sebastian Bachs Weihnachtsmusik „Gloria in excelsis Deo" BWV 191 repräsentiert einen ungewöhnlichen Einzelfall im Œuvre des Thomaskantors. Bei der Komposition handelt es sich um eine Bearbeitung von Sätzen aus dem Gloria der h-Moll-Messe BWV 232, oder genauer, der Kyrie-Gloria-Messe, die Bach 1733 dem Dresdner Hof gewidmet hatte. BWV 191 besteht aus drei Sätzen. Der erste basiert auf dem Beginn des liturgischen Gloria, dem Lobgesang der Engel aus Lukas 2:14: „Gloria in excelsis Deo et in terra pax hominibus bonae voluntatis". Bach konnte diesen Satz ohne nennenswerte Änderungen aus der Missa von 1733 übernehmen.[1] Die beiden übrigen Sätze sind Parodien der Sätze „Domine Deus" und „Cum Sancto Spiritu" aus dem Gloria der Messe, nun jedoch mit dem lateinischen Text der sogenannten kleinen Doxologie:

Satz 2 (Duetto)   Gloria Patri et Filio et Spiritui sancto.
Satz 3 (Chor)   Sicut erat in principio et nunc and semper et in saecula saeculorum, amen.

Wegen der neuen Texte waren in diesen Sätzen größere Eingriffe in die Vorlage notwendig als im Eingangssatz. Zudem nahm Bach kleine, nicht textbedingte Änderungen an der Vorlage vor und erweiterte die Instrumentation im dritten Satz.[2]
Die genauen Entstehungsumstände der Komposition liegen im Dunkeln. Gegen eine Verwendung in der Leipziger Liturgie sprechen mehrere Gründe. Die Kombination des Beginns der großen Doxologie („Gloria in excelsis") mit der kleinen Doxologie („Gloria Patri") war liturgisch unüblich. Das Werk konnte so nicht an der Stelle des liturgischen Gloria im Eingangsteil des Gottesdienstes aufgeführt werden. Zudem deutet ein Hinweis in der Partitur darauf hin, daß der Eingangssatz und die beiden übrigen Sätze durch eine Rede („oratio") voneinander abgesetzt wurden. Wenngleich diese Praxis an die zweiteiligen Kantaten erinnert, die Bach gelegentlich in Leipzig aufgeführt hat, so ist, wie schon Dürr ausgeführt hatte, die Aufführung von Kantaten in lateinischer Sprache in den Leipziger Gottesdiensten der Bach-Zeit nicht

---
[1] Zu den Unterschieden zwischen der Missa und dem ersten Satz von BWV 191 siehe NBA I/2 Krit. Bericht (A. Dürr, 1957), S. 157–161.
[2] Siehe den Überblick ebenda, S. 162–163.

belegt.[3] Wir werden später noch auf einige weitere Gegenargumente eingehen. Eine liturgische Verwendung läßt sich jedenfalls nicht rekonstruieren, auch wenn dies jüngst von Konrad Küster nochmals vorgeschlagen wurde.[4] Desgleichen kann Martin Petzoldts Versuch, die gelegentlich kritisierte Textkombination theologisch zu rechtfertigen,[5] nicht völlig überzeugen, da eine theoretische theologische Kohärenz noch nicht eine praktische liturgische Verwendung belegt. Die Gegenargumente wiegen zu schwer.

Klarer ist dagegen der ungefähre Entstehungszeitraum. Die erhaltene Partitur (D-B, *P 1145*) läßt sich anhand des Wasserzeichens und spezifischer Merkmale von Bachs Schrift zeitlich einordnen. Das Wasserzeichen spricht für eine Niederschrift nach 1735, wahrscheinlicher sogar nach 1740.[6] Bachs Handschrift kann auf „von um 1743 bis um 1746"[7] datiert werden, womit BWV 191 wahrscheinlich in der ersten Hälfte der 1740er Jahre niedergeschrieben wurde.

Einige ungewöhnliche Details in der Quelle erlauben weitere Schlüsse. Der Titel der Partitur scheint auf einen Gottesdienst zum ersten Weihnachtstag zu deuten;[8] genau betrachtet sagt er allerdings nur aus, daß es sich um ein Werk zum Weihnachtsfest handelt: „J. J. Festo Nativit: Xsti. Gloria in excelsis Deo. a 5 Voci. 3 Trombe e Tymp. 2 Trav. 2 Hautb. | 2 Violini e Cont. di J. S. B." Vergleicht man diese Formulierung mit den Titeln der anderen Kompositionen Bachs für den ersten Weihnachtstag, so zeigen sich neben Gemeinsamkeiten auch signifikante Unterschiede:[9]

BWV 63	1715/1723	D-B, *St 9*	*Feria 1 Nativ. Xsti	Christen ätzet etc.* [...][9]
BWV 91	1724	D-B, *P 869*	*J. J. Festi Nativ: Christi Feria 1. Gelobet seystu Jesu Christ*
BWV 110	1725	D-B, *P 153*	*J. J. Feria 1 Nativitatis Xsti. Concerto* [...]
BWV 197a	um 1728	US-NYpm, *Heineman Collection*	(Blätter mit der Titelseite und den Sätzen 1–3 verschollen)
BWV 248[1]	1734	D-B, *P 32*	*J. J. Feria 1 Nativitatis Xsti.*

---

[3] Ebenda, S. 164.
[4] *Bach-Handbuch*, hrsg. von K. Küster, Kassel/Stuttgart 1999, S. 513.
[5] M. Petzoldt, *Bach-Kommentar*, Band II: *Die geistlichen Kantaten vom 1. Advent bis zum Trinitatisfest*, Stuttgart/Kassel 2006, S. 133.
[6] NBA I/2 Krit. Bericht, S. 163f.
[7] Kobayashi Chr, S. 52.
[8] So etwa J. Butt, *Bach. Mass in B Minor*, Cambridge 1991, S. 13: „That BWV 191 was intended for church performance is certainly indicated by its heading (which assigns it to Christmas Day) and the direction to divide it around the sermon."
[9] Die Beschriftung des Titelumschlags stammt von der Hand C. P. E. Bachs.

Trotz einiger Differenzen in der Terminologie bezeichnen alle autographen Partituren sowie der nachträglich hinzugefügte Umschlagtitel zu BWV 63 den Feiertag übereinstimmend als „Feria 1" (eine Terminologie, die bereits auf mittelalterliche Vorbilder zurückgeht). Der Tag wird also eindeutig als Teil des dreitägigen Weihnachtsfestes verstanden.[10] Bei BWV 191 fehlt diese liturgische Einordnung (siehe Abbildung 1 und 2 zum Vergleich zwischen BWV 191 und BWV 110). Dies wurde gerne übersehen,[11] da es sich ja eindeutig im ersten Satz um ein Zitat aus dem Evangelium zum ersten Weihnachtstag handelt; jedoch sagt der Titel nichts über die exakte liturgische Zuordnung aus. Aus liturgischer Sicht existiert ein „Festum Nativitatis Christi", wie es die Handschrift von BWV 191 nennt, als singuläres Ereignis nicht. Üblicher war der Begriff dagegen in außerliturgischen Kontexten. Carl Heinrich Graun (1703/4–1759) etwa bezeichnet sein nicht für die Liturgie bestimmtes Weihnachts-Oratorium als „Oratorium in festum nativitatis Christi", und wir finden den Begriff häufig in Titeln von akademischen Reden, die zur Feier des Weihnachtsfestes an deutschen Universitäten gehalten wurden.[12]

Ein weiteres ungewöhnliches terminologisches Detail stellt eine Anmerkung Bachs am Ende des ersten Satzes dar: „Post Orationem, vide infra pag. 3 Gloria Patri etc." (Bl. 8v, siehe Abbildung 3); damit korrespondiert die Überschrift des zweiten Satzes „Post Orationem." (Bl. 2r). Wie bereits Gregory Butler ausgeführt hat, benutzte Bach bei zweiteiligen Werken zuweilen eine Formulierung, die genau den Verwendungszusammenhang benennt, wie etwa bei Passionen und Kantaten „Nach der Predigt" oder bei Trauungsmusiken „Post Copulationem"; außerdem findet sich in BWV 198 der Vermerk „Nach gehaltener Trauerrede", sowie in der Störmthaler Orgelweihkantate BWV 194

---

[10] Auf dem autographen Titelumschlag des Weihnachts-Oratoriums identifiziert Bach die Komposition ganz korrekt als Werk für die Weihnachtszeit: „Oratorium Tempore Nativitatis Christi", siehe D-B, *St 112*, Fasz. 1.

[11] So stellt etwa Dürr (NBA I/2, Krit. Bericht, S. 165) fest: „Die ausdrückliche Bezeichnung des Kopftitels: *Festo Nativit. Xti* hebt die Komposition aus den Stücken des Meßordinariums heraus und reiht sie unter dem Proprium de tempore ein. […] Wenn Bach sie aber ausdrücklich dem Weihnachtsfest zuordnet, dann offenbar deshalb, weil er sie nicht als Teil des Ordinariums, sondern als Predigtmusik über das Weihnachtsevangelium verstanden wissen wollte". Allerdings gibt die Quelle von BWV 191 nirgends einen Hinweis darauf, daß es sich um eine Predigtmusik handelt; dies wird von Dürr stillschweigend vorausgesetzt.

[12] Als zeitlich nahe Schriften seien hier nur genannt: H. C. Engelcken, *Programma Natalitium, Quo Rite Celebrari Festum Nativitatis Christi, Die Vigesimo Qvinto Decembris, Modo Pie Celebretur, Ostendit* […], Rostock 1739 (Exemplar: D-ROu, *LB T 512 (1739 Weihn.)*); oder *Rector Vniversitatis Lipsiensis Ad Festvm Nativitatis Christi In Templo Academico* […] *anno Ab Illa MDCCXXXVIII Solemni Oratione Concelebrandvm Officiose Ac Peramanter Invitat* […], Leipzig 1738 (Exemplar: D-HAu, *an Id 6020 I (8)*).

die Angabe „Post Concionem". In den meisten Fällen bediente er sich jedoch einer allgemeinen Terminologie, wie „Secunda Pars", „Pars Secunda", „Pars 2", „Seconda Parte", „Parte 2nda", oder „Parte 2".[13] Der Begriff „oratio" findet sich sonst nicht in Bachs Handschriften mit liturgischer Musik. Allerdings wäre dieser Terminus für eine Predigt in Bachs Zeit auch ungewöhnlich. Zwar konnte eine Leichenpredigt als „oratio funebris" bezeichnet werden, jedoch verstand man unter „oratio" in der ersten Hälfte des 18. Jahrhunderts vornehmlich die akademische Rede.

BWV 191 ist außerdem deutlich kürzer als die übrigen zweiteiligen Kantaten Bachs. BWV 76 etwa dauert zwischen 35 und 40 Minuten, BWV 70 zwischen 25 und 30 Minuten, BWV 191 dagegen hat eine Länge von etwa 15 Minuten. Es wäre mehr als ungewöhnlich, wenn Bach gerade an einem Festtag die Hauptmusik auf wenige Minuten vor und nach der Predigt gekürzt hätte. Wir können daher ausschließen, daß es sich bei BWV 191 um eine reguläre zweiteilige Kantate handelt.

Nicht überzeugend ist Dürrs Versuch, eine außerliturgische Verwendung zu belegen, indem er auf Bachs Nekrolog hinweist,[14] in dem von fünf Kantatenjahrgängen die Rede ist, und dann schlußfolgert, BWV 191 sei überzählig, da uns bereits fünf Weihnachtskantaten vorlägen.[15] Dürr rechnet irrtümlich den ersten Teil des Weihnachts-Oratoriums zu den Weihnachtskantaten, was jedoch unzulässig ist, da die sechs Teile des Weihnachts-Oratoriums nicht als selbständige Kantaten aufgefaßt wurden; diese Sicht hat sich wohl erst im späteren 19. Jahrhundert durchgesetzt. Noch Carl Philipp Emanuel Bachs Nachlaßverzeichnis von 1790 betrachtet das Werk als Oratorium in sechs Teilen.[16] Der Nekrolog aber nennt ausdrücklich „Oratorien"[17] als Teil des ungedruckten Œuvres, zu denen dann auch das Weihnachts-Oratorium zu zählen wäre. Es wäre daher zumindest numerisch möglich (wenn auch aus den genannten Gründen nicht wahrscheinlich), daß es sich bei BWV 191 um eine der genannten Weihnachtskantaten handelt.

Gegen eine Verwendung im regulären Gottesdienst spricht laut Dürr schließlich auch, daß durch die Aufteilung der Thomaner auf die vier Kirchen in Leipzig an den Sonn- und Feiertagen „eine fünfstimmige Kantate in den Vormittagsgottesdiensten kaum darstellbar [war], besonders bei starker Instrumentalbesetzung, die dem Chor oft noch weitere Kräfte entzog."[18] Daraus ergibt sich, daß die Komposition nur zu einem außergewöhnlichen Ereignis

---

[13] G. G. Butler, *Johann Sebastian Bachs Gloria in excelsis Deo BWV 191: Musik für ein Leipziger Dankfest*, BJ 1992, S. 66.
[14] Dok III, S. 86.
[15] NBA I/2 Krit. Bericht, S. 195, und Butler (wie Fußnote 13), S. 65.
[16] Siehe NBA II/6 Krit. Bericht (A. Dürr/W. Blankenburg, 1962), S. 7.
[17] Dok III, S. 86.
[18] NBA I/2 Krit. Bericht, S. 164 f.

konzipiert und aufgeführt worden sein kann, zu dem mehr Ausführende als üblich zur Verfügung standen. Schering hatte bereits vorgeschlagen, daß BWV 191 zu einem bestimmten Weihnachtsfest komponiert worden sei, „vielleicht zu einem glücklichen politischen Ereignis."[19] Während Dürr dies in Zweifel zieht und zu bedenken gibt, daß ein derartiges „glückliches Ereignis" auf dem Titelblatt seinen Niederschlag hätte finden müssen und daß zudem in den frühen 1740er Jahren ein solches Ereignis nicht belegt sei, konnte Gregory Butler zeigen, daß es durchaus ein politisches Ereignis gab, zu dem am 25. Dezember 1745 in Leipzig eine universitäre Feier in der Paulinerkirche stattfand: Es handelt sich um den Friedensschluß zum Ende des Zweiten Schlesischen Krieges. Die Leipziger *Nützlichen Nachrichten von denen Bemühungen derer Gelehrten und andern Begebenheiten* berichten nicht nur über diesen Friedensschluß, sondern geben zudem Auskunft über eine akademische Feier am 25. Dezember:

[…] an dem H. Christ-Tage hielt Herr M. Salomon Ranisch, aus Chemnitz eine feyerliche Rede, de Iesu Christi Salvatoris, humiliter nati, maiestate, in der Pauliner-Kirche, um 12. Uhr. Der Decanus der theol. Fac. Herr D. Deyling, hatte vorher im Nahmen des Rectoris Academie hierzu eingeladen, und in dem Weyhnacht-Programmate von 2 Bogen die herrliche Erscheinung in dem brennenden Busche Exod. III. als eine Abbildung der Erscheinung des Sohnes Gottes im Fleische betrachtet […].[20]

Butlers Vorschlag wurde von der Forschung fast einhellig angenommen, da er gleich mehrere der genannten Probleme löst: Als Teil einer universitären Feier könnte durchaus ein Werk in lateinischer Sprache aufgeführt worden sein; mit der „oratio" war die Rede von Salomon Ranisch gemeint. Zudem wären für die Feier in der Paulinerkirche um 12 Uhr mittags die Schüler aus der ersten und zweiten Kantorei verfügbar gewesen, so daß der Aufführung einer großformatigen Musik nichts entgegenstand. Nicht zuletzt fiel auch das Jahr 1745 in den durch Papier- und Schriftanalyse vorgegebenen Zeitrahmen. Als Komposition für ein Friedensfest konnte die Textpassage „et in terra pax" (und Friede auf Erden) zudem als Anspielung auf den Friedensschluß aufgefaßt werden.[21]

So überzeugend Butlers Argumentation auf den ersten Blick ist, so wirft sie doch ihrerseits Fragen auf. Während die Komposition des lateinischen Gloria allgemein zum Thema des Weihnachtsfests paßt, fehlt solch ein engerer Bezug zum Thema der Einladung durch Deyling wie auch der Rede von Ranisch, die die Inkarnation und das Paradoxon von Christi Majestät und seiner Geburt

---

[19] A. Schering, *Die Hohe Messe in h-moll. Eine Huldigungsmusik und Krönungsmesse für Friedrich August II.*, BJ 1936, S. 6, Fußnote 1.
[20] A. Kriegel, *Nützliche Nachrichten von denen Bemühungen derer Gelehrten […] 5*, Leipzig 1745, S. 96; zitiert nach Butler (wie Fußnote 13), S. 69.
[21] Vgl. Butler (wie Fußnote 13), S. 71.

in einer Krippe behandelte – ein Thema, das wir zwar im ersten Teil von Bachs Weihnachts-Oratorium ausführlich erörtert finden, das allerdings in BWV 191 keine Rolle spielt. Dies muß nicht notwendigerweise gegen eine Aufführung von BWV 191 im Rahmen der Feier sprechen, jedoch zeigt sich hier eine gewisse Diskrepanz.

Nicht ganz überzeugen kann auch die Charakterisierung des Werks als Friedensmusik. Auch wenn der Text des ersten Satzes um Frieden auf Erden bittet, so ist doch die Verwendung des Gloria bei Friedensfeiern im 17. und frühen 18. Jahrhundert unüblich (wenn auch nicht ausgeschlossen). Verbreiteter waren Kompositionen des Chorals „Verleih uns Frieden gnädiglich" oder seiner lateinischen Vorlage „Da pacem Domine".[22] Bachs Komposition stellt dagegen das doppelte Gotteslob in den Vordergrund, während der Friede nur im Eingangssatz erwähnt wird. Mit anderen Worten, das Verhältnis von BWV 191 sowohl zum Friedensfest als auch zu der eigentlichen Feier in der Leipziger Universität ist weniger eng, als es auf den ersten Blick erscheint. Schließlich sind auch Zweifel daran anzumelden, ob es sich bei der Universitätsfeier von 1745 tatsächlich um einen Dankgottesdienst zum Ende des Zweiten Schlesischen Krieges gehandelt hat. Die von Butler angeführte Feier fiel zwar in zeitliche Nähe des Friedensschlusses, jedoch weisen die Themen der Einladungsschrift wie der „oratio" keine Verbindung zum Thema Frieden auf. Wenn es sich um eine Friedensfeier gehandelt hätte, so hätte man wohl einen engeren Bezug zum Kriegsende erwarten können.[23]

Am schwersten wiegt jedoch die Tatsache, daß es sich bei der für den 25. Dezember 1745 angekündigten Feier keineswegs um ein außergewöhnliches Ereignis handelte. Wie die gedruckten Universitätsprogramme aus Leipzig zeigen, fand alljährlich an diesem Tag um 12 Uhr eine akademische Feier mit einer gelehrten Rede in lateinischer Sprache statt.[24] Bei dem in den Leipziger

---

[22] Letzteres etwa in Heinrich Schütz' bekanntem „Da pacem Domine" SWV 465, komponiert für die Friedensverhandlungen in Mühlhausen 1627; siehe hierzu S. Hanheide, *Musikalische Kriegsklagen aus dem Dreißigjährigen Krieg*, in: 1648 – Krieg und Frieden in Europa. Textband II (Kunst und Kultur) zur Europaratsausstellung 1998 in Münster und Osnabrück, hrsg. von K. Bußmann und H. Schilling, Münster 1998, S. 440 f.

[23] Die eigentliche Friedensfeier zum Ende des Zweiten Schlesischen Krieges fand, wie auch schon Butler angemerkt hat, am 9. Januar 1746 statt; siehe Butler (wie Fußnote 13), S. 67.

[24] Hingewiesen sei hier nur auf zwei Universitätsprogramme, die stellvertretend für zahlreiche andere stehen: *Rector Universitatis Lipsiensis Ad Orationem De Pietate In Christo Nato, Eaqve Sola Deo Grata, Feriai. Nativitatis Christi, In Templo Academico Hora XII. Pomeridiana Auscultandam Invitat* […], Leipzig 1719 (Exemplar in: D-HAf, *61 C 2 (10)*); sowie *Rector Academiae Lipsiensis ad memoriam*

Nützlichen Nachrichten angezeigten Festakt handelt es sich also um ein regelmäßig wiederkehrendes Ereignis, dessen Termin zufällig wenige Tage nach dem Friedensschluß lag. Wenn damit auch Butlers These, daß es sich bei Bachs Komposition um ein Werk für eine Friedensfeier an der Leipziger Universität gehandelt habe, hinfällig ist,[25] so dürfte die jährliche universitäre Weihnachtsfeier tatsächlich der Entstehungskontext von BWV 191 gewesen sein. Es ist also anzunehmen, daß Bachs „Gloria in excelsis" am 25. Dezember um 12 Uhr mittags als Umrahmung einer akademischen Rede in der Leipziger Paulinerkirche aufgeführt wurde. Als Entstehungszeit kommen dabei zunächst alle Jahre in Frage, die durch den schriftkundlichen Befund als wahrscheinlich gelten können, also „um 1743" bis „um 1746".

Ein neuer Textfund gestattet es, ein exakteres Entstehungsdatum zu benennen. Die Einladungsschrift zu der weihnachtlichen Universitätsfeier des Jahres 1742 enthält eine gelehrte Auslegung von Lukas 2:14: „Ehre sei Gott in der Höhe", die auf das Verhältnis von geistlichem und weltlichem Frieden eingeht und auf die sächsische „pax Augusti" (S. II) anspielt.[26] Der Text erwähnt zudem den Ersten Schlesischen Krieg („Germaniae calamitates bellicae Anni"), der 1742 beendet worden war. Die Einladung zu dem Festakt in der Paulinerkirche wurde vom Rektor der Universität ausgesprochen, bei dem es sich in jenem Jahr um Johann Christoph Gottsched (1700–1766) handelte. Allerdings ist der ungenannte Autor der Auslegung von Lukas 2:14 nicht Gottsched selbst sondern, wie Robin Leaver in seinem Beitrag darlegt,[27] der Leipziger Superintendent und Theologieprofessor Salomon Deyling (1677–1755), der die gelehrten Betrachtungen für eine Reihe von universitären Einladungen zu dieser Zeit verfaßt hat.

---

nativitatis Christi pie recolendam […] *invitat*, Leipzig 1737 (Exemplar in: D-B, *6 in @Bd 8603-110*).

[25] Zumindest revisionsbedürftig ist damit auch Butlers Vorschlag, Bach habe bei der Feier 1745 auch die Orgel gespielt; während sich der von Butler vorgeschlagene, ausgesprochen große Anteil von Orgelwerken für einen Festgottesdienst noch rechtfertigen ließe, ist kaum anzunehmen, daß Bach während der regulären universitären Feier ein umfangreiches Orgelprogramm gespielt hätte, siehe G. G. Butler, *Bach's Preluding for a Leipzig Academic Ceremony*, in: Music and Theology: Essays in Honor of Robin A. Leaver, hrsg. von D. Zager, Lanham (Maryland) 2007, S. 51–67.

[26] *Rector Universitatis Lipsiensis ad Festum Nativitatis Christi in templo academico cras deo volente hora XII. anno ab illa MDCCXLII. Solemni Oratione concelebrandum officiose ac peramanter invitat qualem pacem Christus recens natus toti terrarum orbi retulerit. Ad Luc. II, 14*, Leipzig 1742 (Exemplar: D-ROu, *Fa-1092(38).3*); die Schrift ist nun auch online zugänglich über die Bayerische Staatsbibliothek München; siehe http://gateway-bayern.de/BV010259413.

[27] Siehe den nachfolgenden Beitrag.

Der Titel der Einladung nennt als Anlaß das „Festvm Nativitatis Christi" und kündigt eine feierliche „oratio" an.[28] Er zeigt daher deutliche Parallelen zum Titel von BWV 191: In beiden Fällen wird der Anlaß der Feier nur allgemein als „festum" bezeichnet, während auf die Angabe eines liturgischen Kontexts („feria") verzichtet wird. Vor und nach der akademischen Rede konnte eine Festmusik in zwei Teilen aufgeführt werden. Selbst in den schriftkundlichen Befund läßt sich das Jahr 1742 noch einordnen; Kobayashi hatte die Bachsche Handschrift auf „von um 1743 bis um 1746"[29] datiert, womit der 25. Dezember 1742 gerade noch innerhalb dieses Zeitrahmens läge.

Bach hätte also mit BWV 191 eine Komposition geschaffen, die das Thema der Einladungsschrift zur Feier reflektiert. Die eigentliche akademische Rede während der Feier wurde, wie das Programm ankündigt, von Johann Heinrich Leich (1720–1750), einem Extraordinarius an der Leipziger Universität gehalten (S. XVI). Leich ist insbesondere als Altphilologe von Bedeutung.[30] Von stadtgeschichtlichem Interesse ist er auch als Autor einer Schrift zur Feier des Buchdrucker-Jubiläums 1740.[31] Nach Auskunft der Einladungsschrift von 1742 befaßte sich Leichs Vortrag mit alten Fehleinschätzungen hinsichtlich der Geburt Christi (*De erroribus veterum circa Natalem Christi*). Die Rede ist nicht erhalten, so daß ihr Verhältnis zu Bachs Komposition nicht zu bestimmen ist. Die Motivation für Bachs Entscheidung, eine Festmusik zu schaffen, die das „Gloria" in den Vordergrund stellte, war daher wohl die Einladung durch den Rektor Gottsched sowie die von Deyling vorgelegte Auslegung, die Bach sicherlich im voraus bekannt waren.

Die Entstehungszeit (Dezember 1742) liegt an der Grenze des quellenkundlichen Befunds und es ist daher zu fragen, ob auch eine ähnliche akademische Feier in einem der folgenden Jahre als Entstehungsanlaß für BWV 191 möglich wäre. Wenn wir davon ausgehen, daß Bachs Musik in einem (wie auch immer gearteten) Zusammenhang mit der Rede oder der Ein-

---

[28] Den Lobgesang der Engel als Grundlage für die Einladungsschrift einer universitären Feier zu nehmen, war nicht gänzlich ungewöhnlich; bereits 1726 findet sich an der Universität Jena eine Programmschrift zu demselben Thema: *De hymno Angelorum gloria in excelsis Deo meditatio sacra ad festum nativitatis Christi pie celebrandum in Academia Jenensi proposita*, Jena 1726 (Exemplar: D-GRu, *532/Ae 274 (1726) 4°*); es besteht jedoch kein Anlaß anzunehmen, daß Gottsched diese Schrift gekannt oder zur Vorlage genommen hätte.

[29] Kobayashi Chr, S. 52.

[30] Siehe Leichs Nekrolog: *Memoriam viri praenobilissimi […] Johannis Henrici Leichii philosophiae professoris […] d. X. Maii a. r. g. MDCCL […] defuncti programmate funebri conservat academiae Lipsiensis rector*, Leipzig 1751.

[31] J. H. Leich, *Gepriesenes Andencken von Erfindung der Buchdruckerey wie solches in Leipzig beym Schluß des dritten Jahrhunderts von den gesammten Buchdruckern daselbst gefeyert worden*, Leipzig 1740.

ladungsschrift gestanden hat, dann können wir zumindest das von Butler vorgeschlagene Jahr 1745 ausschließen, da keiner der in diesem Jahr verfaßten Texte sich mit dem Lobgesang der Engel beschäftigt hat. Dasselbe gilt für den Rest der 1740er Jahre – mit einer Ausnahme: Im Jahr 1748 lud der Rektor der Universität wiederum zu einer Feier ein; der Einladungstext, dessen ungenannter Autor möglicherweise wieder Deyling war, ist eine gelehrte Auslegung von Genesis 49 (Jakobs Segen). Die zum Ende der Auslegung angekündigte akademische Rede wurde im Rahmen der Feier am 25. Dezember 1748 von Magister David Gottlieb Döring (1726–1766)[32] gehalten und befaßte sich mit dem Lobgesang der Engel in Lukas 2:14 („de hymno angelico Luc. II. 14").[33] Dörings Rede wurde leider nicht gedruckt, so daß ein Vergleich mit Bachs Komposition nicht möglich ist. Damit wäre das Weihnachtsfest 1748 ein zweites Datum, zu dem BWV 191 entstanden sein könnte. Die Kantate wäre damit etwa zur selben Zeit komponiert worden, zu der Bach an der Vervollständigung der Missa von 1733 zur h-Moll-Messe gearbeitet hat. Gegen eine so späte Datierung spricht allerdings Bachs Handschrift in der Partitur von BWV 191. Der Schriftduktus ist noch zu schwungvoll als daß die Partitur im vorletzten Lebensjahr Bachs entstanden sein könnte. Es ist daher dem Jahr 1742 der Vorzug zu geben.

Folgt man der vorstehend ausgebreiteten Argumentation, so wäre die Entstehung von BWV 191 um drei Jahre früher anzusetzen, als bisher angenommen. Bestätigt wird dagegen Butlers Annahme, daß es sich nicht um eine Kirchenkantate, sondern um eine Komposition für einen universitären Festakt handelt. Sogar ein entfernter Bezug zu einem Friedensfest ist gegeben, da 1742 das Ende des Ersten Schlesischen Krieges gefeiert wurde; allerdings war der Friede bereits im Juli in Berlin ratifiziert worden, so daß der Krieg zum Weihnachtsfest wohl nur noch eine entfernte Erinnerung war. Bachs Arbeit an BWV 191 rückt damit näher an seine Beschäftigung mit den Kyrie-Gloria Messen

---

[32] Döring, geboren 1726 in Reichenbach/Vogtland, wurde 1748 in Leipzig zum Magister promoviert. Ab 1751 war er Diakonus in Döbeln und ab 1753 Pfarrer in Elsterberg; siehe E. W. Hingst, *Chronik von Döbeln und Umgegend*, Döbeln 1872, S. 228, und A. H. Kreyßig, *Album der evangelisch-lutherischen Geistlichen im Königreich Sachsen von der Reformationszeit bis zur Gegenwart*, Dresden 1883, S. 91; sowie das Programm zu Dörings Magisterfeier: J. F. May, *Ad solennia promotionis magistrorvm die XXII. Febr. A. MDCCXLVIII. celebranda rectorem Academiae magnificvm illustrissimos comites vtrivsqve reipvblicae proceres*, Leipzig 1748.

[33] *Rector Academiae Lipsiensis instavratae pvrioris doctrinae evangelicae memoriam anniversario sacro pridie Cal. Nov. a. o. r. MDCCXLVIII more solemni celebrandam indicit*, Leipzig 1748 (Exemplar: D-Mbs, *S nv/Ng (b) 55*; VD18: 1256222X-001), S. XX.

BWV 233–236 (um 1738) und fällt in dieselbe Zeit, in der er Palestrinas „Missa sine nomine" studiert und instrumentiert hat. All diese kompositorischen Experimente bildeten die Grundlage für die Vervollständigung der h-Moll-Messe in den späten 1740er Jahren.

Markus Rathey (New Haven, CT)

Abbildung 1: BWV 110, Titelzeile (D-B, *P 153*)

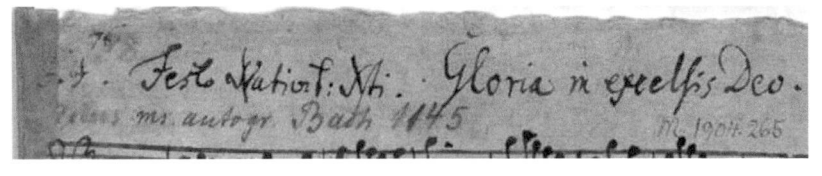

Abbildung 2: BWV 191, Titelzeile (D-B, *P 1145*)

Abbildung 3: BWV 191, Eintrag am Ende des ersten Satzes (D-B, *P 1145*)

Bachs lateinische Kantate „Gloria in excelsis Deo" BWV 191 und eine lateinische Rede über Lukas 2:14

Im vorangehenden Beitrag vertritt Markus Rathey die These, daß Bachs Kantate „Gloria in excelsis Deo" BWV 191 erstmals am Weihnachtstag 1742 in der Leipziger Paulinerkirche erklang und nicht drei Jahre später, also 1745, wie Gregory Butler vorgeschlagen hat.[1] Außerdem argumentiert Rathey – und widerspricht auch hierin Butler –, daß das Werk nicht im Rahmen des am Vormittag gefeierten alten Gottesdienstes aufgeführt wurde, sondern zur musikalischen Umrahmung eines später am Tag in der Paulinerkirche gehaltenen Redeakts entstand. Dieser Beitrag untersucht allgemein die Tradition solcher Universitätsreden und widmet sich sodann speziell den Beiträgen zum Festakt am Weihnachtstag des Jahres 1742.

An der Leipziger Universität bestand der Brauch, an den hohen Festen des Kirchenjahrs – Weihnachten, Ostern und Pfingsten, außerdem am Reformationstag (31. Oktober)[2] – jeweils am ersten Feiertag gewöhnlich um zwölf Uhr mittags in der Paulinerkirche eine akademische Rede zu halten. Genau genommen gab es sogar zwei Reden, eine schriftliche und eine mündliche. Bei der schriftlichen handelte es sich um eine längere wissenschaftliche Abhandlung, die einer der Professoren vorbereitet hatte und die einige Zeit zuvor mit der Einladung zu der Veranstaltung veröffentlicht wurde. Die an dem Festtag in der Paulinerkirche vorgetragene Rede hingegen war eine von einem Studenten ausgearbeitete Erwiderung auf den gedruckten Text. Während der Name des studentischen Respondenten am Ende der Einladungsschrift vermerkt war, fehlte der Name des Autors der Abhandlung.[3] Seine Identität wurde vermutlich erst am Tag der Rede bekanntgegeben.

---

[1] G. G. Butler, *Johann Sebastian Bachs Gloria in excelsis Deo BWV 191: Musik für ein Leipziger Dankfest*, BJ 1992, S. 65–71.

[2] Die am Reformationsfest des Jahres 1617 und in der Zeit zwischen 1667 und 1717 gehaltenen Leipziger Universitätsreden gab Christian Friedrich Börner unter dem Titel *Academiae Lipsisiensis pietas in sacrosanctam Reformationis memoriem exhibita* heraus (Leipzig 1717).

[3] Die Rede *Rector academiae Lipsiensis ad sacrum Pentecostale in aede Paulina solemni oratione concelebrandum invitat* (1744) zum Beispiel enthält auf der Titelseite keinen Autorennamen; am Ende des Dokuments (S. XII) jedoch findet sich neben Datum und Uhrzeit der Name des Doktoranden, der den mündlichen Vortrag hielt: Johann Christian Leuschner (1719–1792), der spätere „Prorektor" des Lyceums in Hirschberg.

Im Titel der veröffentlichten Abhandlung spricht der amtierende Rektor die Einladung zu dem Festakt aus: „*Rector academiae* [auch: *Rector universitatis*] *Lipsiensis ... invitat*".[4] Zum Rektor wurde gewöhnlich jeweils für ein Semester einer der älteren Professoren gewählt. Auch wenn ein Professor das Rektorenamt nie in zwei aufeinanderfolgenden Semestern innehatte, so konnte er diese Funktion doch im Laufe der Jahre viele Male ausüben. Der Theologieprofessor Heinrich Klausing (1675–1745) etwa war in den Sommersemestern der Jahre 1721, 1727, 1731, 1733 und 1741 Rektor der Universität und war auch für das Wintersemester des Jahres 1745 vorgesehen (siehe weiter unten).[5] Der durch die Titelformel suggerierte Eindruck, der Rektor sei auch der Autor der in den Einladungsschriften enthaltenen Abhandlungen, ist allerdings falsch. In Wirklichkeit bereitete einer der Professoren den Text vor. Einige Exemplare der in den Einladungsschriften gedruckten Abhandlungen enthalten auf den Titelseiten zeitgenössische Eintragungen, die den Namen des Autors verraten. Ich besitze ein Exemplar von Salomon Deylings 1748 erschienenem Sammeldruck *Observationum sacrarum pars V*.[6] Auf den ersten beiden Seiten des „Index argumentorum et capitum"[7] sind handschriftlich die Daten eingetragen worden, zu denen die Reden ursprünglich verfaßt wurden, zum Beispiel „pr.[aeco] nat.[ivitatis] 1745". Diese Einträge verraten, daß Deyling zwischen 1742 und 1746 für sieben Texte zu universitären Redeakten verantwortlich war:[8]

	Jahr	Anlaß	Semester	Reihenfolge im Buch[9]	Behandelte Bibelstellen
1.	1742	Reformation	Winter	VI	Num. 22:31
2.	1742	Weihnachten	Winter	X	Lk. 2:14

---

[4] In der Paulinerkirche gehaltene Leichenreden wurden ebenfalls mit Erwähnung des Rektors der Universität auf der Titelseite gedruckt, enthalten aber gewöhnlich auch den Namen des Autors der Rede.

[5] E. G. von Gersdorf, *Beitrag zur Geschichte der Universität Leipzig: die Rectoren der Universität Leipzig nebst summarischer Übersicht der Inscriptionen vom Jahre der Gründung bis zur Gegenwart*, Leipzig 1869, S. 57–60.

[6] S. Deyling, *Observationum sacrarum pars V. in quibus oracula utriusque foederis difficiliora, et loci veterum doctorum obscuriores illustrantur*, Leipzig 1748.

[7] Ebenda, S. b3 r–v.

[8] Der Band enthält auch die Pfingstrede, die Deyling 1739 verfaßt hat. Da der Text aber im Inhaltsverzeichnis explizit identifiziert wird, bestand kein Anlaß für eine handschriftliche Erläuterung: „Lipsiensis Academiae & Ecclesiae ad Sacra Pentecostalia & Secularia A. MDCCXXXIX. celebranda invitatio"; die Rede trägt die Nummer XXXIX.

[9] Die Nummern in dieser Spalte beziehen sich auf die Reihenfolge, in der die Reden in Deylings *Observationum sacrarum pars V* erscheinen.

3.	1743	Ostern	Winter	XII	1 Kor. 15:20 und Lev. 23:10
4.	1743	Pfingsten	Sommer	IV	Lev. 6:13 und 1 Thess. 5:19
5.	1745	Reformation	Winter	XI	Röm. 5:18 und 8:4
6.	1745	Weihnachten	Winter	I	Ex. 3:6
7.	1746	Ostern	Winter	III	Ex. 14 und Heb. 11:29

Die ersten drei Reden wurden im Wintersemester 1742/43 gehalten, als der Professor für Logik und Metaphysik Johann Christoph Gottsched Rektor war, die vierte im Sommersemester 1743, als Johann Friedrich Menz, Professor für Physik, dieses Amt bekleidete,[10] und die fünfte, sechste und siebte im Wintersemester 1745/46 unter dem Rektorat des Theologen Johann Christian Hebenstreit.[11] Klausing hatte im Wintersemester 1745 das Amt des Rektors übernommen, verstarb aber am 2. Oktober; an seine Stelle trat Hebenstreit. Dies scheint darauf hinzudeuten, daß Deyling bereits für die Reden in diesem Semester ausgewählt worden war.

Der Autor der für den Weihnachtstag 1742 vorbereiteten Rede war mithin nicht, wie man hätte erwarten können, Johann Christoph Gottsched, sondern Salomon Deyling, Professor für Theologie sowie Superintendent und Pastor der Nikolaikirche. Wie bereits angegeben, wurde die anonyme Abhandlung[12] später in überarbeiteter Form im fünften Band von Deylings *Observationes sacrarum* veröffentlicht; dort erschien sie unter dem Titel „ΕΙΡΗΝΗ ΕΠΙ ΤΗΣ ΓΗΣ, Lucae II, 14", das heißt „Friede auf Erden".[13] Abgesehen von einigen unwesentlichen Korrekturen unterscheiden sich die beiden Ausgaben in folgenden Details: Die Ausgabe von 1748 läßt die Invokationsformel „I. N. I." der Druckfassung von 1742 weg und ergänzt zwei Fußnoten.[14] Die Ausgabe von 1748 ist in elf numerierte Abschnitte unterteilt, die am Anfang als eine Art Inhaltsverzeichnis zusammengefaßt sind.[15] Die Rede beginnt mit Betrachtungen über den kurz zuvor beendeten Schlesischen Krieg, der später als der

---

[10] Gersdorf nennt das Jahr „1744", dies ist aber eindeutig ein Druckfehler; korrekt ist 1743.

[11] Seit 1725 war Hebenstreit außerdem Samstagsprediger an der Nikolaikirche. Zwischen 1725 und 1731 war er Konrektor der Thomasschule, wo seine Frau, Christiana Dorothea, bei Bachs Tochter Christiana Dorothea Patin stand (1731); von 1731 bis 1745 war er Professor für Hebräisch, dann wirkte er als Professor für Theologie.

[12] *Rector universitatis Lipsiensis ad festum Nativitatis Christi in templo academico cras Deo volente hora xii. anno ab illa* [1742]. *Solemni oratione concelebrandum officiose as peramanter.* Kolophon: „P.P. pridie diei festi Natalitiorum Christi A.O.R.M. M.DCCXLII. Ex officina Langenhemiana."

[13] Deyling, *Observationum sacrarum pars V*, S. 142–159.

[14] Ebenda, S. 149 und 159.

[15] Ebenda, S. 142.

Erste Schlesische Krieg in die Geschichte eingehen sollte: „Germaniae calamitates bellicae Anni 1742."[16] Die letzten zwölf Zeilen der früheren Fassung wurden später weggelassen, da sie Informationen zu der mündlich vorgetragenen Rede am Weihnachtstag 1742 enthielten.[17] Diese stammte von dem Studenten der Philologie und Bibliographie Johann Heinrich Leich (1720–1750), der 1748 in Leipzig zum Professor der Philosophie ernannt wurde.

Yoshitake Kobayashis quellenkundliche Beurteilung der Handschrift *P 1145* legt eine Datierung von BWV 191 auf die Zeit um 1743 bis 1746 nahe.[18] Der Umstand, daß sowohl Bachs Kantate als auch Deylings Abhandlung von Lukas 2:14 ausgehen, ist ein überzeugendes Indiz dafür, daß beide für denselben Anlaß bestimmt waren – die Veranstaltung am Weihnachtstag 1742 um 12 Uhr mittags in der Paulinerkirche.

Gregory Butler hat unsere Kenntnisse der Entstehungsumstände dieser Kantate wesentlich bereichert, indem er darauf hinwies, daß ihr lateinischer Text eine Aufführung in einer der beiden Leipziger Hauptkirchen von vornherein ausschloß und daß sie daher für die Universitätskirche St. Pauli bestimmt gewesen sein muß, wo Latein die vorherrschende Sprache war.[19] Allerdings nahm Butler eine Aufführung im sogenannten alten Gottesdienst am Weihnachtstag 1745 an, der an hohen Festtagen gewöhnlich um 9 Uhr morgens abgehalten wurde.[20] Es ist jedoch kaum zu bezweifeln, daß die beiden Teile der Kantate vor und nach einer lateinischen Rede innerhalb des traditionellen Festakts aufgeführt wurden, der am selben Tag um 12 Uhr in der Paulinerkirche stattfand. Butler folgerte außerdem, daß die Kantate für einen besonderen Anlaß komponiert wurde, ein „Dankfest", das seiner Ansicht nach anläßlich des 1745 geschlossenen Friedens nach Beendigung des Zweiten Schlesischen Kriegs gefeiert wurde. Doch auch wenn Deylings Text einige Male auf das Ende der Kampfhandlungen nach dem Ersten Schlesischen Krieg hinweist, handelt es sich hier im wesentlichen um einen theologischen Diskurs nach festgelegten Regeln.

Bezüglich der Beziehungen zwischen der Kantate und der Rede ergeben sich eine Reihe von Implikationen und Fragen:

1. BWV 191 wird häufig als früher Hinweis dafür angeführt, daß Bach die Möglichkeiten der Vertonung eines vollständigen Meßordinariums zu erkunden begann. Wenn aber das Werk mit Deylings Weihnachtsrede des Jahres 1742 in Verbindung gebracht wird – was sich als sehr wahrscheinlich herausgestellt hat –, so ist diese Entwicklung drei Jahre früher anzusetzen

---

[16] Ebenda.
[17] *Rector universitatis Lipsiensis ad festum Nativitatis Christi* [1742], S. XVI.
[18] Kobayashi Chr, S. 52.
[19] Siehe Fußnote 1.
[20] Siehe A. Schering, *Musikgeschichte Leipzigs*, Bd. 3: *Johann Sebastian Bach und das Musikleben Leipzigs im 18. Jahrhundert*, Leipzig 1941, S. 103.

als bisher angenommen und liegt damit zeitlich näher an dem Zeitraum um 1740, in dem Bach mindestens einen Satz des *Symbolum Nicenum* komponierte, aus dem später die h-Moll-Messe wurde.[21]

2. Wurden die Reden in der Paulinerkirche an den hohen Kirchenfesten Weihnachten, Ostern, Pfingsten und dem Reformationstag immer in Musik eingebettet, oder war Weihnachten 1742 eine Ausnahme? Die diesbezüglichen Hinweise lassen sich unterschiedlich interpretieren: Einerseits scheint es üblich gewesen zu sein, vor und nach einer lateinischen Rede Musik darzubieten; andererseits scheinen nur von der Regel abweichende Beobachtungen festgehalten worden zu sein.

3. Hat Bach am Weihnachtstag 1742 zusätzlich zu den in der Thomas- und der Nikolaikirche aufgeführten Kantaten noch zwei weitere Kantaten in der Paulinerkirche aufgeführt – eine während des alten Gottesdienstes um 9 Uhr früh und anschließend BWV 191 anläßlich der Rede um 12 Uhr mittags?

4. Warum komponierte Bach und nicht Johann Gottlieb Görner die Musik für die Weihnachtsrede von 1742? Als Bach 1723 seine Anstellung erhielt, nahm er an, er werde wie sein Vorgänger Johann Kuhnau für die gesamte Musik an der Universitätskirche verantwortlich sein. Bis 1710 wurden in der Paulinerkirche Gottesdienste nur an den hohen Feiertagen des Kirchenjahrs gehalten, dann aber wurden regelmäßige Sonntagsgottesdienste eingeführt, wobei die traditionellen als alte Gottesdienste, die später hinzugekommenen als neue Gottesdienste bezeichnet wurden. Nach Kuhnaus Tod (1722) nutzte die Universität die Gelegenheit, Görner, der seit 1716 das Amt des Universitätsorganisten innegehabt hatte, zum Musikdirektor der Universitätskirche zu befördern. Konflikte ergaben sich, als Bach 1723 zum Kantor und „Director Chori Musici Lipsiensis" ernannt wurde, doch schließlich wurde eine Einigung erzielt – Bach übernahm die Verantwortung für die alten Gottesdienste an den hohen Festtagen und Görner leitete die allwöchentlichen neuen Gottesdienste sowie auch die Musik bei allen übrigen Universitätsfeiern. Eine erneute Kontroverse ergab sich, als 1727 ein Student Bach mit der Komposition der Trauermusik auf ein Libretto von Gottsched beauftragte, die zum Gedenken für die verstorbene sächsische Kurfürstin Christiane Eberhardine aufgeführt werden sollte. Görner erhob Einspruch und beharrte darauf, daß er als Universitätsmusikdirektor den Auftrag zu dieser Komposition hätte erhalten müssen. Da die Zeitknappheit ein wesentlicher Faktor war, komponierte schließlich Bach die Kantate und führte sie auch auf. Görner gelang es jedoch, seine Position zu festigen: Von nun an komponierte er als Musikdirektor der Universität die

---

[21] Siehe P. Wollny, *Ein Quellenfund zur Entstehungsgeschichte der h-Moll-Messe*, BJ 1994, S. 163–169.

Musik sowohl für die regulären als auch für besondere Anlässe[22] – mit Ausnahme der alten Gottesdienste, die weiterhin in Bachs Verantwortung lagen. Es wäre also zu erwarten gewesen, daß Görner und nicht Bach die mit Deylings Rede von 1742 verbundene lateinische Kantate komponiert hätte. War Görner vielleicht in irgendeiner Weise verhindert und sprang deshalb Bach für ihn ein? Oder kam der Auftrag von Deyling, der vielleicht Grund hatte, zu diesem Anlaß mit Bach zusammenzuarbeiten? Läßt sich aus dieser Situation schließen, daß es noch andere Gelegenheiten gegeben haben könnte, zu denen Bach anstelle von Görner die lateinische Musik für die Universität stellte? Was immer die Hintergründe dieser Komposition sein mögen, BWV 191 gewährt uns offenbar unmittelbaren Zugang zu einer Musik, die Bach zur Umrahmung einer spezifischen Rede komponierte – in der Tat ein seltenes Ereignis.

Robin A. Leaver (New Haven, CT)

---

[22] Siehe Schering (wie Fußnote 20), S. 123–130.

„zu besser Bequemligkeitt der Music"
Über einige neue Quellen zur Leipziger Kirchenmusik*

I. Erste Musik in der Hospitalkirche St. Johannis 1623

Das vor den Toren der Stadt befindliche Hospital St. Johannis nebst der zugehörigen Kirche spielte in der Leipziger Musikgeschichtsschreibung bislang keine prominente Rolle. Außer der Tatsache, daß die Thomaner mit einer viertel, halben oder ganzen Schule fast täglich dort anwesend zu sein hatten, um mit Choral- oder Motettengesängen den Leichenbestattungen beizuwohnen, waren keine weiteren musikalischen Aktivitäten der Alumnen bekannt. Erst unlängst konnte nachgewiesen werden, daß die Schüler an den hohen Kirchenfesten (Ostern, Pfingsten und Weihnachten) mit einer Musik in der Kirche aufzuwarten hatten und dafür dreimal im Jahr mit Naturalien versorgt wurden. Seit 1720 erhielt der Thomasschulvorsteher Gottfried Conrad Lehmann anstelle der bisher gelieferten Viktualien eine Ausgleichszahlung in Höhe von 15 Gulden.[1] Unklar blieb aber, seit welchem Jahr die Thomaner in der Vorstadtkirche regelmäßig gesungen haben. Dies kann nun anhand von zwei Quellen sicher belegt werden. In den Annalen des Leipziger Chronisten Johann Jacob Vogel findet sich über die erste Musik in der Johanniskirche folgender Vermerk:

Den 29. *Octobr.* [1623] haben die Schüler auff dem Chor der Kirchen zu St. Johannis zum ersten mal gesungen.[2]

Zu diesem Eintrag findet sich außerdem die Randbemerkung:

Anfang der Schüler Gesang in der S. Johannis Kirche.

Der 29. Oktober 1623 fiel auf den 20. Sonntag nach Trinitatis. Johann Hermann Schein war zu dieser Zeit bereits sieben Jahre im Amt als Kantor an der Thomasschule; im selben Jahr hatte er seine Motettensammlung „Fontana d'Israel" publiziert.

---

* In memoriam Kirsten Beißwenger (1960–2013) und Yoshitake Kobayashi (1942 bis 2013).
[1] Siehe dazu A. Glöckner, *Figuralaufführungen in der Leipziger Johanniskirche zur Zeit Johann Sebastian Bachs*, BJ 2012, S. 163–179.
[2] J. J. Vogel, *Leipzigisches Geschichts-Buch Oder ANNALES, Das ist: Jahr- und Tage-Bücher Der Weltberühmten Königl. und Churfürst. Sächsischen Kauff- und Handels-Stad Leipzig*, 2. Auflage, Leipzig 1756, S. 384.

Die erste Musik in der Johanniskirche wird auch in den Tagebüchern des Leipziger Chronisten Andreas Höhl erwähnt:

Anno 1623 in Namen Jesu [...]
Den 29 October haben die Schiller zum Ersten Mal auf der BürKirge gesungen zu *S. Johannis* in Spitell.[3]

Die Musik in der Johanniskirche war mithin einhundert Jahre vor Bachs Amtsantritt etabliert worden. Ein konkreter Anlaß für die Einführung des regelmäßigen Schülergesangs wird weder von Vogel noch von Höhl genannt, so daß wir auf weitere Quellenfunde angewiesen sind.

Ein Orgelwerk existierte schon vor 1656, wie aus einer Mitteilung des erwähnten Chronisten Vogel aus demselben Jahre hervorgeht:

Den 4. Sept. [1656] ward das alte Orgelwerck in der St. Johannis Kirchen repariret.[4]

II. Aufstellung der Stadtpfeifer, Kunstgeiger und Choristen seit 1632

Im Frühjahr 1632 (acht Monate vor Beginn schwerwiegender Kriegsereignisse) erfolgte in der Kirche St. Thomas eine weitreichende bauliche Veränderung, die für die Figuralmusik von großer Tragweite war. Links und rechts über dem Schülerchor wurden zwei „Emporkirchen" errichtet, eine für die Stadtpfeifer, eine weitere für die Kunstgeiger. Jede hatte 10 Stellplätze, so daß insgesamt 20 Musiker dort bequem Platz finden konnten. Vogel weiß darüber zu berichten:

Der Schüler-Chor
[...] Zu denen Emporkirchen ist zur rechten der Schüler-Chor / welcher gegen Abend denen steinernen Emporkirchen gleich gebauet/ gewölbet/ und von aussen gleichfalls mit güldenen Schrifften gezieret ist. Auff demselben sind auff beyden Seiten in der Höhe zwo Emporkirchen/ eine vor die Stadt-Pfeiffer und die andere vor die Kunstgeiger An. 1632 im Martio/ wie Höhls Jahrbücher melden/ jede von zehn Ständen erbauet worden/ daran auswendig gegen Morgen die Geschichte von Cains Opffer und begangenem Bruder Mord in zwey Felder gemahlet ist. [...] Auff dem Schüler Chor ist an der Abendwand die grosse Orgel/ [...].[5]

---

[3] *Andreas Höhls B. u. E. EdlRaths Burgkellerschreibers Annales Lipsienses von 1218 bis 1631*, Universitätsbibliothek Leipzig, Rep. VI. 25., Nr. I, fol. 59 v. – Höhl, Klingenhändler und Burgkellerschreiber, schrieb die von seinem Vater Marcus Höhl (1539–1611) begonnene Chronik bis zu seinem Tod (am 17. März 1664) fort.

[4] Wie Fußnote 2, S. 676.

[5] *Johann Jacob Vogels Leipziger Chronicke. Leipzigisches Chronicon, Das ist: Gründ- und Ausführliche Beschreibung Der Churfürstl. Sächs. Welt-bekannten Handels Stadt*

Der Leipziger Jurist und Chronist Tobias Heydenreich beschreibt diesen Umbau drei Jahre später:

Den 23. *Martii* haben die Kirchväter in der Kirchen zu Sanct Thomas auff den Chor/ da die Schüler singen/ 2. kleinere erhabene Chor zu beyden Seiten machen/ und forn an das Geländer zwo Taffeln/ darauff schöne Biblische Sprüche mit güldenen Buchstaben geschrieben anschlagen lassen. Dergleichen Taffeln auch kurz zuvor aussen vor dem grossen Schüler Chor angemachet worden.[6]

Schließlich findet sich in den Tagebüchern des ebenfalls schon erwähnten Leipziger Chronisten Höhl dazu folgende Notiz:

Den 23 Marty sein in der Kirchen zu *S. Thomas* 2 PurKirgen gepaut worten oben Aufn Kor da die Schiler seyn iede von 10 Stenten.[7]

In den Rechnungsbüchern der Thomaskirche ist dieser Umbau unter der Rubrik „Ausgabe zu Erhaltung der Kirchen" ebenfalls dokumentiert:

176 [fl.] 3 [g.] 6. [₰.] Vmesten, So auff 2 kleine borkirchen welches zu besser Bequemligkeitt der *Music* auch das die Schuler die predigt besser horen konnen, aufgegangen besage der Beÿ gefügten außzuglein Von *Nom* 1 bis *Nom*. 12:[8]

Leider sind die zugehörigen 12 Rechnungsbelege kassiert worden, so daß uns exakte Angaben zu diesem Umbau fehlen. Unter den beiden neu erbauten Musikeremporen befanden sich offenbar jene Bänke, auf denen die Sopranisten und Altisten saßen, wenn sie nicht zu singen hatten. Das Verhalten der Alumni während des Gottesdienstes ist in den Ordnungen der Thomasschule von 1634 und 1723 in „CAPUT XIII. Ordnung des *Chori Musici* bey dem Gottes-Dienst" wie folgt vorgeschrieben:[9]

I. ALle bey dieser Schule sich befindende *Alumni* sollen um die Zeit, wann sie beÿ dem Gottes-Dienst aufzuwarten haben, sich zeitlich am gewöhnlichen Ort des *Cænaculi* einfinden, […] zur Kirche gehen […]

Leipzig, Leipzig o. J., 3. Buch, VI. Capitel (Von den geistlichen Gebäuden), S. 110. Siehe auch A. Schering, *Johann Sebastian Bachs Leipziger Kirchenmusik. Studien und Wege zu ihrer Erkenntnis*, Leipzig 1936, S. 153 f.

[6] T. Heydenreich, *Leipzigische Chronicke Und zum Theil Historische Beschreibung der fürnehmen und weitberühmten Stadt Leipzig*, Leipzig [1635], S. 480.

[7] *Continuatio Annalium Lipsiensium Et Anno 1632 no, ad A. 1663 inclusive B. Tob. Heidenreichen per Andreas Höhlen, Bürgern und Burgkellerschreibern in Leipzig*, Universitätsbibliothek Leipzig, *Rep. VI., 25.*, Nr. II, fol. 7 r.

[8] Stadtarchiv Leipzig (im folgenden StAL), *Kirch Rechnung Zur St: Thomas In Leipzigk, Von Lichttmeß Ao 1631. bis wieder dahin 1632.*, fol. 18 v.

[9] Eine Gegenüberstellung der lateinischen Lesart in der Schulordnung von 1634 und der damit weitgehend übereinstimmenden deutschen Fassung in der Schulordnung von 1723 findet sich bei J. Rifkin, *Chorliste und Chorgröße bei Johann Sebastian Bach. Neue Überlegungen zu einem alten Thema*, BJ 2012, S. 122 f.

II. So lange auf ihren Bäncken stille sitzen, bis sie zu denen Pulten geruffen werden, so dann aber sich dergestalt vor dieselbe stellen, damit ein ieder den aufgelegten Text sehen, und keiner den andern im Singen hindern möge. […]
V. Nach geendigtem Gesang mögen zwar der *Præcentor* mit denen, welche den *Baß* und *Tenor* singen, vornen am Geländer stehen bleiben, die übrigen aber müssen sich auf die Báncke nieder setzen, und die Predigt anhören, auch hernach das öffentliche Kirchen-Gebet mit Andacht verrichten, und endlich wieder zum Gesang an die Pulten treten.[10]

Die II. Vorschrift lautete im ersten Entwurf der Schulordnung vom Jahresende 1717 etwas ausführlicher wie folgt:

So lange auf ihren Bäncken stille sitzen, bis zu den Pulten geruffen werden, so dann aber sich dergestalt vor dieselbe stellen, damit keiner den andern die aufgelegte Motette, oder was sonst abzusingen, zu sehen hindere, […].[11]

Anscheinend war es gelegentlich zu Drängeleien an den Pulten gekommen, weswegen die Thomasschüler zur Ordnung angehalten werden mußten. Diese Passage ist freilich ein klarer Beleg für das gemeinsame Verwenden eines einzigen Notenexemplars. Wie aus der Formulierung hervorgeht, war dies eine Motette oder ein anderes Gesangsstück und nicht etwa ein Gesangbuch.[12] Letzteres hatte jeder Thomasschüler ohnehin stets bei sich zu führen, wenn er sich zum Gottesdienst begab.[13] Daß sich die Sopranisten und Altisten während der rund einstündigen Predigt auf die (wohl unter den Stadtpfeifer- und Kunstgeigeremporen befindlichen) Bänke hinsetzen durften, bedarf keiner weiteren Erklärung. Man wollte den jüngsten unter den Schülern das allzu lange Stehen während des Gottesdienstes nicht zumuten. Die älteren (Tenoristen und Bassisten) hatten dagegen am Geländer der Westempore auszuharren, um der Predigt stehend zu folgen.[14]

Gesungen wurde in beiden Hauptkirchen St. Nicolai und St. Thomas seit geraumer Zeit vor aufgestellten Pulten. Diese werden bereits in der Schulordnung von 1634 ausdrücklich erwähnt. Eine Erneuerung der Pulte auf dem Schülerchor der Thomaskirche erfolgte 1669, wie aus den Rechnungen für das Jahr 1669/70 hervorgeht:

---

[10] *E. E. Hochw. Raths der Stadt Leipzig Ordnung Der Schule zu S. THOMÆ*, Leipzig 1723, S. 72f. Das Faksimile der Schulordnung von 1723 in: *Die Thomasschule Leipzigs zur Zeit Johann Sebastian Bachs. Ordnungen und Gesetze. 1634·1723·1733*, zusammengestellt und mit einem Nachwort von H.-J. Schulze, Leipzig 1985.
[11] StAL, *Stift VIII. B. 5* (*Die Schule zu St Thomæ betr. Fasc. I. usq 1722*), fol. 119 v.
[12] Diese Auffassung vertritt J. Rifkin im BJ 2012, S. 122–126.
[13] Siehe dazu BJ 2012, S. 174 (A. Glöckner).
[14] Siehe dazu auch H. Stiehl, *Das Innere der Thomaskirche zur Amtszeit Johann Sebastian Bachs*, BzBf 3 (1984), S. 16.

Dem Tischler […]
3 fl. 9. gl. – Hanß Friedrich Senckeisen, vor 2. Pulpet mit den Gestellen von Eichenholtz und Tritte 4. Ellen lang zur *Music* auffs Schüler Chor verfertigt, bezahlt den 20 Decembris [1669][15]

Die Pulte befanden sich direkt am Geländer der Westempore und waren durch Eichengestelle in den Podesten fest verankert. Die relativ kleine Sängerschar stand also in leicht erhöhter Position und war dadurch besser zu hören.

An dieser Choraufstellung ist bis zum Ende der Amtszeit des Thomaskantors Günther Ramin festgehalten worden: die Choristen standen vor den Instrumentalisten, wie alte Filmaufzeichnungen (etwa von Bachfest 1950) zeigen. Geändert wurde die Aufstellung erst durch Kurt Thomas. Von nun an standen die Thomaner vor der großen Sauerorgel, also hinter dem Orchester.[16]

Die 1669 gefertigten Notenpulte hatten eine Breite von 4 Ellen. Das damalige (in Leipzig verwendete) Ellenmaß betrug 56,6 cm,[17] so daß die Gesamtlänge eines Pultes 2,27 m betragen hat. Platz genug für mehrere neben- beziehungsweise hintereinander stehende jugendliche Sänger auf der rechten und auf der linken Seite der Westempore. Unklar bleibt, ob zunächst wirklich nur zwei Pulte existierten, denn in einem späteren Dokument vom Frühjahr 1739 (siehe unten) werden nunmehr vier Chorpulte genannt. Eine Reparatur der Pulte erfolgte 1725, wie aus folgendem Rechnungseintrag hervorgeht:

Dem Tischer
–18 g. – Vor ein Gestelle aufs Schüler-Chor zum *Clav*-Cympel, nebst *Reparatur* der 2. Pulte.[18]

Auch für die Nikolaikirche waren neue Pulte angefertigt worden, wie aus einem Eintrag vom Jahre 1669 in der Chronik Vogels hervorgeht:

---

[15] StAL, *Kirch Rechnung zu St: Thomas in Leipzigk. Von Lichtmeße Anno 1669. biß Lichtmeß [Anno] 1670*, fol. 21 r.

[16] Am 21. März 2013 (zu Bachs 328. Geburtstag) sang der Thomanerchor zum ersten Mal wieder in der historischen Aufstellung vorn am Geländer der Westempore. Der nur mit 16 Sängern vergleichsweise klein besetzte Chor klang dadurch flexibler, präsenter und transparenter. Er war selbst in der Vierung der Kirche (also im Altarraum), wo sich der Klang sonst mehr oder weniger verliert, noch relativ gut zu hören. In dieser Aufstellung erklang auch die Kantate „Wachet auf, ruft uns die Stimme" (BWV 140) zum Eröffnungskonzert des Leipziger Bachfestes am 14. Juni 2013. Der Thomaskantor Georg Christoph Biller will weitere Aufführungen in dieser historischen Aufstellung folgen lassen.

[17] Siehe dazu F. Verdenhalven, *Alte Maße, Münzen und Gewichte aus dem deutschen Sprachgebiet*, Neustadt a. d. Aisch 1968, S. 22.

[18] StAL, *Rechnung Der Kirchen zu St: Thomæ in Leipzig Von Licht-Meße Anno 1725. bis Licht-Meße Anno 1726*, S. 40.

Den 24. May wurden in der Niclas-Kirchen auffm Schüler-Chor die erhöheten Pulte und erhabenen Tritte vor die Stadt-Pfeiffer und Kunst-Geiger auffgesetzet.[19]

Die Stadtpfeifer und Kunstgeiger standen auf Podesten – mithin in ebenfalls erhöhter Position auf der Chorempore.

In der Thomaskirche kam es im Frühsommer 1739 zu einer baulichen Erweiterung der 1632 errichteten Emporen für die Stadtpfeifer und Kunstgeiger. Näheres darüber berichtet der Kustos der Thomaskirche Johann Christoph Rost in seinen 1716 begonnenen Aufzeichnungen:

Anno 1739. *Mens. Maÿ.* ließ der *Vice* Cantzler H. D. Jacob Born, mit genehmhaltung des H. Kirchen Vorstehers seine auf dem Schüler Chor neben einander gehabten Stühle *No.* 5 et 6. zusammen ziehen und eine Capelle daraus machen. Er ließ auch auf seine Kosten die beÿden Stadt Pfeiffer Pohr Kirchen, erweitern, iedoch unter dem Chor nichts zu schmälern, sondern die Weite des Chores unten blieb wie es sonsten gewesen sey.

1739. *Mens. Julio.* ließ d. H. Vorsteher, auf dem Schüler Chor, die Stadt Pfeifer Pohrkirchen, erweitern, u. neüe Treppen daran bauen.

1739. *Mens. Julio.* hat Mst. Hülle d. Tischer auf dem Schüler Chor, die Pulte auf der Stadtpfeifer Pohr-Kirchen, und neüe Pulte, und *Stellage* zum *Spind* gemacht.

1739 *Mens. Julio.* hat Meistr. Gottfried Goldmann, d. Schloßer, die Arbeit an beÿden Thor Wegen, it. auf dem Schüler Chor die Stängelgen, unter die Pulte, und Schloßer an die Stadt Pfeifer Phorkirchen, gemachet. it: an die Köthen aufm Schüler Chor, da der auszug vor solche Arbeit war 48. rl. 16. gr. – [ℳ.][20]

In den Rechnungen der Thomaskirche sind die von Rost genannten Umbauten auf der Westempore wie folgt dokumentiert:

Dem Zimmer-Meister
83 [rl.] 22 [gr.] – [ℳ] statt 83 rl. 22 gr. 6 ℳ. Christoph Döringen vor Spinte Breter, Küferne Pfosten, Eichen- und Kiefern Holz, eiserne Nagel, Leim, Fuhrlohn und Zimmer Gesellen Arbeits Lohn | So beÿ der Neuen Stuhl Reihe und dem Tritt worauf die Schüler ufn Chor stehen nebst anderer *reparatur* arbeit erfordert worden |zl *sub No*: 38.

Dem Orgelmacher
6 [lr.] – Zacharias Hildebrandten vor das *Clavi-Cÿmbel* 1. Jahr zustimmen, von *Michael* 1738. bis 1739. lt 2. Zl. *Sub No*: 39 & 40.

12 [rl.] 16 [gr.] – Johann Scheiben vor das Neue *Pedal-Clavier* an 24. *Clavibus* zu machen und die Orgel an denen Hohen Festen zustimmen und nach zuhelffen lt. 4. Zl. *sub No*: 41. 42. 43 & 44.

---

[19] Wie Fußnote 2, S. 736 f.
[20] Archiv der Thomaskirche zu Leipzig (ohne Signatur), *Nachricht deßen. Was in und beÿ der Thomas Kirchen, von Anno 1716. an alß ich Küster worden, vorgegangen, gebauet, und verändert worden, auffgezeichnet von Johann Christops Rosten Custode beÿ der Kirchen zu St: Thomas. alhier*, fol. 19 r + v.

Dem Tischler
10. [rl.] – – statt 10 rl. 13 gr – Mstr Martin Simon Hillen vor ein Neu Gestelle unter das *Clav-Cÿmbel*, 1. Banck dazu, 4. Anhänge Böncke, Pulpete zum Noten, neue Thüre zu ändern, derer Herren *Præceptorum* Stühle zu ändern, 1. Neue Thüre dazu zu machen, 1. Neue Banck und Bret uf die Steinerne Brust-Lehne nebst noch 4. Pulten, alles ufn Schüler-*Chor* zu machen, lzl. *Sub No*: 48.[21]

Die Erweiterung der Emporen für die Stadtpfeifer und Kunstgeiger hatte zur Folge, daß fortan mehr als 20 Stellplätze für Musiker verfügbar waren. Allerdings fehlen genauere Angaben, da die zugehörigen Rechnungsbelege kassiert worden sind. Mit dem Umbau der Emporen waren die Voraussetzungen geschaffen, daß Johann Sebastian Bach von nun an mit größeren Besetzungen musizieren konnte, beziehungsweise der bisherige Mangel an Stellplätzen für die Musiker behoben war.

Daß die Aufstellung seiner Musiker tatsächlich ein Problem war, belegt Bachs Einwand gegen die Aufführung der Johannes-Passion in der Nikolaikirche am Karfreitag 1724. Bach suchte seine eigenmächtige Verlegung nach St. Thomas mit dem Argument zu rechtfertigen, in der Nikolaikirche sei „kein Raum allda verhanden", außerdem müßte „der *Clav-Cymbel* etwas *repariret* werden, […]".[22] Die beengten Platzverhältnisse auf der Chorempore in der Nikolaikirche waren wohl ausschlaggebend, weshalb Bach die doppelchörige Matthäus-Passion – soweit wir wissen – dort nicht zur Aufführung brachte.

In diesem Zusammenhang stellt sich freilich die Frage, ob die letzte Darbietung der Johannes-Passion tatsächlich am Karfreitag (4. April) 1749 unter den beengten Platzverhältnissen in der Nikolaikirche hätte stattfinden können, oder ob Bach der vergrößerten Instrumentalbesetzung wegen der Thomaskirche den Vorzug gab und das Werk dort schon im Vorjahr (am 12. April 1748) zur Aufführung brachte. Da Johann Nathanael Bammler, der an der Herstellung und Einrichtung des Stimmenmaterials maßgeblich beteiligte Kopist, zu Ostern 1748 das Thomasalumnat verließ und ein Studium an der Leipziger Universität aufnahm, ist eine Aufführung der Passion eher vor Ostern 1748 als im Jahr danach anzusetzen. Freilich bedarf eine solche Neudatierung noch der näheren Untersuchung. Für die (nachweislich) letzte Aufführung der Johannes-Passion lagen immerhin folgende Instrumentalstimmen vor: Flauto traverso I, Flauto traverso II, Oboe I (auch Oboe d'amore und Oboe da caccia), Oboe II (auch Oboe d'amore), Violino I (3 Exemplare), Violino II (2 Exemplare), Viola (2 Exemplare), Continuo „pro Bassono groß", Continuo (unbeziffert), Cembalo (unbeziffert), Cembalo (beziffert), Organo (be-

---

[21] StAL, *Rechnung der Kirchen zu St Thomæ in Leipzig Von Lichtmeße Anno 1739. bis Lichtmeße Anno 1740*, S. 49–151.
[22] Dok II, Nr. 179.

ziffert).[23] Es ist daher fraglich, ob für die vergrößerte Streicherbesetzung in der Nikolaikirche hinreichend Platz vorhanden war.
Spätestens vom Frühjahr 1739 an existierten auf der Westempore der Thomaskirche vier Pulte für die Choristen. Diese sind eingezeichnet auch in einem Kirchenstuhlplan aus der Zeit um 1780.[24] Bei näherem Hinsehen lassen sich sogar die auf den Pulten liegenden Notenblätter erkennen (siehe Abbildung 1).
Bei seinen Kirchenmusiken war die Mitwirkung des Cembalos für Bach anscheinend von viel größerer Bedeutung,[25] als von der älteren Bach-Forschung angenommen wurde. Wohl nur aus diesem Grund erklären sich die regelmäßigen Rechnungseinträge wegen der Stimmung und Reparatur des Cembalos im Laufe seiner Amtszeit. 1756 war das Instrument in der Thomaskirche vom häufigen Gebrauch so schadhaft geworden, daß der Thomaskantor Johann Friedrich Doles am 17. August 1756 einen Neuankauf beantragte und diesen folgendermaßen begründete:

P[ro]. M[memoria].
Nach dem das *Clavecin* in der *St. Thomas* Kirche allhier in einen so schlechten Zustand gerathen, daß nicht nur der *Resonansboden* deßelben durch allerhand Zufälle verderbet, und seines Klanges beraubet, sondern auch das Gehäuße von dem Wurm angefreßen, die *Tangenten* durch die Länge der Zeit abgenutzt, und dergestalt unbrauchbar geworden, daß auch eine anzuwendende *Reparatur* beÿ nahe so hoch als ein neues selbst zu stehen kommen, und dennoch nicht den gewünschten *Effect* haben, vielweniger von langer Dauer seÿn dürfte; Als habe ich mich erkühnen wollen, davon gehörige Eröfnung zuthun, und gehorsamst zu melden, daß weil ein gutes *Clavecin* zur Unterstützung der Sänger sowohl als der übrigen *Instrumente* in der Kirche höchst nöthig ist, der hiesige *Instrument*macher H. Hildebrand ein neues *parat* stehen hat, welches die gehörigen *Qualität*en eines guten *Clavecins* besitzet, und am Werthe aufs genaueste 70. Thlr. – gehalten wird. Leipzig,
d. 17. *Aug.* 1756.

Johann Friedrich Doles
Cantor[26]

---

[23] Siehe dazu das Vorwort von Peter Wollnys Neuausgabe der Johannes-Passion (Fassung IV), Stuttgart 2001, S. VII f.

[24] Erstmals wiedergegeben bei Stiehl (siehe Fußnote 14), S. 57. Der Grundriß befindet sich im Archiv der Thomaskirche.

[25] Siehe dazu das Plädoyer von L. Dreyfus, *Zur Frage der Cembalo-Mitwirkung in den geistlichen Werken Bachs*, in: Bachforschung und Bachinterpretation heute. Wissenschaftler und Praktiker im Dialog. Bericht über das Bachfest-Symposium 1978 der Philipps-Universität Marburg, hrsg. von R. Brinkmann, Kassel 1981, S. 178–184.

[26] StAL, *Stift IX. A. 2* (*Die Kirche zu St Thomæ betr. Vol. I*), fol. 100 r. Siehe auch H. Banning, *Johann Friedrich Doles. Leben und Werke*, Borna 1939, S. 56 (Fußnote 208) sowie die dort angegebenen Literaturhinweise.

Drei Tage später wurde das neue Cembalo auf Beschluß des Leipziger Rates angeschafft:

70 [Thlr.] – – Vermöge E. E. Hochw: Raths Verordnung *d. d.* 20. *Aug.* 1756 *Sub No*: 81. Carl Daniel Hildebrandten vor ein Neues *Clavecin* nachdem das alte so unbrauchbar worden daß es nicht *repari*ret werden können laut deßen Qvittung.[27]

1769 mußte auch das Cembalo der Nikolaikirche durch ein neues Instrument ersetzt werden, weil das bisherige unbrauchbar geworden war:

Berichteten *S. Magnifc.* der Herr Vorsteher an der Kirche zu Sᵗ *Nicolai*, daß der zur Kirchen-*Music* nöthige Flügel von denen Würmern zerfreßen und gar nicht mehr brauchbar. Zu Freyberg sey ein Hildebrandischer vor 100 Thlr. zu haben, und der *Cantor*, H. *Doles*, wolle den, welchen er bereits hergeliehen, vor 80 Thlr. laßen. | Herrn Stiffts-Canzler Borns *Magnifz.* dencken Hr *Cantori* 50 Thlr. zu biethen. *Re*. So gut, als möglich zu handeln.[28]

Das Cembalo blieb demnach ein unverzichtbares Instrument für die Kirchenmusik.

Im gleichen Jahr (1769) wurde auf Betreiben des neu im Amt befindlichen Superintendenten Johann Christian Stemler eine Neuregelung für die Kirchenmusik durchgesetzt. Fortan erklang an hohen Feiertagen (zu Weihnachten, Ostern und Pfingsten) die erste Hauptmusik nicht mehr in der Nikolaikirche, sondern in der Thomaskirche, wie aus Stemlers eigener Darlegung hervorgeht:

Die Kirche [St. Nicolai], an welcher der *Superintendens* allhier das Pastorat verwaltet, hat den kleinen Vorzug vor der andern Haupt Kirchen zeithero gehabt, daß jedes mal die *Music* in derselben am *ersten Feyertage* jedes hohen Festes beym vormittäglichen Gottesdienste gewesen; [...]
Da sich nun, unter Göttlicher Fügung, die Sache nach dem seligen Tode des Herrn *Superintendenten D*. Deyling itzo geändert, und die *Superintendur* mit dem *Pastorale* zu *S. Thomas coniungir*et worden ist: | als habe ich vom hochlöbl. *Consistorio* allhier Auftrag bekommen mit E Hochedl. und Hochweis. Rathe als *Patrono* der Kirchen zu *communicir*en, und anzufragen, daß die vorige Einrichtung des öffentl. Gottesdienstes bey hohen Festen, so viel die Haupt *Music* und die damit verbundene Mittagspredigt betrifft, nach den geänderten Umständen, so lange es dem Herrn gefallen wird, es dabey zu lassen, auf diese Art geändert werde, daß
1) die besagte *Music* den 1. Feyertag früh in der *Thomas-* und Nachmittag in der *Nicolai* Kirchen gehalten werde
2) die Mittags predigt den andern Feyertag in die *Nicolai* Kirche zugleich mit der *Music transferir*et, und

---

[27] StAL, *Rechnung der Kirchen zu Sᵗ Thomæ Vom 1. Januarij bis 31. December Anno 1756.*, S. 49.
[28] StAL, *Tit. VIII. 69 (Protocoll in die Enge vom 22 Jun. 1767. bis 20. Mart. 1775)*, fol. 81v–182r.

3) den dritten Feyertag *Music* und Mittagspredigt wieder in der *Thomas* Kirche angestellet werde.[29]

Damit war das fast einhundert Jahre lang währende Privileg der ersten Aufführung einer Figuralmusik an hohen Festtagen in der Nikolaikirche beendet.

III. Versuche einer Neuordnung der städtischen Musikpflege

Bachs Versuch, nach sieben Amtsjahren die städtische Musikpflege neu zu organisieren, blieb offenbar (zunächst) erfolglos. Eine offizielle Reaktion auf sein Gesuch vom 23. August 1730[30] ist den überlieferten Akten nicht zu entnehmen. Unter den städtischen Musikern kam es zehn Jahre später hinsichtlich der unterschiedlichen Besoldung zu Differenzen. Am 30. September 1740 wurde im Engen Rat über ein Gesuch der Kunstgeiger verhandelt, ihre Besoldung jener der Stadtpfeifer anzugleichen:

> Die Kunstgeiger bitten ihren *ratione Salarii* denen Stadt Pfeifern gleich zu setzen. *Concl.* Abgeschlagen.[31]

Der Rat wollte sich auf eine finanzielle Gleichbehandlung der Musiker nicht einlassen. Ein Versuch der Stadtväter, die Stellen für die Stadtpfeifer und Kunstgeiger zu reduzieren, blieb andererseits ebenfalls erfolglos. Verhandelt wurde darüber im Engen Rat am 22. November 1748:

> *Magnificis Dn: Cons: Reg: Tit.* Herr *Vice*-Cantzler, *D. Jac*: Born
> *agit gratias p. Conv. et Proponit*:
> *I.*
> Es seÿ jüngsthin einer derer so genannten Kunstgeiger, Johann Christian Beÿer, verstorben, deßen Stelle beÿ dem | Sitzenden Rathe zu ersetzen wäre, wann nicht zufördersvt die Nothdurfft erforderte, darüber eine *Resolution* einzuholen, ob es nicht beÿ gegenwärtigen Umbständen, da die großen Hochzeiten sehr rar sind, beßer gethan seÿ, die Kunstgeiger, welche ohnedem vor einem *Seculo* angenommen worden, nach und nach absterben zu laßen, die Anzahl derer StadtPfeiffer zu vermindern, hingegen deßen zu gestatten, gewiße gesellen zu halten; Wenn denen noch lebenden dasjenige, was sie aus denen Kirchen bekommen, überlaßen würde, könnte des verstorbenen Gehalts aus der Einnahme Stube wegfallen;
> H. Geh. Kriegs Rath u. BurgerMeister *D*. Stieglitz
> Er laße sich gefallen, daß die *vacante* Stelle unersetzet bliebe, u. die StadtPfeiffer und Kunstgeiger zusammen gezogen würden, jedoch müste die Sache vorhero eingerichtet,

---

[29] StAL, *Stift IX. A. 2 (Die Kirche zu St Thomæ betr. Vol. I)*, fol. 89 r + v.
[30] „Kurtzer, iedoch höchstnöthiger Entwurff einer wohlbestallten Kirchen Music", Dok I, Nr. 22.
[31] StAL, *Tit. VIII. 63 (PROTOCOLL in die Enge. von 8. Januar: 1735. bis den 19. April: 1741)*, fol. 381 v.

und daß nicht nur die Kirchen besorget, sondern auch von ihnen tüchtige Gesellen, welche jedesmahl vorhero dem Rathe vorzustellen, angenommen würden, veranstaltet werden.

H. HoffRath u. *Pro-Consul*,
D. Küstner,

Daß aus beÿden ein *Corus* gemachet werde, mithin die gegenwärtige Stelle unersetzet bliebe, habe Er kein Bedencken, jedoch müsten sie sich mit tüchtigen Gesellen versehen, ihnen auch eine gewiße ordnung, besonders was die gebühren betrifft, vorgeschrieben werden, da sie denn auch so denn zu schützen, daß in Raths-*Jurisdiction*, keine andere *Musici* aufwarten dürfften;

H. HoffRath u. *Pro-Consul*, D. Mascau

Es wäre gut auf Erhaltung und Ver- | beßerung der *Music* bedacht zu seÿn, Es möchte also nichts entzogen werden, was darzu gewiedmet, sondern nur beßer eingerichtet, da dann beÿde *Banden* zusammen zu ziehen, doch müsten sie gute gesellen halten, sich eines guten bezeigens befleißigen, da denn auch der Rath sie zu schützen wißen würde;

H. HoffRath D. Trier,

Etiam, jedoch seÿ sich zuförderst deßfalß mit denen StadtPfeiffern zu vernehmen;
H. BauMstr. *D*. Winckler, *Etiam*.
H BauMstr. Hartmann Winckler, *Etiam*.
H. Cammer Rath Richter, *Etiam*.
H BauMstr. Küstner, *Etiam*.
H BauMstr. *Thomæ*, *Etiam*.
   Ego. *Etiam*.[32]

Die anberaumten Verhandlungen mit den Stadtpfeifern blieben offenbar ergebnislos. Erste Bestrebungen, die Stellen festbesoldeter Ratsmusiker zu reduzieren, gab es aber schon Jahre zuvor: Als die Stadtväter am 18. September 1730 über die Neubesetzung einer Kunstgeigerstelle im Sitzenden Rat debattierten, gab der Regierende Bürgermeister Adrian Steger zu Protokoll,

> [...] die sämtlichen Stadt-Pfeiffer und Kunstgeiger wären eingekommen, daß man diese *vacant*e Kunst-Geiger-Stelle eingehen laßen möchte, es seÿe ihnen aber zugeleget worden, *Caroli* wäre ein feiner Mensch.[33]

Die Stadtväter votierten einstimmig auf Caroli; die Stelle wurde also wiederbesetzt.

---

[32] StAL, *Tit. VIII. 65* (*PROTOCOLL in die Enge. von 19. Maÿ 1747. bis mit dem 28.ten Decbr. 1753*), fol. 107 v–1108 v.

[33] StAL, *Tit. VIII. 266* (*PROTOCOLLUM von Bartholomæi 1729. bis 11. Junii 1733*), fol. 110 v. Siehe dazu auch H.-J. Schulze, *Besitzstand und Vermögensverhältnisse von Leipziger Ratsmusikern zur Zeit Johann Sebastian Bachs*, in: BzBF 4, Leipzig 1985, S. 34 f.

Das Mitwirken von Gesellen der Stadtpfeifer und Kunstgeiger war im übrigen eine gängige Praxis: Eher zufällig erfahren wir aus einem Ratsprotokoll vom 19. Oktober 1734 über den Musiker Johann Ferdinand Bamberg, er habe dem gerade erst verstorbenen Trompeter Gottfried Reiche „beÿ seinem Leben *assisti*ret". Bamberg hatte sich nach dem Tod von Reiche erfolglos um eine feste Anstellung als Stadtpfeifer beworben.[34] Er gehörte mithin zu jenen Instrumentalisten, die in Bachs Aufführungen mitgewirkt haben, ohne eine feste Besoldung dafür in Anspruch nehmen zu dürfen und deswegen in den Rechnungsbüchern des Rates nicht erscheinen. Die sicherlich von Bamberg gespielte 3. Trompete wird in Bachs Memorial[35] kurzerhand als „vacat" geführt, wiewohl dem Verfasser bewußt war, daß dieser Part von einem Stadtpfeifergesellen und nicht etwa von einem Thomasalumnen gespielt wurde. Über Carl Friedrich Pfaffe, dem Bach am 24. Juli 1745 ein wohlgesonnenes Zeugnis ausstellte,[36] erfahren wir, daß er seit drei Jahren als Geselle des Stadtpfeifers Johann Cornelius Gentzmer tätig war und dafür lediglich ein Viertel der üblichen Besoldung erhalten hatte.[37]

Wie die weitere Entwicklung zeigt, blieb alles beim Alten und der 1748 erfolgte Versuch einer Neuordnung der Stadtmusiker oder einer Reduzierung ihrer Stellen offenbar ohne Folgen. Als Johann Adam Hiller unmittelbar nach seinem Amtsantritt sieben neue Musiker für die Kirchenmusik engagieren konnte, war die Anzahl der Stadtpfeifer und Kunstgeiger noch immer dieselbe wie zu Bachs Amtszeit. Ein Ratsbeschluß zur Neuanstellung jener sieben Musiker erfolgte am 25. Juni 1789:

E. E. Hochw. Rath alhier verordnet hiermit, es wollen Ihro Magnificenz, der Herr Vorsteher der Thomaskirche, zu Besoldung der zur bessern Besetzung der Musik an den beyden Hauptkirchen zu *St. Thomä* und *Nicolai* anzustellende sieben Musiker, alljährlich die Hälfte, an Funfzig Thalern, dergestalt, daß davon

    1. *primo Violino*, dermaln H. Ruhe,
        jährlich 20. Thlr. – , vierteljährig 5. Thaler,
    1. *secondo Violino*, dermaln H. Kühn,
        jährlich 16. Thlr. – , vierteljährig 4. Thaler
    1. *Violoncello*, dermaln H. Müller,
        jährlich 14. Thlr. – , vierteljährig 3. Thlr 12 gr. – ,

gegen eines jeden eigenhändige Qvittung erhalte, und damit Michaelis 1789. der Anfang gemachet werde, aus dem Vermögen der Thomaskirche auszahlen lassen, auch in Rechnung passirlich verschrieben. Leipzig, den 25. Junii 1789.

---

[34] StAL, *Tit. VIII. 267b* (*PROTOCOLLUM Vom 12. Junii 1733 biß 2. Augusti 1735*), fol. 168 r; vgl. auch Dok II, Nr. 405 a (Kommentar).
[35] Siehe Fußnote 30.
[36] Dok I, Nr. 80.
[37] Schulze (wie Fußnote 33), S. 37.

In simile
an Ihro Magnificenz den Herrn Vorsteher der Nicolaikirche,
jedoch mit der Abänderung, daß von 50 Fln.

1. *Controbasso*, dermaln H. Wach jährl. 14 Fl., vierteljährig 3 Fl. 12 gr –
2. *Second' Oboe*, dermaln H. Vogt jährl. 12 Fl., vierteljährig 3 Fl. – –
1. *Secondo Fagotto*, dermaln H. Rischel jährl. 12 Fl., vierteljährig 3 Fl. – –
1. *primo Corno*, dermaln H. Leibnitz jährl. 12 Fl. vierteljährig 3 Fl. – –
erhalte.[38]

Mit Ausnahme des Fagottisten zierten die ersten Pulte in Hillers Kirchenorchester von nun an Mitglieder des Leipziger Gewandhauses – ob es den acht Ratsmusikern gefiel oder nicht; schließlich waren sie (mehr oder weniger) unfreiwillig in die „zweite Reihe" versetzt worden. Für die neu entstandenen Kosten mußten allerdings die Kirchen St. Thomas und St. Nikolai aufkommen; die Stadtkasse blieb davon verschont. Im Dezember 1795 kam noch der Konzertmeister Johann Ernst Villaret als professioneller Violinist hinzu.[39] Mit taktischem Geschick[40] hatte es Hiller in kurzer Zeit geschafft, dem andauernden Provisorium bei der Besetzung der Kirchenmusiken ein Ende zu setzen und somit das erreicht, was Bach bereits 1730 vorgeschwebt hatte.

Andreas Glöckner (Leipzig)

---

[38] StAL, *Stift VIII. B. 12* (*Acta Herrn Johann Adam Hiller, Cantor bey der Thomasschule alhier, betr. 1789*), fol. 6r. Die Verpflichtung jener sieben Musiker wird erstmalig erwähnt bei K. Peiser, *Johann Adam Hiller. Ein Beitrag zur Musikgeschichte des 18. Jahrhunderts*, Leipzig 1894, S. 81–183. Sechs Musiker waren Mitglieder des Gewandhausorchesters: der Mitbegründer der Gewandhauskonzerte Johann Wilhelm Ruhe; des weiteren Johann Friedrich Christian Kühn (1756–1832), Carl Wilhelm Möller (um 1741–1819), Carl Gottfried Wilhelm Wach (1755–1833), der in den Bachiana zu Beginn des 19. Jahrhunderts auch als Kopist für August Eberhard Müller nachweisbar ist, Johann Georg Hermann Voigt (um 1769–1811) – er war seit 1802 Organist an der Thomaskirche – und Johann Christian Leipnitz (um 1759–1811). Aus seiner Zeit als Leiter der Gewandhauskonzerte (1781–1785) kannte Hiller bereits die Musiker Wach und Ruhe. Die übrigen Gewandhausmusiker sind erst später Mitglieder des Orchesters geworden. Siehe dazu auch A. Dörffel, *Geschichte der Gewandhauskonzerte zu Leipzig, vom 25. November 1781 bis 25. November 1881*, Leipzig 1884, S. 236f., sowie H.-J. Nössel, *Das Gewandhausorchester. Entstehung und Entwicklung eines Orchesters*, Leipzig 1943, S. 75f., und M. Maul, *„Dero berühmbter Chor". Die Leipziger Thomasschule und ihre Kantoren (1212–1804)*, Leipzig 2012, S. 291–293.

[39] StAL, *Stift IX. A. 4* (*Fascikel verschiedener die Thomas-Kirche betreffende Schriften*), fol. 38v. Villaret wurde 1771 in Magdeburg geboren; seine Spur verliert sich 1807 in Smolensk.

[40] Nachhaltig unterstützt wurde er von dem befreundeten und musikbeflissenen Bürgermeister Carl Wilhelm Müller.

Chor-Notenpulte auf der Westempore

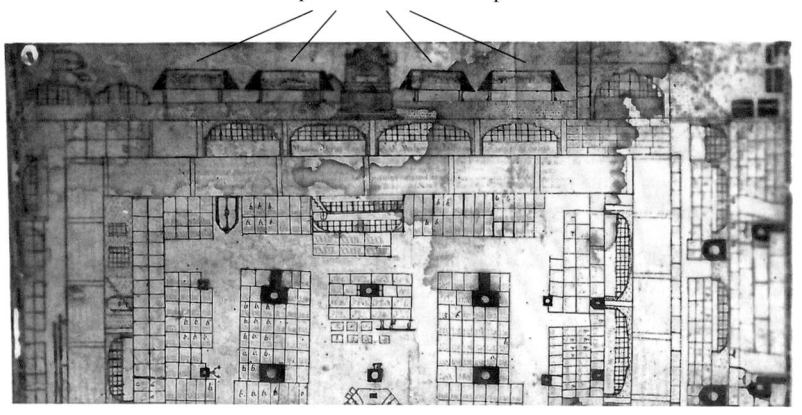

Abbildung 1: Kirchenstuhlplan der Thomaskirche, um 1780.
Archiv der Thomaskirche, ohne Signatur.

Johann Scheibe und die Orgel in der Kirche des Leipziger Georgenhauses

Das Leipziger Zucht- und Waisenhaus – auch Georgenhaus oder Hospital genannt – befand sich seit 1701 in einem großen, neu erbauten Gebäudekomplex am Brühl im Nordosten der Stadt und lag nach fast 500 Jahren seines Bestehens nun erstmals innerhalb der Stadtmauer.[1] Die größte Gruppe der im Georgenhaus untergebrachten Personen waren die Waisenkinder,[2] daneben auch arme, alte sowie psychisch kranke Menschen und sogenannte „Züchtlinge". Die in ihrer Form nahezu quadratische Kirche lag im Hauptgebäude des Georgenhauses und erstreckte sich vom ersten Obergeschoß über drei Etagen.[3] Anfangs waren die Gottesdienste nur für die Insassen und Angestellten vorgesehen,[4] doch bald wurden sie zudem von Leipziger Bürgern besucht, wovon zahlreiche Kirchenstuhlvermietungen zeugen.[5] Zur Finanzierung des Georgenhauses trugen Stiftungen und Spenden Leipziger Bürger bei.[6] Auch die Kirche profitierte davon, denn deren Ausstattung war keineswegs karg:

---

[1] Stadtarchiv Leipzig (im folgenden StAL), *Grundrisse RRA (F) 427–429* (um 1750), *RRA (F) 1097* (o. J.). Das danebenliegende, von 1693 bis 1720 bespielte Opernhaus (StAL, *Tit. XXIV C zu Nr. 1a, Taxationsprotokolle*, Bl. 137 v–139 v: Beschreibung vom 29. Dezember 1727) kam später zum Georgenhaus hinzu. Aus den Grundrissen geht hervor, daß das Areal des Opernhauses spätestens um 1750 neu bebaut worden war.

[2] 1727 lebten hier 49 Jungen und 40 Mädchen, StAL, *Georgenhaus Nr. 629, Inventarium* (1727), Bl. 21 r–26 r.

[3] Die einzige bekannte Darstellung der Kirche im Georgenhaus ist als Fotografie (1865) einer Zeichnung (Verbleib unbekannt) überliefert, Stadtgeschichtliches Museum Leipzig, *Inv.-Nr. Mü. III/48;* siehe auch *800 Jahre St. Georg in Leipzig*, hrsg. von R. Haupt u. a., Leipzig 2011, S. 35. Eine Außenansicht des Haupt- oder Kirchgebäudes findet sich unter anderem in StAL, *RRA (F) 434* (18. Jahrhundert).

[4] Kurfürst Friedrich August I. erteilte 1704 den Befehl, daß der „Gottesdienst auf keine andere Leute, denn die im Waisenhause befindliche […] sich extendire"; StAL, *Georgenhaus Nr. 641, Kirchen- und Schul-Sachen beym Zucht- und Waisen Hause zu Leipzig Betrf: De Anno 1703*, Bl. 31 r.

[5] *Georgenhaus Nr. 641* (wie Fußnote 4), Bl. 52 r–58 r (betr. 1708–1712). Siehe auch Haupt (wie Fußnote 3), S. 36.

[6] Zu einigen der Stiftungen siehe StAL, *Georgenhaus Nr. 568, Rechnungsbuch*. Neben Stiftungen und Vermächtnissen Leipziger Bürgerinnen und Bürger ist auch „Unser Allergnädigste Königin" vertreten mit jährlich 25 Talern (1717–1725), Bl. 7 r; StAL, *Georgenhaus Nr. 600, Copialbuch*, S. 335–345 (1733 und Folgejahre).

Zum Inventar gehörten Altarbild und Deckengemälde, zwei Emporen, Stuckarbeiten, Schnitzereien, ein „Massiv silbern Crucifix", zahlreiche rote und grüne Samtvorhänge sowie Tücher zur Gestaltung des Altars, der Kanzel, der Pulte, des Beichtstuhls in der Sakristei und – wie auch in anderen Leipziger Kirchen üblich – prächtige farbige Meßgewänder.[7] Die Musik spielte im Alltag der Waisenkinder eine eher untergeordnete Rolle, dennoch sollte ein im Waisenhaus tätiger Lehrer „alle Teutsche Lieder bey öffentl. Gottesdienst anfangen" und „verstehet er gar die Music, ists desto beßer".[8] Gesungen wurde jeden Morgen und Abend vor und nach dem Gebet, zudem zweimal wöchentlich bei den öffentlichen Betstunden.[9] Außerdem erhielten die Knaben am Mittwoch und Sonnabend nachmittags je eine Singestunde, in der der dritte „Praeceptor" (ein unterer Lehrer) „ihnen die Noten und teutsche Lieder" beizubringen hatte.[10] Sonnabends wurde „derjenige Gesang welcher auff folgenden Sonntag in der Kirche pfleget gesungen zu werden" eingeübt.[11] Für den Singedienst bekleideten sich die Knaben mit „Chor-Hembden", wovon 1727 drei, 1745 vier zur Verfügung standen.[12] Vielleicht sangen hier gelegentlich auch einige Thomaner?[13] Die Bedeutung der Musik im Georgenhaus nahm im Laufe der Jahre offenbar zu, vielleicht trug dazu auch der in dem Gebäude niedergelassene Leipziger Gesangbuchverlag bei.[14] Doch erst 1742 kamen aufgrund einer zweckbestimmten Spende die Bemühungen um eine Orgel für die Kirche in Gang. So informierte der Vorsteher des Georgenhauses Johann

---

[7] *Georgenhaus Nr. 629* (wie Fußnote 2), Bl. 42 r–47 r („Kirch Inventarium"); StAL, *Georgenhaus Nr. 630, Inventarium […] Anno 1745*, S. 87–99 („des Hauß Küsters Kirchen-Inventarium"); *RRA (F) 462, 463* (Entwürfe für Schnitzereien). Erst im Protokoll der Stadtratssitzung vom 23.12.1794 heißt es: „Sey zu erwähnen, daß mit dem Eintritt des 1795. sten Jahres die Meßgewande in allen hiesigen Kirchen gänzlich abgeschaft werden sollen. erhält allgemeinen Beyfall." (StAL, *Tit. VIII. 71, Protocoll in die Enge*, Bl. 278 r).

[8] *Georgenhaus Nr. 641* (wie Fußnote 4.), Bl. 1r (undatiert).

[9] Ebenda, Bl. 19 r–20 v, 23 r–24 r (undatiert).

[10] Ebenda, Bl. 42 r (1712/17).

[11] Ebenda, Bl. 20 v (undatiert).

[12] *Georgenhaus Nr. 629* (wie Fußnote 2), Bl. 43 v., *Georgenhaus Nr. 630* (wie Fußnote 7), S. 92.

[13] Schließlich sangen sie an hohen Festtagen auch in der Johanniskirche, siehe A. Glöckner, *Figuralaufführungen in der Leipziger Johanniskirche zur Zeit Johann Sebastian Bachs*, BJ 2012, S.163–177.

[14] Die Ausgabe *Neu eingerichtetes Geistreiches Gesang-Buch, Leipzig, In Verlegung des Hospitals zu St. Georgen und diesem incorporirten Zucht- und Wäysenhaußes, 1730* enthält einen Kupferstich mit der Darstellung des Haupteingangs zum Georgenhaus (vom Brühl her). Im Hintergrund ist das Kirchgebäude mit Turm zu sehen.

Andreas Thome den Stadtrat über folgende Mitteilung des Hausvaters[15] Johann Nautze:

Dato am 14 May 1742 Meldet der Haußvater in S. Georgen auch Zucht u. Waysen Hauße Johann Nautze, wie daß nur vor wenig tagen, von einem Wohlthäter, deßen Nahmen er verschweigen solte, Ihme 100 thl. [...] weren zu gestellet worden [...] darmit zum Nutz u. Zierde dieser Kirche, ein klein Positivgen angeschaffet werden möchte.[16]

Der Entwurf eines Positivs von Johann Scheibe

Als Johann Andreas Thome dem Stadtrat das Vorhaben am 28. Mai 1742 vorstellte,[17] konnte er bereits eine Disposition mit Kostenvoranschlag samt zugehöriger Zeichnung (siehe Abbildung) des Universitäts-Orgelmachers Johann Scheibe (1680 bis 1748)[18] vorlegen:

Disposition zu dieser Zeichnung.
1.) Grobgedackt von Holtz weiter Mensur   8. Fuß
2) Gedackt Flöte von Holtz, oben von Buxbaum 4. Fuß
3) Hohl Quinta von Metall   3. Fuß
4) Octav von Metall   2. Fuß
5) Superoctav von Metall   1. Fuß
6) Mixtur 3fach   1. Fuß
7) Principal fein Zinn im Gesichte   4. Fuß

Darzu komt
1) ein DoppelBalg mit seinen Zugehöhrungen
2) eine Manual-Windlade auf 7. Register von guten ausgesottenen Bottich-Tauben.[19]
3) ein Clavier von Buxbaum, und die Semitonia von Ebenholtz.

---

[15] Der sogenannte „Hausvater" und seine Ehefrau, die „Hausmutter", leiteten das Georgenhaus. Der „Vorsteher" war übergeordnet und stellte die Verbindung zum Stadtrat dar, siehe Haupt (wie Fußnote 3), S. 38.

[16] StAL, *Georgenhaus Nr. 642, Nachricht von der kleinen Orgel in der St. Georgen auch Zucht und WayßenHauß Kirche ao. 1742*, Bl. 1r (Niederschrift vom 30. Dezember 1747).

[17] Ebenda, Bl. 3r+v.

[18] Zu den Orgelbauten Scheibes gehören bekanntermaßen die Instrumente in der Pauliner- oder Universitätskirche Leipzig (1711–1716), in der Leipziger Johanniskirche (1742–1743) und in der Kirche von Zschortau bei Delitzsch (1745–46); siehe unter anderem U. Dähnert, *Historische Orgeln in Sachsen*, Frankfurt a.M. 1980, S. 177, 183 f., 285 f., 308; sowie Dok V, S. 431 (Register).

[19] Richtig: Bottich-Dauben, womit gut abgelagertes Eichenholz gemeint ist. Für diesen Hinweis und weitere sachkundige Beratung danke ich Veit Heller, Museum für Musikinstrumente der Universität Leipzig.

4) ein Wellen Bret von Meßing und Eisen.
5) alle Eingebäude, theils von eichenen, theils von fichtenen guten Holtze.

Soll ich nun das Gehäuße, Bildhauer- und Schloßer-Arbeit und alles übernehmen, so verlange ich vor dieses alles 250. Rthlr. Wird mir aber das Gehäuße, Bildhauer- und Schloßer-Arbeit abgenommen, und a part verdungen an einen Tischler oder Zimmermann, so verlange ich vor meine Orgelarbeit, wie die Disposition besaget 210. Rthlr.

Leipzig, den 22. Maj. 1742.
Johann Scheibe
Orgel Macher[20]

Nach den Maßstabsangaben auf der Zeichnung war das gewölbte Brüstungspositiv etwa 2 2/3 Ellen (entspricht etwa 1,50 m) breit, in der Höhe etwa gleich und 1 Elle (etwa 0,57 m) tief. Mit seinen sieben Registern sollte es vom Klangvolumen her eher einer pedallosen Orgel als einem kleinen Positiv entsprechen.

Die Initiative für die Anschaffung des Instruments stieß beim Stadtrat jedoch auf Skepsis. Der Vorsteher des Georgenhauses Thome vermerkte über diesen Vorgang später:

Nachdem ich nun bey E. E. Hochw. Rath bereits vorhero am 28 May 1742 umb gütige Erlaubnis ein solches Positiv in der St. Georgen HaußKirche aufzusetzen angesucht, so ward dieses mein Bitten damals laut beygelegtes Schreiben zwar nicht gantz abgeschlagen, sondern noch differiret [...][21]

Denn in der Ratssitzung am 10. August 1742 hatte der Bürgermeister Gottfried Lange daran erinnert, „daß so denn auch ein Organist und Calcant unterhalten werden müste", andere Ratsherren hielten das Vorhaben „für bedencklich" oder „differatur".[22] Die Befürchtungen zusätzlicher, auch laufender Kosten für eine Kirche, die hauptsächlich für Waisenkinder, Sträflinge und andere Menschen am Rande der Gesellschaft zuständig war, ließen die Ratsherren zögern. Außerdem hatte Scheibe gerade seinen Kontrakt zum Bau der Orgel in der Johanniskirche abgeschlossen.[23] Vielleicht fürchteten die Ratsherren, daß diese vereinbarten Arbeiten aufgrund eines weiteren Auftrags verzögert werden könnten. Nur wenige Wochen nach der vorläufigen Ablehnung des Stadtrates erhielt das Georgenhaus eine weitere anonyme Zuwendung: „sind am 14. 7bre [September] in diesem 1742 Jahr dem Hauß Vater Johann

---

[20] *Georgenhaus Nr. 642* (wie Fußnote 16), Disposition mit Angebot (Bl. 6r), Zeichnung (Bl. 4v+5r).
[21] Ebenda, Bl.1r (Niederschrift vom 30. Dezember 1747).
[22] StAL, *Tit. VIII. 64*, *Protocoll in die Enge*, Bl. 93v–94r.
[23] Anfang Juni 1742 begann Scheibe mit dem Abbruch der alten Orgel in der Johanniskirche. Siehe H. Henkel, *Zur Geschichte der Scheibe-Orgel in der Leipziger Johannis-Kirche*, in: Bach-Studien 9, Leipzig 1986, S. 45.

Nautzen von einigen guten Freunden und Wohlthätern, deren Nahmen alle verschwiegen bleiben sollen, zu diesem Werck und ohne einige Berechnung nochmaln 100 [Taler] […] zugestellet worden […], welche ich ebenfals in Verwahrung genommen."[24] Die Verdopplung der zur Verfügung stehenden finanziellen Mittel reichte jedoch noch nicht für den Bau des Scheibe-Positivs aus, und ein Zuschuß der Stadt war für dieses Projekt offenbar nicht vorgesehen. So wurden die vorhandenen Mittel in gut verzinsbaren „Steuerscheinen" angelegt, der Einbau eines Positivs verschoben und der Scheibe-Entwurf zu den Akten genommen.

Das Positiv eines unbekannten Orgelbauers

Im Jahre 1744 kam das Thema erneut auf die Tagesordnung. Anfang April war offenbar ein gebrauchtes, sehr viel günstigeres Instrument vom Georgenhaus erworben worden. „Johann Benedict: Belgers seel: Erben" hatten für „1 Positiv mit 8 Registern etc. 62 [Taler], 18 [Groschen]" aus den dafür vorgesehenen, bisher zurückgelegten Mitteln erhalten.[25] Am 15. Mai 1744 entschied der Stadtrat schließlich, daß es aufgestellt und gespielt werden dürfe, allerdings unter der Bedingung „daß dadurch dem Hospitale keine mehrere Unkosten verursachet werden."[26] Woher dieses Instrument kam und welche Rolle Belger dabei spielte, konnte bisher nicht ermittelt werden. Für Scheibe blieb nur der Auftrag für „reparat u. aufsetzen", wofür er vierzehn Taler sowie einen Taler Trinkgeld „an deßen Gesellen" erhielt.[27] Die Disposition des Instruments, das ein Register mehr als das von Scheibe vorgesehene hatte, ist nicht bekannt. Mit „1. Elle 7. Zoll breit [gemeint ist Tiefe etwa 0,73 m], 2. Ellen 6. Zoll lang [gemeint ist Breite etwa 1,27 m] und 3 ³⁄₄. Elle hoch [etwa 2,15 m]" war es etwas schmaler, aber tiefer und höher als das geplante Scheibe-Positiv. Aufgestellt wurde es

> auf der Männer-Emporkirche am Eingange derselben zur rechten Hand neben dem Altar […]. Ob nun gleich auf der andern Seite der Emporkirche neben dem Altar eben dergleichen Bogen vorhanden ist, so würde daßelbe, meines Erachtens […] nicht so gut angebracht werden, weiln dahin nicht so viel Licht, auch nicht so gut in die Augen fället.

Das Positiv stand demnach auf der ersten Empore in der Bogennische, von der Empore aus gesehen rechts vom Altar, denn das daneben befindliche

---

[24] *Georgenhaus Nr. 642* (wie Fußnote 16), Bl. 1r (Niederschrift vom 30. Dezember 1747).
[25] Ebenda, Bl. 7r, 10r (Zitat), 22r.
[26] *Tit. VIII 64* (wie Fußnote 22), Bl. 228v.
[27] *Georgenhaus Nr. 642* (wie Fußnote 16), Bl. 7r, 20r, 22r (Zitat, 4. Mai 1744).

Fenster hatte Südausrichtung. Damit sich „nicht ein Jeder demselben nähern und eindringen könne", war für die Orgel „ein Verschlag" vorgesehen.[28] Einen Hinweis auf das Äußere der Orgel enthält die Rechnung des Malers George Paul Gantzauge, der

das Posidiefft mit allen fleiß und mit einer fehster öhl farben dauer hafftig braun angestrichen und die Ziehrahten das laup Werck mit feinen Medall golte ver golt unu mit einer dauer hafftigen golt Fernieß über zogen. Das es recht düchtig und fehste halten wirt. Dar vor Beliepen. 2 thl. 8 gr.[29]

Außerdem gingen 1 Taler 8 Groschen an den Tischler Berthold,[30] 2 Taler 8 Groschen an den Schlosser Johann George Rothmann[31] und 2 Taler 18 Groschen unter anderem für die „hölzerne Banck vor den Organiste" an den Zimmermeister Friedrich Knoff.[32] Am 24. Mai, zum „Heyligen Pfingstfest ao. 1744", ist das Positiv „Zum erstenmahl von dem Organist Johann Georg Hülle, darauf gespielet und eingeweyhet worden. Zur größesten Freyde der sämtlich Kirchgänger und Haußeinwohner".[33] Johann Georg Hille (um 1716–1766)[34] spielte das Instrument in der Georgenhauskirche bis 1747. Ursprünglich jedoch war „die absicht dahin gangen, daß untn den Waysen Knaben, dabey man gegenwärtig auf den buckeligten Kuhn sein absehen gerichtet hatt, auch dieses daß das Orgelschlagen unter der Hand lernen laßt – alzeit ein Paar Knaben darzu angeführet werd solln". Auf diese Weise sollten die jährlichen Ausgaben für den Organisten eingespart und stattdessen „dem Hause zu gute fallen, oder auch zur repariirung" verwendet werden, „damit das Hauß darvon keine Unkosten zu tragen habe".[35] Offensichtlich ließ sich diese Vorstellung jedoch nicht realisieren. Da die Orgel viel günstiger erworben werden konnte als anfangs vorgesehen und im Mai 1744 noch einmal 80 Taler Spenden eingegangen waren,[36] konnten die bereits 1742 angelegten

---

[28] Ebenda, Bl. 9r+v, Bericht des Obervogts Johann Gottfried Schmiedlein an den Stadtrat, 10. Mai 1744.

[29] Ebenda, Bl. 11r (4. Mai 1744), ferner Bl. 20r und 22r.

[30] Ebenda, Bl. 20r, 22r (4. Mai 1744).

[31] Ebenda, Bl. 22r (4. Juni 1744). Seine Forderung lautete allerdings 2 Taler 16 Groschen (Bl. 13r, 2. Juni 1744).

[32] Ebenda, Bl. 12r (Zitat), 22r (4. Juni 1744).

[33] Ebenda, Bl. 2r (Niederschrift vom 30. Dezember 1747).

[34] StAL, *Ratsleichenbuch 1766*, Bl. 304v. mit falschem Vornamen: „begraben […] Montag, den 24. Mart. k ½ Ein Mann 50. Jahr, H. Johann Gottlob Hille, Organist zu St. Johannis am Rannstädter Thor st. [Zeichen für Freitag, 21. März] 5. h."

[35] *Georgenhaus Nr. 642* (wie Fußnote 16), Bl. 2r (Niederschrift vom 30. Dezember 1747).

[36] Ebenda, Bl. 7r, 22r (hier sind die Spender genannt: „H. Johann Michel Fried 20 [Taler], H. Jobst Henrich Hansen 10 [Taler], H. Joh. Christian Tripto 20 [Taler], H. Hauptm. Chr. Georg Winckler 10 [Taler], H. Hauptm. Chr. Friedr. Curtius 20 [Taler]").

200 Taler unberührt bleiben. Aus den jährlichen Zinsen dieses Vermögens, die viele Jahre konstant 10 Taler betrugen, sollte fortan der Organist bezahlt werden.[37] Nach Hilles erster Quittung vom 30. Dezember 1744 erhielt er „alß ein ausgesetztes halbjährl. Salarium von Johanni – biß Weynachten"[38] jedoch sechs Taler, demnach 12 Taler im Jahr. Damit entsprach sein Gehalt dem des Organisten an St. Johannis.[39] Daß die Bezahlung des Organisten in der Georgenhaus-Kirche jedoch nicht immer reibungslos vonstatten ging, läßt ein Vermerk des Vorstehers Thome unter Hilles Quittung vermuten: „Diese 6 [Taler] habe ich auß meiner aparten Buxe am 2 Januari 1745. bezahlt, dar vor dem Haußse nichts in außgabe gebracht werde und auch noch vorhero biß an Johanni 1744 2. [Taler] 12. [Groschen]."[40] Auch 1746 erhielt Hille „Zwey rthl. Zuschuß für das Orgel Spielen".[41] Der Zustand und der Klang des Instruments ließen jedoch bald Wünsche offen, besonders im Hinblick auf die fehlenden Tiefen. Bereits zwei Jahre nach dem Einbau des Positivs wurde es von Hille repariert und erweitert,[42] wofür er folgende Rechnung stellte:

Daß ich Endes unterschriebener, von Ew. Hochedlen Titl. Herrn Baumeister Thomae 25 RThlr. vor die Accordirte Orgelbau Arbeit, alß neml.
1 Subbass   16 [Fuß]
1 Principal-bass   8 [Fuß]
und dazu gehörige Windlade nebst 2 Bälgen gantz neu zu verfertigen richtig empfangen habe, alß worüber Krafft dieses, nebst schuldigsten Danck quittire.
Vor die vielfältig gehabte Mühe wegen Erhöhung des gantzen Wercks, und einer gantz andern Einrichtung bitte ergebenst mit einen kleinen Gratial zu vergnügen, welches mit Danck erkennen werde.
Leipzig d 29 Septembr 1746.   Johann Georg Hille[43]

Hille wurde für seine Arbeiten umgehend bezahlt,[44] ebenso der Schlosser Rothmann mit 5 Talern.[45] Möglicherweise standen auch noch die Arbeiten im folgenden Jahr im Zusammenhang mit der Erweiterung. Der mit „Meister Jo-

---

[37] *Georgenhaus Nr. 642* (wie Fußnote 16), Bl. 7 r, 22 r.
[38] Ebenda, Bl. 18 r.
[39] Erst 1751 wurde das Gehalt des Organisten an der Johanniskirche auf 16 Taler erhöht, nun mit der Verpflichtung zum Stimmen der Orgel, siehe Henkel (wie Fußnote 23), S. 48.
[40] *Georgenhaus Nr. 642* (wie Fußnote 16), Bl. 18 r.
[41] Ebenda, Bl. 19 r, unterzeichnet von dem neuen Hausvater Peter Kretzschmer.
[42] Hille ergänzte auch die Orgel in der Johanniskirche (1763), und er reparierte Orgeln im Leipziger Umland, siehe Henkel (wie Fußnote 23), S. 48.
[43] *Georgenkirche Nr. 642* (wie Fußnote 16), Bl. 14 r.
[44] Ebenda, Bl. 14 r, 22 r.
[45] Ebenda, Bl. 15 r (die Rechnung vom 9. Dezember betrifft nur teilweise die Orgel im Georgenhaus), Bl. 22 r.

hann Gottfried Berdholt" unterzeichnende Tischler berechnete am 5. Mai 1747 rund 9 Taler für

2 Stück geleimte Taffeln vor die Orgel Pfeiffen	3 [Taler]
2 Stück unten an der Orgel angemacht	16 [Groschen]
[…] futral aufs Clavir	6 [Groschen]
[…] Stück mit Laubwerck aufgeschweifte auf setze auf die Orgel	3 [Taler]
[…] Stück dergleichen seyden stücker an die Orgel	1 [Taler]
[…] bey sind 13 Stück Schrauben ein Stück 2 gr.	1 [Taler] 2 [Groschen][46]

Bei den „Taffeln vor die Orgel-Pfeiffen" handelte es sich entweder um Türen (dem Preis nach verziert oder durchbrochen gearbeitet) oder um Schleierbretter, die vor den Pfeifenfüßen beziehungsweise über den Pfeifenmündungen angebracht wurden, vermutlich mit ähnlichen Laubwerk-Motiven ausgestattet wie bei den Aufsätzen und den „seyden Stücker" (den seitlich angebrachten Verzierungen, auch „Ohren" genannt). Die „2 Stück unten an der Orgel angemacht" waren vielleicht eine Art Gehäusefüllung.[47] Bezahlt wurde der Tischler jedoch mit nur 7 Talern.[48] Auch der Maler Christian Heinrich Teubner bekam für seine mit 7 Talern berechnete Arbeit „vor Ein Orgel Werck in der Wayßen Hauß Kirche mit Golden Laubwerck zu mahlen mit Nußbaum arbeit" nur sechs Taler ausgezahlt.[49] Ein Überblick „An Einnahme, welche zu dem Positiv geschenckt bekommen" und „An Außgabe, welche vor das Positiv in der St. Georgen Hauß Kirche Bezahlt" umfaßt den Zeitraum vom 19. Mai 1742 bis 31. Dezember 1747.[50] Zu den bereits bis 1744 eingegangenen Spenden von 280 Talern kamen am 8. Juli 1746 12 Taler 12 Groschen von Gottfried Barthel hinzu, weiterhin 23 Taler aus Zinsen, und am 31. Dezember 1747 hat die noch fehlende Summe von 25 Talern und 10 Groschen der Vorsteher Thome „darzu geschoßen u. von mir bez[ah]lt". Spenden samt Zinsen ergaben insgesamt einen Betrag von 340 Talern und 22 Groschen, der exakt der Summe auf der Ausgabenseite entspricht.[51] Mit dieser ausgeglichenen Gegenüberstellung enden die Aufzeichnungen über das Positiv in der Kirche des Georgenhauses. Johann Georg Hille wechselte 1747 auf das Orga-

---

[46] Ebenda, Bl. 16r. Die ausgelassenen Angaben sind wegen enger Heftung nicht lesbar.
[47] Für diese Hinweise danke ich wiederum Veit Heller.
[48] *Georgenhaus Nr. 642* (wie Fußnote 16), Bl. 16r, 22r (hier „Berthold").
[49] Ebenda, Bl. 17r (Rechnung vom 10. Oktober 1747), Bl. 22r (19. Dezember 1747).
[50] Ebenda, Bl. 14r, 22r.
[51] Auf der Ausgabenseite sind noch 10 Taler 12 Groschen „An den Organist Joh. Georg Hülle vor das Orgelschlagen überhaupt noch Zuschuß bezlt biß den 31 Xbre [Dezember] 1746" aufgeführt, außerdem 22 Groschen „an Hvater vor leder außgelegt" (9. Dezember 1746).

nistenamt an der Johanniskirche, wo ihm ein größeres und besseres Instrument zur Verfügung stand – die von Johann Scheibe 1742/43 erbaute und von J. S. Bach gemeinsam mit Zacharias Hildebrandt geprüfte Orgel. Hilles Nachfolger in der Georgenhaus-Kirche wurde 1747 Christian Colditz (um 1722–1768), der nach Hilles Tod 1766 wiederum dessen Amt an der Johanniskirche übernahm.[52]

Das Orgelpositiv in der Georgenhaus-Kirche wurde nach etwa fünfzig Jahren durch ein größeres, wohl zweimanualiges Instrument mit Pedal ersetzt.[53] Diese von der Firma Trampeli erbaute Orgel befand sich jedoch nicht mehr im altarnahen Bereich, sondern erstreckte sich über zwei Emporen im hinteren Teil der Kirche.[54] 1873 erfolgte der Abriß des gesamten Georgenhauses am Brühl.

Maria Hübner (Leipzig)

---

[52] Laut A. Schering, *Johann Sebastian Bach und das Musikleben Leipzigs im 18. Jahrhundert*, Leipzig 1941, S. 76 f., hatte Colditz – nach Angaben in seiner Bewerbung von 1766 auf das Organistenamt an der Johanniskirche – zuvor 19 Jahre lang den Organistendienst an der Georgenhaus-Kirche versehen. StAL, *Ratsleichenbuch 1768*, Bl. 5 r: „begraben Sonnabend den 20 Febr. gr ½ Ein Mann 46. Jahr, H. Christian Coldiz, Organist zu St: Johannis in Schlachthöfen [Fleischerplatz] st [Zeichen für Mittwoch, 17. Februar] an Stickfl.". Johann Georg Hille ist entgegen der Annahme Scherings nicht identisch mit dem gleichnamigen Halleschen (Glauchaer) Kantor.

[53] *Tit. VIII. 71* (wie Fußnote 7), Bl. 246 r, 264 v (Kosten: 440 Taler); *Georgenhaus Nr. 642* (wie Fußnote 16), Bl. 23 r (Beschreibung der Orgel, Fragment).

[54] StAL, *RRA (F) 443 und 444*.

358 Kleine Beiträge

Abbildung: Johann Scheibe,
Entwurf eines Orgelpositivs für die Kirche im Georgenhaus
Zeichnung, 1742
Stadtarchiv Leipzig

Eine unbekannte Leipziger Erbhuldigungskantate aus dem Jahr 1733*

I.

Mit den Festmusiken für das sächsische Herrscherhaus, die Johann Sebastian Bach seit den Sommermonaten des Jahres 1733 mit seinem Collegium musicum in Kaffeehaus und -garten von Gottfried Zimmermann aufführte, zielte der Thomaskantor offenbar „auf eine rasche Bewilligung seines im Juli 1733 eingereichten Gesuchs um einen Dresdner Hoftitel"[1] durch den erst jüngst auf den sächsischen Thron gelangten Kurfürsten Friedrich August II. Die in diesem Zusammenhang entstandenen Kompositionen der Jahre 1733 und 1734 – konkret die Kantaten BWV 213–215 – dienten dem Weihnachts-Oratorium in vielen Sätzen als Parodievorlage; daß sie selbst in Teilen ebenfalls bereits im Parodieverfahren entstanden waren, ist bekannt: Nachdem sich die kurfürstliche Familie 1734 kurzfristig zu einem Besuch der Leipziger Michaelismesse entschlossen hatte, blieben Bach für die Komposition und Vorbereitung der Aufführung der Abendmusik „Preise dein Glücke, gesegnetes Sachsen" BWV 215 gerade einmal drei Tage. Entsprechend dürften weite Teile des Stückes auf bereits vorhandene Kompositionen zurückgehen – glaubhaft nachweisen ließ sich dies bisher für den Eröffnungssatz.[2]
Daß derart straffe Zeitpläne der Werkentstehung auch für die Textdichter eine Herausforderung darstellten – zumal wenn vom Komponisten intendierte Parodiebeziehungen zu berücksichtigen waren –, ist bisher nicht weiter diskutiert worden. Oft genug wirken die Texte von Bachs Huldigungskantaten jedenfalls reichlich unmotiviert und kommen über die Gemeinplätze der Huldigungsdichtung kaum hinaus. Daß das auch den Adressaten solcher Verse nicht entgangen ist, zeigt die Mitteilung des Weißenfelser Bibliothekars Heinrich Engelhard Poley, der am 17. Januar 1733 mit Blick auf die Textvorlage zu einer geplanten Tafelmusik an den Leipziger Poetikprofessor Johann Christoph Gottsched schrieb, daß der Herzog „nicht gerne das Wort *Wonne* und die Reime, so sich auf *Sachsen*, *Wachsen*, *Achsen* endigen, haben

---

* Der vorliegende Text entstand im Rahmen des von der Gerda Henkel Stiftung geförderten und vom Bach-Archiv Leipzig durchgeführten Forschungsprojekts „Johann Sebastian Bachs Thomaner".
[1] Schulze K, S. 673.
[2] NBA I/37 Krit. Bericht (W. Neumann, 1961), S. 69–74.

mögen".[3] Obwohl sich der unbekannte Textdichter der Königin-Kantate BWV 214 bereits im Eingangschor dieses poetischen Fauxpas' bediente,[4] scheint das Stück mit seiner raffinierten Verflechtung von Textvorlage und musikalischer Umsetzung auf den ersten Blick eine Ausnahme unter den sonst häufig einfallslosen Huldigungsdichtungen zu sein. Die Idee, den Text „Erthönet, ihr Paucken! Erschallet, Trompeten! Klingende Saiten erfüllet die Luft!" mit der Einsatzfolge dieser Instrumente im Ritornell zu verbinden, dürfte auf eine vor Beginn der Ausarbeitung getroffene Absprache zwischen Dichter und Komponisten zurückgehen. Neu war aber auch dieser Gedanke nicht. Schon 1725 hatte Christoph Graupner zum Geburtstag des Landgrafen Ernst Ludwig von Hessen-Darmstadt die Vertonung eines Textes angefertigt, der mit den Worten „Tönet ihr Pauken, erschallt ihr Trompeten. Kündiget Darmstatt ein Freuden-Fest an!" anhebt – die musikalische Umsetzung ist jedoch nicht ansatzweise so sinnfällig wie in Bachs Komposition.[5] Der zeitliche und territoriale Abstand der beiden Werke sowie das Ausbleiben weiterer Bezüge zwischen den Stücken, die über die Ähnlichkeit der ersten Textzeile hinausgingen, scheint darauf hinzudeuten, daß hier lediglich ein akzidentielles Phänomen vorliegt, das allenfalls im Gemeinplatz der Verwendung von Trompeten und Pauken als musikalische Insignien der weltlichen und göttlichen Macht wurzelt.

Anders dürfte der Fall bei einer bisher unbekannt gebliebenen Erbhuldigungskantate liegen, die im gleichen Jahr wie die Königin-Kantate in Leipzig aufgeführt worden war. Nach dem Tod von August dem Starken am 1. Februar 1733 und der Regierungsübernahme durch seinen Sohn Friedrich August II. begab sich der neue Kurfürst auf eine obligatorische Erbhuldigungsreise, die neben Dresden stets auch nach Leipzig, Wittenberg, Freiberg und Bautzen führte.[6] Am 20. und 21. April 1733 hielt sich Friedrich August II. in Leipzig auf, um die Erbhuldigung seiner Untertanen aus dem Leipziger und Thürin-

---

[3] Zitiert nach J. C. Gottsched, *Briefwechsel unter Einschluß des Briefwechsels von Luise Adelgunde Victorie Gottsched*, Bd. 2, hrsg. von D. Döring, R. Otto und M. Schlott, Berlin und New York 2008, S. 371 f. Siehe auch A. Werner, *Städtische und fürstliche Musikpflege in Weißenfels bis zum Ende des 18. Jahrhunderts*, Leipzig 1911, S. 143.

[4] „Königin lebe! diß wünschet der Sachse/Königin lebe und blühe und wachse" zitiert nach NBA I/36 Krit. Bericht (W. Neumann, 1962), S. 103.

[5] Siehe die Partitur und Stimmen in D-DS, *Mus. ms. 416/8* sowie den korrespondierenden Katalogeintrag RISM A/II 450005700, der die autographe Musikalienquelle mit Verweis auf den Textdruck in D-DS, *43A 415/38* einer Aufführung am 26. Dezember 1725 zuordnet.

[6] Zu den musikalischen Umständen der Leipziger Erbhuldigung des Jahres 1733 siehe zuletzt M. Maul, *Das Kyrie der h-Moll-Messe: eine genuine Musik für die Leipziger Erbhuldigung?*, in: Der eine Gott und die Vielfalt der Klänge. Sakrale Musik der

gischen Kreis einzunehmen.[7] Nach dem lutherischen Erbhuldigungsgottesdienst, der am Morgen des 21. April in Abwesenheit des katholischen Landesherrn in der Nikolaikirche stattfand, folgte die persönliche Abnahme der Erbhuldigung durch den Kurfürsten schließlich in der Handelsbörse hinter dem Rathaus. Im Anschluß wurde im Apelschen Haus – dem angestammten Leipziger Quartier des Kurfürsten – große offene Tafel gehalten, „worbey nebst der Ritterschafft auch einige von der *Universit*ät und dem Rath die Gnade gehabt, an der Churfürstl. Tafel mit zu speisen".[8]

II.

Im Zuge des vom Bach-Archiv Leipzig seit 2012 durchgeführten und von der Gerda Henkel Stiftung geförderten Forschungsprojektes „Johann Sebastian Bachs Thomaner" habe ich in den vergangenen Monaten mit den *Curiosa Saxonica* eines der zentralen Periodika zur sächsischen Biographik des 18. Jahrhunderts unter musikwissenschaftlichen Gesichtspunkten erschlossen. Die halbmonatlich erschienene Zeitschrift wurde zwischen 1729 und 1764 unter dem Nebentitel *Sächsisches Kuriositätenkabinett* von dem Dresdner Notar und Auktionator Johann Christian Crell herausgegeben und berichtet über regionalhistorische Inhalte, die sich deutlich von der tagesaktuellen Berichterstattung der Zeitungen unterscheiden.[9] In der Ausgabe der zweiten Septemberhälfte des Jahres 1734 findet sich hier eine kurze Beschreibung einer am 21. April 1733 „bey offener Tafel" in Leipzig aufgeführten Kantate:

David Wahl, Hessen-Casselischer Hof-*Musicus*, hat mit seinen 7. Söhnen bey letzterer Leipziger Erb-Huldigung den 21. *April* 1733. an Ihro damahlige Königl. Hoheit und Churfürstl. Durchl. bey offener Tafel nach gehaltener kleiner Bewillkommungs-Rede eine angenehme *Music* gebracht, darbey folgende *Cantata* abgesungen worden, die der fünffte Sohne Israel Traugott Wahl, *componi*ret gehabt:

---

  drei monotheistischen Religionen, Stuttgart 2013 (Schriftenreihe Internationale Bachakademie Stuttgart. 18.), Druck in Vorbereitung.
[7] Siehe die Titelformulierung einer *Ausführlichen Nachricht/ wie J. Kön. Hoheit und Churfürstl. Durchl. zu Sachsen/ HERR Friedrich Augusts der Andere, Den 20. April. 1733 in Leipzig prächtig eingeholet worden, und den 21. April a. c. darauf die Erbhuldigung von der Ritterschafft und Unterthanen des Leipziger und Thüringischen Creyßes solenniter eingenommen*, Leipzig 1733 (VD18: 1036661X).
[8] Ebenda, Bl. 3 r.
[9] Zur musikhistorischen Bedeutung der *Curiosa Saxonica* siehe meinen Aufsatz *Alte und neue Curiosa Saxonica. Ein regionalgeschichtliches Journal der Bach-Zeit*, in: Großbothener Vorträge zur Kommunikationswissenschaft 13 (2014, Druck in Vorbereitung).

Aria tutti
Schallt Trompeten, klingt ihr Sayten,
Stimmt ein frohes *Vivat* an. [...]

Recit.
Diß ist der Tag
Den man glückseelig nennen mag, [...]

Aria.
Fridrich August,
Der Sachsen Lust, [...]

Recit.
Doch müssen wir wehmüthig hier bekennen,
Daß diß Jahr sey betrübt zu nennen, [...]

Aria.
Sein Ruhm wird Palmen gleich stets grünen,
Und zum Exempel selbsten dienen, [...]

Recit.
Doch mindre ietzt dein Leid,
Laß Schmertz und Kummer weichen. [...][10]

Ein originaler Textdruck hat sich zu dieser Aufführung offenbar ebenso wenig erhalten wie sich musikalische Quellen zu dem Stück nachweisen lassen. Und so muß auch offenbleiben, welchen Schluß diese Musik genommen hat. Daß die Kantate hier unvollständig überliefert ist, legt nicht nur der ungewöhnliche Umstand nahe, daß die Dichtung mit einem Rezitativ endet; auch ein „etc." am Ende der Textwiedergabe deutet in diese Richtung.

III.

Mit Blick auf die oben zitierte *Ausführliche Nachricht* über die Erbhuldigungsfeierlichkeiten muß die Aufführung unserer Kantate im Apelschen Haus erfolgt sein. Mehr als ungewöhnlich mutet dabei an, daß uns hier weder Musiker der Dresdner Hofkapelle noch eines der beiden Leipziger Collegia musica von Bach oder Görner begegnen, sondern der „Hessen-Casselische Hof-*Musicus*" David Wahl mit seinen Söhnen, die in keiner bisherigen Publikationen zur Leipziger Musikgeschichte der Bach-Zeit Erwähnung finden.
Folgen wir Wahls Spuren zunächst zurück nach Kassel, so begegnen wir ihm dort bereits 1726 gemeinsam mit seinen sechs Söhnen. Am 9. März hatte er hier eine Anstellung bei Hofe angetreten und erhielt für seine ganze Familie

---

[10] *Curiosa Saxonica. Sächßisches Curiositäten Cabinet, auf das Jahr 1733*, Dresden 1734, S. 286–288; siehe auch die Abbildungen 1–3 im Anhang.

300 Taler, dazu Hausgeld und ein Freideputat an Korn; die Söhne waren offenbar zumindest teilweise in der Militärmusik beschäftigt. Die Familie ist bis 1730 in Kassel nachweisbar.[11] Bereits ein Jahr vor ihrer Kasseler Anstellung sind die sieben Musiker 1725 mit einer Huldigungsmusik am Hof von Graf Friedrich Anton Ulrich zu Waldeck und Pyrmont in Arolsen nachgewiesen. Der Widmungstext zu dem Stück wurde von David Wahl und sechs seiner Söhne namentlich unterzeichnet: Gottlob Frederec, Jean Georg, Salomon, Israel Traugott, Maurice Guileaume und Gotthelff Jaques.[12] Interessant ist, daß Wahl an beiden Orten als „Musikus [...] aus Sachsen"[13] oder – noch konkreter – als „Musicus von Leipzig"[14] geführt wird. Das gleiche gilt für zwei Gastspiele in Köthen im Jahr 1722[15] und regelmäßige Auftritte in Zerbst in den Jahren 1721 bis 1725, wohin Wahl ebenfalls mit seinen Söhnen gereist ist.[16] Ergänzen läßt sich sein Bewegungsprofil ferner durch zwei deutlich frühere Nachweise:[17] Nachdem „Dav[id]. Wall" gemeinsam mit einem Herrn Schumann – „zweene Musici aus Leipzig" – am 19. Januar 1714 anläßlich des herzoglichen Geburtstags in Weißenfels aufgewartet hatte,[18] taucht er 1715 „mit seinen Compagnonen" auch auf der Peter-Pauls-Messe in Naumburg auf.[19]

---

[11] C. Engelbrecht, *Die Hofkapelle des Landgrafen Carl von Hessen-Kassel*, in: Zeitschrift des Vereins für Hessische Geschichte und Landeskunde 68 (1957), S. 141–173, hier S. 170.

[12] D. Rouvel, *Zur Geschichte der Musik am Fürstlich Waldeckschen Hofe zu Arolsen*, Regensburg 1962 (Kölner Beiträge zur Musikforschung. 22.), S. 47 f.

[13] Engelbrecht (wie Fußnote 11), S. 170.

[14] Rouvel (wie Fußnote 12), S. 48.

[15] S. Rampe und D. Sackmann, *Bachs Orchestermusik. Entstehung, Klangwelt, Interpretation. Ein Handbuch*, Kassel 2000, S. 43.

[16] Landeshauptarchiv Sachsen-Anhalt, Abteilung Dessau, Kammer Zerbst. Kammerrechnungen 1721/22 (zwei Zahlungen über 20 bzw. sechs Reichstaler), 1722/23 (eine Zahlung über acht Reichstaler) und 1724/25 (zwei Zahlungen über jeweils sechs Reichstaler); eine weitere „Verehrung" verzeichnet die Kammerrechnung für das Abrechnungsjahr 1735/36. Siehe auch H. Wäschke, *Die Zerbster Hofkapelle unter Fasch*, in: Zerbster Jahrbuch 2 (1906), S. 47–63, hier S. 48, 52 f. und 56. Für die Mitteilung der Zerbster Quellen gilt Michael Maul (Leipzig) mein herzlicher Dank.

[17] Für die Hinweise auf die folgenden Mitteilungen zu Wahls Weißenfelser und Zeitzer Aufenthalten gilt Rashid-S. Pegah (Würzburg) mein herzlicher Dank.

[18] Stadtarchiv Weißenfels, *A I 705 (Delogierungs-Acta bey Der hiesigen Hochfürstl. Sächß. Residenz-Stadt Weißenfelß 1702–1730)*, nicht foliiert; siehe auch Werner (wie Fußnote 3), S. 109.

[19] A. Werner, *Städtische und fürstliche Musikpflege in Zeitz bis zum Anfang des 19. Jahrhunderts*, Bückeburg und Leipzig 1922, S. 94. Vgl. dazu auch die Ausführungen

In Leipzig läßt sich die Spur im Jahr 1707 aufnehmen, als Wahls erste Tochter am 4. November in der Thomaskirche getauft wurde; der Eintrag im Taufregister nennt den Vater einen Studenten der Rechte.[20] In der Leipziger Universitätsmatrikel findet sich ein – aus Chemnitz stammender – David Wahl aber erst 1710;[21] und auch an den umliegenden Universitäten (Halle, Jena, Frankfurt/Oder und Wittenberg) war er laut Auskunft der Matrikelverzeichnisse zu dieser Zeit nicht eingeschrieben. In den Jahren zwischen 1707 und 1722 zeugte Wahl zehn Kinder;[22] seit 1708 nennen ihn die Taufregister einen Musicus – ab 1711 konkreter einen Weißenfelser Hof- oder Kammer-Musicus. Mit dem Eintritt in Weißenfelsische Dienste geht eine spürbare Aufwertung der Patenschaftsbeziehungen einher. Zuvor waren es vor allem Leipziger Kaufleute, die Wahls Kinder aus der Taufe hoben; nun finden sich unter den Paten regelmäßig die Namen mitteldeutscher Fürsten: Johann Georg zu Sachsen-Weißenfels (1711) nebst seiner Gemahlin Friederike Elisabeth (1711), Moritz Wilhelm zu Sachsen-Merseburg (1718), Moritz Wilhelm zu Sachsen-Zeitz (1718), Leopold zu Anhalt-Köthen (1722), Magdalena Augusta zu Sachsen-Gotha-Altenburg (1722) und Hedwig Friederike zu Anhalt-Zerbst (1722). Hinzu kommen die bedeutenden Leipziger Ratsherren und Bürgermeister Gottfried Lange (1720) und Adrian Steger (1720) sowie die Ehefrau von Bürgermeister Abraham Christoph Platz (1720).

Während die Patenschaften der Weißenfelser Herzogsfamilie wohl unmittelbar mit Wahls dortigem Hoftitel[23] zusammenhängen und die Kontakte nach Köthen, Zeitz und Zerbst anscheinend während der oben nachgewiesenen

---

bei A. Schmiedecke, *Aufführungen von Opern, Operetten, Serenaden und Kantaten am Zeitzer Herzogshof*, Mf 25 (1972), S. 168–174, speziell S. 173.

[20] Kirchliches Archiv Leipzig, Taufregister St. Thomas, Eintrag vom 4. November 1707. Seine Frau Anna Christina geborene Leder hat Wahl nicht in Leipzig geheiratet; Näheres ließ sich nicht ermitteln.

[21] Erler III, S. 441.

[22] Kirchliches Archiv Leipzig, Taufregister St. Thomas, Einträge vom 4. November 1707 (Johanna Susanna), 9. November 1708 (Juliana Christiana), 8. Februar 1710 (Gottlob Friedrich), 19. Juli 1711 (Johann Georg), 9. September 1713 (David), 28. September 1715 (Salomon), 20. September 1717 (Israel Traugott), 28. Oktober 1718 (Moritz Wilhelm), 23. September 1720 (Gotthelf Jacob) und 7. September 1722 (Beata Friederica).

[23] Die fortwährenden Taufen seiner Kinder in Leipzig und der Umstand, daß sich David Wahl in der umfangreichen Literatur zur Weißenfelser Hofkapelle nur ein einziges Mal nachweisen läßt (siehe Fußnote 18), scheinen darauf hinzudeuten, daß der Titel eines Weißenfelser Kammer-Musikus durchaus nicht mit einer förmlichen Anstellung bei Hofe verbunden war. Michael Maul verdanke ich den Hinweis, daß hier möglicherweise ein Fall vorliegt, der mit der Situation von Samuel Ernst Döbricht vergleichbar ist; Döbricht trug seit 1708 ebenfalls den Titel eines Weißenfelser Kammer-Musikus, ohne in der Hofkapelle aktenkundig zu werden. Vgl. M. Maul,

Gastspiele geknüpft wurden, bleiben die Beziehungen nach Gotha und Merseburg unklar – daß Wahl auch an diesen Höfen aufspielte, ist freilich die nächstliegende Erklärung.

Mit der Identifizierung Wahls als studentischem Musikus im Leipzig der 1710er Jahre entsteht schnell der Verdacht, daß er einer der Orchestermusiker des Leipziger Opernhauses gewesen sein könnte und hier – unter den honorigen Besuchern, die von den umliegenden mitteldeutschen Höfen regelmäßig ins Theater am Leipziger Brühl kamen – Gelegenheit fand, die Verbindungen für seine späteren Gastspiele in Köthen, Zerbst, Weißenfels, Merseburg und Zeitz zu knüpfen; auch seine vierjährige Anstellung am Kasseler Hof paßt in das Bild eines umherreisenden Musikers, der hier – vorübergehend – das Glück hatte, eine feste Anstellung zu finden.

Um 1730 müssen Wahl und seine Söhne dann nach Leipzig zurückgekehrt sein; zwar führt er in der Meldung über die Erbhuldigungskantate des Jahres 1733 noch immer den Titel eines Kasseler Hofmusikers, allerdings erhielt er nach Auflösung der Hofkapelle infolge des Todes von Landgraf Carl im Jahr 1730 von dort keine weitere Besoldung.[24] Dies dürfte der Grund sein, warum er sich ab 1732 jährlich mit Neujahrsglückwünschen an den Leipziger Rat wandte und diese immer drängender mit der Bitte verband, in städtische Dienste aufgenommen zu werden. Die autographen Originale dieser Neujahrsgedichte haben sich innerhalb der Handschriftenbestände der Stadtbibliothek Leipzig erhalten, die heute als Depositum an der Universitätsbibliothek Leipzig verwahrt werden.[25] Dabei ist es sicher kein Zufall, daß das erste dieser Dokumente auf das Neujahrfest 1732 datiert. Seit August 1731 war nämlich Gottfried Lange – Pate von Wahls Sohn Gotthelf Jacob – regierender Bürgermeister;[26] von ihm mag sich der Musikus besondere Unterstützung versprochen haben. In einer angehängten Supplikation dichtet er jedenfalls – auch mit Blick auf die Taufpaten und Stadträte Adrian Steger und Abraham Christoph Platz (der bereits 1728 verstorben war) – folgende Verse:

IHR werdet nun hierauff in Gnaden an mich dencken/
Und mir zum Neuen Jahr nur EURE Liebe schencken/

Barockoper in Leipzig (1693–1720), Freiburg 2009 (Freiburger Beiträge zur Musikgeschichte. 12.), S. 256.

[24] In einer namentlichen „Aufstellung der Kapelle" aus dem Jahr 1730 wird Wahl schon nicht mehr als Kapellmitglied geführt; siehe Engelbrecht (wie Fußnote 11), S. 172.

[25] Universitätsbibliothek Leipzig, Handschriften und Urkunden der Stadtbibliothek Leipzig, *Rep. VI 25 r*, Nr. 1–4 und 6. Siehe T. Fuchs, *Katalog der Handschriften der Universitäts-Bibliothek Leipzig. Handschriften und Urkunden der Stadtbibliothek Leipzig in der Universitätsbibliothek Leipzig: Neuzugänge nach 1838*, Wiesbaden 2009, hier S. 158 f.

[26] K. Kühling und D. Mundus, *Leipzigs regierende Bürgermeister vom 13. Jahrhundert bis zur Gegenwart*, Beucha 2000, S. 42.

Denn trifft es mir nur erst in diesen Stücke ein/
Werd ich mit einen Dienst gar bald versorget seyn.
In meiner Hoffnung werd ich mich doch nicht betrügen/
Und laße mir alsdenn an Eurer Gnad genügen/
Was **Lange/ Steger/ Platz** schon längst versprochen hat/
Das kommt doch wohl mit **GOTT** noch endlich zu der That.
Damit man nun das Wort geschehener *Promessen*
Aus Liebe gegen mich dis Jahr nicht mög vergeßen
So übergibt den Wunsch nebnst den *Memorial*
Ein alter[27] *Supplicant* mit Nahmen David Wahl.[28]

Im folgenden Jahr erreichte den Stadtrat eine weitere Glückwunschdichtung auf das Neue Jahr, deren Anliegen ganz ähnlich gelagert ist. Inzwischen war Adrian Steger Lange in das Amt des regierenden Bürgermeisters gefolgt;[29] auch Steger war seit 1720 Pate von Gotthelf Jacob Wahl und sollte nun offenbar ebenfalls in die Pflicht genommen werden – ohne Erfolg, wie es scheint, denn ein drittes Heft mit Glückwünschen und Bittgesuchen datiert auf Neujahr 1734. Wieder ist es von David Wahl selbst geschrieben:

Kommt/ Kinder/ Helffet mir so wünschen als auch bitten/
Vielleicht ist euer Wort vor meinen wohlgelitten/
Wie **Lange**[30] suche ich schon hier so **Steg**-[31] als Bahn/
GOTT geb/ daß ich beym **Born**[32] treff eine Quelle an.

Wie sich in den einleitenden Versen andeutet, ist die Dichtung diesmal im Namen von Wahls Söhnen verfaßt, die beim Stadtrat – mit sieben kurzen gedichteten Glückwünschen – für ihren Vater bitten. Dabei findet sich neben den Namen der sieben Unterzeichner jeweils ihr derzeitiges Anstellungsverhältnis vermerkt:

Gottlob Friedrich Wahl   Königl. und Churfürstl. *Trompeter Scholar*, anitzo auff den *March* nach Pohlen[33]

---

[27] Darunter: „(ii Jahr)". Zum Jahreswechsel 1731/32 währte die Bekanntschaft zwischen dem „alten Supplicanten" David Wahl und den Ratsherren Lange und Steger bereits elf Jahre; beide hatten im September 1720 die Taufpatenschaft bei Wahls Sohn Gotthelf Jacob übernommen (siehe bei Fußnote 22).

[28] Hervorhebungen und Unterstreichungen – auch in den folgenden Zitaten – wie im Original.

[29] Kühling und Mundus (wie Fußnote 26), S. 42.

[30] Gottfried Lange, regierender Bürgermeister 1731/32; siehe Kühling und Mundus (wie Fußnote 26), S. 42.

[31] Adrian Steger, regierender Bürgermeister 1732/33; siehe ebenda.

[32] Jacob Born, regierender Bürgermeister 1733/34; siehe ebenda, S. 43.

[33] Siehe auch *Königl. Poln. und Churfürstl* Sächsischer Hof- und Staats-*Calender Auf das Jahr 1735*, Leipzig 1735, unpaginiert (Abteilung „Hof-Trompeter und Paucker,

Johann George Wahl	Musicus bey Dem Fürst *Lubomirsky* anitzo auff dem *March* nach Pohlen
David Wahl	Königl. und Churfürstl. Paucker *Scholar* gleichfals auff den *March* nach Pohlen[34]
Salomon Wahl	der Mahlerey befließner unter der *Information* meines Bruders Johann Salomon Wahlens Königl. Hoff *Portrait* Mahler in Coppenhagen
Israel Traugott Wahl	denen *Studiis* gewidmet und Ihr. Hochfürstl. Durchl. der Gräfin von der Lippe Pflege Sohn
Moritz Wilhelm Wahl	Zur *Canditerey* bestimmt als Ihr. Hochfürstl. Durchl. der Verwitbeten Hertzogin zu Sachsen Merseburg Pathe
Gotthelf Jacob Wahl	† d. 9. *Sept* 1722. *Beata Friderica* Wahlin Ihr. Hochfürstl. Durchl. der Verwittbeten Hertzogin zu Sachsen Gotha Pathe[35]

Der Neujahrsgruß der Brüder schließt mit der Bitte:

GOTTlob wir sind versorgt, allein wo bleibt der Vater?
Drum **Ein Hoch-Edler Rath** sey Helffer und Berather,
Bey DIR *MAGNIFICE* find unsre Bitte statt/
Und wir verehren DICH als Unsern *MÆCENAT*.
Nun GOTT erhör den Wunsch! IHR aber unser Flehen/
Da wir den **Vater** nochso unversorget sehen/
Schreibt doch zu einen **Dienst** ein **Gnädges Fiat** ein,
Vor **Ein so Großen Rath** wird dis was **kleines** seyn.

Den Ersten Neu Jahrs Wunsch
gab ich an **Krieg Rath Langen**
1732.
Herr Hoff-Rath Steger
1733
hat den andern Wunsch empfangen/
den dritten geben nun itzt meine Söhne ein,
Gibt man mir nun ein Dienst, soll dis der Letzte seyn.

---

auch *Scholaren*"); hier übereinstimmend als „Trompeter-*Scholar*" verzeichnet. Der – auch in den folgenden beiden Einträgen erwähnte – „Marsch nach Polen" bezieht sich auf die Reise im Gefolge von Kurfürst Friedrich August II., der am 17. Januar 1734 in Krakau zum polnischen König August III. gekrönt wurde.

[34] Ebenda; hier übereinstimmend als „Paucker-*Scholar*" verzeichnet.

[35] Der damals erst 14jährige Gotthelf Jacob lebte 1734 offenbar noch ohne Anstellung im elterlichen Haushalt. Statt einer biographischen Notiz zu diesem Sohn findet sich daher an dieser Stelle der Hinweis auf Wahls Tochter Beata Friderica, die am 9. September 1722 nur zwei Tage nach ihrer Geburt verstorben war, dem Vater aber offenbar mit Verweis auf die Autorität ihrer honorige Taufpatin einen letzten Dienst erweisen sollte.

Er war es nicht – auch 1735 überreichte Wahl dem Stadtrat wieder ein Neujahrsschreiben, das hinsichtlich einer festen Anstellung offenbar ebenso fruchtlos blieb wie seine vorangegangenen Bitten.[36] Und so nahm er mit einer undatierten Dankesdichtung wohl im Jahr 1735 – ein Neujahrsglückwunsch auf das Jahr 1736 ist nicht mehr überliefert – Abschied von den Leipziger Ratsherren und kündigt eine Übersiedelung nach Dresden an; dafür erbittet er sich einen „letzten Seegen" – gemeint ist wohl vor allem ein Zuschuß zur Reisekasse.

Der nächste datierte Nachweis über Wahls Lebensumstände findet sich denn auch in einem Dresdner Adreßbuch des Jahres 1740, wo der „Musicus" mit Wohnsitz in der „Moritzstrasse bey Hr. Nachtigallen" nachgewiesen ist.[37] Hier verbrachte er offenbar seinen Lebensabend; die *Curiosa Saxonica* verzeichnen unter den 1754 in Dresden Verstorbenen jedenfalls unseren „David Wahl, Königl. Cammer-*Musicus*, æt. 72".[38] Bereits fünf Jahre darauf findet sich in der gleichen Zeitschrift auch die Anzeige zum Tod seines Sohnes „Israel Traugott Wahl, Wirthschaffts-*Secretair*, æt. 42", des Komponisten der Erbhuldigungskantate des Jahres 1733; er wurde am 28. April 1759 in Dresden begraben.[39]

David Wahls Biographie läßt sich mithin wie folgt zusammenfassen. Er wurde um das Jahr 1682 – wahrscheinlich in Chemnitz – geboren und kam spätestens 1707 nach Leipzig, wo er bis in die frühen 1720er Jahre seinen Lebensmittelpunkt hatte. An den Taufpaten seiner Kinder lassen sich Wahls Bemühungen ablesen, Kontakte in die höchsten gesellschaftlichen Kreise zu knüpfen, was wohl mit dem Wunsch einherging, hier als Musiker Fuß zu fassen. In diesem Zusammenhang sind auch seine zahlreichen Gastspiele an mehreren mitteldeutschen Höfen in den 1710er und 1720er Jahren zu sehen, die schließlich in eine Anstellung am Kasseler Hof mündeten. Nach der Entlassung aus diesen Diensten kehrte er um 1730 nach Leipzig zurück, ohne daß diese Entscheidung – so vermitteln es zumindest die stark subjektiv gefärbten Glück-

---

[36] Parallel dazu scheint sich Wahl in den 1730er Jahren zudem „durch allerlei Widmungen um die Gunst des Zerbster Fürstenhofes" bemüht zu haben; siehe Wäschke (wie Fußnote 16), S. 53.

[37] *Das Jetztlebende Königliche Dreßden, Vorstellende Den im Jahr 1740. befindlichen und darinnen sich würklich wohnhafft aufhaltenden Resp. Königl. und Churfl. Hof- Regierungs- Militair- Hauß- Kirchen- und Privat ETAAT. Dritte nach Alphabetischer Ordnung verbesserte Auflage*, Dresden 1740, S. 140.

[38] *Dreßdner merckwürdige Todes-Fälle, in Augusto 1754*, in: Neu-eröffnete Historische Correspondenz von Alten und Neuen Curiosis Saxonicis. Neu-eröffnetes Historisches Curiositäten Cabinet aufs Jahr Christi 1754, Dresden [1754], S. 298–303, hier S. 298. Wahl starb am 16. August 1754.

[39] *Dreßdner merckwürdige Todes-Fälle, In April 1759*, in: Neu-eröffnete Historische Correspondenz von Alten und Neuen Curiosis Saxonicis. Neu-eröffnetes Historisches Curiositäten Cabinet aufs Jahr Christi 1759, Dresden [1759], S. 143 f., hier S. 144.

wunschadressen an den Leipziger Stadtrat – von sichtbarem Erfolg geprägt war; die erhoffte Aufnahme in städtische Dienste blieb jedenfalls aus, was den Musiker schließlich zur Abwanderung nach Dresden bewogen haben dürfte.

IV.

Mit Blick auf die Dresdner Anstellungen von Wahls Söhnen David und Gottlob Friedrich als Scholaren der Königlichen Hoftrompeter ist die Aufführung der Leipziger Erbhuldigungskantate „Schallt Trompeten, klingt ihr Sayten" vermutlich eher als Teil des Dresdner Hofzeremoniells zu sehen denn als individueller Beitrag eines auswärtigen – Leipziger oder Kasseler – Musikers. Die Kantate wurde „bey offener Tafel" musiziert. Dabei handelt es sich um einen höfisch-formalen Akt, bei dem sich die Fürsten ihren Untertanen „während eines öffentlichen Essens zur Schau stellten [...]. An den Höfen war das öffentliche Speisen fester Bestandteil der feierlichen Einsetzung in ein Amt, also bei Krönungen beziehungsweise Wahlen, bei Erbhuldigungen, aber auch bei Friedensschlüssen und politisch-dynastischen Ereignissen wie Hochzeiten und Taufen."[40] Die dabei erklungenen Tafelmusiken hatten mithin nicht nur unterhaltenden, sondern vor allem repräsentativen Charakter und wurden von einer breiten Öffentlichkeit rezipiert. Daher dürfte diese Musikaufführung in der Stadt kaum eine geringere Wirkung entfaltet haben als die üblichen Huldigungsmusiken der beiden studentischen Collegia musica – dies umso mehr, als in Sachsen im Zuge der allgemeinen Landestrauer am 21. April 1733 noch immer Musizierverbot bestand und jede Musikdarbietung während dieser Zeit umso größere Beachtung gefunden haben dürfte.

Was ist vor diesem Hintergrund von der unverkennbaren Ähnlichkeit zwischen den Texten der ersten Sätze von Wahls Erbhuldigungskantate und Bachs Königin-Kantate BWV 214 zu halten? Während die bereits oben angesprochene textliche Beziehung zu Graupners Geburtstagskantate von 1725 schon nach der ersten Verszeile abbricht, finden sich strukturelle Ähnlichkeiten zwischen der Erbhuldigungskantate und BWV 214 wenigstens bis ins erste Rezitativ hinein.

Cantata zur Leipziger Erbhuldigung	BWV 214
Aria tutti.	ARIA.
Schallt Trompeten, klingt ihr Sayten,	Thönet ihr Paucken! Erschallet Trompeten!
Stimmt ein frohes *Vivat* an. [...]	Klingende Saiten erfüllet die Luft! [...]

---

[40] *Die öffentliche Tafel. Tafelzeremoniell in Europa 1300–1900*, hrsg. von H. Ottomeyer und M. Völkel, Wolfratshausen 2002, S. 13.

Recit.	Irene. *Rec.*
Diß ist der Tag	Heut ist der Tag,
Den man glückseelig nennen mag, […]	Wo jeder sich erfreuen mag, […]

Daß ein solches thematisches Motiv in der Textvorlage, das in Wechselwirkung zur musikalischen Gestalt des Werkes tritt, keinesfalls nur ein vielbemühter Gemeinplatz der zeitgenössischen Huldigungsdichtung war, sondern sich dessen Wiederkehr durchaus zur Ableitung werkgenetischer Abhängigkeiten eignet, bestärkt ein Blick in das Gelegenheitsschrifttum des Leipziger Dichters Christian Friedrich Henrici alias Picander; dieser bedient sich in seinen zahlreichen Glückwunschadressen kein einziges Mal einer vergleichbaren Wendung. Werner Neumann hat vermutet, daß es sich bei dem unbekannten Textdichter der Königin-Kantate um dieselbe Person handelt, die „im darauffolgenden Monat das DRAMA PER MUSICA zum Krönungsfest August III. verfaßt hat";[41] gemeint ist die Kantate „Blast Lärmen, ihr Feinde! Verstärket die Macht" BWV 205a, bei deren Textvorlage es sich um eine Parodie von Picanders Äolus-Kantate BWV 205 handelt.[42] Von einer Parodiebeziehung sind die oben dargestellten Textbezüge in BWV 214 freilich weit entfernt. Könnte es dennoch sein, daß die Dichtung zu Bachs Kantate von demselben Librettisten stammt, der auch den Text zu Israel Traugott Wahls Erbhuldigungskantate schuf?

Mit Blick auf die Neujahrsgedichte, die David Wahl zwischen 1732 und 1735 an den Leipziger Rat richtete, scheint es naheliegend, in dem poetisch ambitionierten – wenn auch in dieser Hinsicht kaum talentierten – Musiker den Textdichter der von seinem Sohn komponierten Erbhuldigungskantate zu vermuten. Wahls fortwährende Präsenz in Leipzig in der ersten Hälfte der 1730er Jahre – wie wir gesehen haben ohne festbesoldete Anstellung – wirft Fragen nach seinem Lebensunterhalt auf, die durchaus in einem Engagement des ehemaligen Kasseler Hofmusikers in einem der Collegia musica Beantwortung finden könnten, was uns wieder zurück zu Neumanns Verdacht führt, daß auch der Text zu BWV 214 auf einen „Laiendichter" zurückgeht: „Vielleicht hat sich ein Mitglied des studentischen Collegium musicum als Reimschmied versucht".[43] Diese Indizienkette, an deren Ende mithin die Vermutung steht, daß David Wahl nicht nur der Dichter der Königin-Kantate sein könnte, sondern auch der Bearbeiter des Textes von BWV 205a, ist freilich reichlich lose geknüpft und wird sich nur durch weitere Quellenfunde erhärten lassen.

---

[41] NBA I/36 Krit. Bericht, S. 107.
[42] NBA I/37 Krit. Bericht, S. 7.
[43] NBA I/36 Krit. Bericht, S. 107.

V.

Arnold Schering hat einst die These aufgestellt, daß Bachs Kyrie-Gloria-Messe BWV 232[I] „den Gottesdienst schmückte, als der neue Kurfürst Friedrich August II. am 21. April 1733 die Erbhuldigung der Stadt Leipzig entgegennahm".[44] Die Frage nach dem allgemeinen Musizierverbot im Zuge der Landestrauer, die gegen eine solche Annahme spricht, beantwortet Schering zum einen mit dem Verweis auf die Aufführung der Trauerode BWV 198, die 1727 ebenfalls zur Zeit der Landestrauer erklungen war, und zum anderen mit dem Hinweis, „daß auch gelegentlich weltliche Musiken im Trauerjahre 1733 stattfanden, darunter sogar eine beim Festessen (!) des Leipziger Huldigungstages".[45] Die Quelle für Scherings vage Kenntnis unserer Tafelmusik ist Johann Gottfried Mittags Bericht über *Leben und Thaten Friedrich Augusti III.* [recte *II*] (Leipzig 1737). Mittag berichtet auf S. 115 seiner Schilderungen in einer Fußnote über die Aufführung der Kantate als Tafelmusik durch David Wahl und seine sieben Söhne. Sein Wortlaut folgt den Beschreibungen der *Curiosa Saxonica*, die er schließlich auch als Quelle seines Wissens angibt; auf den Abdruck des Kantatentextes verzichtet er.

Michael Maul hat Scherings These zur Leipziger Aufführung von BWV 232[I] kürzlich aufgegriffen, weiterentwickelt und mit neuen Quellenfunden untermauert. Dazu gehört auch der Nachweis, daß am 14. April 1733 – ebenfalls zur Zeit der Landestrauer und nur eine Woche vor der Leipziger Erbhuldigungsfeier – in der Nikolaikirche des am 1. Februar verstorbenen Kurfürsten „mit einer schönen Trauermusik" aus der Feder des Universitätsmusikdirektors Johann Gottlieb Görner gedacht wurde.[46] Mauls vorsichtige Überlegung geht dahin, daß während des Erbhuldigungsgottesdienstes allein der Kyrie-Teil von BWV 232[I] aufgeführt worden sein könnte, da hier durch eine „geringer ausfallende Besetzungsstärke" und den „Verzicht auf das Blech" eine „'stille' oder 'gedämpfte' Festmusik" möglich gewesen wäre.[47] Mit Blick auf den Eröffnungschor unserer Erbhuldigungskantate – „Schallt Trompeten, klingt ihr Sayten" – und die Mitwirkung der Dresdner Trompeter- und Pauker-Scholaren Gottlob Friedrich und David Wahl bei dieser Tafelmusik scheint sich aber selbst diese Einschränkung zu erledigen.

Manuel Bärwald (Leipzig)

---

[44] A. Schering, *Die Hohe Messe in h-Moll. Eine Huldigungsmusik und Krönungsmesse für Friedrich August II.*, BJ 1936, S. 1–30, hier S. 6.
[45] Ebenda, S. 9.
[46] Maul (wie Fußnote 6).
[47] Ebenda.

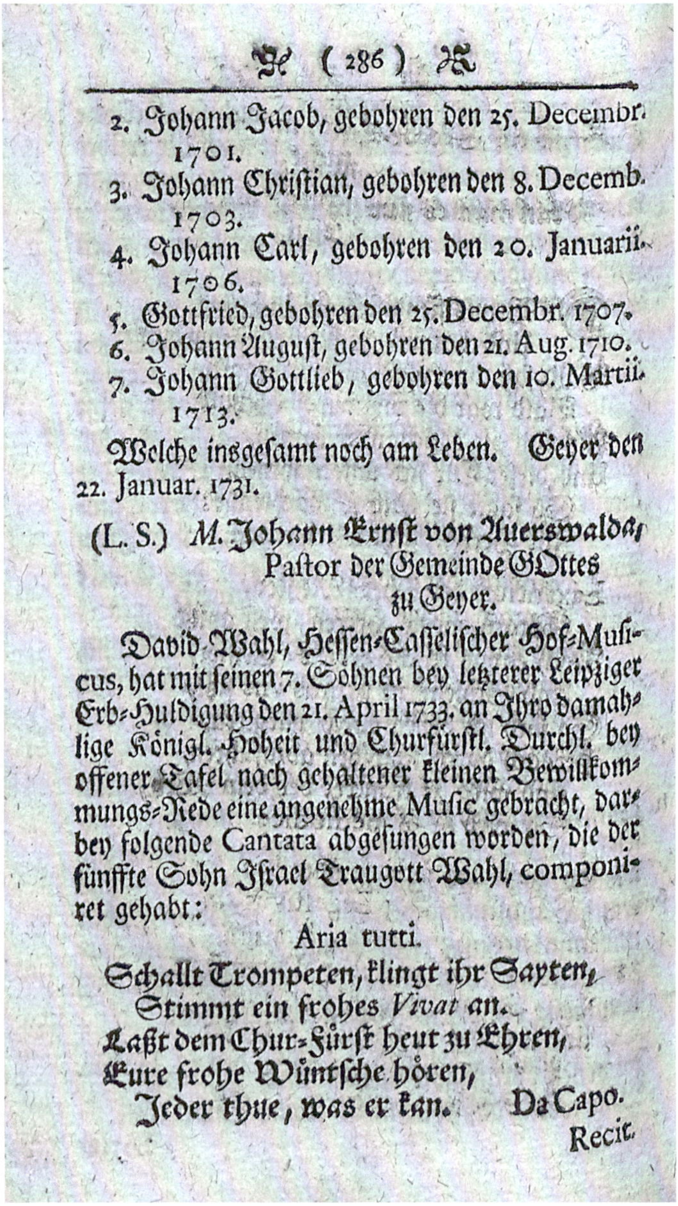

(286)

2. Johann Jacob, gebohren den 25. Decembr. 1701.
3. Johann Christian, gebohren den 8. Decemb. 1703.
4. Johann Carl, gebohren den 20. Januarii. 1706.
5. Gottfried, gebohren den 25. Decembr. 1707.
6. Johann August, gebohren den 21. Aug. 1710.
7. Johann Gottlieb, gebohren den 10. Martii. 1713.

Welche insgesamt noch am Leben. Geyer den 22. Januar. 1731.

(L. S.) *M.* Johann Ernst von Auerswalda, Pastor der Gemeinde GOttes zu Geyer.

David Wahl, Hessen-Casselischer Hof-Musicus, hat mit seinen 7. Söhnen bey letzterer Leipziger Erb-Huldigung den 21. April 1733. an Ihro damahlige Königl. Hoheit und Churfürstl. Durchl. bey offener Tafel, nach gehaltener kleinen Bewillkommungs-Rede eine angenehme Music gebracht, darbey folgende Cantata abgesungen worden, die der fünffte Sohn Israel Traugott Wahl, componiret gehabt:

Aria tutti.

Schallt Trompeten, klingt ihr Sayten,
Stimmt ein frohes *Vivat* an.
Laßt dem Chur-Fürst heut zu Ehren,
Eure frohe Wüntsche hören,
Jeder thue, was er kan. Da Capo.
Recit.

Abbildung 1.

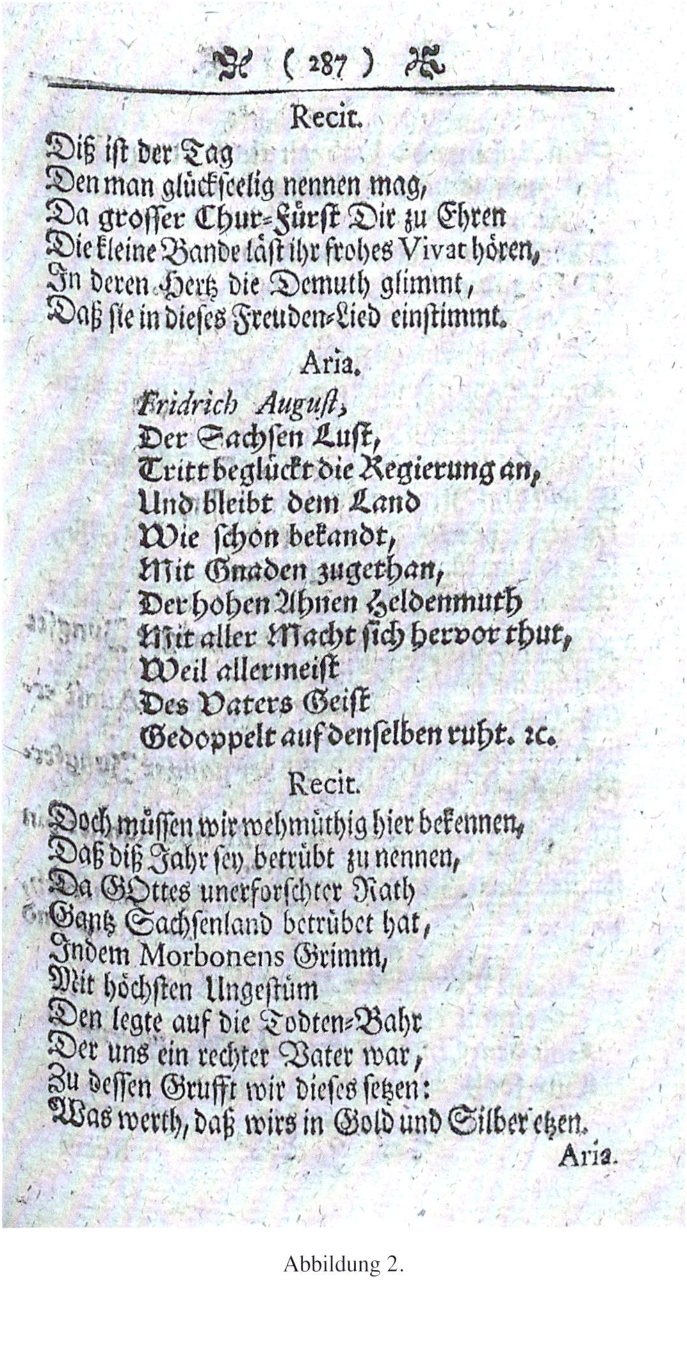

(287)

Recit.

Diß ist der Tag
Den man glückseelig nennen mag,
Da grosser Chur=Fürst Dir zu Ehren
Die kleine Bande läst ihr frohes Vivat hören,
In deren Hertz die Demuth glimmt,
Daß sie in dieses Freuden=Lied einstimmt.

Aria.

Fridrich August,
Der Sachsen Lust,
Tritt beglückt die Regierung an,
Und bleibt dem Land
Wie schön bekandt,
Mit Gnaden zugethan,
Der hohen Ahnen Heldenmuth
Mit aller Macht sich hervor thut,
Weil allermeist
Des Vaters Geist
Gedoppelt auf denselben ruht. ꝛc.

Recit.

Doch müssen wir wehmüthig hier bekennen,
Daß diß Jahr sey betrübt zu nennen,
Da GOttes unerforschter Rath
Gantz Sachsenland betrübet hat,
Indem Morbonens Grimm,
Mit höchsten Ungestüm
Den legte auf die Todten=Bahr
Der uns ein rechter Vater war,
Zu dessen Grufft wir dieses setzen:
Was werth, daß wirs in Gold und Silber etzen.

Aria.

Abbildung 2.

(288)

Aria.

Sein Ruhm wird Palmen gleich stets grünen,
Und zum Exempel selbsten dienen,
Mit allen Recht der späten Welt,
Wenn man wird in Geschichten lesen
Wie gnädig er allzeit gewesen,
Dem, der sich ihm hat vorgestellt.

Recit.

Doch mindre jetzt dein Leid,
Laß Schmertz und Kummer weichen.
Und übersiehe jetzt die düstren Trauer-Zeichen,
Damit dein Hertze wird in etwas nur erfreut.
Laß dir doch diesen Tag ein Tag der Freuden seyn,
Der uns ins künfftige viel Guts kan propheceyn,
Wir wollns mit goldner Schrifft in unsre Bücher
schreiben,
Auf ewig soll der Tag bey uns in Seegen bleiben. ʞ.

In Nürnberg lebte 1721. Friedrich Raitz, ein alter 72jähriger Schumacher, dessen Ehefrau 7. lebendige Söhne in 10. Jahren gebohren, die alle ihres Vaters Handthierung ergriffen, und das Schumacher-Handwerck erlernet. vid. Historisch. Remarqven, Hamb. 1723. p. m. 299. Und so viel hiervon. Ich beharre

Monsieur,

Vôtre Serviteur
N.N.

Abbildung 3.
Abbildungen 1–3: *Curiosa Saxonica. Sächßisches Curiosi*täten *Cabinet, auf das Jahr 1733*, Dresden 1734, S. 286–288 (Universitätsbibliothek Leipzig, *Hist. Sax. 1316*)

Carl Christoph Hachmeister –
Ein wenig beachteter früher Bachianer in Hamburg

Im Jahre 1799 veröffentlichte August Friedrich Christoph Kollmann in London seinen *Essay on practical musical composition*. Das Lehrwerk enthält zahlreiche Beispiele aus Johann Sebastian Bachs Clavierwerken[1] und bildet damit ein wichtiges Zeugnis für die frühe Bach-Rezeption in England. Kollmann war von ganzem Herzen Bachianer. Dies zeigt auch die von ihm herausgegebene Darstellung der berühmtesten deutschen Musiker in der Gestalt einer Sonne, in deren Mittelpunkt Bach steht.[2] Die Bach-Beispiele in Kollmanns *Essay* stammen aus dem Wohltemperierten Clavier, dem Musikalischen Opfer und der Kunst der Fuge, aber auch aus der Chromatischen Fantasie BWV 903 und der Triosonate BWV 525; daneben werden mehrere Werke im Text erwähnt. Zwar lassen sich einige Vorlagen ausmachen – die Auflösungen der Kanons BWV 1079/3 a und c sind mit den bei Kirnberger abgedruckten identisch[3] –, doch stellt sich insgesamt die Frage nach den Ursprüngen von Kollmanns Bach-Begeisterung, den Quellen seiner Bach-Kenntnis und seinem tatsächlichen Besitz an Bachiana.

Gehen wir der Frage nach den Ursprüngen seiner Bach-Rezeption nach, so führt eine mögliche Spur zurück in Kollmanns Heimat nach Niedersachsen – genauer gesagt: nach Engelbostel im Hannoverschen, wo er 1756 geboren wurde – und zu seinem Onkel Carl Christoph Hachmeister. Hachmeister – ein Schwager von Kollmanns Vater – wurde 1710 ebenfalls in Engelbostel geboren und starb 1777 als Organist an der Heilig-Geist-Kirche in Hamburg.[4]

Über Hachmeisters Werdegang ist nicht viel bekannt. Nach Lehrjahren bei seinem Vater (Organist in Engelbostel) und dem Schloßorganisten von Hannover Carl Johann Friedrich Haltmeier[5] (einem Neffen Telemanns) bewarb er sich 1734 erfolglos um das Amt des Domorganisten in Bremen und 1745 um

---

[1] Siehe Dok III, Nr. 1021; außerdem Nr. 1022. Zwei Ausschnitte aus BWV 881/1 bereits in seinem 1796 erschienenen *Essay on musical harmony* (Dok III, Nr. 1000).
[2] Dok III, Nr. 1023.
[3] Siehe Dok III, Nr. 1021 K und 767.
[4] Die biographischen Angaben zu Hachmeister nach J. Neubacher, *Georg Philipp Telemanns Hamburger Kirchenmusik und ihre Aufführungsbedingungen (1721–1767)*, Hildesheim 2009 (Magdeburger Telemann-Studien. 20.), S. 423.
[5] Angaben nach dem Celler Bewerbungsschreiben (3. Februar 1745); siehe Fußnote 7.

den Stadtorganistendienst in Celle.[6] 1748 erhielt er seine Lebensstelle in Hamburg. Wo und wovon er in den Jahren zuvor gelebt hat, entzieht sich unserer Kenntnis – im Protokoll des Celler Bewerbungsvorgangs heißt es zu seiner Person lediglich: „Hachmeister, Musicant in Hannover".[7]

Den wenigen biographischen Daten können zwei gedruckte Kompositionen an die Seite gestellt werden: eine „Fuga von sechs Subjecten" in f-moll[8] und eine „Clavirübung, bestehend in 50. auserlesenen Variationen über eine Menuet; zum Nutzen der Information componirt, und herausgegeben [...] erster Theil."[9] Beide Werke erschienen als Einzeldrucke offenbar Anfang der 1750er Jahre auf Kosten des Verfassers in Hamburg; die „Clavirübung" lag laut Marpurg um den Jahreswechsel 1753/54 vor.[10]

Nicht nur wegen des an Bach gemahnenden Titels der Variationen verdient der Komponist Hachmeister das Interesse der Forschung, sondern auch, weil womöglich er, spätestens aber sein gleichnamiger Sohn, Besitzer einer Bachschen Originalhandschrift war: Gemeint ist das von Anna Magdalena Bach kopierte Konzert für zwei Cembali BWV 1061a.[11] Wann und wie das Manuskript nach Norddeutschland gelangte, wissen wir nicht.

Bemerkenswert ist, daß auch Hachmeisters Kompositionen allenthalben eine Affinität zu Bachs Claviermusik spüren lassen. So ist die – ebenfalls in Kollmanns *Essay* erscheinende – „Fuga von sechs Subjecten" in der Tat eine Fuge von ausgesprochen erlesener Qualität und hohem spielerischen Anspruch, auch wenn sie auf den ersten Blick etwas altertümlich wirkt und an Fugen des „Ricercar-Typus" erinnert. Bei näherem Hinsehen erweckt sie jedoch den Eindruck, daß der Hamburger Organist hier seiner Mitwelt demonstrieren wollte, Fugen in der besten Manier des reifen Bach schreiben zu können. Die Bach-Bezüge sind offensichtlich: Hachmeister hat das Hauptsubjekt der Fuge Ton für Ton der in der gleichen Tonart stehenden Fuge aus dem Wohltemperierten Clavier I entnommen (BWV 857/2). Zwar ist das Notenbild der beiden f-Moll-Fugen unterschiedlich: Bachs Fuge hat einen auftaktigen Beginn und ist im ₵-Takt notiert; der Kontrapunkt steht in einem fast aggressiven Gegensatz zum ernsten Hauptthema. Auch verzichtete Bach im Fortgang auf

---

[6] Siehe G. Linnemann, *Celler Musikgeschichte bis zum Beginn des 19. Jahrhunderts*, Celle 1935, S. 126.

[7] Ich danke den Mitarbeitern des Celler Stadtarchivs für die Bereitstellung der Akte zur Besetzung des Organistendienstes im Jahr 1745 (*Kirchen- und Schulsachen, II A. 2b 4*).

[8] RISM A/I/4, H 23.

[9] RISM A/I/4, H 22.

[10] Besprechung des Werks in F. W. Marpurg, *Historisch-Kritische Beyträge zur Aufnahme der Musik*, Bd. 1, Berlin 1754, S. 51–55.

[11] Siehe Schulze Bach-Überlieferung, S. 26; NBA VII/5 Krit. Bericht (K. Heller und H.-J. Schulze, 1990), S. 75 f., und BJ 2009, S. 235 (H.-J. Schulze).

Optionen wie Engführungen oder Umkehrungen. Hachmeister hingegen macht von diesen Möglichkeiten ausgiebig Gebrauch. Seine Fuge steht im Allabreve-Takt und beginnt volltaktig mit großen Notenwerten; schon in Takt 3 wird das zweite Subjekt und in Takt 10 das dritte eingeführt (siehe Beispiel 1–2). Doch äußert sich im Verlauf seiner Komposition erneut eine genaue Bach-Kenntnis; nunmehr wird freilich ein Bezug zum Wohltemperierten Clavier II hergestellt. In T. 110–115 führt Hachmeister das Subjekt 2 zunächst „inverso" im Baß ein, sodann, in T. 111, „recto" im Diskant. In T. 113 erklingen die Varianten „recto" und „inverso" gleichzeitig in b-moll. Ein Vergleich mit Bachs b-Moll-Fuge aus dem Wohltemperierten Clavier II (BWV 891/2, T. 96 bis 100) zeigt die nahezu völlige Übereinstimmung der Intentionen (siehe Beispiel 3–4). Angesichts dieser Parallelen läßt sich darüber spekulieren, ob Hachmeister mit seiner Fuge dem Leipziger Thomaskantor ein Denkmal setzen wollte, zumal in seinem Hauptthema die Töne C – H – B – A deutlich hervortreten.

Mit seinen Variationen über ein 16taktiges Menuett in a-Moll betritt Hachmeister ein anderes Kompositionsfeld. Marpurg vermutet als Inspirationsquelle für den Hauptsatz „eine gewisse Gavotte des Herrn Rameau" und äußert sich, wie später Ernst Ludwig Gerber, sehr lobend über das in seinen Augen zeitlose Stück.[12] Hachmeisters Neffe Kollmann empfiehlt dieses Werk – und nicht etwa Bachs Goldberg-Variationen – als Muster für eine Variationenfolge über gleichbleibendem Grundbaß: „One of the best collections of variations of the same harmony and melody, is that, entitled Clavierübung, &c. consisting of fifty select variations of a minuet, by the late C. C. Hachmeister, Organist at Hamburg."[13]

Viele Variationsfolgen der Zeit wurden hauptsächlich für Clavierschüler geschrieben, um deren Fingerfertigkeit zu üben. Auch etliche von Hachmeisters Variationen verfolgen eindeutig dieses Ziel. Auffällig ist jedoch, daß er einen recht hohen spieltechnischen, interpretatorischen Standard anstrebt, der durchaus mit demjenigen in Bachs Goldberg-Variationen vergleichbar ist. Daß Hachmeister Bachs Zyklus kannte, deutet nicht nur der Titel an, sondern auch die üppig gestalteten Vignetten der Titelseite. Der Spieler wird in Hachmeisters Variationenfolge mit virtuosen Kunststücken konfrontiert: geballte Akkorde in beiden Händen, überschlagende Hände, Triller mit zusätzlich zu spielenden Tönen und sehr unabhängige, schwierige Baßpassagen. Auch an Proben polyphoner Satzkunst mangelt es nicht. Marpurg erwähnt lobend:

---

[12] Marpurg (wie Fußnote 10), S. 52. Gemeint ist die Gavotte mit 6 Doubles aus Rameaus *Nouvelle Suites de Pieces de Clavecin*. – Siehe auch Gerber ATL, Band 1, Sp. 569.

[13] F. C. Kollmann, *An Essay on musical harmony* […], London 1796, S. 118.

Der hin und wieder im Basse und in den Mittelstimmen angebrachte Hauptsatz, verschiedne kurze canonische Nachahmungen, und einige andere auf die Wissenschaft des Contrapuncts sich gründende harmonische Umstände zeugen so gut von den Einsichten des Herrn Verfassers, als gewisse besonders artige Züge und Wendungen von seiner Bekanntschaft mit den zierlichen Blumen des heutigen Geschmacks.[14]

Die häufig von Hachmeister verwendeten Anweisungen „forte" und „piano" setzen ein zweimanualiges Instrument voraus.

Angesichts dieser recht deutlichen Spuren einer intensiven und vergleichsweise frühen norddeutschen Auseinandersetzung mit Bachs Clavierschaffen jenseits der bekannten Beispiele stellt sich für den Hamburger Organisten Carl Christoph Hachmeister die Frage nach den Wurzeln seiner Bach-Rezeption.

Nikolas von Oldershausen (Ahlden)

Beispiel 1. C. C. Hachmeister, „Fuga von sechs Subjecten", T. 1–15.

---

[14] Marpurg (wie Fußnote 10), S. 53.

Beispiel 2. J. S. Bach, Fuge BWV 857/2, T. 1–10.

Beispiel 3. C. C. Hachmeister, „Fuga von sechs Subjecten", T. 108–118.

Beispiel 4. J. S. Bach, Fuge BWV 891/2, T. 95–102.

Biographische Notizen zu verschiedenen Bach-Schreibern des 19. Jahrhunderts

Biographische Erkenntnisse zu verschiedenen Schreibern von Werken Bachs dienten ehemals vorrangig dem Ziel, offene Fragen der Chronologie zu klären.[1] Nachdem die wichtigsten Kopisten des 18. Jahrhunderts identifiziert sind, rücken nunmehr zunehmend die bislang eher stiefmütterlich behandelten Schreiber der ersten Hälfte des 19. Jahrhundert ins Blickfeld der Forschung. Deren Bedeutung darf nicht unterschätzt werden; waren doch gerade sie es, die – bis zum Beginn der von der Bach-Gesellschaft initiierten Gesamtausgabe – dafür sorgten, daß das bis dahin nahezu vergessene Kantatenschaffen Bachs verbreitet und wiederbelebt wurde. Insbesondere Berlin war mit der umfangreichen Sammlung der Sing-Akademie eine zentrale Anlaufstelle für Interessierte. Doch noch immer liegen große Teile des reichen Musiklebens der preußischen Hauptstadt im Dunkeln – vor allem Details über die breite Szene der professionellen und nebenberuflichen Kopisten, die für einen solchen Musikbetrieb notwendig waren und auf die auch Sammler wie Franz Hauser zurückgriffen.[2] Im folgenden werden einige neue Erkenntnisse zu unterschiedlichen Schreibern vorgestellt.

1. Johann Jacob Heinrich Westphal und Johann Christian Westphal
Der Name Westphal ist in der Bach-Forschung allgemein bekannt, obgleich es mehrere Träger dieses Namens gab und lange unklar blieb, um wen es sich jeweils handelte. Erst Miriam Terry gelang eine Klärung der entsprechenden Verwandtschaftsverhältnisse.[3]
Der Schweriner Organist Johann Jacob Heinrich Westphal wurde am 31. Juli 1756 in Schwerin geboren und am 1. August des Jahres in der Schloßkapelle getauft; er verstarb in seiner Geburtsstadt am 17. August 1825. Wie François-Joseph Fétis zu der Annahme kam, daß J. J. H. Westphal in Ludwigslust gewirkt hat,[4] läßt sich vielleicht noch dadurch erklären, daß dieser zeitweilig

---

[1] Vgl. P. Wollny, *Tennstedt, Leipzig, Naumburg, Halle – Neuerkenntnisse zur Bach-Überlieferung in Mitteldeutschland*, BJ 2002, S. 29–60.

[2] Y. Kobayashi, *Franz Hauser und seine Bach-Handschriftensammlung*, Diss. Göttingen 1973.

[3] M. Terry, *C. P. E. Bach and J. J. H. Westphal – A Clarification*, JAMS 22 (1969), S. 106–115.

[4] F.-J. Fétis, *Biographie universelle des musiciens et bibliographie générale de la musique*, 2. Aufl., Paris 1860–1868, Bd. 8, S. 458. Siehe auch die ausführlichen Angaben

in höfischen Diensten stand,[5] der Hof aber seit 1765 vollständig in Ludwigslust residierte. Fétis' Aussage, Westphal sei dort 1835 gestorben, ist aber nicht nachvollziehbar.[6] Westphal war Vater von vier Kindern; sein jüngster Sohn, Johann Heinrich Christoph (1794–1831), erlangte als Astronom und Privatgelehrter einige Berühmtheit.[7] Westphal starb als angesehener Mann, was sich in den vielfältigen Pressereaktionen spiegelt.[8] Als Ergänzung zu Terrys Ausführungen sei hier der in der Schweriner Zeitung *Freimüthiges Abendblatt* erschienene Nachruf wiedergegeben:

Nekrologe des Jahrs 1826
In der Nacht vom 16ten auf den 17ten August 1825 vollendete nach kurzer Kränklichkeit seinen fast 70jährigen mühevollen Lebenslauf Johann Jacob Heinrich Westphal, Dom-Organist und Lehrer der Arithmetik am Gymnasium Friederizianum zu Schwerin. Geboren den 31sten Juli 1756 zu Schwerin, wo sein Vater Kastellan des Großherzogl. Schlosses war, wurde er 1778 Organist an der Schloßkirche daselbst, 1782 an der Neustädter Kirche, und endlich 1814 an der Domkirche. Nebenbei bekleidete er seit dem Oktober 1789 die oben angeführte Stelle eines Schreib- und Rechnenlehrers am Friederizianum.
Schon in früher Jugend zeigte der Verstorbene große Neigung und treffliche Anlagen zur Tonkunst. Er erhielt den ersten Unterricht im Gesange, im Klavierspiel und auf dem Violoncell von dem damaligen Organisten Mecker in Schwerin und von einigen Dilettanten, erfreute sich bald der Gnade des hochseligen Prinzen Ludwig, – der auf dem Schlosse residirte, und bekanntlich ein großer Verehrer der Tonkunst war – und wurde stets mit vielen andern Dilettanten zu den wöchentlichen Konzerten auf das Schloß berufen, woselbst er die schönste Gelegenheit fand, sein Talent auszubilden. Späterhin studirte er mit Eifer und vorherrschender Liebe die Theorie der Musik und verband damit eine ausnehmende Fertigkeit im Klavierspiel, auf welchem Instrumente er auch bis zu seinem Ende in den ersten Familien Unterricht ertheilte. Auch dem Studio der Mathematik, insbesondere der Algebra, hatte der Verstorbene mit Neigung sich hingegeben, und es fesselte ihn so sehr, daß sein reger Geist selbst noch in den spätern Jahren seines Lebens – wo er schon weniger Teilnahme für die Kunst bezeigte,

---

zur Lebensgeschichte J. J. H. Westphals und zur Geschichte seiner Musiksammlung in U. Leisinger und P. Wollny, *Die Bach-Quellen der Bibliotheken in Brüssel – Katalog, mit einer Darstellung von Überlieferungsgeschichte und Bedeutung der Sammlungen Westphal, Fétis und Wagener*, Hildesheim 1997 (LBB 2), S. 25–74.

[5] 1778–1782 als Organist im Schweriner Schloß, vgl. C. Meyer, *Geschichte der Mecklenburg-Schweriner Hofkapelle*, Schwerin 1913, S. 248.

[6] Auch der *Großherzoglich Mecklenburg-Schwerinsche Staats-Kalender* der betreffenden Jahre führt niemanden dieses Namens.

[7] F. Brüssow, *Westphal, Johann Heinrich Christoph*, in: Neuer Nekrolog der Deutschen 9 (1831), Ilmenau 1833, S. 852 ff.

[8] Vgl. unter anderem *Freimüthiges Abendblatt* 8 (1826); *Allgemeine Literatur-Zeitung* (1825), Nr. 250, Sp. 336; *Leipziger Literaturzeitung* (1825), Nr. 293, Sp. 2339; *Allgemeine Schulzeitung* 2 (1825), Nr. 137; *Neuer Nekrolog der Deutschen* 3 (1825), Ilmenau 1827, S. 1508; sowie *Das gelehrte Teutschland*, Lemgo 1827, S. 518.

deren enthusiastischer Verehrer er gewesen war, – darin eine ernste und belehrende Unterhaltung fand, welcher er die Stunden der Muße gern widmete. Gründliche Kenntnisse in der Theorie der Musik und in der Mathematik waren die Früchte so eifriger Bestrebungen.
Der Verewigte hinterläßt, außer einer arithmetischen Bibliothek von beinahe 300 Bänden, auch eine sehr bedeutende Sammlung von Büchern und Werken über die Theorie und Praxis der Musik, deren Werth man aus nachstehender Schilderung des Hrn. Präpositus Wundemann – (in dessen Schrift: „Mecklenburg in Hinsicht auf Kultur, Kunst und Geschmack. 1803, Bd. II S. 261") – am besten erkennen kann:
„Einen schönen Beweis, (heißt es dort) wie viel Nützliches ein reger Eifer und eine wohlgeordnete Thätigkeit neben den gewöhnlichen Berufsgeschäften zum Besten der Wissenschaften und Künste zu leisten vermag, giebt eine Sammlung in Schwerin, die für den Freund und Kenner der Tonkunst das größte Interesse hat. Ich meine die Musikaliensammlung des Hrn. Westphal, Organisten an der Schelfkirche. Die Freundschaft verbietet mir, von der rastlosen Thätigkeit und der hohen Begeisterung dieses genialischen Mannes für seine Kunst irgend etwas zu erwähnen, das einem Lobe ähnlich sieht. Aber wie soll ich es nennen, wenn ein Mann bei den geringen Einkünften einer Organistenstelle, die ihn ohnehin noch nöthigt in der Domschule im Schreiben und Rechnen und sonst im Klavierspielen Unterricht zu geben, ein solches Werk zu vollführen im Stande ist? – Diese Sammlung begreift nicht bloß den theoretischen Theil der Tonkunst in einer möglichst vollständigen musikalischen Bibliothek, sondern auch den praktischen in Partituren und Kompositionen für alle Instrumente, sowohl ältern als neuern. Die Anzahl der theoretisch musikalischen Werke steigt über sechshundert Bände und die Musikaliensammlung enthält über dreitausend Werke. Hiezu kommt noch eine ansehnliche Bibliothek von Handbüchern und in die schönen Wissenschaften einschlagenden Werken. Und damit dieser Sammlung nichts abgehe, hat Hr. Westphal auch noch die Bildnisse der berühmtesten alten und neuen Komponisten und Virtuosen in Kupferstichen zusammengebracht, worunter nicht bloß sehr seltene Stücke, sondern auch einige Gemälde, Zeichnungen und Gipsabdrücke befindlich sind. Diese Sammlung besteht aus ungefähr vierhundert Stücken, wovon die Hälfte in Rahmen unter Glas, die andern in Portefeuillen aufbewahrt werden. Endlich, um sein Werk ganz zu vollenden, hat der Besitzer ein systematisches, mit literarischen Notizen versehenes Verzeichniß von seiner Sammlung verfaßt, welches in einer saubern zierlichen Handschrift, wie es bis jetzt ist, drei Foliobände zu ohngefähr sieben Alphabeten begreift."
Zum Lobe dieser Sammlung darf ich hier nichts hinzusetzen. Ein solches Werk ist in den Augen des Kenners sich selbst Empfehlung genug. Nur will ich noch nach der Versicherung eines unbefangenen Freundes hinzusetzen, daß Hr. Sonnleithner, K. K. Hofkonzipist zu Wien, der vor einigen Jahren bei Gelegenheit seiner musikalischen Reise durch Deutschland auch Schwerin besuchte, voll Bewunderung geäußert hat, daß diese Musikaliensammlung in Deutschland, außer der in Wien von Leopold I. zusammengebrachten und seit einigen Jahren erst gehörig aufgestellten, in ihrer Art einzig sei; und daß selbst das Ausland so leicht nichts Gleiches jetzt mehr aufzuweisen haben möchte. – Wie sehr ist es daher zu wünschen, daß sich noch bei Lebzeiten des Besitzers ein Käufer finde, der diese Sammlung nach ihrem vollen Werthe zu schätzen wisse und alle darauf verwandte Mühe und Kosten zu vergelten im Stande sei. Wenigstens wäre

sehr zu bedauern, wenn einst dieselbe in öffentlicher Auktion gebracht, schlecht bezahlt und in alle Winde verstreut würde.
Der schließliche Wunsch des Hrn. Präpositus ist zwar nicht in Erfüllung gegangen, jedoch steht auch nicht zu befürchten, daß diese Sammlungen in öffentlichen Auktionen verschleudert und zerstreut werden. Da sie aber nunmehr verkauft werden müssen, so bleibt es sehr zu wünschen, daß sich Käufer finden mögen, welche dieselben zu würdigen, aber auch nach ihrem Werthe zu bezahlen im Stande sind, damit die von dem Verstorbenen seiner leidenschaftlichen Neigung dargebrachten ansehnlichen Opfer doch wenigstens einigermaßen seiner hinterbliebenen Familie zu Gute kommen.
Als Schriftsteller hat der Verewigte geliefert:
1) Abhandlung von den Mecklenburgischen Münzen, Maaßen und Gewichten, und deren Vergleichung mit auswärtigen Münzen, Maaßen und Gewichten, imgleichen mit dem neuen französischen Maaß- und Gewichtssystem. Schwerin und Wismar, in der Bödnerschen Buchhandlung, 1803. 9 Bog. 4.
2) Ist von ihm J. H. Crohn's Rechenbuch in der elften Auflage (Schwerin und Wismar, 1800) ganz umgearbeitet worden, das vor ihm zuerst Fersen († 24. August 1757), später Fr. Meincke († 26. Mai 1801) verbessert herausgegeben hatten.
S. – g.

Wie bereits angedeutet, war Johann Jacob Heinrich Westphal nicht der einzige Träger dieses Namens, der für die Bach-Forschung von Interesse ist. In Hamburg wirkte Johann Christoph Westphal als Musikalienhändler, geboren am 21. März 1727, gestorben kurz nach Vollendung des 72. Lebensjahres am 29. März 1799. Dieser war Vater von vier Kindern. Sein einziger Sohn Johann Christian Westphal[9] wurde am 1. April 1773 geboren, erlernte bei Johann Christian Kittel in Erfurt das Orgelspiel und war seit 1803 Organist an der Nicolaikirche in Hamburg. Er starb daselbst am 27. Februar 1829. Da bislang 1828 als das Jahr seines Todes angegeben wurde, sei hier die kurze Todesanzeige der Familie mitgeteilt:[10]

Sanft entschlief, nach langen schmerzlichen Leiden an der Brustkrankheit, diesen Morgen um 7 Uhr, im 56sten Lebensjahre, Herr Johann Christian Westphal, Organist an der St. Nicolai-Kirche hieselbst. Theilnehmenden Verwandten und Freunden widmen mit tiefbetrübtem Herzen diese Anzeige die Wittwe, Kinder und Schwestern des Verstorbenen.
Hamburg, den 27ten Februar 1829.

---

[9] Wegen der Abkürzung „Joh. Chr." finden sich bis heute zahlreiche Publikationen, die ihm den Namen seines Vaters zuschreiben, also „Johann Christoph".
[10] *Staats- und gelehrte Zeitung des Hamburgischen unpartheyischen Correspondenten* 1829, Nr. 34 (28. 2. 1829). Vgl. auch *Neuer Nekrolog der Deutschen* 7 (1829), Ilmenau 1831, S. 920 (Nr. 648).

In den *Privilegierten Nachrichten*[11] erschien Anfang März bereits ein Nachruf, der hier ebenfalls vollständig wiedergegeben sei; der Verfasser dieses Textes ist unbekannt.

Zum Andenken an Herrn Johann Christian Westphal.

Zu den vielfachen schmerzlichen Verlusten, welche die Kunst in unserer Stadt zu beklagen hat, gesellte sich in diesen Tagen noch ein neuer und tiefer durch den Tod des Herrn Johann Christian Westphal, des ausgezeichneten Organisten an der St. Nicolai Kirche. Schon in früher Jugend verriet der Vollendete eine überwiegende Neigung und Anlage zur Musik. Daher sorgte sein, um eben diese Kunst damals sehr verdienter Vater, daß er früh von trefflichen Lehrern angeleitet wurde. Diese Bemühungen trugen so glückliche Früchte, daß er schon als achtjähriger Knabe in den öffentlichen Concerten seines Vaters mit Beifall auftrat. Der Vater begünstigte aber diese Vorliebe nur, um ihn desto würdiger vorzubereiten, seine damals hier noch einzige Musikalienhandlung einst fortzuführen. Doch diesem Wunsche widerstand des Sohnes heiße Liebe zur Kunst. Er fühlte sich gedrungen, sein Leben und seine Kraft derselben, und namentlich dem Orgelspiele, wofür er von frühester Jugend an besondere Vorliebe trug, zu widmen. Darum drang er so lange in seinen Vater, bis ihn derselbe nach Erfurt (1794 bis 96) schickte, um, wie er sich ausdrückte, „unter der Führung des einzigen Kittel das große Meer der Tonkunst sowohl theoretisch als praktisch zu umschiffen" und von selbigem das heut zu Tage so selten gewordene wahre Orgelspiel zu erlernen. Er hat es erlernt und bei dem würdigen Meister, dem letzten Bachschen Schüler, einen Grund gelegt, den er hernach so rastlos ausbaute, daß Westphals Name wohl den früheren Meistern zur Seite gestellt werden darf, worauf unsere Stadt mit Recht stolz ist. Der wahren Würde seiner Kunst sich bewußt, verschmähete er allen eitlen Prunk, wußte dagegen durch sein einfaches und seelenvolles Orgelspiel die Andacht zu heben. Weil seine eigene Seele von dem durchdrungen war, was die geistlichen Lieder ausdrücken, so konnte er auch in der Reinheit, Kraft, Einfalt, Innigkeit und Tiefe seines Vortrages, seine Gefühle aussprechen. Obgleich bei seiner wahren Liebe zur Kunst, der er mit Begeisterung sich ganz ergab, der bescheidene Mann dennoch weniger mit eigenen Werken hervortrat, deren Sammlung doch wohl beweisen würde, daß er eifrig in Ausbildung fortschritt, so zeigt doch von seinem Werthe der gründliche Unterricht, welchen er ertheilte. Doch insbesondere sein fast 26jähriges Arbeiten im Dienste einer Gemeinde, welche wohl an seinen Leistungen erkannte, daß sie in ihm einen Meister seiner Kunst besitze und gewiß sein Andenken treu bewahren wird. Wenn er dennoch zu früh für seine Kunst heimgegangen ist, wie für seine Freunde, welche seine Einfachheit und Sittenreinheit, seine Uneigennützigkeit und freundliche Dienstfertigkeit, seine Redlichkeit und Aufrichtigkeit, schätzen, so darf der Hingeschiedene um so zuversichtlicher erwarten daß Hamburgs Bürger, welche wahres Verdienst anerkennen, durch thätige Sorge für seine Wittwe und Kinder, welche nicht blos den treuen Gatten und zärtlichen Vater, sondern auch den Versorger verloren haben; sein Andenken ehren werden.

---

[11] *Privilegirte wöchentliche gemeinnützige Nachrichten von und für Hamburg* 1829, Nr. 53 (3. 3. 1829), S. 2 f.

Es folgen einige weitere mitteilenswerte Notizen:

2. „Skaupy" und Carl Bagans (1791–1885)
Die zahlreichen Berliner Schreiber, die für Franz Hauser (1794–1870) tätig waren, geben noch manche Rätsel auf. Auf einer Handschrift aus dem Besitz Hausers findet sich beispielsweise die Signatur „J Skaup".[12] Die einzige Person, der dieses Signum zugewiesen (und die für diese Aufgabe in Betracht gezogen) werden kann, ist der Musikus Skaupy, der von 1834 bis 1841 als Waldhornist am Königsstädtischen Theater in Berlin angestellt war.[13] Daß Skaupy dem frankophonen Raum entstammte, wird durch die Schreibweise beim ersten Auftauchen des Namens nahegelegt: „Skopie".[14]
Der Berliner Kammermusikus Carl Bagans, der zeitweilig für Franz Hauser als Kopist tätig war,[15] diente als erster Trompeter in der königlich preußischen Hofkapelle und wurde bereits 1855 in den Ruhestand versetzt, obwohl er laut der *Nordisk musik-tidende. Månedsskrift for musikere og musikvenner* 7 (1886), S. 13, erst 1885 im hohen Alter von 93 Jahren starb; dies deckt sich auch mit den Angaben in den Berliner Adreßbücher der Zeit.[16] Abweichend von den Angaben bei Ledebur,[17] scheint Bagans aber nicht in Berlin geboren zu sein, denn unter diesem Namen findet sich kein Eintrag in der Alt-Berliner Tauf-Kartei.[18]

3. George Christoph Balch (1717–1785)
Balch war Kurfürstlicher Kammermusikus und Kopist am Dresdner Hof. Die von seiner Hand bekannt gewordenen Abschriften betreffen in erster Linie das Repertoire der kursächsischen Hofkapelle; in der Bach-Überlieferung ist er bislang nur im Zusammenhang mit einer Abschrift des Wohltemperierten Klaviers erfaßt worden (D-Hs, *M B/1974*).[19] Im Heft für Oktober 1785 des

---

[12] D-B, *Mus. ms. Bach P 1159/X*, Faszikel 9. Vgl. Kobayashi (wie Fußnote 2), S. 185 f.
[13] Durchgesehen wurden die betreffenden Jahrgänge des *Jahrbuchs und Repertoriums des Königstädtischen Theaters in Berlin* und der Berliner Adreßbücher.
[14] Ebenda.
[15] Vgl. Kobayashi (wie Fußnote 2), S. 154 ff.
[16] Im 19. Jahrhundert ist Carl Bagans fast der einzige Träger dieses Familiennamens im Berliner Raum. Im *Allgemeinen Wohnungsanzeiger für Berlin* der Jahre 1826 bis 1834 ist er als „Baganz, C." verzeichnet.
[17] C. von Ledebur, *Tonkünstler-Lexicon Berlin's von den ältesten Zeiten bis auf die Gegenwart*, Berlin 1861, S. 30.
[18] Landeskirchliches Archiv der Evangelischen Kirche in Berlin-Brandenburg – schlesische Oberlausitz; auch unter möglichen Parallelformen des Namens, wie etwa „Bagantz", findet sich kein passender Eintrag.
[19] Siehe NBA V/6.1 Krit. Bericht (A. Dürr, 1989), S. 64. Dort auch bereits das von Ortrun Landmann mitgeteilte korrekte Sterbedatum. Die spätere Angabe bei Landmann,

Magazins der sächsischen Geschichte heißt es, Balch sei am 14. September im Alter von 68 Jahren verstorben; mithin muß er um 1717 geboren sein.[20]

4. Heinrich Christian Carl Güntersberg (1772–1846)
Güntersberg, der Schreiber einer heute in Brüssel verwahrten Sammelhandschrift,[21] wurde am 5. März 1772 in Roßla geboren.[22] Seit 1809 war er Organist an der Eislebener St. Andreas-Kirche. Anders als bislang zu lesen war, starb er nicht bereits 1837, sondern, wie eine kleine Anzeige in der *Allgemeinen Schulzeitung* vom 11. Februar 1847 belegt, erst am 27. November 1846.[23] Seine Handbücher für Organisten publizierte er unter dem Namen Carl Güntersberg.

5. Christian Carl Müller (1818–1885)
Seit 1860 war Müller in Frankfurt am Main Musikdirektor des Museums und Leiter des Cäcilien-Vereins. Hier führte er unter anderem von Johann Sebastian Bach die h-Moll-Messe BWV 232 (1861),[24] die Kantate „Gottes Zeit ist die allerbeste Zeit" BWV 106 (1864)[25] und die Johannes-Passion BWV 245 (1870)[26] auf, die er alle für diese Zwecke neu instrumentierte. Seine Abschriften der ersten beiden genannten Werke haben sich in der Sammlung des Cäcilien-Vereins in der Universitätsbibliothek Frankfurt am Main erhalten (D-F, *Mus. Hs. 146* und *149*). Geboren wurde Müller am 21. Oktober 1818 in Weißensee bei Erfurt. Er wurde 1891 in den Ruhestand versetzt und verstarb am 19. Juli 1894.[27]

6. Carl Dreher († 1874)
Carl Dreher[28] war Lehrer am Großherzoglichen Lyceum in Karlsruhe. Da er auch Mitglied der Gesellschaft für Musikforschung war, wurde in deren *Monatsheften für Musikgeschichte* sein Tod mitgeteilt: Er starb am 15. Dezem-

---

Über das Musikerbe der Sächsischen Staatskapelle (http://nbn-resolving.de/urn:nbn:de:bsz:14-qucosa-25559), S. 141, beruht wohl auf einem Druckfehler.
[20] *Magazin der sächsischen Geschichte* 2 (1785), S. 624.
[21] B-Bc, *12209 MSM*. Siehe auch LBB 2 (wie Fußnote 4), S. 191 f.
[22] *Allgemeine Musikalische Zeitung* 35 (1835), Sp. 573 („Musikalische Topographie von Eisleben").
[23] *Allgemeine Schulzeitung* 24 (1847), Sp. 200.
[24] *Neues Frankfurter Museum* 1 (1861), S. 25.
[25] *Allgemeine Musikalische Zeitung*, Neue Folge 2 (1864), Sp. 244.
[26] *Musikalisches Wochenblatt* 1 (1870), S. 270.
[27] *Monatshefte für Musik-Geschichte* 27 (1895), S. 104 („Totenliste des Jahres 1894").
[28] Drehers Abschrift der Kantate „Also hat Gott die Welt geliebt" BWV 68 liegt in Hamburg (D-Hs, *ND VI 966*); weitere Manuskripte von seiner Hand befinden sich in B-Bc, D-LEm und US-R.

ber 1874 in Karlsruhe. Robert Eitner bemerkte: „Carl Dreher war im Besitze der werthvollsten Partituren alter Werke, die er sich selbst aus den Originalen hergestellt hatte, und daß dieselben in seinen Händen nicht als todtes Kapital lagen, hat er [...] trefflich bewiesen."[29] Drehers Abschriften zeichnen sich insbesondere dadurch aus, daß er auf ihnen stets die benutzten Vorlagen vermerkte.

7. Friedrich August Rohrlack (1792–1829)

Friedrich August Rohrlack wurde am 17. Juli 1792 in Bochow bei Jüterbog in der Mark Brandenburg geboren.[30] Ab 1804 besuchte er das Gymnasium in Brandenburg, und am 15. August 1811 schrieb er sich an der Berliner Universität für das Fach Theologie ein.[31] 1818 wurde Rohrlack Mitbegründer der Cauerschen Anstalt in Berlin, aus der später das Kaiserin-Augusta-Gymnasium hervorging. Ludwig Cauer, der Direktor der Schule, schrieb in seinem Nachruf: „In derselben hatte sich der Entschlafene das Geschäft eines Musiklehrers gewählt, nachdem er sich zu demselben noch vorher unter besonderer Anleitung des Prof. Zelter theoretisch und praktisch vollständiger ausgebildet hatte."[32] Rohrlack war von 1816 bis zu seinem Tod am 31. Mai 1829 Mitglied der Sing-Akademie zu Berlin.[33] Er legte den Grundstock der ehemals umfangreichen Notensammlung des Kaiserin-Augusta-Gymnasiums, wobei angenommen werden darf, daß er einen Großteil der Notenmanuskripte selber schrieb.[34]

8. Gottlob Abraham Stäps (1742–1822)

Wie den Matrikeln der Thomasschule zu entnehmen ist, wurde Gottlob Abraham Stäps 1742 in Pausa geboren.[35] Von 1756 bis 1764 war er Thomasschüler,

---

[29] *Monatshefte für Musikgeschichte* 7 (1875), S. 31.

[30] L. Cauer, *Rohrlack, Friedrich August*, in: Neuer Nekrolog der Deutschen 8 (1830), Ilmenau 1832, S. 13 ff.

[31] *Die Matrikel der Friedrich-Wilhelms-Universität zu Berlin 1810–1850*, bearbeitet und hrsg. von P. Bahl und W. Ribbe, Teil 1, Berlin 2010, S. 20.

[32] *Neuer Nekrolog der Deutschen* 8 (wie Fußnote 31), S. 14.

[33] Mit einer Unterbrechung vom September 1827 bis zum Dezember 1828, die vermutlich auf das im Nekrolog erwähnte „Brustübel" zurückzuführen ist, das schließlich auch zu seinem frühen Tod führte. Rohrlacks Name erscheint unter der Stammrollen-Nummer 992. Freundliche Mitteilung von Axel Fischer, Berlin.

[34] Vgl. NBA Krit. Bericht I/19 (R. L. Marshall, 1989), S. 33. – Einen Überblick über die Musiksammlung der Schule vermittelt F. Schultz, *Der ältere Notenschatz des Kaiserin Augusta-Gymnasiums*, in: Kgl. Kaiserin Augusta-Gymnasium zu Charlottenburg. XXXI. Jahresbericht, Charlottenburg 1900, S. 11–24.

[35] Diese Angabe deckt sich mit der Todesanzeige von 1822, in der es heißt: „Er starb im 81. Lebensjahre", siehe *Allgemeiner Anzeiger der Deutschen* 63 (1822), Sp. 1643 (11. Juni).

danach Student der Universität Leipzig.[36] Von 1768 bis 1773 wirkte er als Substitut des Kantors in Naunhof.[37] Nachdem er sich 1772 erfolglos um die Stelle eines Kollaborators (Septimus) an der Leipziger Thomasschule beworben hatte,[38] wurde er Stadtkantor in Schleusingen und Lehrer am dortigen Gymnasium.[39] Zu seinen Schülern zählte Caspar Kummer (1795–1870),[40] der wiederum Lehrer von Friedrich Kiel (1821–1885) und Felix Draeseke (1835–1913) war. Stäps starb am 31. Mai 1822.[41] Sein Sohn Carl (Gottfried) Stäps war bis 1822 Gerichtsverwalter am Heroldischen Patrimonial-Gericht Mittelhausen, dann Hofadvokat und „Staats-Fiskal" in Weimar, wo er am 21. Oktober 1850 starb.[42] G. A. Stäps' Bach-Abschriften – nachweisbar sind Continuo-Stimmen zu den Kantaten BWV 8 und BWV 125 sowie eine Abschrift der Motette BWV Anh. 163 – stammen sämtlich aus seiner Zeit als Alumne der Thomasschule.[43]

Klaus Rettinghaus (Leipzig)

---

[36] Erler III, S. 401.
[37] Vgl. Vollhardt, S. 232.
[38] Stadtarchiv Leipzig, *Stift VIII B. 106*. Freundliche Mitteilung von Michael Maul.
[39] Vgl. *Neuer Nekrolog der Deutschen* 12 (1834), Weimar 1836, S. 51 (Eintrag zu Johann Carl Schmidt).
[40] ADB 17 (1883), S. 371 (M. Fürstenau).
[41] *Allgemeiner Anzeiger der Deutschen* 63 (1822), Sp. 1643 (11. Juni).
[42] *Neuer Nekrolog der Deutschen* 28 (1850), Weimar 1852, S. 1042.
[43] Siehe BJ 2002, S. 44f. (P. Wollny).

Besprechungen

Michael Maul, „*Dero berühmbter Chor*". *Die Leipziger Thomasschule und ihre Kantoren 1212–1804*, Leipzig 2012, Lehmstedt Verlag, 437 Seiten.

Michael Maul, der bereits bedeutende Arbeiten zur mitteldeutschen Musikgeschichte vorgelegt hat, beschäftigt sich in seinem neuen Standardwerk mit einem Thema, das jeden näher mit Johann Sebastian Bach Beschäftigten höchstlich interessiert. Da die vorliegende Besprechung auf das Bach-Jahrbuch zugeschnitten ist, geht sie nicht auf die Jahre vor 1700 und nach 1750 ein, obwohl der Autor auch über diese Perioden anhand wichtigen, oftmals neuen Quellenmaterials originell zu berichten weiß. Vielmehr befaßt sie sich vor allem mit der ersten Hälfte des 18. Jahrhunderts, die auch in Mauls Darstellung den größten Raum einnimmt.
Plastisch schildert der Autor das musikfreundliche Klima, das in Leipzig in der zweiten Hälfte des 17. Jahrhunderts geherrscht haben muß: Um der Kirchenmusik ihren im Laufe von Jahrhunderten erarbeiteten hohen Standard zu sichern, ist der Rat der Stadt zu allerlei Fördermaßnahmen bereit, die auch die Thomasschule, den Kantor und die Schüler betreffen. In diesem Klima gedeiht eine Einrichtung, die als solche identifiziert zu haben eines der besonderen Verdienste Mauls ist. Es geht um die erste „Cantorey", einen aus acht Thomanern bestehenden Elitechor, der für das hohe Niveau der Leipziger Kirchenmusik verantwortlich ist. Diese Truppe genießt stattliche, vor allem materielle Privilegien und wird sowohl vom Rat als auch von wohlhabenden Bürgern gefördert. Diese erwarten als „Gegenleistung" für ihre Stipendien, Legate und einmaligen Zuwendungen nicht nur schöne Gottesdienstmusik, sondern auch anspruchsvolle Aufwartungen vor und in ihren Häusern – vor allem zu Neujahr.
Michael Maul ist sich ziemlich sicher, daß die Thomaskantoren Knüpfer und Schelle ihre gottesdienstliche Hauptmusik hinsichtlich des vokalen Anteils im wesentlichen mit dieser achtköpfigen ersten „Cantorey" bestritten haben, was dem anderenorts gepflegten Brauch – ich denke etwa an Hamburg und Lübeck – zu diesem Zeitpunkt durchaus entsprach. Was die Besetzung des Thomanerchors zu Zeiten von Bach angeht, will und kann sich Maul auf die Achtzahl nicht festlegen, weil die diesbezüglichen Quellen in seinen Augen nicht eindeutig sind. Er geht jedoch davon aus, daß eine solche erste „Cantorey" noch für Bach eine relevante Größe war, daß er diese Truppe jedoch von

Fall zu Fall aufstocken konnte. Letzteres könnte nach Auffassung Mauls nicht zuletzt für Bachs Passionsaufführungen gegolten haben, da er am Karfreitag jeden Jahres problemlos Sänger aus den übrigen „Cantoreyen" abziehen konnte.

Daß Bach gelegentlich auch mit weniger als acht Sängern für seine Hauptmusik auskommen mußte, vermag Maul aus den von ihm sorgfältig studierten Quellen nicht definitiv herauszulesen. Indessen läßt sein weitreichendes Quellenstudium keinen Zweifel daran, daß Bach in Leipzig unter Verhältnissen arbeiten mußte, die man in heutiger Terminologie als ‚strukturell prekär' bezeichnen würde. Einen Paradigmenwechsel zum Ungünstigen hin konstatiert er für das Jahr 1701, als der Rat der Stadt den Etat für studentische Helfer strich, mit dem bis dahin Johann Schelle hatte rechnen können. Johann Kuhnau wurde als dessen Nachfolger als Thomaskantor nur angenommen, weil er sich mit dieser Regelung einverstanden erklärte, die auch in der Folgezeit – so in den Jahren von Bachs Kantorat – zu ständigen Widrigkeiten führte. Diese bestanden unter anderem darin, daß der Kantor Thomaner, die er eigentlich als Sänger brauchte, als Instrumentalisten einsetzen mußte. Studentische Helfer standen fortan nicht mehr etatmäßig zur Verfügung; der Rat mußte ihre Beschäftigung und Honorierung vielmehr von Fall zu Fall genehmigen. (Als Bach 1729 das Collegium musicum übernahm, strich ihm der Rat sogar die bisherigen studentischen ad-hoc-Stellen.)

Die Situation wurde dadurch nicht besser, daß die Thomaner seit 1699 nicht nur die Thomas- und Nikolaikirche, sondern auch – in Maßen – die Neukirche und ab 1712 die Peterskirche zu versorgen hatten. Zudem verschlechterte sie sich dramatisch, als der Rat der Stadt 1723 gegen den heftigen Widerstand des Thomaskollegiums eine Schulordnung durchsetzte, die aus einem Alumnat zur Förderung der Kirchenmusik eine „Schola pauperum" machen wollte, die vor allem bedürftigen Leipzigern zugutekommen sollte. Das nämlich hatte zur Folge, daß bei der Auswahl der damals 55 Schüler die musikalischen Fähigkeiten nicht mehr unbedingt an erster Stelle stehen mußten. Folglich hatte es Bach – mit seinen eigenen Worten – neben „zu gebrauchenden" Schülern, wie sie sich vor allem von auswärts bewarben, mit einer Mehrheit von „noch nicht zu gebrauchenden" oder ganz „untüchtigen" Knaben zu tun.

Wie Maul darlegt, muß man den Ratsmitgliedern, die ihre für die Leipziger Kirchenmusikpflege nicht gerade ersprießliche ‚Reform' vorantrieben, nicht unbedingt Musikfeindlichkeit vorwerfen. Vielmehr darf man ihnen durchaus soziale und lokalpatriotische Motive unterstellen; noch zu Lebzeiten Bachs gewann außerdem die Meinung an Boden, die Thomana dürfe über der Musikpflege nicht diejenige der „Humaniora", also der neuhumanistischen Wissenschaften, vernachlässigen.

So plausibel Mauls Argumentation in diesem Punkt ist: Nach meiner Auffassung ist gleichwohl nicht zu übersehen, daß es zu Zeiten Bachs im Leipziger Rat keinen einhelligen Enthusiasmus für den „itzigen status musices" gab, den Bach in seiner Denkschrift vom 23. 8. 1730 beschwört. Vielmehr dürfte es nicht wenige gegeben haben, die gleich dem Bürgermeister Steger „theatralischer" Kirchenmusik skeptisch gegenüberstanden und nur darauf warteten, daß der Kantor mit Wünschen kam, die sich in ihren Augen erübrigen würden, wenn der Kantor eben nicht auf den „itzigen status musices" pochen, sondern lieber brav seine Lateinstunden erteilen würde.

Plastisch arbeitet der Autor heraus, wie schwer es Bach in Leipzig gehabt haben muß. Die Organisation der Thomasschule scheint vor allem in Bachs Anfangsjahren in einem erbärmlichen Zustand gewesen zu sein; die Disziplin der Alumnen war zum Teil verheerend und das Kollegium in hohem Grade zerstritten: Eine Partei versuchte die andere beim Rat anzuschwärzen. Bachs „wunderliche Obrigkeit" hatte viele Gesichter: Rektor, Pfarrer, Superintendent, Bürgermeister, Stadtrat. Hinzu kam die Institution des Schulvorstehers, dessen wichtige Rolle Maul überhaupt als erster zur Sprache bringt. Das Ganze bildete ein Kompetenzengestrüpp, in dem sich die Akteure offenbar selbst nicht immer zurechtfanden. Vor diesem Hintergrund muß man auch die vielen überlieferten Eingaben, amtlichen Stellungnahmen etc. sehen: Sie sind nicht geeignet, uns die Wahrheit – auch nicht diejenige über die Stärke von Bachs Chor – mitzuteilen, stellen vielmehr auch dort, wo sie amtlich klingen, nur eine subjektive, gelegentlich nachweislich unrichtige Sicht der Dinge dar.

Zu Mauls Verdiensten gehört es, die große Eingabe der vier oberen Lehrer der Thomasschule von Ende 1723/Anfang 1724 in die Diskussion eingeführt zu haben. Diese wendet sich entschieden gegen die der Schule vom Rat aufgezwungene – übrigens nie definitiv verrechtlichte – neue Schulordnung. Die fraglos unter Bachs Mitwirkung zustande gekommene Denkschrift hebt nicht nur auf die leicht zurückgeschraubte Besoldung der oberen Lehrer ab und malt auch in anderen Punkten nicht etwa den Teufel an die Wand, prognostiziert vielmehr eine Tendenz, die dann tatsächlich zur Realität wird. Die Bedingungen, unter denen der Thomaskantor seine Musik aufführte, verschlechterten sich nämlich drastisch, was nicht zuletzt an dem sich wandelnden Stiftungsverhalten lag: Die Leipziger stifteten kaum noch aus Interesse an einem hohen künstlerischen Niveau der Thomaner, sondern, wenn überhaupt, zugunsten armer Schüler – tendenziell unabhängig von deren musikalischen Qualitäten.

Natürlich darf man das ungünstige Bild, das eine ‚Aktenlage' bietet, nicht absolut setzen: In solchen Archivquellen werden vor allem Auswüchse und Besonderheiten offenkundig. Das wird in Leipzig nicht anders gewesen sein. Gleichwohl kann man keinem der heutigen Musikschaffenden wünschen, sich mit Verhältnissen auseinandersetzen zu müssen, wie Bach sie antraf. Irgendwann hätte da wohl auch der duldsamste Mensch – Bach war dies sicherlich nicht – resigniert. Und man kann nur bewundern, wie der Thomaskantor – um mit einer Kapitelüberschrift Mauls zu sprechen – von 1723 bis 1727 „Meisterwerke im Wochentakt – gegen den musikalischen Verfall" komponiert hat.

Auch die Jahre nach 1727 zeichnet der Verfasser mit großer Gründlichkeit nach. Das letzte Jahrzehnt beschreibt er unter der Überschrift „Stillstand allenthalben" – nicht bezogen auf Bach, sondern auf die Situation in Leipzig. Neues Licht fällt auch auf den Prozeß, in dem Gottlob Harrer als Nachfolger Bachs etabliert wurde.

Es ist unmöglich, dem intelligenten und facettenreichen Buch im Rahmen einer Rezension Genüge zu tun. Stattdessen sei es uneingeschränkt zur Lektüre empfohlen – nicht nur dem Kenner, sondern auch dem Liebhaber. Zu der vorzüglichen Ausstattung des durchaus preiswerten Bandes seitens des Verlags gehört, daß er reichhaltiges Bildmaterial in ausgezeichneter Qualität bietet. Auch in diesem Punkt handelt es sich um Wertarbeit, wie sie inzwischen rar geworden ist.

Martin Geck (Witten)

Wilhelm Friedemann Bach und die protestantische Kirchenkantate nach 1750, herausgegeben von *Wolfgang Hirschmann* und *Peter Wollny* (Redaktion: Bernhard Schrammek), Beeskow: ortus 2012 (Forum Mitteldeutsche Barockmusik, Bd. 1), 455 S.

Der 1994 auf Initiative und mit maßgeblicher Förderung der damaligen Ministerialrätin Dr. Gerti Peters (Bonn) mittels Zusammenschlusses von Direktoren und anderen Verantwortlichen einschlägiger Institute ins Leben gerufene Verein *Ständige Konferenz Mitteldeutsche Barockmusik in Sachsen, Sachsen-Anhalt und Thüringen e. V.*, eine der sogenannten Leuchtturm-Maßnahmen der Bundesrepublik Deutschland, hat in den zwei Jahrzehnten seines Bestehens vieles bewegen können, allerlei Erfolge erzielt, aber auch manche Rückschläge einstecken müssen. Zu den Negativposten gehört eine vor wenigen Jahren verfügte erhebliche Kürzung der von Bund und den drei mitteldeutschen Ländern für den (mittlerweile umbenannten) Verein beizusteuernden Mittel der Öffentlichen Hand. Als Folge dieser Einschränkung endeten die auf regelmäßiges Erscheinen zielenden Serien *Jahrbuch*, *Schriftenreihe* sowie *Denkmäler Mitteldeutscher Barockmusik* und wurden durch ein eher unverbindliches Verfahren ersetzt, das unter der Bezeichnung *Forum Mitteldeutsche Barockmusik* Publikationen bald der einen, bald der anderen Art vorzulegen beabsichtigt.

Als Band 1 der neuen Reihe liegt nunmehr der durch einige Zusatzbeiträge angereicherte Bericht über eine zweiteilige wissenschaftliche Konferenz vor, die im Juni 2010 in Halle/S. sowie im November desselben Jahres in Leipzig stattgefunden hat und dem Gedenken an die 300. Wiederkehr des Geburtstages von Wilhelm Friedemann Bach gewidmet war. Nicht weniger als 25 zum Teil hochkarätige Aufsätze befassen sich mit einem Thema, das zwar in der Vergangenheit mit so manchen Einzelstudien umkreist worden ist, das aber noch nie auf so breiter Front in Szene gesetzt werden konnte. Dankenswerterweise haben die Herausgeber dem Band ein Vorwort beigefügt, das Voraussetzungen, Erträge und Fragestellungen zusammenfaßt und so als Ariadnefaden im Labyrinth der Fakten, Hypothesen und Probleme dienen kann. „Zeitgleich war präsent", heißt es hier, „was der retrospektive Blick des Historikers als ungleichzeitig wahrnimmt. Dieser Blick entspricht aber nicht dem der Zeitgenossen, die sich diejenige Kirchenmusik wählten, die ihren Bedürfnissen entsprach" – und, nicht zu vergessen, ihren aufführungspraktischen Möglichkeiten.

Erwartungsgemäß breit gefächert sind die Untersuchungsansätze. Behandelt werden Fragen von Rezeption und Ästhetik, Text und Liturgie, Stil und Aufführungspraxis, Lokalhistorie und Überlieferung. Neben ad-hoc-Ermittlungen finden sich Berichte über den Zwischenstand langfristiger Arbeitsvorhaben. Nicht selten wird ein gehöriges Maß an Insiderwissen vorausgesetzt, um den

Unterschied zwischen bereits Bekanntem und Hinzugewonnenem würdigen zu können.
Das ausgebreitete Material im einzelnen zu diskutieren, überschreitet die Möglichkeiten einer Rezension. Einige Randnotizen könnten aber zum Überdenken mancher Verfahrensfragen anregen und für künftige Editionen von Nutzen sein.
Ärgerlich und unnötig ist der an nicht wenigen Stellen zu bemerkende nachlässige Umgang mit der Sprache. Zu veraltetem Amtsdeutsch („beinhaltet", S. 207, 336, 380) gesellen sich eine Vielzahl von Pleonasmen, angefangen von „wie beispielsweise" (S. 139), über „so zum Beispiel" (S. 22, 206, 207) bis zu „hinzu kamen dann noch" (S. 221) sowie „daneben liegen aber auch" (S. 164). Bemühte Modernismen („Netzwerk", S. 9; „Vernetzung", S. 203; „Schnittmenge", S. 50) wirken im Kontext eher exotisch, von „Verweis" (S. 159) sollte nicht gesprochen werden, wenn ein Hinweis gemeint ist, und wie man eine „Staffel weiterreichen" könnte (S. 104), wird wohl ein ewiges Geheimnis bleiben; vielleicht geht es um eine Staffette. Der Umgang mit Fremdwörtern ist erfahrungsgemäß Glücksache, und so bedarf es einiger zusätzlicher Erkundungen, um herauszufinden, worauf mit „antimassonianisch" (S. 307) gezielt wird. Hans Rudolf Jungs Studie *Musik und Musiker im Reußenland* (Weimar/Jena 2007, S. 235 und 239 f.) läßt sich entnehmen, daß Heinrich XII. j. L. Reuß-Schleiz (1716–1784) in Kopenhagen Mitbegründer einer antifreimaurerischen Sozietät war, mithin könnte es um antimasionistische Aktivitäten gehen. Ähnlich problematisch steht es mit lateinischen Abkürzungen. Die Herren Gärtner und Gläser hätten es sich sicherlich verbeten, als „C[antor] L[eucopediae]" (S. 169) bezeichnet zu werden; die griechisch getönte Bezeichnung für Weißenfels lautet Leucopetra, woraus latinisierend ein Cantor Leucopetraeus oder Leucopetrensis abzuleiten wäre. Ein „L. L. Cultor & Gymn. Elisab. Vrat. Civis" (S. 296, auch S. 297 und 310) ist ganz gewiß kein „Bürger Breslaus", sondern allenfalls ein „Civis" des dortigen Elisabeth-Gymnasiums sowie Verehrer der Freien Künste (Literarum Liberalium).
Als Schwachstellen erweisen sich üblicherweise Fußnoten und ähnliche Vermerke. Was soll ein Leser mit der Vertröstung auf „meine derzeit entstehende Dissertation" (S. 138) anfangen oder mit der Aussicht auf die Behandlung eines Gegenstands „an anderer Stelle" (S. 291)? Das Gegenbeispiel bieten Texte, die von Fußnoten geradezu überwuchert werden (S. 85 f., 93, 95, 97), ohne daß diese Anhäufung dem Leser eine erkennbare Hilfe böte. Anderwärts rächt sich der Verzicht früherer Autoren auf Belege. Arnold Scherings *Musikgeschichte Leipzigs* (Bd. III, 1941) kann hier als Paradigma angeführt werden; die dort fehlenden (oder auf Betreiben des Verlags reduzierten?) Quellenangaben lassen sich zuweilen nur über mehrere Zwischenstufen ermitteln. Die auf S. 173 vermißte Quelle für den Bericht über den Sohn des Thomaskantors

Doles, der bei der Friedensfeier am 21. März 1763 „mit seiner bewundernswürdigen Sopranstimme unbeschreiblichen Eindruck machte", findet sich bei Johann Georg Eck (*Leipziger gelehrtes Tagebuch auf das Jahr 1797*, S. 11, innerhalb eines Nachrufs auf Doles sen.). Ein zum selben Tag gehöriger Bericht (S. 175) stammt aus der sogenannten Riemer-Chronik und ist bei Gustav Wustmann, (*Quellen zur Geschichte Leipzigs*, Bd. I, Leipzig 1889, S. 420–422) nachzulesen.

Merkwürdigerweise sind die Angebote der musikalischen und allgemeinen Lokalhistorie nicht allenthalben im zu erwartenden Maße ausgeschöpft worden. Dem Naumburger Domkantor Johann Andreas Mayer (S. 164, 170 f.) weist Friedrich Hoppe (*Die Pflege der Musik in Naumburg a. S.*, Naumburg 1914, S. 30) zumindest den Zeitraum seines Wirkens zu (1767–1801). Für die Entwirrung der Familienverhältnisse bei den Namensträgern Reichard (S. 285 ff.) wäre die Nutzung von Robert Hänsels Zusammenstellung *Berühmte und bemerkenswerte Schleizer in kurzen Lebensabrissen* (Schleiz 1925) sicherlich hilfreich gewesen, denn dort wird (S. 30 f.) der Stadt- und Landrichter und spätere Rat und Amtmann Johann Georg Reichard explizit als Vater der Brüder Heinrich Gottfried und Christian Gottlieb Reichard sowie als Leiter der Hofkapelle genannt. Ein sächsisches „Königshaus" (S. 299) wird man im 18. Jahrhundert vergeblich suchen, und daß Sachsen im Siebenjährigen Krieg zu den Gegnern Österreichs gehört habe (S. 292), ist ebenfalls nicht leicht nachzuvollziehen. Die *Leipziger Zeitungen* erschienen zwar ab 1734 unter diesem Titel (S. 245), jedoch lediglich als Fortführung der *Leipziger Post-Zeitungen* (vgl. Dok II, passim).

Der Verlockung, wirklich oder scheinbar neuerschlossene Unterlagen als bisher kaum oder überhaupt nicht beachtet zu deklarieren, mag mancher Schreibende nicht gern widerstehen, doch nicht immer läßt sich das Behauptete aufrechterhalten. Auf die in Celle liegenden Handschriften (S. 373 ff.) hat sich nicht nur Alfred Dürr in seinem Aufsatz *Zur Problematik der Bach-Kantate BWV 143 „Lobe den Herrn, meine Seele"* (Mf 30, 1977) bezogen; kurz erwähnt und sogar mit einem Hinweis auf Erfurt verbunden werden sie bereits bei Carla Meyer-Rasch (*Kleine Chronik der Kalandgasse*, Celle 1951, S. 111). Mutatis mutandis gilt dergleichen auch für die Mehrfachkomposition von Texten (S. 137): Einen Vergleich zwischen Bach (BWV 47) und Telemann wagte bereits Philipp Spitta (I, S. 626), zum selben Thema schrieb Richard Meißner ein ganzes Kapitel in seiner Frankfurter Telemann-Dissertation (1925), Friedrich Noack äußerte sich zu Graupner und Bach (BWV 199), Conrad Bund zu Johann Sebastian und Johann Ludwig Bach. Johann Christoph Stockhausens *Critischer Entwurf einer auserlesenen Bibliothek* (S. 121) ist – zumindest im Blick auf die Ausführungen zu Johann Sebastian Bach – in Dok V (S. 214 f.) berücksichtigt worden. Wirklich neu sind die Erkenntnisse zu Johann Christian Roedel, der in den Universitätsmatrikeln von Jena (28. 4.

1727) und Wittenberg (23. 7.1728) noch unter seinem normalen Namen erscheint, diesen in einem Anfall von Selbstüberschätzung jedoch später latinisierte. Seine Herkunft aus Großmonra, dem späteren Wirkungsort von Johann Egydius Bach (1709–1746, „Ursprung der musicalisch-Bachischen Familie" Nr. 36), weist ihn als Mitteldeutschen aus, seine Tätigkeit vollzog sich allerdings in Brandenburg, wohl an einer typischen Zwergschule der Zeit, bei der die beiden Lehrer traditionell als Rektor und Kantor bezeichnet wurden. Roedels aufdringliche Annoncen, die auf S. 256 ff. in aller Ausführlichkeit wiedergegeben sind (ein einzelnes Beispiel hätte genügt), enden zum Glück mit seinem Avancement im Lehrer„kollegium" der Schule zu Lieberose.

Kritisch zu befragen sind Standardformulierungen, die durch Wiederholung nicht an Glaubwürdigkeit gewinnen. Die sogenannte „Kirnberger-Sammlung" von Choralbearbeitungen (S. 392) ist durch Ernest May und andere längst als Kollektion des Hauses Breitkopf enttarnt worden, der Behauptung, daß Christian Gottlob Neefe Schüler von Christian Gotthilf Tag gewesen sei (S. 333), widerspricht ersterer in seiner Autobiographie, und über die „madrigalische Kantate Neumeisterscher Prägung" (S. 15) wird man heute nicht mehr schreiben können, ohne zu präzisieren, für welche Textform diese Etikettierung gelten soll.

Das Problem von Präludium und Fuge f-Moll BWV 534 samt der hypothetischen Zuweisung des Werkes an Wilhelm Friedemann Bach (S. 403) wird wohl auch in Zukunft Diskussionsstoff liefern. Angemerkt sei hier nur, daß 1. eine (nicht erhaltene) Handschrift mit Zuweisung an Johann Sebastian Bach sich 1809 im Nachlaß des Bach-Schülers Johann Christian Kittel in Erfurt befand und 2. die harmonische Unausgewogenheit der Fuge etwas mit der Tonart zu tun haben könnte: schon b-Moll als Unterquinte von f-Moll nähert sich bedenklich dem Bereich der auf nicht-temperierten Orgeln zu vermeidenden Tonarten.

Last but not least: Bei der Erarbeitung des nicht gerade durch Vollständigkeit glänzenden Registers (S. 447 ff.) hätten manche Unstimmigkeiten des Textteils wenigstens nachträglich behoben werden können (Beispiel: *Johann* Joachim Winckelmann).

Ungeachtet der vorstehenden kritischen Anmerkungen ist dem repräsentablen Band eine insgesamt sorgfältige Redaktion zu bescheinigen, so daß er als maßgeblicher Beitrag zur Erhellung eines bisher zu wenig beleuchteten Schaffensbereiches gelten kann.

Hans-Joachim Schulze (Leipzig)

NEUE BACHGESELLSCHAFT e.V., SITZ LEIPZIG

Mitglieder der leitenden Gremien

VORSTAND

Prof. Dr. Martin Petzoldt – Leipzig
Vorsitzender

Kreuzkantor KMD Roderich Kreile – Dresden
Stellvertretender Vorsitzender

Gerd Strauß – Leipzig
Geschäftsführendes Vorstandsmitglied

RA Franz O. Hansen – Eisenach
Stellvertretendes Geschäftsführendes Vorstandsmitglied

Prof. Dr. Johann Trummer – Graz
Beisitzer

DIREKTORIUM

Thomaskantor Prof. Georg Christoph Biller – Leipzig
Reimar Bluth – Berlin
KMD Prof. Dr. Dr. h. c. Christfried Brödel – Dresden
Prof. Dr. Daniel Chorzempa – Florenz
Ingeborg Danz – Frechen
Dr. Jörg Hansen – Eisenach
Dr. Dirk Hewig – München
Prof. Dr. Hans Hirsch – Hamburg
Rudolf Klemm – Saint Cloud
Prof. Dr. Ulrich Konrad – Würzburg
Prof. Edgar Krapp – München
Priv.-Doz. Dr. Michael Maul – Leipzig
Dr. Martina Rebmann – Berlin
KMD Prof. D. Dr. h. c. mult. Helmuth Rilling – Stuttgart
Dipl. phil. Michael Rosenthal – Leipzig
Sibylla Rubens – Tübingen
Dr. Lotte Thaler – Baden-Baden
UMD David Timm – Leipzig
Rosemarie Trautmann – Stuttgart
Prof. Gerhard Weinberger – München
Doz. Jens Philipp Wilhelm – Hannover
Pfarrer Christian Wolff – Leipzig
Priv.-Doz. Dr. Peter Wollny – Leipzig

EHRENMITGLIEDER

Prof. Dr. Wolfgang Rehm – Hallein (Salzburg)
Prof. Zuzana Růžičková – Prag
Dr. h. c. William Scheide – Princeton, NJ
Prof. Dr. Hans-Joachim Schulze – Leipzig
Prof. Adele Stolte – Potsdam
Prof. Dr. Dr. h. c. mult. Christoph Wolff – Cambridge, MA

GESCHÄFTSFÜHRUNG

Wolfgang Schmidt M.A. – Leipzig

Mitglieder der Neuen Bachgesellschaft e.V. erhalten neben anderen Vergünstigungen das Bach-Jahrbuch als regelmäßige Mitgliedsgabe. Der jährliche Mitgliedsbeitrag beträgt nach dem Stand vom 1. Januar 2007:

Einzelmitglieder	€ 40,–
Ehepaare	€ 50,–
Schüler/Studenten	€ 20,–
Korporativmitglieder	€ 50,–

Beitrittserklärungen – formlos mit Angaben zur Person oder auf einer Kopie des untenstehenden Formulars – richten Sie bitte an die Geschäftsstelle der Neuen Bachgesellschaft, Postfach 10 07 27, D-04007 Leipzig (Hausadresse: Burgstraße 1–5, Haus der Kirche, D-04109 Leipzig, Telefon bzw. Telefax 03 41-9 60 14 63 bzw. -2 24 81 82, e-Mail: info@neue-bachgesellschaft.de).

Mitglieder der Neuen Bachgesellschaft können zurückliegende Jahrgänge des Bach-Jahrbuchs (soweit vorrätig) zu einem Sonderpreis erwerben. Anfragen richten Sie bitte an die Geschäftsstelle.

Beitrittserklärung:

Ich/Wir möchte/n Mitglied/er der NBG werden:

Vor- und Zuname: _____

Geburtsdatum: _____

Beruf: _____

Straße: _____

PLZ – Ort: _____

Telefon/Telefax: _____

Gleichzeitig zahle/n ich/wir € _____

als ersten Jahresbeitrag sowie € _____

als Spende auf das Konto Nr. 672 27 908 bei der Postbank Leipzig (BLZ 860 100 90) ein.

_____ _____
Ort, Datum   Unterschrift

Einzugsermächtigung

Ich/Wir erkläre/n mich/uns damit einverstanden, daß mein/unser Mitgliedsbeitrag von meinem/ unserem

Konto Nr. _____

bei der _____
(Bank/Sparkasse)

_____

BLZ _____

bis zum schriftlichen Widerruf abgebucht wird.

_____
Datum/Unterschrift